Découvrez l'histoire
par les archives
de presse

AF451983

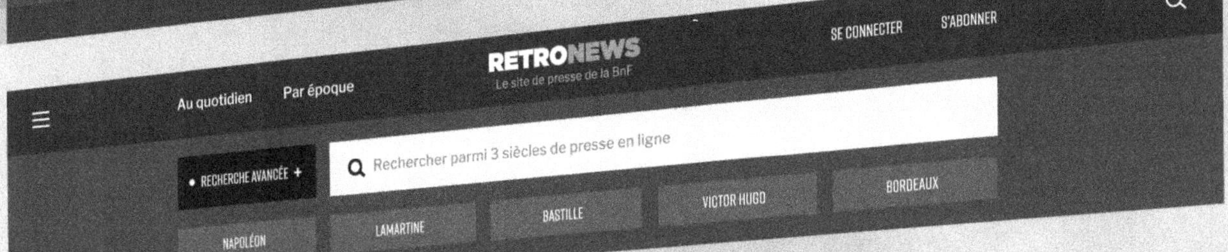

RETRONEWS
Le site de presse de la BnF
SE CONNECTER   S'ABONNER
Au quotidien   Par époque
RECHERCHE AVANCÉE
Rechercher parmi 3 siècles de presse en ligne
VICTOR HUGO   BORDEAUX
NAPOLÉON   LAMARTINE   BASTILLE

RETRONEWS
Le site de presse de la BnF
www.retronews.fr

ANNALES

DU

PARLEMENT FRANÇAIS,

PUBLIÉES

PAR UNE SOCIÉTÉ DE PUBLICISTES

ET LA SOUSCRIPTION

POUR CHACUN DE LEURS MEMBRES.

VOLUME DISTRIBUÉ

AUX 900 REPRÉSENTANTS DU PEUPLE,

PAR DÉCRET DE L'ASSEMBLÉE NATIONALE

DIXIÈME VOLUME.

PARIS.

GUILLAUMOT FRÈRES,
RUE JACOB, 56.

G. MÊME MAISON

1849.

ANNALES

DU

PARLEMENT FRANÇAIS.

SESSION DE 1848.

DU 28 DÉCEMBRE 1847 AU 24 FÉVRIER 1848.

TOME DIXIÈME.

PARIS — TYPOGRAPHIE DE FIRMIN DIDOT FRÈRES, RUE JACOB, 56.

ANNALES

DU

PARLEMENT FRANÇAIS,

PUBLIÉES

PAR UNE SOCIÉTÉ DE PUBLICISTES,

SOUS LA DIRECTION DE M. T. FLEURY,

AVEC

LA SOUSCRIPTION COLLECTIVE

DES DEUX CHAMBRES.

—

VOLUME DISTRIBUÉ

AUX NEUF CENTS REPRÉSENTANTS DU PEUPLE

PAR DÉCRET DE L'ASSEMBLÉE NATIONALE DU 24 OCTOBRE 1848.

SESSION DE 1848.

DU 28 DÉCEMBRE 1847 AU 24 FÉVRIER 1848.

TOME DIXIÈME.

PARIS,

LIBRAIRIE DE FIRMIN DIDOT FRÈRES,

IMPRIMEURS DE L'INSTITUT,

RUE JACOB, 56.

—

M DCCC XLIX.

AVIS DE L'ÉDITEUR.

Ce volume complète une collection à laquelle les graves événements de notre temps donnent un intérêt tout particulier.

Il y a dix ans que les Éditeurs des *Annales du Parlement français* ont conçu la pensée de retracer dans un compte rendu méthodique les débats des deux Chambres. En réunissant dans quelques pages ou dans quelques feuilles tout ce qui, durant la même session, a trait au même Sujet de discussion, ils se sont proposé de présenter au lecteur studieux ou curieux la physionomie des débats et les détails utiles, sans fatigue et sans recherches.

Cette pensée, tout à fait neuve quoique fort simple, a été accueillie avec faveur par les hommes que touche la politique. L'exécution a été encouragée par les Chambres. Ainsi a été créé un livre unique dans son genre, sans précédent et sans analogue, qui est comme le miroir politique des dix dernières années du règne de Louis-Philippe.

Quel sujet d'études peut être plus intéressant pour tous les hommes qui abordent ou qui suivent la carrière politique?

C'est aux époques agitées des révolutions qu'on aperçoit plus nettement les liens qui unissent le présent au passé, qu'on saisit et qu'on reconnaît l'influence des hommes et des actes sur les événements. Les débats auxquels on n'accordait qu'une attention négligée, prennent un intérêt tout nouveau. A l'indifférence a succédé une vive curiosité pour tout ce qui tient à la politique. L'avénement de la République doit éclairer d'une lumière rétrospective bien des points des grandes discussions politiques qui ont marqué les dernières années de la Monarchie.

Il est d'ailleurs toujours instructif d'étudier dans leurs précédents les personnages qui remplissent des rôles essentiels sur la scène politique. Et le nouveau régime n'a pas condamné à l'inactivité ceux qui prenaient part aux affaires sous le régime précédent.

Où trouver les discours et les actes des hommes et des partis, le tableau des luttes entre le Gouvernement et l'Opposition, entre les opinions diverses? Faudra-t-il feuilleter les journaux ou l'immense *Moniteur?* Qui ne reculerait, à moins de nécessité absolue, devant un pareil travail? Et que de temps perdu pour ceux qui y sont forcés par la nature de leurs études?

La classification méthodique des *Annales du Parlement français* obvie à ces inconvénients. En dix volumes, faciles à placer dans la moindre bibliothèque, on trouve la vivante reproduction de tous les débats et de tous les textes parlementaires; les grands discours des illustres orateurs; les incidents animés de la discussion; les propositions, les amendements et les votes; tout ce qui constitue l'élément vrai de l'histoire parlementaire. Les *Annales* ont recueilli, classé et numéroté les échos de la tribune, qui sont ainsi fixés et que chacun peut retrouver à son heure, dans sa bibliothèque, sans autre peine que d'ouvrir une table des matières et un volume.

Le présent tome, malgré la briéveté de la session, n'est pas celui qui offre le moins d'attrait. Les deux mois qui ont précédé la Révolution de février 1848 ont été signalés par des discussions qui éclairent les événements, et sans lesquelles il est difficile de bien comprendre tout ce qui s'est passé. Les Éditeurs ont donc apporté le plus grand soin à reproduire avec une scrupuleuse exactitude toutes les paroles qui touchent aux événements futurs, et qui reçoivent de ces événements même une couleur particulière.

Ce volume est à la fois instructif comme un recueil de lois, intéressant comme une histoire, et attrayant comme une œuvre d'imagination.

PRÉLIMINAIRE.

CONVOCATION ET CLOTURE DES CHAMBRES.

Les Chambres ont eté convoquées, par ordonnance royale du 24 novembre 1847, pour le 28 decembre 1847.

La session de 1848 a été ouverte le 28 décembre 1847 par une séance royale.

Les Chambres ont siégé pour la dernière fois le 24 février 1848. Le 24 février, un décret du Gouvernement provisoire de la République française a déclaré dissoute la Chambre des Députés, et interdit à la Chambre des Pairs de se réunir. (Voyez, au n° XIII, le compte rendu de la dernière séance des deux Chambres et le texte du décret.)

COMPOSITION DES DEUX CHAMBRES.

CHAMBRE DES PAIRS.

Au volume de la session de 1840, *Annales du Parlement français*, on trouve la liste de MM les Pairs de France composant la Chambre; aux volumes suivants, de 1841 à 1847, on trouve les modifications survenues pendant ces sept sessions.

Voici les modifications survenues pendant la session de 1848.

Le 9 août 1847, jour où fut close la session de 1847, la Chambre se trouvait composée de 322 Pairs nommés ou admis. Depuis cette époque jusqu'au 24 février 1848, jour de la dernière séance, la Chambre a perdu 10 de ses membres, savoir :

Le 24 aout 1847,	MM le duc de Choiseul-Praslin	Le 7 decembre 1847, MM.	le baron de Freville
Le 29,	le comte Bourke.	Le 27,	le baron Girod (de l'Ain).
Le 13 septembre,	le marechal duc de Reggio	Le 6 janvier 1848,	le marquis d'Aragon.
Le 9 octobre,	le baron Berthezène.	Le 30,	le vicomte Jamin
Le 2 novembre,	le comte Bresson	Le 10 fevrier,	le comte de Puységur.

Le Roi n'a nommé aucun nouveau Pair.

La Chambre, au 24 février 1848, se trouvait donc composée de 312 Pairs tous admis.

CHAMBRE DES DÉPUTÉS.

Au 9 août 1847, dernier jour de la session 1847, la Chambre se composait de 457 Députés, dont la liste se trouve au 9° volume des *Annales,* session 1847. Il y avait deux vacances par suite du décès de MM. Jourdan et Schneider. Les colléges électoraux étaient convoqués pour le 21 août.

Depuis cette époque, il est survenu 19 vacances par les motifs suivants :

Députes décédes.	*Députés elus en remplacement.*
MM. De Cambis d'Orsan.	MM. Germanes.
Just de Chasseloup-Laubat.	Osmont.
De Castellane.	De Contades.
Terme.	De Mortemart
Du Dresnay.	Leznart.
Costé.	(Le college était convoqué pour le 4 mars 1848)

Députés démissionnaires.

MM. Le Tourneux.   (Les colléges étaient convoqués pour les 23 et 26
     Granier.   février 1848, et n'ont pas été réunis.)

Députés promus à des fonctions publiques rétri-
buees.

MM. Thil, *président à la Cour de cassation.*   *Réélu.*
     Jamin, *colonel.*   *Id.*
     Ressigeac, *procureur général à Nîmes.*   *Id.*
     Richond des Brus, *médecin des eaux de Néris.*   *Id.*
     De Salles, *maréchal de camp.*   *Id.*
     Dumas, *maréchal de camp.*   M. Baroche.
     De Bellonet, *lieutenant général.*   *Réélu.*
     Magne, *sous-secrétaire d'État au départe-*
        ment de la guerre.   *Id.*
     Dessauret, *directeur des contributions au Mi-*
        nistère des finances.   *Id.*
     Moulin, *directeur général de l'administra-*
        tion des cultes.   *Id.*
     Legrand, *vice-président du comité de l'agri-*
        culture, du commerce et des travaux pu-
        blics au Conseil d'État.   *Id.*

Ainsi, le 24 février 1848, il y avait 3 vacances, et la Chambre était composée de 456 Députés.

COMPOSITION DU MINISTÈRE.

Au 28 décembre 1847, jour de l'ouverture de la session.

Président du conseil.. M. Guizot, Député Nommé Président du conseil par ordonnance du 19 septembre 1847,
     en remplacement de M. le maréchal Soult, duc de Dalmatie, élevé le 26 septembre
     a la dignité de *maréchal-général de France.*
Affaires étrangères... M. Guizot, Député, et Président du conseil
Justice et cultes...... M. Hébert, Garde des sceaux de France, Député.
Guerre............. M. le lieutenant général Trézel, Pair.
Marine et colonies.... M. le duc de Montebello, Pair.
Intérieur. ... . M. le comte Duchâtel, Député.
Agricult et commerce. M. Cunin-Gridaine, Député.
Instruction publique. M. le comte de Salvandy, Député.
Travaux publics..... M. Jayr, Pair.
Finances... .... M. Dumon, Député.

Le 23 février 1848, M. Guizot a annoncé à la Chambre des Députés que le Roi avait chargé
M. le comte Molé de la composition d'un nouveau Cabinet.

On lit dans la partie non officielle du *Moniteur* du 24 février, sous la date du 23 février :
« M. le comte Molé s'est rendu auprès du Roi. »

On lit ensuite :

« Le 24 février, 3 heures du matin. — Le Roi a fait appeler M. Thiers, et l'a chargé de la
composition d'un nouveau Cabinet. M. Thiers a demandé au Roi la permission de s'adjoindre
M. Odilon Barrot; le Roi a donné son consentement à cette proposition. »

SÉANCE ROYALE.

Procès-verbal de la séance royale du 28 décembre 1847 (1).

L'an mil huit cent quarante-sept, le 28 décembre, à une heure après midi, les Pairs de France
et les Députés des départements se sont réunis dans la salle des séances de la Chambre des Députés, pour la séance d'ouverture de la session de mil huit cent quarante-huit de la Chambre
des Pairs et de la Chambre des Députés, fixée à ce jour par ordonnance du Roi en date du
24 novembre 1847.

(1) Ce procès-verbal est placé en tête du volume des procès-verbaux de la Chambre des Députés.

Les Pairs, en costume, ont occupe, dans la salle, les banquettes placées en face et à la droite du Roi. Les banquettes placées en face et à la gauche du Roi ont été remplies par les Députés des départements.

A l'arrivée du Roi, les grandes députations de la Chambre des Pairs et de la Chambre des Députés, ayant à leur tête M. le comte Portalis, Vice-Président de la Chambre des Pairs, en l'absence de M. le Chancelier de France, empêché, et M. Sapey, Président de la Chambre des Députés, sont allées recevoir Sa Majesté, et l'ont accompagnée jusqu'à l'estrade du trône.

Le Roi a pris place sur le trône, ayant à sa droite LL. AA. RR. les ducs de Nemours et de Montpensier, et à sa gauche S. A. R. le prince de Joinville.

Le Roi, ayant salué l'Assemblée, qui était debout et découverte, et dit à MM. les Pairs et à MM. les Députés de s'asseoir, a prononcé, assis et couvert, le discours suivant :

« MESSIEURS LES PAIRS, MESSIEURS LES DÉPUTÉS,

« Je suis heureux, en me retrouvant au milieu de vous, de n'avoir plus à déplorer les maux que la cherté des subsistances a fait peser sur notre patrie. La France les a supportes avec un courage que je n'ai pu contempler sans une profonde émotion Jamais, dans de telles circonstances, l'ordre public et la liberte des transactions n'ont été si generalement maintenus. Le zèle inépuisable de la charité privée a seconde nos communs efforts Notre commerce, grâce à sa prudente activite, n'a été que faiblement atteint par la crise qui s'est fait sentir dans d'autres États. Nous touchons au terme de ces épreuves. Le ciel a beni les travaux des populations, et d'abondantes recoltes ramènent partout le bien-être et la securité. Je m'en felicite avec vous

« Je compte sur votre concours pour mener a fin les grands travaux publics, qui, en étendant à tout le royaume la rapidité et la facilité des communications, doivent ouvrir de nouvelles sources de prosperité. En même temps que des ressources suffisantes continueront d'être affectees à cette œuvre féconde, nous veillerons tous avec une scrupuleuse économie sur le bon emploi du revenu public, et j'ai la confiance que les recettes couvriront les depenses dans le budget ordinaire de l'État qui vous sera incessamment présente

« Un projet de loi special vous sera proposé pour réduire le prix du sel, et alleger la taxe des lettres, dans la mesure compatible avec le bon etat de nos finances.

« Des projets de lois sur l'instruction publique, sur le régime des prisons, sur nos tarifs des douanes, sont deja soumis a vos deliberations. D'autres projets vous seront presentes sur divers sujets importants, notamment sur les biens communaux, sur le regime des hypothèques, sur les monts-de-pieté, sur l'application des caisses d'épargne a de nouvelles ameliorations dans la condition des classes ouvrières. C'est mon vœu constant que mon Gouvernement travaille, avec votre concours, a developper, en même temps, la moralité et le bien-être des populations.

« Mes rapports avec toutes les Puissances etrangères me donnent la confiance que la paix du monde est assuree. J'espère que les progrès de la civilisation generale s'accompliront partout, de concert entre les gouvernements et les peuples, sans alterer l'ordre interieur et les bonnes relations des Etats.

« La guerre civile a troublé le bonheur de la Suisse. Mon Gouvernement s'etait entendu avec les Gouvernements d'Angleterre, d'Autriche, de Prusse et de Russie, pour offrir à ce peuple voisin et ami une médiation bienveillante. La Suisse reconnaîtra, j'espere, que le respect des droits de tous, et le maintien des bases de la Confederation helvetique, peuvent seuls lui assurer les conditions durables de bonheur et de sécurite que l'Europe a voulu lui garantir par les traites.

« Mon Gouvernement, d'accord avec celui de la Reine de la Grande-Bretagne, vient d'adopter des mesures qui doivent parvenir enfin a retablir nos relations commerciales sur les rives de la Plata.

« Le chef illustre qui a longtemps et glorieusement commande en Algerie a desiré se reposer de ses travaux. J'ai confié a mon bien-aime fils, le duc d'Aumale, la grande et difficile tâche de gouverner cette terre française Je me plais à penser que, sous la direction de mon Gouvernement, et grâce au courage laborieux de la genereuse armee qui l'entoure, sa vigilance et son devouement assureront la tranquillite, la bonne administration et la prosperite de notre établissement.

« Messieurs, plus j'avance dans la vie, plus je consacre avec devouement au service de la France, au soin de ses interêts, de sa dignité, de son bonheur, tout ce que Dieu m'a donne et me conserve encore d'activite et de force. Au milieu de l'agitation que fomentent des passions ennemies ou aveugles, une conviction m'anime et me soutient c'est que nous possedons dans la Monarchie constitutionnelle, dans l'union des grands pouvoirs de l'État, les moyens assurés de surmonter tous ces obstacles et de satisfaire a tous les intérêts moraux et materiels de notre chere patrie. Maintenons fermement, selon la Charte, l'ordre social et toutes ses conditions ; garantissons fidelement, selon la Charte, les libertes publiques et tous leurs developpements : nous transmettrons intact, aux generations qui viendront apres nous, le depôt qui nous est confie; et elles nous beniront d'avoir fondé et defendu l'édifice a l'abri duquel elles vivront heureuses et libres. »

Le Ministre de l'intérieur s'est ensuite levé, et, après avoir pris les ordres du Roi, a annoncé que MM. les Députés nouvellement elus étaient admis à prêter serment entre les mains de Sa Majesté. Il a lu la formule du serment, ainsi conçu :

« Je jure d'être fidele au Roi des Français, d'obéir à la Charte constitutionnelle et aux lois du royaume, et de me conduire en tout comme il appartient a un bon et loyal Député. »

Ce serment a eté prêté par MM. Baroche, de Bellonnet, Bert, de Contades, Daudé, Dejean, Dessauret, Germanes, Gudin, Jamin, Magne, Moulin, Osmont, Pagès (de la Haute-Garonne) Ressigeac, Richond des Brus, de Salles, Thil.

Après cet appel, après avoir pris de nouveau les ordres de Sa Majesté, le Garde des sceaux
a dit :

« Au nom du Roi, nous invitons MM. les Pairs et MM. les Députés à se réunir demain, dans le lieu ordinaire
de leurs séances, pour reprendre le cours de leurs travaux. »

Au départ du Roi, Sa Majesté a été reconduite par les mêmes députations qui l'avaient reçue
à son arrivée.

Desquels faits, le Garde des sceaux, par ordre du Roi, a dressé le présent procès-verbal.

A Paris, les jour, mois et an que dessus.   *Signé :* HÉBERT.

INSTALLATION DU BUREAU DÉFINITIF A LA CHAMBRE DES DÉPUTÉS.

Seance du jeudi 31 décembre 1847. — Présidence de M. Sapey, doyen d'âge.

M. SAPEY, *Président.* Messieurs et chers collègues, en vous adressant, avant de quitter ce fauteuil, quelques paroles autorisées par l'usage, et que vous avez souvent accueillies avec bienveillance, je ne puis me
défendre d'une impression pénible partagée par un grand nombre d'entre vous.
Lorsque les esprits s'agitent, et que la situation de la France peut en être affectee, il est du devoir de la
Chambre des Députés, le premier, le plus puissant organe de l'opinion publique, de chercher à rendre le
calme à tous les citoyens : pour atteindre ce but, nous serons tous animés du même sentiment, et nous évi-
terons ces vieilles récriminations, qui ne serviraient qu'a produire de l'irritation au dedans comme au dehors
de cette Chambre.
Notre principale mission, aujourd'hui, c'est de donner satisfaction aux intérêts politiques et matériels du
pays, mais dans les limites posées par la Charte de 1830, que nous défendrions, si elle était attaquée, envers
et contre tous.
Dans l'etat où sont les esprits en France, la marche du Gouvernement représentatif ne pourrait s'arrêter
sans danger ; c'est en vain que vous chercheriez sa durée dans l'immobilité, vous ne l'y trouveriez pas.
Il faut que son action se revèle par des ameliorations successives, mais sagement combinées pour qu'elles
soient durables.
Si vous méconnaissiez ces principes inhérents à tous les gouvernements constitutionnels, vous vous expo-
seriez à jeter le pays dans l'anarchie, le plus grand, le plus affreux de tous les maux.
Ne perdons pas de vue que les longs jours de paix sont ceux des reformes, et que, pour avancer dans la
route des progrès, le calme et la prudence sont indispensables.
Votre sagesse saura faire ce qui est réclamé par l'opinion publique et par le temps, qui n'epargne pas ce
qui s'est fait sans lui.
Par là, vous échapperez aux périls des concessions tardives, et vous obtiendrez l'assentiment et le concours
de tous les hommes modérés et indépendants, dont les vœux appellent une politique ferme et libérale au
dedans, une politique sage et nationale au dehors.
La Chambre me pardonnera ces réflexions, qui m'ont été inspirées par l'amour du bien public et par ma
vieille expérience.

M. Sauzet, Président, après avoir donné l'accolade à M. Sapey, vient occuper le fauteuil.
MM. Saglio, Oger, de Bussières et Lacrosse, secrétaires définitifs, prennent également leur place
au bureau.

M. SAUZET, *Président.* Messieurs, le pays attend toujours avec empressement l'ouverture de nos sessions.
La présence des grands pouvoirs de l'État se prêtant une mutuelle force, et délibérant ensemble sur ses
affaires, accroît sa confiance et sa sécurité.
Ce sentiment est un hommage au Gouvernement représentatif, et mérite en retour toute notre sollicitude.
Que cette sollicitude dirige tous les efforts de cette seconde session ; c'est a elle qu'il est donné de féconder les
travaux de la première, a laquelle nos formes parlementaires ont attribué plus de préparations que de resul-
tats. Le temps est venu de mettre à profit ces investigations laborieuses, ces consciencieuses méditations.
Faisons une grande place a la politique, cette première vie des assemblées représentatives ; mais consacrons
aussi une large part de notre temps aux affaires pratiques, à ces améliorations morales et matérielles si desi-
rées de tous et si dignes de réunir en un seul faisceau les forces parlementaires que divise la politique.
Sachons surtout, par une sage distribution des travaux, remplir efficacement tous les moments de cette session, sans lui imposer cette durée qui lasse toutes les forces et finirait par décourager tous les dévouements.
Votre bureau concourra a cette grande tâche.
Faire respecter par la Chambre la liberté de la tribune, et, par la tribune, la dignité de la Chambre ; maintenir impartialement sur tous, et au profit de tous, la ferme autorité de la règle, telle est la haute mission que
vient de me confier de nouveau la flatteuse persévérance de vos suffrages. Ma fidélité à ces grands devoirs vous
prouvera ma profonde reconnaissance, et nos communs efforts nous mériteront celle du pays.

RÉCEPTION DU 1ᵉʳ JANVIER 1848.

La réception habituelle n'a pas eu lieu, à cause de la mort de S. A. R. Madame la princesse
Adélaïde d'Orléans, décédée à trois heures et demie, dans la nuit du 30 au 31 décembre 1847.

Cette nouvelle a été annoncée a la Chambre des Députés par une lettre du Ministre de l'intérieur, lue dans la séance du 31, et à la Chambre des Pairs par une lettre de M. Guizot, adressée au grand Référendaire, et imprimée dans le *Moniteur* du 1ᵉʳ janvier.

Après la lecture de cette lettre, M. le Président de la Chambre des Députés dit :

« Messieurs, le coup qui vient de frapper Madame la princesse Adélaïde plonge la famille royale dans une vive douleur ; le Roi, surtout, perd la première compagne de sa vie, une âme digne de le comprendre, un cœur dévoué tout entier à l'aimer. De tels liens, resserrés par l'adversité, cimentés par les épanchements journaliers de la plus intime confiance, étaient une des plus grandes douceurs que la Providence eût semées sur cette noble et laborieuse vie consacrée sans partage au pays.

« Le pays n'oubliera pas, dans ses regrets, une princesse qui ne le sépara jamais de l'auguste objet de ses affections, et la vive affliction de ses représentants sera le plus bel hommage à sa mémoire et la plus digne consolation d'une royale douleur.

« Convaincu qu'en effet une demonstration spontanée de la Chambre serait pour le cœur du Roi la plus touchante des consolations, je lui propose de decider, ainsi qu'elle l'a fait dans une autre circonstance non moins douloureuse, qu'elle se rendra immédiatement auprès de Sa Majesté, pour lui porter la triste et respectueuse expression de ses sympathies. »

Cette proposition est accueillie par les marques d'une adhésion unanime. Il est décidé qu'immédiatement après la levée de la séance, M. le Président, accompagné de la Chambre, se rendra aux Tuileries.

On lit, en effet, dans le *Moniteur* du 1ᵉʳ janvier :

« Les deux Chambres se sont rendues aujourd'hui spontanément au palais des Tuileries, empressées d'offrir à Sa Majesté, dans cette douloureuse circonstance, les témoignages de leur respectueuse sympathie et de leur émotion profonde. Un coup qui frappe si vivement le cœur du Roi sera ressenti par la France entière. »

TRAVAUX DES DEUX CHAMBRES.

N° I. — ADRESSE DE LA CHAMBRE DES PAIRS

EN RÉPONSE AU DISCOURS PRONONCÉ PAR LE ROI DANS LA SÉANCE D'OUVERTURE
LE 28 DÉCEMBRE 1847.

NOTE. — Commission : MM. Renouard, le baron de Barante, le duc de Broglie, Villemain, le comte Philippe de Ségur, Passy, Lebrun. Rapporteur, M. le baron de Barante. Lecture du projet, 10 janvier 1848 Discussion, 10 a 18 janvier. Adoption par 144 contre 23 voix. Présentation au Roi et réponse de Sa Majesté, 19 janvier.

PROJET D'ADRESSE

Lu le 10 janvier 1848. Conforme au texte adopté.

M. LE BARON DE BARANTE, *rapporteur*. La Commission qui a été chargée par la Chambre de rédiger un projet d'adresse en reponse au discours de la Couronne a rempli sa mission, apres avoir reçu dans son sein MM. les Ministres du Roi qui avaient des communications à lui faire; elle a pris en grande considération, comme elle le devait, les observations qui lui ont été soumises dans les bureaux sur une première rédaction, et vous presente enfin le projet suivant :

§ 1 — « SIRE, la Chambre des Pairs s'unit à Votre Majeste pour rendre grâce a la divine Providence. D'abondantes récoltes ont mis un terme aux privations et aux souffrances que la cherté des subsistances avait imposées aux classes pauvres et laborieuses. Leur patience courageuse, et la sympathique charité qui partout est venue a leur aide, honorent notre patrie. A aucune autre époque, le calme des populations et la liberte des transactions n'ont contribue autant à diminuer les maux de la disette Le commerce français, par sa prudence accoutumée, a su se preserver des effets de cette crise. L'abaissement du prix des denrées alimentaires va augmenter les autres consommations, le bien-être continuera a s'accroître; la prospérité nationale reprend son cours.

§ 2. — Rétablir la balance entre les dépenses et les revenus est un des premiers devoirs de la legislature Nous nous plaisons à esperer que ce devoir sera accompli.

§ 3. — Si un dégrèvement sur l impôt du sel et sur la taxe des lettres est compatible avec le bon état de nos finances, nous etudierons attentivement le projet qui en réglera les conditions

§ 4. — Le complet et veritable equilibre existera dans nos budgets seulement lorsque les dépenses extraordinaires pourront être soldees par l'excedant des revenus. Il importe néanmoins de terminer les grandes entreprises deja commencées ; elles sont destinees a faciliter les communications, et serviront aux progres de la richesse nationale L'avenir en profitera ; il est juste qu'il y contribue, et le credit public a dû être appelé a l'aide du moment present

§ 5 — Nous reprendrons l'examen des utiles projets de la loi qui, par les ordres de Votre Majesté, avaient été presentes a nos deliberations, et nous accueillerons avec empressement les nouvelles propositions qui auront pour objet d'ameliorer la situation et les habitudes morales des populations.

§ 6 — Nous croyons, avec Votre Majesté, que la paix du monde est assurée. Elle est essentielle à tous les gouvernements et à tous les peuples Cet universel besoin est la garantie des bons rapports qui existent entre les États. Nos vœux accompagneront les progres que chaque pays pourra acquérir dans son action propre et independante. Une ère nouvelle de civilisation et de liberté s'ouvre pour les Etats italiens. Nous secondons de toute notre sympathie et de toutes nos esperances le pontife magnanime qui l'inaugure avec autant de sagesse que de courage, et les souverains qui suivent, comme lui, cette voie de réformes pacifiques ou marchent de concert les gouvernements et les peuples.

§ 7. — La paix des cantons suisses, ces anciens et fidèles amis de la France, a été troublée par des discordes intestines. Il est regrettable qu'une médiation bienveillante n'ait pu prévenir la guerre civile. Nous desirons qu'elle ne laisse point de traces funestes, et que les droits de tous soient respectes. La confédération helvetique reconnaîtra que la situation qui lui est garantie par les traites, conformement à toutes ses traditions historiques, est la base de son repos et le gage de sécurité donné aux États voisins.

(§ *additionnel*) — Sire, la sympathie des nations genereuses reste fidèle à un droit impérissable Votre Majesté, d'accord avec les sentiments de la France, n'oubliera pas une nation opprimee en faveur de laquelle elle a deja protesté.

§ 8. — Nous nous felicitons d'apprendre que les espérances, souvent déçues, du rétablissement de nos relations commerciales avec les républiques de la Plata pourront enfin être realisees.

§ 9. — Sire, nos princes, vos enfants bien-aimés, animes d'un zele patriotique, accomplissent, sous la direction de votre Gouvernement, les devoirs de serviteurs de l État. L'installation du nouveau gouverneur de l'Al-

1

gérie vient d'être signalée par un événement heureux. Il avait été préparé par la guerre que son illustre prédécesseur avait conduite avec une habile activite, par la valeureuse constance de notre armee, et par la sagesse prevoyante qui avait présidé à nos rapports avec le Maroc. Une tàche non moins glorieuse reste à votre digne fils Affermir notre établissement en Afrique, favoriser son developpement, veiller avec une calme assiduite a sa sécurite interieure, lui assurer une administration juste et réguliere, tels sont les bienfaits que la colonie et la mere patrie attendent de la sagesse, de la fermeté et des lumières dont il a déja donne des preuves

§ 10. — De bruyantes manifestations ou se mêlaient aveuglement des idees vagues de reforme et de progrès, des passions ennemies de notre constitution monarchique, des opinions subversives de l'ordre social, et de detestables souvenirs, ont jete de l'inquietude plutôt que de la perturbation dans les esprits. Le Gouvernement a dû y porter son attention Nous sommes persuadés que de telles agitations, tolerees par un regime de liberté, sont impuissantes contre l'ordre public. Oui, Sire, l'union des grands pouvoirs de l'Etat, l'action des lois, la raison publique, suffiront à preserver le repos du pays, a ramener les esprits egarés, a dissiper des espérances insensées. Les dix-sept annees ou notre chere patrie a enfin joui a la fois de l'ordre et de liberte sont autre chose qu'une phase de nos revolutions Cette periode commence une ère durable, et leguera aux generations futures le maintien de la charte, les bienfaits de votre règne et la gloire de votre nom

§ 11. — Sire, puisse la pensee de ce que vous ètes pour la France soutenir vos forces et votre courage, et adoucir les douleurs qui viennent vous atteindre dans vos plus chères affections ! »

DISCUSSION GÉNÉRALE.

Seance du lundi 10 janvier 1848. — Présidence de M. le duc Pasquier, chancelier.

M. LE COMTE D'ALTON-SHÉE. Messieurs, depuis notre dernière séparation, de grands événements se sont accomplis en Europe ; des questions, dont la discussion avait été jugée prématurée quand elles étaient en suspens, ont reçu leur solution ; d'autres nous apparaissent encore incertaines et menaçantes ; mais partout la politique de notre Gouvernement a obéi à une même direction contre-révolutionnaire. Pour le démontrer, il ne suffirait pas de choisir, en l'isolant, la question suisse ou la question italienne, car dans le système du Gouvernement, tout s'enchaîne, tout se lie ; je dois donc parcourir les points principaux de l'Europe ou le systeme s'est révélé par ses actes.

Je commencerai par l'Angleterre : un premier fait, qui n'a pas besoin de démonstration, c'est l'opposition des deux gouvernements anglais et français ; un autre fait, qui n'est pas moins avéré, c'est l'inimitié persistante de lord Palmerston contre le Gouvernement français. Les explications ne different que quant à l'origine. Les amis de lord Palmerston prétendent que cette inimitié date de loin, qu'elle date du jour où lord Palmerston est entré aux affaires, qu'elle est éclose lors de la nomination du prince de Talleyrand, chargé par la monarchie nouvelle de représenter en Angleterre la France régénérée ; elle aurait sa source dans la conviction des intentions, des vues contre-révolutionnaires de notre Gouvernement.

Ses ennemis, au contraire, font remonter beaucoup moins haut cette animosité, et ne lui prètent que les mesquines proportions d'une vanité blessée.

Quoi qu'il en soit, le fait important pour nous à constater, c'est que cette animosité de lord Palmerston l'a porté chaque jour à faire un pas de plus dans la voie libérale ; que, pour satisfaire sa haine, pour être toujours sûr de se rencontrer en opposition avec notre Gouvernement, il n'a cru pouvoir mieux faire que de se jeter dans les bras de la liberté ; tandis que, de notre côté, le Gouvernement, par une suite de concessions, par une suite de preuves monarchiques, a cherché à se faire adopter par les souverains absolus d'Autriche, de Prusse et de Russie.

Nous aurons donc à suivre les effets de cet antagonisme, qui a existé partout, hors sur un seul point, le Portugal, ou les deux gouvernements ont agi de commun accord ; j'en dirai plus tard les motifs.

Et d'abord la Russie. Nos rapports avec la Russie n'ont été qu'une longue succession d'avanies, d'explications, de rétractation de l'acte par lequel, l'an passé, pour satisfaire aux exigences de l'esprit français, nous avons protesté contre l'incorporation de Cracovie et la violation des traités de 1815 par la Russie, l'Autriche et la Prusse.

Deux faits récents ferment cette humiliante série : le premier, c'est l'ordre donné par M. le président du conseil à M. Bakounine, réfugié russe, convaincu d'avoir prononcé, dans une réunion polonaise, un discours qui ne contenait pas précisément le panégyrique de l'empereur de Russie, de quitter Paris dans les vingt-quatre heures, et la France dans trois jours; le second, c'est l'interdiction du banquet dans lequel la fraction aristocratique de l'émigration polonaise a coutume de fêter annuellement son vénérable président, le prince Adam Czartoryski.

A voir ces efforts pour déshonorer notre ancienne réputation d'hospitalité, à voir ces essais de tyrannie contre des étrangers sans patrie, on est tenté de demander au ministère s'il a cédé aux exigences de la légation russe ou à un mouvement de servilité spontané, s'il y a eu de la part de M. le Président du conseil complaisance ou galanterie.

Est-ce là ce qu'il entend par la grande politique, et devons-nous nous consoler de ces honteuses concessions par la grandeur des résultats attendus, par l'espoir d'obtenir un jour de nouveau un ambassadeur français à Saint-Petersbourg et un ambassadeur russe à Paris?

En Autriche, c'est toujours cette même dégradante tyrannie, exercée au nom d'un empereur qui, s'il n'était pas empereur, ne serait pas un simple citoyen, par un vieillard prétentieusement cruel et corrompu... (Murmures.)

M. le Chancelier. Il m'est impossible de ne pas vous dire qu'on ne doit pas parler en termes pareils d'un souverain qui est reconnu par toute l'Europe, qui est souverain par son droit, et que la France reconnaît autant que quelque puissance que ce soit dans le monde. Un tel langage est hors de toute convenance. — *M. le comte d'Alton-Shée.* J'avais toujours cru, je le dirai à la Chambre, qu'il n'y avait, d'après la Charte, qu'une seule personne inviolable et sacrée en France : le Roi des Français. (Murmures.) — *M. le baron de Barante.* Les convenances ne sont pas dans la Charte.

M. le comte d'Alton-Shée. C'est toujours ce même aveuglement des peuples à se laisser imposer le joug : en Hongrie par les soldats recrutés en Lombardie, en Bohême par les Hongrois, et en Lombardie par les Hongrois et les Bohêmes.

Le prince de Metternich, tel est l'allié que l'honorable M. Guizot vous a donné en Suisse, et dont il affecte vainement de se séparer en Italie.

Je l'ai dit, dans ma conviction, notre politique extérieure est contre-révolutionnaire; elle est ultra-royaliste à l'intérieur; sous ces deux aspects, je la crois également funeste, funeste au pays, funeste à ceux qui la mettent en pratique; et cependant, comme la plus mauvaise chose, elle a aussi son bon côté.

Un résultat dont elle est fort innocente d'intention, mais qui n'en est pas moins curieux à observer, c'est qu'en admirant la manière adroite et facile, en apparence, dont notre Gouvernement a su maîtriser l'esprit révolutionnaire, en voyant avec quel art il a su conserver intact le dépôt de l'autorité, en reculer les bornes, l'accroître même au delà de ce qu'il était avant 1830, certains rois ont été tentés par l'esprit d'imitation; ils ont souri à l'idée de gagner tout à la fois en popularité et en puissance.

Ils se sont créé à leur usage un idéal de despotisme constitutionnel, de tyrannie pleine de formes, embellie de fictions représentatives. C'est cet exemple, c'est ce rêve flatteur qui a entraîné le roi de Prusse. Mais il ne s'est pas suffisamment rendu compte des difficultés de la tâche qu'il allait entreprendre; il n'a pas bien compris qu'une fois lancé dans cette voie libérale, reculer, s'arrêter même, était à peu près impossible. Il n'a pas senti enfin que, de nos jours, il n'est plus donné à un roi légitime de duper la liberté.

De là tous les embarras qui, depuis près d'un an, ont contristé l'existence de ce monarque. Sa volonté s'est dédoublée en quelque sorte; il veut et ne veut pas. Il prend sur lui cette détermination de convoquer les états généraux ; il annonce des réformes; il reçoit à l'avance des applaudissements de ses sujets éblouis; puis, au jour fixé, il prononce un discours d'ouverture dans lequel il déclare :

« Que, tout en contemplant avec l'admiration la mieux méritée cet exemple sublime d'une volonté ferme, qui, animée d'un esprit de suite inflexible et d'une haute sagesse, a réussi à arrêter, à comprimer et à apaiser ce que l'ordre de choses (constitutionnel) renferme

1.

d'éléments alarmants, il est décidé cependant à ne jamais permettre qu'une feuille écrite vienne s'interposer pour jouer le rôle d'une seconde Providence entre lui et la Prusse. »

La conséquence de cette marche boiteuse entre le despotisme et la liberté, c'est que toutes les fois que Frédéric-Guillaume est vraiment roi, comme dans la question suisse, nous recherchons son alliance, et que, toutes les fois au contraire qu'il penche vers le libéralisme, il se rapproche de l'Angleterre.

En Espagne, depuis longtemps déjà, l'antagonisme marche à découvert ; ce sont toujours les deux gouvernements anglais et français se faisant la guerre avec les Espagnols. Toutefois je suis heureux de constater que, sur ce point unique de la carte d'Europe, nous avons momentanément le dessus. Il y a deux mois, c'était autre chose ; il y a deux mois, M. Bulwer gouvernait Serrano, qui, à son tour, gouvernait l'Espagne. Mais, Serrano ayant préféré la richesse à la puissance, nous triomphons.

Toutefois, Messieurs, soyons modestes dans le succès ; depuis deux mois nous avons réussi à écarter de la reine toutes les influences ; depuis deux mois notre surveillance n'a pas été un instant en défaut ; mais qui pourrait répondre de l'avenir ?

N'est-ce pas en Espagne, si j'ai bonne mémoire, que Beaumarchais a placé la scene de *la Précaution inutile ?*

Et à ce sujet une réflexion :

N'est-il pas vraiment bien singulier, au temps ou nous vivons, de voir les représentants de deux grandes nations tour à tour, l'un puissant par la fidélité, l'autre par le caprice, l'un duègne et l'autre entremetteuse? (Réclamations.)

Si l'Espagne est le seul théâtre de nos succes, le Portugal est le seul exemple des deux politiques anglaise et française agissant d'un commun accord.

Il est vrai qu'en Portugal il ne s'agissait de rien moins que d'étouffer la liberté. Messieurs, cette conduite est trop conforme au reste de notre politique pour qu'il soit nécessaire de s'y appesantir ; mais il est indispensable d'expliquer comment lord Palmerston, le seul champion de la cause libérale dans la sainte alliance, a pu commettre ces graves infractions à ses principes de liberté. A l'epoque d'un mouvement révolutionnaire dans le midi de l'Europe, en septembre 1820, une insurrection renversait le gouvernement du Portugal : elle imposait au souverain une constitution libérale analogue à celle de 1802. L'une des premieres mesures prises par le nouveau gouvernement fut le renvoi de tous les Anglais attachés à l'armée, et l'intention clairement manifestée de soustraire le Portugal à l'influence britannique. De là, Messieurs, une première raison de la part du gouvernement anglais pour se montrer par la suite constamment défavorable aux septembristes ; c'est le nom qu'on a donné aux partisans de cette constitution.

La constitution dura peu : elle subit le contre-coup de l'entrée des Français en Espagne, et l'autorité royale devint de nouveau sans limites.

En 1826, don Pedro, succédant à son père, promulgua, à l'instigation de M. Canning, une charte calquée *mot pour mot* sur la charte anglaise, et qui n'avait d'autre inconvénient que de ne s'approprier en rien à l'esprit, aux mœurs, à la religion du pays ou elle etait destinée à fleurir. Apportée d'Angleterre par sir Charles Stuart, ambassadeur *ad hoc*, elle devint la source d'agitations et de guerres civiles qui ne se terminerent qu'en 1834 par l'expulsion de don Miguel.

Remise de nouveau en pratique par l'avénement de dona Maria, la charte, des 1836, fut renversée par un nouveau soulevement septembriste, malgré les efforts des chartistes et l'appui énergique de l'Angleterre. En 1842, une sédition de la garnison de Lisbonne, fomentée par la cour, comme toujours secondée par l'Angleterre, renversait la constitution et rétablissait la charte de M. Canning. L'Angleterre triomphait.

Mais cette charte, objet des prédilections paternelles du Gouvernement anglais, était loin de satisfaire au même degré dona Maria et son royal époux, le prince Ferdinand de Cobourg. Toutes mitigées que fussent les formes représentatives, elles leur étaient encore à charge ;

un ministre favori, Cabral, sut les en débarrasser : il faussa et viola la charte dans ses dispositions les plus essentielles. L'augmentation excessive des impôts, la brutale fiscalité de la perception, devinrent odieuses a ce point au peuple portugais, qu'en 1816, à Guimaraes, une émeute de femmes donna le signal de la révolte ; elle gagna bientôt le Portugal, qui tout entier se prononça contre le favori.

De son côté, la cour y répondit par un décret du 17 octobre, dans lequel elle supprimait toute charte et toute constitution, et attribuait à dona Maria le pouvoir absolu.

Le pays, s'étant levé en masse, mit la cour à la dernière extrémité. Une junte établie à Oporto prononça la déchéance de la reine. Cette princesse, refugiée a Lisbonne, soutenue seulement par une faible garnison et par la présence de la flotte anglaise, se retourna alors et implora les souverains étrangers. Son mari, le prince Ferdinand de Cobourg, s'adressa directement à son oncle Léopold de Cobourg, roi des Belges, puis pressa de ses plus vives instances la reine Victoria par l'intermédiaire de son cousin le prince Albert de Cobourg.

Deux motifs, que j'ai déjà indiqués, pouvaient déterminer lord Palmerston à se prononcer en faveur de dona Maria : le premier, c'est ce fait que les septembristes victorieux, fideles à leurs précédents, se montreraient peu favorables à l'influence britannique ; le second était l'espoir de retablir par une contre révolution cette Charte, d'importation anglaise.

Un troisième motif fut décisif ; le voici :

En Angleterre, même après cent cinquante ans de pratique, le Gouvernement constitutionnel a encore ses misères. Le ministère de lord Palmerston, soutenu de la bienveillance particuliere de la reine Victoria, est non-seulement un ministère parlementaire, mais il est encore, il est surtout, un ministère d'affection. C'est un rôle dont il a dû subir les conséquences. Pour se maintenir dans les bonnes grâces de sa souveraine, peut-être aussi pour avoir ses coudées plus franches en Suisse et en Italie, lord Palmerston a cru pouvoir, en cette occasion, laisser de côté les grands principes libéraux et faire un peu de politique conjugale. Un congrès a donc eu lieu a Londres, et nous, pour mieux dire, notre Gouvernement, Gouvernement issu de la revolution de Juillet, choisi pour remplacer Charles X coupable d'avoir violé ses serments, s'est senti pris tout à coup d'une grande sympathie pour la reine parjure.

De la, Messieurs, le protocole du 21 mai, qui, en échange de l'intervention que les Puissances promettaient a la Reine, lui imposait trois conditions : d'abord, de rapporter le décret qui lui conférait le pouvoir absolu ; 2° une amnistie genérale ; 3° de ne plus employer les ministres impopulaires qui avaient été la cause première de la révolte. Ce traité de la nouvelle quadruple alliance obtint ce double succes, qu'il fut tout a la fois repoussé par la junte et par la Reine : par la junte, cela est facile a comprendre, puisqu'il n'offrait aucune garantie sérieuse de la fidelité de la Reine a tenir ses nouveaux engagements ; par la Reine, comme inconciliable avec la dignité de la Couronne. Cependant les evenements marchaient. L'armee septembriste, embarquée a Oporto, faisait voile vers Lisbonne. Pressée par l'imminence du danger, dona Maria accepte immédiatement les conditions du traité ; immédiatement aussi l'escadre anglaise, sans declaration de guerre, sans avertissements préalables, s'empare de la flottille constitutionnelle et l'amène prisonnière à Lisbonne. Ainsi, Messieurs, grâce a notre concours, grâce à l'union d'un jour des deux Gouvernements de France et d'Angleterre, a eté étouffée la plus légitime des révolutions ! Quant à la Reine, je n'ai pas besoin d'ajouter que, fidele à ses habitudes, elle a déja violé de nouveau ses serments. (Murmures.)

Nous sommes en Suisse. Avant d'examiner quelle a été la conduite de notre Gouvernement et de ses augustes alliés, vidons d'abord la question elle-même : elle est complexe, mêlee, dans des proportions diverses, de religion et de liberté. Elle touche à la religion par un seul point, l'expulsion des jesuites ; elle est politique à trois degrés : liberté cantonale, droit de la minorité des cantons de se former en ligue séparée, droit de revision du pacte

fédéral. Une délibération de la majorité de la diète, douze cantons et demi sur vingt-deux,
a prononcé, il y a trois mois, le renvoi des jésuites du territoire de la république fédérale.
Par cette expulsion, la liberté religieuse des catholiques était-elle atteinte ? La majorité de
la diète, l'immense majorité des citoyens suisses, la plupart des libéraux de France et d'Italie disent non : ils soutiennent que l'ordre des jésuites, comme l'inquisition, comme les
prétentions temporelles des papes, comme la religion d'État, comme les rois de droit divin
et comme tant d'autres dérivés du catholicisme tombés en oubli, n'est qu'une adjonction
parasite à cette religion ; que, créés dans un esprit de lutte à l'époque où naissait la réforme, les jésuites n'ont rendu de si immenses services à l'Eglise que parce qu'ils ont été
constamment et partout les apôtres de l'intolérance contre le protestantisme et l'esprit d'examen, que leur institution est plus politique encore que religieuse, que dans l'origine ils ont .
tenté l'établissement de la théocratie même contre les rois ; que, pour ces faits et pour bien
d'autres, ils ont été chassés d'abord des pays conquis à la liberté religieuse, puis des monarchies de France, de Portugal , d'Espagne et de Prusse, et qu'enfin ils ont été supprimés
par la papauté elle-même dans la personne de Clément XIV. Ils ajoutent qu'a l'époque de
notre grande révolution, en 1789, l'ordre a subi une entière et complète transformation ;
que, vaincus par l'imminence du danger, ils ont ajourné à des temps meilleurs la lutte en
faveur des souverains pontifes contre les princes de la terre, et qu'ils sont devenus depuis
cette époque les champions acharnés de l'autorité absolue spirituelle et temporelle des papes
et des rois ; qu'à ce titre ils devaient être expulsés de tous les Etats constitutionnels, et
spécialement du territoire de la république fédérale ; qu'enfin, par leur tendance, leurs
menées, leur travail de tous les instants, ils étaient en Suisse un obstacle invincible a la liberté qui marchait vers l'unité.

Ces considérations sont puissantes, sans doute ; mais nous n'avons pas, quant à présent,
à examiner s'il fallait préférer la liberté religieuse, momentanément compromise, à la liberté
politique, à l'unité, à la nationalité.

Une seule question nous occupe : par l'expulsion des jésuites, la liberté religieuse du catholicisme était-elle violée ? La minorité de la diète dit oui, et, sur ce point, je dis comme
la minorité. Oui, l'ordre des jésuites, approuvé par tous les papes a l'exception d'un seul ,
fait partie intégrante du catholicisme ; il n'est pas une branche parasite, mais l'arbre lui-
même et le cœur de l'arbre. (Réclamations.) Il résume à leur plus haute puissance les trois
conditions vitales de cette religion, la foi, la soumission et le prosélytisme. Ainsi donc, ordonner le renvoi des jésuites des cantons qui les avaient appelés, c'était faire faire violemment à ces cantons le premier pas, et le plus important de tous , vers la suppression des ordres
religieux ; c'était leur imposer l'hérésie, c'était substituer à l'autorité spirituelle du pape l autorité politique d'une diète protestante en majorité.

Et qu'on ne dise pas que le pape n'a pas pris une part officielle au débat. Vous connaissez,
tout le monde connaît Pie IX ; sa douceur, sa bonté, son humanité, sont des dogmes admis,
même parmi ceux qui ne sont pas chrétiens.

Et lorsqu'il pouvait d'un mot prévenir la guerre civile, empêcher des massacres, empêcher l'oppression d'une minorité presque entièrement catholique par une majorité protestante,
ce mot, par indifférence, il ne l'aurait pas prononcé ! Non, Messieurs : si, malgré les plus
pressantes sollicitations, Pie IX n'a pas ordonné le rappel des jésuites, c'est qu'il était douloureusement convaincu que, par une telle concession, il se fût rendu coupable d'une lâcheté
et d'un mensonge ; même pour épargner le sang des hommes , il n'a pas voulu renier la religion dont il est le chef suprême.

Messieurs, ce n'est pas tout : quelque éloquent qu'eût été son silence, il ne l'a pas gardé,
et précisément à l'époque où les troupes radicales marchaient contre le Sonderbund, protecteur des jésuites, dans une lettre publiquement adressée au révérend père Perroné, jésuite, il donnait à l'ordre tout entier un éclatant témoignage de son affection, il se déclarait
plein d'estime et de respect pour la glorieuse société de Jésus. Bien plus, lorsqu'a Rome,

ces jours derniers, des manifestations solennelles et populaires fêtaient le triomphe des radicaux sur les jésuites, son cœur catholique s'est ému, et, pour la première fois, sa bouche chargée d'amertume a fait entendre le langage menaçant du monarque à ses sujets impies.

L'existence des ordres religieux est donc l'essence du catholicisme, et l'ordre des jésuites est le plus religieux de tous les ordres. Il n'y a pas à en douter, par l'expulsion des jésuites la liberté religieuse du catholicisme était violée ; mais ce fait posé, laissez-moi vous en montrer les graves conséquences.

Oui, en Suisse, le catholicisme était en cause ; mais il a, il faut le dire, honteusement succombé, et avec quelle aggravation de circonstances accablantes ! Au dehors, le monde catholique s'est à peine aperçu de sa défaite ; nous admirerons plus tard les efforts des rois, de la diplomatie ; mais les peuples catholiques, en Allemagne, en France, en Italie, qu'ont-ils fait ? Ils ont été indifférents là ou ils n'étaient pas hostiles.

En Allemagne, les sujets de la catholique Autriche, qui, à coup sûr, ne couraient pas le risque, par des manifestations, d'attirer sur eux la colère de leur Gouvernement sont restés muets, insensibles aux dangers comme aux souffrances de leurs coreligionnaires.

En France, cette majorité de catholiques consignée dans la Charte, qu'a-t-elle imaginé ? cette ardeur renaissante des fils des croisés, qu'a t elle produit ? Une souscription, et quelle souscription ! Même avec le concours accepté des royalistes de la branche aînée, deux grands débris, l'autel et le trône, l'*Univers* et l'*Union monarchique*, après trois mois d'efforts, sont parvenus à réunir une somme de 100,000 francs, tout au plus, pour la sainte cause.

Enfin, Messieurs, en Italie, à Florence, à Turin, partout, sympathie pour les radicaux vainqueurs, malediction pour les jésuites vaincus.

A Rome même, centre de la catholicité, ainsi que je le disais tout à l'heure, les citoyens de la ville éternelle fêtaient jusque sous les yeux du Saint-Père la défaite des catholiques. Cela est grave, Messieurs.

Voila pour le dehors ; voyons en Suisse :

Qui de vous, à l'approche d'une guerre civile éclatant dans un pays voisin, chez un peuple ami, ne s'est senti vivement ému ? Qui de vous a pu penser sans frémir aux torrents de sang qui allaient se répandre, à la furie de l'attaque, à l'énergie désespérée de la défense, à cette succession de tueries interminables ? Consultez vos souvenirs, relisez vos correspondances quasi-officielles, les articles des bons journaux : c'était d'abord Fribourg, qu'il fallait investir ; Fribourg, la ville des jésuites, et la cité future des martyrs, mal fortifiée, il est vrai, mais protégée par un rempart vivant de défenseurs fanatisés.

Le premier obstacle franchi, venait Lucerne, la capitale du Sonderbund, protégée par des fortifications, et dans laquelle la ligue avait rassemble son état-major, ses hommes d'Etat, son trésor. La, l'habileté des chefs venait encore en aide à l'intrépidité des soldats ; le nombre seulement, à la longue, pourrait triompher de cette résistance opiniâtre, si, cependant, les neiges ne venaient pas, suivant toutes les probabilités, ajourner la victoire des radicaux à la campagne prochaine.

Enfin, pour ce cas extrême ou l'hiver ne combattrait pas pour la ligue et où la Providence ne se prononcerait pas humainement en sa faveur, Underwald et Schwig, les cantons montagnards, offraient au Sonderbund une retraite impénétrable d'où il pouvait encore harceler l'ennemi. Tout cela était dit, répété, imprimé, et cru par l'Europe monarchique ; et plus on approchait des régions du pouvoir, plus les renseignements sur la durée de cette guerre fratricide devenaient effrayants.

Voyons les faits :

L'armée radicale, conduite par un chef habile et un grand citoyen, le général Dufour, se présente devant Fribourg. Les assiégés demandent vingt-quatre heures de réflexion ; puis, comme on dit, la nuit porte conseil, et la ville ouvre ses portes.

Pendant ce temps, que devenaient les jésuites? Ils avaient promis la victoire, annoncé des miracles, distribué des médailles à la Vierge, talismans d'invulnérabilité; enfin, par un ensemble de supercheries plus ou moins grossières, ils avaient cherché à attiser le fanatisme de leurs crédules partisans. Mais eux, la cause, les instigateurs, l'âme de la guerre civile, quelle magnifique occasion se présentait à eux! Il n'était plus besoin d'aller à travers de pénibles voyages, en Chine, en Océanie, conquérir la palme du martyre; ils etaient tout portés, la récompense immortelle marchait au-devant d'eux. Les ingrats, ils l'ont dédaignée, et comme de vils matérialistes ils ont cherché leur salut ici-bas dans la fuite.

A peu de chose près, à la différence d'une légère résistance, Lucerne a imité Fribourg. Et les chefs? dira-t-on.

Oh! les chefs! ils ont abandonné d'abord les canons de l'honorable M. Guizot, puis ils ont sauvé la caisse, la caisse pleine de l'or envoyé par M. de Metternich.

Ainsi, Messieurs, grâce à l'ensemble, à l'énergie, a l'activité des opérations de l'armée radicale, en douze jours, la Suisse est pacifiée. Douze jours suffisent pour apaiser cette querelle de famille.

De tout cela que faut-il conclure? Y aurait-il par hasard une Suisse brave, belliqueuse, la plus considérable heureusement, et une autre Suisse impropre au métier des armes, efféminée, lâche en un mot? Non, Messieurs; dans ma conviction, les vaincus etaient braves à l'égal des vainqueurs. Mais la mollesse de la resistance tenait à d'autres causes. C'est que d'abord ces passions contre-révolutionnaires, dont on a tant parlé, n'existaient chez les Suisses du Sonderbund qu'à l'état de supposition; c'est que cet esprit de révolte contre les décisions de la diète n'était qu'un fantôme, un ballon soufflé par les jésuites et les Puissances étrangères; c'est que la foi religieuse elle-même, quand elle n'est pas, comme en Pologne, vivifiée par le sentiment de la nationalité expirante, ou bien, comme en Irlande, par le besoin de conquérir l'égalité des droits politiques, quand elle est abandonnée à ses propres forces, sans l'assistance de la liberté, va s'éteignant par toute l'Europe.

Depuis des siecles, les miracles ont disparu, et, aujourd'hui, les martyrs font comme les miracles!

Seule, la foi politique a de nos jours la puissance de créer des martyrs. Voyez la Pologne! voyez l'Italie! ne fournissent-elles pas chaque année au czar, au roi de Naples et au duc de Modene leur glorieux contingent? Et en France, qu'étaient donc ceux qui sont morts en 1830? Mais je veux vous citer un exemple plus concluant encore. Aux 5 et 6 juin 1832, à l'issue d'une cérémonie funèbre, quelques hommes, ivres d'enthousiasme et fous de liberté, tentaient au sein de Paris une insurrection sans écho. Le Gouvernement fait son devoir; la garde nationale et l'armee s'unissent pour marcher contre eux, une artillerie formidable les assiege, 60,000 hommes les cernent de tous côtés. Cependant que font nos fanatiques? Comptent-ils le nombre de leurs ennemis? Peuvent-ils un instant rêver la victoire, la lutte même? Demandent-ils a capituler? Non. Le nombre qui écrase et l'humanite qui pardonne restent également sans influence sur leur determination si désespérée; jusqu'au dernier, ils périssent les armes à la main. Combien est grande, Messieurs, la puissance de la liberté, puisque sa plus fausse, sa plus lointaine apparence, l'anarchie, empruntant sa voix et sa figure, crée encore des martyrs! (Murmures. — Agitation.)

Aussi, Messieurs, qu'une imprudente audace succède aux hésitations, au désaccord, a la peur, chez les despotes de la sainte alliance, et vous verrez alors tous les Suisses d'un égal courage, d'un même héroisme, combattre pour la liberté refugiée sur leur territoire.

Un dernier motif du peu de resistance qu'ont rencontré les radicaux, et sur lequel j'appelle toute votre attention: c'est l'appui de l'étranger. Seul il suffisait pour perdre la cause du catholicisme en Suisse, parce qu'il justifiait toutes les accusations dont les jésuites étaient l'objet. Ce fut la répétition de cette faute si fatale a la religion, avant 1830, en France, l'union de l'autel avec le trône, avec cette énorme, cette coupable aggravation qu'en Suisse c'etait l'union de l'autel avec les trônes etrangers. Entre les jesuites attendant, pour montrer du courage, l'entrée des satellites autrichiens et la coopération douteuse des soldats d'une France contre-révolutionnaire, et le noble chef de l'armée radicale repoussant, dans une lettre qui restera un souvenir glorieux de notre époque, l'assistance des réfugiés polonais, la lutte était impossible.

Maintenant, Messieurs, avec la même franchise abordons la question politique :

Par l'expulsion des jésuites imposée à la minorité, aux sept cantons, l'indépendance cantonale est-elle violée? Évidemment oui. L'indépendance cantonale, aussi bien que catholique, reçut une rude atteinte, rien ne sert de le nier; mais toutes les fois que l'indépendance cantonale deviendra un obstacle et un danger pour la liberté nationale, pour la vraie liberté, il faut qu'elle succombe. La vraie liberté a des signes auxquels il est impossible de la méconnaître; elle s'appuie sur l'unité : c'est elle qui tend à joindre ce qui est séparé, qui supprime les cantons, les provinces, et réunit les hommes en corps de nation. La fausse, au contraire, c'est celle qui divise, qui morcelle, qui oppose à l'intérêt général l'intérêt de localité, a la grande cause nationale la nationalité de clocher, qui tendrait de faire de chaque millier d'hommes un peuple différent; c'est la liberté dans son enfance; c'est, pour me servir d'une expression favorite de l'honorable M. Guizot, *la petite liberté.*

Et d'ailleurs ce procès a été jugé en France, il y a soixante ans; en France, depuis soixante ans, la cause est entendue, et la victoire a prononcé. En 89, et même pendant les premiers temps de notre révolution, l'esprit de province a eu ses égoïstes partisans qui attaquaient l'unité comme attentatoire aux anciens droits, aux anciens privilèges. Qui donc aujourd'hui oserait reprendre à son usage les arguments d'un parlement de Bretagne ou de Dauphiné? qui donc oserait aujourd'hui se faire de nouveau l'avocat de cette cause si justement perdue?

Ce que nous avons trouvé bon pour nous, ce qui, plus que tout, a contribué à nous élever en force et en grandeur, à maintenir intact notre territoire, de quel droit irions-nous trouver mauvais qu'un peuple ami cherche également à se le procurer?

On invoque les traités de 1815 ! Messieurs, est-ce bien nous, révolutionnaires de 1830, qui irions nous appuyer sur de pareils traités? traités percés à jour, traités sans cesse invoqués, mais sans cesse violés; filets dont déjà tous les gros poissons ont brisé les mailles; et cela lorsqu'il y a un an, dans une protestation aussi solennelle qu'elle était vaine, nous avons déclaré que, par la violation de ces traités par l'Autriche, par la Prusse et par la Russie, nous nous en trouvions affranchis., et les autres nations aussi probablement.

Reste la troisième question : les sept cantons avaient-ils le droit de former une ligue séparée, ayant sa politique, son armée, ses finances? Évidemment, Messieurs, poser une pareille question, c'est la resoudre. De la part de la diete, reconnaître un pareil droit, tolérer seulement plus longtemps l'existence d'un pareil fait, c'était consentir au démembrement de la patrie, c'était admettre deux Suisses. De la part des sept cantons, défendre par les armes ce monstrueux privilège, c'était recommencer la Vendée.

Reste la révision du pacte fédéral. Évidemment, soit qu'on consulte les traités de 1815, soit qu'on les laisse dormir dans leur cercueil, en équité comme en droit, à la diete seule appartient de reviser ou de transformer le pacte fédéral.

Ainsi, sur les quatre questions que je m'étais proposé d'examiner, les deux premières laissent au Sonderbund une apparence, rien qu'une apparence de raison ; sur les deux dernières, il n'a pour lui, ni l'apparence, ni la réalité, ni la forme, ni le fond. Et cependant ce n'est pas à coup sûr le motif de défendre la liberté religieuse qui a si fort excité notre Gouvernement en faveur du Sonderbund; il l'a protégé trop peu au dedans pour s'en faire le champion au dehors. Ce n'est même pas l'indépendance cantonale; mais ce qui a réuni les efforts de la France, de l'Autriche et de la Prusse, c'était le désir d'avoir, à côté d'une Suisse démocratique, une Suisse aristocratique; c'était le désir de maintenir le *statu quo* du pacte fédéral, parce que ce pacte, tel qu'il est, est un obstacle invincible a l'unité; ce qu'il fallait empêcher a tout prix, disons le, c'est qu'il y eût entre l'Allemagne, qui dort encore, la France qu'on voudrait bien endormir, et l'Italie qui se réveille, une nation libre, unie, belliqueuse, offrant ce détestable exemple d'une république sans desordre, pleine de vie et d'avenir. Là était tout le danger.

Voyons donc, Messieurs, comment les trois Puissances s'y sont prises pour empêcher ce résultat, pourquoi elles ont cru nécessaire de s'associer l'Angleterre, et enfin comment lord Palmerston a su déjouer ces beaux projets. Tous les partisans sincères du Sonderbund, y compris les commissaires de notre Adresse, étaient d'avis, non sans raison, qu'il fallait intervenir avant que la guerre eût éclaté, qu'il fallait intervenir alors que le fantôme n'était pas évanoui, alors que la diete elle-même, n'ayant pas encore fait l'essai de sa force, pouvait hésiter à entamer la lutte, alors surtout qu'on pouvait colorer cette intervention du prétexte de l'humanité, du desir de prévenir l'effusion du sang. Le premier plan de l'honorable M. Guizot, tel que nous le trouvons consigné dans les pieces qu'il a bien voulu nous communiquer, était singulier : il consistait à attendre que le sang eût coulé longtemps, et seulement lorsque la guerre civile aurait fait tout le mal qu'elle pouvait faire, lorsqu'elle serait arrivée à son apogée, et, sur les instances reitérées du Sonderbund, à nous presenter alors comme intermédiaires, soit pacificateurs, soit belliqueux. Nous aurions aimé à continuer plutôt qu'a prévenir la guerre civile, a mettre violemment les vainqueurs à la raison. Ce plan n'a pas duré longtemps. Vaincu par l'éloquence de Metternich, entraîné par les considérations humanitaires de cet organisateur des massacres de la Gallicie, l'honorable M. Guizot s'est rendu à la méthode préventive. A dater de cette époque, il a fait tous ses efforts pour en hâter le succès ; malheureusement il a cru ne pas pouvoir se passer du concours de l'Angleterre. On l'en a beaucoup blâmé ; quant à moi, je suis heureux de rencontrer cette rare occasion de prendre sa défense.

Se passer du concours de l'Angleterre, c'eût été une imprudence bien dangereuse, c'eût été une démarche bien grave et bien légère tout à la fois de la part de notre jeune monarchie parée de ses dix-sept printemps, de se lancer ainsi toute seule dans l'intimité des rois absolus, et de faire, dans leur compromettante société, ses débuts contre la liberté. L'Angleterre, monarchie constitutionnelle d'un âge respectable, était un chaperon indispensable. M. Guizot l'a senti ; il a demandé instamment le concours de l'Angleterre. Lord Palmerston l'a accordé ; mais comment et à quelles conditions ? Un refus net et brutal eût été dangereux, il eût pu donner lieu, de la part de M. le Président du Conseil débarrassé de la surveillance des Chambres, à quelque détermination désespérée. Lord Palmerston a gagné du temps, il ne s'est pas pressé d'ouvrir nos dépêches, et encore moins d'y répondre. Au cri d'alarme poussé par notre ministre, le 4 novembre, était joint un modele de note identique, à présenter par les cinq Puissances à la Diète et au Sonderbund.

On rappelait dans cette note que, par le fait de la guerre civile, la Confédération avait cessé d'exister ; on rappelait les Suisses à la reconnaissance envers les traités de 1815 ; on offrait une médiation, mais précédée de la cessation immédiate des hostilités ; enfin, en cas de refus, on déclarait qu'on se verrait contraint de ne plus consulter que ses devoirs comme membres de la grande famille européenne, et ses propres intérêts ; puis venait le mot consacré : *on aviserait.*

Le 16 novembre, lord Palmerston répondait ; son langage était modéré, amical à l'égard de la Suisse, plein de hautes raisons, tel en un mot que la France peut cette fois l'envier à l'Angleterre : il maintenait l'existence de la Confédération ; il proposait, comme condition première de toute pacification, le retrait des jésuites ; il protégeait, il est vrai, l'indépendance cantonale, mais exigeait la dissolution du Sonderbund, laissait en dehors, pour être résolue par la Diète, la révision du pacte fédéral ; au cas enfin où cette médiation amicale et bienveillante serait repoussée, il ne reconnaissait à aucune Puissance le droit d'intervenir par les armes.

Comme on le voit, entre les deux Gouvernements et entre les deux notes il y avait opposition presque sur tous les points. Cependant le Gouvernement français avait un tel besoin du concours de l'Angleterre, que des concessions importantes furent faites et transmises à notre ambassadeur M. le duc de Broglie. Enfin, le 28 novembre, lord Palmerston, ayant une dernière fois examiné attentivement l'état du malade, lui ayant une dernière fois tâté le pouls, après avoir consulté sa montre, a signé la note à remettre au Sonderbund.

Malheureusement le Sonderbund était mort.

Ainsi, Messieurs, finit, faute de combattants, cette brillante campagne de la diplomatie de la sainte alliance, dans laquelle l'odieux des intentions le dispute au ridicule des résultats.

Enfin, Messieurs, passons à l'Italie. Rien ne peut donner une juste idée du degré du désordre et d'ineptie auquel était arrivé le Gouvernement pontifical dans les derniers temps de l'administration grégorienne, rien, excepté ce fait, que l'Autriche elle-même, si intéressée à faire désirer, par l'excès du mal, son joug à l'Italie, commençait à trouver que le mal allait trop loin.

C'est dans ces conditions que fut élu Pie IX. Aussi ses premiers efforts pour introduire quelques réformes administratives et débrouiller ce chaos ont-ils rencontré d'abord peu d'opposition de la part de l'Autriche, et l'approbation complète de notre Gouvernement.

Mais là ne se bornait pas sa mission. Un progrès en appelle un autre ; et, par les améliorations administratives qu'il venait d'introduire, Pie IX fut amené invinciblement à proposer des améliorations politiques. Un séjour de plusieurs années dans les républiques espagnoles l'avait familiarisé avec les idées libérales ; guidé par un esprit de tolérance, il relève les juifs de certaines servitudes ; il reçoit, il accueille un ambassadeur turc ; il consent à s'aboucher avec l'envoyé schismatique du czar ; enfin il appelle de tous ses vœux la présence de l'envoyé anglais près le saint-siége.

Ce n'est pas tout : pour mener à bien ses premières réformes administratives, il avait dû s'entourer d'hommes probes, énergiques, intelligents, tels que le cardinal Ciacchi, le cardinal Ferretti et le célèbre père Ventura. Ces hommes éminents travaillèrent de concert à faire sentir au pape que la liberté devait profiter surtout à la religion. Dans une succession de discours admirables, prononcés avec l'approbation pontificale, le père Ventura, en hardi penseur, proclamait hautement l'alliance du catholicisme et de la liberté.

Il faisait entendre ces admirables paroles : « que les peuples avaient tant souffert du despotisme, et depuis si longtemps, qu'ils n'accepteraient désormais la religion que des mains de la liberté ! » Le pape osa le croire, et agit en conséquence.

A dater de cette époque commencent les menaces de l'Autriche, et aussi les remontrances de M. le comte Rossi, notre ambassadeur à la Cour pontificale. De la part de l'Autriche, l'effet suit la menace : les Autrichiens s'emparent de Ferrare. A cette agression brutale et inattendue, le pape répond par la protestation énergique du cardinal Ciacchi, par la formation immédiate de la garde civique, et par un appel public à son peuple et au monde civilisé.

Nos remontrances redoublent, nos conseils deviennent plus sévères, et le Gouvernement du Roi se plaint amèrement par l'organe de son ambassadeur, exprime son profond regret de ce que Pie IX, négligeant la voie suivie jusque-là, ait cru devoir faire un appel aux peuples, au lieu de remettre aux rois la solution des difficultés survenues à Ferrare.

Au nom du pape, le cardinal Ferretti repousse avec dédain les lâches conseils de notre diplomatie ; rompant avec la routine, il déclare formellement que l'Italie saura se suffire à elle-même. A la voix du pape tout s'émeut, les patriotes s'arment, les manifestations populaires se multiplient et maintiennent le feu sacré. Les transtévrins ont leur chef, Cicervicacchio, qui les exalte et les modère à son gré ; il n'y a ni carbonari ni modérés, il n'y a que des citoyens marchant derrière Pie IX à la conquête de leur indépendance. Les Suisses eux-mêmes, honteux d'avoir servi trop longtemps d'instruments à la tyrannie, demandent, en expiation, à marcher les premiers contre les Autrichiens. L'enthousiasme gagne l'Italie, la Toscane, le Piémont ; Léopold et Charles-Albert s'empressent d'imiter un si noble exemple, et, avec son adhésion, Charles-Albert apporte au souverain Pontife une armée vaillante et disciplinée de 150,000 combattants. La protestante Angleterre offre contre l'invasion des Autrichiens ses marins et ses vaisseaux.

Et la France? La France, représentée par l'honorable M. Guizot, rêve en ce moment la formation à Rome d'un parti conservateur à l'instar de Paris. Conservateur de quoi? Des abus probablement, car tout était à réformer.

A part l'attitude de notre Gouvernement, ce mouvement était si beau, si grand, si universel, il y avait une telle association du catholicisme et de la liberté, que si cela eût duré plus longtemps, le catholicisme pouvait ravir au protestantisme et disputer à la philosophie elle-même l'honneur d'être la religion de la liberté.

Et qu'on ne s'étonne pas de m'entendre tenir un pareil langage.

On ne devient pas, je le sais, chrétien par admiration. Mais nous qui ne sommes ni catholiques, ni chrétiens.... (Reclamations.)

M. le Chancelier. En parlant ainsi, vous avez déjà une première fois mortellement blessé et la Chambre et la France; je ne croyais pas que vous pussiez ajouter cette inconvenance à celles qui vous sont déjà échappées. — *M. le comte d'Alton-Shée.* Je parle en vertu de l'art. 5 de la Charte; et je maintiens ce que j'ai dit. — *M. le baron de Barante, rapporteur.* Dites *je*, et non pas *nous*.

M. le comte d'Alton-Shée. Je prie M. de Barante d'avoir un peu plus d'indulgence pour des paroles improvisées. Eh bien, Messieurs, puisqu'on y tient, je disais : Moi qui ne suis ni catholique, ni chrétien, qu'est-ce que je poursuis? Est-ce la ruine d'une religion? Non, non, Messieurs : c'est le triomphe de la liberté. Eh bien, quel plus grand avantage pour notre cause, que de voir le catholicisme répandre partout les idées libérales, les introduire dans les classes entières dont jusque-là elles avaient été bannies, que de voir le catholicisme leur donner accès là où la philosophie n'aurait jamais pu pénétrer, que de voir, en un mot, la religion servir de passe-port a la liberté?

Aussi, Messieurs, nous ne saurions le proclamer trop haut : Pie IX a rendu un immense service a la cause libérale; il a fait ce que lui seul pouvait faire, et il l'a fait comme pape. C'est son caractère sacré, c'est sa position unique de chef du catholicisme, qui lui a permis, sans armée, d'arrêter les violences de l'Autriche, heureusement catholique. Supposez pour un instant à sa place un prince séculier; ôtez lui la tiare; mettez une épée dans cette main qui bénit et qui excommunie; qui pourrait douter un instant que les efforts même héroïques d'un prince romain, général sans armée, n'eussent été de prime-abord étouffes sous l'invasion des masses autrichiennes?

Maintenant, Messieurs, que j'ai en toute sincérité exprimé ma reconnaissance pour les services que le pape a rendus a la cause libérale, permettez-moi de m'acquitter d'une portion plus délicate, plus ingrate, de la tâche que je me suis imposée.

J'ai exprimé mon admiration pour ce qui s'est fait, mes espérances pour ce qui reste a faire; je dois également vous rendre compte de mes craintes.

Pie IX a heureusement commencé; mais, pour suivre cette marche pleine de grandeur et de dangers, pour mener a bien cette œuvre glorieuse, ce n'est pas trop de toutes les ressources d'un puissant genie. Eh bien, je le dis à regret, je crains que cette fois encore les Italiens n'aient rencontré qu'un bon prince. C'est déjà beaucoup : c'est énorme, si l'on songe au roi de Naples, répondant a chaque demande de reforme par des ordres d'exécution; si l'on songe au duc de Modene, ce Neron en raccourci (Agitation); si l'on songe à Charles-Ludovic, qui, après avoir vendu son duché de Lucques comme on vend aux colonies une terre à esclaves, s'apprête aujourd'hui a se servir des Autrichiens pour ecraser ses nouveaux sujets. C'est deja beaucoup, c'est énorme; mais, je le repete, dans ma conviction, la difficulté de la tâche est telle que cela n'est pas encore assez. Les meilleures intentions ne sauraient suffire; il n'y a qu'une volonte ferme, intraitable qui puisse completement réussir. Eh bien, l'on m'assure que Pie IX, en butte aux obsessions continues de la diplomatie, a fini par prêter l'oreille à ses avis; on m'assure qu'il se montre depuis un temps refroidi, découragé; on m'assure (et jusqu'a un certain point ses paroles m'autorisent a le penser) qu'il a été blessé au cœur par les derniers événements de la Suisse; qu'il subit aujourd'hui l'influence pernicieuse, empoisonnée des jésuites qui cherchent a l'épouvanter sur les dangers que la religion peut encourir de la part de la liberté.

Et qu'on ne s'étonne pas de m'entendre tomber si rudement sur les jésuites : c'est qu'ici, en Italie, ils sont les alliés des rois contre les peuples , et quoique nous défendions ensemble, en France, la même cause, la cause de la liberté religieuse avec toutes ses conséquences, je ne puis taire mon etonnement de ne les trouver libéraux qu'en France, la précisément où la loi les repousse, où ils ne peuvent exister que par la liberté; tandis qu'au contraire, je les vois partisans de l'aristocratie avec le Sonderbund, partisans du despotisme en Autriche et Autrichiens en Italie.

On m'assure que Pie IX commence à voir avec défaveur cette portion du clergé catholique qui a rompu serieusement avec le passé et qui marche aujourd'hui sincèrement, loyalement, côte à côte avec la liberte. On m'assure que les illustres chefs de ce nouveau parti catholique, les Ferretti, les F. Ciacchi, profondément degoûtés, songent à s'eloigner; que le père Ventura lui-même est tombé en disgrâce; que Cicervicacchio est maintenant, aux yeux du souverain Pontife, bien moins un objet d'affection qu'un sujet d'alarmes. Je n'en dirai pas davantage. (Mouvement.)

Mais que l'avenir fasse de ces informations autant de calomnies , dans l'intérêt de l'Italie et dans l'intérêt du pape lui-même, c'est mon souhait le plus ardent.

Avant de quitter la tribune, un dernier mot aux opprimés de Naples, de Parme, de Modène; un dernier conseil à ces peuples déshérités. Ils sont bien malheureux : partout autour d'eux, le mouvement, le progrès, l'indépendance, tandis que, enchaînes, ils souffrent de la plus dure servitude. Qu'ils patientent, qu'ils se taisent, qu'ils cachent leurs larmes, qu'ils prennent même un air joyeux et satisfait, leur tranquillité est à ce prix ; mais si un jour le joug leur pese à l'excès, si chez eux l'indignation devient plus forte que la prudence, le patriotisme plus fort que l'amour de la vie, qu'ils renoncent alors une bonne fois a ces promenades, à ces hymnes et à ces chants. Ce n'est pas en tendant le cou comme des victimes, c'est les armes à la main, faisant feu sur leurs oppresseurs, que doivent mourir désormais les martyrs de la liberté. (Agitation prolongée.)

M. le vicomte Villiers du Terrage rappelle les réflexions qu'il a soumises à la Chambre , dans les sessions précédentes, sur la situation générale de la société. Il trace un rapide tableau de l'état des esprits en Irlande , en Suisse, en Italie, en Allemagne.

Somme toute , en résumant cette double situation, nous avons donc en Suisse les jésuites de moins et la tyrannie de plus. En Italie , nous avons des réformes entreprises, avec plus ou moins d'a-propos et de succès , mais dont les passions revolutionnaires s'efforcent d'empoisonner la source.

Vous le voyez, Messieurs, les périls que je vous signalais l'an dernier ont grandi de jour en jour. Le trouble s'est accru. De toutes parts, et sans se les bien definir, on appelle des reformes, on veut une rénovation. Si dissoudre n'est qu'un jeu, créer est difficile. Ne serait-ce pas plutôt vers une dissolution, qu'en prétendant se recomposer, la société marcherait à grands pas? On le croirait en apprenant de quels temps, de quels monstres on ose parmi nous évoquer et rehabiliter le souvenir ; on le croirait en entendant incessamment gronder sous le sol de l'Europe la sourde menace de quelque ebranlement nouveau; on le croirait en voyant se produire , pour l'effroi des familles, des attentats inconnus jusqu'ici , en voyant se multiplier des crimes nés presque tous du besoin de sacrifier a un luxe immodéré , ou d'obéir à de honteuses passions pour agrandir , pour agiter, pour renouveler une existence toute matérielle, dont la pesanteur, dont le calme fatiguent.

L'orateur continue en signalant la fureur des spéculations et le désordre social. Il signale la faiblesse et l'insuffisance des efforts du pouvoir en présence de l'habileté et de la persévérance des factions. Cette immobilité doit convenir à un certain parti.

Un des plus éloquents propagateurs des doctrines de ce parti, un historien-poète, dont je voudrais que le brillant pinceau eût toujours flétri le crime de couleurs aussi franches, après avoir écrit dans d'autres pages que pour se soulever *l'écume a besoin de tempêtes*, vient déclarer plus tard que c'est à fonder une fraternité démocratique qu'aspirent tous ses vœux. Et quand nous frémissons encore de ce qu'a soulevé d'écume, dans des jours qu'il n'a pas connus, cette fraternité de la démocratie, nous voyons se perpétuer, sous l'autorité de la loi, des dispositions improvisées à la hâte, comme des machines de guerre, dans l'effroi du pouvoir, dans la chaleur du mouvement révolutionnaire; des dispositions, dis-je, qui laissent à ce parti tous les moyens de parvenir au but qu'il veut atteindre, qui lui en aplanissent, qui lui en élargissent toutes les voies.... De quelle utilité sont les lois sans les mœurs? demandait un ancien. Où allons-nous donc, grands dieux! s'il faut que de mauvaises mœurs trouvent dans les lois elles-mêmes un aliment fatal?

Est-ce ainsi, Messieurs, que le pays peut continuer d'être placé en face de l'inévitable avenir, ou pensera-t-on que les divisions qui se produisent sous un drapeau qui n'est pas le mien me rassurent? Ne sais-je pas, n'ai-je pas vu qu'en révolution la victoire reste toujours à qui pousse tout à l'extrême, et que la violence ne pardonne jamais un jour, une heure de repentir ou de modération?

Spectacle singulier! étrange dérision! L'avenir lui appartient, répète quotidiennement le radicalisme, en jetant à l'autorité les défis les plus injurieux. Et, nous contentant de vivre au jour le jour, nous ne faisons rien pour disputer l'avenir à ce parti. Les générations qui vont nous succéder lui seront-elles donc livrées comme une proie? Ne voyons-nous pas, de jour en jour, un esprit désorganisateur s'infiltrer de bas en haut et de plus en plus dans l'opinion d'une multitude agitée, échauffée, égarée par tous les appels que la mauvaise foi fait à ses besoins ou à ses passions? Pouvons-nous bien nous exposer à voir, dans des moments critiques, les difficultés que j'ai tant de fois signalées se dresser devant nous d'autant plus insurmontables qu'elles auront eu le loisir de s'accroître davantage? Ne redoutons-nous pas la responsabilité qui pèsera sur nous le jour où les éléments délétères qui s'élèvent, qui s'épaississent autour du principe monarchique, l'étreindront si puissamment que pour lui la vie ne sera plus possible? ou n'interviendra-t-on pour combattre ce danger que quand la raison, le bon droit, la liberté elle-même seront prêts à succomber sous l'oppression du nombre et de la violence?

Encore, si de ce chaos devait naître une république bien ordonnée et fondée sur de sages lois, je m'en effrayerais moins; car elle se hâterait de mettre un terme à un désordre intolérable et voudrait gouverner. Mais ignorez-vous de quel jour dateront les annales de cette autre république, dont j'ai si bien connu la sœur aînée? mais ne savez-vous pas combien de temps perdu ses fondateurs croiront avoir à réparer? mais ne voyez-vous pas tout ce que, dans le lointain, annonce de tempêtes cette guerre sourde que les passions les plus viles nourrissent au sein de la société?

L'orateur termine en insistant sur ses prévisions et sur la nécessité de réformer quelques lois dans le sens de l'autorité du pouvoir central et de la restriction du pouvoir municipal.

M. MESNARD combat le projet d'adresse, non pas qu'il veuille un changement dans le Ministère, mais parce qu'il pense que le Ministère aurait une meilleure attitude à prendre pour affermir sa position parlementaire, et pour faire face à l'état des esprits, qui est loin d'être aussi calme et aussi rassurant que l'année précédente. Il trace l'historique rapide du Ministère depuis son avènement au 29 octobre 1840 jusqu'au commencement de la session dernière, qui s'était ouverte sous les plus heureux auspices. Il développe cette pensée, que la session a été stérile parce que le Ministère a écarté toutes les questions de réforme, qu'il considérait, à tort, comme des manœuvres de parti, tandis qu'elles sont l'expression d'un mouvement d'idées très-arrêté dans le pays. Cette conduite du Ministère fournit des prétextes aux partis violents. L'orateur continue ainsi :

Qu'importe alors l'attitude menaçante des partis extrêmes? Grâce au ciel, nous ne sommes plus aux époques désastreuses où le Gouvernement avait à s'inquiéter de leurs menaces. Ne serait-ce pas faire trop d'honneur à ces partis, ou leur accorder trop d'importance, que de priver le pays du bienfait des réformes et des améliorations, parce qu'il leur plaît de venir joindre leur voix séditieuse aux justes réclamations de l'opinion publique? Le refus ou l'ajournement de ces réformes ne serait-il pas, dans de telles circonstances, un acte de faiblesse et comme l'aveu de la puissance des partis ?

Loin d'agir de la sorte, que le Ministère fasse, au contraire, un acte de force et de vigueur ; qu'il se mette résolument à l'œuvre ; qu'au lieu de battre en retraite devant ces questions de réforme qui préoccupent toutes les imaginations, au lieu de les laisser à cet état de sourde incubation qui fatigue et qui trompe, que le Ministère s'en empare, qu'il les tire de cette obscurité périlleuse où elles fermentent pour les traduire au grand jour de la tribune ; qu'il entre dans toutes ces questions, non pas dédaigneusement et à regret, mais avec la ferme intention de leur demander compte de tout ce qu'elles contiennent, et de leur faire dire une fois pour toutes leur dernier mot ; qu'il en prenne ce qu'elles ont de bon, de légitime, de praticable, de satisfaisant pour la véritable et saine opinion publique, et puis qu'ensuite, fortifié par cette acceptation intelligente, il jette a la tête des partis extrêmes ce que ceux ci y avaient introduit de malfaisant et de pernicieux, et vous verrez, Messieurs, vous verrez si l'immense majorité du pays, éclairée et rassurée tout à la fois par ce grand acte de gouvernement, n'applaudit pas à la sagesse et à la fermeté des ministres !

Une conduite contraire, je le dis à regret, me paraîtrait pleine d'imprudence et de périls, et je ne puis croire encore que le Cabinet s'y résolve.

Chaque époque apporte à son avènement des idées nouvelles et des exigences auxquelles les Gouvernements bien avisés savent à propos conformer leur politique.

Se conduire aux époques de conciliation et de fusion comme aux époques de luttes et de résistance, c'est commettre un anachronisme dont il est rare qu'on n'ait pas à se repentir.

Au moment où nous sommes, les réformes demandées ne seraient encore que des réformes ; plus tard elles pourraient devenir ce qu'il y a de pis en politique : je veux dire des concessions. C'est au Cabinet de voir s'il est prudent d'attendre que ce qui n'est encore dans les esprits modérés qu'à l'état de vœux, ait passé à l'état de volontés contrariées, et peut-être de volontés militantes ; c'est à lui de voir s'il est digne de sa haute intelligence de se laisser acculer à ce point extrême, où il ne reste plus à dire que ce mot, le plus fatal de tous : *Il est trop tard !* (Très-bien !)

L'orateur termine en rappelant l'importance du parti conservateur, qui doit s'attacher, par intérêt autant que par la générosité de ses sentiments, au progrès autant qu'a l'ordre. Il voudrait trouver dans l'Adresse une phrase qui attestât que la majorité de la Chambre s'associe à cette pensée.

DISCUSSION DES PARAGRAPHES.

§ 1. Agriculture, disette de 1847. — M. le comte Boissy d'Anglas propose et développe un paragraphe additionnel ainsi conçu :

« Toutefois, malgré la situation plus favorable où nous nous trouvons sous le rapport des subsistances, nous demandons, dans l'intérêt du bien-être public et de la grandeur nationale, que le Gouvernement de Votre Majesté environne de toute sa protection notre agriculture et nos agriculteurs. »

Séance du mardi 11 janvier 1848. — Présidence de M. le duc Pasquier, chancelier.

Le paragraphe premier est adopté sans autre discussion. — L'amendement de M. Boissy d'Anglas n'est pas appuyé et n'est pas mis aux voix.

§ 2. Équilibre des recettes et des dépenses. — Adopté après un échange d'explications entre M. le baron de Barante, rapporteur, et M. le marquis de Boissy, qui trouve que la formule « Nous nous plaisons à espérer » engage la Chambre, en semblant supposer possible un équilibre évidemment impossible dans l'état des choses.

§ 3. Impôt du sel, taxe des lettres. — Adopté sans débat.

§ 4. Travaux publics. — Adopté sans débat.

§ 5. Projets de lois divers. — M. le général Fabvier, à l'occasion des derniers mots de ce paragraphe, prononce quelques paroles sur la nécessité de relever la religion catholique.

M. LE MARQUIS DE BOISSY. C'est sur le paragraphe 5 que je demande à présenter à la Chambre quelques observations. Mon embarras est grand, car je ne veux pas, je ne désire pas du tout la chute du Cabinet; je désire, au contraire, qu'il reste jusqu'a ce qu'il ait consommé son œuvre, d'ailleurs très-avancee, de décomposition complète; je désire qu'il reste au pouvoir, parce que, s'il rentrait aujourd'hui dans la vie privée, il tomberait dans un oubli que je regretterais ; je désire que, des bancs sur lesquels il est aujourd'hui, il passe sur les bancs des accusés. (Mouvement.) Messieurs, je soulève, et je m'en applaudis, au commencement de la session, quelques observations. Qu'on me permette de dire une chose : la première fois qu'on a prononcé le mot de *réforme,* il n'y a eu que des rires dédaigneux: aujourd'hui le mot de *réforme,* et surtout l'idée de réforme, est dans tous les esprits, dans toutes les bouches; le mot de mise en accusation, l'idée de mise en accusation des ministres actuels fera des progrès. (Murmures.)

Nous verrons un peu plus tard. Quoi qu'il en soit, mon désir est que les ministres actuels restent ministres. Je crois, pour mon compte, que, s'ils quittaient le ministère, il n'y aurait pas de changement de système pour cela, et ce que je veux, c'est un changement de système, et non pas un simple changement d'hommes. Or, s'il y avait aujourd'hui des hommes nouveaux, ce seraient ce que j'appellerai des griffes nouvelles. (On rit.)

Je n'en veux pas; il faut aujourd'hui un changement de système; déjà il ne suffirait plus qu'il fût, non pas radical, mais un peu large.

Si l'on nous fait attendre longtemps, nous serons plus exigeants, et si enfin l'on n'a aucun égard aux besoins manifestes des populations, on avisera plus tard comme on a avisé dans les temps passés.

J'en viens tout de suite à l'article.

A l'occasion de ces mots, « les habitudes morales, » l'orateur signale la corruption pratiquée par le Ministère. Il cite avec détail le fait relatif à l'arrestation du sieur Warnery, qui avait dénoncé de graves abus dans l'administration de l'Algérie, et critique le procédé de la justice, qui semble avoir obéi aux influences politiques. Il se plaint qu'on ait saisi une lettre de lui chez le sieur Warnery. Il rappelle que l'an dernier, à propos des fortifications, on niait qu'il fût procédé à leur armement; et depuis il a su que les canons fondus ne sont pas conduits à Bourges, conformément aux prescriptions de la loi. Il signale l'éloignement de l'opinion pour le Ministère, tellement qu'on n'oserait pas passer en revue la garde nationale sans s'exposer aux cris de *Vive la réforme! a bas la corruption!*

Ces idées sont partout, dans toute la France, dans la chaumière comme dans le château, et vous venez d'en avoir des exemples. Qu'on ne dise pas que ce sont des passions ennemies, des passions aveugles ; non, c'est l'expression du sentiment public, du sentiment national. Messieurs, le Ministère actuel nous a ramenés à 1827. En 1827, on disait et l'on faisait tout juste ce qui se dit et ce qui se fait aujourd'hui. Craignez 1830 ! Ce sera la faute des ministres. On vous l'a dit hier, et c'est une voix qui a autorité dans cette Chambre : c'est M. Mesnard; il vous a dit que lorsqu'on ferait des concessions, si on ne les faisait pas immédiatement, il fallait redouter cette terrible parole : *Il est trop tard!*

Voilà ce que tout le monde se dit, ce que tout le monde pense, excepté, à ce qu'il paraît, les ministres aveugles qui sont actuellement au pouvoir; tant pis pour eux, tant pis pour nous, je le repete; nous autres nous aurons satisfaction, nous aurons leur mise en accusation. (Murmures.) Mais, malheureusement, la France payera les conséquences de leurs fautes.

L'orateur ajoute quelques mots sur l'affaire Petit, relative à une scandaleuse vente de place. Il critique les murmures qu'a soulevés hier la déclaration de M. d'Alton-Shée, qu'il n'était ni chrétien ni catholique.

M. GUIZOT, *président du conseil, ministre des affaires étrangères.* Je ne veux rien répondre, absolument rien, ni à ce qu'il y a de personnel, ni à ce qu'il y a de politique dans les paroles de l'honorable préopinant; mais il a fait allusion à un fait sur lequel je dois dire un mot. Ce fait est un abus, un abus grave, que le Ministère actuel, je puis le dire sans citer aucun nom ni aucune date, que le Ministere actuel n'a point commencé ni inventé.

(*M. le comte Mathieu de la Redorte.* C'est plus grave alors!)

Cet abus, dans d'autres temps, sous d'autres cabinets, a été toléré; il l'a été aussi au commencement du Cabinet actuel : il ne l'est plus.

(*M. le comte Molé.* Je demande la parole.)

Je prie la Chambre de remarquer que je ne fais allusion à aucune date, à aucun nom propre. Je fais simplement appel à la conscience et à la connaissance de la plupart des membres de la Chambre sur un long passé. Cet abus, resultat fâcheux de longues habitudes de vénalité qui ont existé dans nos charges, et qui subsistent encore, aux termes de nos lois, dans une partie de nos lois, dans une partie de nos charges; cet abus, dis-je, a été toléré longtemps : il ne l'est plus depuis plusieurs années. Les occasions s'en sont reproduites; elles ont été repoussées : elles le seront désormais absolument.

— Ces paroles de M. le Président du conseil appellent successivement à la tribune MM. le comte Molé, Barthe, Hippolyte Passy, d'Argout, qui protestent contre l'abus des transactions sur les places à la cour des comptes, et affirment que sous leur ministère aucune n'a été tolérée.—M. le marquis de Boissy revient sur les faits qu'il a signalés. — M. le général Gourgaud explique que, si les canons n'ont pas été conduits à Bourges, c'est qu'ils ne sont pas fondus.—Sur de nouvelles questions de MM. le prince de la Moskowa et le comte d'Alton-Shée, il est expliqué par M. le général Trézel, ministre de la guerre, et par M. le général Gourgaud, que la loi est exécutée pour l'armement de Paris; que, si les canons commandés sont encore dans les fonderies, c'est que les credits pour achats de terrains à Bourges ne sont pas votés; qu'enfin il n'y a pas de canons dans les fortifications.

M. Hébert, *Garde des sceaux,* entre dans des explications détaillées sur l'affaire de M. Warnery, pour montrer que les formes ordinaires de la justice ont été régulièrement observées à l'égard de ce prevenu. Il donne lecture de la lettre de M. le marquis de Boissy qui a été saisie.

M. le comte de Castellane constate que M. le Ministre des affaires étrangères a promis que certains abus ne se renouvelleraient plus.

M. le général Jacqueminot ramène le debat sur ce qui a été dit à l'occasion de la garde nationale. Il déclare que, si le Roi passait en revue la garde nationale, il serait parfaitement accueilli. (Oui! oui!)

M. le marquis de Béthisy. Au nom de la garde nationale, je vous défie de la réunir. — *M. le général Jacqueminot.* Comment cela ? — *M. le marquis de Béthisy.* J'en demande pardon à l'honorable général, que j'honore et que je respecte; mais je dis qu'il ne pourrait reunir la garde nationale sans avoir à craindre une manifestation.

M. le général Jacqueminot. M. le marquis de Boissy a dit, que le jour de l'ouverture des Chambres, le Roi a pu entendre tout le long de la ligne les cris : *Vive la réforme! à bas la corruption!* Je dis que cela n'est pas vrai. J'étais avec la garde nationale; j'ai parcouru le front de tous ses rangs, et je puis affirmer à la Chambre que, du sein des 8,000 hommes qui formaient la haie, il n'est parti que deux cris, deux seulement. Et s'ils ont été proférés, ne serait-ce pas ici, dans cette enceinte, par la bouche du noble Pair, qu'ils devraient recevoir une éclatante réprobation ? (Mouvement d'approbation.)

Comment! la garde nationale délibérerait ? Non; elle comprend trop bien ses devoirs pour suivre le mauvais exemple qui a pu lui être donné. La garde nationale est instituée pour la défense de l'ordre et le maintien de nos institutions. Son passé répond d'elle; elle saura toujours faire respecter ce qui se passera dans l'enceinte du Luxembourg comme ce qui se passera au palais Bourbon; elle connaît, je le répète, ses devoirs, et j'aime à croire qu'elle n'y manquera jamais (Tres-bien!)

M. le marquis de Boissy réplique, en quelques mots, que sa lettre résume ses sentiments : Defiance dans le Cabinet, confiance dans le pays.

M. le comte de Montalembert porte le débat sur les affaires d'Italie et le mouvement imprimé par le pape Pie IX. — Le debat, très-développé, continue dans la séance du 12 janvier. M. le comte de Sainte-Aulaire repond par un discours étendu (1). — M. Guizot, Président du conseil, explique la politique du Gouvernement. Il proteste contre les paroles qui ont été portées hier à la tribune. Il réclame, pour les grandeurs et les convenances sociales, un peu de ce respect qu'il

____

(1) Dans ce discours M. de Sainte-Aulaire s'est reporté à 1831 et a son ambassade à Rome. Il a apprecie la politique de M Laffitte, alors ministre. Cette appreciation a donne lieu a une reclamation de M. le prince de la Moskowa, produite a l'ouverture de la seance du 12.

porte aux libertés parlementaires. Pour établir le caractère de la politique du Gouvernement, il donne lecture de la pièce suivante :

M. Guizot à M. le comte Rossi. — (Particulière.) — Paris, le 27 septembre 1847.

« Notre politique envers Rome et l'Italie, quelques efforts que fassent nos ennemis de tout genre et de tout lieu pour la représenter faussement, est si simple, si nette, qu'il est impossible qu'on la méconnaisse longtemps. Que veut le pape ? faire dans ses États les réformes qu'il juge nécessaires. Il le veut pour bien vivre avec ses sujets en faisant cesser, par des satisfactions légitimes, la fermentation qui les travaille, et pour faire reprendre à l'Église, à la religion, dans nos sociétés modernes, dans le monde actuel, la place, l'importance, l'influence qui leur conviennent. Nous approuvons l'un et l'autre dessein. Nous les croyons bons l'un et l'autre pour la France comme pour l'Italie, pour le Roi à Paris comme pour le pape à Rome. Nous voulons soutenir et seconder le pape dans leur accomplissement. Quels sont les obstacles, les dangers qu'il rencontre ? Le danger stationnaire et le danger révolutionnaire. Il y a, chez lui et en Europe, des gens qui veulent qu'il ne laisse rien, qu'il laisse toutes choses absolument comme elles sont. Il y a, chez lui et en Europe, des gens qui veulent qu'il bouleverse tout, qu'il remette toutes choses en question, au risque de se remettre en question lui-même, comme le souhaitent au fond ceux qui le poussent dans ce sens (Mouvement.) Nous voulons, nous, aider le pape à se défendre, et, au besoin, le défendre nous-mêmes de ce double danger. Nous ne sommes pas du tout stationnaires et pas du tout révolutionnaires, pas plus pour Rome que pour la France. Nous savons, par notre propre expérience, qu'il y a des besoins sociaux qu'il faut satisfaire, des progrès qu'il faut accomplir, et que le premier intérêt des gouvernements, c'est de vivre en harmonie et en bonne intelligence avec leur peuple et leur temps. Nous savons, par notre propre expérience, que l'esprit révolutionnaire est ennemi de tous les gouvernements, des modérés comme des absolus, de ceux qui font des progrès comme de ceux qui les repoussent tous, et que le premier intérêt d'un gouvernement sensé, et qui veut vivre, c'est de résister à l'esprit révolutionnaire. C'est là la politique du juste milieu, la politique du bon sens que nous pratiquons pour notre propre compte, et que nous conseillons au pape, qui en a tout autant besoin que nous. Et non seulement nous la lui conseillons, mais nous sommes décidés et prêts à l'y aider, sans hésitation aussi bien que sans bruit, comme il convient à lui et à nous, c'est-à-dire à des gouvernements réguliers qui veulent marcher à leur but, et non pas courir les aventures. (Marques d'approbation.)

« Voilà pour le fait général ; je viens aux faits particuliers et aux noms propres. On dit que nous nous entendons avec l'Autriche, que le pape ne peut pas compter sur nous dans ses rapports avec l'Autriche. Mensonge que tout cela, mensonge intéressé et calculé du parti stationnaire, qui veut nous décrier parce que nous ne lui appartenons nullement, et du parti révolutionnaire, qui nous attaque partout parce que nous lui résistons efficacement.

« Nous sommes en paix et en bonnes relations avec l'Autriche, et nous désirons y rester, parce que les mauvaises relations et la guerre avec l'Autriche, c'est la guerre générale et la révolution en l'Europe.

« Nous croyons que le pape aussi a un grand intérêt à vivre en paix et en bonnes relations avec l'Autriche, parce que c'est une grande puissance catholique en Europe et une grande puissance en Italie. La guerre avec l'Autriche, c'est l'affaiblissement du catholicisme et le bouleversement de l'Italie. Le pape ne peut pas en vouloir.

« Nous savons que probablement ce que le pape veut et a besoin d'accomplir, les réformes dans ses États, les réformes analogues dans les autres États italiens, tout cela ne plait guère à l'Autriche, pas plus que ne lui a plu notre révolution de Juillet, quelque légitime qu'elle fût, et que ne lui plait notre Gouvernement constitutionnel, quelque conservateur qu'il soit. Mais nous savons aussi que les gouvernements sensés ne règlent pas leur conduite selon leurs goûts ou leurs déplaisirs. Nous avons reconnu, par nous-mêmes, que le gouvernement autrichien est un gouvernement sensé, capable de se conduire avec modération et d'accepter la nécessité. Nous croyons qu'il peut respecter l'indépendance des souverains italiens, même quand ils font chez eux des réformes qui ne lui plaisent pas, et écarter toute idée d'intervention dans leurs États. C'est en ce sens que nous agissons à Vienne. Si nous réussissons, cela doit convenir au pape aussi bien qu'à nous. Si nous ne réussissions pas, si la folie du parti stationnaire, ou celle du parti révolutionnaire, ou toutes les deux ensemble, amenaient une intervention étrangère, voici ce que, dès aujourd'hui, je puis vous dire. Ne laissez au pape aucun doute, qu'en pareil cas nous le soutiendrions efficacement, lui, son gouvernement et sa souveraineté, son indépendance, sa dignité. (Nouvelles marques d'approbation.)

« On ne règle pas d'avance ; on ne proclame pas d'avance tout ce qu'on ferait dans des hypothèses qu'on ne saurait connaître d'avance complètement et avec précision. Mais que le pape soit parfaitement certain que, s'il s'adressait à nous, notre plus ferme et plus actif appui ne lui manquerait pas. »

M. le prince de la Moskowa propose sur le paragraphe 6 l'amendement suivant :

« Nous croyons, avec Votre Majesté, que la paix du monde est assurée. Elle est essentielle à tous les gouvernements et à tous les peuples. Cet universel besoin est la garantie des bons rapports qui existent entre les États. *Nous applaudissons au développement pacifique des institutions libérales en Italie ; et nous aimons à payer un juste tribut d'hommages au saint-père, qui, comprenant l'esprit de son siècle et les véritables intérêts de la religion, s'avance d'un pas ferme et prudent dans la voie des réformes politiques et administratives.* Nos vœux accompagneront *les souverains qui ont répondu à l'appel généreux et éclairé de Pie IX et suivent son exemple dans la carrière du progrès. Notre sympathie est acquise à ceux* que chaque pays pourra accomplir dans son action propre et indépendante. Ces progrès seront d'autant mieux assurés, qu'ils se réaliseront de concert entre les gouvernements et les peuples, et sans perturbation des relations internationales. »

Paragraphe additionnel proposé par M. le baron Dupin et M. le comte de Tascher :

« Les nations chrétiennes contemplent avec admiration la courageuse initiative du saint-père, et l'heureux concours des souverains les plus éclairés, pour ouvrir aux peuples d'Italie une ère nouvelle de civilisation, de liberté sage et de puissance collective. L'indépendance de ces peuples, nécessaire à l'équilibre de l'Europe, reposera sur le succès de cette grande expérience, que nous accueillons de tous nos vœux et de toutes nos espérances. »

MM. le prince de la Moskowa et le baron Dupin développent successivement leurs amendements, qui sont, sur la demande de M. Cousin, renvoyés à la Commission pour qu'elle répare son omission dans le paragraphe.

M. le baron de Barante fait connaître la rédaction proposée par la Commission :

« Nous croyons, avec Votre Majesté, que la paix du monde est assurée. Elle est essentielle à tous les gouvernements et à tous les peuples. Cet universel besoin est la garantie des bons rapports qui existent entre les États. Nos vœux accompagneront les progrès que chaque pays pourra accomplir, dans son action propre et indépendante. Une ère nouvelle de civilisation et de liberté s'ouvre pour les États italiens. Nous secondons de toute notre sympathie et de toutes nos espérances le pontife magnanime qui l'inaugure avec autant de sagesse que de courage, et les souverains qui suivent, comme lui, cette voie de réformes pacifiques où marchent de concert les gouvernements et les peuples. »

La Chambre entend MM. Cousin, le marquis de Boissy, le vicomte Victor Hugo.

La rédaction de la Commission est adoptée.

§ 7. Affaires de Suisse.

M. LE COMTE PELET DE LA LOZÈRE développe son opinion, qu'il résume ainsi :

L'intervention malheureuse de notre Gouvernement en Suisse, sans protéger le parti conservateur, qu'il a voulu servir, a popularisé le parti contraire en lui donnant le caractère de la nationalité et de l'opposition à l'intervention étrangère; elle a détruit l'influence de la France, et mis à la place celle de l'Angleterre; elle nous a placés malheureusement dans l'impossibilité, je le crains, de donner utilement les conseils que réclame l'état actuel de la Suisse. D'autres lui conseilleront, je l'espère, avec plus de fruit, d'effacer, par une amnistie générale, les traces de ses discordes, d'abolir les confiscations odieuses prononcées sous forme d'amende contre le parti vaincu, et ces extorsions qui s'étendent jusqu'aux établissements hospitaliers; voilà l'influence que je demanderais au Cabinet d'exercer, s'il était en mesure de le faire; voilà le seul plan de conduite que je lui tracerais.

M. LE DUC DE BROGLIE répond par un discours développé, terminé par ces paroles qui le résument :

La conduite du Gouvernement, à la fois ferme et conciliante, a eu, dans la région des négociations, un plein succès. En moins de cinq semaines, le Gouvernement français avait réussi à amener à un même langage et à une action commune les cinq Puissances, à obtenir l'assentiment de ces cinq Cabinets.

Que lui a-t-il manqué, Messieurs, pour achever son ouvrage? que lui a-t-il manqué pour atteindre son but?

Il lui a manqué ce qui ne dépend de personne, ce dont aucun homme, ce dont aucun gouvernement ne dispose : quelques jours, quelques heures. Le temps, Messieurs, le temps mesuré par jour et par heure échappe à tous les calculs, il ne tombe sous la prise d'aucune prévoyance ; le temps mesuré par jour et par heure, il n'y a que Dieu qui en dispose : c'est lui qui, au dénoûment des grandes affaires, dans les moments suprêmes, précipite ou retarde de quelques jours, de quelques heures, le cours des événements. (Très-bien!)

Dieu n'a pas voulu que l'œuvre de conservation que nous avions entreprise fût consommée ; il a voulu dans ses desseins impénétrables que l'œuvre de destruction, que l'œuvre d'iniquité s'accomplît ; peut-être il a voulu, pour notre enseignement à tous, que nous revissions encore une fois à l'œuvre et dans son triomphe le principe qui domine aujourd'hui dans la Confédération helvétique, et qui paraît relever la tête sur plusieurs points de l'Europe; il a voulu que nous revissions encore, après soixante ans, la conquête avec ses exigences impitoyables ; l'occupation militaire avec ses exactions cupides, la profanation des lieux saints, la dévastation des choses saintes, les proscriptions en masse, les confiscations en bloc des gouvernements révolutionnaires (Très-bien !), des gouvernements révolutionnaires improvisés à la pointe des baionnettes, et improvisant à leur tour, sous le nom de lois, l'inquisition et la persécution, aux acclamations de la populace. (Nouvelle approbation.)

Que sortira-t-il, Messieurs, de ce chaos? quelle est la Suisse nouvelle que le nouveau pacte nous prépare? Quels seront les rapports que les gouvernements européens, que les gouvernements réguliers, civilisés, pourront entretenir avec elle? Quelles sont les précautions que les gouvernements limitrophes doivent prendre pour contenir, s'il se peut, dans son lit, ce torrent

2.

de radicalisme, de communisme, de socialisme, qui menace de déborder de toute part? Je l'ignore; personne ne peut le savoir. Toute conjecture à ce sujet serait téméraire et prématurée; mais, quel que soit l'avenir, l'avenir plein d'obscurité, de périls. qui s'ouvre devant nous de ce côté, le Gouvernement français n'aura rien à regretter, rien à rétracter, rien à désavouer dans la conduite qu'il a tenue jusqu'ici. Il n'est pour rien dans les troubles de la Suisse; il s'est efforcé de bonne heure, à plusieurs reprises, de les prévenir par de sages avis, par les conseils d'une amitié bienveillante; il a revendiqué avec modération et persévérance les droits qu'il tenait des traités; il a évité, autant qu'il l'a pu, de se prononcer entre les partis : forcé de se prononcer, il s'est prononcé lentement, pour le bon droit, pour la justice, en méprisant les injures et les calomnies; il s'est prononcé, sans prendre d'engagement envers qui que ce soit, en conservant jusqu'au bout sa liberté d'action; il a écarté toute idée d'intervention armée; il a préservé de ce malheur et de cette honte le territoire helvétique. S'il n'a pas réussi dans l'œuvre de pacification qu'il avait entreprise, il a du moins posé par là les bases d'une entente durable entre les Puissances médiatrices, les bases d'une conduite commune entre les Puissances limitrophes, d'une conduite vigilante et ferme, prudente et mesurée, seul moyen de rétablir un jour la paix intérieure, l'ordre moral et social dans cet infortuné pays. Que ceux qui nous attaquent aujourd'hui nous disent ce qu'ils auraient fait à notre place. Le Gouvernement français, je m'assure, ne sera pas embarrassé de répondre. (Mouvement très-vif et prolongé d'approbation. — L'orateur, en descendant de la tribune, reçoit des compliments d'un très-grand nombre de ses collègues.)

Séance du vendredi 14 janvier 1848. — Présidence de M. le duc Pasquier, chancelier

M. LE DUC DE NOAILLES critique la conduite du Gouvernement, qui n'a pas suffisamment défendu notre intérêt dans cette question. Il termine ainsi son discours développé :

Le maintien de la constitution fédérale de la Suisse a été de tout temps un des points les plus importants de la politique française, et la neutralité garantie par les traités de 1815 a complété et consolidé cet état de choses, qui couvre notre frontière de l'Alsace au Dauphiné, comme l'établissement des Bourbons en Espagne, et mieux encore, la couvrait du côté des Pyrénées. Cet état de choses, si conforme d'ailleurs au caractère et aux mœurs de la nation helvétique, où le gouvernement local est séculaire, et qui en a fait un oasis de paix au milieu de l'Europe; cet état de choses prend sa source non-seulement dans le texte des traités, mais dans l'organisation même et la nature de ce gouvernement, en ce qu'il offre cette heureuse combinaison, qu'une fédération d'États, surtout chez un peuple si courageux, se trouve toujours assez puissante pour défendre sa neutralité (que nous ne manquerions pas d'ailleurs de soutenir au besoin), parce que tous les États fédérés y concourent avec ardeur, tandis qu'elle ne l'est pas assez pour pouvoir sortir de ses frontières et attaquer ses voisins, parce que ces mêmes États ne s'entendraient pas sur un pareil dessein. C'est là ce qui fait notre sûreté, et ce qu'il est si important pour nous de conserver.

Or aujourd'hui cet état de choses est changé en fait, par l'asservissement d'un certain nombre de cantons; le changement tend même à s'établir en droit par une révision du pacte fédéral dans ce sens. La Suisse devenue puissance unitaire et militaire, aujourd'hui notre alliée, demain notre ennemie, porterait atteinte à notre position en Europe, et la prévision d'un pareil événement nous oblige à prendre dès à présent nos mesures. Supportera-t-on ce changement, qui est le résultat d'une violence exercée contre la constitution suisse et contre les traités? Passera-t-on condamnation sur ces faits comme sur des faits accomplis? Il y a là un intérêt de premier ordre pour la France, auquel le Gouvernement doit veiller.

Il y en a un autre dans le caractère social qu'ont eu ces événements, et que le parti qu'ils ont fait triompher ne déguise pas.

La Suisse va-t-elle devenir un foyer de révolutions et de propagande, un asile inviolable pour les révolutionnaires de tous les pays, une citadelle d'où la révolution pourra descendre à sa fantaisie en France, en Allemagne, en Savoie, en Italie, et se mêler, en auxiliaire avec ses corps francs, aux troubles qui pourront éclater dans ces États? Quelle est la garantie qui peut nous être offerte sur ce point? Nous appelons sur ces deux questions les réflexions non-seulement du Gouvernement, mais du pays lui-même.

Il faut, en effet, qu'on se pénètre bien de la gravité de cette affaire, et de l'influence immense qu'elle peut avoir, au moment où nous sommes, sur les destinées de l'Europe. Il ne faut pas y voir légèrement un de ces progrès du libéralisme qu'on applaudit volontiers chez un peuple; il faut y voir le double caractère social et politique dont elle est marquée, et que je signalais au commencement de ce discours. Ceux qui, en toute occasion, s'empressent de prendre en main la cause des peuples, comme ils s'expriment eux-mêmes, oublient souvent les intérêts de leur patrie, et travaillent, sans le savoir, sans le voir, à son affaiblissement futur. Quand ils seront parvenus à créer des états unitaires en Suisse, en Italie, en Allemagne, ils verront ce que deviendra la France, et combien sa puissance en Europe sera déchue.

On peut en dire autant de ceux qui, dans notre pays même, avec des mots qu'ils ne définissent pas, et de vaines espérances qu'ils donnent aux populations, et qu'ils seraient bien embarrassés de réaliser, troublent les esprits et sèment partout l'agitation.

Au reste, Messieurs, les questions semblent vouloir se poser nettement, et ne plus déguiser leurs dernières conséquences. Cela impose des devoirs sérieux à tout le monde. La société peut résoudre ces questions et en sortir victorieuse, mais il faut pour cela qu'elle ne s'abandonne pas elle même, et qu'elle sache, dans les affaires du dehors comme dans celles du dedans, tout en tenant compte du temps dans lequel nous vivons, se rattacher aux vrais principes de gouvernement et aux conditions morales sans lesquelles les efforts pour consolider l'édifice ne serviraient qu'à hâter la destruction. (Tres-bien!)

M. LE COMTE DE MONTALEMBERT. On vous a présenté, Messieurs, les trois faces de la question diplomatique en ce qui touche la Suisse : M. le comte Pelet de la Lozère vous a exposé le blâme dont lui et ses amis entendaient frapper la politique suivie par le Gouvernement; M. le duc de Broglie vous a exposé, au contraire, le droit qu'avait le Gouvernement d'intervenir dans les affaires de la Suisse, et a fait l'apologie de la conduite que le Gouvernement avait tenue; M. le duc de Noailles, avec une supériorité que je me plais à reconnaître, vient de vous dire comment, selon lui, le Gouvernement n'avait pas suffisamment répondu aux exigences de sa situation et à la valeur de son droit. Je vous demande, après ces trois discours, de faire trêve pour un instant aux préoccupations et aux questions diplomatiques; je compte, pour ma part, ne pas dire un mot ni des traités, ni des depêches, ni même des jesuites (On rit); je compte me placer sur un terrain qui me paraît peut-être au-dessus, et dans tous les cas, en dehors du droit écrit, celui du droit social, du droit naturel, du droit des gens; je compte examiner en quoi les intérêts de la conscience, de la famille, de l'humanité, ont été compromis dans cette question, et signaler le contre-coup dont M. le Ministre des affaires étrangères a parlé dans sa note du 2 juillet, le contre-coup qu'auraient en France et en Europe les événements de la Suisse : c'est assez vous dire que je m'arrêterai aussi à ces dangers sociaux que vous a signalés hier, en termes si éloquents, M. le duc de Broglie, en terminant son discours.

Je tiens, pour mon compte, qu'on ne s'est battu en Suisse ni pour ni contre les jésuites, ni pour ni contre la souveraineté nationale; on s'est battu contre vous et pour vous (Sensation); et voici comment : on s'est battu pour la liberté sauvage, intolérante, irrégulière, contre la liberté tolérante, régulière, légale, dont vous êtes les représentants et les defenseurs dans le monde. (Tres-bien!)

Ce qui était en jeu de l'autre côté du Jura, ce n'était ni les jésuites ni la souveraineté cantonale : c'était l'ordre, la paix européenne, la sécurité du monde et de la France; c'est là ce qui a été vaincu, étouffé, écrasé à nos portes, sur nos frontières, par des hommes qui ne demandent pas mieux que de lancer de l'autre côté des Alpes et du Jura les brandons de la discorde, de la guerre et de l'anarchie. (Très-bien! Très-bien!)

Ainsi donc, je ne viens pas parler pour des vaincus, mais à des vaincus; vaincu moi-même, à des vaincus, c'est-à-dire aux représentants de l'ordre social, de l'ordre régulier, de l'ordre libéral qui vient d'être vaincu en Suisse, et qui est menacé dans toute l'Europe par une nouvelle invasion de barbares. (Sensation.)

Telle est ma conviction ; et je regarde comme bien aveugles ceux qui ne la partageraient pas. (Marques d'assentiment.)

Mais en ce moment je suis saisi d'un souvenir douloureux. L'année dernière, à pareille époque, presque à pareil jour, je venais dénoncer à cette tribune, au milieu des marques de votre sympathie et de votre indulgence, un crime analogue, l'incorporation et la confiscation de Cracovie ; et me voilà aujourd'hui obligé de vous dénoncer de nouveau encore ici une violation, non pas seulement de ce droit des traités, de ce droit politique que je respecte et estime, mais d'un droit supérieur à tous les droits, du droit des gens, du droit naturel, du droit humanitaire, pour me servir de l'expression en usage aujourd'hui.

Le crime est le même à mes yeux. L'année dernière il s'agissait du dernier débris de la nationalité polonaise ; cette année il s'agit du premier berceau de la liberté européenne, victime d'un attentat semblable. Seulement, l'an dernier l'attentat était commis par des monarchies absolues ; il est commis cette année-ci par de prétendus libéraux, qui ne sont au fond que des tyrans de la pire espèce. Mais alors comme aujourd'hui qu'avons-nous vu ? L'abus de la force, l'étouffement de la liberté, du droit, par une violence brutale et impie... (Nombreuses marques d'approbation.) La violation de la foi jurée, la supériorité du nombre érigée en dogme, et le mensonge servant d'arme et de parure à la violence. (Nouvelles marques d'approbation.)

Croyez-le bien, Messieurs, ce n'est pas tel ou tel débris d'une oligarchie inoffensive et populaire que je regrette en Suisse, dans cette contrée, dans cette oasis de l'Europe qui vient de disparaître sous une tyrannie égale à celle de Gessler ; ce n'est pas tel ou tel débris du moyen âge, pas plus que je ne regrette dans l'ancienne Pologne la domination exclusive de la noblesse. Messieurs, ce qui me navre, m'indigne, c'est le libre arbitre des nations confisqué par le nombre, c'est le libre élan des âmes violé par la force, en Suisse comme en Pologne.

Voilà ce que je regrette, ce que je déplore et ce que je dénonce. (Très-bien !)

Et dans quel siècle vivons-nous, Messieurs, qu'il me faille revenir à cette tribune tous les ans dénoncer des crimes analogues, et leur opposer quels remèdes ? Hélas ! rien autre chose que cette stérilité de la parole qui me frappe si douloureusement toutes les fois que je m'en sers devant vous. Et cependant, j'ai besoin de me souvenir, comme l'année dernière, que cette parole n'est pas toujours impuissante, que cette tribune est un tribunal où l'honnête homme est investi du droit de parler au nom de son pays, où il doit monter pour rendre justice contre le crime vainqueur (Assentiment), et pour en appeler à l'avenir contre les iniquités du présent.

Du reste, quand je considère ces deux crimes, j'y remarque une différence que je ne peux manquer de relever.

Le crime de l'année dernière, crime de la force, a été commis au nom de la force. Cette année-ci, c'est le crime du despotisme, avec l'hypocrisie de plus, commis au nom de la liberté. A mes yeux, cet odieux mensonge aggrave l'attentat et le rend dix fois plus digne de votre indignation et de votre mépris. (Vive approbation.)

Croyez-le encore, Messieurs, je ne viens pas faire ici une doléance religieuse ou catholique. Oui, le catholicisme a été blessé en Suisse, tout le monde le sait ; mais tout le monde sait aussi que les blessures et les défaites de la religion ne sont pas des blessures incurables ou irréparables ; qu'au fond, son métier est d'être blessée, persécutée, opprimée : elle en souffre, mais pour un temps seulement ; elle en guérit, elle se relève, elle sort de ces épreuves plus radieuse et plus forte.

Mais savez-vous ce qui ne se relève pas si facilement, ce qui ne peut subir impunément de pareilles atteintes ? c'est l'ordre, c'est la paix, c'est la liberté surtout, et c'est là ce dont je viens plaider la cause devant vous, c'est là ce que je viens avec vous déplorer et revendiquer. (Marques d'approbation.)

Messieurs, je sais quel est l'inconvénient des narrations faites à la tribune, et je m'en abstiendrai. Si je le pouvais cependant, j'aimerais à vous montrer le plan arrêté depuis longues années en Suisse, pour y créer un asile inexpugnable à ce que je ne veux plus qualifier du nom de liberté, a ce qui n'est pas non plus l'anarchie (car c'est beaucoup plus redoutable encore que l'anarchie), au radicalisme, en un mot ; pour lui donner un atelier, un refuge, une citadelle, d'où il pût victorieusement et impunément étendre son influence sur l'Europe. Je vous le montrerais surtout s'y fortifiant avec persévérance, s'armant, s'y disciplinant ; contre qui ? contre la liberté et les monarchies constitutionnelles, non pas seulement contre les monarchies absolues. Ah ! sachez-le bien, car ce n'est pas tant les monarchies absolues que déteste le radicalisme, elles font trop souvent ses affaires : non, ce a quoi il en veut, c'est surtout aux monarchies constitutionnelles : ces monarchies sages, réglées, régulières et légales, qui empêchent les peuples de se livrer aux révolutions et aux desordres. (Nouvelle et vive approbation.)

Oui, Messieurs, le radicalisme s'est parfaitement placé en Suisse pour agir, d'une part sur la France, de l'autre, sur l'Allemagne constitutionnelle, qu'il a infectée, transpercée, en quelque sorte, par ses mauvaises doctrines, comme on ne le verra que trop tôt.

Eh bien ! depuis 1833, pour ne pas remonter plus haut, à une époque ou personne ne s'occupait encore de l'existence du moindre petit jésuite en Suisse, il y avait un plan bien arrêté, qui s'est manifesté par un symptôme que je rappelle en passant, par l'expédition du général Ramorino en Savoie, expédition que rien ne motivait en apparence, mais qui a été, pour les hommes sensés et prudents, le symptôme des dangers que je signale ici. Et depuis, qu'est-il arrivé ? Ces meneurs professent la théorie de la guerre pour la guerre. Si je ne craignais de vous fatiguer, je vous lirais leurs écrits, répandus à profusion en Allemagne, écrits où ils disent (voir, par exemple, le *Courrier de Franconie* du 7 juillet dernier) « que la guerre est une nécessité, et que le sang versé dans la guerre civile ira rafraîchir les veines épuisées de l'Europe. »

Eh bien ! quand ils ont cherché à mettre leur pratique d'accord avec leur théorie, ces hommes ont reconnu qu'il y avait deux grands obstacles à la création victorieuse de cette citadelle dont je vous parlais tout à l'heure : d'abord le féderalisme, et puis la religion. De là cette double série d'attentats, d'abord contre le systeme fédératif dont M. le duc de Noailles vient de vous exposer si bien le caractère et les droits, et ensuite, je ne dis pas contre le catholicisme, mais contre le christianisme, contre la religion, une religion quelconque, contre la croyance en Dieu. Vous ne pourrez manquer de le comprendre, quand vous vous rappellerez que le premier de ces attentats a été l'installation à Zurich d'un professeur nommé Strauss, professeur chargé d'enseigner que Jésus-Christ n'était pas Dieu, n'était qu'un mythe ! et cela non pas dans un canton catholique, mais au sein de la population essentiellement protestante de Zurich, qui s'est soulevée contre lui et l'a chassé.

Apres cela, ils ont imaginé de détruire des couvents, non pas de jésuites, notez-le bien, mais d'anciennes abbayes de cisterciens, de bénédictins, d'anciens ordres qui datent de huit ou dix siècles. Ils ont confisqué et ruiné ces couvents que Napoléon lui-même, lui qui a tant detruit d'abbayes souveraines et autres en Allemagne, avait jugé, avec le tact profond qui le distinguait, devoir maintenir en Suisse, comme s'il avait senti qu'au milieu de cette democratie il fallait quelques éléments conservateurs : et ces éléments, il les trouvait dans ces vieilles et vénérables abbayes fondées aux dixième et onzième siècles. Il leur avait garanti leurs propriétés par l'acte de médiation.

Ces couvents, le pacte fédéral de 1815 les avait scrupuleusement conservés ; le radicalisme les a détruits ! Après cela, on a été frapper, non pas encore les jésuites, mais les protestants croyants et zélés, les méthodistes, les momiers, dans les cantons protestants, archiprotestants, les cantons de Genève et de Vaud. Et alors seulement, en dernier lieu, et grâce aux excitations parties d'ici, parties de la France, on s'est armé de cet admirable prétexte des jésuites pour atteindre de nouveau le catholicisme.

Messieurs, je vous ai dit que je ne parlerais pas des jésuites, et je n'en ai pas besoin

après le témoignage si éloquent et si irrécusable de M. le duc de Broglie ! Tout en professant et en prouvant qu'il était, lui, leur adversaire, vous l'avez entendu déclarer, avec
toute l'autorité qui lui appartient, que depuis trente ans que les jésuites existaient en Suisse,
il avait été absolument impossible, non pas de découvrir, mais même d'inventer, de supposer
un fait quelconque dont on pût se prévaloir pour motiver leur expulsion, si bien qu'on en
avait été réduit à invoquer contre eux, comme le seul motif de leur expulsion, les excès
qu'on commettait contre eux, et a leur faire un crime des crimes dont ils étaient l'objet et
dont ils sont devenus victimes. (Approbation.)

Messieurs, le témoignage si eclatant d'un homme éminent qui a toujours été leur adversaire demeure acquis a l'histoire et me dispense de rien ajouter. (Nouvel assentiment.)

S'il s'agissait d'ailleurs de suppleer à ce temoignage, il suffirait de rappeler ce qui s'est
passé, non pas avant leur expulsion, mais depuis ; car rien ne démontre mieux la vanité et
l'iniquité de ce prétexte.

Voyons, en effet, comment on a profité de cette victoire remportée soi-disant sur les
jésuites. Les jésuites ont été expulsés ; ils ont disparu ; il n'en est plus question ; mais s'est-on
arrêté là? Je ne parle pas des violences, de ces cruautes, au milieu de la pretendue bataille ;
de ce prêtre immolé à Fribourg, parce qu'il était tonsuré et qu'on le supposait jésuite ; de
tant de pillages, de tant d'orgies, de tant de sacriléges, qui ont pu avoir pour excuse l'eni-
vrement de la lutte, quelque derisoire qu'elle fût ! Ces faits ont ete suffisamment flétris par
la plus haute autorité du monde, dans la récente allocution de ce grand pontife dont on a
tant parlé ici depuis quelques jours, et que tout le monde admire. Mais voyons ce qui s'est
fait dans le sang-froid d'une victoire aussi assurée que facile, par les autorites soi-disant
régulieres et constituées, le lendemain d'un triomphe, et d'un triomphe sans lutte ! Ne les
avez-vous pas vues frapper tour à tour, dans tous les cantons, et notamment dans les cantons
de Fribourg, de Lucerne et du Valais, toutes les congrégations, tous les couvents qui res-
taient debout, et les frapper de contributions exorbitantes qui équivalent à une ruine complete? Car, remarquez bien cette odieuse hypocrisie ! on ne les confisque plus, on ne les
supprime plus, mais on les frappe d'amendes presque égales à la totalite de leurs biens.
(Sensation.) Ce n'est pas tout : le clergé séculier s'est peut-être figuré qu'on l'épargnerait ;
mais point ! après les ordres réguliers, c'est le tour des évêques, des curés; tous sont
frappés, dépouillés l'un après l'autre ; on a proposé, et à l'heure qu'il est peut-être a-t-on
voté une constitution civile du clergé, calquée sur la nôtre de 1790. Ce n'est pas tout encore !
Ces fiers vainqueurs dont on nous a fait l'eloge, savez-vous ce qu'ils ont fait le lendemain
de la victoire? Ils ont osé écrire, de leur plume sanglante, le nom de saint Vincent de Paul
dans un décret d'expulsion, et d'expulsion contre ces sœurs de charité qui sont les filles de
saint Vincent de Paul, et qui sont l'objet du culte, de l'admiration et du respect du monde
entier. Et comment les a-t-on expulsées? Comme des bêtes fauves, en leur donnant trois
fois vingt-quatre heures pour évacuer le canton, sans pensions, sans indemnité, sans pudeur ;
elles, ces saintes femmes, ces filles, non pas de saint Ignace de Loyola, mais de saint
Vincent de Paul. (Très-bien ! très-bien ! — Marques d'indignation.)

Mais on ne s'est pas arrêté là. Voyez-vous ces hommes armés qui montent par ce défilé
des Alpes que beaucoup d'entre vous ont suivi? les voila qui suivent le sentier escarpe que,
pendant tant de siecles, des milliers de chretiens, étrangers, voyageurs, ont foulé avec
respect et reconnaissance ; ils vont là ou la république française s'était arrêtée avec respect
(Vive sensation) ; là ou le premier consul Bonaparte avait laissé avec sa gloire le souvenir
de son intelligente tolérance (Vive approbation); la ou le corps de Desaix, de votre camarade
Desaix, a trouvé un tombeau digne de lui !... Et que vont-ils y faire ces vainqueurs sans
combat? Il faut le dire, ils vont pour voler (Approbation marquée) : oui, pour voler le
patrimoine des pauvres, des voyageurs, de ces moines de Saint-Bernard que dix siècles
ont entourés de leur vénération et de leur amour.

Oui, puisqu'on a eu le triste courage de venir à cette tribune se moquer des vaincus et ajouter à l'amertume de leur défaite l'amertume de la dérision (Très-bien), qu'on me permette de dire tout ce que je pense. Oui, la défaite a été honteuse. La vérité m'arrache ce témoignage, au détriment même de mes amis. Mais savez-vous quelque chose de plus honteux que cette défaite? C'est la victoire (Vives acclamations), cette victoire remportée sans combat, par dix contre un, victoire qui se présentera à la postérité, flanquée d'un côté par une sœur de charité expulsée, et de l'autre par un moine de Saint-Bernard spolié, chassé et insulté par ces lâches vainqueurs. (Nouvelles exclamations approbatives.)

Eh bien! Messieurs, est-ce tout? Non, ce n'est pas là qu'on s'arrête! Ce n'est pas seulement à la religion catholique et à ses plus saintes institutions qu'on en veut. Le bras qui vient de frapper les catholiques se détourne pour atteindre les protestants. Mon noble et religieux ami le comte Pelet de la Lozère me permettra d'exprimer ma surprise de ce qu'il n'a pas trouvé dans son discours d'hier un mot pour plaindre même les protestants vaudois, même ses coreligionnaires, qui ont été frappés du même coup qui a expulsé les jésuites. Oui, Messieurs, dix jours après la prise de Fribourg, c'est-à-dire le 20 novembre (la prise de Fribourg avait eu lieu le 10), décret rendu par M. Druey et consorts, qui interdit formellement d'exercer dans le canton de Vaud un autre culte que le culte soi-disant national, l'ancien culte national de ce canton; interdiction de toute liberté à l'Église libre, dépouillée et remplacée, a la suite d'une émeute, par une soi-disant Église dont personne ne connaît le dogme ou la pratique!

Si j'en avais le temps, je vous lirais les lettres que j'ai ici, des ministres de cette Église libre, de l'ancienne et respectable Église vaudoise, qui a été pendant trois cents ans celle du pays, et dont les ministres se rendent maintenant, par des sentiers détournés, dans des lieux retirés, pour éviter les insultes et les dénonciations, et pour s'y retrouver dans la position qu'occupaient leurs coreligionnaires ici, en France, après la révocation de l'édit de Nantes, sous ces lois d'odieuse mémoire que vous ne détestez pas plus que moi. (Approbation.)

Voilà où ils en sont dans ce pays qui se regarde comme la patrie de la réforme et de la liberté de conscience. (Vive approbation.) Sachez-le donc : ce n'est pas à l'Église qu'ils s'attaquent, c'est à la Bible, c'est à la foi chrétienne tout entière, à tout ce qui croit a Dieu et au Christ.

Mais est-ce tout? est-ce l'Église, est-ce la religion même protestante à qui on en veut seulement? Non, c'est encore la liberté sous toutes les formes, et cela, encore une fois, le lendemain comme la veille de la bataille.

Savez-vous où en est la liberté de la presse dans ce même canton de Vaud ? Elle est sous le coup de l'interdiction de publier même des nouvelles contraires aux intérêts du gouvernement. (Hilarité et approbation.) O patrie de la liberté! Et à côté de cette interdiction de publier même des nouvelles désagréables au gouvernement, là et ailleurs le droit de pétition est bâillonné, le droit électoral violé de la manière la plus flagrante ; partout les baïonnettes, partout les violences, partout l'intervention oppressive et abusive du pouvoir. Voilà comme on a respecté la liberté.

Mais est-ce tout encore ?

Il y a des gens qui feraient bon marché de l'Église et de la religion même protestante, et même de la liberté, mais qui ne font pas bon marché de la propriété. (Rires d'approbation.) Eh bien, qu'ils écoutent comment on a respecté la propriété dans la Suisse radicale. Savez-vous ce qu'on y a fait? On y a rétabli la confiscation! Messieurs, à l'heure qu'il est, il n'y a plus que deux pays en Europe où cet abominable usage existe. On me reprochait avant-hier d'être l'ennemi de l'Autriche ; ce n'est pas tout à fait cela : j'ai souvent combattu et blâmé son gouvernement ; mais aujourd'hui je lui rendrai cette justice, que dans ses plus grandes sévérités, a ce qu'il me semble, il n'a pas employé cette arme odieuse.

Oui, a l'heure qu'il est, la confiscation politique n'existe que dans deux pays, en Russie et en Suisse. Ce droit de Cosaques, il a été rétabli a notre frontière, de l'autre côte du Jura.

Qu'en disent les partisans, les apologistes des radicaux? Trouvent-ils que ce soit là un progrès de la civilisation et de la liberté? Il ne leur manque plus après cela que de rétablir le servage!

Mais il faut voir aussi comment on s'y est pris pour rétablir cette confiscation. On a entendu parler autrefois de confiscations prononcées par des tribunaux, par des arrêts judiciaires, des commissions. Savez-vous comment cela s'est fait en Suisse? Un homme arrive le lendemain de la bataille ou de la ville prise, pillée, bouleversée; il monte au milieu de la place publique, sur une chaise ou une table, il dit à deux ou trois cents mauvais sujets : Est-ce vous qui êtes le peuple de Fribourg et du Valais? On lui répond aussitôt : Oui! oui! (Hilarité.) Il reprend : Est-ce que vous me reconnaissez par votre organe? Oui encore? Voulez-vous faire payer les frais de la guerre aux riches? Oui! oui! certainement (Sourires approbatifs), et immédiatement le décret est prononcé, pour être ratifié ensuite par la Diete et les grands conseils régénérés.

Je cite textuellement ce qui s'est passé; je n'exagère rien, et à Fribourg, et à Lucerne, et dans le Valais, cela s'est passé ainsi.

Je vous ai dit comment ces arrêts de proscription et de confiscation étaient prononcés, mais je ne vous ai pas dit contre qui. On a entendu parler de confiscations, de condamnations prononcées contre des grands seigneurs, contre de grands personnages, contre des ministres et des princes; mais jamais jusqu'à ce jour on n'avait imaginé des confiscations contre des assemblées entières, contre des tribunaux entiers, contre des grands conseils legalement élus et constitués, régulièrement installés; jamais l'on n'en avait entendu parler. Eh bien, c'est ce que la Suisse radicale a inventé; elle a inventé quelque chose de plus : on a dit qu'il y avait la toute notre révolution, moins l'échafaud; cela n'est que trop vrai ; mais il y a encore quelque chose que la révolution française, à ce que je crois, n'avait pas invente: c'est la responsabilité pécuniaire des votes politiques.

Et voila cependant ce qu'est devenu depuis deux mois le droit public de la Suisse. A Lucerne, on s'est moqué de ces chefs qui s'etaient sauvés, disait-on, avec la caisse, ce qui est faux; mais savez-vous quel traitement on a réservé à ceux qui ont eu la bonne foi de rester? On leur a fait payer, en vertu d'un decret de ce genre, les frais de la guerre civile. Voila la récompense qu'on leur a décernée pour la confiance qu'ils ont eue dans leurs concitoyens.

Dans le Valais, un arrêté du gouvernement provisoire, du 21 décembre, dont voici le texte, annule rétroactivement, par son article 1ᵉʳ, tous les arrêts qui ont été rendus depuis trois ans par le tribunal central de ce pays, etabli constitutionnellement en 1841 ; et, ce qui est bien mieux, les juges sont tenus de restituer les traitements et émoluments qu'ils ont reçus pendant trois ans. (Mouvement.)

Ce n'est pas tout : par l'article 3 ces mêmes juges sont déclarés responsables des dommages occasionnés par leurs arrêts, c'est-à-dire qu'ils sont tenus de rembourser les amendes auxquelles ils ont condamné les coupables. (Vive sensation.)

Mais il y a mieux encore, si c'est possible. Voici un décret proposé par le gouvernement nouveau de Fribourg, le 31 décembre, au grand conseil, et qui doit être voté à présent. Vous ne le connaissez pas, parce que les journaux, même conservateurs, ont l'air malheureusement d'être au service de la Suisse radicale, et dissimulent ces choses; mais en voici le texte. Ce décret condamne trente et un citoyens, membres de l'ancien grand conseil et autres, à une amende de douze cent mille francs! Remarquez-le bien, ce ne sont pas des moines, ce ne sont pas des prêtres, ce ne sont pas des jésuites ; ce sont de bons laïques, de bons bourgeois, d'honnêtes conservateurs comme vous, Messieurs (Sensation), qui étaient la tranquillement dans leur grand conseil, se croyant investis d'un droit constitutionnel et légal de gouverner leur pays.

Eh bien, Messieurs, savez-vous à quoi cela ressemble? C'est absolument comme si on prenait note de vos votes et de vos arrêts pour vous en faire payer la rançon. Aussi tenez pour certain que l'exemple ne serait pas perdu; que si jamais, ce qu'à Dieu ne plaise! les amis des radicaux suisses devenaient les maitres en France, ils vous feraient payer au prix de votre patrimoine et de celui de vos enfants, la rançon de vos votes et de vos arrêts. (Très-bien! très-bien!)

Il n'y a rien d'inexact, rien d'exagéré dans ce que je dis. Je défie qui que ce soit de contester ces faits. Et permettez-moi de le dire, il ne faut pas plus flatter les peuples que les rois; et on a bien le droit de ne pas les flatter, surtout quand on a commencé, comme moi, par dire aux rois la vérité du haut de cette tribune. (Approbation.)

Je disais donc que si jamais les complices de la Suisse radicale, les radicalistes, devenaient les maîtres dans notre pays, on verrait des choses analogues; et ceci me rappelle au point que je vous ai déjà signalé, et me conduit naturellement à appeler votre attention sur le contre-coup de ces événements en France.

Le radicalisme, vainqueur en Suisse, maître d'une armée, d'un trésor, orgueilleux de sa victoire; le radicalisme, ennemi implacable de l'établissement de Juillet, a ses complices et alliés au dehors. Il en a de diverses natures en France. Je vais les signaler.

Messieurs, permettez-moi de vous parler comme habitant d'une des provinces qui ont été les plus profondément et les plus sérieusement atteintes par ce contre-coup. J'habite la Bourgogne; j'y étais alors qu'ont eu lieu ces fameux banquets de Dijon, de Châlon et d'Autun, où la Suisse, sachez-le bien, a joué presqu'un aussi grand rôle que la Montagne ou la Convention. Il ne faut pas oublier ce qui s'est dit dans ces banquets, et il faut que l'écho s'en prolonge comme un avertissement profond et salutaire.

Or, on ne s'y est pas borné à confondre la liberté avec la révolution, et la révolution avec la Convention. On n'a pas seulement proclamé, dans ces banquets, que la guillotine était la tribune d'où la France avait parlé aux rois et à l'Europe. On n'a pas seulement protesté contre l'aristocratie du capital. Non, on y a encore salué avec ivresse les victoires et les héros de la Suisse radicale, comme si c'était là la pratique actuelle des glorieuses théories qu'on y proclamait.

Permettez-moi, à ce sujet, deux citations seulement: j'emprunterai la première au discours d'un honorable Député, M. Ledru-Rollin, que je ne cite pas comme Député, mais comme orateur au banquet de Châlon, il y a un mois:

« *Démocrates de tous les pays, ayons notre congrès comme les absolutistes ont vainement essayé* d'avoir le leur. Entendons-nous sur leurs affaires comme ils méditaient de s'entendre sur les nôtres!.. Une terre libre, la seule république de l'Europe, la Suisse, est digne de voir un pareil spectacle. Tout y sera inspirateur, et sa vieille histoire, et ses montagnes, et ses luttes récentes. On se sent fort sur le terrain de la victoire et du droit. *Qu'une de ses villes indépendantes prête asile* pour quelques jours aux précurseurs pacifiques de la délivrance des peuples, et, par les efforts de cette sainte ligue, les peuples, plus confiants en eux-mêmes, hâteront l'heure de leur affranchissement »

Comprenez-vous maintenant ce que je vous ai dit du contre-coup de ces luttes; comprenez-vous pourquoi je vous ai dit que la cause qui venait de triompher en Suisse n'était pas la cause de la liberté, mais celle de tous les perturbateurs de l'Europe! Écoutez encore, si vous en doutez, ce qu'écrivait à ce même banquet M. Druey, député du canton de Vaud et membre de la Diète. Il avait été invité à ce banquet; il répond en ces termes:

« Ce serait une véritable fête de m'associer à la grande manifestation populaire d'une partie aussi considérable de démocrates de France; car, vous l'avez compris, messieurs, *votre cause et la nôtre sont une, nous sympathisons avec vous comme vous sympathisez avec nous.* Des deux côtés du Jura, il s'agit de faire passer du domaine des idées dans celui des faits les grands principes de liberté, d'égalité, de fraternité des hommes, qui font le bonheur aussi bien que la gloire des sociétés. *Il s'agit de faire triompher le droit des masses sur le privilège du petit nombre; il s'agit de cimenter de plus en plus la sainte alliance des peuples et faire grandir leur souveraineté.* »

Voilà, Messieurs, comment la cause de la Suisse radicale a été comprise, présentée, admirée dans ces banquets, où, à la juste horreur de la France, on a été rechercher tout ce qu'il y avait de plus sanguinaire, de plus ignoble, dans notre révolution, pour en faire comme le programme et la justification des doctrines nouvelles qu'on prêche au peuple français. (Vif mouvement d'approbation.)

Et, Messieurs, comment en serait-il autrement? Je ne voudrais pas me livrer à des personnalités, et contre des absents, à la tribune; mais il m'est impossible de ne pas rappeler cependant que c'est la même voix, ou plutôt la même plume, qui, la première en France, il y a un an, a proclamé la nécessité de substituer une Suisse unitaire à l'antique Suisse libre, prospère et alliée de la France; que c'est cette même plume qui a poetisé depuis ce qu'il y avait de plus triste dans notre révolution. Elle n'a eu que trop d'imitateurs! Tout à coup on a vu surgir ce groupe d'historiens qui sont venus faire de l'échafaud révolutionnaire l'autel du patriotisme. C'est, il faut le dire, dans ce déplorable mélange de la théorie terroriste, d'une part, de l'histoire terroriste de l'autre, et de la pratique radicale en Suisse par-dessus tout cela, qu'il faut voir la source de cette audace dont vous êtes, je ne dis pas effrayés, mais indignés comme moi. (Très-bien!)

C'est là que les loups ont appris qu'ils n'avaient pas besoin de se déguiser en bergers (Mouvement); aussi ils parlent en loups, et on les applaudit, et on boit avec eux à la fraternité et à l'humanité. (Nouvelle approbation.) Et maintenant, quand cette voix éloquente dont je parlais tout à l'heure, si desintéressée, si patriotique, je le sais, mais si coupable, vient s'ecrier tout à coup : Nous ne voulons pas rouvrir le club des jacobins! on n'a que trop le droit de lui répondre : Il est trop tard; le club des jacobins est déjà rouvert, non pas en fait, dans la rue, du moins dans les esprits, dans les cœurs, dans certains esprits, dans certains cœurs égarés par des sophismes sanguinaires, et dépravés par ces exécrables romans qu'on décore du nom d'histoire, et où l'apothéose de Voltaire sert d'introduction à l'apologie de Robespierre. (Nouvelles marques énergiques d'approbation.)

Ne donnez pas, Messieurs, je vous en conjure, à ma parole plus de portée qu'elle n'en a ; ne voyez pas ici l'ombre d'une denonciation, des demandes d'une répression quelconque contre ces aberrations detestables.

Non, j'approuve complétement le langage de votre commission, lorsqu'elle dit que ces manifestations doivent être tolérees, qu'elles sont tolérées par la liberté. Et j'ajoute qu'elles renferment en elles un enseignement salutaire. (Très bien!) Surtout qu'on n'aille pas m'accuser de vouloir quoi que ce soit contre la liberté; car, bien loin de là, c'est la liberté que je veux avant tout défendre contre le radicalisme. Savez-vous ce que le radicalisme menace le plus? Ce n'est pas, au fond, le pouvoir : le pouvoir est une necessité de premier ordre pour toutes les societes; il peut changer de mains, mais tôt ou tard il se retrouve debout sur ses pieds. Ce n'est pas même la proprieté : la propriété aussi peut changer de mains, mais je ne crois pas encore à son anéantissement ou à sa transformation. Mais savez vous ce qui peut périr chez tous les peuples? c'est la liberté. (C'est vrai!—Approbation.) Ah! oui, elle périt, et pendant de longs siècles elle disparaît. Et, pour ma part, je ne redoute rien tant dans le triomphe de ce radicalisme que la perte de la liberté. (Très-bien!)

Qu'on ne vienne pas dire, comme certains esprits généreux, mais aveugles, que le radicalisme c'est l'exagération du liberalisme; non, c'en est l'antipode, c'est l'extrême opposé ; le radicalisme n'est que l'exagération du despotisme, rien autre chose! (Très-bien! tres-bien!) et jamais le despotisme n'affecta une forme plus odieuse. La liberté, c'est la tolérance raisonnee, volontaire; le radicalisme, c'est l'intolérance absolue, qui ne s'arrête que devant l'impossible. La liberté n'impose à personne des sacrifices inutiles; le radicalisme ne supporte pas une pensée, une parole, une prière contraire à sa volonté. La liberté consacre les droits des minorités, le radicalisme les absorbe et les aneantit. En un mot, et pour tout résumer, la liberté, c'est le respect de l'homme, et le radicalisme, c'est le mépris de l'homme poussé à sa plus haute puissance. (Vive approbation.) Non, jamais, jamais despote moscovite, jamais tyran de l'Orient n'a plus méprisé son semblable que ne le méprisent les clubistes radicaux qui bâillonnent leurs adversaires vaincus au nom de la liberté et de l'egalite. (Très-bien!)

Je me crois, du reste, le droit, plus que personne, le droit de proclamer cette distinction ici, car je défie qui que ce soit de plus aimer la liberté que moi. Et ici, il faut le dire, je ne veux pas accepter, ni comme un reproche ni comme un eloge, ce qu'a dit de moi l'autre jour M. le Ministre des affaires etrangères, que j'etais exclusivement dévoué à la liberté religieuse. Non! non, Messieurs: ce à quoi je suis dévoué, c'est a la liberté tout entiere (Tres-bien ! très-bien !), à la liberté de tous et en tout. Je l'ai toujours défendue, je l'ai toujours proclamée. Moi qui ai tant écrit, tant parlé, beaucoup trop, je le reconnais (Non, non !), je défie qu'on trouve une parole sortie de ma plume, ou tombée de mes levres, qui ne soit pas destinée à servir la liberté. La liberté ! ah ! je peux le dire sans phrase, elle a été l'idole de mon âme (Mouvement) ; si j'ai quelque reproche a me faire, c'est de l'avoir trop aimée, aimée comme on aime quand on est jeune, c'est-à-dire sans mesure, sans frein. Mais je ne me le reproche pas, je ne le regrette pas ; je veux continuer a la servir, à l'aimer toujours, à croire en elle toujours ! (Très-bien !) Et je crois ne l'avoir jamais plus aimée, jamais mieux servie qu'en ce jour où je m'efforce d'arracher le masque à ses ennemis, qui se parent de ses couleurs, qui usurpent son drapeau pour la souiller, pour la deshonorer. (Marques unanimes et prolongees d'assentiment.)

Messieurs, je viens de vous indiquer une des catégories des complices que nous avons parmi vous du parti qui vient de triompher en Suisse. Helas ! ils ne sont pas les seuls ; il en est d'autres que je ne confonds pas, je m'empresse de le dire, que je ne confonds pas avec les hommes que je voudrais fletrir, mais dont la conduite est pour moi encore plus inexplicable. Je comprends, oh ! je comprends parfaitement et la tactique et le langage des hommes dont je viens de parler ; ils sont conséquents avec eux-mêmes, ils ont une haine intelligente, systématique, de la liberté ; ils doivent naturellement applaudir à tout ce qui s'est fait en Suisse. Il n'en est pas ainsi, je me plais à le dire, de cette opposition constitutionnelle, dynastique, légale et régulière, qui cependant, sur la question suisse, a fait chorus avec les terroristes. Voila ce que je ne comprends pas ; je ne comprends pas que des hommes qui veulent le maintien du Gouvernement régulier de ce pays, qui l'ont servi avec distinction, qui veulent le maintien de la constitution et de la société actuelles, applaudissent au triomphe d'une cause qui, si par malheur elle venait à triompher en France, amènerait tout d'abord l'anéantissement de toute politique honnête et de toute constitution régulière. Et cependant, vous le savez, cette opposition dont je parle, elle aussi s'est prononcee avec fureur pour le triomphe de la cause radicale. Je ne veux pas empiéter sur une autre discussion. Je parle uniquement des manifestations de l'Opposition, en ce qu'elles ont de commun avec la Suisse, et des vœux qu'elle a énoncees avec fracas, au profit du radicalisme suisse, dans les cinquante ou soixante banquets qui ont été donnés à propos de la réforme électorale. (On rit.)

Or, il y a eu précisément une réforme électorale en Suisse, et cela à la suite du triomphe que nos reformistes appelaient de leurs vœux. (Nouvelle hilarité.) Il me semble utile de l'etudier, afin de juger de l'avenir qu'on nous reserve par le passe et le présent qu'on vante. Or, cette reforme electorale en Suisse, vous savez en quoi elle a consisté. Ç'a eté l'anéantissement de la liberté electorale, des minorités et même des majorités.

A Fribourg, le lendemain du triomphe de cette cause à laquelle buvaient nos réformistes français, le gouvernement des radicaux a fait tout de suite sa loi électorale ; mais cette loi électorale du 17 novembre que vous avez eue tous sous les yeux, puisqu'elle a été publiée dans nos journaux, établissait la destruction de l'indépendance des votants, l'abolition du scrutin secret, la necessité de voter en masses et par mains levées. Et savez-vous entre les mains de qui elle place le jugement des réclamations et le droit de proposer les candidatures ? Entre les mains du préfet, de l'agent direct du gouvernement. Oui, c'est le prefet qui préside, qui juge et qui propose les candidats à l'election ; et en général il commence par se proposer lui-même. (Hilarité.) Voilà ce que c'est que la réforme électorale dans le canton de Fribourg.

Savez-vous ce qui est arrivé à Romont ? Le préfet, ayant d'abord proposé sa propre candidature et s'etant declaré elu, propose ensuite et déclare élu un autre candidat de sa couleur. Mais un téméraire, quelque jésuite de robe courte, s'avise de lui dire : « Permettez, Monsieur le préfet, je vous prie de compter les votes. » La réclamation est appuyée. Aussitôt le prefet fait conduire en prison l'imprudent electeur et fait avancer les soldats vaudois (notez qu'on était dans le canton de Fribourg) ; ces soldats étrangers mettent en fuite la majorité conservatrice, et tous les candidats du préfet sont élus. Voilà la réforme électorale à Fribourg. (Nouvelle sensation.)

L'envoi des troupes fédérales pour assurer et diriger les élections est aujourd'hui la règle en Suisse. Les journaux du pays nous apprennent que cinq bataillons viennent d'être expédiés de Lucerne pour surveiller celles du canton de Schwytz. « Nous allons, disaient les soldats en s'embarquant, nous allons apprendre à ces gens-là à faire les elections. »

Quelquefois, il faut le dire, ces troupes rendent des services ; ainsi ces troupes fédérales ont réellement garanti la liberté des élections dans le Haut-Valais contre les radicaux du Bas-Valais. Aussi les habitants du Haut-Valais ont nommé des députés qui ne se sont pas trouvés au gré des nouveaux meneurs du temps. Qu'ont fait ces meneurs? Ils ont aussitôt annulé ces élections, sous prétexte que les troupes fédérales les avaient troublées. (Hilarité générale.)

Enfin, les plus modérés, ce sont ceux du canton de Lucerne, qui se bornent à mettre au corps de garde, pendant la durée des élections, les principaux candidats ou electeurs conservateurs. Ce sont les plus modérés. (Nouvelle hilarité.)

Voilà les hommes aux succès desquels on vient de boire en France dans les banquets réformistes, sans un mot de réserve, sans un mot de restriction. J'ai cherché avec attention si, dans les cinquante ou soixante banquets, il n'y aurait pas dans les toasts portés à la Suisse, même après que tous ces faits ont été connus, un seul mot d'excuse, de réserve, de protestation ; pas un seul. Toujours la cause libérale, la cause nationale, la cause patriotique de la Suisse associée à la cause de la réforme électorale !

Pour qualifier une telle conduite, permettez moi une hypothese.

Je suppose que, pour arriver à je ne sais quel résultat, le chef de notre administration, l'honorable M. Guizot pût se conduire en France comme on se conduit en Suisse ; que, pour assurer le triomphe de sa politique, il se conduisît comme les plus modérés en Suisse ; par exemple, qu'il se bornât à faire mettre au corps de garde, pendant les élections, ceux d'entre les honorables Deputés qui l'ont si bien arrangé dans ces banquets réformistes. (Hilarité.)

Je suppose également que de l'autre côté du detroit, en Angleterre, il se fût formé une grande association pour la reforme, qui donnât de grands banquets, où l'on commencerait par boire à la santé de M. Guizot. (Nouvelle hilarité.) Qu'en diriez-vous ? Ne trouvez-vous pas que ce serait une détestable comédie. Eh bien ! je vous laisse le soin d'appliquer ce jugement à qui vous jugerez convenable. Quant à moi, entendez-le bien, je ne veux pas attaquer la reforme électorale. Vous savez tous qu'à la fin de la derniere session j'ai dénoncé, plus chaleureusement qu'on ne l'a jamais fait dans cette enceinte, l'abus des influences, la corruption electorale. Je vous ai dit que, grâce a l'excès de cette corruption, la réforme électorale deviendrait puissante et populaire dans le pays. Je vous ai prédit ce qui arriverait.

Je n'ai pas peur de la reforme ; mais, je l'avoue, j'ai extrêmement peu de goût pour les les réformateurs qui prennent dans la Suisse radicale leurs modèles de patriotisme, de libéralisme et de progrès.

Du reste, il faut le reconnaître, ces patriotes dont je parle ont un modèle et un maître à l'étranger : c'est l'homme qui est devenu populaire en quelque sorte dans l'Opposition depuis qu'il est constaté qu'il est l'adversaire juré, selon moi, de la France, mais, selon eux, du Ministère actuel. J'entends parler de celui que M. le duc de Broglie désignait hier, en langage officiel, comme le principal secrétaire d'État de S. M. Britannique. C'est lui qui forme la troisième et dernière catégorie des complices du radicalisme suisse.

Je n'ai pas besoin, je pense, d'invoquer, pour dire toute ma pensée, la liberté de cette tribune. Quand on a, comme moi, tenu ici même le langage le plus sévère sur M. le prince de Metternich, sur l'empereur de Russie et sur tant d'autres, on a le droit de dire ce qu'on pense du principal secretaire d'État de S. M. Britannique.

Eh bien, je dirai franchement que, selon moi, c'est lui qui est le plus grand coupable, c'est lui qui est le véritable exécuteur des cantons catholiques, de l'indépendance et de la liberté helvétiques; c'est lui qui, par ses délais calculés, a rendu dérisoire, à force d'être tardive, l'œuvre de la médiation ; c'est lui qui a exigé une entente préalable sur les conditions et sur les détails, avant d'exiger la cessation des hostilités ; c'est lui qui, tout en faisant mine d'accepter enfin la note commune, faisait presser l'accélération de cette guerre parricide par son ministre à Berne ; c'est lui enfin qui, seul en Europe, après le mal consommé, et lorsqu'un sentiment d'horreur et d'indignation unanime s'est emparé de tous les hommes sages et de tous les honnêtes gens d'Europe, c'est lui qui s'est constitué l'avocat de la spoliation, qui a déclaré en plein Parlement qu'il n'y avait rien à blâmer, rien à réclamer ; c'est lui enfin qui maintenant entoure de son patronage et de son approbation les bourreaux de la liberté et de la justice en Suisse. Oui, c'est lui ! (Mouvement.)

Messieurs, je le dis en gémissant, car, vous le savez, je suis le partisan déclaré, persévérant, invétéré, de l'alliance anglaise. Il y a plus : non-seulement je ne me suis jamais fait l'echo de toutes ces déclamations qui se faisaient entendre contre l'Angleterre et contre l'alliance anglaise ; mais j'ai toujours été et je suis encore l'admirateur sincère et passionné de cette grande nation anglaise qui a été si longtemps la maîtresse du droit et de la liberté Toutefois, ces sentiments, si profonds dans mon cœur, ne peuvent pas m'imposer silence en présence de la justice outragée, et outragée par quel motif ? Pour le savoir, il faut malheureusement envisager l'ensemble des actes de lord Palmerston : je n'en signalerai qu'un seul. L'homme infiniment respectable et considérable qui représente aujourd'hui la politique anglaise en Suisse, où doit-il se rendre en quittant la Suisse ? A Constantinople. Qu'y faire ? Y diriger cette guerre déplorable qu'y fait l'Angleterre contre la Grèce, contre cette jeune royauté, contre cette nationalité héroïque qui devrait être l'enfant chéri de l'Europe, entouré de sa plus tendre sollicitude, qui a été créé et nourri par la politique européenne, d'accord avec l'Angleterre, dans une de ses inspirations les plus généreuses. (Assentiment.)

Eh bien, c'est tout le contraire que fait le ministre dont je parle. Il ne s'est pas contenté de décrier la Grèce, de la vilipender, de l'insulter dans un langage dont on ne s'est jamais servi entre des peuples alliés, et surtout quand on a l'honneur de représenter un grand peuple vis-à-vis d'un Etat faible et naissant; il fait plus, il encourage la révolte ; il donne asile aux généraux armés contre leur roi ; il a fait mourir à la peine cet illustre ministre, M. Coletti, dont l'éloge est si bien placé dans la bouche des amis de la liberté. (Vive approbation.) Hier encore, ses agents fomentaient à Patras une odieuse agression ; en un mot, il n'y a pas de moyen qu'il n'emploie pour affaiblir, déshonorer et détruire moralement cet infortuné royaume. Pourquoi ? Est-ce qu'il y a des jésuites en Grèce ? Non, il y a, il faut le dire, il y a l'influence française, légitimement et naturellement établie, à la suite de nos sympathies unanimes pour la Grèce, et lord Palmerston ne peut pas la supporter. Et pourquoi a-t-il persécuté la liberté et la justice en Suisse ? Au fond, vous le sentez tous, c'est parce que la cause de la liberté et de la justice dans ce pays était la cause appuyée et encouragée par la France. (Très-bien !)

Et c'est là le rôle qu'on fait jouer à la grande et noble Angleterre ! A elle si religieuse, si libérale, si solidement organisée, on lui impose la mission de poursuivre la religion, la liberté et l'ordre social hors de chez elle, uniquement par haine pour la France !

Messieurs, j'ai besoin de le dire, nous avons, nous aussi, de tristes pages dans notre histoire; mais je ne sache rien qui ressemble à cette tactique odieuse. Nous avons imposé aux peuples étrangers le joug du despotisme, d'un despotisme glorieux, mais nous commencions par le subir et l'aimer nous-mêmes (C'est vrai !); nous avons même porté au bout de nos baïonnettes l'anarchie et la dévastation dans beaucoup de pays de l'Europe, mais nous avons commencé par être nous-mêmes enivrés par ce délire que nous propagions au dehors. Ce que nous n'avons jamais fait, Messieurs, c'est de garder pour nous les bienfaits de l'ordre, de la liberté, de la justice, de la hiérarchie sociale, et d'aller au dehors soudoyer, fomenter, patroner le désordre et la tyrannie. (Bravos prolongés.) Non, grâce au ciel, la France n'a point cet égoïsme et cet aveuglement à se reprocher. Mon cœur lui rend avec bonheur cet hommage, non pas dans un étroit et mesquin esprit de patriotisme exclusif, que j'ai toujours réprouvé, mais pour obéir au sentiment moral, au sentiment de la justice outragée qui se fait enfin jour et qui m'arrache ce cri d'indignation trop longtemps comprimé. (Nouveaux applaudissements.)

J'ajoute, Messieurs, que l'Angleterre n'agira pas toujours ainsi impunément. Non, dans tous ces pays où naît, ou se révèle la bienfaisante liberté, mais où, par suite de l'infirmité humaine, le monstre de l'anarchie se dresse toujours à côté de la liberté, il ne lui sera pas toujours donné d'aller y tendre la main non pas a la liberté, mais a l'anarchie, au désordre, à l'oppression, comme elle le fait aujourd'hui en Suisse, en Grece, en Espagne, peut-être même en Italie !.... Je ne le sais pas pour l'Italie... mais je le crains ! Non, cette politique ne peut pas rester impunie. Si elle n'y renonce pas (et personne ne le souhaite plus ardemment que moi), qu'elle le sache bien, les flammes de l'incendie qu'elle aura partout allumé se retourneront un jour contre elle-même ; elles traverseront ce detroit et cette mer qui lui servent de boulevard ; elles iront lui apprendre que la liberté, la justice et l'ordre ne sont pas l'apanage exclusif d'une seule nation de la terre, et qu'il n'y a pas de peuple assez bien constitué, assez sûr de sa force pour oser entreprendre d'aller sacrifier partout au radicalisme ces biens inappréciables, afin de s'en reserver à lui-même le monopole. (Approbation unanime.)

Maintenant, Messieurs, faut-il, comme disaient les magistrats d'autrefois, passer du grand criminel au petit criminel et examiner la politique que le Ministère a suivie dans cette affaire ? Pour ma part, je n'en ai ni la force ni le loisir.

Je crois que le Ministère a eu de bonnes intentions, je lui en sais gré, je lui en rends hommage. Je crois qu'il était dans son droit, et je ne crois pas qu'apres la lumineuse demonstration de M. le duc de Broglie, il puisse rester un doute sur ce point ; mais je crois que sa conduite n'a répondu ni à ses intentions ni a son droit ; je crois qu'elle a porté l'empreinte du vice que je lui reproche toujours, de la faiblesse, et d'une triple faiblesse.

Faiblesse récente, dans ce besoin maladif, après tant de leçons, tant de douloureuses expériences, de tendre, je ne dirai pas la joue, mais la main à lord Palmerston. (Mouvement.) Et ensuite faiblesse ancienne, en ce que, s'il avait été plus énergique et plus fort, plus sympathique avec le sentiment populaire dans l'affaire de Cracovie et dans l'affaire de Ferrare, il aurait été bien autrement fort pour intervenir comme il le voulait dans la question suisse ; faiblesse enfin plus ancienne encore, lorsque, il y a deux ans, on a évoqué devant lui, dans les discussions de l'autre Chambre, le fantôme de cette congrégation qui joue un si grand rôle maintenant dans la politique. M. le Président du conseil ne l'a pas repoussé ; il savait très-bien qu'au fond il n'y avait rien de sérieux dans toutes ces dénonciations passionnées dont l'origine lui est si bien connue ; il est trop éclairé, trop impartial, trop etranger aux mauvaises rancunes et aux mauvaises passions de ce temps, pour ne pas savoir qu'il n'y avait la qu'une comédie. Il n'a pas eu le courage, la force de le dire ; et voici que, deux ans apres, ce fantôme, qu'il a caressé en quelque sorte, pour plaire à des passions qu'il ne partageait pas, se dresse devant lui sous la forme d'une levée de boucliers anarchique au dela du Jura, et sous la forme d'un affront diplomatique au dela de la Manche.

Eh bien, il a été puni par ou il a péché. C'est ce qui arrive presque toujours dans ce monde, heureusement ; c'est là ma consolation, quand je pense à des criminels bien autrement sérieux que le Gouvernement. Oui, heureusement, dans l'ordre politique, on ne devient pas le complice ou l'instrument du mal sans que ce mal devienne tôt ou tard un châtiment. La loi du devoir, vous savez ce qu'elle est : Ne fais pas à autrui ce que tu ne voudrais pas qu'on te fît à toi-même. Mais la loi de la justice ajoute aussitôt : Il te sera fait comme tu auras fait à autrui.

Eh bien, Messieurs, voilà ce qui arrivera à la Suisse radicale : elle subira le sort qu'elle a preparé à autrui. Et je n'ai pas besoin de vous dire que je ne parle pas ici de je ne sais quelle intervention posthume dont il me paraît que personne, du reste, ne parle ni ne rêve. Je ne suis pas dans les affaires, je ne parle pas de la politique du jour ni de la politique de demain. Mais il m'est permis de plonger dans les profondeurs de l'avenir le regard assuré d'un homme qui croit en la justice divine ; il m'est permis de dire avec Bossuet : L'action contre la violence et l'iniquité est immortelle ! Eh bien, Messieurs, soyez sûrs d'une chose : c'est que la Suisse radicale, qui a substitué le droit du plus fort au droit de la justice, apprendra un jour à connaître par elle-même ce que c'est que le droit du plus fort. Elle a substitué une conquête à une alliance. Eh bien, elle saura ce que c'est que la conquête ; et quand elle le saura, quand on viendra insulter à sa défaite... (ce ne sera pas moi, certes, qui le ferai, ce ne sera peut-être pas de mon vivant...) mais quand on viendra la fouler aux pieds, et quand elle se plaindra, eh bien, on lui rappellera ce qu'elle a fait elle-même en 1847 ; et, au milieu des dérisions de ses vainqueurs, il lui manquera toujours, dans son humiliation et sa défaite, cette oraison funebre qui console et qui honore toutes les défaites, même les plus tristes, les larmes des honnêtes gens ! ce tribut de respect et de sympathie qui a été si largement payé aux cantons primitifs.

Voilà ce que j'avais à dire pour la Suisse radicale. Quant à la Suisse catholique ou conservatrice, car c'est la même chose, je lui dirai de ne pas trop compter sur cette justice faite par l'étranger, de ne pas l'appeler surtout, et en général de ne plus compter pour quoi que ce soit sur l'étranger ; de ne compter que sur elle-même, de ne puiser sa force que dans l'union, dans le sacrifice de toutes les rancunes, de tous les ressentiments qui ont divisé les gens religieux, et surtout dans le principe de la liberté religieuse.

Il est temps que les conservateurs protestants et catholiques apprennent à s'entendre et à proclamer que leurs intérêts et leurs droits sont les mêmes.

Espérons donc qu'on ne verra jamais le spectacle que nous ont donné les conservateurs de Genève, cette odieuse *union protestante* destinée à exclure les citoyens catholiques de tous les emplois, même des fonctions de la domesticité. Espérons aussi que, si jamais les catholiques redevenaient les maîtres, ils ne prononceraient plus, comme dans le Valais, une exclusion contre tout ce qui professe la religion protestante. Il faut désormais s'unir les uns et les autres pour conquérir et conserver les mêmes droits et les mêmes principes ; il faut le faire avec confiance, car là est l'avenir.

La diplomatie a cru faire merveille en sacrifiant, dans ses notes, le principe de la liberté religieuse au principe de la liberté cantonale. Je crois qu'elle s'est trompée complétement, je crois que le principe de la souveraineté cantonale est désormais impuissant, et que la liberté religieuse survivra, sortira plus brillante, plus forte que jamais de toutes ces épreuves.

Je ne répéterai pas ici, mais je vous rappellerai les expressions si éloquentes de l'honorable M. Villemain, lorsque, l'année dernière, à propos de la Pologne, dont j'aime tant à rapprocher la cause de celle de la Suisse, puisque c'est au fond la même, il disait qu'un peuple qui veillait auprès de ses autels, dans la prière et l'humilité, sur le dépôt de sa liberté, de sa nationalité, ne courait jamais risque de voir s'éteindre cette flamme sacrée.

Un mot encore, et ce sera le dernier, à l'adresse de la France. La France, après ce qui vient de se passer, se trouve dans la situation que voici : le drapeau que vous avez vaincu à Lyon, en 1831 et en 1834, ce drapeau-là est aujourd'hui relevé de l'autre côté du Jura. (Sensation.) Il est relevé sur la frontière la plus vulnérable de la France, et, ce qui est bien plus grave, il y est appuyé par l'Angleterre ! A l'intérieur, vous avez ce que vous n'aviez pas en 1831 ni en 1834, des sympathies avouées, publiques, croissantes pour la Convention et pour la Montagne ; l'apologie systématique de tous les crimes qui peuvent désoler ou déshonorer une nation. Eh bien, je ne veux être ni optimiste ni alarmiste, je ne demande aucune mesure d'exception, au contraire ; je crois que nos lois et nos institutions suffisent parfaitement à la défense de la société, mais c'est à condition que les honnêtes gens se dévoueront tous à cette œuvre.

Je demande donc que les honnêtes gens ouvrent les yeux et sachent à quoi s'en tenir sur

les périls de la situation ; qu'ils s'arment d'une triple résolution à l'encontre des ennemis intérieurs et extérieurs qui nous menacent. Pour moi, ma conviction est que le plus grand des
maux dans une société politique, c'est la peur. Dans cette époque infàme et sanglante que l'on
veut à toute force réhabiliter, savez-vous quel a été le principe de toutes nos catastrophes, c'est
la peur. (Très-bien !) Oui, la peur qu'avaient les honnêtes gens des scélérats, et même la peur
que les petits scélérats avaient des grands. (Très-bien !)

N'ayons pas cette peur, Messieurs ; ne souffrons pas que les méchants aient seuls le monopole de l'énergie, de l'audace ! Que les honnêtes gens aient aussi l'énergie du bien ; que
les bons citoyens aient aussi, quand il le faut, leur audace ! Qu'ils s'unissent pour défendre
énergiquement nos glorieuses institutions conquises en 1789 et en 1830. Défendons-les au
dedans et au dehors en montrant notre horreur pour tout ce qui ressemble à 1792 et a 1799.
Que ce soit là notre politique ; que ce soit le principe de l'union entre nous tous qui voulons
au fond la même chose : la liberté, l'ordre et la paix. Veillons surtout sur la liberté ; apprenons par ce qui se passe au delà du Jura combien il est dangereux de ne pas savoir la tolérer, la comprendre, la supporter, même chez ceux dont nous ne partageons pas les idées,
les croyances, les affections. N'oublions pas que cette liberté vient d'être immolée en Suisse,
et trahie par l'Angleterre, mais que la France a pour destinée d'en être à jamais le drapeau
et la sauvegarde.

(Marques très-vives d'approbation. — La séance reste suspendue.)

M. Guizot, *Président du conseil, ministre des affaires étrangères*. Messieurs, je ne
prendrai point la parole en ce moment. Je ne partage pas toutes les idées exprimées par
l'honorable préopinant; je n'accepte point les reproches qu'il a adressés au Gouvernement ;
mais il a dit trop de grandes, bonnes et utiles vérités, et il les a dites avec un sentiment
trop sincère et trop profond, pour que je veuille élever en ce moment un debat quelconque
avec lui. Je ne mettrai pas, à la suite de tout ce qu'il vous a dit, une question purement
politique, et encore moins une question personnelle, j'attendrai que le debat ait continué
et pris un autre tour. Je n'ai rien à répondre à M. le comte de Montalembert.

(Mouvement marqué d'approbation. — Sous l'impression du discours de M. le comte de Montalembert, MM. les Pairs quittent leurs places et forment dans l'hémicycle des groupes nombreux
et animés.)

M. le Chancelier. La séance va être suspendue pendant un quart d'heure.

(La séance est reprise à quatre heures dix minutes.)

M. le comte Alexis de Saint-Priest. J'ai l'honneur de demander à la Chambre qu'elle
veuille bien ordonner l'impression du discours qui vient d'être prononcé devant elle par M. le
comte de Montalembert. (Appuyé ! appuyé ! — Non ! non !)

M. Cousin. Personne ne rend plus hommage que moi à l'immense talent déployé par mon noble
ami M. le comte de Montalembert. Mais il ne peut pas échapper à la Chambre que, sur plus d'un
point très-grave, ce grand et beau discours contient des opinions que je respecte dans la bouche
de mon noble ami, mais que je ne voudrais pas voir adoptees et consacrees en quelque sorte par
la faveur inusitée et contraire à notre reglement et à nos usages, que réclame M. le comte de Saint-
Priest. Je me flatte que la Chambre et aussi le Gouvernement du Roi, qui m'entend, me com-
prendront.

On m'interrompt pour me dire que je suis blessé de l'opinion de mon noble ami sur une célèbre
compagnie sur laquelle, en effet, nos dissentiments subsistent. Non, je n'aperçois pas ici cette
compagnie, ni même la diete helvetique, avec laquelle pourtant nous traitons encore. La Chambre
a-t-elle donc oublié la censure, il est vrai très-eloquente, portee à cette tribune contre un gouvernement ami, et en particulier contre un représentant eminent de ce gouvernement ? M. le comte de
Montalembert avait parfaitement le droit de se livrer à une telle censure; mais toutes les convenances interdisent à la Chambre de s'y associer officiellement par une manifestation publique,
quelle que soit d'ailleurs l'opinion individuelle de chacun de nous.

Je n'en dirai pas davantage, et je demande, conformément à nos usages et au règlement, que
l'impression ne soit pas même mise aux voix. (Aux voix ! aux voix ! L'impression.)

Sur l'invitation de M. le Chancelier, M. le vicomte de Flavigny, l'un des secrétaires de la Chambre, donne lecture de deux articles du reglement, ainsi conçus :

« Art. 72. La Chambre n'ordonne l'impression que des projets de loi, exposés de motifs, propositions, développements, rapports, amendements et autres pièces nécessaires pour éclairer ses délibérations.

« Elle peut cependant ordonner l'impression des discours prononcés à l'occasion de la mort de l'un de ses membres.

« Art. 69. Aucun des discours prononcés ni aucune des pièces lues dans la séance, à l'exception des exposés de motifs, des projets de loi et des rapports des commissions, ne sont insérés au procès-verbal, à moins que la Chambre n'en ait ordonné l'insertion. »

(La proposition de M. le comte de Saint-Priest n'a pas de suite.)

M. LE COMTE D'ALTON-SHÉE. Les opinions émises par moi sur la question suisse n'ont, dans cette enceinte, rencontré encore que des adversaires. Hier, M. le duc de Broglie les a attaquées, et, avec son talent accoutumé, il a vivement impressionné l'assemblée. Aujourd'hui, un homme parmi nous, déjà grand par son talent, a montré aujourd'hui qu'il était, je ne crains pas de le dire, et je ne veux ici blesser personne ; qu'il était, dis-je, le premier orateur de cette Chambre et peut-être de l'autre Chambre aussi. (Mouvements divers.)

Oui, Messieurs, s'il était possible d'être ramené à une opinion contraire par le sentiment de l'admiration, je le dis, aujourd'hui même j'aurais renoncé à la parole, et je n'aurais trouvé que des applaudissements à donner au langage qu'il a tenu tout à l'heure. Mais il n'en est pas ainsi.

Permettez-moi donc, non dans un discours, mais dans quelques courtes observations, de repousser tour à tour les attaques dont la politique que je defends a été l'objet.

Hier, M. le duc de Broglie a prononcé devant vous la glorification des traités de 1815.

Messieurs, si ce n'était qu'une oraison funèbre, j'y applaudirais ; mais loin de là, M. le duc de Broglie en fait la base du droit public européen, et ce qui est plus grave encore, M. le Président du conseil adhère à la même opinion.

Avant-hier, lorsque M. le Président du conseil discutait la question d'Italie, j'ai eu le tort de l'interrompre dans son éloge de ces mêmes traités, pour lui demander de m'expliquer s'il ne pensait pas que leur violation par les grandes Puissances d'Autriche, de Prusse et de Russie, par l'incorporation de Cracovie, avait apporté quelques modifications dans sa pensée. Il m'a dit que, pour le moment, il ne répondrait pas à l'interpellation ; mais qu'il lui serait facile de la repousser. Eh bien ! je lui demanderai aujourd'hui s'il a deux politiques, et si lorsque, pour l'incorporation de Cracovie, il n'a trouvé qu'une protestation sans effet, à l'égard de la Diete suisse méconnaissant a son tour les traités de 1815, il a cru pouvoir, parce qu'il ne s'agissait que d'un petit pays, avoir recours, non-seulement à la protestation, mais aussi a l'intervention, et à l'intervention par les armes ?

Je reviens à M. le duc de Broglie. M. le duc de Broglie a adressé un premier reproche à la Diète radicale, le reproche d'ingratitude. Il a dit que les traités de 1815 avaient concédé à la Suisse la neutralité, l'inviolabilité du territoire, et enfin une augmentation de ce même territoire. Quant aux deux premiers points sur la neutralité et l'inviolabilité, il faut bien qu'on le dise, ce n'était point dans l'intérêt de la Suisse, c'était dans l'intérêt de l'Europe, comme il nous l'a fort bien expliqué lui-même, que ces privilèges avaient été concédés. Quant à l'augmentation de territoire, c'est une grande concession là ou le territoire est unitaire ; mais si, comme il le croit pour la Suisse, les cantons doivent toujours être souverains, isolés, ne tenant ensemble que par un fil, je dis que cette augmentation de territoire n'est réellement point une concession. Ainsi M. le duc de Broglie accuse la Suisse d'ingratitude parce que *cet enfant gâté de la sainte alliance* aurait cherché à réunir ses membres épars, à se faire homme, et à n'avoir qu'une tête et un cœur. Voilà le reproche. Eh bien, Messieurs, ce reproche d'ingratitude envers les traités de 1815 n'est pas nouveau. Il y a un an, dans une dépêche que je voudrais pouvoir oublier, lord Palmerston, irrité à l'occasion des mariages espagnols, accusait à son tour la France d'ingratitude, parce qu'elle semblait oublier qu'en 1815 aussi les grandes Puissances, pouvant démembrer notre patrie, pouvant creer, à la place de notre France unitaire, une fédération de provinces ne tenant entre elles que par un fil, ne l'avaient pas voulu.

Messieurs, tout se tient; la glorification des traites de 1815 a amené M. le duc de Broglie à la réhabilitation des jésuites. Il a dit qu'il était encore prêt aujourd'hui à exprimer son ancienne opinion sur cet ordre célebre, mais qu'il ne saurait imiter ceux qui manquent de générosité envers les vaincus. Et tout à l'heure M. le comte de Montalembert m'a adressé le même reproche. Eh bien, permettez-moi de vous le dire : en toute occasion ma pitié, ma compassion, mes sympathies sont acquises aux victimes courageuses d'une foi quelconque ; mais pour les fuyards, pour ceux qui envoient d'autres se battre et mourir à leur place, pour ceux qui, le pied levé, attendaient le resultat de la bataille pour en profiter s'il y avait une victoire, et pour s'enfuir prudemment s'il y avait une defaite, non, il n'y a pas chez moi de pitié, et je n'ai qu'un regret, c'est de ne pas rencontrer a leur égard de sarcasme plus amer.

M. le duc de Broglie nous fait admirer ensuite l'équite du Gouvernement français, protégeant les jesuites ennemis de ses institutions, ennemis du Roi des Français. Messieurs, cela etait vrai en 1830, cela etait vrai pendant les premieres années qui ont suivi notre révolution, alors que les jesuites craignaient notre esprit révolutionnaire ; ce n'est plus vrai aujourd'hui. Non, ce n'est pas à cause des jesuites, comme l'a si bien expliqué M. de Montalembert, ce n'est pas à cause de la liberté religieuse que le Gouvernement français s'est prononcé en faveur de leur maintien en Suisse, c'est parce que là les jésuites etaient les ennemis de toute modification au pacte federal, parce qu'ils étaient un obstacle invincible à l'unité : voilà pourquoi le Ministère les a soutenus.

M. le duc de Broglie a discuté ensuite le droit d'intervention. Il nous a dit que le principe de non-intervention n'était pas absolu. Il nous a cité pour exemple les avantages qu'avait eus l'intervention de la France, de la Russie et de l'Angleterre en 1827, en Grèce, pour la cause de la liberté.

Il aurait pu nous citer plus à propos, puisqu'il prenait ses exemples sous la Restauration, l'intervention française en Espagne, de 1823, la où il s'agissait d'étouffer la liberté ; mais, depuis 1830, le principe de non-intervention a eté proclamé ; et pourquoi l'a-t il eté ? C'est en 1831, à l'occasion de la Pologne et de l'Italie cherchant à se soustraire à la domination russe et autrichienne, principe égoiste, il est vrai ; mais enfin le Gouvernement avait établi en principe qu'on devait renoncer à aller défendre les peuples étrangers ; qu'il ne fallait pas intervenir chez eux en faveur de la liberté, de peur que d'autres Puissances n'intervinssent dans le sens contraire.

Ce principe-la avait été proclamé, et aujourd'hui on nous demande d'intervenir en Suisse ! Nous avons fait bien des progrès depuis dix-sept ans : il ne s'agit plus aujourd'hui d'intervenir pour la liberté des peuples ; il s'agit en Suisse d'intervenir contre la liberté. Mon noble ami le comte de Montalembert a dit : Mais c'etait la cause de la liberté elle-même qui s'agitait en Suisse et qu'il fallait protéger dans le Sonderbund. Croit-il de bonne foi que l'Autriche et que la Prusse se seraient unies à nous pour aller combattre en faveur de la liberté? Messieurs, cela n'est pas sérieux.

Quoi qu'on puisse dire, unité en Suisse, unité en Italie, c'est le travail du présent et l'œuvre d'un avenir tres rapproché. Que le Gouvernement français, dans un esprit de sagesse et de prudence, ne s'associe pas à ce travail, qu'il demeure en dehors de l'œuvre, je le conçois ; mais ce que je regarderai comme très-coupable de sa part, c'est de s'associer aux efforts contraires, c'est de chercher par tous les moyens à empêcher cette unité de se produire.

L'honorable M. Guizot qualifiait hier d'injurieuses- les vérités dont j'ai frappé certains souverains ; je ne m'en plains pas ; il ne me déplaît pas de voir tenir la vérité pour une injure. Hier encore, M. le Chancelier et une portion nombreuse de cette assemblée me reprochaient de manquer de convenances envers les têtes couronnées. Je ne m'en plains pas davantage ; mais, Messieurs, je m'étonne pour ma part que la balance ne soit pas égale, et que, lorsque M. le duc de Broglie et M. de Montalembert tout à l'heure insultaient une nation tout entière, l'injuriaient dans son honneur et par les paroles les plus graves, il ne se soit pas élevé une voix pour protester contre de telles paroles. (Exclamations.) Est-ce bien sérieusement, Messieurs, que l'on a proclamé une nation amie.... (Non! non!) une nation tout entière comme une réunion de brigands (Nouvelles exclamations); qu'on a déclaré le général Dufour (Non! non!), un homme qui a été Français jusqu'en 1815, qui a été elevé dans nos écoles, qui s'est battu pour nous ; est-ce bien sérieusement que cet homme qui n'a quitté la France que le jour ou les Bourbons sont revenus avec l'étranger, est-ce bien sérieusement qu'on compare cet homme a un chef de brigands? (Exclamations. — Marques de dénégation.)

M. le comte de Montalembert vous a rapporté à cette tribune des faits bien graves qui entacheraient, je ne crains pas de le dire, s'ils étaient vrais, la conduite des radicaux en Suisse. Mais je ne puis m'empêcher de me souvenir que M. le comte de Montalembert et les hommes de l'opinion à laquelle il appartient nous donnaient, il y a peu de temps, les renseignements les plus faux, les plus mensongers, sur la résistance que devait opposer le Sonderbund à l'agression radicale.

Je ne puis m'empêcher de songer que, si ses premiers renseignements étaient inexacts, les autres ne le sont pas moins. Je n'ai pas, quant à moi, l'avantage d'avoir des correspondances avec la Suisse ; mais enfin on publiait tous les jours que les citoyens des sept cantons se feraient tous tuer jusqu'au dernier, plutôt que de souffrir l'oppression des radicaux. Ces fantômes, qu'on avait évoqués, ont complétement disparu.

Messieurs, M. le comte de Montalembert a fait une digression sur les banquets. (Mouvement.) Je ne traiterai pas aujourd'hui cette question (On rit); je ne répondrai qu'à ce qu'il a dit au sujet de certains banquets où l'on avait tenté de réhabiliter la Convention. C'est la le seul point que je traiterai aujourd'hui.

Messieurs, la Convention a deux faces : l'une sanglante.... (Murmures) (attendez donc avant de murmurer), l'une sanglante, terrible, meurtriere, dont personne ne veut, que personne n'approuve, dont l'éloge n'a été fait dans aucun banquet (Dénégation); l'autre, celle de patriotisme et de grandeur, a laquelle on a rendu hommage. (Nouveaux murmures.) Permettez-moi de vous citer quelques hommes éminents, dans ces trente dernières années, qui ont rendu hommage à la grandeur de la Convention. (Violente interruption.)

Sous la Restauration, un des plus éloquents orateurs que cette époque ait produits, le collègue de notre chancelier, et je crois aussi de notre grand référendaire, M. de Serre, en 1819, lui aussi a trouvé des paroles d'éloge pour la Convention. (Vives dénégations.)

M. le Chancelier. Messieurs, le nom de M. de Serre vient d'être prononcé. Je ne puis laisser passer ce nom sans protester pour l'honneur de sa mémoire. Non, jamais ce collègue, dont je m'honore d'avoir partagé les sentiments, les opinions et les travaux, jamais il n'a loué la Convention comme l'entend M. d'Alton-Shée. M. de Serre a dit que la Convention, comme presque toutes les assemblees, n'aurait pas commis les actes détestables qui pèsent sur elle, si elle eût délibéré pour elle-même et non pour la place publique et pour les tribunes qui l'assiégeaient. (*De toutes parts :* Très-bien.)

M. le comte d'Alton-Shée. Je n'ai qu'une manière de répondre aux paroles de M. le Chancelier, c'est de rapporter les paroles mêmes de M. de Serre.

Lorsque M. de Serre disait que dans les assemblées révolutionnaires qui se sont succédé, c'est-à-dire l'Assemblee nationale, l'Assemblée législative et la Convention, la majorité avait eté saine (Murmures) (ce sont ses propres paroles), M. de Labourdonnaie lui dit : Même la Convention? M. de Serre répondit : Oui, Monsieur, même la Convention.

Une voix. Complétez la citation! M. de Serre ajoutait : « Jusqu'à un certain point. »

M. le comte de Salvandy, Ministre de l'instruction publique. La Convention délibérait sous les poignards.

M. le Chancelier. Je suis digne de foi, Monsieur; je puis parler de la séance à laquelle vous venez de faire allusion, car j'y étais. C'est ce qui me donne le droit de protester de nouveau contre vos paroles. Je remplis un devoir sacré en défendant ici la mémoire de M. de Serre contre l'intention que vous lui prêtez. Ce devoir, je saurai l'accomplir tant qu'il me restera une goutte de sang dans les veines. (Mouvement général d'approbation.)

M. le marquis de Boissy a l'orateur. Citez le *Moniteur*.

M. le comte d'Alton-Shée. Permettez-moi une autre citation. (Bruit.)

Depuis 1830 un illustre orateur, le chef du parti des regrets dans une autre enceinte, a trouvé, lui aussi, des paroles non pas d'éloge absolu, mais d'éloge relatif en faveur de la Convention. Et maintenant si des orateurs nous passons aux historiens, permettez-moi de vous le dire, les citations seraient bien autrement nombreuses. (Allons donc! l'ordre du jour!)

L'honorable M. Thiers, l'honorable M. Mignet, M. de Lamartine (Exclamations), M. Michelet, M. Louis Blanc (Assez! assez!), tous les hommes éminents qui ont écrit l'histoire de la révolution (L'ordre du jour! l'ordre du jour!), tout en signalant ce qu'elle avait fait de funeste et de criminel, ont cependant rendu hommage à ses services. (Interruption.)

M. Paulze-d'Ivoy. Nous ne pouvons tolérer l'éloge de la Convention! — *De toutes parts.* L'ordre du jour!

M. le comte d'Alton-Shée. Permettez-moi au moins de vous citer textuellement un homme que vous ne récuserez pas (Assez! assez!), c'est M. le comte Joseph de Maistre, le plus éloquent défenseur, après Bossuet, de la foi religieuse et monarchique. Eh bien, M. de Maistre...

(Le bruit qui a déjà commencé à couvrir la voix de l'orateur redouble, et s'accroît tellement qu'il lui devient impossible de se faire entendre. Lorsque le silence s'est rétabli),

M. le Chancelier. Je crois devoir donner un dernier avis à l'orateur. Il faudrait, Monsieur, attendre encore quelques années pour faire de la Convention l'éloge que vous semblez vouloir entreprendre; il faudrait attendre que tant de membres qui siégent encore dans cette enceinte, et qui ont perdu, par suite des arrêts sanguinaires de cette assemblée, leurs pères, leurs sœurs, leurs parents les plus chers, aient disparu et laissé le champ libre à l'éloge que vous voudriez faire. (Très-bien!)

M. le comte d'Alton-Shée. Je réclame la liberté de la tribune; j'ai le droit de parler. (A l'ordre! à l'ordre!)

Messieurs, vous ne respectez pas la liberté de la tribune. (A l'ordre! à l'ordre!)

Messieurs, je voulais citer l'opinion d'un homme qui, je le répete (Non! non!), est le représentant le plus éloquent de la foi monarchique et de la foi religieuse; que voulez-vous de mieux? (Nouvelle et vive interruption.)

M. le Chancelier. En vérité, Monsieur, je suis obligé de vous dire que vous servez mal la cause que vous voulez défendre. Ne croyez pas qu'associer à cette cause le nom de la Convention, ce soit un moyen de la servir; loin de là, vous pourriez lui nuire, croyez-moi!

M. le comte d'Alton-Shée. Qu'on me laisse au moins m'expliquer. Je dirai que je n'ai fait que suivre M. le comte de Montalembert (Non! non!) en ce qui touche la Convention; car, encore une fois, je ne voulais pas parler aujourd'hui de cette assemblée; je voulais remettre à une autre séance la discussion relative aux banquets réformistes. J'ai suivi l'orateur qui avait soulevé cette question, et je croyais qu'il était du droit de l'orateur et de la liberté de la tribune d'exprimer son opinion alors qu'on avait soulevé et soutenu une opinion contraire. (A l'ordre!)

Eh bien, vous ne voulez pas?... (Non, non!) Soyez satisfaits, je quitte la tribune...

Vous avez remporté un beau triomphe!

(M. le comte d'Alton-Shée descend de la tribune au milieu de la plus vive agitation de l'assemblée. La séance reste suspendue pendant quelques minutes.)

M. LE MARQUIS DE GABRIAC maintient l'exactitude des faits rapportés par M. de Montalembert, et contestés par M. d'Alton-Shee. Il en ajoute un autre relatif à l'oppression que les radicaux auraient exercée sur les élections dans le Bas-Valais. Il combat l'opinion de M. d'Alton-Shée sur les avantages de l'unité. Il fait le tableau du changement opéré dans les mœurs et les institutions de la Suisse sous l'influence des étrangers et du libre enseignement des universités allemandes. La France a intérêt a la conservation des institutions suisses; c'est pourquoi l'orateur vote pour le paragraphe. •

— Échange d'observations sur le procès-verbal au sujet de la proposition d'impression pour le discours de M. de Montalembert : MM. de Saint-Priest, le Chancelier, Cousin.

M. LE GÉNÉRAL FABVIER demande la suppression du mot *fidele*, à cause de la conduite de la Suisse, vis-à-vis de la France, en 1813.

M. FULCHIRON désire que M. le Ministre des affaires étrangères réponde à ce qui a été dit au sujet de la spoliation de l'hospice du Saint-Bernard, dont il rappelle les details.

M. GUIZOT, *Ministre des affaires étrangères*, explique les reclamations qu'il a faites à ce sujet, et donne lecture de la protestation adressée par le prevôt du Grand-Saint-Bernard au Gouvernement provisoire du canton du Valais et à l'Assemblee constituante.

M. LE COMTE DE PONTOIS, ambassadeur en Suisse, de 1844 à la fin de 1846, expose que la doctrine constante de la France. dans ses relations avec la Suisse, a toujours eté que les Puissances signataires du congrès de Vienne n'ont pas garanti le pacte féderal, mais la neutralité de la Confédération suisse.

M. GUIZOT repond à l'orateur, et échange avec lui quelques paroles au sujet des dépêches de l'ancien ambassadeur, de son opinion sur les evenements alors futurs, qui viennent de s'accomplir, et sur sa révocation.

M. LE COMTE MATHIEU DE LA REDORTE discute, dans un discours développé, le droit que pretend avoir le Gouvernement d'intervenir dans les affaires intérieures de la Suisse.

M. GUIZOT, *Ministre*, répond à cette discussion, et cite une dépêche de lord Palmerston à M. Percy, du 9 juin 1832, pour montrer que le Gouvernement anglais entend la question de la même manière. Il cite également la protestation du pape Pie IX, récemment adressée par le Nonce à la diete helvétique, pour montrer les atteintes portées à la liberté religieuse.

M le Ministre termine ainsi :

Messieurs, croyez-vous que cet état intérieur de la Suisse, cet état de la liberté politique, de la liberté civile, de la liberté religieuse; croyez-vous que ce soit la l'état régulier de la Confédération helvetique et de ses rapports avec l'Europe? Je n'hesite pas à dire non, et à dire qu'un pareil etat ne doit pas subsister. (Marques d'approbation.)

Il faut deux choses pour que cet état cesse.

Il faut que les Puissances de l'Europe, qui ont garanti la neutralité perpetuelle et l'inviolabilité du territoire de la Suisse, continuent à s'entendre, à se concerter et à tenir à la Suisse, dans la limite de leurs droits comme des siens, un langage clair et décidé. Il faut en même temps que, par l'empire de la vérité, par l'influence des avertissements loyalement donnés, par l'influence de cette entente, évidemment, efficacement établie entre les Puissances, une réaction salutaire s'opère au sein de la Suisse même; il faut que les hommes sensés, les honnêtes gens de l'intérieur de la Suisse reconnaissent la mauvaise voie dans laquelle ils sont engagés, et s'emploient eux-mêmes efficacement, énergiquement, pour en sortir et en faire sortir leur pays. C'est à un pays libre que je m'adresse. Je sais quel est le mal, je ne veux pas dire le vice des sociétés très-démocratiques, quand elles sont tombées sous le joug des idées et des passions radicales; je sais qu'il est difficile de secouer ce joug; je sais qu'on ne s'y décide guère qu'à la dernière extrémité, et lorsque le mal est devenu si grave, si pressant, si lourd, si scandaleux, que tout le monde le sent et est prêt à succomber sous le poids du fardeau. On finira par le sentir en Suisse. L'honorable M. de Montalembert adressait hier à la Suisse, en terminant son discours, des pressentiments, je ne veux pas dire des prédictions. Il vous arrivera, disait-il à la Suisse, ce que vous avez fait. Vous avez préféré la conquête à l'alliance, vous connaîtrez les maux de la conquête. L'honorable M. de Montalembert se trompe. Non, rien de semblable n'arrivera. Il n'y a en Europe, dans le cœur d'aucune des grandes Puissances qui traitent cette grande affaire, il n'y a pas l'ombre, il n'y a pas l'apparence même la plus lointaine d'un mauvais dessein, d'un mauvais vouloir contre la Suisse. L'indépendance, la prospérité, la neutralité de la Suisse, sont aujourd'hui, comme en 1815, nécessaires à l'Europe; elles sont désirées et voulues par l'Europe tout entière. La Suisse n'a qu'à rentrer dans l'ordre légal, moral, régulier, établi par les traités; dans le seul ordre qui lui convienne à elle-même comme a l'Europe. Cela depend d'elle. J'ai la confiance, j'ai l'espérance... Oui, j'ai la confiance que cela arrivera, que la Suisse rentrera d'elle-même dans l'ordre dont elle a besoin et que l'Europe a droit de voir régner dans son sein; mais, je le répète, cela n'arrivera qu'à la condition que l'entente, l'union, l'action commune de l'Europe seront évidentes aux yeux de la Suisse, et donneront aux honnêtes gens la force de faire ce qui doit y être fait, en leur en faisant sentir la nécessité. (Marques d'approbation.)

M. LE COMTE DE MONTALEMBERT. Je prendrai la liberté de faire observer à la Chambre et à M. le Ministre que je n'ai nullement menacé la Suisse, même radicale, d'une conquête prochaine; je me suis même abstenu d'approuver toute pensée d'intervention quelconque; je n'ai invoqué que l'idée lointaine d'un fait qui est certainement dans l'ordre des événements possibles et providentiels, mais je n'ai pas entendu en faire l'application aux circonstances présentes ni aux Puissances actuelles de l'Europe.

M. LE CHANCELIER. Il n'a été fait qu'une seule proposition par M. le général Fabvier, c'est de retrancher le mot *fideles* avant celui d'*amis*. Cette proposition est-elle appuyée? (Non! non!) Je n'ai pas à la mettre aux voix.

Le paragraphe, mis aux voix, est adopté.

Le paragraphe additionnel présenté par MM. le comte de Tascher et le comte de Montalembert, sur la Pologne, est adopté.

Seance du lundi 17 janvier 1848. — Présidence de M. le duc Pasquier, chancelier.

§ 8. Relations avec les républiques de la Plata. — Adopté après un court débat entre MM. le comte Pelet de la Lozère, Guizot, Ministre, et le marquis de Boissy.

§ 9. Services des Princes, fils du Roi, envers l'État, et notamment mission de M. le duc d'Aumale en Algérie. — Le débat porte d abord sur la convenance de l'attribution, aux Princes, de fonctions essentielles dans l'État, puis sur la régularité de la convention conclue par le général Lamoricière et le duc d'Aumale, au sujet de la prise d'Abd-el-Kader : MM. le marquis de Boissy, Guizot, Président du conseil, Merilhou, général Trezel, Ministre de la guerre, prince de la Moskowa, comte Pelet de la Lozere, general vicomte de Préval, général Fabvier. — Le paragraphe est adopté.

§ 10. Sur l'agitation résultant des banquets.

M. LE COMTE D'ALTON-SHÉE. Messieurs, à voir l'inquiétude de quelques rares amis et la préoccupation d'une portion assez notable de la majorité, je crois, sans fatuité, que l'on semble attendre de moi ou de mes paroles des occasions de scandale. Je suis heureux de pouvoir rassurer sur ce point amis et ennemis... (Reclamations), adversaires, si vous voulez. Et pour donner de suite une preuve de la moderation de mon langage, je m'engage à ne pas prononcer même le nom de cette célèbre assemblée qu'à cette tribune il est défendu de nommer autrement que pour la noter d'infamie. (Mouvement.)

Cela dit, j'arrive aux banquets.

Je n'ai, pour ma part, assisté à aucun banquet réformiste; je m'en accuse. Trop souvent, en effet, quand il s'agit de nous, nous transformons l'indifférence et la paresse en modestie ou en amour de la retraite. Mais je ne savais pas alors les paroles imprudentes que le Ministère a placées dans la bouche du chef de l'Etat ; je ne savais pas non plus le langage plus imprudent encore, à mon sens, des rédacteurs de votre adresse.

Si la Chambre veut donc le permettre, je m'en vais examiner avec elle la rédaction de ce paragraphe.

« De bruyantes manifestations.... » Il y a eu des manifestations ! Quant à l'épithète, je la crois complètement inexacte. Je crois bien, par exemple, que le Ministere aurait desiré que les manifestations fussent bruyantes, qu'il aurait volontiers supporté l'idée de voir degénérer un banquet en émeute. Il n'en a rien été ; nulle part, dans aucune de ces réunions, même là ou elles étaient le plus nombreuses, la ou deux mille citoyens se trouvaient rassemblés, il n'y a eu désordre. Je continue :

« De bruyantes manifestations, ou se mêlaient aveuglément des idees vagues de réforme et de progrès. ...»

On nous reproche d'être vagues ; je vais tâcher d'être net.

En 1838 une premiere coalition a eu lieu, ayant pour chefs l'honorable M. Guizot, M. Thiers, M. Duchâtel, M. Berryer, M. Odilon Barrot et M. Garnier-Pagès ; tous ces hommes éminents n'avaient entre eux qu'un seul point de contact ; ils avaient un but unique, publiquement avoué et dans les journaux, et dans les brochures, et à la tribune, à savoir: de substituer le gouvernement parlementaire au gouvernement personnel. Il y a de cela dix ans. Eh bien ! aujourd'hui c'est encore le même but, seulement les hommes et les moyens ont changé.

En 1838, le corps électoral consulté a donné la victoire à la coalition. Depuis, par la trahison des chefs, elle a été annulée ; mais le corps électoral ne lui en avait pas moins assuré momentanément la victoire.

Après huit années de sommeil de l'esprit public, il s'est réveillé, et il revient aujourd'hui à la charge, cherchant toujours à obtenir le même résultat ; seulement cette corruption électorale dont l'honorable M. de Montalembert nous entretenait si éloquemment il y a quelques mois encore, a fait de tels progrès, qu'aujourd'hui il serait insense de chercher dans les élections, ou du moins dans la loi electorale actuelle, une occasion de succès. On a donc eu recours à d'autres moyens ; ces moyens sont au nombre de deux : l'un est la réforme électorale sur une large base, pouvant mettre le depute à l'abri et de l'influence ministérielle, et de la mendicité electorale ; l'autre, une réforme parlementaire, qui mette un terme à l'envahissement des fonctionnaires dans la Chambre des Deputés, et qui ne permette plus que pres de la moitie de cette Chambre appartienne a ces fonctionnaires.

Je me résume : comme il y a dix ans, un seul but: le gouvernement parlementaire ; deux moyens : la reforme électorale et la réforme parlementaire.

Mais ce n'est pas tout. On dit : Dans ces banquets, il n'a pas été question que de réforme electorale ; bien des toasts ont ete portés. Examinons-les.

Je ne parlerai pas du toast qui a été porté a un banquet que je ne saurais préciser : l'alliance des peuples à opposer a l'alliance des rois. Tout ce qui a rapport à la politique extérieure, à la question suisse ou a la question italienne, a été suffisamment traité à la tribune ; je ne veux pas abuser de la patience de la Chambre, je n'en parlerai pas.

On a porté un toast, c'est le plus fréquent, car il se retrouve dans tous les banquets : « A l'organisation du travail ! » Quoi de plus simple que ce toast? Il n'y a personne, même dans cette assemblee si excessivement conservatrice, il n'y a personne qui nie aujourd'hui le droit et le devoir du travail pour tous les citoyens ; il n'y a personne qui ne songe à améliorer autant que possible le sort des classes ouvrieres, à modifier les rapports entre le maltre et l'ouvrier. Cela est si vrai que le Gouvernement, dans le discours de la Couronne, nous annonce que, dans le cours de la session, il sera presenté des lois destinées à améliorer le soit des classes ouvrières.

Maintenant un autre toast a été également porté : « A la réforme de l'armée ! » Ainsi que vous l'avez entendu tout à l'heure, par suite de la prise d'Abd -el-Kader, il est certain que l'intention du Gouvernement est de retirer une portion inutile de notre armée en Afrique. Mais ce n'est pas tout : si vous retirez cette armée pour la laisser en France, je ne saisis plus ou serait la grande économie. Ce qu'on voudrait, ce qu'il serait non-seulement juste, mais raisonnable d'accorder, c'est qu'enfin, apres trente années de paix, cette paix portât ses fruits. Eh bien ! a moins que le Ministère n'avoue qu'il a besoin de 350,000 hommes, je crois que c'est le personnel numerique de notre armée, pour maintenir les Français a l'intérieur et se maintenir au pouvoir, il me semble qu'on pourrait lui demander de diminuer le personnel de l'armée dans une proportion notable, non pas de 10 ou 20,000 hommes, mais de 100,000 hommes, et arriver par la à une économie de 100 millions, dont nous trouverions bien facilement l'emploi.

Un premier emploi serait de rendre possibles ces lois qu'on nous annonce de la reforme postale et de la diminution de l'impôt sur le sel, et qu'on nous annonce bien devoir présenter, mais qu'on ne nous donne pas les moyens d'adopter. Avec une économie de 100 millions, ces réformes seraient possibles ; avec cette économie, une autre mesure bien autrement importante serait également possible, savoir, la generalisation de l'instruction primaire ; c'est aussi l'un des vœux les plus frequents qu'on retrouve dans les banquets réformistes.

La distribution de l'instruction primaire à tous les citoyens , et renfermant non-seulement l'enseignement élémentaire , mais encore la connaissance des droits et des devoirs politiques de chaque citoyen, voilà ce qu'il serait important, et ce qu'on a le droit d'exiger, ce qui est le vœu ardent de la nation et ce qui devrait être le premier soin de l'Etat.

Pour l'obtenir, d'apres les calculs qui ont eté faits par un honorable Deputé, par M. de Girardin, il faudrait la somme de 32 millions. Eh bien ! quand on compare cette somme a l'importance du résultat et a tant de sommes dépensées pour des choses ou inutiles ou dangereuses, pour les fortifications de Paris, par exemple, il est permis de regretter que le Gouvernement ne nous propose pas immédiatement un projet de loi à ce sujet.

Et d'ailleurs, Messieurs, je ne crois pas être injuste envers les conservateurs, en disant qu'ils n'ont pas assez de maledictions contre ces grands coupables qui divisent la nation en deux classes, la bourgeoisie et le peuple, les proprietaires et les proletaires.

Quoi de plus monstrueux, en effet, que de chercher ainsi à exciter les citoyens les uns contre les autres, et cela précisément a une époque ou tout proletaire, avec du travail et de l'economie, peut devenir proprietaire ; ou la bourgeoisie se recrute précisement dans la partie industrieuse, active, intelligente du peuple ?

Tant pis pour ceux qui restent peuple ! ce sont les paresseux et les sots. Messieurs, vous oubliez les ignorants. Il est évident, et vous le savez de reste, qu'un homme qui ne sait ni lire ni écrire, quand même il aurait en lui tous les germes du talent, ne pourra pas, même avec du travail, quitter la misere pour la proprieté, le peuple pour la bourgeoisie.

Mais laissons la de côté les considerations d'équité ; je veux vous demontrer que, même au point de vue le plus étroit de conservation et d'immobilite, il est de l'intérêt du Gouvernement de présenter immédiatement une loi générale de l'instruction primaire. Et, en effet, ne dites-vous pas tous les jours : Ce qui rend le Gouvernement si difficile, presque impossible aujourd'hui, c'est la multitude des médiocrités ambitieuses ?

Eh bien ! c'est precisement cette inégalité, cette rareté de l'instruction, qui tend a creer tant de médiocres ambitions. Ainsi, le paysan qui sait lire et écrire se croit et est, en effet, supérieur aux autres habitants de son village, et, à cause de cela, au lieu de rester laboureur ou vigneron, comme son père, il songe à se faire ce qu'ils appellent *gratte-papier*, pour pouvoir ranconner, dévaliser ses concitoyens les ignorants qu'il méprise. C'est cette même rareté de l'instruction publique qui porte l'artisan sachant l'orthographe à se faire clerc d'huissier ou de notaire, et, même dans ses rêves, lui fait entrevoir cette profession d'avocat, qui mène à tout par le temps qui court, à être depute, ministre ou president dans une république.

Ne dites-vous pas encore, non sans raison : Ce qui manque surtout aujourd'hui, ce sont les grandes supériorités. Eh bien! supposez, pour un instant, que ces trente millions d'hommes qui sont aujourd'hui dans la plus complète ignorance se trouvent tout à coup pourvus des connaissances nécessaires ; ne pensez-vous pas que de cette masse il sortira quelque chose? Ne pensez-vous pas que vous en verrez surgir des talents, des génies? Mais rappelez vos souvenirs. Depuis Louis XIII jusqu'à Louis XVI, à mesure que les lumieres ont pénétré dans la bourgeoisie, quelle série d'illustres génies! Et en 89, lorsque la bourgeoisie a été sommée d'étaler ses richesses, orateurs, hommes d'Etat, savants, guerriers, quelle moisson de grands hommes! Eh bien! de quel droit pretendriez-vous que le peuple, mis à son tour en demeure, ne fournira pas, lui aussi, son glorieux contingent?

Enfin d'autres toasts ont été portés a la probité; je crois qu'il est inutile, ici surtout, de justifier de pareils toasts.

« *Les passions ennemies de notre constitution monarchique.* » Cela est vrai, il y a des hommes qui croient que la réalité du gouvernement parlementaire ne sera pas obtenue sous la monarchie; à côté des hommes qui attendent le succes de la réforme electorale pour immobiliser leurs espérances, il y en a d'autres dont les vœux vont plus loin, cela est incontestable; mais qu'y faire? Est-ce que ce n'est pas le travail perpetuel de l'esprit humain ? Et d'ailleurs, quand l'indignation éclate de toutes parts, il serait puéril de chercher a en régler les formes. Les uns s'en prennent aux hommes, les autres aux institutions. Mais la faute en est toujours aux Ministres ; car, avec un bon gouvernement, ces opinions ou ne se manifesteraient pas au grand jour, ou seraient sans écho.

« *Des opinions subversives de l'ordre social.* » Messieurs, quand on considère tous les scandales dont nous avons été témoins depuis un an ; quand on voit cette corruption qui tombe de haut, et qui, selon l'expression du père Ventura, comme tous les fluides, tend à descendre, il est impossible de s'étonner de ces opinions; seulement, pour être vrai, je trouve qu'on aurait dû apporter a la phrase une légère modification. Ainsi, au lieu « des opinions subversives de l'*ordre social,* » j'aurais proposé de dire « du désordre *social....* (Mouvements divers) *et de detestables souvenirs.* »

Messieurs, je ne tenterai même pas de chercher à vous montrer ce que cette qualification a d'injuste, appliquee à toute une époque. Je ne le tenterai pas, car je sais aujourd'hui comment les conservateurs, la où ils sont tout-puissants, entendent pratiquer la liberté. Je ne respecte pas la violence, mais momentanément je m'y soumets, après avoir toutefois hautement protesté.

Mais puisque le Ministère, pour rallier à lui une dernière fois, par la peur, ses partisans prêts à se disperser, a évoque tant d'effrayants fantômes; puisqu'il s'est plu à promener devant vous le bonnet rouge et l'échafaud ; puisque, dans sa nécessité d'exister par la terreur... (Mouvement), de vivre de la terreur, entendons-nous bien, il vous a menaces dans le cas de sa chute, non-seulement d'une révolution politique, mais d'une révolution sociale, mais de la loi agraire, mais du communisme, mais de la suppression de la famille et de la propriete, permettez-moi, à mon tour, de chercher à vous faire entrevoir les dangers de cette voie de réaction ou l'on vous mène, et dans laquelle, chaque jour, sans vous en apercevoir, vous faites un pas de plus. Que diriez-vous, Messieurs, si je vous montrais le Gouvernement, d'ici a quelques mois, apres avoir aidé sous main l'Autriche à comprimer l'Italie, s'unissant ouvertement à l'Autriche et à la Prusse pour ecraser par les armes, en Suisse, le monstre du radicalisme; si je vous le montrais de retour de cette victorieuse campagne, enivré des éloges de ses freres les rois, étourdi des souvenirs de Louis XIV et de Napoléon, mettant à la raison ces brouillons, ces idéologues qui cherchent a exciter dans le pays une agitation fatale. Puis se servant, ainsi que l'indique en passant le paragraphe de notre adresse, de l'action des lois existantes pour supprimer les banquets réformistes, toléres trop longtemps; puis, par une série de mesures énergiques, sauvant les classes inferieures de la démoralisation qu'y entretient la mauvaise presse, et surtout les feuilletons rédiges par des auteurs communistes; puis encore, car un progrès en amene un autre, puis, épurant les deux Chambres d'une minorité ennemie d'abord, puis d'une minorité aveugle. Or, chacun sait qu'en politique, rien n'est plus difficile à discerner que la limite de l'aveuglement; puis enfin, avec l'aide d'une armée dévouée à des princes qui tiennent entre leurs mains l'avancement de tous les officiers; une armée commandée par un illustre maréchal tout couvert encore des lauriers africains, soutenu par un emploi intelligent de ces fortifications à deux fins, dont les canons ne sont pas à Bourges, réprimant dans Paris ce qu'on appellerait, en langage officiel, une poignée de factieux, c'est-a-dire ceux qui pourraient bien ne pas apprécier à leur véritable valeur ces perfectionnements du régime représentatif; puis, écrasant d'un bout de la France à l'autre ces brigands, ces éternels ennemis de l'ordre qui viendraient à troubler la paix du royaume.

Eh bien! Messieurs, si je vous disais que tel doit être l'avenir qu'on nous réserve, assurément vous m'accuseriez d'exagération, et le Ministère me dirait peut-être que je le calomnie, quand je l'imite tout au plus dans le tableau qu'il vous fait sans cesse des dangers du radicalisme.

Je n'irai pas plus loin dans la discussion de ce paragraphe. Je crois avoir suffisamment démontré toute sa gravité, et je crois, quant à moi, que, par son adoption, vous feriez un pas tres important, très-dangereux, dans la voie réactionnaire, et peut-être tellement important, qu'il rendrait le retour impossible.

C'est pour cela que je rejette ce paragraphe, et que je supplie la Chambre de ne pas le voter.

M. LE COMTE BEUGNOT se propose d'etendre le débat en recherchant ce qu'il y a de sérieux et de fonde dans les craintes manifestées au sujet de l'agitation du pays. Il croit l'immense majorité heureuse et fière des institutions dont elle jouit, parce que ces institutions se prêtent à tous les developpements que l'ordre social peut desirer. Il croit la majorité du pays pleine d'amour ou de respect pour la dynastie qui nous gouverne, parce qu'elle est parfaitement identifiée a nos besoins et a nos espérances. (Très-bien!)

L'orateur cherche à déterminer les opinions, l'espérance et la force d'une minorité remuante et active, hostile à nos institutions, animée de sentiments révolutionnaires, juste sujet d'effroi pour la société. C'est un résidu des mauvaises pensées, des desseins pervers, des pretentions déçues, des intérêts blessés et des passions de toute nature, laissées dans la societe par les divers regimes qui se sont succedé depuis cinquante ans. L'orateur ne redoute pas que cette minorité arrive a dominer la majorité ou a l'entraîner, comme dans la première Révolution, parce que les circonstances ne sont plus les mêmes. Le Gouvernement n'est pas résigne; il est actif, intelligent, armé de toutes pièces. La puissance du pouvoir tient à l'institution même, fortement constituee et préparee contre le péril; et quand la Providence ravira à notre amour, à notre respect, ce monarque révéré, nos cœurs seront brisés par la douleur, mais le pouvoir ne sera pas affaibli; que les factions le sachent bien. (Très-bien!)

Ce qui rassure encore l'orateur, c'est que la bourgeoisie, sans expérience dans la première révolution, est maintenant organisée, intelligente. Rappelant le defi porté au Gouvernement de convoquer l'armée de la classe moyenne, il dit que, si une révolution redevenait flagrante, le Gouvernement n'aurait pas besoin de convoquer cette armée; elle se réunirait d'elle-même comme en 1830, lorsque, sans l'ordre de ses chefs, elle est allee, obéissant à sa propre impulsion, fermer les clubs que des insensés essayaient de rouvrir. Le Gouvernement veille sur les ennemis de notre Constitution.

L'orateur trouve la cause de l'agitation actuelle dans la défaite de l'opposition qui, vaincue aux élections, cherche à émouvoir le pays en sa faveur. Mais aujourd'hui elle met plus de temps à renverser un ministère qu'il ne lui en a fallu, sous la Restauration, pour renverser un trône. Aussi malgré les provocations parties de quelques-unes des manifestations, malgré le ridicule de quelques autres, l'inquiétude qu'elles causent s'est renfermée dans de justes limites.

L'orateur cherche si de ces manifestations n'est pas sortie quelque idee utile et juste, dont le Gouvernement doive s'emparer. Il examine successivement la réforme electorale, sur laquelle ceux qui la demandent ne sont pas d'accord, et qu'on peut aborder en modifiant la forme sans étendre le droit à des personnes qui en connaîtraient encore bien moins la valeur que celles qui l'exercent aujourd'hui ; la réforme parlementaire, qu'on peut accorder en diminuant le nombre de Députés fonctionnaires publics, sans que cela vaille une agitation aussi grande ; la corruption, qui n'est pas telle que le Gouvernement mérite les reproches exagérés qu'on lui adresse. Mais, sur ce dernier point, l'orateur s'attache à démontrer quelle est l'influence ostensible et légitime que le Gouvernement peut exercer par la discussion, par la parole, sans chercher d'autres moyens. En comparant la conduite du Ministere à l'idée qu'avaient conçue du pouvoir des ministres tels que M. de Richelieu, et Casimir Perier, et les ministres actuels à leur arrivée au Cabinet, il lui reproche de former un parti, de se mettre à la tête d'un parti.

M. LE COMTE DUCHATEL, *Ministre de l'intérieur*, repousse le reproche, pour le Cabinet, de s'être mis à la tête d'un parti. Il est à la tête d'une des deux grandes opinions qui commencent à se classer en France comme en Angleterre. Au reproche de n'avoir rien fait, le Ministre oppose l'énumération des nombreux travaux des dernieres sessions. Quant aux reformes électorale et parlementaire, le Cabinet les croirait dangereuses aujourd'hui, comme entraînant la dissolution de la Chambre des Députés en présence de grandes agitations. Or, de pareilles réformes veulent être exécutées sans intervalle. Les annoncer d'avance serait annihiler l'autorité de la Chambre des Députés. Les promesses seraient peut-être plus dangereuses que les réformes elles-mêmes.

M. MESNARD répond au Ministre en rappelant quel a été le sens de son discours il y a huit jours : il n'a pas voulu faire des reproches ; il n'a pas voulu indiquer telles ou telles réformes ; il a voulu seulement exprimer l'opinion que le Gouvernement ne doit pas garder le silence, et rester sans initiative en presence de questions qui agitent, non pas seulement les banquets seditieux, mais le pays même, ami de l'ordre et de nos institutions.

M. LE COMTE PELET DE LA LOZÈRE répond aussi au Ministre en lui reprochant, contrairement à l'avis de M. Beugnot, de s'être mis à la suite des majorités, au lieu de se tenir à leur tête, et de n'avoir pas preparé la réforme parlementaire par l'elimination d'une partie des fonctionnaires de la Chambre, à la fin de la dernière législation, alors qu'on pouvait le faire sans aucun inconvénient.

Seance du mardi 18 janvier 1848. — Présidence de M le duc Pasquier, chancelier.

M. COUSIN expose que ses amis et lui ne croient pas nécessaire de prolonger le débat, parce que le discours de M. le Ministre n'équivaut pas à un refus des réformes electorale et parlementaire, mais à un ajournement qui réserve au Gouvernement toute sa liberté. Dans l'intérêt de l'ordre, il désire une sérieuse reforme electorale ; il la tient pour assurée du triomphe, et ne craint pas de prédire que la future Chambre des Députés sera élue sous l'empire d'une loi nouvelle.

M. LE COMTE D'ALTON-SHÉE. Je voudrais poser à MM. les Ministres une simple question, à laquelle ils répondront, s'ils n'y trouvent pas d'inconvénient ; cette question, la voici : Le Gouvernement reconnaît-il aux citoyens le droit de se réunir dans des banquets politiques ? (Mouvements divers.) Ou bien le Gouvernement croit-il être armé par les lois existantes des pouvoirs nécessaires pour leur contester ce droit ?

Les cinquante ou soixante banquets reformistes qui ont eu lieu jusqu'à présent n'ont-ils été, de la part du Gouvernement, qu'une affaire de tolérance, et le Gouvernement s'est-il réservé toujours le droit de les interdire le jour où il jugerait qu'ils pourraient avoir des inconvenients ?

Je précise la question encore davantage en demandant au Gouvernement si c'est avec son approbation que M. le prefet de police vient de défendre aux citoyens du douzième arrondissement de se réunir dans un banquet réformiste qui devait être présidé, si les journaux ont été bien renseignés, par un Deputé, l'honorable M. Boissel ; je demanderai encore au Ministère de vouloir bien nous dire d'après quelle loi il se croit ce pouvoir.

M. LE COMTE DUCHATEL, *Ministre de l'intérieur.* Messieurs, je répondrai d'une manière nette et précise à la question de l'honorable M. d'Alton. Le Gouvernement croit avoir le droit d'interdire les banquets comme les autres réunions publiques, et il tient ce droit des lois générales de police, et notamment de la loi de 1790. Le Gouvernement a très-fréquemment usé de ce droit, non pas seulement cette année, mais en 1841 et à d'autres époques. C'est un droit que l'autorité administrative a toujours exercé, et qui résulte, je le répete, des lois générales de police.

Si des banquets ont eu lieu cette année, c'est parce que le Gouvernement les a toléres; il ne croit pas que les banquets puissent avoir lieu en vertu d'un droit absolu, supérieur aux pouvoirs de l'administration. Le jour où le Gouvernement croira devoir les interdire en vertu des lois de police générale, il usera de son droit; il lui appartient d'apprécier les circonstances.

En 1841, j'ai pensé que les circonstances étaient telles, que les banquets pouvaient avoir de très-graves dangers; je les ai interdits. Je n'ai pas eu la même opinion cette année, et je les ai permis.

Quant au banquet du douzième arrondissement, ce n'est pas de lui-même, c'est en vertu de mes ordres que M. le préfet de police a interdit ce banquet, qui nous paraissait pouvoir entraîner des inconvenients graves. L'acte de M. le prefet de police a été accompli en vertu des lois, conformément à mes ordres et sous ma responsabilite. (Approbation.)

M. LE VICOMTE VILLIERS DU TERRAGE. Messieurs, puisque ces debats se prolongent, la Chambre me permettra d'ajouter quelques mots à ce que j'ai eu l'honneur de lui dire au commencement de cette discussion.

Ecoutant avec attention ce qu'a dit chacun de nos honorables collègues, j'ai eu peine, je l'avoue, à saisir nettement le plus ou le moins de reformes que désire chacun d'eux.

Beaucoup plus âgé qu'ils ne le sont, et point du tout orateur, j'aurai du moins sur eux un avantage, celui de bien savoir ce que je veux, et de m'en accuser.

Ce que je veux, c'est qu'un désaveu formel soit donné aux professions de foi ouvertes, aux menaces directes qui se sont fait jour avec tant de bruit, et qui ont osé prétendre représenter l'opinion publique. Votre Commission le fait franchement, et je l'en felicite.

Ce que je voudrais, c'est que l'on reconnût que ces démonstrations ne sont que l'effet superficiel d'une cause profonde; c'est que l'on s'aperçût que cette cause existe dans ces lois plus que républicaines (car toute forte administration est impossible avec elles); que cette cause existe dans ces lois plus que républicaines contre lesquelles le principe monarchique se defend avec tant de désavantage; qu'elle existe dans ces lois qui mettent l'autorité royale à la porte des mairies; qui, si frequemment, introduisent dans les conseils municipaux la turbulence et l'incapacité, à la place des defenseurs capables et eclairés de la paix et des interêts des communes.

Prefet de beaucoup de départements, pendant une longue carriere, n'ai-je pas le droit d'en attester tous les administrateurs qui, avec courage, avec habileté, luttent aujourd'hui contre des difficultés trop au-dessus de leurs forces?

On veut des réformes. Eh, mais, Messieurs, ont-elles donc manqué?

On a reformé l'état-major de l'armée, et vous voyez sur vos bancs, mais hors d'activité et l'épée dans le fourreau, des hommes de guerre pleins de vie, d'ardeur et de distinction, dont le courage et le talent ont fait si longtemps l'honneur et la gloire de l'armée.

On a réformé la pairie. Vous semble-t-il que la garantie des libertés publiques y ait gagné beaucoup, et qu'elle soit aujourd'hui ce qu'elle etait quand la pairie les defendait avec tant de courage et de succes dans des jours d'illustre memoire?

Mais on veut des reformes larges, universelles, si étendues que jusqu'ici aucun œil n'en peut assurer le terme ni mesurer l'horizon.

D'autres pays se sont lancés sur cet orageux océan, aux deux bouts de la chretienté. Genève y vogue à pleines voiles. Rome la suivra-t-elle? Leur exemple vous semble-t-il, Messieurs, bien seduisant!

Je vote pour le paragraphe de la Commission.

M. LE MARQUIS DE BOISSY. J'ai peu de mots à dire avant de clore ces debats, qui, je pense, vont finir. On vient de parler de banquets; eh bien, moi qui n'ai assisté à aucun banquet, pas plus à celui de Lisieux, qui a commence les banquets, qu'à celui de Rouen, où, sur 1,800 convives, il y avait 15 ou 1,600 électeurs, je dirai franchement et hautement que, quand on parle du corps électoral, il me semble qu'il faudrait compter les électeurs, et que, s'il s'est trouvé beaucoup d'électeurs dans les banquets reformistes, on peut en conclure que la réforme a fait des progres, que son avenir doit être prochain. Aussi, pour mon compte, en n'envisageant pas du tout comme M. Cousin le sens des paroles de M. le Ministre de l'intérieur, je ne crains pas de dire que, les considérant comme un refus absolu, positif, de toute réforme,' on marche à une révolution. (Bruit.) Oui, les paroles de M. le Ministre sont grosses d'une révolution.

Je reviens sur des paroles qui ne sont pas dans ses idées, mais qui sont réelles et provocatrices. Pourquoi donc, quand une si grande partie du corps électoral, du pays légal, vient de faire des manifestations importantes, imposantes, qui sont dans l'esprit et dans la volonté de tous; pourquoi, dis-je, jeter ces paroles de défi, ces paroles irritantes qui se trouvent dans le projet d'adresse? Voici comment le projet d'adresse est rédigé :

« De bruyantes manifestations, où se mêlaient aveuglement des idées vagues de réforme et de progrès...... »

Pour moi, je ne jetterai pas de défi imprudent et impolitique à des passions politiques qui ne sont pas émanées du Gouvernement. Je dirai même qu'il est maladroit de la part du Gouvernement et de la Chambre des Pairs de dire que le Gouvernement a des ennemis. Il peut y avoir différentes manières de voir, mais nous ne sommes pas, je le répète, des ennemis du Gouvernement; et cela est si vrai, qu'on peut bien être opposé aux Ministres sans être les ennemis du pays; c'est qu'avant d'être Ministres, avant d'arriver au pouvoir, cette coalition dont a parlé hier mon noble ami le comte d'Alton, ils étaient opposés aux Ministres, qui étaient alors les hommes du pouvoir, et qu'ils n'étaient assurément pas les ennemis du pays, par cela seul qu'ils étaient dans l'opposition. Je consentirais donc à ce que l'article restât ce qu'il est, moins ce qu'il y a d'irritant, d'impolitique. Il serait de la sagesse de la Chambre des Pairs de faire disparaître ces mots :

« Des passions ennemies de notre constitution monarchique, des opinions subversives de l'ordre social, et de detestables souvenirs. »

Des souvenirs detestables! eh, Messieurs, n'en parlons plus, il n'en a été que trop parlé l'autre jour des deux côtés peut-être. Non, des passions ennemies il n'y en a pas; il y a dans tous les cœurs la passion du bien public; celle-là je la reconnais, mais je soutiens encore une fois qu'on n'est pas l'ennemi du pays parce qu'on est l'adversaire du Cabinet. Je n'en dirai pas davantage, et j'insiste beaucoup pour la suppression des paroles irritantes, impolitiques, du paragraphe en discussion. La Chambre, en les faisant disparaître, se montrera plus sage que sa Commission et le Gouvernement.

M. le baron de Barante, *rapporteur.* La Commission a eu l'intention de rappeler seulement des faits, des faits notoires, et de distinguer dans les manifestations les différences qu'elle a cru juste d'établir, afin que les opinions des uns ne fussent pas confondues avec les opinions des autres. Évidemment, je ne suis pas allé dans les banquets plus que l'honorable préopinant, ni ne peux pas même dire que j'ai lu tout ce qui s'y est dit; mais j'en ai assez lu, et je crois que les membres de la Chambre sont dans le même cas, pour savoir à peu près que ce qui fait que ces manifestations ont été remarquées : c'est qu'on y a exprimé autre chose que de vagues idées de réforme et de progrès. Sans cela l'esprit public ne s'en serait pas ému, et des inquiétudes réelles ne se seraient pas répandues dans la population. C'est parce qu'il y a eu autre chose que des idées vagues de réforme et de progrès, et c'est pour ne pas confondre ces idées vagues de réforme et de progrès, c'est-à-dire ce qui est adversaire avec ce qui est ennemi, que la Commission a nettement établi une distinction. A ces idées vagues il s'est mêlé, tout le monde le sait, des passions ennemies de notre Gouvernement constitutionnel, et ces passions se sont exprimées hautement. Il s'y est mêlé aussi des opinions subversives de l'ordre social; elles émanent des sectes, si vous voulez, mais il n'en est pas moins vrai que ces opinions contribuent à éveiller et à entretenir cette inquiétude de l'esprit public. Et comment en serait-il autrement quand ces sectes professent l'abolition de la propriété ou de la famille? Mais ce n'est pas tout encore : on a, dans ces réunions, remué de detestables souvenirs.

L'autre jour, un des honorables préopinants disait, en parlant de cette époque et d'une assemblée célèbre, qu'elle avait deux faces; cela est possible. L'histoire fournit déjà des éléments assez nombreux à la discussion pour définir ces deux faces; mais enfin, pour me servir d'un des mots qu'il a employés, je dirai que la Convention a eu une face sanglante. Eh bien, c'est cette face sanglante qui est un détestable souvenir qu'on a surtout voulu montrer! (Mouvement d'approbation.)

Ce n'est pas la Convention défendant le territoire contre les ennemis, levant des armées pour sauver la France, c'est la Convention répandant le sang, dont on a évoqué le triste souvenir. Eh bien, je le dis, et je dis avec la Chambre, c'est celle-là dont le souvenir est haïssable! (Nouvelles marques d'approbation.)

La Commission a donc cru faire justice en distinguant les divers éléments qui ont apparu dans les banquets. Il était du devoir du Gouvernement, et je le dis aussi, de la Chambre, de calmer à cet égard l'inquiétude publique, de dire hautement que l'ordre public serait maintenu; que les lois suffisaient; qu'il n'y avait pas à craindre des mesures extraordinaires; que notre Gouvernement, sans changer son cours régulier, était armé de la force qui lui était nécessaire pour faire face à la situation. Ce devoir, la Chambre a dû le remplir, et, en même temps, faire une exacte justice, en attribuant à chaque opinion manifestée sa véritable part.

Je pense que la Chambre maintiendra le paragraphe. (Très bien!)

M. LE MARQUIS DE BOISSY. Je ne puis pas admettre l'opinion de la Commission. Voici pourquoi. On vous a dit: La Commission voudrait flétrir, réprouver ces manifestations ennemies, subversives de l'ordre. Eh bien! je dis qu'il n'y a pas eu de ces manifestations ennemies et subversives de l'ordre dont on vous fait aujourd'hui un fantôme. La preuve qu'elles n'ont pas eu lieu, qu'elles n'existent pas en réalité, et qu'on veut seulement aujourd'hui vous les faire apparaître comme un fantôme, c'est que le ministere public, qui se prétend armé d'un pouvoir suffisant pour empêcher ces banquets, auquel je reconnais le droit d'intervenir si des manifestations dangereuses avaient eu lieu, est resté calme, inactif, indifférent, et il a eu raison; il n'a rien fait, rien dit, rien empêché. Or, prétendre, comme le fait la Commission, qu'il y a eu des manifestations subversives, c'est, ou dire une chose inexacte, ou accuser le ministere public d'avoir manqué gravement a ses devoirs en ne les réprimant pas. (Aux voix!) Encore deux mots. J'en reviens à ceci: ou il n'y a rien eu de coupable dans ces manifestations, ou le Ministere a manqué à son devoir. Je défie qu'on sorte de ce dilemme.

Et quant au droit que le Ministère prétend avoir d'interdire les banquets, un mot. Il a, en fouillant, comme on le dit, dans tout cet arsenal de lois révolutionnaires, exhumé une loi qui lui donne un droit dont il vous a exposé tout a l'heure les conséquences. C'est une question sur laquelle je ne passe point condamnation.

Ainsi, selon M. le Ministre de l'intérieur, on ne pourrait plus, à moins d'un brevet de ministérialisme pur, se réunir dans des banquets constitutionnels, sans parler des banquets royaux qui avaient lieu auparavant? (Murmures.) Ainsi, quand on ne serait pas des satisfaits, on ne pourrait pas se reunir pour parler politique? Ainsi, il faudrait une autorisation en bonne forme des Ministres pour s'entretenir de reformes?

Pour moi, je suis d'un avis contraire, et si l'on ne veut pas que le sentiment réformiste fasse explosion, il faut lui laisser la facilité de s'echapper un peu dans les banquets ou autre part.

On a dit qu'on n'était pas d'accord sur ces demandes de réformes; mais peut-on être d'accord avant la discussion? Pour se mettre d'accord, il faut discuter; la discussion précède, doit donc précéder l'accord; vouloir le contraire, c'est vouloir l'impossible, ce qui n'a jamais été demandé, même pour les lois les plus simples.

Quant à la réforme, tout le monde ou presque tout le monde la veut, et la veut fermement. Sans doute, on n'est point unanime pour ce qu'elle sera, pour l'étendue qu'on veut lui donner; mais tout le monde, l'immense majorité du moins, veut la réforme parlementaire.

Pour la réforme électorale, il y a à s'entendre sur le plus ou moins d'extension a lui donner; mais pour la réforme parlementaire, les bases en ont été posées l'année dernière à la Chambre des Députés. Pour moi, celle que je veux, quant à présent, et sans renoncer à mieux pour l'avenir, c'est celle qui a été présentée l'année dernière à l'autre Chambre, compris bien entendu, ayant pour art. 1er et pour article fondamental, l'amendement Odilon Barrot.

Je termine en exprimant le vœu qu'on fasse disparaître les paroles provoquantes qui sont dans le projet.

(L'amendement est rejeté à la presque unanimité.)

(Le paragraphe est adopté, ainsi que le paragraphe onze.)

Vote sur l'ensemble du projet d'adresse. — Nombre des votants, 167 : — Pour, 144 ; — Contre, 23. — La Chambre a adopté.

Tirage de la grande députation. — MM. les Pairs désignés par le sort pour composer la grande députation sont MM. le comte de Tascher, Persil, le comte de la Riboisiere, le général Moline de Saint-Yon, le général Rulhière, le comte Sérurier, le baron Tupinier, le comte Mollien, l'amiral baron de Mackau, de Monnecove, Barbet, Vincens Saint-Laurent, Raguet-Lépine, le baron Durieu, le comte de la Grange, le vicomte Pernety, le vice amiral Algan, Legentil, le marquis d'Audiffret et le baron Petit.

Liste supplémentaire. MM. le duc de Massa, de Cambacérès, de Lagrénée, et le comte Schramm.

PRÉSENTATION AU ROI.

Le 19 janvier, à neuf heures du soir, la grande députation de la Chambre des Pairs, chargée de présenter au Roi l'adresse en réponse au discours du trône, a été reçue par Sa Majesté.

LL. AA. RR. Mgr. le duc de Nemours, Mgr. le prince de Joinville et Mgr. le duc de Montpensier se tenaient à droite et à gauche du trône.

M. le duc Pasquier, Chancelier de France, Président de la Chambre, a donné lecture de cette adresse, conçue en ces termes : (Voir le texte au commencement.)

Le Roi a répondu :

« Messieurs les Pairs, je retrouve avec une vive émotion dans cette adresse l'expression des condoléances et des sentiments d'affection dont la Chambre des Pairs est venue m'entourer, après le grand malheur qui m'a atteint dans ma famille ; je vous en exprime ma sincere reconnaissance.

« J'aime toujours à répeter à la Chambre des Pairs combien je me félicite du concours aussi loyal qu'eclairé qu'elle continue a prêter a mon Gouvernement. C'est en perseverant, comme nous le faisons depuis bientot dix-huit ans, a resserrer les liens qui unissent si heureusement entre eux les grands pouvoirs de l'Etat, que nous parviendrons à consolider toujours de plus en plus, et a preserver de toute atteinte les institutions que la France s'est données, et qui garantissent avec tant d'efficacité le developpement progressif de sa prosperité, aussi bien que l'affermissement de l'ordre au dedans et de la paix au dehors.

« C'est bien cordialement que je vous remercie de nouveau de tous les sentiments que vous venez m'exprimer. »

Ces paroles ont été suivies d'acclamations vives et prolongées. — Un grand nombre de Pairs s'etaient joints à la grande deputation.   (Extrait du *Moniteur*, partie officielle.)

N° II. — INTERPELLATIONS A LA CHAMBRE DES DÉPUTÉS

PAR M. ODILON BARROT.

[VENTES DE FONCTIONS PUBLIQUES.]

NOTE. — Demande de fixation d'un jour, 17 janvier. Présentation par M. le Garde des sceaux d'un projet de loi sur le même objet, 20 janvier. Interpellations, 21 janvier. Ordre du jour motivé.

Séance du lundi 17 janvier 1848. — Présidence de M. Sauzet.

M. Odilon Barrot. Je profite de la présence de MM. les Ministres, et particulierement de celle de M. le Président du conseil, pour prévenir la Chambre qu'avec son autorisation, je me propose d'adresser quelques questions precises sur un fait qui a déjà éveillé la sollicitude de l'autre Chambre.

La Chambre comprend que je veux parler de la vente et de l'achat de diverses charges de finances. Je fournirai à M. le Président du conseil par ces questions l'occasion de donner des explications plus précises, et, selon moi, plus satisfaisantes que celles qui ont été données dans l'autre Chambre.

Quant au moment, je prendrai l'ordre et les convenances de la Chambre.

M. Guizot, Président du conseil. Je suis prêt, et je serai prêt à répondre aux questions que l'honorable membre voudra bien m'adresser. Je propose à la Chambre de fixer le jour immédiatement après la discussion de l'election du Puy, avant la discussion de l'Adresse.

M. Odilon Barrot. Le moment me paraît parfaitement convenable.

(Sur la demande de MM. Deslongrais et Jules de Lasteyrie, M. le Ministre des finances promet la communication de l'etat de la dette flottante au 1ᵉʳ janvier 1847 et au 1ᵉʳ janvier 1848, ainsi que les échéances des bons du Trésor.)

Seance du jeudi 20 janvier 1848. — Presidence de M. Sauzet.

M. le Président. La parole est à M. le Garde des sceaux pour une communication du Gouvernement.

M. Hébert, Garde des sceaux. Messieurs, nous avons l'honneur d'apporter à la Chambre, par ordre du Roi, un projet de loi ayant pour objet de prohiber toute convention relative aux démissions d'emplois publics. (Écoutez ! écoutez !)

Plusieurs voix. Lisez ! lisez !

M. le Garde des sceaux. Je lirai même à la Chambre, si elle le trouve bon, l'EXPOSÉ DES MOTIFS :

Messieurs, nous venons, par ordre du Roi, soumettre à vos délibérations un projet de loi dont le but est de frapper d'une prohibition sévère des conventions qu'une longue pratique avait tolerées, et sur la légalité desquelles la jurisprudence parait hesiter encore, mais que déjà, depuis plusieurs annees, l'administration a interdites, et dont elle tient à rendre desormais le retour impossible.

Les titulaires de certains emplois de finances, s'autorisant, il faut le dire, d'un ancien usage, et même de plusieurs decisions judiciaires, ont cru quelquefois pouvoir, sans contrevenir à la loi, demander ou accepter, en échange d'une demission ou d'un deplacement volontaire, une compensation à prix d'argent

Ceux qui aspiraient à les remplacer ont cru pouvoir a leur tour provoquer, par un sacrifice, une vacance dont ils désiraient profiter, et acheter ainsi, avec la resignation du titulaire, l'espoir d'être appelés a lui succeder

Il y aurait une égale injustice à exagérer les abus et à les méconnaître De semblables traités sont regrettables sans doute, et, depuis plusieurs annees, le Gouvernement l'a reconnu aussi bien que les Chambres ; mais c'est par une préoccupation manifeste qu'on affecterait de les confondre avec la venalite des offices, abolie par les lois des 4 août 1789 et 6 octobre 1791.

La venalite des offices mettait dans le commerce le titre même : les traités dont il s'agit n'ont pour objet que la demission du titulaire ; ce dernier ne transfère pas la place, il ne fait que la rendre vacante ; il promet un fait personnel et volontaire, une resignation qui laisse intact le droit de la puissance publique ; il ouvre une esperance que l'evénement a souvent trompée, et en échange de laquelle il n'a en vue, la plupart du temps, que d'ajouter un appui a sa pension de retraite.

Ces différences profondes ont été signalees par tous les auteurs et par tous les arrêts. Plusieurs (1) ont même reconnu comme parfaitement légal, comme constituant une obligation licite et valable, le traite par lequel un titulaire s'engageait à donner sa démission pour faciliter à un tiers les moyens de profiter de la vacance, et recevait une somme d'argent en echange de cette promesse volontaire.

La Cour de cassation, par son arrêt du 2 mars 1825, et, avant comme après elle, plusieurs cours royales ont adopté cette opinion, combattue, il est vrai, par d'autres arrêts et par d'autres auteurs (2).

M. Chambolle. C'est trop fort ! vous justifiez les délits que vous êtes appelés à punir. — *M. le Ministre.* J'entendrai vos raisons quand la discussion sera ouverte, et je vous repondrai. Dans ce moment vous devez seulement entendre la lecture du projet de loi. (Rumeurs à gauche.) Mon devoir en même temps que mon droit est de lire ici le projet que j'apporte par ordre du Roi : votre devoir à vous est de l'écouter. (Nouvelles rumeurs.) — *M. Garnier-Pagès.* Votre loi aura-

---

(1) Delvincourt, t II, p. 473. — Dalloz, *Jurisprudence generale*, t. X, p. 471 et suiv , v° *Obligations*. — Arrets de la cour royale d'Amiens, 18 janvier 1820, 18 juin 1822. — Cour de cassation, 2 mars 1825. — Cour de Grenoble, 5 juillet 1825.

(2) Troplong, *De la Vente*, t. Iᵉʳ, n° 220. — Duvergier, *De la Vente*, n° 207. — Cour de Paris, 23 avril 1814, 8 novembre 1825, 18 octobre 1837. — Cour de Nancy, 12 novembre 1829.

t-elle un effet rétroactif? — *M. le Ministre.* Nous verrons vos objections lorsque nous aborderons le débat.

Nous venons vous proposer aujourd'hui de fixer par la loi cette jurisprudence incertaine, et de consacrer, sur une question controversée, une solution qui nous paraît conforme aux règles de bonne administration qu'il convient d'introduire ou d'affermir dans toutes les parties du service public. Tout ce qui tend à rappeler, même de loin, même par une assimilation inexacte et incomplète, le souvenir d'anciens abus, doit être banni de nos lois et de nos habitudes. Dans cet ordre de faits, tout ce qui pourrait échapper à la vigilance de l'administration, ou passer à la faveur d'une tolérance abusive, doit être sévèrement interdit, comme n'étant plus digne de notre temps et du régime sous lequel nous sommes appelés a vivre. Il faut que les fonctions publiques soient entourées d'une considération a laquelle rien ne puisse porter atteinte; il faut, dans l'intérêt de celui qui les ambitionne et qui a des titres à les obtenir, qu'aucun calcul intéressé, aucun élément mercantile ne paraisse diminuer la spontanéité de l'acte qui l'y appelle. Il faut que celui qui se retire, loin de tirer profit d'une place qui ne lui appartient plus, ne cherche d'autre recompense de ses services que l'honneur de les avoir rendus, et l'existence modeste que l'État assure à ses serviteurs.

Jusqu'ici l'absence d'une loi spéciale, les hésitations de la jurisprudence, l'ancienneté de l'abus, ont expliqué la tolérance qui en était la suite. Si vous adoptez la loi que nous soumettons a vos délibérations, cette tolérance ne devra plus, ne pourra plus exister, et désormais le législateur, en se montrant sévère, ne craindra point d'être injuste.

Nous vous proposons donc d'abord de declarer illicites et nulles toutes conventions, stipulations ou promesses ayant pour objet, sous quelque forme et à quelque titre que ce soit, de rendre vacant un emploi public par la démission du titulaire, ou autrement. Cette nullité sera considerée comme absolue, comme d'ordre public, et, par conséquent, toutes les sommes versees, tous les payements faits en vertu de ces engagements illicites, seront sujets a répétition. On ne saurait, en effet, donner a cette nullité des effets moins étendus qu'à celle qui frappe les contre-lettres destinées à tromper l'administration et a modifier le prix de cession en matières d'offices ministériels.

Nous proposons ensuite d'édicter contre chacun de ceux qui enfreindraient les dispositions de la présente loi :

Premièrement, déchéance de tout droit à la pension de retraite, disposition dont le germe a déja été introduit dans un projet de loi sur lequel vous avez délibéré ;

Deuxièmement, decheance absolue de l'emploi public, objet des stipulations ou promesses illicites ;

Troisiemement, amende qui devra être égale au montant des sommes payées ou convenues.

L'art. 3 du projet determine la compétence, et l'attribue, dans tous les cas, aux tribunaux civils. Elle leur appartient naturellement, puisqu'il s'agit de statuer sur des conventions et sur leurs conséquences. Elle leur est deja attribuee par les lois dans beaucoup de cas où ils ont a prononcer des amendes et autres condamnations. Le tribunal statuera, soit sur les requisitions du ministere public comme partie jointe, soit sur son action principale et d'office. Enfin l'art 4, pour éviter toute difficulté, et maintenir les dispositions de la loi dans leurs veritables limites, declare qu'il n'est aucunement derogé a la loi de finances de 1816 (28 avril) en ce qui touche le droit qu'elle accorde aux avocats a la Cour de cassation, notaires, avoues et autres personnes dénommées dans son article 91, de presenter leurs successeurs a l'agrement du Roi.

Tel est, Messieurs, le projet de loi que nous avons l'honneur de soumettre aux delibérations de la Chambre. Les dispositions qu'il contient nous ont paru repondre a tout ce qui peut être exigé par l'intérêt public et par une juste severite, car, d'une part, elles laissent subsister, entre les faits qu'elles atteignent et ceux qui sont prévus par d'autres lois repressives, la difference profonde qui les sépare ; et, d'autre part, la promulgation même de la loi ne laissera plus ni interêt ni motif a de semblables conventions.

La loi, en indiquant clairement leur veritable caractère, en aura signalé les dangers, et prévenu désormais, par cet avertissement salutaire, tout entrainement et toute erreur.

PROJET DE LOI.

LOUIS-PHILIPPE, Roi des Français,

A tous présents et a venir, salut.

Nous avons ordonné et ordonnons que le projet de loi dont la teneur suit sera présenté, en notre nom, à la Chambre des Deputés, par notre Garde des sceaux, Ministre secrétaire d'État au departement de la justice et des cultes, que nous chargeons d'en exposer les motifs, et d'en soutenir la discussion.

Art 1er. Toutes conventions, stipulations ou promesses ayant pour objet, sous quelque forme et à quelque titre que ce soit, de rendre vacant un emploi public, par demission du titulaire ou autrement, sont illicites et nulles. Tous payements faits en vertu de ces engagements sont sujets a repetition.

Art. 2. Le titulaire d'un emploi public, qui aura mis a prix sa démission, sera déchu de cet emploi, et privé de tout droit a la pension de retraite, alors même qu'elle aura été inscrite et liquidée. Il en sera de même de celui qui aurait traité avec lui. Chacun d'eux sera en outre passible d'une amende egale au montant des sommes payées ou convenues.

Art. 3. Ces condamnations seront prononcées, dans tous les cas, par les tribunaux civils, soit sur les réquisitions, soit sur la poursuite du ministere public.

Art. 4. Il n'est en rien deroge aux dispositions de la loi du 28 avril 1816, en ce qui concerne la faculté accordee aux avocats a la Cour de cassation, notaires, avoués, greffiers, huissiers, agents de change, courtiers, commissaires-priseurs, de presenter des successeurs a l'agrément du Roi.

Donné au palais des Tuileries, le 18 janvier 1848.

LOUIS-PHILIPPE.

Par le Roi :

Le Garde des sceaux, Ministre secrétaire d'État au departement de la justice et des cultes,

HÉBERT.

M. le Président. La Chambre donne acte de la présentation du projet de loi, qui sera imprimé, distribué et renvoyé à l'examen des bureaux.

L'ordre du jour appelle la vérification des pouvoirs relative à une élection de la Haute-Loire.

M. Dupin. Et la proposition déposée?

4.

M. le Président. On me parle de la proposition déposée. La Chambre sait que les propositions sont déposées entre les mains du Président; qu'il n'a pas le droit d'en indiquer l'objet, et que c'est seulement à l'instant où le renvoi s'effectue dans les bureaux que les propositions sont annoncées sans qualification.

On me demande cependant de dire qu'il a été déposé une proposition sur le point qui fait l'objet du projet de loi présenté ; l'auteur le dit lui-même ; je ne puis que répéter que, si je parlais en ce moment de la proposition, je serais en opposition avec le règlement, qui dit que la lecture des propositions ne peut avoir lieu qu'après l'autorisation qui doit en être donnée dans les bureaux.

Tout ce que je puis dire, c'est que, a moins que l'honorable auteur de la proposition ne s'y oppose, le jour où les bureaux seront convoqués pour examiner le projet de loi qui vient d'être présenté, ils le seront aussi pour examiner s'il y a lieu à autoriser la lecture de sa proposition.

M. Dupin. Je demanderai à la Chambre à faire une observation qui simplifiera ses opérations.

J'ai déposé une proposition, et il serait fort inutile de la renvoyer aux bureaux et de la soumettre à un circuit, tandis que, par quelques mots dits en ce moment, je puis montrer comment elle peut se réunir à celle du Gouvernement. Je ne demande pas deux lois, je n'en demande qu'une bonne. (On rit.)

J'ai fait une proposition ; le Gouvernement en fait une autre : je m'en félicite. Ma proposition, par conséquent, par sa nature, doit se réunir à celle du Gouvernement ; peut-être ma proposition est-elle trop sévère ; peut-être celle du Gouvernement est-elle trop indulgente ; dans tous les cas, si je suis trop sévère pour l'avenir, je suis loin de me montrer aussi indulgent pour le passé. Mais c'est dans la discussion de la loi que j'en dirai mon avis ; je m'expliquerai alors pour qualifier comme il le mérite un passé que j'ai toujours considéré comme illicite, comme immoral ; car il y avait vente de la chose d'autrui. (C'est vrai ! — Très-bien !) C'était un véritable stellionat, une sorte de simonie politique, à laquelle manquait une peine, mais à laquelle l'improbation n'a jamais dû manquer. (Très-bien !)

M. le Garde des sceaux. L'orateur qui vient de prendre la parole sera libre de réunir ou de ne pas réunir, selon qu'il avisera, sa proposition au projet de loi.

M. Dupin. Je la retire !

Plusieurs voix. Mais non ! mais non ! ne la retirez pas !

M. Dupin. Je la réunis au projet par amendement. (Interruption.) Je la réunis au projet par amendement ; je n'aime pas les rouages inutiles.

M. le Garde des sceaux. Je n'aime pas plus que le préopinant ni les rouages ni les paroles inutiles, et c'est parce que je ne crois pas les paroles que je vais dire inutiles, que je prie l'honorable orateur de me les laisser prononcer. (Parlez !)

Je disais donc que l'honorable M. Dupin serait libre de réunir ou de ne pas réunir, sous une forme ou sous une autre, par voie de proposition ou par voie d'amendement, sa proposition au projet du Gouvernement.

Mais ce que je tiens surtout à dire, parce que c'est la vérité, et qu'il est bon que cette vérité soit constatée, c'est qu'il ne serait pas exact de penser que l'honorable M. Dupin ayant présenté une proposition, le Gouvernement aurait ensuite présenté un projet de loi. La chose certaine c'est que le Gouvernement avait, le jour même où un de ses organes eut dit dans une autre enceinte qu'il serait pourvu à l'interdiction des abus, arrêté les bases des mesures qui devaient être prises, et que le Garde des sceaux avait été chargé de préparer la proposition qui devait être ensuite soumise à l'agrément du Roi et transformée, si le conseil l'adoptait, en projet de loi à présenter aux Chambres.

M. Dupin. Ce n'est pas ici une question d'amour-propre ni de priorité. Le conseil des Ministres a pu décider et arrêter ce qu'il lui a plu en conseil ; je ne suis pas dans le secret du conseil, et ce secret n'a pas été divulgué ; rien n'en a pénétré ni dans la presse ni au dehors, et c'est quand je descendais du fauteuil, après avoir remis à M. le Président et déposé sur le bureau ma proposition, que M. le Garde des sceaux, pour la première fois, m'a dit : « Nous nous en occupons ! »

J'ai été satisfait de cette parole. (Rires à gauche). Aujourd'hui je suis plus satisfait encore de voir la proposition faite. Mais je pense qu'il ne serait pas convenable d'appeler les bureaux à délibérer sur la question de savoir si on lira ou non ma proposition.

Je ne demande pas à faire une déduction de motifs isolée, ni à appeler la Chambre à prendre ou non en considération. Il y a un projet de loi proposé par le Gouvernement; c'est ce projet de loi qui doit avoir la préférence. S'il ne me satisfait pas, parce que je ne lui trouverais pas une sanction pénale assez forte, j'en ferai la matière d'un amendement.

C'est dans ces termes-là que je me réunis à la proposition du Gouvernement, et que je retire la mienne. (Approbation.)

M. Chambolle. Messieurs, je n'ai rien à dire sur la question de l'initiative qui a été prise; je ne puis que féliciter notre honorable collègue, M. Dupin, d'avoir songé à réprimer un abus qu'il a très-sévèrement et très-justement qualifié.

Mais il faut féliciter plus encore MM. les Ministres d'avoir voulu réprimer un abus qu'ils viennent de juger et de qualifier avec tant d'indulgence. Ils proposent de punir demain ce qu'ils ont encouragé hier. (Exclamations aux centres. — Bruit.)

Plusieurs voix. C'est de la discussion cela! L'ordre du jour! l'ordre du jour!

M. Chambolle. Encore une fois, nous ne pouvons que les remercier, sauf à apprécier le passé.

Mais l'honorable M. Dupin déclare qu'il se réunira, sauf examen, à la proposition du Gouvernement.

Je veux faire observer qu'il est bien utile qu'il ajoute au moins des amendements à cette proposition, car il ne suffit pas.... (Interruption.)

Je remarque que, dans la proposition, on a oublié ceux qui, à mon avis, sont les plus coupables : les entremetteurs et les complices.... (Nouvelle interruption. — L'ordre du jour! l'ordre du jour! l'ordre du jour!)

M. le Président. La discussion ne peut être ouverte sur le projet.

Et quant à la proposition elle-même, j'ai déjà dit que le Président ne pouvait officiellement la faire connaître; l'auteur de la proposition peut, s'il le juge convenable, la retirer; s'il la retire.... (*Plusieurs voix* : Il l'a retirée!) Alors tout est fini ; mais je constate que c'est à cause de son retrait, et que, s'il ne l'eût pas retirée, la présentation d'un projet de loi n'aurait pas empêché la proposition de suivre son cours.

Je devais dire cela pour les droits de la Chambre.

Seance du vendredi 21 janvier 1848. — Presidence de M. Sauzet.

M. Odilon Barrot. Le projet de loi qui a été apporté hier à la Chambre n'a malheureusement pas desintéressé le triste et grave débat qui va s'ouvrir, et je ne crois pas être très-éloigné du sentiment universel de la Chambre en disant qu'il l'a plutôt aggravé et compliqué. (Reclamations au centre.)

Dans tous les cas, ce n'est pas sans raison que, d'un accord unanime, la Chambre a voulu que ce débat fût isolé, distinct de toute autre discussion. Il y gagnera beaucoup en clarté et en précision, et d'ailleurs il était convenable, avant d'aborder les questions politiques sur lesquelles nous sommes si profondément divisés, de vider entièrement une question de morale et d'honnêteté, qui, je l'espère, nous trouvera unis.

Le fait qui a éveillé la sollicitude d'une autre Chambre, qui y a provoqué des explications qui attendent un complément, était puisé dans un acte judiciaire produit à l'occasion d'un procès privé étranger à la politique. Vous le voyez, c'est presque toujours à cette source que nous sommes obligés d'aller puiser les révélations qui signalent au public tels ou tels abus. Ce mémoire précise des faits, nomme des personnes, produit des lettres ; il a reçu une grande publicité, un grand retentissement public et parlementaire. Jusqu'à ce jour, il n'a reçu ni désaveu ni démenti, et cependant les faits étaient d'une telle gravité, que plusieurs des personnes nommées dans ce mémoire, si ces faits eussent eté seulement inexacts, devaient tenir a honneur de rétablir la vérité.

Cette circonstance, Messieurs, donne déjà quelque gravité aux énonciations contenues dans ce mémoire.

Je ne me suis pas contenté de cette circonstance. J'ai demandé à notre collègue M. Bethmont s'il était autorisé par son client à me permettre de vérifier si les pièces produites, annoncées, étaient réelles, ou si ce n'étaient que des énonciations échappées à la passion d'un client, et qui ne méritaient aucune autorité.

J'ai fait cette vérification avec l'autorisation de l'auteur du mémoire et de son conseil.

Je dois à la vérité de déclarer que les pièces qui ont été publiées existent, que les faits qui y sont énoncés sont appuyés d'actes authentiques, de contrats notariés.

Maintenant, Messieurs, cherchons à bien préciser les faits sur lesquels la Chambre tout entière, indépendamment des partis, doit éprouver le besoin de connaître la complète vérité.

Ces faits se rattachent à deux négociations différentes placées à deux époques distinctes, 1841 et 1844.

Voici comment le premier fait qui se place en 1841 est spécifié dans le mémoire :

« Oui, il est vrai que, dans les premiers jours de novembre 1840, M. Bertin de Veaux... (Je le nomme puisque son nom est dans le mémoire) vint m'offrir de me faire nommer référendaire de seconde classe à la cour des comptes. Son amitié ne le portait pas seule a me faire cette offre, car il y mettait pour condition que j'apporterais une démission de première classe dont le Gouvernement avait besoin pour élever a cette classe M. Passy, en exécution d'un engagement pris au moment de la formation du ministère de M Guizot Je me mis en mesure de le satisfaire. J'achetai, moyennant 30,000 fr., la démission de M Héroux, qui fut portée au ministère. M. Bertin de Veaux se chargea du reste »

Ainsi, premier fait bien précisé : un personnage appartenant à un des grands pouvoirs de l'État est venu trouver M. Petit, lui a dit qu'un moyen pour lui d'entrer à la Cour des comptes comme référendaire de seconde classe était d'apporter une démission de première classe; il y a plus, il a motivé sa proposition : il a dit que cette démission de première classe, le Gouvernement en avait besoin ; il y a plus encore, il a précisé et defini ce besoin, il s'agissait d'acquitter un engagement contracté lors de la formation du Ministère.

Voyons ce qui se passe. La démission est apportée. Où est-elle portée? Au ministère des affaires étrangères. Qu'arrive-t-il ? Par des circonstances dont il est inutile de rendre compte à la Chambre, cette démission, deux fois donnée, ne profite pas à celui qui l'avait le premier achetée, elle profite à ceux qui l'avaient achetée en second ordre ; M. Petit est évincé. De là debat de famille, violence pour le décider à se retirer.

M. Petit résiste : fort de son droit, il dit qu'il a une demission, qu'il l'a achetée ; il y tient ; il dit qu'il ne veut pas la reprendre. Cependant la malheureuse démission est toujours au ministère ; elle est fort embarrassante ; négociations pour décider Petit à retirer cette démission. La reprendre ou ? la reprendre dans les mains de qui ? Vous allez en juger.

Voici ce que M. Bertin de Veaux écrivait a M. Petit, à la date du 18 août :

« Mon cher Félix, j'ai repris la demission de M Héroux chez M. Guizot; je vous engage à ne pas perdre de temps et à rentrer purement et simplement dans votre argent, comme on dit. Venez me voir demain vers dix heures; si j'etais au quartier, vous me feriez demander. »

Ce n'est pas tout : quoique M. Bertin de Veaux eût repris ainsi la démission achetée par M. Petit pour satisfaire à un besoin du Gouvernement, M. Petit s'obstinait ; quoique la démission fût entre les mains de M. Bertin de Veaux, il ne voulait pas la reprendre ; et c'est à force d'instances, de promesses, sur des explications que *M. Guizot ne pouvait pas donner par écrit, mais verbalement*, selon les termes d'une autre lettre de M. Bertin de Veaux, laquelle est également au dossier, qu'enfin M. Petit reprend sa démission. Et alors tout le travail, qui était suspendu par cette obstination de M. Petit, est signé, et tous les intéressés ont le bonheur de voir leurs noms dans le *Moniteur*.

Voila ce qui se rattache au premier fait.

Mais on avait eu vent de tous ces marchés ; quelques membres du Parlement en avaient été vaguement instruits, la question fut portée à la Chambre, et dans la séance du 30 mai 1842, mon honorable ami M. Taillandier lui-même, magistrat, et à ce titre, il n'en avait pas besoin, plus spécialement attaché à l'honneur de cette haute magistrature, s'exprimait ainsi :

« Moyennant un prix convenu, un titulaire donne sa démission, et le candidat, grâce à la faveur ministérielle, parvient à entrer dans ce corps judiciaire et administratif, ou on ne devrait être admis qu'après une candidature sérieuse. »

M. le Ministre des finances monte à la tribune et s'exprime ainsi (il était d'ailleurs provoqué par l'honorable M. Taillandier) :

« Quant au point qui serait relatif a des traités qui auraient été consentis par la Cour des comptes, j'ai peine à croire que des magistrats aient pu faire des arrangements de ce genre, et que l'autorité ait pu les sanctionner ; mais ce que je dois déclarer, c'est qu'ayant eu l'honneur d'être Ministre des finances pendant deux ans, je n'ai jamais accepté de démission conditionnelle, et je déclare que je n'en accepterai jamais à l'avenir. »

Je n'ai jamais accepté de démission conditionnelle! Je ne ferai pas l'injure à M. le Ministre des finances de supposer qu'il s'enfermait à cet égard dans une équivoque ; assurément, quand les démissions sont portées au Ministre des finances, elles n'ont pas trace des conditions sur lesquelles elles ont été faites. Quand M. le Ministre des finances parlait de démissions conditionnelles, il voulait entendre parler de démissions achetées, résultant de contrats intéressés ; et aussi il paraît qu'à partir de ce moment, si on en croit un des agents de ces marchés, M. le Ministre des finances se serait imposé la règle d'exiger de tous ceux qui étaient appelés à entrer dans la Cour des comptes, ou à y avancer, un engagement d'honneur qu'ils n'avaient pris aucune part à de tels marchés.

Nous allons voir, dans une autre négociation, comment cet engagement a été suivi et indignement éludé. C'est dans ces circonstances que se place la seconde négociation, celle de 1844.

Je laisse encore parler l'auteur du mémoire : « M. Génie... » Cette fois, ce n'était plus M. Bertin de Veaux..., le dossier en fournit une explication, elle est dans une lettre de M. Bertin de Veaux ; il était, je crois, brouillé avec M. Guizot... Il ne retournait plus, disait-il, au ministère. Cette fois, c'est M. Génie, chef du secretariat particulier de M. le Ministre des affaires etrangères, qui prend l'initiative des propositions.

« M. Génie, qui savait d'ancienne date (c'est le mémoire qui parle) que la recette de Corbeil était toute mon ambition, et que je serais disposé a faire un sacrifice pour une place, me dit de venir le voir. J'y allai. Il me fit connaître les chances d'avancement de M. Alem, et le moyen certain de le remplacer. »

M. Alem était titulaire de la recette de Corbeil.

« C'était de mettre cette fois encore à la disposition du Gouvernement, qui en avait besoin, une démission de référendaire de deuxième classe à la Cour des comptes. M. Génie, autrefois membre de cette cour, me remit une liste des conseillers qu'il présumait disposés a traiter. Peu de jours après, j'étais en mesure de le satisfaire. »

J'épargne à la Chambre le détail de cette négociation, dans laquelle on rapporte d'abord une démission de référendaire de deuxième classe, puis elle est insuffisante. On demande une démission de référendaire de première classe, puis une place de maître des comptes ; puis il y a une soulte a payer; puis on fait la répartition entre les intéressés; puis M. Génie reçoit en nantissement les soultes à payer. Tous ces détails ont été lus par presque tous les membres de la Chambre.

J'arrive à la conclusion :

« Le 10 ou le 11 décembre, à la suite de cette négociation, M. Génie nous appela, M. Alem et moi, dans son cabinet, et nous dit : Je viens d'annoncer la combinaison à M. Lacave-Laplague, il l'accepte; mais il a exigé ma parole d'honneur qu'aucune des quatre personnes appelées à profiter du mouvement opéré dans la Cour par la démission de M. Buffault n'avait en rien contribué au payement de cette démission. J'ai dû donner cette parole ; et, si vous voulez vous passer des 15,000 fr. de M. Dubreuil, c'est une affaire arrangée, nous allons chercher la démission, et aujourd'hui même les ordonnances seront signées. »

Cela se passait du 10 au 11 décembre. Le 12 décembre, selon la parole de M. Génie, les ordonnances étaient signées, et le 14 elles paraissaient au *Moniteur*.

A la suite des nominations résultant de ce mouvement dont vous connaissez la cause, paraît un de nos collègues, un homme politique. Il ne m'appartient pas d'examiner quelle part il a pu prendre à cette négociation. Je me plairais d'avance même à proclamer que cela a pu se faire sans lui. Ce qui importe surtout à la Chambre, c'est de connaître la part des ministres responsables dans ces faits. Point d'équivoque : il ne s'agit pas de l'abus, ignoré ou toléré, par suite duquel quelques magistrats de la Cour des comptes, approchant de l'âge de la retraite, donnant leur démission en faveur de tel ou tel aspirant, auraient fait acheter cette démission à ceux qui devaient en profiter ; et cependant le fait avait une gravité particuliere, car il se passait après les avertissements solennels donnés dans cette Chambre, au mépris d'engagements formels pris en plein Parlement ; et, n'y eût-il eu de la part du Ministère que tolérance, cette tolérance serait politiquement coupable, et les Ministres auraient à en répondre devant le Parlement, qu'ils auraient abusé. Les engagements pris devant la Chambre ont un caractère de gravité qu'il faut leur maintenir. Une Chambre qui accepterait légèrement qu'on pût ainsi se jouer de la parole donnée devant elle, ne se prendrait pas elle-même au serieux. (*A gauche.* Très-bien !)

Ainsi le fait en lui-même aurait sa gravité.

Mais ce n'est pas sur ce point que les interpellations portent ; si elles avaient dû ainsi se circonscrire, je déclare que je ne les aurais pas apportées a cette tribune. Le fait était avoué, c'était assez de ce qui avait éte dit dans l'autre Chambre.

Le point précis sur lequel mes interpellations portent, c'est la part directe et personnelle d'un Ministre du Roi dans les honteux tripotages, dans les coupables marchés qui sont dénoncés et détaillés dans le mémoire. (Mouvement.) Ces actes, si la loi qui a été portée hier à la tribune, amendée ou plutôt completée par un éminent magistrat, par l'honorable M. Dupin, si cette loi, dis-je, était portée, ces actes constitueraient, d'après tous les codes, d'après toutes les législations pénales, un acte de complicité au premier chef, de complicité avec aggravation.

Il importe donc, Messieurs, de bien fixer les faits qui constituent le concours direct et personnel des Ministres responsables.

Dans la première négociation, lorsque M. Bertin de Veaux est venu trouver M. Petit, et lui indiquer les moyens d'entrer dans la Cour des comptes en achetant une démission de referendaire de première classe, en motivant ce fait sur le besoin du Gouvernement, sur un engagement contracté lors de la formation du Ministère, M. Bertin de Veaux était-il en dehors de la vérite ? Cette démission achetée, pourquoi n'est-elle pas portée au ministere des finances ? Pourquoi ne suit-elle pas le cours régulier des choses ? Pourquoi est-elle dans les mains du ministère des affaires étrangères ? Pourquoi est-ce de ses mains qu'elle soit, après de longues négociations, pour rentrer dans les mains de celui pour qui elle avait été achetée, et pour qui elle était désormais inutile ?

Voila le point précis sur lequel, quant à cette première négociation, l'interpellation porte.

La seconde négociation a un caractère bien plus grave, et la compromission du pouvoir y est bien plus profonde.

C'est le secrétaire du cabinet du Ministre des affaires étrangères qui se fait le provocateur, l'entremetteur, l'agent actif du marche ! (*A gauche.* C'est cela.)

Cette fois, il ne s'agit plus seulement d'obtenir une démission à prix d'argent, il s'agit de solder celui qui a acheté cette démission, avec une place dans les finances. M. Génie a-t-il abusé de sa position ? S'est-il prévalu d'un crédit qu'il n'avait pas ? A-t-il trompé la confiance que sa situation officielle seule suppose ? Je m'étonnerais alors, et toute la Chambre s'étonnerait avec moi que justice éclatante n'eût pas été faite d'un pareil abus de confiance.

Lorsque M. Génie assistait à ce marché dans lequel un vieillard ne voulait se dessaisir de sa démission qu'en échange des valeurs qu'il avait stipulées, il donnait sa démission d'une part, il recevait de l'autre le titre de la rente viagère reversible sur la tête de sa femme Cette démission était portée en toute hâte au Ministère des affaires étrangères, et M. Génie aurait déclaré, lui, le 11 décembre, que les signatures seraient à l'instant même données au bas de l'ordonnance. N'est-ce là qu'un concours fortuit, accidentel ? M. Génie annonçait-il a faux l'existence de l'ordonnance ? Le fait n'est-il venu donner la confirmation de cette déclaration que fortuitement, par hasard ; ou bien M. Génie n'était-il pas avoue par le Ministre ? n'était-il pas son agent, son représentant dans cette négociation, et M. Génie n'avait-il d'autre but dans tout ceci que de satisfaire ce besoin politique du Ministère qu'il avait annoncé à M. Petit ?

Messieurs, ce sont là les faits, les seuls faits, sur lesquels porte l'interpellation.

Quand de tels faits ont saisi cette tribune, que le Parlement se trouve dans la triste nécessité de se prononcer, et que le pays attend avec anxiété la decision qui sortira du débat, je ne connais que deux manières d'en sortir pour l'honneur de nos institutions : ou une éclatante réparation si les faits sont faux, ou une solennelle expiation dans l'intérêt du pouvoir lui-même, s'ils sont vrais. (Tres-bien !)

Quant à moi, j'attends la réponse qui va être faite, et je déclare que, selon cette réponse, je suis tout prêt à l'une ou à l'autre. (Marques d'adhésion à gauche.)

M. Guizot, *Président du conseil, Ministre des affaires etrangères.* Messieurs, le discours que vous venez d'entendre semble me convier à deux lâchetés. Je ne les ferai point.

Voici la première.

On recueille de petits faits, des circonstances accessoires ; on les groupe, on en grossit, on en aggrave le fait principal qui occupe la Chambre, et on attend de deux choses l'une : ou que j'accepterai cette responsabilité, ainsi aggravée ou denaturée ; ou que j'entrerai dans le détail, dans la discussion de ces faits, de ces circonstances, pour expliquer, excuser, justifier, et atténuer ainsi ma part de responsabilité pour grossir celle des autres.

Je n'en ferai rien. Parmi les faits et les circonstances qu'on rappelle, les uns sont faux, les autres sont insignifiants. Le débat et les explications qui seront données par plusieurs personnes, par l'honorable M. Lacave-Laplagne sans doute, ne laisseront aucune incertitude à cet égard.

Je ne dis pas cela, la Chambre va le voir, pour eluder la vraie question, ni pour échapper au vrai combat ; mais je ne veux pas entrer dans ce petit dedale d'accusations et d'insinuations dont, je le répète, les unes sont fausses et les autres sont insignifiantes. Je ne veux *toucher* qu'à la vraie question, à la question fondamentale, qui a ému et justement ému la Chambre.

Voici la seconde lâcheté à laquelle on m'invite.

On semble croire que, pour couvrir un scandale, j'en élèverai d'autres ; que je rappellerai, avec les noms propres, avec les dates, beaucoup de faits spéciaux analogues ; que j'essayerai de couvrir le fait dont on parle derrière d'autres faits du même genre. Je ne le ferai point.

M. Emile de Girardin. Je le crois bien.

M. le Président du conseil. J'entends dire : *Je le crois bien.* Je ne le ferai pas, parce que je ne veux pas le faire ; je ne le ferai pas pour la dignité de la Chambre et pour la dignité du pouvoir que j'ai l'honneur de representer. (*Au centre.* Très-bien !)

M. Emile de Girardin. Vous n'avez pas toujours été si scrupuleux ! (Exclamations diverses.)

M. le Président du conseil. Ce ne sera pas moi qui irai étaler et afficher sur le front du pouvoir le catalogue de ses erreurs et de ses mauvaises pratiques de toutes les époques. (Rumeurs diverses.)

J'arrive donc au fait, au fait lui-même, à une démission donnée moyennant une somme, avec la tolérance de l'autorité. Je dis cela, ni plus ni moins ; il n'y a eu ni plus ni moins. (Rumeurs à gauche.)

Messieurs, je puis le dire sans rien apprendre à personne dans cette Chambre, le fait a été souvent et depuis longtemps pratiqué et toléré. D'autres ont dit qu'ils l'avaient complétement ignoré. Libre à eux de tenir ce langage ; pour moi je ne le tiendrai pas. (Mouvement. — Réclamations diverses.)

La première condition de ce débat, pour l'honneur de la Chambre et du pouvoir, c'est la sincérité. (Nouveau mouvement.) Ce n'est pas au moment ou je repousse de fausses accusations, que j'éluderai de dire moi-même la vérité.

Le fait, Messieurs, s'expliquait par d'anciennes traditions, par l'empire d'une partie de vos lois actuelles. Et non-seulement il s'expliquait ainsi; mais il était, comme M. le Garde des sceaux vous le rappelait hier dans l'exposé des motifs de son projet de loi, il était publiquement connu, combattu, discuté, et tantôt contesté, tantôt autorisé. Je ne veux citer aucun arrêt; mais ils sont nombreux et positifs. Etait-il permis, était-il licite de disposer ainsi, à prix d'argent, de sa démission, pour des charges de finances comme pour certaines charges de magistrature? La jurisprudence des cours royales et de la Cour de cassation fait foi de la publicité du fait et de l'autorisation qu'il avait reçue, autorisation qu'il recevait encore, il y a trois ans, dans une des principales cours du royaume, dans la cour de Bordeaux. En 1845, dans la cour de Bordeaux, il a été déclaré que le fait était licite et ne contenait rien de contraire ni aux lois ni aux bonnes mœurs. (Chuchottements.)

Ne croyez pas que j'entende me prévaloir de ce que je rappelle ici pour soutenir et justifier le fait en lui-même. Je ne me paye pas de subtilités, et je ne me plaindrai jamais de voir se développer les susceptibilités et les exigences morales de la Chambre et de mon pays. (Approbation au centre.)

Je ne me plaindrai jamais de voir de nouvelles susceptibilités morales, de nouvelles délicatesses s'introduire dans nos mœurs; je ne me plaindrai jamais, je ne regretterai jamais de voir tomber devant la publicité, devant l'élévation progressive de nos sentiments, des usages longtemps tolérés et pratiqués, non-seulement par le pouvoir, mais par la conscience publique et par la justice elle même.

Que la conscience publique devienne tous les jours plus difficile et plus sévère; que tous les jours elle impose aux dépositaires du pouvoir et aux particuliers de nouveaux devoirs, des sentiments plus délicats, plus élevés, je m'en feliciterai bien loin de m'en plaindre. (Adhésion au centre.) Mais cela ne m'empêchera pas d'être juste et envers le passé et envers le présent. Cela ne m'empêchera pas de réclamer justice et pour les dépositaires du pouvoir et pour tous les hommes qui ont vécu longtemps sous l'empire d'autres idées et d'autres sentiments. C'est la justice, et la justice seule que je réclame.

Qu'avait à faire le Gouvernement quand il a vu se développer ces difficultés, ces susceptibilites, ces exigences nouvelles? En tenir compte, en tenir grand compte, s'y conformer. C'est ce qu'il a fait. Ce n'est pas d'aujourd'hui, c'est, a ma connaissance, depuis plus de deux ans que tout abus de ce genre a cessé, a été formellement interdit par le pouvoir. J'ai, depuis cette époque, entendu parler souvent de demandes de ce genre : elles ont toutes été écartées.

Et maintenant, que vient faire le pouvoir? Il vient vous demander de vider cette question longtemps douteuse, de mettre fin à cet abus longtemps toléré; il vient vous demander de consacrer par une loi formelle et positive, cette moralité plus difficile, cette susceptibilité plus élevée qui a passé dans nos mœurs et qui doit maintenant passer dans nos lois. Voilà ce que nous venons vous demander. Je désirerais savoir ce qu'on aurait fait de plus, ce que, aujourd'hui, on pourrait faire de plus.

On discutera la loi, nous verrons si elle est trop indulgente ou trop sévère; mais c'est la seule chose, la seule chose efficace qu'il y eût à faire, et c'est celle que nous vous proposons.

Messieurs, je pourrais m'arrêter là; je pourrais considérer la question comme vidée. (Rumeurs à gauche.) J'ai cependant quelques mots à dire encore. (Écoutez! écoutez!)

Messieurs, on n'a pas droit de demander la justice à l'Opposition; les partis, dans notre forme de gouvernement, ne sont pas tenus, je le sais, d'être justes les uns envers les autres, et j'aurais tort d'y songer. Cependant, en présence d'hommes qui ont voué leur vie, leur vie entière, à la cause de l'ordre et des libertés du pays, qui se sont voués à cette cause sans avoir jamais eu un autre but, une autre pensée que de la faire triompher, en présence d'hommes que jamais, dans la pensée même de leurs adversaires, aucun intérêt personnel, autre que celui du pouvoir dont ils sont chargés, n'a fait agir, en présence de tels hommes, il me semble que ce qui se passe aujourd'hui devant vous dépasse la limite ordinaire des atteintes portées à la justice et a la verité. (Tres-bien ! très-bien !)

Je ne veux me servir, la Chambre le voit, que des expressions les plus modérées, les moins offensantes; je ne veux pas parler de cette obstination à méconnaître tout le passé, à n'en tenir aucun compte, à tout recueillir, à tout entasser sur un seul moment, sur un seul nom, sur un seul homme, dans un but, permettez-moi de le dire, dans un but évidemment politique, car je ne saurais en découvrir un autre. (Très-bien !)

Permettez-moi de répéter mon expression : cela dépasse la mesure ordinaire des atteintes à la justice et à la vérité. (Tres-bien !)

Je n'ai pas un mot de plus à dire à l'Opposition.

Quant à mes amis, ce n'est pas moi qui les découragerai jamais d'être aussi vigilants et aussi exigeants qu'ils le pourront dans la cause de la moralite publique et privée. Je n'ai pas pour eux la prétention exclusive et arrogante de dire qu'ils sont le parti des honnêtes gens ; mais j'ai bien le droit de dire que le parti conservateur a essentiellement à cœur les maximes morales, les pratiques morales, qui sont la vrai base de la politique conservatrice comme de l'ordre social. (*Au centre.* Très-bien !)

Le parti conservateur se méconnaîtrait lui-même, se trahirait lui-même, s'il n'était pas le plus vigilant et le plus exigeant de tous dans tout ce qui tient à la morale publique et privée. Bien loin donc de l'en decourager, je l'y encourage et je me félicite de me voir entrer de plus en plus dans cette voie. Voici seulement ce que je lui demande : qu'il se souvienne toujours que les hommes qu'il honore de sa confiance ont recueilli, de nos temps orageux, un héritage très-mêlé. C'est notre devoir de travailler constamment à épurer cet héritage, à en écarter tout ce qui porte l'empreinte des temps de désordre et de violence, et de cette immoralité que le désordre et la violence entraînent toujours après eux. (*Au centre.* Très-bien !)

Oui, nous travaillerons incessamment à regler, à épurer cet héritage. Si vous n'avez pas, si le parti conservateur n'a pas la confiance que c'est là en effet notre volonté comme la sienne, notre travail comme le sien, que c'est dans ce sens que notre politique avance et se développe ; s'il n'a pas la confiance que c'est là ce que nous faisons, qu'il nous attaque, qu'il nous renverse, qu'il cherche des hommes qui répondent à sa pensée, car ce doit être la sa principale et sa plus constante pensée. (*Au centre.* Très-bien !)

Mais s'il a cette confiance, comme je n'hesite pas à dire que nous avons le droit de la lui inspirer, s'il a cette confiance, qu'alors il se souvienne que l'œuvre est très-difficile, quelquefois très-amère, et que nous avons besoin de n'être pas un instant affaiblis dans ce rude travail. Nous avons besoin que le parti conservateur voie toujours les choses exactement comme elles sont, sans faiblesse et sans charlatanerie. Nous avons besoin qu'il nous soutienne de toute sa force.

Si le moindre affaiblissement devait.... (Bruit à gauche.) Si le moindre affaiblissement devait nous venir de lui dans la tâche difficile que nous poursuivons, je n'hésite pas à dire que, pour mon compte et pour celui de mes amis, nous ne l'accepterions pas un instant. (Très-bien ! très-bien !)

(M. le Président du conseil, de retour à sa place, est entouré par un grand nombre de Députés qui lui adressent des félicitations. La seance est suspendue pendant vingt minutes.)

M. **Dufaure** donne une courte explication sur le fait attribué à M. Félix Passy, frère de MM. Hippolyte et Antoine Passy. M. Felix Passy, référendaire de deuxième classe depuis 1832, avait vu passer deux fois son frère au Ministère sans demander ni obtenir d'avancement. M. Humann, reconnaissant que des services moins anciens avaient été récompensés avant ceux de M. Félix Passy, résolut de réparer ce passe-droit, et il dit : « La première place vacante appartiendra à M. Félix Passy. »

Voila, Messieurs, tout ce qu'il y a eu.

Je ne dis pas que, dans ce marché de places ouvert dans le cabinet de M. le Ministre des affaires étrangères (Réclamations au centre.— *A droite*. Parlez! parlez!), je ne dis pas que l'on n'ait pas employé le nom de M. Félix Passy comme prétexte pour faire acheter une place de référendaire de première classe; je me borne à dire que, lorsque le Cabinet du 29 octobre s'est formé, M. Passy, qui refusait d'y entrer, n'a eu aucune condition à faire, n'a fait aucune condition, et que tout ce qu'il y a eu à cet égard, c'est l'acte de justice que M. Humann avait annoncé.

M. Guizot, *Président du conseil.* Et moi j'ajoute que le nom de M. Passy n'a jamais été prononcé, à ma connaissance, à l'époque à laquelle le mémoire fait allusion, et que le fait qui y est relaté est complètement faux.

M. Odilon Barrot répond au discours de M. Guizot par une brève apostrophe, où il resserre et qualifie le fait reproché, qui n'est pas un petit fait, puisqu'il s'agit de l'honneur du pouvoir. Devant de pareilles accusations et de tels faits, il n'est pas permis de se retrancher dans son orgueil. L'orateur termine ainsi :

Voilà comment je comprenais votre situation, vous l'avez comprise autrement. A la bonne heure, soit; chacun entend a sa manière ses devoirs et sa dignité. Mais permettez-moi un dernier mot, et celui-là je l'adresse à la majorité qui vous appuie.

Il faut en convenir, vous la mettez à de cruelles épreuves. (Mouvements divers.) Il y a dans votre confiance quelque chose de bien insolent et de bien injurieux pour elle. (*A gauche*. Très-bien ! très-bien ! — Dénégations au centre.)

Sous le coup d'une pareille imputation, je vous le répète, si la loi que vous avez apportée vous-mêmes, loi étrange, loi faite pour une espèce, loi qui dans son préambule est une justification, dans son dispositif une condamnation.... (Assentiment à gauche.)

M. le Garde des sceaux. C'est inexact!

M. Odilon Barot. Si cette loi était portée, je dis que, armé de cette loi et des dispositions qui doivent la compléter, il n'y a pas de tribunal au monde qui ne vous imprimât sur le front le titre de complice ou d'auteur principal. (Approbation à gauche.) C'est en face de ce fait, c'est en face de cette condamnation politique et morale écrite dans votre propre loi que, vous retournant devant votre majorité, vous lui dites :

« Je n'ai pas à me justifier; j'ai assez de confiance en vous, continuez comme par le passé, votez pour moi, et tout sera dit. »

Eh bien, que la majorité vote pour vous, et que le pays ensuite prononce sur nous tous !

(Vive approbation à gauche. Un grand nombre des collègues de l'honorable M. Odilon Barrot viennent lui présenter leurs félicitations.)

M. de Peyramont entre dans une discussion étendue pour établir que des faits analogues se sont passés sous toutes les administrations depuis 1830, excepte celle à laquelle appartenait M. Passy, non-seulement avec la tolérance et la sanction administrative, mais encore au grand jour de la justice. Il affirme (au milieu de fréquentes interruptions et de provocations à citer des faits) que les cours royales d'Amiens, en 1820 et 1822, de Grenoble et de Bordeaux, en 1845 (1), et la Cour de cassation, en 1825, ont décidé, ont jugé que les traités intervenus sur demission de charges publiques, de charges de finances, etaient licites, qu'ils devaient être exécutés.

(1) Cour royale d'Amiens, 18 janvier 1820 :
« Attendu que M... a pu, *sans blesser les lois, les bonnes mœurs et l'ordre public,* donner sa demission de son emploi de *garde general* des eaux et forets pour faciliter a D... les moyens de lui succeder; que la rente viagere constituee au profit de M.., par D..., en consideration de la demission dont il s'agit, *n'a pas une cause illicite.* »
Cour royale de Grenoble, 6 juillet 1845 :
« Attendu qu'aucune loi n'interdit a un fonctionnaire de se demettre de l'emploi qui lui est confere; qu'il ne lui est pas defendu non plus de recevoir, en pareil cas, *une indemnite d'un ou plusieurs* postulants auxquels sa retraite laisse un champ libre, que par là il ne porte ni ne peut porter atteinte aux droits du Gouvernement ni a la prerogative royale, qu'un tel acte ne presente *rien de contraire aux lois et a l'ordre public.* »
Cour de cassation, 2 mars 1825 (M. Odilon Barrot, avocat) :
« Attendu que l'avantage d'une demission a pu devenir la matière d'un engagement, et devenir l'objet certain sur lequel les stipulations se soient etablies, sans qu'il y ait eu contravention a l'article invoque (1108 du Code civil). »
Meme decision, cour royale de Bordeaux, 9 décembre 1845.

L'orateur regrette que M. le procureur général Dupin n'ait pas trouvé l'occasion de faire revenir la Cour de cassation sur ces décisions.

M. Dupin interrompt l'orateur pour s'ecrier que les arrêts ne sont pas de son temps. — Un débat s'engage alors entre lui et M. Hébert, au sujet de l'arrêt de 1845, qui n'a pas été déféré à la Cour de cassation. M. Dupin établit que la Cour n'a pas eu à se prononcer sur des faits importants des ventes de magistrature. Il maintient son opinion de tous les temps contre ces ventes.

M. de Peyramont reprend son discours, et dit qu'en présence de ces décisions judiciaires il n'est permis à personne d'introduire dans le débat, contre les faits allégués, les grands mots d'humanité, de moralité, de probité. Il dit que l'Opposition cherche par ces debats à écarter la discussion des grands intérêts du pays, à l'occasion desquels elle sera bientôt accusée. Il termine par l'eloge du chef du parti conservateur.

M. **Thiers.** (Profond silence.) J'espère que sous peu de jours l'honorable orateur qui descend de cette tribune pourra se convaincre que nous ne craignons pas de descendre sur ce qu'il appelle le terrain des grandes affaires du pays.

Quant à celle qui vous occupe en ce moment, par un sentiment de convenance que la Chambre comprend et approuve, j'en suis sûr, je m'étais promis de garder le silence. Le préopinant m'a fait un devoir de le rompre : il a dit que l'Opposition ménageait les hommes qui l'avaient representée au pouvoir.

Je n'ai demandé de ménagement à personne; l'Opposition aurait eu raison de me le refuser si je l'avais demandé, car j'en aurais eu besoin.

Je n'en ai pas besoin. Je ne nie pas que l'abus dont on parle se soit reproduit sous presque toutes les administrations, je le reconnais. (Mouvement.)

Ce que je nie, c'est que, pour mon compte et pour celui de mes collegues, nous y ayons participé, soit en les connaissant, soit en nous en mêlant; et quand je le dis, c'est que, sur l'honneur, je puis le dire, et si qui que ce soit se permettait de dire personnellement que j'ai été mêlé a une seule de ces négociations, je lui donnerais le démenti d'un honnête homme indigné à un indigne calomniateur. (Tres-bien !)

M. **de Peyramont.** Je n'ai pas attribué personnellement à l'honorable M. Thiers la responsabilité des faits qui se sont accomplis sous les deux ministères qu'il a présidés.

Je croyais cependant que, plus qu'aucun autre, il avait tenu à réaliser la vérité de la Présidence du conseil, et qu'alors les faits qui se passaient étaient censés connus de lui et approuvés de lui.

Je ne tiens pas le moins du monde à ce qu'il ait connu, lui, Président du conseil, une décision rendue par le Ministre des finances, son collègue. (Agitation et dénégation.) Ce que j'affirme, parce que cela est vrai, et qu'aucune dénégation ne pourra detruire mon affirmation, dont on trouvera la preuve dans les archives publiques, c'est que, sous les deux ministères dont M. Thiers a eté le président, des démissions ont été données et acceptées , et tout le monde sait ce que c'est qu'une démission donnee et acceptée, sauf les rares exceptions qu'on n'oserait pas invoquer en cette circonstance. (Agitation.)

M. Emile de Girardin. Citez les noms, citez les faits.

M. Thiers. Adressez-vous à M. le président de la Cour des comptes, et vous trouverez dans ses mains la preuve que le Ministre des finances qui a eté mon collegue a ignoré les faits dont on vous a parlé.

Quant à moi, je réitérerai la déclaration que j'ai faite, et je donnerai un démenti énergique à quiconque prétendrait que j'ai pu y avoir quelque part. (Approbation à gauche.)

M. **Dufaure** résume les faits pour expliquer l'émotion publique excitée par ces ventes de fonctions publiques, qui ne devraient être données qu'au mérite. Il termine ainsi :

L'honorable préopinant disait : Pourquoi suspendre nos grandes discussions, pourquoi les suspendre pour de petits détails d'intérêt personnel ?

Nos grandes discussions! nous en aurons de grandes en effet, Messieurs; mais il n'y en a pas de plus grandes... (*A gauche.* C'est vrai!) il n'y en a pas de plus grandes que celle-ci, non pas seulement parce qu'il importe à tous que le pouvoir soit considéré et respecté, mais encore parce que les exemples donnés par le pouvoir se répandent dans la nation et affaiblissent partout la moralité publique. (Très-bien!)

Si vous vendez le pouvoir qu'a le Gouvernement de déférer les fonctions publiques, qu'aurez-vous à dire aux électeurs qui, comme l'année dernière à Quimperlé, vendent le pouvoir que la constitution leur donne pour accorder leurs suffrages? Vous serez impuissants pour réprimer des abus semblables, vous serez impuissants, parce que les premiers vous en aurez donné l'exemple.

Messieurs, je ne voulais dire que ce peu de mots. Le débat a continuellement roulé sur une confusion évidente; on avait oublié le reproche qui sort de la publication qui a été faite. C'était sur ce point que l'honorable M. Barrot demandait des explications; on n'a rien répondu, rien expliqué. (*A gauche.* Très-bien!)

M. LAPLAGNE explique que, pendant son ministère, il s'est fait rendre compte, par le procureur général, de toutes les phases du procès Petit, afin de le destituer, si le procès portait atteinte à sa considération comme comptable supérieur. Ce qui prouve que le Ministre n'avait rien à craindre dans cette affaire.

Il explique aussi quelles précautions il a prises pour que les démissions de la Cour des comptes ne fussent point achetées : il a toujours nommé les magistrats présentés par la Cour elle-même.

M. Odilon Barrot. J'adresserai à l'honorable M. Laplagne une seule question, en remettant complétement à sa discrétion et au sentiment de ses anciens devoirs, de repondre ou de ne pas repondre. Est-il vrai que la nomination de M. Petit, à la suite de ce que vous savez, à la recette particulière de Corbeil, a été décidée en conseil des Ministres, comme un acte politique?

M. Laplagne. Ce n'est pas à moi à répondre a cela! (Exclamation.)

M. le Président du conseil. La réponse est parfaitement simple : cela n'est point! (Agitation prolongée.)

M. LHERBETTE. L'honorable M. Barrot avait parfaitement établi les faits. M. le Ministre des affaires étrangères, avec une dextérité de langage que nous ne pouvons lui contester comme il l'a contestée à d'autres, s'est attaché à les dénaturer; M. Dufaure les a retablis dans toute leur vérité. Il ne s'agit pas, comme on l'a dit, des transmissions qui ont pu être faites entre différents individus, il s'agit de la coopération du Ministre.

M. le Garde des sceaux. Il l'a niée.

M. Lherbette. Qu'importe? Elle est prouvée. Il s'agit d'une vente, d'une véritable vente, faite par le Ministre des affaires étrangères, d'une place de receveur, moyennant des vacances de places à la Cour des comptes, vacances dont il avait besoin. C'est un acte de véritable simonie politique.

M. le Ministre en a été réduit à plaider les circonstances atténuantes que je ne veux point discuter; celle-ci notamment, que d'autres Ministres avant lui avaient fait la même chose. Il a reçu alors, à la Chambre des Pairs, trois dénégations en face, sous lesquelles il a courbé la tête, et dans cette enceinte il vient d'entendre un ancien Ministre s'écrier : « Je jette à de telles allégations le démenti d'un honnête homme. »

M. le Ministre des affaires étrangères, au surplus, savait bien qu'il faisait un acte coupable. Pour vous prouver qu'il le savait, je vous demande la permission de lire une lettre dont il ne vous a pas encore eté donné connaissance.

Cette lettre existe au dossier; l'avocat qui a plaidé, un de nos honorables collègues, a bien voulu nous en donner connaissance :

Lettre de M Bertin de Veaux à M. Petit. — 4 novembre 1841.

« J'ai vu la liste des invites pour Versailles M Guizot n'en fait pas partie; je lui ai donc envoyé ma lettre. Quant a vous, vous pourriez vous dispenser de la course de demain matin ; je ne pourrais avoir quelque chose à vous dire qu'en voyant M. Guizot, et en recevant de lui une réponse verbale qu'il ne saurait me faire par écrit. »

Je ne sais si l'on se contentera de répondre à cette citation par des haussements d'épaules, des contorsions de visage et des rires sardoniques, qui, au surplus, ne peuvent me décontenancer. J'ai vu le tartufe de religion sur un autre théâtre avant de voir sur le théâtre politique le tartufe de probité. (Réclamation au centre. — Approbation à gauche.)

Quelques voix au centre. A l'ordre! — *M. le Président.* C'est une maxime générale qui ne s'applique à personne; autrement, je rappellerais l'orateur à l'ordre.

M. Lherbette. Elle s'applique à qui peut en provoquer l'application par les gestes que je signale. Pourquoi donc ce qu'il a pu dire, M. le Ministre ne pouvait-il l'écrire?

C'est qu'il ne voulait pas laisser traces de cet acte, c'est qu'il sentait la culpabilité de cet acte. (Agitation.) Elle est telle, qu'un tel acte commis par des fonctionnaires n'est pas seulement classé dans la catégorie des actes les plus coupables, des actes criminels. Admettons, si vous le voulez, des distinctions entre des actes de même nature, selon qu'ils sont commis dans la vie ordinaire ou dans la vie publique; admettons les distinctions quant à la pénalité, mais non quant à la moralité, car nous ne sommes pas de ceux qui admettent deux morales, deux probités différentes. Pour nous, il n'en est qu'une, et cette morale unique flétrit la conduite, l'acte du Président du conseil. Aux principes de cette morale il faut une sanction. Contre la violation de ces règles s'élève l'opinion des honnêtes gens; mais cela ne suffit pas; il est des hommes qui bravent cette opinion, qui se font un point d'honneur de l'impopularité.

La loi sur la responsabilité ministérielle n'a pas encore été rendue; mais que s'ensuit-il? C'est que les Ministres restent sous le droit commun; or, le droit commun proclame qu'un acte coupable ne peut rester impuni.

Autrefois, sous de mauvais règnes de l'ancienne monarchie, on a vu des hommes puissants qui se jouaient des lois. Mais, depuis, deux grandes révolutions sont intervenues, après lesquelles on a dit: « C'en est fait de la violation de la loi par les hommes puissants; le jour de l'égalité est arrivé, et sous le niveau de la loi il faut que tout le monde se courbe. » On l'a dit. Eh bien! aujourd'hui, après ces deux grandes révolutions, à la tête du Ministère, pour représenter la France au dehors, pour la gouverner au dedans, est un homme qui a commis un acte tel, que, si cet acte eût été commis par un fonctionnaire d'un ordre moins élevé, ce fonctionnaire serait frappé de la dégradation civique. (Murmures au centre.)

Je comprends, Messieurs, vos murmures: vos cœurs innocents... (Rires ironiques à gauche), ou vos esprits peu habitués aux lois ne savent donc pas quels actes les lois flétrissent de cette peine, réservée aux crimes; nous le savons, et nous le disons. Voilà l'homme qui est à la tête du Gouvernement de la France; et il se trouve un garde des sceaux pour le défendre et une majorité pour le soutenir! Quant à nous, nous ne venons pas déposer un acte d'accusation. (Interruption.)

Nous verrons plus tard s'il ne conviendrait pas de le proposer. Pour le moment, nous nous contentons de vous soumettre un ordre du jour motivé. Si la majorité est encore satisfaite, qu'elle le fasse savoir au pays, qu'elle vote contre notre proposition.

Voici cet ordre du jour: (Écoutez! écoutez!)

« La Chambre, sans approuver les explications données par M. le Président du conseil, et en réservant les droits qui résultent de la responsabilité ministérielle, passe à l'ordre du jour. »

M. le Garde des sceaux. C'est un acte d'accusation!

\M. le Président du conseil. Dans ce que j'ai eu l'honneur de dire à la Chambre, je me suis imposé une grande réserve pour tout ce qui ne m'était pas personnel, une grande sincérité pour tout ce qui m'était personnel. Je ne sortirai pas de ma réserve, je n'examinerai spécialement le passé de personne, je maintiens l'affirmation générale que j'ai exprimée à la Chambre; mais je maintiens que l'abus dont la Chambre s'occupe a été toléré et pratiqué de 1814 à 1830, de 1830 à 1846, comme il a été toléré il y a quatre ans... (Interruption.)

Et j'ajoute que rien ne me fera sortir, quant aux noms, quant aux dates, quant aux faits spéciaux, de la réserve que je me suis imposée, parce que je la regarde comme mon devoir. (Mouvement.)

Quant à la sincérité, en ce qui me touche, je l'ai portée aussi loin qu'il était possible de le faire, plus loin que personne ne l'a jamais portée en pareille situation. (Chuchottements.) Avec la même sincérité, je déclare que les faits particuliers auxquels on fait allusion ne se sont pas passés dans mon cabinet...

M. Émile de Girardin. Dans le cabinet voisin! (Exclamations bruyantes.) Pas de jeux de mots!

M. le Président du conseil. Quand je dis qu'ils ne se sont pas passés dans mon cabinet, cela veut dire que je ne les ai ni provoqués, ni recherchés en aucune façon. (Mouvement.) Voilà ce que cela veut dire.

M. Emile de Girardin. Mais cela ne veut pas dire... (Bruyante interruption au centre. — A l'ordre! à l'ordre!)

M. le Président du conseil. J'ai recommandé, j'ai appuyé la nomination de l'honorable M. Peyre comme référendaire; j'ai appuyé, j'ai recommandé la nomination de M. Petit comme receveur de Corbeil. (Mouvement. — Ecoutez! écoutez!) J'ai été parfaitement etranger à tout le reste... (Interruption aux extrémités.) Encore une fois, je n'admettrai pas les interruptions.

M. Émile de Girardin. Je demande la parole! (Mouvement.— Bruit prolongé.)

M. le Président du conseil. Maintenant, de quoi s'agit-il devant la Chambre? Il s'agit de mettre un terme a cette pratique...

Voix à gauche. Il faut punir et flétrir le passé.

M. le Président du conseil. J'y viendrai. Les honorables membres qui m'interrompent peuvent être convaincus que je ne reculerai devant aucune des parties de la question.

Il s'agit de mettre un terme à cette pratique. Le Gouvernement vous a proposé le seul moyen efficace d'atteindre ce but.

Quant au passé, et à ce qui m'est personnel, je suis sûr, parfaitement sûr, de n'avoir rien fait ni rien toléré qui ne l'ait été sous les régimes précedents de 1814 à 1846.

M. de Rainneville. Je demande la parole. (Mouvement.)

M. le Président du conseil. Je repete mon affirmation, et j'ajoute que, s'il ne s'agit que de mettre fin à cet abus, nous sommes tous du même avis; mais s'il s'agit de blâmer specialement et personnellement cet abus, dans le Cabinet actuel et en moi en particulier, je repousse absolument le blâme, et je déclare que toute expression de la Chambre qui impliquerait un tel blâme sera ma retraite du banc sur lequel j'ai l'honneur de siéger. (Approbation au centre. — Rires et exclamations sur les bancs de l'Opposition.)

Après un debat sur l'ordre de parole entre MM. *de Rainneville, de Girardin* et *de Peyramont,* ce dernier propose un ordre du jour qu'il motive ainsi :

Pour répondre aux sentiments, je ne dis pas de l'Opposition, mais de la majorité, pour que le vote soit conforme à la réalité des faits tels qu'ils sont connus et acceptés par tout le monde dans la majorité, je propose l'ordre du jour suivant :

« La Chambre, se confiant dans la volonte exprimée par le Gouvernement, et dans l'efficacite des mesures qui doivent prevenir le retour d'un ancien et regrettable abus (Ah! ah!), passe a l'ordre du jour. » (Mouvements divers.)

M. Emile de Girardin. A l'unanimite!

M. Darblay propose un troisième ordre du jour.

« La Chambre, affligée et mécontente (Exclamations!), clôt le debat sur l'incident et passe à l'ordre du jour » (Rumeurs diverses.)

M. Guizot, Président du conseil. Je regarde l'ordre du jour de l'honorable M. Darblay comme absolument semblable à celui de M. Lherbette. Je le repousse absolument et par les mêmes motifs. (Mouvement.)

M. Emile de Girardin. Il serait nécessaire que le Gouvernement nous fît connaître son opinion sur l'ordre du jour proposé par M. de Peyramont, qui contient un blâme sévère contre le cabinet. (Vive agitation et réclamations à gauche.)

M. le Président du conseil. Si l'honorable M. de Peyramont et ses amis attachaient à l'ordre du jour qu'il a proposé le sens que vient d'indiquer M. Émile de Girardin, je le repousserais comme j'ai repoussé les deux autres; mais il est évident pour tout homme sincère et sensé, et le discours de l'honorable M. de Peyramont l'a prouvé avec éclat, que son intention est, au contraire, d'exprimer sa confiance... (Oui! oui! — *Une voix à gauche.* Sa confiance! — *Une autre voix.* Future!)

..... sa confiance dans la ferme volonté du Gouvernement d'empêcher le retour d'un ancien et regrettable abus.

Dans ces termes, l'ordre du jour n'ayant rien que de parfaitement conforme à ce que j'ai dit dans l'une et l'autre Chambre, je l'accepte complétement. (Aux voix! aux voix!)

M. Émile de Girardin. Alors il est bien entendu que la majorité sera de nouveau satisfaite! (Aux voix! aux voix! — Agitation.)

M. Gillon. Non, mille fois non! car si je vote pour cet ordre du jour, c'est parce que j'ai confiance dans les mesures, c'est-à-dire dans la loi proposée hier, et que, nous, nous ferons sans retard.

M. Lherbette, pour éviter toute confusion, se réunit à la proposition de M. Darblay.
— Cet amendement est mis aux voix. Le scrutin de division donne pour résultat :

Nombre des votants, 371; — Majorité absolue, 186 : — Boules dans l'urne blanche, 146; — Boules dans l'urne noire, 225.

La Chambre n'a pas adopté la proposition de M. Darblay.

(L'ordre du jour motivé proposé par M. de Peyramont est adopté par assis et levé.)

N° III. — ADRESSE DE LA CHAMBRE DES DÉPUTÉS,

EN RÉPONSE AU DISCOURS PRONONCÉ PAR LE ROI DANS LA SÉANCE D'OUVERTURE, LE 28 DÉCEMBRE 1847.

NOTE. — Commission : MM. de Bussières (Marne), Muret de Bort, Plougoulm, Vitet, Coutures, Saglio, le comte d'Angeville, le comte d'Haussonville, le vicomte d'Haubersaert. Rapporteur, M. Vitet, 3 janvier 1848. Lecture du projet, 17 janvier. Discussion, du 22 janvier au 12 février. Adoption par 241 contre 3 voix. Présentation au roi et Réponse de S. M., 14 février.

PROJET D'ADRESSE

Lu le 3 janvier 1818. Conforme au texte adopté sans amendement.

§ 1. — Sire, depuis notre dernière session, une heureuse récolte a dissipé les craintes et soulagé les maux qui pesaient sur notre patrie. La France, par son courage, méritait cette faveur du ciel. Jamais, en de telles circonstances, l'ordre public n'avait été si généralement maintenu. Les populations ont compris que la liberté des transactions était le plus sûr remède à leurs souffrances. Le zèle inépuisable de la charité privée a fécondé les sacrifices de la fortune publique. Notre commerce s'est garanti par sa prudence, sinon de pénibles atteintes, du moins des calamités qui ont frappé d'autres États. Nous nous félicitons, avec Votre Majesté, de toucher au terme de ces épreuves dont le souvenir nous restera comme une expérience rassurante et un salutaire avertissement.

§ 2. — Notre concours vous est assuré pour mener à fin les grands travaux publics que nous avons entrepris. Il importe à la puissance et à la prospérité du pays, au développement de notre industrie et aux progrès de notre agriculture que cette grande œuvre s'accomplisse. Mais, tout en continuant à lui consacrer de suffisantes ressources, nous veillerons avec une économie de plus en plus sévère à maintenir dans nos budgets les prévisions sur lesquelles repose l'avenir de nos finances, et à rétablir enfin un équilibre complet et réel dans les recettes et les dépenses, première condition de la force et de la sécurité d'un État.

§ 3. — Le projet de loi qui nous est proposé pour réduire le prix du sel et alléger la taxe des lettres, dans la mesure compatible avec la situation de nos finances, sera l'objet de notre sollicitude et de nos sérieuses méditations.

§ 4. — Nous espérons que cette session sera remplie par d'utiles et importants travaux. Déjà des projets de loi sur l'instruction publique, sur le régime des prisons, sur nos tarifs de douane, sont soumis à nos délibérations. Vous nous annoncez d'autres projets sur diverses matières non moins dignes d'examen, sur les biens communaux, sur le régime des hypothèques, sur les monts-de-piété, sur l'application des caisses d'épargne au soulagement des ouvriers dans leur vieillesse. Nous nous associerons au vœu de Votre Majesté, en cherchant

constamment à adoucir le sort de ceux dont le travail est l'unique ressource. Nous devons à la fois les prémunir avec fermeté contre les déceptions de dangereuses utopies, et leur procurer toutes les améliorations matérielles et morales qu'il est en notre pouvoir de réaliser.

§ 5. — Les rapports de votre Gouvernement avec toutes les puissances étrangères vous donnent la confiance
que la paix du monde est assurée Comme vous, Sire, nous espérons que les progrès de la civilisation et de la
liberté s'accompliront partout sans alterer ni l'ordre intérieur, ni l'indépendance, ni les bonnes relations des
États. Nos sympathies et nos vœux suivent ces souverains et ces peuples italiens, qui marchent de concert dans
cette voie nouvelle, avec une prévoyante sagesse dont l'auguste chef de la chretienté leur a donné le touchant
et magnanime exemple.

§ 6. — La guerre civile a éclaté chez un peuple voisin et ami. Votre Gouvernement s'etait entendu avec les
gouvernements d'Angleterre, d'Autriche, de Prusse et de Russie, pour lui offrir une mediation bienveillante.
La Suisse reconnaîtra, nous l'espérons, que c'est par le respect des droits de tous et par le maintien des bases
fondamentales de la confederation helvétienne qu'elle peut assurer son bonheur et conserver les conditions de
sécurité que l'Europe a voulu lui garantir.

§ 7 — Fidèle à la cause d'un peuple généreux, la France rappelle à l'Europe les droits de la nationalité polonaise, si hautement stipules par les traités.

§ 8. — La Chambre espère que les mesures adoptées par votre Gouvernement, d'accord avec le gouvernement de la reine de la Grande-Bretagne, rétabliront enfin nos relations commerciales sur les bords de la
Plata.

§ 9. — Nous recueillons en Algérie les fruits de notre persévérance, de l'infatigable devouement de nos soldats et d'une guerre glorieusement conduite par un chef illustre. Le plus redoutable adversaire de notre puissance a fait sa soumission Cet évenement, qui promet a la France l'allegement prochain d'une partie de ses
charges, prépare une ère nouvelle à nos etablissements d'Afrique. Votre fils bien-aime s'acquittera dignement,
nous en avons la confiance, de sa grande et difficile mission. Sous la direction de votre Gouvernement, il con-
solidera notre domination par une administration reguliere et vigilante. C'est aux bienfaits de la paix a continuer la conquête de cette terre devenue française par la force de nos armes.

§ 10. — Sire, en vous devouant au service de notre patrie, avec ce courage que rien n'abat, pas même les
coups qui vous atteignent dans vos affections les plus cheres, en consacrant votre vie et celle de vos enfants
au soin de nos interêts, de notre dignié, vous affermissez chaque jour l'édifice que nous avons fondé avec
vous ; comptez sur notre appui pour vous aider a le defendre Les agitations que soulevent des passions ennemies ou des entrainements aveugles tomberont devant la raison publique éclairée par nos libres discussions,
par la manifestation de toutes les opinions legitimes. Dans une monarchie constitutionnelle, l'union des grands
pouvoirs de l'État surmonte tous les obstacles et permet de satisfaire a tous les interêts moraux et matériels
du pays. Par cette union, Sire, nous maintiendrons l'ordre social et toutes ses conditions; nous garantirons
les libertés publiques et tous leurs développements. Notre Charte de 1830, par nous transmise aux generations
qui nous suivent, comme un inviolable dépôt, leur assurera le plus precieux héritage qu'il soit donné aux nations de recueillir, l'alliance de l'ordre et de la liberte.

DISCUSSION GÉNÉRALE.

Séance du samedi 22 janvier 1848. — Presidence de M. Sauzet.

M. BERVILLE examine, dans une rapide analyse, la conduite du Gouvernement depuis dix-
huit ans, pour établir la proposition que résume ainsi la fin de son discours : Qu'il me soit permis de dire au parti conservateur : La situation est grave, elle est grave, non par notre faute,
car depuis dix-huit ans ce n'est pas nous qui gouvernons, elle est grave par la faute du système
auquel vous avez consenti de prêter votre appui ; vous-mêmes en reconnaissez la gravité, vous-
mêmes en êtes alarmés. Cette situation, encore une fois, qui l'a faite ? Ce n'est pas nous; c'est
vous, c'est votre opinion qui a gouverné ! Qui peut la changer ? Ce n'est pas nous davantage ;
nous sommes en minorité, nous ne pouvons rien, nous ne pouvons qu'avertir, et nous avertis-
sons; mais vous qui avez la puissance, vous qui êtes la majorité, vous qui pouvez influer sur le
système du Gouvernement, c'est à vous à voir si vous voulez persister dans un système qui n'a
rien assuré, qui a tout compromis, qui nous a amenés à la situation que vous voyez vous-mêmes
et que vous déplorez. Nous sommes la minorité, vous la majorité ; c'est à vous, Messieurs, à
nous répondre de l'avenir. (Approbation à gauche.)

M. DARBLAY demande au Gouvernement s'il ne veut pas se défendre des attaques auxquelles
il est en butte tous les jours, et s'il ne se propose pas d'opérer la réforme parlementaire, que le
pays veut et qui se fera même quand la Chambre s'y refuserait tout entière.

M. LE MINISTRE DE L'INTÉRIEUR répond que le Gouvernement ne recule pas devant la discussion, mais qu'il attendra les paragraphes.

M. DESMOUSSEAUX DE GIVRÉ explique comment il s'est séparé des hommes éminents qu'il a
appuyés pendant six années; ses conseils et ceux d'une partie respectable de la Chambre n'ayant
pas été suivis, et le discours de la Couronne ne promettant pas une meilleure direction.

Messieurs, dit-il, cette parole (le Gouvernement du Roi rencontre des obstacles) est bien redoutable; ce n'est pas la première fois qu'elle est prononcée par un Roi sur ce trône.

En 1830, un autre Roi est venu et a prononcé les mêmes paroles. Je vais vous les répéter. Il semble qu'on ait voulu copier en 1847 la phrase de 1830.

Voici ce qu'on disait : (Ecoutez ! écoutez !)

« Si de coupables manœuvres suscitaient à mon Gouvernement des *obstacles* que je ne veux pas prévoir » (cette année-ci on les prévoit), « je trouverai la force de les *surmonter* dans ma résolution de maintenir la paix publique. »

On semble accuser, par la répétition des paroles, une situation semblable. Messieurs les Ministres, je ne vous crois pas ; le Gouvernement du Roi ne rencontre dans ce pays-ci aucun obstacle ; la peur que vous voulez donner à la majorité de la Chambre, au pays tout entier, cette peur n'est fondée sur aucun motif réel, et, pour ma part, je vous déclare que je ne veux pas avoir peur. (Mouvements divers.)

Voila pour la situation intérieure.

Pour la situation extérieure, nous sommes aussi loin dé la session dernière. J'ai parlé de cette protestation contre l'attentat de Cracovie. Je ne sais si le Cabinet a oublié le sentiment profondément national qui, de la manière la plus calme, la plus réfléchie, la plus digne, s'est manifesté dans le pays. La France a compris ce jour-là que l'Europe de Waterloo était morte à Cracovie, et que nous pouvions déchirer le dernier des crêpes de deuil que nous portions depuis ce temps dans nos cœurs.

Et dans la bouche du Roi des Français, vous avez placé, en 1847 , une invocation aux traités de 1815 ! (Mouvement. — *A gauche.* Très-bien !) Et en vertu de ces traités de 1815, vous avez écrit dans le discours de la Couronne une menace à une nation voisine et amie ! Voilà le chemin que vous avez fait. (Approbation à gauche.)

Je ne veux pas vous suivre sur cette route.

L'orateur, après avoir rappelé et exposé les divisions de la majorité conservatrice, examine la politique étrangère qui est traitée tout entière dans le paragraphe relatif à la Suisse. Il entre dans des développements étendus pour montrer que cette politique, vis-à-vis de la Suisse et de l'Italie, consiste à supprimer le juste milieu, c'est-à-dire à ne pas tenir compte de la puissance véritable de ces nations. Il montre la même faute dans la politique intérieure, qui cherche à annuler l'influence de l'opinion constitutionnelle. Il voit, surtout dans le dernier paragraphe du discours de la Couronne, l'expression de cette politique.

Messieurs, je ne suis pas le partisan des banquets ; je dirai tout à l'heure ce que je pense des manifestations radicales ; mais enfin je ne puis pas m'empêcher de remarquer que c'est à ces banquets qu'on attribue l'obstacle que le Gouvernement du Roi rencontre.

Il est évident que, s'il n'y avait pas eu de banquets réformistes en France, on n'aurait eu aucune occasion de dire que le Gouvernement du Roi rencontrait des obstacles qu'il fallait surmonter.

Eh bien, je demanderai comment il se fait que l'on n'ait pas prévenu les banquets qui renfermaient un danger si grand, par l'application de la loi d'août 1790, que M. le Ministre de l'intérieur se propose d'appliquer à un banquet annoncé dans la ville de Paris ? Le Gouvernement avait en lui la puissance, il le déclare au moins, le droit de les prévenir. Il n'en a prévenu aucun. Dans ces banquets, des discours fort exaltés ont été tenus. De deux choses l'une : ces discours tombent sous l'appréciation de la loi, ou échappent à son appréciation. S'ils échappent à son appréciation, je ne vois pas comment ils peuvent attirer une réprobation si solennelle ; s'ils tombent sous l'appréciation de la loi, comment se fait-il que pas une poursuite n'ait eu lieu sur toute l'étendue du territoire de la part des parquets, des cours royales ou des tribunaux ? Je ne le comprends pas.

Ces banquets, vous ne les avez pas prévenus, vous ne les avez pas réprimés, et aujourd'hui vous les dénoncez comme un danger public.

Eh bien, permettez-moi de dire que, si j'étais moins confiant dans la loyauté et dans la candeur de vos intentions, je dirais que vous avez réservé les banquets pour les besoins d'une controverse que vous avez jugée vous être nécessaire. (On rit.)

L'orateur explique ce qui l'a révolté dans les banquets. Entre les partis politiques comme entre les hommes, il y a deux espèces de luttes : entre les hommes, il y a ce que l'on appelle la lutte sauvage ou la lutte courtoise ; entre les partis, la lutte révolutionnaire ou la lutte constitutionnelle.

5.

Le procédé révolutionnaire, celui qui a été employé dans un grand nombre de banquets, c'est celui qui consiste, non pas à combattre l'opinion de ses adversaires, mais à accuser, a dénoncer, à calomnier leurs sentiments.

Cette accusation systématique de corruption, qui n'épargne personne, qui ne s'arrête pas à l'administration qu'on veut attaquer, qui se répand sur un parti tout entier, car si une moitié du pays est corrompue, l'autre ne tardera pas à l'être ; c'est là le procédé révolutionnaire, c'est là le procédé qui a réduit tous les partis de notre révolution à être tour à tour proscripteurs et proscrits. (C'est vrai !)

Le nom propre de la corruption politique, c'est *trahison !*

On nous dit que nous sommes corrompus ; ayez plus de courage, dites que nous sommes des traîtres, vous parlerez comme on parlait en 1792, en 1793 et en 1794.

Les girondins, les malheureux ! disaient aux constitutionnels : « Vous avez été corrompus par l'argent de la liste civile. » Et ils ajoutaient : « Vous êtes des traîtres. » Les jacobins disaient aux girondins : « Vous avez été corrompus par les guinées de Pitt, et vous êtes des traîtres. » Les jacobins eux-mêmes, lorsqu'ils sont montés sur l'échafaud, n'ont pas echappé à cette calomnie banale : ils ont été appelés traîtres.

En vérité, nous oublions bien vite les leçons de l'histoire. Quand je porte les yeux sur ce côté de cette Chambre (l'orateur se tourne vers la gauche), quand je vois assis sur ces bancs le fils et le petit-fils du traître Lafayette (sensation), le fils du traître Bureaux de Pusy, le fils du traître Lanjuinais (je n'invente rien), le fils du traître Carnot, de Carnot deux fois traître sous Robespierre et sous Barras, je ne comprends pas comment, dans la polémique dont on use envers le parti conservateur, on n'est pas plus économe d'accusations générales systématiques, d'accusations deshonorantes !

Mais si je blâme ces injures banales, je m'étonne de trouver dans le discours de la Couronne une trace de ce que je dénonce en ce moment. Qu'est-ce donc que ces expressions de *passions ennemies ou aveugles ?* Là, il ne s'agit pas d'opinions, il s'agit de sentiments, il s'agit d'intentions, il s'agit de Députés, de membres siégeant dans cette Chambre..... (*A gauche.* C'est évident!) à qui on dit : Vous êtes les ennemis des institutions, ou vous en êtes les adversaires aveugles. Eh bien! c'est là le procédé révolutionnaire, et ces paroles-là n'auraient jamais dû être mises dans la bouche du Roi. (Assentiment sur plusieurs bancs.)

Je sais bien ce que l'on dira ; on dira que cela ne touche à aucun membre de cette Chambre.

(*Voix à gauche.* On l'a déjà dit.)

On l'a dit, et on l'a dit aussi en 1830 ; et je vais, à ce sujet, vous raconter un fait, un petit fait assez curieux. (Écoutez! écoutez!)

Le *Journal des Debats* de 1830 combattait cette affirmation du Ministère d'alors que, en parlant de *manœuvres coupables*, il n'avait pretendu atteindre aucun Député; le *Journal des Debats* de 1830 démontrait fort bien que ces mots *manœuvres coupables* s'appliquaient à des Députés ; et le *Journal des Débats* de 1847, dans son numéro du 30 décembre, dit expressément que ces expressions s'appliquent à plus de cent Députés dans cette Chambre.

(*A gauche.* Nous les avons acceptées comme cela.)

Eh bien, Messieurs, je ne comprends pas la politique qui a inspiré de semblables paroles et qui a voulu établir dans la Chambre un debat sur les paroles émanées de la bouche royale ; je ne la comprends pas. J'y vois l'intention que je dénonçais tout à l'heure, celle de faire peur à la majorité, l'intention de la mettre en colere; et dans ces expressions de *passions aveugles*, je vois l'intention d'effacer autant que possible tout ce qui est juste milieu.

M. le Ministre des affaires étrangères disait à la session dernière : « On ne doit jamais rien concéder à ses adversaires ; on doit tout concéder a ses amis. » Mais il s'agit de savoir si un ami qui diffère en un point quelconque de l'opinion de M. le Ministre des affaires étrangeres n'est pas rangé par lui sur-le-champ au nombre de ses adversaires politiques.

Alors l'engagement qu'il a pris n'entraîne pas de grandes conséquences. Si donc je déclare que je trouve cette expression antiparlementaire, il est probable que, par cela seul, je suis placé au nombre des adversaires du Cabinet. On a voulu établir au sein de cette Chambre, pour la politique intérieure, un débat passionné, un débat fiévreux, et c'est là l'intention que je réprouve et que je dénonce aux hommes raisonnables qui font partie de la majorité, aux hommes qui ont connu nos anciennes luttes, et qui savent ce que l'on gagne à la modération, au calme dans les discussions politiques.

L'orateur conjure la majorité de prendre soin d'elle-même et de chercher s'il convient de conserver ce Ministère ou de chercher une combinaison nouvelle. S'adressant au Ministère, il l'invite à observer le mouvement décroissant du parti conservateur dans les élections.

Messieurs les Ministres, je vous conjure de compter pour quelque chose l'opinion de votre pays; comptez pour quelque chose aussi ses sentiments patriotiques; comptez pour quelque chose aussi la joie profonde et intime dont il a été pénétré quand vous avez protesté contre ces traités de 1815 qui lui seront à jamais odieux. Il ne vous a pas demandé de déclarer la guerre à la sainte-alliance; il ne vous a pas demandé de déchirer solennellement tous les articles de ces traités; il vous a demandé de les laisser tomber dans l'histoire et de profiter de la situation nouvelle que les événements vous faisaient dans le monde. (Très-bien!)

Et quels événements! La constitution en Prusse, la liberté de la presse en Bavière, l'indépendance armée du Piemont, la ligue italienne, les idées de liberté baptisées par le chef du catholicisme (Très-bien! très-bien!), la réconciliation de la religion et de la liberté. Mais ce sont des événements grands comme le monde! Et vous ne les avez pas vus! (Nouvelle approbation.) Vous ne les avez pas vus! C'est une impiété que d'avoir fait invoquer par le Roi sur ce trône les traités de 1815, et je remercie les honorables membres de la Commission de l'adresse, qui ont effacé cette invocation; je les remercie d'avoir placé dans le paragraphe relatif à l'Italie le mot de *liberté* à la place de cette expression niaise: les « progrès de la civilisation générale. » (*A gauche.* Très-bien! très-bien!)

Il est un autre sentiment qui souffre dans le pays; mais j'éprouve une répugnance dont vous ne vous faites pas d'idée lorsqu'il faut toucher à cette plaie.

Hier, nous avons eu une pénible séance. (Écoutez!) Je n'en ai retenu qu'un mot. M. le Président du conseil a parlé des progrès de la moralité du pays, d'une susceptibilité nouvelle qui se manifestait dans l'opinion.

C'est là une erreur. Cette susceptibilité n'est pas nouvelle; ce sentiment qui se revèle à vous n'est nouveau que parce que vous l'avez méconnu! (*A gauche.* Très-bien!) Ce pays-ci est honnête, je n'en veux pas dire davantage. (Vive approbation à gauche.)

Messieurs, je voterai contre l'Adresse, je voterai contre le Cabinet. Je suis persuadé de deux choses, c'est que le maintien, la poursuite de la politique adoptée par lui est funeste à la majorité de cette Chambre, au parti conservateur dans le pays, a la classe moyenne tout entière (C'est vrai!), à cette classe à qui nos lois ont donné, avec le Gouvernement du pays, la tutelle généreuse des classes qui ne sont pas encore appelées au partage des droits politiques. Au lieu de les unir à l'aide de la puissance qu'une majorité vous donne, vous les divisez; vous avez à la fois contre vous, je le répéterai, non-seulement les radicaux, mais les dynastiques, les conservateurs découragés, dont le nombre s'accroîtra tous les jours, n'en doutez pas.

Vous divisez la classe moyenne, ce n'est pas le moyen de la rendre puissante; vous rendez la majorité solidaire de choses qui répugnent à l'honnêteté publique. (Très-bien!) Ce n'est pas le moyen de la rendre considérée dans le pays.

Vous blessez le sentiment national. Eh bien, faites-vous autre chose que ce que la Restauration faisait, et encore, je dois le dire, la Restauration n'a blessé le pays que dans deux de ses sentiments (c'était déjà trop!), le sentiment libéral et le sentiment national.

Messieurs, dans une telle position, il faut qu'un grand parti avise, il faut que la majorité conservatrice de cette Chambre sente ce qu'elle se doit à elle-même, ce qu'elle doit au pays.

Si elle disait : Mais comment remplacer le Cabinet actuel? Si elle disait cela!... Comment, la France en est à ce point qu'il n'y ait en ce pays qu'un homme, deux hommes peut-être en état de nous gouverner? Je n'admettrai jamais pour mon pays une honte pareille. (Très-bien!)

Cherchez et vous trouverez.

(Vive approbation. — Une longue agitation succède à ce discours; la séance reste quelque temps suspendue.)

M. Ducos. Messieurs, en l'absence, au moins momentanée, et dans tous les cas très-significative, de tout défenseur de la politique ministérielle, la Chambre trouvera bon qu'après m'être félicité hautement du concours du nouvel allié que les fautes de cette politique viennent de nous procurer, je laisse aux retardataires, et en particulier à M. le Ministre de l'intérieur, qui assurait tout à l'heure avoir réponse à tout, le soin de réfuter son argumentation si spirituelle et si profonde. (Mouvement.)

Je reconnais, Messieurs, avec l'orateur qui descend de la tribune, que la discussion des questions relatives à notre politique étrangère doit avoir nécessairement une large part dans ces débats. Je reconnais avec lui que nous ne saurions donner trop d'attention et de temps à l'examen de la conduite de nos relations extérieures. Une nation comme la France, qui occupe un rang si considérable dans le monde.....

(*Une voix a gauche.* Autrefois.)

..... ne doit pas abandonner un seul instant le sentiment de son intérêt et de sa dignité au dehors. Le degré d'influence que les peuples acquièrent les uns sur les autres, soit par l'ascendant de leur puissance naturelle, soit par l'habileté de leur diplomatie, est pour eux une cause de grandeur morale, et concourt très directement au développement de leur bien-être matériel.

Je suis d'accord sur tous les points avec l'honorable préopinant; mais, Messieurs, quelles que soient l'importance et la gravité de ces questions étrangères, elles ne doivent pas absorber exclusivement nos méditations. Ce qui se passe autour de nous, sous nos yeux, au milieu de ce qu'on peut appeler la famille française, mérite au plus haut point que nous nous en occupions.

Aujourd'hui, peut-être plus que jamais, il convient de fixer nos yeux sur la conduite du Cabinet à l'intérieur. Dans des temps réguliers et ordinaires, cette appréciation aurait son utilité à quelque point de vue qu'on se place, car les peuples qui ont une bonne politique intérieure sont placés dans la meilleure de toutes les conditions pour traiter avec l'étranger.

Dans des temps presque exceptionnels, comme ceux que nous traversons, cette appréciation doit avoir le pas sur toutes les autres, car une politique défectueuse au dedans est non-seulement une cause de malaise et de trouble à l'intérieur, mais encore une cause d'affaiblissement au dehors. (Approbation à gauche.)

Messieurs, j'éprouvais, je l'avoue, quoique inscrit à l'avance, une véritable hésitation à prendre la parole. En interrogeant les diverses fractions dont se compose la Chambre, en constatant le résultat du scrutin qui a terminé la séance d'hier, il m'était aisé de comprendre que je n'avais qu'une chance fort douteuse de faire prévaloir mes idées.

La majorité est considérable. Une prevention marquée existe dans son esprit à l'égard de l'Opposition. S'il est permis de s'en rapporter aux apparences, elle a un parti pris; et, si j'en crois les arguments suprêmes qu'on invoquait dans la séance d'hier, elle serait résolue à faire tout ce qui dépendra d'elle-même pour ne pas se laisser ébranler. On dirait même qu'afin de se mettre mieux en garde contre les tentatives de ses adversaires, elle aurait elevé entre eux et elle une fin de non-recevoir véritablement infranchissable; elle a placé dans la bouche de la Couronne la condamnation anticipée de l'un des principaux actes politiques de l'Opposition. A l'énergie de ce moyen, on peut mesurer la violence de son ressentiment. Chacun de nous porte désormais sur son front l'indication du degré de confiance et de crédit dont il doit jouir dans cette enceinte; l'Opposition est ennemie ou aveugle. Au premier de ces titres, elle doit s'attendre à une guerre sans transaction ; au second, elle doit compter sur quelque chose de pire peut-être, sur le dédain des intelligences superieures de la majorité. (On rit à gauche. — Très-bien !)

Jusqu'ici, Messieurs, je n'ai pas, je l'avoue, la prétention ou la crainte d'être rangé parmi les ennemis de nos institutions ; mon aveuglement ne va pas encore jusqu'à me faire douter du mérite de ces institutions.

Ce n'est donc pas précisément contre les bancs où je siége que gronderont les foudres ministérielles dont les premiers éclairs nous ont déjà été montrés par l'honorable M. de Peyramont. Je suis tenté, Messieurs, de le regretter, car je me sens plus à l'aise en face de l'arme de mon ennemi qu'en présence de l'indifférence hautaine que semble inspirer à nos adversaires le sentiment de ma misère et de mon infirmité naturelle.

J'hésitais donc, Messieurs, car un aveugle est peu digne des clartés qui illuminent les flambeaux ministeriels, et ne doit pas avoir la prétention de faire jaillir la lumière des ténebres épaisses dont il est entouré.

Quoi qu'il en soit, je suis à cette tribune, et mon intention est de l'occuper pour soutenir que le pire des aveuglements n'est pas celui qu'on nous reproche, et pour démontrer par quelles causes nous n'y voyons malheureusement que trop bien.

Deux puissantes considérations ont détruit mes scrupules et m'ont rendu la confiance qui semblait m'abandonner. Je soutiens que la condamnation que l'imprudence ministérielle a placée dans la bouche auguste de la Couronne est une grave faute, et que cette faute est l'oubli le plus étonnant...

(*M. Odilon-Barrot.* Dites le plus coupable.)

... le plus coupable qu'on ait pu faire, je ne dis pas des principes, mais des convenances constitutionnelles. A moins que le Cabinet et la majorité n'aient la prétention de se stéréotyper sur les bancs du pouvoir, en proclamant à toujours l'infaillibilité de leur politique ; à moins d'admettre que nous ne verrons plus ces grandes vicissitudes parlementaires qui déplacent et modifient la majorité, que nous ne serons plus témoins de ces révolutions qui empruntent à une coalition son chef le plus ardent et le moins populaire pour le placer tout à coup à la tête de cette même majorité qui l'avait déchiré, et qui le couvrait la veille de ses imprécations (*A gauche.* Très-bien !) ; à moins que nous ne devions plus compter sur ces retours subits et inattendus qui sont la conséquence et la vie des gouvernements représentatifs, il faut que nous accusions le Cabinet d'imprévoyance et de présomption ; il faut que sa cause et la nôtre soient traduites devant notre juge à tous ; il faut que le pays décide de quel côté sont les aveugles, de ceux qui prétendent maintenir la Couronne dans la sphère de sa haute impartialite, ou de ceux dont le zèle atrabilaire la pousse dans une voie fatale qui rappelle les mauvais temps dont parlait tout à l'heure M. de Givré, et ou le moindre de ses dangers sera peut-être de se voir contrainte un jour à choisir des ministres parmi les mèmes hommes qu'elle accuse aujourd'hui d'inimitié et d'aveuglement. (Approbation à gauche.)

J'ai, Messieurs, un autre motif à invoquer : La majorité est-elle aussi considérable, aussi compacte, aussi homogene qu'on veut bien le dire en son nom ? Et à quelques symptômes de désorganisation intestine qui, malgré la complaisance facile et la sollicitude toujours débonnaire du Cabinet, se revèlent incessamment, ne nous est-il pas permis de supposer qu'un travail sourd s'opère dans le sol qui soutient l'édifice ministériel ?

Ou plutôt ne devons-nous pas être amenés à penser que cette majorité, si bien disciplinée lorsqu'elle parvient à se résumer sur un nom propre, renferme cependant dans son sein des tendances, des instincts manifestement opposés entre eux, qui la rendent moins invulnérable qu'on ne le pense ?

S'il en était ainsi, Messieurs, pourquoi ne chercherions-nous pas à nous interroger ? Pourquoi les membres de l'Opposition qui ne sont qu'aveugles ne tenteraient-ils pas de se rapprocher, par des communications publiques, de cette partie de la majorité qui, professant des idées assez conformes aux leurs, sont considérés peut-être par les lynx de la majorité comme ayant avec nous une certaine analogie d'infirmité?

Ces entretiens publics, Messieurs, sont évidemment dans notre droit; ils ont l'avantage de nous permettre de dire à la majorité ce que nous pensons d'elle et ce qu'elle doit attendre de nous.

(*M. Bethmont.* Si la loi de 1790 ne s'y oppose pas.) (Mouvement.)

L'étude que nous avons pu faire des majorités en France depuis l'établissement du Gouvernement constitutionnel nous montre que, par suite de je ne sais pas quel jeu de la destinée, elles ne sont jamais plus faibles qu'au moment même ou elles se croient plus puissantes. J'en ai connu une, dans ma jeunesse, qui n'était ni moins résolue, ni moins présomptueuse qu'aucune autre. Elle était allée à Coblentz défendre ce qu'elle appelait la nationalité française, comme d'autres, plus tard, sont allés ailleurs défendre ce qu'ils appelaient les libertés publiques. (Vive adhésion à gauche.) Sous ses ailes de pigeon, elle affectait toute la virilité de la majorité actuelle; elle avait la prétention de comprimer toutes les idées de progrès, qu'elle appelait alors turbulentes et révolutionnaires; elle s'adjugeait un milliard à titre d'indemnité; elle traitait Manuel d'ennemi et le chassait de la Chambre parce qu'il avait poussé l'aveuglement jusqu'à dire que la nation avait vu les Bourbons avec répugnance à la suite des armées étrangères.

Et quand les aveugles ou les ennemis de son temps lui disaient qu'elle poussait le pays vers une révolution et la Couronne vers un abîme, elle répondait avec hauteur qu'elle était au nombre de trois cents et qu'il fallait être bien pervers pour ne pas voir en elle l'expression du véritable sentiment national!.. (Sensation.)

Et pourtant, Messieurs, les aveugles d'alors y avaient vu clair, la majorité des trois cents a disparu, nous avons eu hier la majorité des deux cent vingt-cinq; je n'ose pas dire qu'il y ait encore parmi elle des ailes de pigeon... (Rires prolongés); mais une série d'ordonnances, portant création de nouvelles noblesses auxquelles nous n'étions pas habitués dans les premières années de notre révolution, semble nous indiquer qu'il y a déjà des semblants de talons rouges... (*Au centre.* Oh! oh!) Déjà... (Interruption), dans tous les cas, la tradition des bons arguments paraît s'y être conservée. Nous n'aurions pas a traiter avec elle, ainsi que je l'exposais tout à l'heure, si cette majorité d'aujourd'hui obéissait comme celle d'autrefois à des instincts, a des tendances parfaitement identiques.

Mais il y a évidemment deux partis dans la majorité: on y distingue, permettez-moi de vous le dire, les meneurs et les menés.

(Rires approbatifs à gauche.) — *M. de Marmier.* Il y a aussi ceux qui ne se laissent pas mener. (Mouvements divers.)

Les premiers ont un caractère et une physionomie à part. (Nouvelle hilarité.) Autrefois ils s'appelaient les *doctrinaires.* Depuis qu'ils sont sortis de la coalition, le nom a cessé de leur plaire ou plutôt ils l'ont considéré comme trop peu sympathique à l'ancienne majorité qu'ils avaient si vivement combattue, et ils ont pris le nom de leurs nouveaux alliés: ils s'appellent aujourd'hui les *conservateurs de la bonne politique.*

(*Voix a gauche.* De la grande politique!) (On rit.)

C'est une variante qui s'applique à la politique extérieure; quand il s'agit du *dedans,* ils s'appellent conservateurs de la bonne politique. En général, ils aiment les dignités et les hautes fonctions, aussi ils les occupent toutes presque exclusivement; ils etaient ensemble dans la coalition, ils en recueillent aujourd'hui les fruits; rien de mieux, c'est justice.

Leur principal chef n'aime pas la popularité, et il est logique, puisque ses sympathies ne s'étendent que sur ceux qui le payent de retour. Il est débonnaire par sentiment, optimiste par nature; il ne s'offense pas lorsqu'il dit qu'on ne l'a pas cru à Londres en sa qualité d'ambassadeur de la France; en présence de deux partis manifestement contraires, dont l'un conduit à la guerre et l'autre à la paix, il est volontiers d'avis que les deux partis se tiennent. Autrefois il a compromis sa popularité pour la défense de la liberté; il a prêché récemment le progrès dans le banquet de Lisieux : vous savez tous sa sollicitude pour la première, et sa prodigalité pour le second. (Approbation sur plusieurs bancs.)

Le second chef, auquel la malignité publique attribue la prétention de vouloir être le premier (Hilarité générale), le second chef s'est attiré une grande célébrité dans la direction des colléges électoraux ; il possède beaucoup de prestesse et d'agilité parlementaires.

(*Au centre*. Allons donc ! ce sont des personnalités ! — *A gauche*. Vous savez bien que c'est convenu. — *M. Ducos*. Je dirai, si vous le préferez, qu'il a une grande dextérité. C'est une expression consacrée par M. le Président du conseil. — *Au centre*. N'attaquez pas les personnes. — *Aux extrémités*. Parlez! parlez!)

Tout le monde sait son assurance... (Nouvelle interruption) lorsqu'il s'agit de priviléges de théâtre... (Bruits divers), et les honteux trafics de places. Cela fait honneur à l'austérité de son langage; mais cela en fait peu à la pénétration de sa vue, car il y a des hommes qu'on dit très-clairvoyants et qu'on croit de très-bonne foi, qui se sont habitués à admettre que, comme en grammaire, deux négations de cette nature équivalent quelquefois à une affirmation. (Rumeurs au centre.)

Conduite par de pareils chefs, cette partie de la majorité constitue ce que j'appellerai volontiers une véritable Eglise. (Ah! ah! — Rires.) Ses adeptes ont paraphrasé cette parole de l'Ecriture : « Frappez, et l'on vous ouvrira. » Elle accueille, elle recherche avec beaucoup de sollicitude les vieilles ambitions égarées et les jeunes ambitions impatientes; et en leur montrant le grand monument qu'on nomme le budget, elle leur dit : « Escaladez, et vous entrerez. » (Murmures au centre.)

Depuis quelques années, elle a livré beaucoup de batailles à l'Opposition, et je dois le reconnaître, elle lui a fait beaucoup de prisonniers. (On rit. — Approbation à gauche.) Bons soldats, je m'en souviens, qu'on a fini par dénationaliser complétement, et qui combattent aujourd'hui contre nous avec la même discipline, avec la même soumission, qu'ils montraient autrefois pour la défense de notre drapeau.

(*M. Glais-Bizoin*. Et avec un peu plus d'acharnement; nous les connaissons tous.) (Bruit.)

Celui-ci a glissé subitement des bancs de l'Opposition jusque sur les bancs qui sont en face de moi, et ne s'est relevé de sa chute que sur un siége de procureur général. (Chuchottements.)

Celui-là dont Casimir Périer redoutait jadis la bouillante ardeur s'est calmé au milieu des conversions successives qui l'ont placé à la tête d'une de nos premières directions des finances. (Rumeurs en sens divers.)

L'un a été surpris en se rendant dans une réunion du centre gauche chez le regrettable M. Ganneron, et a été conduit, pieds et poings liés, au conseil d'État. (Vive agitation et murmures au centre.)

J'en sais un autre, que j'ai connu au nombre des douze qui contribuèrent autrefois à fonder le centre gauche, qui est tombé dans une embuscade et a été exilé à Berlin, en qualité d'ambassadeur. (Rires à gauche. — Rumeurs au centre.)

J'en connais plusieurs autres qui, au début de leur carrière parlementaire, apportaient bravement à cette tribune les paroles de reforme électorale, et qui depuis cette époque ont oublié de reprendre leur proposition.

J'en sais enfin qui, epuisé du long assaut qu'il donnait à la Cour royale de Paris, sous le Ministère du 1er mars, a eté conjure par ses nouveaux amis de tourner la place, et finira peut-être par y entrer. (Nouveaux rires.)

Enfin, Messieurs, il n'est pas jusqu'à l'honorable président de cette assemblee (Rire général) qui n'ait, lui aussi, subi les influences de la conquête. Il siégeait autrefois parmi nous contre le Cabinet du 11 octobre, et je lui dois la justice de reconnaître que ses coups ont été vaillamment portés. Je me souviens encore avec admiration de son magnifique discours en faveur de l'amnistie, si vivement combattue alors par l'honorable M. Guizot. J'ai gardé la mémoire d'un certain banquet, composé de vingt-cinq ou trente aveugles du centre gauche, comme lui et moi, dont nous lui avions donné la présidence comme un avant-goût des honneurs plus significatifs qui l'attendaient. (Explosions de rires.) Il nous a été dérobé la veille d'un grand combat que l'Opposition s'apprêtait à livrer pour disputer le fauteuil qu'il occupe, et nous fûmes d'autant plus sensibles à cette perte, qu'elle eût été chèrement payée par l'ennemi, si notre digne porte-drapeau n'avait mis un peu trop de courtoisie à rendre son épée. (Nouveaux rires. — Réclamations au centre.)

Avec de pareils éléments et dans de telles conditions, il est bien évident que nous ne pouvons avoir aucune espérance de convaincre cette partie de la majorité; elle est trop satisfaite de son sort (Réclamations) pour que nous puissions exercer quelque influence sur elle. Mais il y a une autre partie de la majorité sur laquelle il n'est pas possible que des paroles loyales et convaincues n'aient pas une influence très-légitime à exercer. Je veux parler de ces hommes qui ont été libéraux sous la Restauration et qui le sont encore aujourd'hui, qui ont voulu sincerement la révolution de 1830, et qui ont concouru à la faire; ces hommes ont au fond des tendances et des instincts analogues aux nôtres.

(*Une voix au centre.* Non! non! — Exclamations aux extrémités.)

Je parle d'eux et non de vous. Ils se sont voués à la défense du pouvoir, quand les agitateurs des rues voulaient le compromettre; ils lui restent encore aujourd'hui attachés par les liens de cette double croyance politique, qu'il n'y a pas de pouvoir sans ordre, et qu'il ne saurait y avoir de liberté sans pouvoir.

Tant que les gouvernements ont été faibles ou ébranlés, ils ont été inaccessibles à toute idée de rénovation et de changement; mais ils gardaient au fond du cœur le souvenir de toutes les promesses de la Charte de 1830, et ils éprouvent, sinon au même titre, du moins avec la même sincérité que nous, le besoin de faire entrer le pays dans la voie régulière, pacifique du progrès qu'il désire aujourd'hui; ils sont inquiets des changements ministériels, moins à cause des sympathies qu'ils ont pour le Cabinet qui nous gouverne que par la crainte du malaise que produit quelquefois dans des moments de troubles un interrègne ou une crise ministérielle. On leur a fait dire qu'ils sont satisfaits; nous croyons savoir qu'au fond ils le sont fort peu. Comment en serait-il autrement? Devant leurs colléges électoraux, la plupart d'entre eux ont promis des réformes: ils n'en ont obtenu aucune, et le joug ministériel pèse sur eux au point de les obliger à combattre ceux qui les réclament.

Je me rends compte des difficultés de leur position. Le despotisme de nos habitudes parlementaires inflige une sorte de discrédit moral à quiconque n'obéit pas presque systématiquement a la loi de son parti. Je sais qu'il en coûte de faire une scission ouverte, mais de pareils scrupules ne doivent pas irrévocablement enchaîner les hommes dont je parle, sur. tout lorsqu'ils savent tres-bien, en s'interrogeant réciproquement, qu'ils sont assez nombreux pour demeurer en définitive les maîtres de la situation, et n'accepter de changement dans les personnes que ceux qu'ils auront librement consentis.

C'est donc à cet ordre de conservateurs que je m'adresse, et, avec toute la déférence qui leur est due, je leur soumets les courtes et simples réflexions que voici.

Croyez-vous servir efficacement la cause de toutes les institutions de 1830, en prêtant un appui systématique à la politique qui prévaut depuis bientôt huit ans? Êtes-vous fidèles à vos convictions profondes, à vos tendances naturelles, en traitant d'ennemis ou d'aveugles ceux-là mêmes qui réclament les améliorations qui sont dans vos désirs, ou du moins dans vos espérances? N'êtes-vous pas frappés comme nous des conséquences de la résistance obstinée d'un Cabinet qui se refuse toujours, partout, à vous accorder les moindres améliorations, les moindres réformes? Ne vous préoccupez-vous pas des conséquences qu'il y a pour vous à vous mettre en opposition constante avec vos propres tendances et avec celles qui vous ont été manifestées par vos colléges électoraux?

Depuis huit années vous jouissez d'une paix profonde à l'extérieur, d'une grande sécurité au dedans; ce sont du moins les organes du pouvoir eux-mêmes qui vous le disent, et je sais que vous êtes assez disposés à les croire sur parole. Qu'avez-vous donc à craindre?

N'êtes-vous pas frappés de la stérilité de ces longs jours de quiétude au moins apparente?
Quelle raison d'inopportunité peut-on loyalement et de bonne foi invoquer?

N'êtes-vous pas saisis, comme vous le demandait l'honorable M. Berville, au commencement de cette discussion, du désenchantement, de la désaffection, du malaise qui remplissent les esprits? N'avez-vous pas entendu dire autour de vous que la résistance obstinée du pouvoir use profondément les ressorts qui soutiennent nos institutions constitutionnelles? N'êtes-vous pas témoins de la réaction des idées? N'entendez-vous enfin nulle part demander avec mesure, avec réflexion, avec maturité, la répression sévère des scandales qui nous affligent, l'élargissement dans une sage limite de certains droits électoraux, l'incompatibilité de certaines fonctions avec celles de Député. Vous êtes conservateurs, et vous ne sauriez pas que les réformes les plus utiles, les plus politiques, les plus conservatrices, sont précisément celles qui se consentent d'en haut et ne s'imposent pas d'en bas, qui répondent au sentiment honnête du pays; qu'on peut à l'avance circonscrire dans de prudentes limites, et qui enlèvent aux partis leurs prétextes violents, qui relèvent les grands pouvoirs publics en réprimant les soupçons qui pourraient les atteindre, et en leur restituant le prestige que la faiblesse des uns ou l'égarement des autres pourrait leur avoir fait perdre. (*A gauche.* Très-bien!)

Messieurs, à toutes les époques de ma vie politique, j'ai été convaincu que le premier intérêt de la France est d'assurer la considération et la puissance morales des grands pouvoirs publics. Ce que je dis aujourd'hui, je l'ai dit dans d'autres temps. Je tâcherai de mettre dans mes paroles toute la réserve et toute la circonspection que mérite un pareil sujet. (Écoutez! écoutez!)

Nous ne vivons plus dans les siècles où la royauté, se disant issue du droit divin, remplissait l'esprit des peuples d'une sorte de vénération religieuse, et où le jeu des constitutions (œuvre des temps modernes) n'absorbait pas dans une certaine mesure, au profit d'autres grands pouvoirs publics, une partie du respect, de la reconnaissance et de l'amour des populations envers les personnes royales.

Un écrivain sceptique a dit : « *Les rois s'en vont!* » Il a eu tort; il aurait dû se borner à dire que le prestige qui environnait autrefois les têtes couronnées s'est affaibli à mesure que le progrès de l'intelligence humaine a promené sur les nations le niveau de l'égalité.

Deux terribles épreuves, celles de 1789 et de 1830, n'ont pas assurément rendu a la royauté, en France, en détruisant l'œuvre de bien des siècles, ce que les idées du siècle dernier et de celui-ci lui avaient faire perdre. Les gouvernements absolus de l'Europe n'ont pas pour notre royauté nationale, fondée par la volonté de la nation, toutes les sympathies dont notre orgueil voudrait qu'elle fût entourée. C'est à nous, Messieurs, à la couvrir de respects et de ménagements d'autant plus grands que ses fondements sont moins anciens. N'ayons pas la folie de la faire descendre dans l'arène de nos débats; ne plaçons pas surtout dans sa bouche des paroles dont la responsabilité, je le reconnais, ne saurait jamais s'élever jusqu'à elle, mais dont l'oubli ou l'ignorance de nos fictions constitutionnelles peut faire un dangereux abus. Par de pareils ménagements, Messieurs, nous montrerons mieux notre sollicitude religieuse pour notre royauté nationale, et, dans le sens véritable du mot, nous en serons les sincères conservateurs.

La pairie est chez nous une institution toute récente; elle avait autrefois l'hérédité!... l'hérédité, Messieurs!... Aujourd'hui elle est à la nomination exclusive des Ministres; elle ne puise pas la vie dans l'élection, et malgré l'illustration des services qu'elle a rendus comme assemblée ou dans la personne de ses membres, on peut être conduit a penser qu'elle n'a ni toute l'action, ni toute l'influence morale qu'elle devrait légitimement exercer, si avec une constitution plus virile ses racines s'étendaient plus profondément dans le sol.

Nous-mêmes, Messieurs, qui, en raison des liens intimes qui nous unissent avec ce qu'on appelle le pays légal, puisons sans cesse une vie nouvelle dans l'urne électorale, avons-nous acquis, comme institution, toute la considération, tous les respects qui seraient dus à une grande assemblée où se rencontrerait un nombre beaucoup moins considérable de fonctionnaires publics et qui serait le résultat d'un concours moins travaillé, plus général, plus nombreux? Je vous le demande, n'aurions-nous pas sérieusement quelque chose à gagner aux réformes que nous sollicitons, si ces réformes introduisaient parmi nous de nouvelles incompatibilités et admettaient notamment dans le corps électoral certaines catégories de citoyens que le Gouvernement admettait lui-même en 1830 comme conséquence nécessaire de la Charte, et qui étaient réclamées par des hommes tels que MM. Royer-Collard, Humann, Bérenger, Girod de l'Ain, Casimir Périer? Aurions-nous quelque chose a perdre, si, par d'autres moyens que ceux que nous avons pratiqués jusqu'a ce jour, nous parvenions à convaincre davantage le pays que nous sommes ici exclusivement occupés à ses affaires et non aux vôtres, que nous ne tolérons pas que les électeurs soient corruptibles et les élus corrompus, que nous voulons la réalité et l'honnêteté du Gouvernement parlementaire, de la sincérité dans les relations publiques et du désintéressement dans les actes privés.

Messieurs, je ne crois pas, jusqu'a ce moment, que ces grands résultats aient été obtenus; je ne crois pas davantage que leur poursuite constitue une politique d'inimitié ou d'aveuglement. Si je me trompe, Dieu veuille que ma cécité se prolonge et que je ne sois pas témoin des perturbations que peut amener une lutte trop obstinée dont je cherche a conjurer les effets, et qui montrera tôt ou tard à la France de quel côté sont les véritables conservateurs de ses intérêts !

En attendant, Messieurs, et pour terminer par un dernier mot (Écoutez ! écoutez !), s'il est vrai que nous voulions soutenir notre royauté nationale de nos respects et de notre dévouement; s'il est vrai que nous devions élever nos deux grandes assemblées délibérantes à la haute et grande place que leur assigne la Charte, notre pacte fondamental; s'il est vrai que l'estime et la considération des populations soient la véritable puissance des Gouvernements et leur donnent seules la possibilité de réaliser tout le bien qu'on attend d'eux, pratiquons une politique moins obstinée, plus conciliante, plus progressive; ne nous mettons pas sans cesse en lutte ouverte avec les tendances de notre siècle, demeurons fidèles aux inspirations de 1830, et ne poussons pas l'aveuglement jusqu'à ne plus savoir lire dans notre histoire que les Gouvernements en apparence les plus habiles et les plus forts ont toujours succombé quand ils ont cessé de comprendre les véritables vœux de la nation! (Vive approbation à gauche.)

DISCUSSION DES PARAGRAPHES.

Seance du lundi 24 janvier 1848. — Presidence de M. Sauzet.

§ Iᵉʳ. Disette de l'année dernière. — Debat à l'occasion des subsistances, et notamment de la circulaire du 16 novembre 1846. M. Gauthier de Rumilly, dans un discours developpé, reproche au Ministère l'insuffisance de ses mesures et le fâcheux effet de sa circulaire. M. Cunin-Gridaine, Ministre de l'agriculture, se defend avec détail des reproches d'imprévoyance et d'incurie, et trouve la cause du malaise commercial dans les agitations qu'on entretient dans le pays. Apres une courte replique de M. Gauthier de Rumilly, M. Émile de Girardin étend à toute la conduite du Ministère le reproche d'imprévoyance et d'inaction depuis dix-sept ans, en ce qui concerne les progrès de l'agriculture. Il estime qu'on ne peut sortir de la situation qu'en facilitant, par la réforme hypothécaire et le crédit foncier, la circulation des capitaux, en etendant indéfiniment l'instruction et ameliorant les voies de communication. Le paragraphe 1 est adopté.

§ 2. Travaux publics. Équilibre du budget.

M. Lefort-Gonssolin critique l'emprunt de 250 millions, et établit par des calculs detaillés la proposition suivante :

Nous voyons un débiteur notoirement solvable, l'État, déclarer, par acte authentique, qu'il n'a pas confiance en lui-même , et qu'à ses yeux la rente vaut 4 fr. de moins qu'on ne l'achète ; puis, renonçant de gaieté de cœur aux justes espérances que faisait naître le retour de circonstances plus heureuses , se soumettre volontairement , précipitamment, aux conditions les plus dures : pourquoi faire ? pour emprunter une somme considérable, dont une très-minime partie lui est actuellement nécessaire , et non-seulement accorder à ses prêteurs de longs termes de payements , mais , en outre , leur mettre tout de suite aux mains , pour la totalité des versements qu'ils auront à effectuer ultérieurement, une garantie parfaitement solide , puisqu'elle est assise sur la fortune publique, sans même réserver, au profit du Trésor , les avantages de la plus-value que cette garantie pourra acquérir.

De sorte que, dans toute cette affaire, les rôles sont si complétement intervertis, qu'en réalité ce sont les prêteurs qui obtiennent du crédit et des atermoiements, et l'emprunteur qui leur fait des avances, tout en leur allouant une prime de 9 millions !

L'orateur voit là la continuation du désordre financier qui nous afflige depuis si longtemps, et il vote contre le paragraphe.

M. Léon Faucher. Notre situation financière préoccupe tous les esprits ; elle est peut-être plus grave que notre situation politique. En tout cas, elle est signalée par les mêmes caractères. C'est le même désordre dans les faits.

Nous sortons à peine de la crise des subsistances; notre commerce et notre industrie ne se relèvent pas encore de leur état de langueur. Si le travail a repris dans les fabriques, le salaire y est tellement avili, que les ouvriers ont à peine de quoi vivre. Notre crédit public est plus déprimé qu'il ne l'a été depuis longtemps; l'emprunt que vous venez de contracter l'a été à des conditions très-onéreuses pour l'État, et cependant il a pu passer pour un acte de courage de la part des soumissionnaires. (Mouvement.)

Nous sommes, Messieurs, dans des jours difficiles où chacun est obligé de retrancher de ses dépenses , et d'appeler l'économie au secours de ses embarras. L'État, qui est le plus grand consommateur, doit faire de même. Est-ce à ce point de vue que les finances de l'État ont été envisagées par le Gouvernement, et une pensée réelle d'économie respire-t-elle dans le budget qui vient de vous être présenté ?

Je désire, Messieurs , arrêter quelques instants votre attention sur cet état de choses : le moment me paraît venu de sonder la plaie. (Écoutez ! écoutez !)

L'orateur parcourt la situation financière. Pour l'arriéré , il établit, par chiffres, que nous abordons l'année 1849 ayant épuisé la réserve de l'amortissement, et avec une dette flottante représentant l'arriéré créé par les travaux extraordinaires. Cette dette s'élève, à l'heure qu'il est , à 622 millions , sans comprendre 202 millions des caisses d'épargne, 202 millions que l'on prétend avoir consolidés , et pour lesquels l'État se trouve néanmoins exposé aux demandes de remboursement, et qu'il considère, quant à lui, comme faisant partie, sous un autre nom , de la dette flottante. Il y a de plus les capitaux des cautionnements, en sorte que la dette flottante ne s'élève pas aujourd'hui à moins de 1 milliard.

Pour les travaux extraordinaires, il reprend l'exposé des motifs du budget, où il trouve ces résultats :

M. le Ministre des finances prévoit que , malgré le secours de l'emprunt, notre libération ne pourra s'accomplir avant la fin de 1855 : il déclare ainsi que nos finances sont engagées pour huit ans. Il va plus loin : il reconnaît la nécessité de dépenses supplémentaires, et il déclare que la dette flottante les supportera. Ainsi, vous arriverez à la fin de 1855 libérés, si vous avez établi et maintenu l'équilibre des budgets , mais avec une dette flottante encore très-considérable.

L'hypothèse dans laquelle s'est placé M. le Ministre des finances est, vous le voyez, la plus favorable. Toute favorable qu'elle est, elle a de quoi effrayer tous les esprits sérieux.

Des finances engagées pendant huit ans dans l'état de la France et dans l'état de l'Europe ! Je ne crains pas de dire que nous ne nous sommes pas trouvés depuis longtemps dans une situation aussi difficile ni aussi périlleuse. (C'est vrai !)

L'orateur, par la comparaison sommaire des derniers budgets, montre que l'équilibre s'éloigne toujours, parce que les dépenses s'accroissent, et les revenus ne sont pas assurés par une bonne assiette de l'impôt. L'orateur critique à ce sujet le rétablissement de l'impôt des boissons, le projet d'un nouvel impôt d'enregistrement, le dégrèvement insuffisant de l'impôt sur le sel, joint à un monopole qui donne gain de cause aux doctrines socialistes , combattues à bon droit, par le

Gouvernement. Il critique, enfin, l'insuffisance de la réduction du tarif des postes, et l'esprit fiscal du projet sur les douanes. Il termine ainsi :

Ainsi, Messieurs, nos dépenses vont toujours croissant, nos recettes diminuent, plusieurs de nos impôts sont menacés ; et c'est en présence d'une situation aussi difficile, aussi périlleuse, que le Gouvernement ne s'émeut pas ; mais si le Ministere reste froid, le public s'émeut, lui, et il s'émeut outre mesure. Il règne en ce moment dans les régions financières une véritable terreur. (Écoutez! écoutez!) Un jour on répand le bruit que le Roi est malade, un autre jour qu'une révolution a éclaté à Naples, que les Autrichiens sont entrés à Naples ou à Ferrare, et à chacune de ces nouvelles, qui témoignent de l'inquiétude des esprits, la rente baisse d'un franc; elle baisse, et quand il est démontré que la nouvelle est fausse, la rente ne se relève pas, du moins dans la proportion dans laquelle la baisse s'est opérée.

Je dis que ces faits révèlent une inquiétude profonde; je dis que non-seulement la Chambre, mais que tout le monde est pénétré de la gravité de notre situation financiere; que le danger est aperçu partout, que le Ministère est tenu de le voir, et que la Chambre, à son défaut, est tenue d'y porter remède. (Approbation sur plusieurs bancs.)

— La discussion financière est interrompue par une demande de communication de pièces relatives aux affaires de la Plata, formulée par M. Berryer, et refusée, quant à présent, par M. Guizot, Ministre, pour respecter les négociations.

Le débat financier reprend ensuite. M. Jules de Lasteyrie attaque, et M. Dumon, Ministre des finances, defend, dans deux discours très-étendus, la conduite financière du Gouvernement, soit dans la disposition du budget, soit dans l'établissement des impôts, soit dans l'emprunt.

Seance du mardi 25 janvier 1848. — Présidence de M. Sauzet.

M. Dumon, Ministre des finances, sur une question de M. Fould, déclare qu'il approuve, comme légale et utile, l'intervention de la Banque dans l'emprunt, blâmée hier par M. de Lasteyrie.

La discussion financière continue. M. Achille Fould, examinant la situation, reproche au Ministère de trop recourir au crédit, d'y trop compter, et d'y compromettre la Banque, tandis qu'il conviendrait de procéder par le retranchement des dépenses, ou par le vote de nouveaux impôts. M. le Ministre répond en expliquant l'opportunité et l'utilité du concours de la Banque, qui a rendu plus facile, en augmentant la confiance, la négociation très-épineuse de l'emprunt.

M. Thiers. Messieurs, malgré le désir que j'éprouve depuis quelque temps de présenter à la Chambre le tableau complet de l'état de nos finances, j'hésitais à le faire, retenu loin de cette tribune par ma répugnance ordinaire à y monter. Mais, je l'avoue, M. le Ministre des finances, hier, a mis fin lui-même à mes hésitations.

Certainement, dans la position ou nous sommes placés, il ne faut rien exagérer; il ne faut pas, à une situation déjà pleine d'anxiétés, ajouter des anxiétés nouvelles ; mais si l'exagération est à craindre, il y a quelque chose d'aussi à craindre, et peut être de plus dangereux : c'est la confiance, la confiance quand elle est aussi illimitée que M. le Ministre des finances a paru l'éprouver hier.

En vérité, je suis etonné de le voir combattre avec tant d'aisance, tant de repos d'esprit, les objections principales qu'on a souvent reproduites à cette tribune sur l'état de nos finances. Quand on dit : Les budgets ordinaires sont en déficit, M. le Ministre des finances répond que c'est l'inondation de la Loire, que c'est la disette qui en sont cause, mais qu'il n'y a plus rien de pareil à craindre. Quand on parle des réserves de l'amortissement absorbées d'avance, M. le Ministre des finances dit que la dette flottante y pourvoira, qu'elle est assez forte pour porter un tel fardeau. Quand on ajoute que ce fardeau se prolongera, qu'il pèsera longtemps sur nos finances, peut-être quatre, cinq, six, sept et même huit annees, M. le Ministre des finances répond encore que le Ministère qui est sur ces bancs est le Ministère de la paix, et qu'il a le temps devant lui. (On sourit à gauche.) En vérité, Messieurs, si ce sont là les raisons que vous avez à nous donner pour nous rassurer, j'avoue qu'elles m'effrayent.

Je ne viens pas ici quereller sur les chiffres; je veux prendre les vôtres mêmes, je n'en prendrai pas d'autres. Vous les connaissez comme moi; comment donc les appréciez-vous?

Je ne méconnais pas vos lumières; je ne méconnais pas votre bonne foi; comment donc avez-vous pu tirer, de ces trois volumes que vous nous avez distribués il y a quelques semaines, la confiance que vous avez apportée à cette tribune? Mes sentiments personnels pour M. le Ministre des finances me font préférer l'interprétation la plus simple de toutes : c'est que, dans les situations difficiles, on aime à se faire illusion et à la faire aux autres; mais cette illusion, ce n'est pas à nous a la partager.

Sans doute je suis de l'Opposition, de l'Opposition la plus prononcée, je l'avoue, mais ce n'est pas un acte d'opposition que je viens faire en ce moment. Je viens vous dire la vérité que vous avez besoin de connaître dans toute sa réalité; car ce n'est que de cette vérité bien connue que pourra naître le sentiment qui peut sauver vos finances. Si nous continuons long-temps encore à entendre ce que disent les rapporteurs du budget, ce que répond le Ministère sans changer de conduite, soyez-en convaincus, vos finances marchent vers une catastrophe. Il faut donc que la vérité soit connue sans exagération ; il faut qu'elle soit connue tout entière, avec netteté, avec précision; car sans cela, je le répete encore, la conduite ne changera pas. Ce ne sont plus des phrases de rapporteurs, des paroles de confiance des Ministres qu'il nous faut, il nous faut un changement de conduite sérieux ; et c'est dans ce but bien plus que dans un but d'opposition que je monte à cette tribune.

Je commence par l'exposé des faits, l'appréciation viendra ensuite. Je demande à la Chambre un peu de patience. (Parlez! parlez!)

Vous avez, comme vos tableaux du budget vous l'apprennent tous les ans, un budget ordinaire et un budget extraordinaire, distinction qui, en vérité, devient puérile, car le budget extraordinaire est devenu aussi ordinaire que le budget ordinaire lui-même; mais enfin je l'accepte.

Le budget ordinaire de cette année est de 1,382 millions. On dit qu'il est en équilibre , j'en doute fort. Si je m'en rapporte à ce qui s'est passé les années précédentes, ce budget ordinaire de 1,382 millions ne saurait demeurer en équilibre.

' Prenez les années antérieures, les cinq dernières années, par exemple, celles de 1843, de 1844, de 1845, de 1846, de 1847, vous avez une moyenne de 65 à 70 millions d'augmentation annuelle sur le budget ordinaire.

Il est vrai, comme l'a dit M. le Ministre des finances, qu'il y a des augmentations de recettes; ces augmentations de recettes, dans les années les plus heureuses, montent à 30 et quelques millions , même à 40.

Lorsque j'ai dit 20 millions, il y a quelques années, on m'a interrompu, car, à cette époque, il convenait de montrer la situation sous un jour défavorable, d'accabler l'administration qui sortait; j'ai dit que l'augmentation serait de 20 millions par année; elle a été de plus de 30. Je fus interrompu cependant, et l'un des Ministres (il n'est plus ici) me dit : « Nous serions bien riches dans quelques années! » En définitive, vous avez vu que les résultats ont été bien supérieurs à ce que j'avais annoncé. Je crois que, tous les ans, il y a 20 et quelques millions d'augmentation, et, comme il y a deux années d'intervalle dans les évaluations d'un budget sur un autre, c'est en total une quarantaine de millions.

Je le reconnais, il y a une loi très-constante d'augmentation dans les recettes; mais comme il y a une loi aussi constante d'augmentation dans les dépenses (On rit), je crains fort que cela ne fasse qu'une compensation.

La moyenne des augmentations survenues après la présentation du budget pendant les cinq dernières années, a été de 65 à 70 millions; je vais en donner les éléments :

En 1843, 72 millions; en 1844, 17 millions; en 1845, 50 millions; en 1846, 88 millions; en 1847 , 128 millions.

M. le Ministre a promis que ces derniers 128 millions se réduiraient à 100 Soit! j'adopte 100. Cela donne, comme je le disais, une moyenne de 66 millions par année. Vous voyez donc que, en supposant 40 millions d'augmentation dans vos recettes, il resterait proba«blement un déficit d'une vingtaine de millions, peut-être 25 millions sur le budget ordinaire.

Mais ce n'est pas là, à mon avis, que gît la difficulté. Je ne crois pas que le budget ordinaire soit en équilibre ; je le crois sérieusement en déficit; mais les réserves de l'amortissement sont là pour y suffire. Ce n'est pas dans le budget ordinaire que je vois le plus grand danger ; c'est dans le budget extraordinaire.

Quant au budget extraordinaire, il se compose, vous le savez, de dépenses qui ont pour origine, les unes, la loi de 1841, les autres, la loi de 1842.

Permettez-moi une courte explication sur ces deux lois, et vous verrez se former, j'espère avec clarté, le budget extraordinaire.

En 1841, après cette année qu'on a appelée calamiteuse, M. Humann vous proposa un système, si j'ose le dire, de liquidation, ainsi conçu. Il vous dit, en 1841 : Vos places fortes sont dans un état que les événements de 1840 ont fait connaître ; cet état est déplorable. Votre casernement est dans un état tout aussi fâcheux ; vos casernes de cavalerie sont cause d'une mortalité considérable. Vos ports de mer, vos ports militaires surtout sont sans défense. Eh bien, faisons les travaux essentiels pour le service de l'armee ; ce sera 220 et quelques millions. Vous avez des routes royales entreprises, achevons ces routes royales. Vous avez de grands canaux à achever, achevons-les. Vous avez des perfectionnements de navigation à exécuter sur vos rivières, exécutons ces perfectionnements. Tout cela fera une somme d'à peu près 500 millions, en chiffres exacts, 496 millions.

Il vous dit encore : Vous aurez sur 1840 un deficit, un second sur 1841, un troisième sur 1842. Ces trois déficit, on les évaluait alors à 434 millions, et, en résultat, ils n'ont été que de 266 millions.

Je ne veux pas revenir sur le passé. Mais permettez-moi de vous rappeler que c'est avec cet art infini qu'on avait construit ce fameux milliard qu'avait dépensé l'administration' du 1er mars. On disait : 500 millions de travaux (vous voyez lesquels! vos places fortes, vos ports, vos casernes, vos rivières à améliorer, vos canaux), 500 millions de travaux, et, pour les déficit sur 1840, 1841 et 1812, 434 millions ; 500 et 434, cela faisait près d'un milliard. L'administration du 1er mars avait ainsi, disait-on, coûté un milliard à la France.

Voilà comment la liquidation était établie.

Je vous laisse, Messieurs, aujourd'hui que le calme est rappelé dans les esprits, aujourd'hui que, je l'espère, un peu de bonne foi est revenue dans les discussions, je vous laisse à apprécier ce que c'etait que ce milliard.

Ces 434 millions des deficit de 1840, 41 et 42 sont bientôt descendus à 266 millions.

Savez-vous par quel artifice on les avait fait monter à 434 millions? C'est que, tandis qu'en 1840 nous avions à peu près 415,000 hommes sous les armes, et que nous en avons eu à peu près 360,000 en 1841, on avait porté sur les budgets de 1840, 1841 et 1842, 493,000 hommes. Les commissions de finances le firent remarquer, et le déficit de 434 millions fut réduit à 266 millions.

Je laisse la le passé. Quoi qu'il en soit, cette liquidation s'est achevée promptement telle que M. Humann l'avait proposée. Aux 500 millions de travaux, on a fait face avec un emprunt de 450 millions. Les réserves de l'amortissement jusqu'en 1844 ont absorbé les déficit antérieurs.

Ainsi, quand nous parlons de la loi de 1841, il s'agit des travaux que M. Humann avait demandé de voter, et pour lesquels il avait proposé et exécuté un emprunt de 450 millions. Il reste aujourd'hui à peine 46 millions à exécuter sur cette époque. Vous voyez en effet au budget extraordinaire figurer de temps en temps 20, 18 ou 15 millions sur les travaux de 1841.

Pour l'année 1849, le budget extraordinaire est chargé d'une somme de 18 millions, afférente aux travaux de la loi de 1841.

En 1842, on passa tout à coup d'une tristesse profonde à une sérénité complète; on trouva tout facile, tout beau, et on imagina à l'instant même, par la loi de 1842, d'exécuter de nouveaux travaux d'une étendue extraordinaire. En peu d'années, on vous a fait voter 1,100 millions de travaux publics. C'est déjà, Messieurs, une grande charge. Il y a quinze ou vingt ans, si l'on avait parlé d'imposer aux finances en quelques années une charge pareille, tout le monde aurait reculé d'effroi; mais aujourd'hui les esprits se sont singulièrement agrandis, on traite les milliards comme autrefois on aurait traité les cinquantaines de millions. Mais les 1,100 millions demandés par le Gouvernement ne sont pas toute la charge.

On y a ajouté 13, 14 ou 1,500 millions qui sont demandés aux compagnies; et comme les compagnies puisent dans le même réservoir, qui est le capital de la société, en somme on a chargé le pays de 2 milliards 500 millions de travaux.

(*M. Émile de Girardin.* Ce n'est pas exact. (Agitation.)— *M. Thiers.* Ce n'est pas exact? vous allez voir. — *M. Émile de Girardin.* C'est exact comme chiffres.)

Ainsi, Messieurs, votre budget extraordinaire a deux origines : les travaux votés en 1841 sur la proposition de M. Humann; les travaux votés à partir de 1842, et qui montent, pour l'État seulement, à environ 1,100 millions. Tous les ans vous exécutez une partie des travaux qui ont ces deux lois pour origine.

Comme je vous le disais, sur la loi de 1841 vous n'avez plus que fort peu de travaux à exécuter, et ils figurent au budget de 1849 pour 18 millions.

Quant aux travaux qui ont pour origine la loi de 1842, on vous demande tous les ans 115 à 120 millions.

Cette année, au budget de 1849, outre les 18 millions correspondant à la loi de 1841, on vous demande 117 millions correspondant à la loi de 1842.

Ce qui fait un budget extraordinaire de 135 millions.

Ainsi, vous avez pour 1849 un budget ordinaire de 1,382 millions, un budget extraordinaire de 135 millions, ce qui fait un total de 1,517 millions.

Je disais tout à l'heure qu'en adoptant la moyenne des années précédentes, il fallait ajouter au budget ordinaire au moins 60 millions, ce serait à peu près 1,580 millions, c'est-à-dire que maintenant vous marchez vers une dépense totale de 1,600 millions.

Je n'exagère pas; car si pour l'année 1849, avec l'augmentation possible au budget ordinaire, vous marchez vers une dépense de 1,580 millions, dans l'année 1847 vous êtes arrivés à une dépense de 1,659 millions, et pour l'année 1848, dans laquelle nous entrons, la dépense déjà connue est de 1,584 millions. Je n'exagère donc pas en disant que, le budget ordinaire et le budget extraordinaire réunis, vous aurez pour 1,600 millions de dépenses; c'est le chiffre vers lequel vous marchez; vous y marchez tellement, que pour 1847 vous l'avez dépassé de 59 millions.

Je m'adresse à tous les hommes sensés, à tous les hommes de bonne foi: si, il a quelques années, on nous eût parlé d'une dépense de 1,600 millions, n'aurions-nous pas jeté de grands cris?

Je sais bien qu'on distingue les dépenses ordinaires et les dépenses extraordinaires; je discuterai tout à l'heure ce point de vue; mais une dépense de 1,600 millions!... (Très-bien!) il faut vouloir marcher vers les abîmes pour oser tous les ans, de sang-froid, sans plus de précautions oratoires que n'en a employé hier M. le Ministre des finances, vous apporter une dépense de 1,600 millions.

Si encore elle devait s'arrêter là...; mais examinez la marche des années précédentes. En 1841, vos budgets étaient à peu près entre 1,320 et 1,330 millions, vous êtes aujourd'hui à 1,600 millions; vous avez donc 300 millions d'augmentation en sept années.

Prenez les trois dernières années seulement; assurément depuis trois ans, surtout depuis deux ans, l'horizon se rembrunit; les Ministres sont avertis, et par la commission du budget et par les plaintes sourdes qui partent même des bancs de la majorité, les Ministres sont avertis de ne pas se livrer à des dépenses qui ne seraient pas indispensables. Eh bien, voyez ce qui s'est passé depuis trois années ; voyez ce que c'est que l'entraînement de la dépense. En 1846, on vous demandait pour le budget ordinaire 1,302 millions; pour 1847, 1,338 millions; pour 1848, 1,361 millions; pour 1849, on vous demande 1,382 millions. Et remarquez surtout ce qui s'est passé dans cette dernière année : l'avertissement a été plus grand que jamais ; M. le Ministre des finances nouveau venu voulait plus qu'aucun autre apporter l'équilibre ; et cependant quel est le résultat? 21 millions d'augmentation.

Regardez les divers ministères, y a-t-il, de la part des Ministres, des augmentations volontaires? Il n'y en a aucune.

M. le Ministre de la guerre n'a demandé qu'une légère augmentation pour les pensions militaires, augmentation qui lui était indispensable.

Le Ministre de la marine, auquel il aurait fallu demander moins de réductions qu'à aucun autre, s'est réduit de 2,000 hommes et de 13 bâtiments pour vous apporter une légère économie de 2 millions.

M. le Ministre de l'instruction publique, ces jours derniers, se plaignait, il me permettra, en passant, d'en faire la remarque, M. le Ministre de l'instruction publique, dans une réunion solennelle qui ressemblait un peu à un banquet... (Rires), M. le Ministre de l'instruction publique se plaignait avec quelque amertume de ce que j'avais voulu enchaîner sa magnificence ; cependant il a voulu lui-même mettre des limites à la grandeur de ses vues, et il nous a demandé tout au plus 100 et quelques mille francs d'augmentation.

Tout le monde s'est contenu cette année dans les ministères (Hilarité), et vous avez cependant 22 millions d'augmentation.

Tout le monde s'est tenu, et cependant la dépense augmente. Pourquoi? La dette seule prend 15 millions dans ces 21 millions. Qu'est-ce que cela signifie? C'est que quand le mouvement est donné, vous avez beau vous retenir, la dépense augmente par des causes inévitables. Vous croyez qu'il suffit de prendre la réserve de l'amortissement, de s'adresser à M. de Rothschild, de lui demander des emprunts, et qu'on en est quitte pour contracter des traités avec quelque forme d'adjudication dans l'hôtel du Ministre des finances. C'est tout de suite 15 millions d'augmentation par an. Vous voyez bien que, quand le mouvement est donné, avec la meilleure volonté du monde vous ne pouvez plus l'arrêter. C'est ainsi que, depuis cinq ou six ans, vous avez 80 millions d'augmentation, sans qu'aucun des services utiles et essentiels en ait profité, parce que ce mouvement extraordinaire de dépenses qui se résout en emprunts de tous genres vient charger, malgré vous, tous les ans, quelle que soit votre bonne volonté, vient charger le budget.

Voilà ce que je voulais vous montrer : c'est qu'avec une dépense de 1,600 millions, vous n'êtes pas assurés, même en vous courbant sur les rênes de ces chevaux emportés, de pouvoir vous arrêter.

Vous avez 1,600 millions cette année, vous en aurez peut-être 1,620 ou 1,630 l'année prochaine.

Je ne fais pas cette observation pour attaquer M. le Ministre des finances, qui n'en peut mais ; car la dépense est antérieure à lui. C'est pour montrer quel est le mouvement qui vous entraîne; car depuis 1846 seulement, vous êtes montés, comme je l'ai dit, de 1,302 à 1,382 millions.

Certainement, si vous aviez 1,600 millions de recettes assurées, je ne dirais rien; il ne faut pas juger une dépense en elle-même, il faut la juger comparativement aux moyens de la nation qui se la permet. Je ne fais pas ici ce raisonnement vulgaire qu'on fait quelquefois, et qui est sans fondement; on dit quelquefois : L'Empire n'avait que 7 à 800 millions de budget ; cela ne prouve rien.

L'Empire avait la victoire, qui lui donnait des ressources ; la valeur de l'argent n'était pas

la même qu'aujourd'hui ; ces 800 millions d'alors répondaient peut-être à 1,200 millions
d'aujourd'hui ; ensuite, il y a beaucoup de dépenses centralisées aujourd'hui, qui ne l'e-
taient pas alors. Ces mêmes 1,600 millions, que je trouve une charge tres-forte pour vous,
ne seraient pas une charge trop forte pour l'Angleterre ; ils seraient pour la Prusse, pour la
Russie, pour l'Autriche réunies, une charge écrasante. Il faut juger un budget d'après les
facultés annuelles de la nation qui le vote.

Nous voilà d'accord sur les principes.

Eh bien, Messieurs, vous avez 1,600 millions de dépenses : avez-vous 1,600 millions de
ressources? Là est toute la question. On me dira : C'est ici que vient la distinction du budget
ordinaire et du budget extraordinaire; personne ne peut avoir la prétention d'exécuter les
grands travaux publics avec les ressources du budget ordinaire. D'accord. Si la distinction
entre les deux budgets doit s'établir ainsi, c'est-à-dire si vous pouvez payer le budget ordinaire avec les recettes ordinaires, et si, pour le budget extraordinaire, vous avez des ressources sérieuses, sérieuses entendez-vous bien, non pas fictives, non pas menteuses ; si,
pour le budget extraordinaire, vous avez des ressources de nature extraordinaire, je l'accorde, mais certaines, comme l'emprunt, par exemple, je n'ai rien à dire ; mais je soutiens
ceci : c'est que le budget ordinaire ne se solde qu'avec la réserve de l'amortissement, laquelle devrait être destinée aux travaux extraordinaires, et que le budget extraordinaire
ne se solde qu'avec des ressources fictives et qui doivent, avec le temps, amener de graves
dangers.

Un mot sur ces ressources du budget ordinaire.

Je prétends que le budget ordinaire de 1,382 millions, cette année, qui sera, d'après un
usage constant, de 1,400 et tant de millions, ne peut pas se solder avec les recettes ordinaires. Et comment ai je conçu cette triste conviction? En prenant les dernières années.
M. le Ministre des finances a voulu, à ce sujet, nous rassurer par une raison qui, pour ma
part, ne m'a pas rassuré du tout. Je vais l'examiner.

D'abord exposons les faits :

En 1844 et 1845, il y a eu à peu près équilibre, c'est-à-dire que le budget ordinaire a été
couvert par les recettes ordinaires. Mais en 1846, en 1847, en 1848, voici l'état des choses.
Ce sont les chiffres donnés par M. le Ministre des finances lui-même :

En 1846, vous avez eu 88 millions de dépenses au delà des prévisions du budget; en
1847, 128 millions, et en 1848, budget en cours d'exécution, et qui se rapporte à l'année
dans laquelle nous entrons, vous avez déjà de connu 48 millions. Ainsi, pour 1846, 88 millions ; pour 1847, 128 millions; pour 1848, 48 millions déjà connus.

Maintenant, comment y a-t-on fait face? On y a fait face avec les réserves de l'amortissement dans la proportion que donne lui-même M. le Ministre des finances.

Ainsi, pour le budget de 1846, les augmentations des recettes avaient fourni une plus-
value de 43 millions; il ne restait que 45 millions à couvrir ; ces 45 millions, on les a pris
sur la réserve de l'amortissement de 1846, qui n'a ainsi laissé de disponibles que 12 millions. Pour 1847, comme il faut faire face à 128 millions d'insuffisance, on prend les 12
millions restants de la réserve de 1846, les 88 millions en totalité de la réserve de 1847, et
enfin, par anticipation, 36 millions sur la réserve de 1848 ; ce qui fait les 128 millions accusés par le Ministre lui-même.

Enfin, pour 1848, on trouve 48 millions déjà, sans compter ce qui pourra se produire
dans l'année, et le Ministre des finances n'oserait pas serieusement dire que dans l'année il
ne naîtra pas de dépenses imprévues. Eh bien, en supposant qu'il ne s'en produise pas d'imprévues, la réserve de 1848 sera absorbée tout entière par le déficit déjà connu du budget
dans lequel nous entrons.

Ainsi, l'année même 1848 ne sera soldée qu'à condition d'absorber les réserves jusqu'à la
fin de 1848.

G.

Ici, Messieurs, je ne fais que copier les volumes qu'on vous a présentés; le compte que je donne est celui qui est contenu dans le discours préliminaire de M. le Ministre.

Ainsi, pour 1846, 1847, 1848, les réserves de l'amortissement sont absorbées pour couvrir les deficit du budget ordinaire. Et voyez les illusions dans lesquelles on se place en voulant continuer cette direction financière; on a dit en 1846 : Pour cette année, c'est fini; les réserves de l'amortissement couvriront tous les excédants, et on pourra commencer à employer les réserves de l'amortissement en travaux extraordinaires.

En 1847, M. Laplagne, dernier Ministre des finances, a dit tout au long, dans l'exposé des motifs du budget : Il est vrai que pour 1846 on s'était trompé; mais, pour 1847 on ne se trompera pas, et vous verrez en 1847 les réserves de l'amortissement commencer enfin à être libres et à couvrir le budget extraordinaire.

Enfin cette année même, dans l'exposé des motifs très-élégant que nous a fait M. Dumon, vous trouvez tout au long: « Oui ! on s'était trompé pour 1846, on s'était trompé pour 1847; mais on ne se trompera pas pour 1848, vous pouvez y compter, et les ressources de l'amortissement seront disponibles. »

Eh bien, Messieurs, en voyant trois années de suite les promesses du discours préliminaire ainsi déçues, je ne puis pas être rassuré. Il est vrai que M. Dumon nous a donné hier une raison qui, au premier aspect, a quelque chose de frappant ; M. Dumon a dit : « Mais vous n'aurez pas tous les ans les inondations de la Loire ; vous n'aurez pas tous les ans une disette. » Heureusement ! car avec une telle direction des finances, je crois que nous n'y suffirions pas. (Mouvement.)

Maintenant, j'adresse cette simple question à M. Dumon : Est-ce que les inondations de la Loire, est-ce que les dépenses naissant de la cherté des vivres, sont l'explication des excédants de 88 millions pour 1846, de 128 millions pour 1847, et de 48 millions déjà connus pour 1848? En avez-vous fait le compte?

Depuis votre argumentation, j'ai été tenté de le faire, et je l'ai fait ce matin; savez-vous quel en est le résultat?

Sur les 88 millions, en exagérant tout dans le sens de votre raisonnement, en comptant toutes les augmentations qui sont demandées pour la guerre, en les imputant à la cherté des vivres, de même que pour la marine; en comptant tous les secours donnés aux hôpitaux, tous les secours donnés pour l'inondation, savez-vous combien je trouve en 1846?

(*M. Dumon, Ministre des finances.* 44 millions.)

Pour 1846, je trouve 25 millions : c'est un compte à discuter entre vous et moi; pour 1847, dont l'excédant est de 128 millions, je trouve 33 millions; en 1848, 2,400,000 fr.

Vous le voyez, on n'explique pas les augmentations de 1846, 1847, 1848 par l'inondation de la Loire et la cherté des vivres : on n'en explique que la moindre partie.

Je dis donc que sans exagération, en prenant les chiffres de MM. les Ministres, en se reportant à ce qui s'est passé depuis quelques années, il faut reconnaître que le budget ordinaire n'est soldé qu'avec les réserves de l'amortissement. Mais comme je ne veux pas compliquer un debat qui, de ma part, ne sera qu'un débat d'appréciation et non de chiffres, je trouve qu'il faut écarter les questions de chiffres ici; c'est l'appréciation seule qui doit nous diriger; c'est cette appréciation bien ou mal faite par vous ou par moi, la Chambre en sera juge, c'est cette appréciation qui doit décider la question.

Je vous accorde votre prétention pour 1849; je n'en crois cependant rien, et, permettez-moi de vous le dire, je crois à votre bonne foi comme vous croyez à la mienne : vous n'y croyez pas vous-même. (On rit.)

Mais soit, 1848 sera la fin des années calamiteuses, 1849 sera la nouvelle ère que nous attendons : eh bien, oui, je l'admets. En 1849, les ressources de l'amortissement seront completement disponibles, elles pourront commencer à couvrir les énormes dépenses du budget extraordinaire.

Maintenant, Messieurs, examinons les ressources du budget extraordinaire.

M. Dumon nous disait hier : « Mais, comment! on osera prétendre que des travaux aussi extraordinaires que ceux qu'on exécute tous les ans en France doivent s'exécuter sur les recettes ordinaires? Ce serait une pretention impossible à réaliser : il est naturel qu'une dépense extraordinaire se solde avec des moyens extraordinaires. » Eh bien, Messieurs, soit, j'accorde encore cela. Oui, si votre budget extraordinaire se soldait, par exemple, avec des emprunts, ce qui serait deja bien grave, je pourrais, jusqu'à un certain point, me rassurer. Cependant, Messieurs, permettez-moi de vous rappeler les leçons que j'ai reçues dans ma jeunesse, que M. Duchâtel a reçues comme moi d'un homme illustre, de M. le baron Louis. En nous traitant alors avec une familiarité toute paternelle, il nous disait, à M. Duchâtel et à moi : « Mes amis, il faut toujours amortir pendant la paix pour pouvoir emprunter pendant la guerre. » Ah! nous sommes bien loin de ce temps-là, Messieurs! (Mouvement.)

Ce que disait M. le baron Louis, c'était le simple bon sens, il y a vingt ans. Il y a vingt ans, les hommes qui avaient les moindres notions financières regardaient cela comme un axiome qui n'avait même pas besoin d'être affirmé par les savants, et pensaient qu'il fallait payer ses dettes pendant la paix, afin de pouvoir emprunter pendant la guerre. Mais depuis, les esprits se sont agrandis; ils trouvent tout naturel d'emprunter pendant la paix. Eh bien, a la bonne heure, oui, empruntez pendant la paix.

Messieurs, l'emprunt, s'il était votre ressource pour solder le budget extraordinaire, me rassurerait jusqu'a un certain degré; savez-vous pourquoi? C'est que le crédit auquel vous vous adressez pour l'emprunt est lui-même juge de votre conduite, et deviendrait un conseiller sévère si vous faisiez des dépenses trop considérables, et que tous les ans vous voulussiez les couvrir par des emprunts. Car ces banquiers considérables et puissants qui traitent avec vous vous diraient bientôt : Vous voulez emprunter 2 ou 300 millions; nous ne pouvons vous les donner, l'état de la place ne le permet pas. L'emprunt lui-même finirait ainsi par être un conseiller utile qui vous avertirait au moment où vous voudriez y recourir. Mais vous n'avez pas même voulu recourir à ce conseiller, vous avez imaginé un moyen plus simple; et ce moyen consiste dans les réserves futures de l'amortissement. On vote des dépenses et on leur affecte les reserves de 1850, 1851, 1852, 1853, jusqu'en 1857. C'est une simple façon de parler : veut-on cent ou deux cents millions de plus, on parle des réserves de 1857 ou 1858, et tout est soldé.

Voilà la réalité, et en attendant c'est la dette flottante qui porte le fardeau.

Permettez-moi de definir au juste ce que sont les réserves de l'amortissement. Les uns disent : Ce sont des ressources réelles; les autres : Non. Voici ce que c'est. Vous savez (je vous demande pardon de vous donner cette definition, vous n'en avez pas besoin, mais elle contribuera à éclaircir la question), vous savez que nous avons diverses espèces de fonds : du 3 p. 0/0, du 4, du 4 1/2, du 5 p. 0/0; vous savez qu'une loi très-sage a établi qu'on n'amortirait pas au-dessus du pair. Tous les fonds qui sont au-dessus du pair laissent disponibles la portion de l'amortissement qui leur correspond; cette portion n'étant pas employée, vous la demandez à l'amortissement; c'est un emprunt que vous faites à l'amortissement, un emprunt tout aussi réel que celui que vous faites à M. de Rothschild; car vous lui donnez des rentes en équivalent.

Si vous vous borniez à prendre la réserve de l'amortissement tous les ans, je ne dirais rien à cela; mais vous prenez les réserves futures, c'est-à-dire que vous empruntez à un capitaliste qui n'a pas encore les fonds sur lesquels vous comptez; et ce capitaliste les donne, à quelle condition? C'est que les fonds seront toujours au-dessus du pair, c'est qu'aucun événement ne viendra changer la situation, ne viendra changer les combinaisons financières.

J'ai donc raison de dire que vous n'avez pas là recours à l'emprunt ordinaire, à l'emprunt qu'on fait sur la place, qui vous avertirait, parce que le crédit est un conseiller; vous avez recours à des réserves qui n'existent pas encore, vous vous adressez à un capitaliste qui n'a pas les fonds qu'il vous promet, ou que vous vous promettez sans qu'il les ait promis.

Eh bien, Messieurs, quelle est en réalité la situation, sans illusion? Et ici, si quelqu'un a une contestation à élever, qu'il l'élève, j'y répondrai à l'instant même, car il faut que nous arrivions à la vérité rigoureuse.

Je définis la situation : un budget ordinaire de plus de 1,400 millions, que vous ne pouvez solder avec les recettes ordinaires et que vous ne soldez qu'avec les réserves de l'amortissement; et un budget extraordinaire de 140, de 150 ou de 170 millions, que vous payez avec les réserves futures de l'amortissement, lesquelles n'existent pas encore, en attendant avec la dette flottante, et quand la dette flottante est trop chargée, avec un emprunt, ainsi que vous l'avez fait l'année dernière, pour diminuer la dette flottante qui grossissait trop. Ainsi vous marchez vers cet avenir qui vous rassure tant et qui ne me rassure pas du tout, avec une dette flottante qui grossit toujours, qui devient tellement forte que vous-mêmes reconnaissez la nécessité de recourir de temps en temps a un emprunt pour la diminuer. Quel est donc le point vrai de la question? Je ne suis monte à la tribune que pour le fixer, pour le bien préciser, c'est l'état de la dette flottante. Tant que vous ne serez pas éclairés sur la masse de la dette flottante, vous ne connaîtrez pas tout le danger de la situation.

Je ne suis monté à la tribune que pour eclaircir la question de la dette flottante : c'est la qu'est le danger; c'est là qu'est le véritable péril. (Très-bien! tres bien!)

Messieurs, il y a mille manières de presenter la dette flottante; suivant qu'on la présente d'une façon ou d'une autre, on s'entend, ou on ne s'entend pas; on arrive au vrai, ou on n'y arrive pas.

Permettez-moi une comparaison qui malheureusement s'est réalisée trop véritablement dans notre pays et dans d'autres. Figurez-vous une maison de banque conduite, ou par un chef sévère, soigneux, ou par un chef complaisant, et qui veut s'aveugler sur sa situation.

Eh bien, quand le mouvement des affaires est considérable, une grande affluence de fonds vient dans les mains du banquier, et lui procure une illusion malheureuse. Trompé par cette abondance de ressources, que le grand courant d'affaires lui amene, il s'engage dans une multitude d'affaires; il s'abuse; il croit que cette grande quantite de capitaux que le torrent des affaires amene chez lui sont des valeurs réelles, et il prend des engagements en conséquence. Si c'est un banquier soigneux, prudent, il se rend compte de la nature de ces ressources passagères, et il ne prend que des engagements raisonnables; il s'arrête a temps; il ne prend que les engagements qu'il peut remplir. Si c'est un banquier aveugle, complaisant, il continue imprudemment ses opérations, et, quand arrive la crise, ses ressources s'évanouissent dans ses mains, et les engagements fondent sur sa tête. Et c'est ainsi que nous avons vu souvent les plus grandes, les plus vieilles, les plus considérables maisons de banque succomber.

Eh bien, le Trésor n'est pas autre chose. Examiner la dette flottante, c'est juger si cette abondance de fonds n'est pas factice, et si les engagements que vous avez pris sont proportionnés à vos ressources.

Permettez-moi maintenant de vous dire ce qu'est la dette flottante sous le rapport des moyens d'y faire face et sous le rapport des découverts auxquels elle doit pourvoir.

Le Trésor est en correspondance avec les receveurs généraux, avec la caisse des consignations, avec les départements et les communes, avec les régiments dont il est le depositaire. Les receveurs généraux sont en avance ordinairement d'une cinquantaine de millions. M. le baron Louis a voulu très-sagement que les départements et les communes eussent l'État pour caissier. Les communes et les départements, qui, dans ce moment, exécutent des travaux considérables, ont des fonds stagnants; l'État est leur caissier; les communes vous fournissent de la sorte 120 ou 130 millions de fonds disponibles. La caisse des consignations, à cause des caisses d'épargne, verse chez vous près d'une centaine de millions. Les régiments, les corps de marine, les invalides de la marine déposent leurs fonds au Trésor. Tout cela réuni fait à peu près 300 millions de ressources déposées dans vos mains.

Quand la dette flottante est plus forte, voyons comment on y pourvoit.

On émet sur la place des effets que vous connaissez tous, de nom du moins, et qu'on appelle des *bons royaux*. Ce sont des effets à échéance prochaine que le public prend volontiers dans certaines circonstances (je dirai lesquelles), et avec ces bons royaux, joints aux premières ressources dont je viens de parler, on arrive à des sommes de 400, 500, 600 millions, qui sont la moyenne des forces de la dette flottante. Ainsi les ressources pour faire face à la dette flottante se composent de toutes les avances des correspondants du Trésor et des bons royaux qu'on émet sur la place. Quant à la dette elle-même, voici de quoi elle se compose. Premièrement elle se compose d'une ancienne dette flottante de 256 millions antérieurs a la Restauration, puis de la portion des budgets non encore liquidée, et enfin des travaux extraordinaires auxquels il n'a pas été pourvu.

Quelle est la question ? C'est de savoir si, en pratique, les moyens de la dette flottante correspondent aux dépenses dont on la charge.

Ici, Messieurs, je vous demande la permission, en tres-peu de mots, d'évaluer la dette flottante, cette année, l'année prochaine, en 1850, dans l'année qu'il vous plaira de choisir pour établir cette liquidation du Trésor. '

Je prends 1848. Quelle sera la dette flottante à la fin de 1848? M. le Ministre des finances vous a dit qu'en 1849 les réserves de l'amortissement commenceront à absorber les dépenses extraordinaires. J'admets cette supposition. Mais en 1848, vous reconnaissez qu'aucune partie des dépenses extraordinaires n'a encore été couverte par les réserves de l'amortissement. Il reste donc à les payer intégralement. Quelle sera, d'après les tableaux mêmes fournis par M. le Ministre des finances, quelle sera, à la fin de 1848, c'est-à-dire, dans onze ou douze mois d'ici, la portion des travaux extraordinaires deja exécutés, exécutes, pas encore liquidés, mais certainement dus quoique non encore liquidés? Ce sera, d'apres le même budget, 676 millions.

A la fin de l'année 1848, aucune portion de la réserve de l'amortissement n'ayant encore couvert le budget extraordinaire, vous aurez d'exécutés et de dus 676 millions de travaux. Cette somme n'est pas tout entiere sur la dette flottante, car vous n'y tiendriez pas. Cette somme doit être diminuée d'abord de l'emprunt contracté cette année; l'emprunt aura donne plus que ne nous le disait hier M. le Ministre des finances ; il aura donné, au 7 décembre prochain, 140 millions. Les compagnies doivent vous rembourser 152 millions; elles ne vous les doivent que d'ici à 1855.

Je veux supposer, pour ne présenter que le côté le plus favorable des choses, que les compagnies vous rembourseront ces 152 millions en trois ans, c'est-à-dire 50 millions par année. Je crois qu'elles seront dans l'impossibilité de le faire ; j'accorde qu'elles rembourseront en trois ans 50 millions par année, et que l'emprunt aura donné 140 millions.

A la fin de l'année 1848, les compagnies auront remboursé 50 millions et l'emprunt aura donné 140 millions. Ce sera 170 millions à défalquer de 676 millions. Il restera, sur les travaux extraordinaires a la charge de la dette flottante à la fin de 1848, une somme de 486 millions. Il faut ajouter à cela la vieille dette flottante, qui est de 256 millions, et vous avez alors, d'une maniere incontestable, pour la fin de 1848, une dette flottante de 742 millions.

Maintenant il faut y ajouter une quantité dont l'existence nous a été révélée récemment. Je la connaissais ; mais elle a acquis une notoriété officielle, l'année dernière, par les comptes rendus de M. Lacave-Laplagne.

Elle consiste dans les encaisses de toute espèce que le Trésor a besoin d'avoir chez tous les agents qui ont des payements à exécuter pour lui. Elle s'élève à environ 50 millions, ce qui porte le total de la dette flottante, en 1848, à environ 800 millions.

Ainsi, d'apres vos propres états, en 1848, nous arriverons à 800 millions ; voilà le terme de votre liquidation hypothétique. Voulez-vous que je place cette situation à la fin de 1849 ? Eh bien, alors vous aurez 116 millions de plus de dépenses sur les travaux de 1842.

(Mouvement au banc des Ministres. — *M. Thiers.* Si M. le Ministre des finances trouve à contredire mes chiffres, je m'arrêterai. — *M. le Ministre des finances.* Non, Monsieur.)

En 1849, vous aurez exécuté de plus, d'après les propositions du budget, 116 millions sur les travaux de 1842 et 18 millions sur ceux de 1841; vous aurez donc une dette flottante de 876 millions. Je déduirai de cela les 50 millions des remboursements des compagnies, 110 millions qui vous seront encore dus en 1849 sur l'emprunt, et enfin les réserves de l'amortissement, en admettant votre hypothèse qu'elles seront libres; alors votre dette flottante excédera encore 700 millions.

Je crois que je ne serai pas démenti par MM. les Ministres, en disant qu'en 1848, 1849 et 1850, la dette flottante roulera entre les termes extrêmes de 700, 750 à 800 millions.

Je soutiens que ces chiffres et ces assertions sont irréfragables, je les ai pris dans le budget même. Eh bien, Messieurs, la question est là tout entière. (Mouvement.) Oui, Messieurs, vous avez pour 1848, 1849 et 1850 une dette flottante qui variera entre 700 et 800 millions. Est-ce là, Messieurs, un terme raisonnable pour la dette flottante? Je dis que c'est une situation... je n'ose pas la qualifier, je me bornerai à dire qu'elle est de la plus haute imprudence.

Voici ce que la pratique nous a montré jusqu'ici dans les temps antérieurs: c'est que la France ne pouvait pas supporter une pareille dette flottante. Je sais bien qu'on ne se figure pas toujours les progrès véritables du temps; cependant il ne faut pas se les exagérer.

Si vous voulez vous reporter vers le passé, je vous rappellerai qu'il y eut, sous la Restauration, entre M. de Villele et M. le comte Roy, une discussion des plus vives, dans laquelle je me hâte de dire, par impartialité, je crois que M. de Villèle avait raison; discussion qui s'était élevée sur 250 millions de dette flottante. M. le comte Roy, qui était un financier distingué, disait que c'était une haute imprudence que d'avoir une dette flottante de 250 millions. Selon moi, ce n'était pas exact; je crois que la France pouvait même alors supporter davantage.

. J'ai vu ici une discussion des plus vives, je dirai même des plus calomnieuses, en 1831, entre M. Laffitte, M. Humann et M. Louis, sur une dette flottante de 400 millions. Pour moi, je dois le dire, je croyais que la France pouvait porter ce fardeau. Mais arriver si vite, pour avoir peut-être un peu méconnu la rapidité de la marche du temps, à croire qu'on peut supporter 7 à 800 millions de dette flottante, c'est beaucoup trop. Je dis que si les autres allaient beaucoup trop lentement, vous allez, vous, beaucoup trop vite!

Je prends ici pour juge M. le Ministre des finances, et j'invoque sa déclaration d'hier. Il a dit hier qu'une dette flottante de 600 millions etait le terme au dela duquel il ne fallait pas aller. Et pourquoi disait-il cela? Parce qu'on lui faisait le reproche, qui, à mon avis, n'était pas suffisamment fondé, d'avoir fait un emprunt. Il disait : « J'allais dépasser le chiffre de 600 millions, et on ne peut pas prudemment s'exposer à avoir une dette flottante de plus de 600 millions ! » M. le Ministre des finances l'a dit hier, sa parole n'a pas besoin d'être justifiée; mais je pourrais donner une simple explication qui ferait comprendre à quel point il avait raison.

Les correspondants du Trésor, et c'est pour cela que j'ai donné cette définition, un peu longue peut-être, de la dette flottante; les correspondants du Trésor vous fournissent environ 300 millions; mais pour cela il faut que l'état des affaires soit favorable. Je ne crois pas que les caisses d'épargne menacent d'un désastre; j'espère que non. Mais enfin vous les avez vues à 120 millions, à 80 millions, à 130 millions, cela varie. Les départements et les communes n'ont beaucoup de fonds déposés chez vous que quand ils font beaucoup de travaux; s'ils en font moins, les fonds diminuent. Cette ressource de 300 millions que vous avez aujourd'hui se trouvera singulièrement atténuée dans certaines circonstances. Il n'est pas sage de compter sur plus de 300 millions, et, à l'heure qu'il est, vous en avez 320.

Quant aux bons royaux, vous en avez émis une grande quantité. Vous trouvez vous-mêmes que vous en avez beaucoup a l'heure qu'il est, et le commerce se plaint aussi que c'est beaucoup, parce que les fonds que vous avez entre vos mains, ces fonds-là ne sont plus entre les mains du commerce et de l'industrie. Vous n'en avez pourtant que pour 284 millions.

Pour couvrir une dette flottante de 600 millions, il vous faut donc 300 millions des correspondants du Trésor et 300 millions de bons royaux.

Je ne nierai pas que, dans un moment tres-difficile, on ne puisse ajouter 50 millions de bons royaux; mais je dis que, quand on est à 600 millions de dette flottante, on a atteint les limites raisonnables.

Mais, maintenant, à quelle condition a-t-on 300 millions de bons royaux, c'est-à-dire 600 millions de dette flottante? Savez-vous à quelle condition? C'est à la condition d'avoir tous ses moyens paralysés. Quand vous avez 600 millions de dette flottante, 650 millions si vous voulez, tous vos moyens sont d'avance paralysés.

Quelle est la ressource ordinaire du Trésor dans un événement, je ne dirai pas extraordinaire, désastreux, dans un évenement difficile, qui exige un demi-armement, quelle est la première ressource? Ce sont les bons royaux. Supposez qu'un événement exige des précautions, de quelque nature que ce soit, quelle est la ressource ordinaire? Les bons royaux, je le répète. Eh bien, vous voilà pendant plusieurs années dans cette situation, où, ayant excédé les moyens raisonnables de la dette flottante, si un besoin imprévu survenait, vous auriez les mains liées. Ceci est incontestable.

Ne supposez pas d'événement; voici la situation : une dette flottante dont vous avez excédé les limites, aux charges de laquelle vous ne pouvez suffire qu'en ajournant des dépenses, et en les ajournant d'une année sur l'autre par des moyens d'expédients qui sont du reste assez faciles. Mais quand vous avez décharge la dette flottante de 1848. c'est a la condition de retrouver sur 1849 la charge que vous avez ainsi reportée d'une annee sur l'autre. Vous êtes donc dans cette situation, que vous avez excédé ou au moins atteint les dernières limites de la dette flottante, et qu'il ne vous reste pas de ressources pour un événement imprévu. De plus, votre crédit est paralysé pour deux ans; car vous avez un emprunt qui ne sera achevé qu'à la fin de 1849. Ce n'est pas tout : vous avez les compagnies a côté de vous, et c'est là surtout le plus grave reproche que j'adresserai au Gouvernement, pour cette licence, permettez-moi le mot, avec laquelle on s'est livré aux depenses exagérées des travaux publics.

A côté de l'État obéré il y a des compagnies qui ne le sont pas moins, tandis que vous demandez au crédit 140 millions en 1848, 110 millions en 1849, les compagnies seront obligees, elles, de lui demander 150 millions; de façon que, quand vous aurez demandé en moyenne pour 150 millions, les compagnies en demanderont autant. C'est 300 ou 280 millions par an à demander au crédit; en sorte qu'à côté d'une dette flottante de 600 à 700 millions, c'est-à-dire excédant déjà la limite raisonnable, la limite de la prudence, vous demanderez concurremment 120, 130 millions par l'emprunt, et les compagnies, de leur côté, seront obligées de demander 150 millions, et tout cela concurremment. Car votre dette flottante de 600 millions, si vous ne faisiez pas ces emprunts, passerait 7 à 800 millions; c'est pour qu'elle s'arrête à 600 millions que vous êtes obligés de vous adresser au crédit. Ainsi à côté d'une dette flottante qui dépasse, qui atteint au moins les limites raisonnables, vous êtes obligés, que vous vous appeliez Etat ou que vous vous appeliez Compagnies, d'attirer à vous 300 millions par an, pendant les années qui vont suivre.

Je ne crois pas qu'aucune de ces assertions puisse être infirmée.

Ne supposez aucun événement. Quelle va être votre situation pendant plusieurs années ? Une dette flottante excessive, et deux absorptions de capitaux nécessaires, indispensables, une par l'Etat, une par les compagnies. Voulez-vous savoir quelle est la cause de la crise commerciale? La voila. (Mouvement.)

Savez-vous quelle est la conséquence de ce que j'ai appelé, moi, les folies de la paix, et de ce que M. le Président du conseil a appelé les témérités de la paix ? C'est justement qu'avec l'espérance de satisfaire tous les intérêts, de couvrir le pays de biens, en réalité vous détournez les capitaux de leurs cours naturel, vous les arrachez à l'industrie, vous les arrachez au commerce, aux fabricants, aux banquiers, à tous ceux qui en ont besoin. (Tres-bien ! très-bien !)

Messieurs, quel phénomène avez-vous ainsi opéré ? Est-ce qu'il y a quelqu'un d'assez peu versé, permettez-moi de vous le dire, dans la connaissance de la société, pour croire qu'il y a des réservoirs cachés desquels on peut, par des procédés plus ou moins ingénieux, aller tirer 3, 4 ou 500 millions par an ? Est-ce que vous croyez que la société a des capitaux qu'elle vous cache, qu'elle les fait sortir de son sein quand vous savez leur adresser des appels plus ou moins flatteurs et plus ou moins séduisants ? Pas du tout. La société n'a pas de capitaux qu'elle cache ainsi dans des reservoirs souterrains. Quand vous attirez vers les travaux publics 300, 400, 500 millions par an, où croyez-vous que vous les prenez ? Dans toutes les autres industries.

(*Au banc des ministres.* Dans les économies !)

Messieurs, tous les hommes d'affaires sans exception vous déclareront que, si les capitaux ne manquent pas à la banque, au Tresor dans ce moment, grâce à l'appel que leur font les bons royaux, ils manquent dans toutes les industries, par suite de ce phénomene incontestable. C'est qu'il n'y a pas deux réservoirs de capitaux, si je puis me servir de ce mot-là, et que, quand on les appelle fortement d'un côte, c'est pour les enlever de l'autre ; c'est incontestable.

(*M. Émile de Girardin.* Tout cela est contesté ! — *M. Thiers.* Si cela est contesté, je plains ceux qui contestent; cela n'accuse pas un grand esprit d'observation. — *M. Émile de Girardin.* Je demande la parole !) (Ah ! ah ! — Bruit.)

Je dis donc, Messieurs, que la situation décrite sans exagération, avec la plus grande précision possible, peut se définir ainsi : un budget ordinaire en déficit, soldé tous les ans, jusqu'ici du moins, avec les réserves de l'amortissement qui devaient suffire au budget extraordinaire, un budget extraordinaire solde avec des réserves futures, et, en attendant, avec la dette flottante ; enfin la dette flottante que vous diminuez de temps en temps par un emprunt, mais qui, même après cet emprunt, reste au dessus des limites raisonnables, au-dessus des limites de la prudence.

Eh bien, on aura beau contester, je défie qui que ce soit connaissant la marche des finances, je le défie de dire et de soutenir qu'on peut sans danger enlever tous les ans 300 millions au pays.

(Réclamations et interruption prolongée. — *Plusieurs voix.* On ne les enlève pas !)

Messieurs, je vous prie de croire que, dans une question aussi grave, je n'emploie pas de termes sans avoir réfléchi à leur portée.

Quand je dis que vous enlevez chaque année 300 millions au pays, je ne dis pas que c'est pour les jeter dans un précipice, dans un abime sans fond ; je ne dis pas cela. (Mouvement.)

Que tous les économistes qui discutent entre eux veuillent bien me permettre d'achever ma pensée ; ils verront si elle est juste. Je dis que jamais avant aujourd'hui on n'avait imaginé que le capital des économies de la France fût de 300 millions par an. Non, je le répète, jamais avant aujourd'hui on ne l'avait cru. (Mouvements divers.)

Il y a trente ans que j'entends discuter cette question, que je l'ai discutée moi-même avec les hommes les plus capables et les plus renommés de l'Europe en cette matière, et je n'ai jamais entendu dire qu'on pût sans inconvénient emprunter 100 millions tous les ans. Eh bien, aujourd'hui, à côté d'une dette flottante que j'ai définie, dont j'ai donné la valeur, valeur qui, je crois, ne sera pas contestée, à côté de cette dette flottante, vous faites par l'État ou par les compagnies un emprunt de 300 millions tous les ans.

Cela va durer plusieurs années. Supposez la paix que M. le Ministre tient dans ses mains, comme il l'a dit, dont il dispose, dont il est le maître (Rires); supposez la paix; voilà, pendant plusieurs années, votre situation.

Vous vous demandez pourquoi, depuis dix-huit mois, toutes les valeurs sont dépréciées; pourquoi, quand vous leur donnez pour les soutenir une nouvelle favorable d'un moment, elles ne remontent pas. La cause est là : c'est que les capitaux, par l'abus qu'on en a fait, sont devenus très-rares; ils manquent, non-seulement aux travaux publics, mais ils manquent à la société et à l'industrie; vous avez voulu tout faire à la fois; vous avez voulu ainsi accomplir une chose qu'on n'avait jamais vue, jamais imaginée, jamais essayée. Vous n'avez pas la puissance, quelle que soit votre confiance, quelles que soient vos illusions, vous n'avez pas la puissance de changer la nature des choses. De plus forts, de plus grands que vous ne l'ont pas pu; vous ne le pourrez pas davantage, quels que soient les mots dont vous couvriez votre politique; que vous l'appeliez la paix, la conservation, l'ordre par excellence, vous ne changerez pas les conditions de la société.

Il y a dix ans, on croyait qu'on ne pouvait demander à un pays autant de ressources à la fois sans l'appauvrir. Vous n'avez pas créé des ressources qu'il n'avait pas. Que vous dépensiez 50 millions de plus, je le comprendrais; mais quand vous voulez aller de 100 millions a 300 millions, et cela à côté d'une dette flottante aussi énorme, je dis : Ce n'est pas une témérité; il faut un mot plus sévère, et que mon respect des convenances m'empêche d'apporter ici.

J'ai toujours supposé qu'il n'y aurait pas d'événements.

Je me suis placé dans toutes vos suppositions avec une complaisance parfaite, pour ne pas créer des contestations de détail. Ainsi, vous m'avez dit que vous aviez la conviction qu'en 1849 les ressources de l'amortissement seraient libres : je ne le crois pas; mais je vous l'accorde. Vous m'avez dit qu'il n'y aurait pas de difficultés politiques; je ne le crois pas, mais je vous l'accorde. Il n'en est pas moins vrai que, pendant cinq, six, sept ou huit ans, vous aurez placé le pays dans des embarras infinis. Maintenant, supposez le moindre événement : je ne parle pas de ces catastrophes qui peuvent changer la face de l'Europe. Assurément, sans être des oiseaux de mauvais augure, sans être des alarmistes, sans être des esprits qui cherchent partout le désordre, et qui le prévoient, parce qu'ils le désirent, on peut croire, dans l'état de l'Europe, que des événements peuvent surgir. Bien que M. le Ministre des affaires étrangères passe pour un ministre très-confiant, qui regarde les événements, comme le disent ses amis, avec une sérénité constante, je le défierais, avec sa sérénité, de venir dire que l'Europe est dans un tel état qu'on n'ait pas un événement à craindre.

En vérité, vous croyez tout terminer en nous disant : Nous avons notre ressource contre tout événement; nous sommes le Ministère de la paix. Vous êtes le Ministère de la paix ! vous disposez des événements ! Ah! si vous en disposez depuis une année, vous êtes bien coupables! (Vive approbation à gauche.) Comment! vous disposez des événements, et c'est vous qui avez fait l'année qui vient de s'écouler ! Non, ce n'est qu'une vanterie; vous seriez trop coupables si vous en disposiez. (Nouvelle approbation à gauche.)

Vous avez pu vous appeler le Ministère de la paix; mais depuis les mariages espagnols vous n'êtes plus le Ministère de la paix. Si vous y regardez de près, vous reconnaîtrez que la crise a commencé depuis une année. Elle a commencé le jour où vous avez abandonné la vieille politique de ce Gouvernement, politique tantôt bien tantôt mal pratiquée, mais constante, politique qui vous rapprochait de la puissance constitutionnelle avec laquelle on pouvait agir sur le monde; la crise a commencé le jour où, pour une cause qui n'était ni nationale ni vraiment politique, vous vous êtes séparés de l'Angleterre, choisissant le moment ou le monde devait le plus désirer que l'alliance des pays libres se maintînt; ce jour-là vous n'avez plus été le Ministère de la paix, et quand vous prenez ce titre vous l'usurpez.

Quand vous vous appelez le Ministère de la prospérité publique, l'état de nos finances vous répond. Quand vous vous appelez le Ministère de la paix, nous vous citons l'Espagne, l'Italie, la Suisse. Et si c'est pour nous rassurer sur l'état de nos finances que vous prétendez vous parer de ces titres, je quitte cette tribune profondément alarmé. (Très-bien!)

(L'orateur, en descendant de la tribune, reçoit les félicitations d'un grand nombre de ses collègues. Une longue agitation succede à ce discours. La séance reste suspendue pendant trois quarts d'heure.)

M. Duchatel, *Ministre de l'intérieur*, répond à M. Thiers dans un discours développé qu'il résume par ces paroles :

Je crois donc pouvoir établir que nous sommes en mesure d'acquitter les dépenses des grands travaux publics extraordinaires. Si, comme je l'espère, les revenus du budget ordinaire suffisent pour en couvrir les dépenses, à dater de 1849, la réserve de l'amortissement sera une ressource réelle et efficace; et si, plus tard, on doit recourir au crédit, il n'y aura rien la d'imprudent; les travaux publics pourront être exécutés, je n'hesite pas à le dire, sans manquer aux règles de la prudence. Si je ne craignais de fatiguer la Chambre (Non ! non ! Parlez !), je mettrais sous ses yeux le tableau de ce que peut être notre situation financiere. Je ne voudrais ni provoquer de dépenses nouvelles, ni amener des illusions qui pourraient être dangereuses pour les finances. Non ! vous verrez quelles peuvent être nos bonnes chances, et nous devrons faire la réserve des chances mauvaises pour nous renfermer dans les limites, que je respecte autant que qui que ce soit, de la sagesse et de la prudence. (Parlez ! parlez !)

Voici comment peuvent se résumer les années qui se sont écoulées depuis 1840.

En 1840, 1841, 1842 et 1843, les budgets ont été en deficit : ces déficit se sont trouvés soldés par 435 millions prelevés sur les réserves de l'amortissement. Le déficit avait cessé en 1844 et 1845; les deux exercices réunis présentaient un excedant. L'année 1846 a ramené le deficit. En prenant les chiffres actuels qui seront sujets à réduction, en les prenant pour mesure des découverts auxquels il faudra pourvoir, 1846, 1847 et 1848 imposeront une charge de 220 millions, qui sera couverte par les réserves de l'amortissement, de sorte que nous nous trouverons, au commencement de l'année 1849, ayant acquitté tous les decouverts des budgets. En même temps qu'aurons-nous fait en travaux publics au commencement de 1849 ? Voici ce que nous avons fait en travaux publics : nous avons dépensé pour tous les travaux rappelés par l'honorable M. Thiers, et compris dans la loi de 1841, nous avons dépensé au 1er janvier dernier 405 millions; nous avons dépensé sur les grands travaux de chemins de fer et les travaux compris dans la loi de 1842, 410 millions; il faut y ajouter 62 millions de travaux extraordinaires compris au budget de 1841, qui ont eté liquidés dans l'ancien système avant que la loi de 1841 fût en vigueur; et enfin 48 millions pour les fortifications de Paris, prélevés sur les budgets ordinaires de 1840 et de 1841. Ces quatre chiffres réunis donnent un total de 926 millions. Nous aurons donc dépensé et payé 926 millions de travaux publics extraordinaires civils ou militaires de 1841 à 1847.

Maintenant, que nous reste-t-il à solder pour accomplir la grande entreprise des chemins de fer, pour suffire à tout ce que vous avez voté, pour que l'œuvre soit complète ? Voici ce qui nous reste.

M. le Ministre des finances a parfaitement établi dans son exposé des motifs, et les chiffres n'ont pas été contestés, qu'il existait environ une somme de 570 millions à exécuter, pour laquelle des ressources spéciales n'ont pas été affectées; c'est cette charge de 570 millions qu'il faudra que le pays supporte, et pour laquelle des ressources sont nécessaires. Quand cette somme de 570 millions aura été payée, le grand système des travaux publics sera complet, vos chemins de fer joindront le Havre à Marseille, Paris à Bordeaux et à Nantes, comme ils joignent aujourd'hui Paris au Havre et à la frontière de Belgique.

Je sais très-bien qu'il pourra (je vais au-devant de l'objection) être besoin de recourir à des crédits extraordinaires, cela est inévitable ; mais aussi, lorsque la liquidation de ces entreprises sera accomplie, la dette flottante n'aura plus a supporter que l'ancien découvert des budgets antérieurs a 1830 , de 256 millions, et ce découvert sera pour la dette flottante une charge trop légere; car, s'il faut que la dette flottante ne dépasse pas certaines limites, il ne faut pas non plus qu'elle reste au-dessous d'une limite trop restreinte ; la dette flottante, selon moi, doit toujours demeurer, en temps ordinaire, dans les limites de 450 à 500 millions. C'est la mesure naturelle et juste dans l'état actuel des finances et du crédit du pays.

Si la dette flottante devait être réduite à des sommes moins considérables, il faudrait renoncer à émettre des bons royaux ou tarir les ressources de la dette flottante, ou maintenir une dette flottante produisant des sommes qui resteraient en dépôt à la banque, ne rendant aucune espèce de profit au Trésor, et étant employées par lui sans aucun bénéfice.

Voilà donc quelle est la charge à laquelle nous devons pourvoir, 570 millions. Nous avons trouvé moyen de 1840 à 1847, en ayant à subir à la suite des événements de 1840, comme à la suite de la disette de 1846, un découvert fixé à 435 millions, d'un côté pour les quatre premieres années, de 220 millions à 200 millions pour les trois dernières ; nous avons trouvé moyen d'acquitter pour 900 millions de travaux extraordinaires, et nous ne pourrions pas suffire aux 570 millions pour lesquels il faut aujourd'hui trouver des ressources. Je n'hesite pas à dire que le passé répond de l'avenir ; surtout un pays qui travaille, un pays qui entreprend de grandes choses, un pays qui place son argent en travaux publics, devient plus riche de jour en jour ; non-seulement le pays, mais le Trésor y gagne par ses recettes l'intérêt de ce qu'il dépense en capitaux. (Très-bien !)

Certainement il sera plus facile, à moins de graves malheurs, et j'espère que les années suivantes vaudront bien, en moyenne, celles que nous venons de traverser; à moins de malheur, il sera plus facile de trouver les 570 millions pour lesquels il faut créer des ressources, qu'il ne l'a été de trouver les 900 millions que les travaux publics ont coûté dans les six dernières années qui viennent de s'écouler.

Je crois donc qu'on peut sans aucune témérité persister dans l'œuvre qui a été entreprise. Si les prévisions du Gouvernement et de mon honorable ami le Ministre des finances s'accomplissaient, voici quelle serait notre situation à la fin de 1854 : nous aurions fini nos grands travaux publics, dépensé 1,600 millions ; les chemins de fer seraient exécutés, et la dette flottante serait ramenée aux proportions que l'honorable M. Thiers trouve prudentes et raisonnables, et en même temps nous aurions imposé à la dette fondee une charge d'environ 30 millions, à peu près la même charge que la Restauration a réclamée pour l'indemnité des émigrés ; et pendant le même temps, car c'est un fait qu'il ne faut pas méconnaître, l'amortissement affecté au 3 p. 0/0, et qui est coté a plus de 30 millions, n'aura pas cessé d'agir. Je reconnais, comme M. Thiers le disait en empruntant les paroles d'un homme illustre en finances, M. le baron Louis, qu'il est sage d'amortir et de réduire sa dette pendant la paix. Nous l'avons, en ce qui regarde le 3 p. 0/0, réduite dans une certaine proportion. Pendant qu'on aurait créé 30 millions de rentes nouvelles, on en aurait racheté environ 17, 8 millions rachetés depuis 1840 au 1er janvier 1848, et 8 ou 9 qui seraient rachetés d'ici à 1854, par l'action naturelle et progressive du fonds de rachat.

La charge nette de la dette publique serait donc de 13 millions ; elle serait augmentée, je le reconnais.

Mais, quand le baron Louis disait qu'il fallait amortir pendant la paix , qu'entendait-il ? Que, quand on avait contracté des dettes pendant la guerre, dettes qu'il faut supporter pour le besoin de la defense du pays, il était sage de préparer des ressources pendant la paix. Mais il y a deux espèces d'amortissement : il y a l'amortissement qui réduit la dette ; il y a l'amortissement qui augmente la richesse. (Très-bien ! très-bien !)

Je n'hésite pas à dire que l'amortissement est mieux employé en augmentant les éléments de la richesse publique, qu'il ne peut l'être en réduisant la dette elle-même. Il prépare de bien plus puissants moyens de force et de grandeur pour l'avenir que ne pourraient le faire quelques sommes employées a réduire la dette.

Pour ma part, je crois que la dette consolidée n'est pas trop considérable, qu'elle n'est pas augmentée en proportion de la richesse générale, et qu'il faut que cet emploi reste ouvert aux capitaux, parce qu'il y a beaucoup de capitaux qui cherchent ce placement, capitaux non-seulement du pays, mais aussi de l'étranger.

(*M. Garnier-Pagès.* Empruntons toujours, et la rente tombera à 60 fr.!)

Mais quand vous employez votre argent en travaux utiles, quand vous dépensez vos capitaux à des entreprises productives, vous amortissez, vous amortissez réellement; car, qu'est-ce que c'est que l'amortissement? quelle est son utilité? C'est d'augmenter la puissance publique, c'est de changer au profit de l'État le rapport entre les ressources et les charges. Or on peut faire changer ce rapport de deux manieres, ou en diminuant les charges ou en augmentant les ressources; et si vous augmentez les ressources dans une beaucoup plus grande proportion que vous ne réduiriez les charges, je dis qu'il est incomparablement plus sage et plus desirable d'employer le second moyen que le premier. (Très-bien!)

Le premier, c'est un moyen stérile, c'est un moyen qui n'a, si je puis m'exprimer ainsi, qu'une valeur arithmétique; l'autre est un moyen qui réalise les vrais et féconds principes de l'économie publique, c'est ainsi qu'on peut seulement augmenter la richesse du pays, et en même temps lui préparer pour l'avenir de nouveaux eléments de force et de grandeur. C'est ce moyen puissant que nous avons voulu employer; nous ne croyons pas avoir depassé la proportion.

Malgré les difficultés qu'il y aura à surmonter, nous ne croyons pas plus nous être trompés en executant les grands travaux publics, que les Chambres ne se sont trompées en les votant, que le pays ne s'est trompé en les désirant, et dans quelques années, quand ils seront finis, tout le monde les benira, car tout le monde y verra l'accroissement de la prospérité du pays, la création d'elements de force et de grandeur pour l'avenir. En menant à fin cette grande entreprise, n'en doutez pas, Messieurs, vous aurez préparé le bien-être de toutes les classes, et vous aurez fondé sur de larges et solides bases la grandeur et la prosperite de l'Etat. (Approbation vive et prolongée au centre.)

M. **Thiers.** Si ce qu'a dit hier l'honorable M. Dumon, si ce que vient de répéter aujourd'hui l'honorable M. Duchâtel est vrai, nous sommes dans une situation financiere excellente; il y a tout au plus un embarras momentané, mais la situation au fond est très-bonne.

Je demande alors comment il se fait que le pays epiouve une detresse véritable, quoi qu'on dise? (Réclamation au centre.) Je demande pourquoi toutes les valeurs sont tellement dépréciées, que ce qui valait 900 fr. l'année dernière ne vaille plus que 500 fr. aujourd'hui.

(*Une voix.* C'était trop cher!)

Je vous demanderai compte alors du système d'illusions dont vous êtes les auteurs. (Nouvelle interruption au centre.)

Comment! des valeurs se sont trouvées sur la place avec votre assentiment, par votre volonté; elles valaient 900 fr., elles valent 500 fr. aujourd'hui; et vous dites que cela ne signifie rien!

Messieurs, je le demande à tous les hommes de finances, croient-ils que nos finances soient dans un etat grave, oui ou non? Y a-t-il quelqu'un, dans la commission du budget, qui ne croie pas que cet état de finances soit extrèmement inquiétant? Je demande comment on peut concilier cette réalité, malheureusement trop vraie, avec les discours que vous avez entendus hier et aujourd'hui.

(*Une voix à droite.* C'est la politique!)

La politique! ce n'est pas nous qui la faisons apparemment. Prenez garde aux reproches que vous allez aussi faire tomber sur la tête des Ministres. (Mouvement.)

Comment! nos finances sont excellentes, et la politique serait tellement mauvaise que les valeurs tomberaient à ce degré! Nos finances seraient excellentes! ce serait donc la politique qui aurait mis la place dans l'etat ou elle est. (Approbation et rires à gauche.) Songez-y bien ; savez-vous ce que je crois? Je crois que la politique n'est pas bonne ; mais elle n'est pas seule coupable : la finance est coupable aussi ; elle est pour une partie dans les embarras que vous éprouvez.

Maintenant, quant à la dette flottante, qu'ai-je dit? Que le budget ordinaire etait dans un déficit constant depuis plusieurs années. On dit : Cela finira ; soit. Mais quelles raisons apporte-t-on? On dit que les recettes augmenteront comme elles ont augmenté tous les ans.

Je l'accorde, bien libéralement à la vérité ; car l'année dernière elles ont présenté un déficit de 18 millions. (Mouvement.)

Je n'ai pas interrompu M. Duchâtel. J'aurais voulu m'expliquer sur la dette flottante ; je ne l'ai pas fait par égard pour lui, et parce que d'ailleurs il était propriétaire de la parole. (On rit.) Veuillez m'écouter jusqu'au bout :

Quelles sont les raisons qu'on nous a données pour prouver que le budget ordinaire sera cette année en équilibre? Des espérances? Vous me disiez de m'en rapporter aux faits ; eh bien, rapportez-vous-en aux faits aussi. L'année dernière, il y a eu un déficit de 18 millions. Si vous aviez suivi les règles ordinaires, vous auriez présenté un budget en déficit ; vous n'avez pas fait ce qui est d'usage ; vous n'avez pas pris la derniere année pour base de vos évaluations ; vous avez pris une base hypothétique, et vous y avez ajouté 20 millions. A la bonne heure! la prosperité publique vous obéira, et moi aussi. Il y aura une augmentation dans les recettes, de 60 millions, si vous voulez ; je vous prodiguerai les hypothèses ; mais enfin, ces hypothèses jusqu'ici ne se sont pas encore réalisées ; vous prétendez que cette année elles se réaliseront : qu'en savons-nous? Vous dites que la dette flottante ne sera que de 600 millions ; je trouve davantage, d'après vos propres tableaux. Vos chiffres sont-ils menteurs? C'est autre chose!

Maintenant voici un tableau que j'ai extrait des trois volumes publiés par M. Dumon. Interrompez-moi si je suis inexact, car je veux arriver à la verité. M'accordez-vous ceci, qu'à la fin de 1848, aucun des travaux exécutés en vertu de la loi de 1842 ne sera payé, puisque les réserves de l'amortissement auront été entierement consacrées aux découverts des budgets? Est-ce vrai?

(*M. le Ministre de l'intérieur. Et l'emprunt!*)

Attendez : je vais arriver à l'emprunt. Je répète ma question. Est-il vrai, oui ou non, qu'on m'interrompe si je me trompe, est-il vrai, oui ou non, qu'à la fin de 1848, aucune partie des travaux faits sur la loi de 1842 ne sera acquittée? Est-ce vrai? On ne peut le nier.

Voici ce que je trouve dans un tableau que j'ai détaché d'un des volumes distribués, page 78. Il y aura de dû, à la fin de 1848, 676 millions pour les travaux de 1842. (C'est vrai! c'est vrai!) Ces travaux ne seront pas liquidés, j'en conviens, mais ils seront dus. En janvier, février, mars, vous serez exposés tous les jours à voir les exécuteurs de ces travaux venir avec leurs créances réclamer leur payement. J'accorde, je le répète, que ces créances ne seront pas toutes liquidées ; mais elles seront dues à la fin de 1848.

Maintenant vous me dites : Et l'emprunt? Oui, je vous accorde l'emprunt. Eh bien, l'emprunt aura donné, à la fin de 1848, 140 millions. Et les remboursements des compagnies, voyez combien je suis loyal et de bonne foi, vous les avez évalués à 18 millions, je les evalue à 50 millions. Je suppose que les compagnies nous donneront 50 millions, c'est peu probable ; mais enfin soit. 140 millions et 50 millions font 190 millions. Déduisez cette somme des 676 millions qui seront dus, il reste la somme de 486 millions. Il y a ensuite l'ancienne dette flottante de 256 millions, ce qui donne 742 millions.

M. Laplagne, l'année derniere, a parlé des encaisses. M. le Ministre des finances doit me comprendre ; car enfin, il faut que les payeurs aient des fonds chez ceux ; il faut que le caissier de l'administration centrale ait des fonds. Vous avez des fonds en Afrique ; M. Laplagne a évalué à 50 millions les encaisses; 50 millions, ajoutés aux 742 millions, faisaient bien les 800 millions dont j'ai parlé. Comme il pourrait y avoir 40 à 50 millions non liquides, il reste donc 750 millions : je ne faisais donc pas erreur, et j'etais exact, quand j'ai parlé d'une dette flottante de 700 à 800 millions. Si tous les chiffres du budget sont exacts, il est évident qu'à mesure que vous avancerez dans la confection des travaux publics, la reserve de l'amortissement étant inférieure à la somme dépensée chaque année, il est évident, dis-je, que la dette devra s'accioltre jusqu'au jour où les travaux étant achevés et les réserves de l'amortissement n'ayant plus besoin de faire face aux déboursés annuels pourront diminuer la dette flottante. Mais je dis qu'on ne peut pas contester, à moins qu'on ne nous ait trompés dans les chiffres qu'on a imprimes, qu'on ne peut pas contester que la dette flottante sera d'environ 700 millions au moins pendant deux ou trois ans : je n'oserais pas dire le nombre des années.

Il reste donc vrai que la dette flottante va au delà des proportions raisonnables ; je dis raisonnables, parce qu'elle est dans une disproportion trop grande avec tous les précédents. J'ajoute que cela s'aggrave en se rencontrant avec une absorption annuelle et trop considérable des capitaux. Il paraît que mon expression n'avait peut-être pas une rigueur assez grande pour satisfaire tous les hommes qui s'occupent d'économie, et l'on a abusé d'une expression que j'avais employée. Quand j'ai dit *absorption des capitaux*, je n'ai pas voulu prétendre qu'on vînt dépouiller toutes les personnes qui ont des capitaux, qu'on les leur enlevât malgré elles, et qu'on allât les perdre et les jeter dans un abîme sans fond. Voici ce que j'ai voulu dire.

La société, tous les ans, a un capital d'économie. (C'est cela !) Permettez-moi de prendre un individu pour exemple. Je demande pardon de prolonger le débat. (Parlez ! parlez !) Supposez un individu qui gère bien ses affaires, et qui gagne 100,000 fr. par an, il en dépense 80,000 , et il en économise 20,000. C'est là son capital d'économie. Ces 20,000 fr. lui restent à la fin de l'année, et il les place. Prenez la société tout entière ; je suppose que le capital d'économie soit de 100 millions. Quand c'est à ce capital d'économie que vous vous adressez, quand ces 100 millions, acquis par le travail de l'année, se trouvent disponibles, et que vous les employez pour vos besoins, quand c'est ainsi que vous agissez, vous ne nuisez pas à d'autres industries, je le sais bien. Mais si vous prenez au delà du capital d'économie, au delà des 100 millions, je le suppose de 100 millions, et je m'expliquerai là-dessus tout à l'heure; si vous allez au delà de ce capital de 100 millions, c'est en enlevant aux diverses industries les capitaux dont elles ont besoin, c'est en créant la gêne qui existe aujourd'hui. On me dit : Ce sont des dépenses productives. Mais prenez-y garde, ce sont des deplacements aussi ; car quand vous prenez aux industries régulières déjà établies, aux filateurs de coton, aux fabricants de draps, aux maîtres de forges, aux entrepreneurs de toutes espèces d'industrie, quand vous leur prenez les capitaux pour les porter sur les grandes routes , où vous attirez des ouvriers qui n'y étaient pas, savez-vous ce que vous faites? Vous produisez des déplacements déraisonnables. J'ai vu dans mon département les ouvriers manquer à l'agriculture, pourquoi ? Parce qu'on les transportait sur les canaux, sur les chemins de fer ; et puis, pour faire la moisson, on éprouvait un grand embarras à trouver des ouvriers. (C'est vrai !) Comment cela s'explique-t-il ? C'est que vous aviez transporté les capitaux des industries existantes dans des industries nouvelles, c'est que vous les aviez portés sur les grandes routes. Voilà la situation. Et voulez-vous savoir pourquoi l'année dernière, lorsque l'on éprouvait des embarras à l'occasion des subsistances, lorsque l'on était obligé de payer les bles à Odessa et sur les bords de la Baltique , voulez-vous savoir l'une des causes de la rareté du numéraire à Paris ? C'est que par suite de ces entreprises, à cause des ateliers établis sur les grandes routes , il y avait des entrepreneurs qui demandaient aux receveurs particuliers et aux receveurs généraux des sommes de 20, de 40, de 50,000 fr. pour payer les ateliers formés sur les routes.

Vous venez de dire que vous avez fait la grandeur du pays... Grandeur! grandeur! (Rires à gauche. — Rumeurs au centre.) Je l'accorde.

Mais savez-vous ce que vous avez fait? Vous avez fait, selon moi, une chose violente, sans mesure. Vous avez voulu tout à coup enlever aux industries plus de capitaux qu'on ne devait leur en enlever; vous avez déplacé des écus, vous avez déplacé des hommes pour les transporter sur des routes et exécuter là des travaux extraordinaires. Je dis que ce n'était pas agir sagement; ce n'est pas ainsi qu'un gouvernement... (Bruit au centre.) Je dis qu'un gouvernement qui ne veut pas eblouir n'agit pas ainsi. Quand on s'y prend de la sorte, on devient suspect; on s'expose à une grande responsabilité, du moins à mes yeux.

Maintenant laissons la ces definitions que j'ai données pour expliquer des expressions dont M. le Ministre de l'intérieur a abusé, car, en vérité, ces principes d'economie politique sont tellement clairs pour tout le monde, que, sans donner une definition de chaque mot, on devrait s'entendre.

Quant au chiffre de ces 300 millions qu'on absorbe tous les ans pour les consacrer à cette industrie nouvelle, ai-je eu tort de dire que c'était trop, si on ne voulait appeler à soi que le capital d'economie?

Je ne sais pas ce que les particuliers économisent tous les ans, il n'y a pas de faiseur en statistique, si habile qu'il soit, et il y en a beaucoup en ce temps-ci, il n'y en a pas qui pût dire quel est le capital d'économie de la société. Nous disons 100 millions, d'autres disent 200 et 300 millions; il ne faut en croire ni les uns ni les autres. Voici ce qu'il faut en croire : il faut en croire l'expérience.

Avez-vous vu depuis trente ans emprunter, plusieurs années de suite, 100 millions? On parle de la Restauration. Oui, dans un moment pressant, elle a emprunté, je crois, 450 ou 500 millions. Mais avez-vous vu emprunter, tous les ans, 100 millions! Quant à moi, j'ai entendu dire à tous les gens d'affaires que, si pareille chose avait été exécutée, la plus grande détresse en serait résultée.

On me cite ce qui s'est passé cette année. Que s'est-il passé? A la fin de 1847, tout le monde le reconnaît, la crise des subsistances était passée complétement en France; le commerce s'était conduit avec une rare sagesse; il n'y avait pas de crise, et cependant une gêne extraordinaire régnait. Avait-on pris les 300 millions dont je parlais? Les compagnies avaient pris 150 millions, et vous, sur l'emprunt, vous n'aviez reçu que 25 millions. Ainsi, 175 millions pour l'année dernière ont mis la place dans la situation que vous savez; c'est là ce qui a causé la gêne... Je n'accuse pas la politique; nous aurons un compte a demander à la politique prochainement; maintenant c'est des finances qu'il s'agit. Eh bien, pour avoir demandé seulement 175 millions cette année, vous avez placé le marché des capitaux dans une véritable détresse.

Et ces compagnies qu'on disait si puissantes, et qui devaient tout faire à la fois!... Car nous avons vu le Gouvernement declarer que l'État serait incapable d'exécuter les grands travaux, qu'il les exécuterait mal, nous avons vu le Gouvernement se dépouiller lui-même de cette grande attribution des travaux publics, parce qu'on n'aurait pu faire, disait-on, que des choses limitées... tandis que les compagnies, pour lesquelles il s'agissait seulement de souscrire, mais non de payer, devaient tout exécuter. J'ai entendu dire que les compagnies exécuteraient pour deux ou trois milliards.

Qu'a-t-il fallu, à la fin de l'année, pour faire tomber cette misérable illusion? Je dis misérable, par ses conséquences. Il y a, en effet, une foule de gens qui se sont ruinés; il y a eu même plus que des ruines : une foule d'honnêtes gens qui n'auraient jamais songé à spéculer, se sont déshonorés, entraînés par le mouvement général. (Vive approbation à gauche.)

Eh bien, ces compagnies, quand il a fallu, à la fin de l'année, trouver l'une 20, l'autre 30 millions, que s'est-il passé? Une gêne extrême s'est montrée; il a fallu que le Trésor les ménageât! On attendait des milliards, et c'était à qui ne payerait pas quelques millions!

En présence de ce fait, de la difficulté de trouver dans l'année 175 millions, dont 150 pour les compagnies, 25 pour l'État, vous venez grossir les illusions pour excuser le Gouvernement!

Vous êtes en présence d'un pays très-inflammable, auquel on devrait dire sévèrement la vérité, et que chaque parole, qui lui donne trop de confiance, peut perdre dans son avenir. Je sais que je ne le flatte pas le moins du monde en lui tenant le langage que je tiens ici. Mais j'aime mieux lui dire la vérité durement que de le tromper. Cela lui sera désagréable sans doute, mais il faut songer à son avenir; je dis ce que ma responsabilité me suggère pour détruire les illusions et faire entrer la vérité dans les esprits.

Voyez combien cette vérité a de peine à triompher! Tout à l'heure, quand je vous révélais, en m'appuyant sur des chiffres incontestables, des réalités fort tristes, vous m'écoutiez avec patience, avec égard. Mais aussitôt qu'un Ministre vient vous apporter des illusions, des faussetés qui raniment votre funeste confiance, vous applaudissez, tant vous aimez à vous confier dans l'avenir, tant il vous plaît peu de voir ce qui vous contrarie. Je ne m'en plains pas. C'est le cœur humain; mais cela ne devrait-il pas vous révéler votre faiblesse, et les dangers auxquels elle vous expose. (*A gauche.* Très-bien! très-bien!)

Moi je m'adresse à tous les hommes de bonne foi et de sens; qu'on me réponde: Y a-t-il quelqu'un ici, excepté le Ministre, qui croie que les finances sont en bon état? Non, il n'y a personne qui le dise; toutes les fois que nous sommes hors d'ici, hors de ce spectacle, et que nous nous trouvons dans l'intimité, nous ne recueillons que des aveux; et, quand on est ici, on n'entend que des paroles fastueuses. Ce n'est pas là la vérité; la vérité est du côté de ceux qui viennent vous dire sévèrement qu'on ne fait rien qu'avec le temps, avec de la prudence, avec de la mesure.

Vous nous parlez de travaux dont vous avez voulu doter le pays. Mais qui vous reproche d'avoir songé à suivre le mouvement général de la civilisation? Vous le savez comme moi: était-il possible de faire tout à la fois? Vous nous dites: Songez aux rivières, aux ports, aux canaux, aux routes royales, aux chemins de fer. Si je voulais parcourir l'énumération de toutes les choses utiles à faire, il faudrait plusieurs heures; je sais bien que les travaux proposés etaient utiles, qu'il ne s'agissait plus de recommencer l'inhumanité de Louis XIV, et de faire mourir une armée de la fievre pour construire Versailles. Non! je sais bien que le maître n'est plus en haut, qu'il est en bas. Mais ce nouveau maître, vous le flattez aussi complaisamment qu'on flattait l'autre. Vous lui avez promis qu'on ferait tout à la fois. (Vive sensation.)

Eh bien, vous venez de recevoir des événements un éclatant démenti.

Vous avez voulu faire à la fois tout le réseau des chemins de fer; vous avez dit qu'en vous adressant aux compagnies les milliards arriveraient; et moi je disais à M. le Ministre des travaux publics que les compagnies n'avaient pas plus de puissance que l'Etat; que le réservoir dans lequel elles devaient puiser était le même que celui où l'État puisait, et que ce réservoir serait bientôt à sec.

Aujourd'hui nous sommes placés devant la réalité. Dans quelle situation se trouvent les compagnies? Les unes ont été obligées de résilier leurs contrats, les autres sont à vos portes, elles vont vous demander ou la résiliation de leurs contrats, ou de nouveaux sacrifices. Je n'ai pas à m'expliquer sur cette question.

Il y a quelques compagnies qui poursuivent leurs travaux, parce qu'elles sont engagées avec les actionnaires et avec l'État, et que dans cette situation elles n'osent pas reculer, mais elles n'ont dans leurs mains que des valeurs dépréciées.

Je ne veux pas effrayer le pays par le tableau qu'offre cette dépréciation.

J'espère que cette situation s'améliorera, que ces valeurs se releveront. Les actions sont arrivées aujourd'hui dans des mains sérieuses. Mais par quel trajet ont-elles passé? en laissant derrière elles des ruines et des catastrophes.

Quant au résultat, sous le rapport des travaux eux-mêmes, le voici: vous avez des travaux commencés partout. Mais le grand travail national, celui qui aurait été si utile à la défense du pays et à l'alimentation du peuple, qui aurait fait arriver le blé d'Odessa dans toutes les parties de la France par Marseille, qui aurait relié la Méditerranée à l'Océan, ce chemin de Dunkerque à Paris, de Paris à Lyon, de Lyon à Marseille, n'est pas fait, et vous l'attendrez peut-être encore longtemps.

Vous n'avez pas voulu que les intérêts particuliers attendissent, et c'est l'intérêt général qui est condamné à attendre. (Très-bien !)

Je ne veux pas retenir plus longtemps la Chambre, je ne veux pas la fatiguer longtemps de cette discussion ; mais vous avez parlé dans le discours de la Couronne, et on parle dans le projet d'adresse, de l'Angleterre et de la France.

Ah ! Messieurs, si je voulais suivre la comparaison, si je vous montrais en Angleterre le pays commettant des fautes sans nombre, et le Gouvernement n'en commettant aucune ; en France, au contraire, le pays plein de sagesse, ne commettant aucune faute, et son Gouvernement les commettant toutes ; si je poursuivais cette comparaison, vous vous récrieriez. (Vive approbation à gauche. — Rumeurs au centre.) Mais je m'arrête et je me borne à vous dire : Nous pouvons en France nous enorgueillir de la conduite du pays, mais bien peu de celle de son Gouvernement ! (Vive approbation à gauche. — Bravo ! bravo ! — Applaudissements.)

M. DUMON, *Ministre des finances.* Messieurs, nous ne voulons flatter personne, et, à tout prendre, si nous devions flatter le pays, nous aimerions mieux flatter ses intérêts que ses passions. (Rires ironiques à gauche. — Approbation au centre.)

Que l'honorable préopinant me permette de rester dans une discussion de finances, et de ne pas le suivre dans la discussion politique dans laquelle il s'est, si j'ose le dire, réfugié. (Rires.) L'honorable préopinant reprend les chiffres qu'il a exposés ; vous aurez, nous a-t-il dit, nécessairement, fatalement une dette flottante de 750 millions. Je crois que je puis donner à la Chambre la preuve que cela ne sera pas ; cela ne sera pas, parce que cela n'est pas possible.

L'honorable préopinant expose très-bien quels sont les deux éléments principaux de la dette flottante : ce sont les comptes courants des correspondants du Trésor, et les versements contre les bons royaux ; il évaluait lui-même l'importance des comptes courants des correspondants du Trésor à 320 millions environ et celle des versements contre des bons royaux à 300 millions ; ils ne peuvent pas excéder cette somme, car l'autorisation législative ne la dépasse pas. Or ces deux sommes, réunies, n'excèdent pas 620 millions. Comment, avec quelles ressources l'honorable M. Thiers veut-il que je porte à 750 ou 800 millions la dette flottante ?

Je comprends sa réponse : le moyen, vous ne l'avez pas ; vous le demanderez. Ce moyen, je ne le demanderai pas, parce que je n'en ai pas besoin. (Ah ! ah !) L'honorable préopinant me dit : Je me sers de vos chiffres, et je suppose que vos chiffres sont exacts. Oui, nos chiffres sont exacts, mais l'honorable préopinant ne s'en sert pas exactement (Très-bien !), et je vais lui en dire la raison. Il compte les dépenses que nous avons faites, mais que nous n'avons pas encore soldées ; il calcule les ressources que nous avons, et la différence lui paraît le chiffre probable de la dette flottante ; il se trompe. Les recettes marchent plus vite que les dépenses, et cela est tellement vrai, que, si j'avais mis sous les yeux de la Chambre la situation de l'administration des finances au 1er décembre dernier, dans une année où le découvert sera de 100 millions environ, j'aurais présenté une situation dans laquelle les recettes excèdent les dépenses de 17 millions ; et la raison en était toute simple : c'est que tout le recouvrement des recettes était très-avancé, et que toutes les dépenses sont loin d'être liquidées. Cette anticipation habituelle des recettes sur les dépenses vient au secours du Trésor ; et c'est de cette anticipation que l'honorable préopinant me paraît ne pas avoir tenu compte. Pourquoi n'a-t-il pas fait de réponse à l'argument sans réplique présenté par

7.

mon honorable ami M. le Ministre de l'intérieur? Le chiffre de la dette flottante, au 1er janvier, est de 622 millions; ce n'est pas une hypothèse, c'est un fait. De quoi s'accroîtra la dette flottante dans le courant de l'année 1848? Est-ce de l'excédant des dépenses ordinaires?

L'honorable préopinant reconnaît que cela n'est pas nécessaire, que les réserves de l'amortissement suffiront a couvrir cet excédant? De quoi donc s'accroîtra-t-elle? de la dépense des travaux publics, c'est-a-dire des 150 millions environ; mais ces 150 millions seront couverts, soit par les versements de l'emprunt, soit par les remboursements des compagnies. La dette flottante ne peut donc s'accroître, et quand je n'ai pas demandé un crédit en bons royaux plus élevé, c'est que je faisais une appréciation exacte des faits tels qu'ils doivent s'accomplir.

Maintenant, l'honorable préopinant me permettra de répondre quelques mots à ce qu'il a dit sur les travaux extraordinaires. J'avoue que je m'étonne qu'on nous reproche d'avoir engagé les finances du pays, d'avoir entrepris plus de travaux que l'État ne pouvait le faire, lorsqu'on nous reproche aussi de n'avoir pas réservé pour l'État l'exécution entiere des chemins de fer, et d'avoir appelé le crédit privé au secours de nos finances. Il me permettra de lui rappeler un souvenir que je ne rappelle certainement pas pour la satisfaction futile de mettre en contradiction avec lui-même un homme aussi considérable que celui à qui j'ai l'honneur de répondre; mais il me permettra de lui rappeler qu'étant président au 1er mars, il a déclaré lui-même que, partisan du système des travaux publics par l'État, en présence des faits, devant la nécessité d'entreprendre le réseau scindé tout entier, du moins dans les principales parties, il reconnaissait ce système impossible, et qu'il venait demander à la Chambre une concession à une compagnie. Ce qu'il a fait alors, nous l'avons fait depuis nous-mêmes, et par les mêmes raisons.

L'honorable préopinant allègue comme preuve de la mauvaise administration de nos finances le discrédit qui est etabli sur la plupart des valeurs industrielles. Ici, j'avoue que le reproche m'a étonné; il a cité pour exemple le discrédit des actions du chemin de fer du Nord; elles ont valu 900 fr., elles n'en valent plus que 550. Mais, Messieurs, qui a averti le public que la hausse, si exagérée dès l'origine, des actions du Nord n'avait aucun fondement solide? Qui a eu à supporter les attaques des honorables membres de l'Opposition qui se servaient de cette hausse exagérée pour blâmer les conditions de la concession? N'est-ce pas le Gouvernement? N'est-ce pas moi? Et lorsque les faits ont donné une confirmation si éclatante à nos prévisions; quand il se trouve que le chemin exploite n'a rendu que ce que le Gouvernement annonçait, ce serait nous qui répondrions des mécomptes que nous avons voulu prévenir! (Très-bien! très bien!) Ce serait a nous que s'adresseraient les porteurs d'actions qui, en se fiant à des calculs exagérés et à des espérances irréfléchies, ont acheté une valeur presque au double de son prix?

L'honorable préopinant disait encore que l'exagération des travaux publics déplaçait les capitaux, employait les bras nécessaires à d'autres travaux, nuisait à l'industrie. Je ne lui citerai qu'un exemple:

Parmi les industries qui ont le plus souffert, est l'industrie du coton et de la laine. Est-ce que c'est faute de capitaux et de bras que ces industries ont souffert? Elles ont souffert faute de consommateurs.

Il ne s'est pas fabriqué d'étoffes de coton, parce qu'il n'y avait pas dans le pays assez de richesses pour les acheter, et si l'honorable orateur en veut la preuve, qu'il regarde le tableau des importations, et il verra que ce n'est pas la main-d'œuvre, que ce n'est pas le capital, mais que c'est la matiere premiere qui a manqué, car le manufacturier ne fait pas venir la matière premiere quand il sait que la matière première ne peut pas être manufacturée.

Je reconnais comme lui la difficulté des circonstances, et cette espèce d'anxiété publique qui les aggrave encore. A mon avis, ce n'est pas du défaut d'argent que naît l'anxiéte publique. L'argent abonde; c'est la confiance qui manque, et, sans vouloir mêler la politique à la discussion des finances, j'espère que la confiance renaîtra à la suite de la discussion de cette adresse. (Vive approbation au centre.)

M. THIERS. M. le Ministre des finances me reproche, avec des égards de langage dont je le remercie, ma prétendue contradiction.

Lorsqu'en 1840, comme Président du conseil, je me suis exprimé de la sorte, c'était en ne laissant pas ignorer mon opinion personnelle sur l'exécution par l'État... (Oui! oui!)

(*M. le Ministre des finances.* C'est vrai!)

Mais en disant que j'étais placé devant des compagnies, celles de Rouen, d'Orléans, si mes souvenirs ne me trompent pas, de Mulhouse, qui avaient commencé, qu'il fallait soutenir, et qu'il ne fallait pas laisser périr. De quoi s'agissait-il ? De venir au secours d'entreprises créées avant le Ministere qui existait alors, et d'empêcher qu'elles ne tombassent dans un état de ruine. Ce n'etait pas mon opinion que je sacrifiais, c'étaient des nécessités auxquelles j'obéissais. (Oui! oui!) Et deux ans après, à cette tribune, lorsque vous apportiez ce grand système qui consistait a tout entreprendre à la fois, je vous ai montré le danger, j'ai proposé la ligne unique avec l'exécution par l'État.

Je l'ai défendu de toutes mes forces. Quand je suis descendu de la tribune, beaucoup de membres qui ont voté autrement m'ont dit que j'avais raison, mais qu'on ne pouvait, en présence des prétentions soulevées dans toutes les parties de la France, adopter mon systeme.

Il ne faut pas venir dire que j'ai été en contradiction avec moi-même; il faut reconnaître seulement qu'on a cédé avec une déplorable faiblesse à l'entraînement général. Pour mon compte, je proteste contre cet argument, sans cesse répété, que nous sommes tous coupables ici. Tous? parlez pour vous. (Murmures au centre.) Quant à moi, qui ai combattu le système qui a prévalu, je ne puis accepter ce reproche. (Approbation à gauche.)

Quant à la dette flottante, je n'ai plus qu'un mot à ajouter; c'est un détail purement technique.

M. le Ministre des finances nie-t-il que les découverts soient ceux que j'ai dits? nie-t-il qu'il y aura 676 millions dus, en défalquant, je le reconnais, ce que l'emprunt devra produire, ce que les remboursements des compagnies devront produire ; mais nie-t-il qu'il n'y ait 676 millions de dus et 256 millions de l'ancienne dette flottante? S'il ne nie pas cela, en quoi consiste son raisonnement? En ceci uniquement : je n'aurai pas les moyens de payer une dette flottante de 700 a 750 millions, donc je ne l'aurai pas. Répondez, oui vous n'en aurez pas les moyens, c'est bien possible; mais avez-vous, oui ou non, créé des découverts pour 676 millions, outre l'ancien découvert de 256 millions?

Vous dites que vous y ferez face avec les avances de l'impôt?

Permettez ! vous savez aussi bien que moi que tout ce qui est valeurs vous arrive par les receveurs généraux. Les avances de l'impôt, ou figurent-elles? dans les avances des receveurs généraux. Pour combien sont-elles portées dans les comptes courants du Trésor? pour 50 millions dont vous faites un double emploi. Les avances de l'impôt sont dejà portées dans le compte courant du trésor avec ses correspondants.

Maintenant, il y a des valeurs autres que celles qui se trouvent en avance sur les receveurs généraux, ce sont des valeurs de portefeuille; comment les realiserez-vous? par l'escompte; en sorte que c'est toujours en recourant au public, sous une autre forme.

Du reste, Messieurs, si nous étions dans les bureaux des finances quatre, cinq ou six hommes d'affaires, nous finirions peut-être par nous entendre; mais dans une grande assemblée, c'est impossible : vous verrez, l'année prochaine, si vous en êtes à une dette flottante de 600 millions.

M. Émile de Girardin. J'avais demandé hier la parole pour répondre à un point du discours de l'honorable M. Thiers; les paroles qu'il déclarait incontestables, je crois, moi, qu'elles peuvent être utilement contestées. M. le Ministre de l'intérieur a certainement répondu avec plus d'autorité que je n'aurais pu le faire; mais il n'a pas dit tout ce que j'aurais voulu dire.

Je demanderai donc à la Chambre la permission de lui lire quelques lignes rapidement tracées, mais qui sont le résultat d'un long travail et le fruit d'une longue méditation.

Je n'aurais certainement pas demandé la parole pour lire ces lignes, si la Chambre avait été plus nombreuse; mais je ne crois pas, en ce moment, abuser de sa patience et de son attention. (Non! non! — Parlez!)

Deux questions vous ont été posées hier à cette tribune :

L'une, par M. Thiers, ancien Président du conseil ;

L'autre. par M. Duchâtel, Ministre de l'intérieur.

M. Thiers vous a dit : « Trouvez-vous que la situation de vos finances soit bonne? »

M. Duchâtel a répondu : « Avons-nous trop auguré de la force et de la puissance de notre pays? Lorsque l'Angleterre et l'Allemagne se sillonnaient de toutes parts de chemins de fer, la France devait-elle se croire si pauvre et se faire si modeste qu'elle n'osât pas employer chaque année 300 millions en grands travaux publics? »

Je viens essayer de mettre d'accord M. Thiers, qui n'a pas entièrement tort, avec M. Duchâtel, qui n'a pas complétement raison.

Non, Messieurs ; non, la situation de nos finances n'est pas ce qu'elle devrait être.

Non, Messieurs ; non, la France n'a pas trop auguré de sa force et de sa puissance. En dépensant mieux, elle aurait pu, elle aurait dû dépenser plus.

On discute sur des chiffres ; ce n'est pas sur des chiffres qu'on devrait discuter.

Les chiffres ici sont, à nos budgets mal établis, ce que sont à une route mal tracée les cailloux qui servent à sa confection.

Qu'importent les cailloux, quand c'est la route qu'il faudrait rectifier ?

Qu'importent des chiffres minutieux, quand ce sont les bases mêmes de nos budgets qu'il faudrait reformer ?

Pourquoi deux budgets ?

L'un ordinaire,

L'autre extraordinaire.

Parce qu'il est juste, répond-on, de pourvoir, par des ressources extraordinaires, à des dépenses qui sont elles-mêmes extraordinaires, à des dépenses qui sont temporaires, à des dépenses que l'on a improprement appelées *reproductives*. Mauvaise justification, car il ne saurait y en avoir de bonne d'un mauvais mécanisme !

Il y a les *dépenses*, qui doivent toutes être acquittées par l'*impôt ;*

Il y a les *avances*, qui doivent être exclusivement faites par l'*emprunt.*

Tout emprunt contracté donne lieu au service d'une rente.

Toute rente à servir s'inscrit au budget des dépenses ; — budget du Ministère des finances, section de la dette consolidée.

C'est sous cette forme que les *avances* prennent rang dans le budget, et doivent s'y distinguer des *dépenses* proprement dites.

Les *dépenses* représentent au budget le passé et le présent.

Les *avances* représentent l'avenir, ses profits et ses pertes.

Pourquoi donc un budget extraordinaire?

Votre ressource extraordinaire, c'est l'emprunt : vous n'en avez pas d'autre ; l'intérêt de l'emprunt s'inscrit au budget des dépenses ; la création d'un budget extraordinaire est donc une complication, une confusion.

Voulez-vous, Messieurs, que votre budget soit simple ? Voulez-vous que le crédit de la France ne puisse jamais outre-passer ses limites, et cependant qu'il les atteigne ? Voulez-vous que les idées justes, exposées hier à cette tribune par M. le Ministre de l'intérieur, soient fecondes, et que les critiques, vraies en partie, de M. Thiers cessent d'être fondées ? Voulez-vous, Messieurs, vous tenir toujours à égale distance, sans vous en écarter jamais,

Des *folies de la paix*,

Des *folies de la guerre*,

De la *défiance* de M. Thiers,

De la *confiance* de M. Duchâtel, et garder le juste milieu, qui est la *prudence ?*

N'ayez que deux budgets :

Le budget des recettes,

Le budget des dépenses.

Que l'établissement par le Gouvernement, que l'examen par les Chambres, du budget des recettes précède toujours le budget des dépenses.

Avant le vote des dépenses, le contrôle des voies et moyens. La sagesse l'exige.

Ne craignez pas d'achever l'œuvre commencée par les lois du 1er mai 1825, du 10 juin 1833 et du 17 mai 1837, qui, en dénaturant le principe et paralysant l'action de l'amortissement, ont introduit dans vos finances cette complication de la *réserve* ajoutee à la *dotation* d'un amortissement qui n'amortit plus.

En Angleterre, l'amortissement a été aboli.

Le crédit de l'Angleterre en a-t-il été affaibli ?

Ses facultés en ont-elles été restreintes?

Le cours de ses consolidés est-il tombé au-dessous des nôtres ?

89 fr. à Londres, 73 fr. 50 à Paris vous répondent.

Le taux auquel elle a effectué son dernier emprunt a-t-il été inférieur au prix de négociation de celui qui a été adjuge à MM. de Rothschild par M. Dumon, le 10 novembre?

Comparez les deux chiffres :

A Londres, 89 fr.;

A Paris, 75 fr. 25 c., chiffre nominal.

Pourquoi n'oseriez-vous donc pas faire ce qu'a fait la Grande-Bretagne? Etablir la sincérité du crédit, le dégager de tout artifice.

Soumettez à un contrôle sévère toutes vos dépenses, afin de vous rendre compte exactement de celles qui peuvent être réduites et de celles qui doivent être augmentées.

N'en est-il donc aucune qui puisse être réduite?

N'en est-il donc aucune qui doive être augmentée?

N'avons-nous donc pas des impôts dont l'inégalité est un démenti donné à la Charte, dont l'excès nuit à leur produit?

Est-il bien nécessaire que nous entretenions si chèrement sur les côtes occidentales de l'Afrique une division navale qui ne concourt qu'à aggraver les cruautés de la traite des noirs?

L'argent que nous dépensons à Taïti et aux Marquises est-il de l'argent utilement dépensé?

Notre armee, sans être moins forte, ne pourrait-elle nous coûter moins?

Retirons-nous, de tous les sacrifices que nous faisons pour notre marine, des avantages proportionnés à tous ces sacrifices?

Un meilleur système suivi en Algérie ne se traduirait-il pas par d'importantes économies ?

Craignez que la France dépense mal;

Ne craignez pas qu'elle dépense trop.

Jamais il n'y aura de danger qu'elle dépense, si vous cessez de confondre ce qui doit rester distinct :

Les *dépenses payées* par l'*impôt*,

Les *avances* faites par l'*emprunt*,

Si l'emprunt est spécial et successif,

Si toutes les fois que vous apporterez à cette tribune un projet devant avoir pour effet d'accroître dans l'avenir la richesse publique, l'*actif social*, vous êtes tenu d'apporter simultanément une loi de dotation, une loi de voies et moyens.

Car alors, de deux choses l'une :

Ou vous pourrez emprunter avantageusement, honorablement ;

Ou vous ne pourrez emprunter qu'onéreusement et difficilement ;

Dans le premier cas , vous emprunterez ;

Dans le second cas, vous vous abstiendrez.

De la sorte, vous demanderez au present tout ce qu'il pourra vous donner ; vous ne demanderez à l'avenir rien qui puisse le compromettre, rien qui le puisse embarrasser.

M. Thiers n'aura pas à craindre les illusions de M. Duchâtel; M. Duchâtel n'aura pas à repousser les craintes de M. Thiers.

La France, de la sorte, ne portera jamais que le fardeau proportionné à ses forces.

L'emprunt sera le régulateur de son crédit.

Dans ces conditions, plus elle pourra emprunter, tant mieux.

La charge du passé, que nous portons sous le nom de *dette*, et qui dépasse 6 milliards, est assez lourde pour que ce soit justice de l'alleger.*

Comment l'alléger, si ce n'est pas en se hâtant d'achever nos grands travaux commencés , et de faire jouir les générations présentes des conquêtes pacifiques de l'esprit humain, des progrès de la civilisation.

Le cours d'eau qui met en mouvement les roues d'une usine crée une force sans qu'il lui en coûte rien. Il a rempli une fonction utile, et son cours n'en est ni interrompu ni affaibli.

L'emprunt qui met en mouvement le capital disponible ou le capital d'épargne, comme il vous plaira de l'appeler, crée une richesse sans qu'il en coûte rien à la société. Il active la circulation du numéraire. Telle est l'utile fonction qu'il remplit. La vitesse qu'imprime le cours d'eau , c'est de la force; la vitesse qu'imprime l'emprunt, c'est de la richesse.

Quand le ruisseau se tarit, l'usine s'arrête.

Quand l'emprunt dépassera la limite, le crédit s'arrêtera.

Quoi de plus simple !

Sur ces bases, il n'y a pas à craindre de tomber dans l'exagération et dans le péril de la dette flottante.

Hormis des circonstances graves et tout à fait *extraordinaires*, la dette flottante devrait avoir pour limites naturelles les dépôts que le Trésor est obligé de recevoir des communes et des caisses d'epargne, les avances des receveurs généraux, toutes sommes que, reunies, M. Thiers évaluait hier à 390 millions.

Hormis ces circonstances très-rares, toute émission de bons royaux devrait disparaître.

L'émission des bons royaux avant le progres des caisses d'épargne se comprenait! Aujourd'hui , elle ne se comprend plus.

Sous ce rapport, non-seulement M. Thiers a raison, mais il ne va pas assez loin.

Pourquoi ne va-t-il pas assez loin? C'est qu'il ne remonte pas assez haut.

Il ne s'agit pas de se quereller sur des chiffres; ce qu'il faudrait, ce serait de s'entendre sur les véritables bases du budget.

Donnez a votre budget des bases solides, simplifiez-le , écartez-en toutes les complications, dissipez-en toutes les obscurités, et le jour ne se fera pas longtemps attendre où vous pourrez accomplir en France une reforme financière qui laissera loin en arriere celle qui a suffi en Angleterre pour rendre glorieux le nom de sir Robert Peel.

Votre dette publique, y compris la dotation de l'amortissement et le payement des arrérages de la réserve, s'elève à 307,700,000 fr., et en capital à 6,330 millions; au moyen de la dotation et de la réserve de l'amortissement, vous pouvez ressaisir le monopole de l'exploitation des chemins de fer, ce monopole que vous avez laissé échapper de vos mains; et le monopole non moins precieux, dans l'intérêt du consommateur et du Tresor, de la fabrication et de la vente des sels; vous pourriez encore exproprier équitablement le sucre de betterave, et, en abaissant judicieusement le prix du sucre de canne, fournir a votre marine le fret et les retours qui sont nécessaires à votre industrie et à votre commerce.

Je termine, Messieurs, en me résumant :

Supprimer le budget extraordinaire ;

Cesser de confondre desormais :

Les *dépenses* payées par l'*impôt* avec les *avances* faites par l'emprunt ;

Spécialiser les emprunts ;

Réduire certaines depenses, afin d'en pouvoir augmenter d'autres ;

Effacer la dotation et la réserve de l'amortissement ;

Assigner à la dette flottante ses limites naturelles;

Rendre à l'État d'importantes branches de revenus publics qui augmenteront la puissance de son crédit, et conséquemment ses facultés d'emprunt;

Se servir de l'emprunt spécial et successif pour rétablir l'ordre dans nos finances, en écarter toute complication, en dissiper toute obscurité; car les bonnes finances, Messieurs, sont celles qui sont si simples et si claires que tout contribuable peut s'en rendre compte.

Voilà comment je comprendrais que vous missiez d'accord MM. Thiers et Duchâtel, que vous donnassiez raison à M. Duchâtel, sans donner tort à M. Thiers, que vous conciliassiez enfin deux nécessités également impérieuses :

Le rapide achèvement de nos grands travaux publics;

L'équilibre *complet et réel* de notre budget.

—La discussion financière continue entre MM. Muret de Bort, Garnier-Pagès, le Ministre des finances, Thiers, Jules de Lasteyrie, Deslongrais. Elle porte principalement sur la composition et le chiffre de la *dette flottante*, et accessoirement sur l'équilibre financier et l'opportunité de la réduction de l'impôt du sel.

— La première partie du paragraphe 2 est adoptée jusqu'aux mots : *Cette grande œuvre s'accomplisse.*

M. Crémieux a proposé un amendement ainsi conçu : « Nous veillerons avec la plus rigoureuse « exactitude économique à ramener nos budgets dans les limites que commande l'état de nos fi- « nances, à rétablir enfin, etc. » Après l'avoir développé, il le retire, n'espérant pas que la majorité l'adopte.

M. Garnier-Pagès exprime en quelques mots l'opinion que l'industrie et le commerce désapprouvent la voie dans laquelle est entrée la Banque de France en employant son capital en rentes sur l'État.

— Le paragraphe 2 du projet est adopté dans son entier.

§ 3. Réduction du prix du sel et de la taxe des lettres. — Court débat auquel prennent part MM. Demesmay, Vitet rapporteur, Bethmont, le Ministre des finances, et Luneau, qui, à cette occasion, accuse le Gouvernement de suivre l'impulsion des doctrines socialistes.

M. le Ministre, dit M. Luneau, nous dit qu'il n'a pas pris ses inspirations a l'école socialiste; je lui en demande pardon, mais c'est de là que vient le projet.

En même temps que ce projet de rédaction dont je vous ai parlé nous était présenté l'année dernière à la commission, il nous était distribué une brochure qui partait bien de l'imprimerie sociétaire que l'administration des finances avait le soin de répandre a un grand nombre d'exemplaires, car je suis informé qu'elle en a acheté quatre cents ; et que l'on ne croie pas qu'il s'agit ici de l'interêt d'une seule propriété, des producteurs de sel, il s'agit de tout un système, et c'est pour cela que je crois devoir appeler l'attention de la Chambre sur les doctrines émises dans cet écrit par l'administration des finances elles-mêmes, dans une note qui nous fut adressée.

Vous verrez, Messieurs, si la propriété en France peut être rassurée, et si ce projet de loi ne la menace pas tout entière, ainsi que le commerce et l'industrie.

Voici d'abord l'extrait de la brochure :

« Le commerce, dans son etat actuel de liberté monarchique, c'est l'art d'acheter 3 fr. ce qui en vaut 6, et de vendre 6 fr. ce qui en vaut 3 ; c'est l'art de *gruger, tromper et spolier* le producteur et le consommateur le plus legalement et le mieux possible ; le budget de l'Ltat est peu de chose a côte de l'impôt que la production et la consommation payent au *devorant parasite* qui leur sert d'intermediaire. »

Ainsi voilà les doctrines que le Gouvernement se plaît à répandre, et les brochures qu'il achète par centaines d'exemplaires. Mais il y a plus. Voici une note qui ne sort pas de l'école sociétaire; elle sort de l'administration des finances elle-même; elle ne pourra donc pas être désavouée. Si les théories qu'elle énonce pouvaient être adoptées, ce serait un changement complet dans l'état actuel de la société.

Voici cet extrait de la note de l'administration des finances :

« Personne ne niera que, s'il etait possible de realiser une combinaison qui donnât au Gouvernement les

moyens de fournir dans tous les temps, avec abondance et à un prix constamment modéré, aux consommateurs, les denrées alimentaires de première nécessité, il ne fût de son devoir de la mettre en pratique.

« De ce que des difficultés, des impossibilités même, mettent un empêchement absolu à l'adoption d'une
semblable combinaison, quant aux céréales, par exemple, doit-on absolument en induire qu'il faut s'en interdire l'application pour le sel, alors que la nature de cette denrée et les conditions de sa production, de son
débit et de sa consommation ne font pas obstacle à la réalisation de cette mesure ? »

Ainsi, Messieurs, le Gouvernement déclare très-positivement croire de son devoir de
mettre son système en pratique, non-seulement pour le sel, mais encore pour le sucre,
pour le vin, pour les céréales, et pour toutes les autres denrées alimentaires, et qu'il ne
doit s'arrêter que devant l'impossibilité d'exécution.

Messieurs, si de semblables doctrines vous rassurent, elles en effrayent beaucoup d'autres ; vous parlez de certaines opinions émises en dehors de cette enceinte et qui menacent,
dites-vous, la société tout entière ; vous traitez très-sévèrement ces opinions, et vous vous
en alarmez.

Mais les opinions du Gouvernement dans cette circonstance sont bien autrement dangereuses, elles ont bien une autre portée ; ce sont des idées socialistes, s'il en fut jamais, c'est
du communisme tout pur. Le Gouvernement ne vit que d'expedients, il se rattache à tout,
et il ne craint pas de flatter les plus mauvaises passions .. (Dénégations au centre.) Et que
répondriez-vous si, une autre année, la cherté des subsistances avait lieu comme l'année
dernière ? Nous avons été témoins d'une émeute qui avait pour but de rétablir le maximum
sur le blé ; nous avons vu les populations égarées qui croyaient que le Gouvernement manquait à ses devoirs en ne l'établissant pas.

Nous avons vu des populations arrêter des convois de subsistances, se les distribuer et
les payer le prix qu'il leur convenait.

Si le Gouvernement proclamait qu'il a le droit de s'emparer des denrées, je ne sais pas
où il pourrait s'arrêter ; et, en cas de disette, je ne sais pas ce qu'il répondrait à la population égarée qui lui dirait : Vous avez le droit de fixer le prix des denrées ; pourquoi les
laissez-vous monter ? Vous avez le droit de vous en emparer, pourquoi ne les distribuez-
vous pas convenablement, de manière que personne n'en manque ?

Voila les résultats de ces doctrines dangereuses, à l'application desquelles vous ne pourriez pas résister.

— Le paragraphe 3 est adopté.

Seance du jeudi 27 janvier 1848. — Présidence de M. Sauzet.

— Paragraphe 4. Lois diverses : boissons, douanes, biens communaux, régime hypothécaire,
monts-de-piété, caisses d'épargne et de retraite pour les ouvriers. Danger des utopies.

Débat sur les désordres administratifs de la maison centrale de Clairvaux. MM. de Lesseps,
Duchâtel, ministre, de la Rochejaquelein.

M. DE TOCQUEVILLE porte le débat sur l'ensemble de la politique intérieure L'état actuel des
esprits en France est de nature à alarmer et à affliger. Pour la première fois peut-être, depuis
seize ans, le sentiment, l'instinct de l'instabilité, ce sentiment précurseur des révolutions, qui
souvent les annonce, qui quelquefois les fait naître, ce sentiment existe à un degré très-grave dans
le pays.

En attribuant, comme le fait le Ministère, ce malaise à des accidents de la vie politique, à des
réunions qui ont agité les esprits, à des paroles qui ont excité les passions, on s'en prend, non à
la maladie, mais aux symptômes. La maladie est dans l'état de l'esprit public, des mœurs publiques ; et le Gouvernement a contribué et contribue à accroître le péril.

Si je jette un regard attentif sur la classe qui gouverne, sur la classe qui a des droits, et
sur celle qui est gouvernée, ce qui s'y passe m'effraye et m'inquiète. Et pour parler d'abord de
ce que j'ai appelé la classe qui gouverne, et remarquez bien que je ne compose pas uniquement
cette classe de ce qu'on a appelé improprement de nos jours la classe moyenne, mais de tous ceux,

dans quelque position qu'ils soient, qui usent des droits et qui s'en servent, prenant ces mots dans leur acception la plus générale, je dis que ce qui existe dans cette classe m'inquiète et m'effraye. Ce que j'y vois, Messieurs, je puis l'exprimer par un mot : les mœurs publiques s'y altèrent, elles y sont profondément altérées ; elles s'y altèrent de plus en plus tous les jours ; de plus en plus aux opinions, aux sentiments, aux idées communes, succèdent des intérêts particuliers, des visées particulières, des points de vue empruntés à la vie et à l'intérêt privés.

L'orateur signale la tendance des colléges électoraux et de ceux qui sollicitent les suffrages à considérer le poste politique comme obligeant celui qui l'occupe à servir les intérêts particuliers de ceux qui l'ont nommé. Il rapproche les mœurs privées, altérées par tant de crimes, des mœurs publiques, qui sont l'origine de cette dépravation. L'Europe lui paraît recevoir cette impression sur ce qui se passe en France. La puissance morale de la France s'affaiblit.

La France avait jeté dans le monde, la première, au milieu du fracas du tonnerre de sa première révolution, des principes qui depuis se sont trouvés des principes régénérateurs de toutes les sociétés humaines. Ç'a été sa gloire, c'est la plus précieuse partie d'elle-même. Eh bien, ce sont ces principes-là que nos exemples affaiblissent aujourd'hui. L'application que nous semblons en faire nous-mêmes fait que le monde doute d'elle. L'Europe, qui nous regarde, commence à se demander si nous avons eu raison ou tort ; elle se demande si, en effet, comme nous l'avons répété tant de fois, nous conduisons les sociétés humaines vers un avenir plus heureux et plus prospère, ou bien si nous les entraînons à notre suite vers les misères morales et la ruine. Voilà, Messieurs, ce qui me fait le plus de peine dans le spectacle que nous donnons au monde. Non-seulement il nous nuit, mais il nuit à nos principes, il nuit à notre cause, il nuit à cette patrie intellectuelle à laquelle, pour mon compte, comme Français, je tiens plus qu'à cette patrie physique, matérielle, qui est sous nos yeux. (Mouvements divers.)

Messieurs, si le spectacle que nous donnons produit un tel effet vu de loin, des confins de l'Europe, que pensez-vous qu'il produise en France même sur ces classes qui n'ont point de droits, et qui, du sein de l'oisiveté à laquelle nos lois les condamnent, nous regardent seuls agir sur le grand théâtre où nous sommes ! Que pensez-vous que soit l'effet que produise sur elle un pareil spectacle ?

Pour moi, je m'en effraye. On dit qu'il n'y a point de péril, parce qu'il n'y a pas d'émeute ; on dit que, comme il n'y a pas de désordre matériel à la surface de la société, les révolutions sont loin de nous.

Messieurs, permettez-moi de vous dire, avec une sincérité complète, que je crois que vous vous trompez. Sans doute le désordre n'est pas dans les faits, mais il est entré bien profondément dans les esprits. Regardez ce qui se passe au sein de ces classes ouvrières, qui aujourd'hui, je le reconnais, sont tranquilles. Il est vrai qu'elles ne sont pas tourmentées par les passions politiques proprement dites, au même degré où elles ont été tourmentées jadis ; mais ne voyez-vous pas que leurs passions, de politiques, sont devenues sociales ? Ne voyez-vous pas qu'il se répand peu à peu dans leur sein des opinions, des idées, qui ne vont point seulement à renverser telles lois, tel ministère, tel gouvernement, mais la société même, à l'ébranler sur les bases sur lesquelles elle repose aujourd'hui ? Ne voyez vous pas que, peu à peu, il se dit dans leur sein que tout ce qui se trouve au-dessus d'elles est incapable et indigne de les gouverner ; que la division des biens faite jusqu'à présent dans le monde est injuste ; que la propriété repose sur des bases qui ne sont pas les bases équitables ? et ne croyez-vous pas que, quand de telles opinions prennent racine, quand elles se répandent d'une manière presque générale, quand elles descendent profondément dans les masses, elles amènent tôt ou tard, je ne sais pas quand, je ne sais comment, mais elles amènent tôt ou tard les révolutions les plus redoutables ?

Telle est, Messieurs, ma conviction profonde : je crois que nous nous endormons à l'heure qu'il est sur un volcan (Réclamations) ; j'en suis profondément convaincu. (Mouvements divers.)

L'orateur recherche comment le Gouvernement a contribué à ce mal social. Il signale l'accroissement du pouvoir depuis 1830, et la diminution de la liberté, qui a produit l'affaissement des âmes. Et surtout le Gouvernement s'est attaché à ressaisir de vieux pouvoirs et à appliquer les lois nouvelles en en détournant le sens. Il emploie en quelque sorte la surprise, l'adresse et le savoir-faire. C'est là un spectacle démoralisant. Ils ont pris les hommes non par leur côté honnête, mais par leurs passions, leurs faiblesses, leur intérêt, et même par leurs vices. L'orateur signale le fait d'un Ministre déjà décrié quand il est entré au pouvoir, décrié quand il en est sorti, elevé cependant à une haute magistrature, et depuis condamné pour concussion. Il insiste sur ce mal moral, que M. le Ministre des affaires étrangères a appelé l'*abus des influences*, et qui consiste à faire vibrer la corde des interêts privés pour entraîner les determinations politiques. Il rappelle d'une façon génerale les faits divers de la conduite de ces Ministres qui chassent un fonctionnaire éminent pour une dissidence politique, et qui conservent un employé qui a trempé dans des actes immoraux de trafic de places. L'orateur termine ainsi son discours :

Mais, Messieurs, admettons que je me trompe sur les causes du grand mal dont je parlais tout à l'heure, admettons qu'en effet le Gouvernement en général, et le Cabinet en particulier, n'y est pour rien; admettons cela pour un moment. Le mal, Messieurs, n'en est-il pas moins immense, ne devons-nous pas à notre pays, à nous-mêmes, de faire les efforts les plus énergiques et les plus persévérants pour les surmonter?

Je vous disais tout à l'heure que ce mal amenerait tôt ou tard, je ne sais comment, je ne sais d'où elles viendront, mais amèneront tôt ou tard les révolutions les plus graves dans ce pays; soyez-en convaincus.

Lorsque j'arrive à rechercher dans les différents temps, dans les différentes époques, chez les différents peuples, quelle a été la cause efficace qui a amené la ruine des classes qui gouvernaient, je vois bien tel événement, tel homme, telle cause accidentelle ou superficielle; mais croyez que la cause réelle, la cause efficace qui fait perdre aux hommes le pouvoir, c'est qu'ils sont devenus indignes de le porter. (Nouvelle sensation.)

Songez, Messieurs, à l'ancienne monarchie; elle était plus forte que vous, plus forte par son origine; elle s'appuyait mieux que vous sur d'anciens usages, sur de vieilles mœurs, sur d'antiques croyances; elle était plus forte que vous, et cependant elle est tombée dans la poussiere. Et pourquoi est-elle tombée? Croyez-vous que ce soit par tel accident particulier? pensez-vous que ce soit le fait de tel homme, le deficit, le serment du Jeu de paume, Lafayette, Mirabeau? Non, Messieurs; il y a une cause plus profonde et plus vraie, et cette cause, c'est que la classe qui gouvernait alors était devenue, par son indifférence, par son égoïsme, par ses vices, incapable et indigne de gouverner. (Tres-bien!)

Voilà la véritable cause.

Eh! Messieurs, s'il est juste d'avoir cette préoccupation patriotique dans tous les temps, à quel point n'est-il pas plus juste encore de l'avoir dans le nôtre? Est-ce que vous ne ressentez pas, Messieurs, par une sorte d'intuition instinctive qui ne peut pas se discuter, s'analyser peut-être, mais qui est certaine, que le sol tremble de nouveau en Europe? (Mouvement.) Est-ce que vous n'apercevez pas... que dirai-je? un vent de révolutions qui est dans l'air? Ce vent, on ne sait ou il naît, d'ou il vient, ni, croyez-le bien, qui il enleve: et c'est dans de pareils temps que vous restez calmes en présence de la dégradation des mœurs publiques, car le mot n'est pas trop fort.

Je parle ici sans amertume; je vous parle, je crois, même sans esprit de parti; j'attaque des hommes contre lesquels je n'ai pas de colère; mais enfin je suis obligé de dire à mes antagonistes et à mon pays ce qui est ma conviction profonde et arrêtée. Eh bien, ma conviction profonde et arrêtée, c'est que les mœurs publiques se dégradent, c'est que la dégradation des mœurs publiques vous amènera, dans un temps court, prochain peut-être, à des révolutions nouvelles. Est-ce donc que la vie des rois tient à des fils plus fermes et plus difficiles a briser que celle des autres hommes? est-ce que vous avez, à l'heure où nous sommes, la certitude d'un lendemain? est-ce que vous savez ce qui peut arriver en France d'ici à un an, à un mois, à un jour peut-être? Vous l'ignorez; mais ce que vous savez, c'est que la tempête est à l'horizon, c'est qu'elle marche sur vous; vous laisserez-vous prévenir par elle? (Interruption au centre.)

Messieurs, je vous supplie de ne pas le faire; je ne vous le demande pas, je vous en supplie; je me mettrais volontiers a genoux devant vous, tant je crois le danger réel et sérieux, tant je pense que le signaler n'est pas recourir à une vaine forme de rhétorique. Oui, le danger est grand! conjurez-le quand il en est temps encore, corrigez-le mal par des moyens efficaces, non en l'attaquant dans ses symptômes, mais en lui-même.

On a parlé de changements dans la législation. Je suis très-porté à croire que ces changements sont non-seulement utiles, mais nécessaires : ainsi je crois a l'utilité de la réforme électorale, à l'urgence de la réforme parlementaire; mais je ne suis pas assez insensé, Messieurs, pour ne pas voir que ce ne sont pas les lois elles-mêmes qui ne sont, en définitive, que le détail des affaires; non, ce n'est pas le mécanisme des lois qui produit les grands événements : ce qui fait les événements, Messieurs, c'est l'esprit même du Gouvernement. Gardez les lois si vous voulez ; quoique je pense que vous auriez tort de le faire, gardez-les ; gardez même les hommes, si cela vous fait plaisir, je n'y fais aucun obstacle, mais, pour Dieu, changez l'esprit du Gouvernement, car, je vous le répète, cet esprit-là vous conduit à l'abîme ! (Vive approbation à gauche.)

M. Devienne défend les conservateurs des mauvais motifs qu'on leur prête pour appuyer le Ministère. Il passe en revue les trois sortes d'adversaires, savoir : ceux qui ont abandonné le parti et qui ont mis sept ans à s'apercevoir de ses prétendues iniquités; l'Opposition modérée, qui cherche à faire passer dans ses rangs les conservateurs, et à corrompre ainsi le sentiment politique, en altérant la fidelité au drapeau; enfin l'Opposition véritable, qui s'appuie sur les passions qu'elle excite, afin d'arriver au pouvoir. L'orateur apprécie ainsi cette Opposition.

Sous un gouvernement despotique, les actes d'opposition rallient autour d'eux toutes les sympathies, parce que le pouvoir c'est le maître, et que le maître c'est l'ennemi (Très-bien !) ; parce que l'Opposition est pleine de dangers; parce qu'il y a pour elle des bastilles; parce que l'exil, la mort même la menacent, et que le véritable péril consacre tout ce qu'il touche. (Très-bien !)

Messieurs, tout est changé autour de nous, l'organisation sociale n'est plus la même, mais les mœurs ne changent pas aussi vite que les lois; il faut pour les changer tout le temps qu'il a fallu pour les faire. Le pouvoir a changé non-seulement de forme, mais d'origine, et quand l'Opposition est devenue une puissance, quand la plume de l'écrivain politique, qui était naguère une arme prohibée, l'arme d'honneur, l'epee formidable des nouveaux maîtres... (C'est cela!), les sympathies publiques accompagnent encore l'Opposition comme si elle courait des dangers. (*Au centre.* Très-bien!) En sorte qu'elle a pour elle toutes les forces des pays libres, et en même temps toutes les sympathies des pays où la liberté n'est pas. (Nouvel assentiment.)

Voilà, Messieurs, l'enorme puissance dont vous disposez, et vous dites que les mœurs sont corrompues. Est-ce donc, par hasard, qu'on ne lit pas vos livres? Est-ce donc, par hasard, qu'on ne se nourrit pas de vos journaux? Est-ce donc, par hasard, qu'on n'écoute pas votre parole de préférence à la nôtre... (Exclamations à gauche.—*Au centre.* Très-bien!) Si les mœurs sont corrompues, c'est vous qui en êtes coupables... (Interruptions bruyantes à gauche.) Est-ce donc nous, sont-ce nos amis, sont-ce nos alliés qui publient tous les jours ces écrits où la religion est traitée de vieux préjugé?...

(*A gauche.* Allons donc!—*Au centre.* Oui! oui! — Très-bien!)

.... Où les lois de la famille sont méconnues, où la propriété est traitée d'abus... (Interruption prolongée.)

Je demande si c'est nous, si ce sont nos amis ou nos alliés qui publient ces livres où l'on habille l'histoire au gré de l'imagination... (Nouvelle interruption), où l'on tresse des couronnes de chêne pour les têtes les plus abhorrées, où l'on fait revivre, au profit des passions populaires, cette maxime tant blâmée dans d'autres temps, que *la fin justifie les moyens*... (Approbation au centre. — Nouvelles dénégations à gauche.)

(*Plusieurs membres a gauche.* Mais cette maxime, c'est la vôtre !) (Agitation.)

Je demande si c'est nous, si ce sont nos alliés ou nos amis qui publient ces écrits où la proprieté est attaquée, ou les systèmes philosophiques les plus étranges sont prônés, et où l'on sert aux populations ces vieilles philosophies à l'aide desquelles on fait espérer une égalité absolue et le partage des biens....

(*M. de Maleville.* Tous les saint-simoniens sont ministériels. (Hilarité générale et prolongée.) — *M. de la Valette* (de la Dordogne). Le moment est mal choisi pour le dire.)

Je persiste à penser que toutes ces attaques à la propriété, à la société, à la famille et à ce qui est aussi sacré au moins, aux souvenirs de l'histoire, que tout cela ne sort pas des rangs de nos amis, de nos alliés, ni des nôtres.

Je crois donc que, si le lien du devoir s'est un peu relâché, s'il se glisse dans la société de mau-

vaises passions, c'est plutôt aux auteurs de tous ces écrits qu'il faut l'attribuer qu'à un pouvoir
auquel on a trop pris l'habitude, en France, dans les temps où il était seul, d'imputer tout ce
qui arrivait. Mais non-seulement l'accusation qui porte sur la corruption des mœurs est mal
adressée; il y a plus, elle est fausse.

L'orateur, après avoir développé cette dernière pensée pour montrer que les réformes demandées ne sont pas nécessaires, termine ainsi son discours :

Il n'y a pas une heure que l'honorable M. de Tocqueville nous disait que le pays était menaçant, que l'air était plein de révolutions ; qu'il fallait nous hâter, nous presser; que nous arri-
verions peut-être trop tard, et que la révolution vous empêchera peut-être de faire ces réformes.
Voilà ce qu'on vous disait à la place où je suis, et vous vous récriez quand je vous le répète; mais
ce sont vos amis qui vous le répètent en affaiblissant leur expression. Oui, on vous dit qu'il faut
vous hâter, que la révolution est à vos portes, qu'elle les ébranle déjà, et qu'il faut les ouvrir si
on ne veut qu'elle les renverse. Voilà ce qu'on vous dit.

Ou on vous trompait l'année dernière, ou on vous trompe cette année, car enfin, un pays n'a
pas pu changer en six mois du tout au tout. Un pays qui était calme, qui était tranquille, constitutionnel, qui ne voulait rien obtenir que par les voies constitutionnelles, auquel on pouvait
donner tout sans dangers, comment est-il devenu, en six mois, un pays qui veut des réformes à
toute force, et qui brisera tout si on ne les donne pas? C'est que vous avez mis entre vous deux
l'agitation des banquets, vous avez appelé a votre aide le moyen d'intimidation qui vous a réussi
si souvent à vous ou à vos prédécesseurs, qui a réussi si souvent aux partis ennemis de la loi
électorale et de la constitution.

Eh bien, je crois que le parti conservateur ne doit pas plus céder à cette intimidation qu'il n'a
cédé a la confiance dangereuse qu'on voulait lui inspirer l'année dernière. Vous ne croirez pas à
la réalité des dangers qu'on veut présenter, et vous ne penserez pas non plus que nous sommes
arrivés au moment où on peut amoindrir la force du pouvoir, où il faut se reposer, où il faut dire
que la constitution a fait son temps. Non, Messieurs, elle a encore une tâche à remplir, et vous
la remplirez. (Vive approbation au centre.)

M. DARBLAY donne de courtes explications de la conduite politique des vrais conservateurs
qui abandonnent un Ministère impuissant à bien gérer les affaires du pays.

(Au moment où M. le Président appelle à la tribune l'orateur à qui appartient la parole, MM. les
Députés quittent leurs places, et l'agitation qui se manifeste dans l'assemblée amène une interruption momentanée de la séance. — Il est quatre heures trois quarts lorsque M. le Président invite MM. les Députés à se remettre en place, et annonce la reprise de la discussion en donnant la
parole à M. Billault.)

M. BILLAULT, qui a proposé un amendement fort intéressé dans la discussion, passe en revue
tous les faits de détail à propos desquels on attaque le Ministère, pour montrer que ce n'est point
à l'Opposition, mais au pouvoir qu'il faut imputer le malaise du pays. Il termine ainsi :

En présence d'un tel état de choses, le pays ne croit pas, vous ne croirez pas non plus
que le Ministère veuille sérieusement renoncer a tant de détestables pratiques; il le voudrait qu'il ne le pourrait pas. Ce n'est pas de gaieté de cœur que le Cabinet est descendu à
un si misérable état ; les hommes éminents qui le composent ont, je n'en doute pas, le juste
sentiment de leur valeur et de leur dignité. S'ils avaient pu gouverner ce pays par les grandes choses, s'il avait pu leur suffire de la magnifique parole de l'un et de l'habileté incontestable de l'autre dans les affaires, ne doutez pas qu'ils n'eussent préféré cette voie un peu
plus glorieuse. Mais voyez donc, cela leur a été impossible, ils ont le pouvoir depuis sept
ans, ils sont à la tête d'une majorité de 300 voix, le pays est calme, ils sont dans toutes
les conditions désirables pour gouverner utilement et noblement, et cependant leur impuissance s'accroît chaque jour, chaque jour leurs misères se multiplient, et les scandales se
révèlent et s'accumulent. C'est qu'il y a là une situation plus forte qu'eux; entrés dans de
déplorables voies, ils n'en peuvent plus sortir ; ils vous le promettraient, ils le voudraient,
ils ne le pourront pas.

Est-ce un désir de succession ministérielle qui nous fait tenir ce langage ? Croyez-moi,
le pouvoir, tel qu'ils l'ont fait, n'est aujourd'hui désirable pour personne. Mais il est des

périls qui nous intéressent tous, et qu'il importe de conjurer au plus tôt; cet état d'abaissement, d'affaiblissement du pouvoir énerve la moralité de la nation, enhardit les cupidités, décourage les âmes honnêtes, sème partout l'indifférence, le mépris peut-être, et fournit aux passions hostiles un texte redoutable d'attaque et d'excitation coupables. Si les temps devaient rester calmes, si aucune circonstance grave et difficile n'était prochainement présumable, le mal n'en serait pas moins considérable, mais vous pourriez, puisque cela vous convient, prendre votre temps pour y porter remède.

Malheureusement il n'en est pas ainsi; je ne veux rien prévoir des affaires extérieures, cependant si compliquées; mais regardez donc un peu à l'intérieur; dites-moi, est-ce que cette main puissante qui a fondé et soutenu tant de choses ne cessera pas de les soutenir un jour? est-ce que ce jour-là il n'y aura pas dans les forces du pouvoir un immense vide? est-ce que nous ne pouvons pas nous trouver en face de graves difficultés. Pour Dieu, dans l'intérêt de notre pays et de la paix publique, mettez-vous donc un instant en face de cette redoutable éventualité: c'est pour ces moments décisifs qu'il est bon d'avoir autour du pouvoir un faisceau d'hommes dévoués et populaires, dont la présence seule soit une garantie, encourage les hommes dévoués, effraye les hommes malveillants, donne aux faibles un peu de valeur.

Tâtez bien le pouls au Ministère actuel, demandez-vous bien si vous souhaiteriez, si un seul souhaiterait que ce fût ce Ministère, tel qu'il est constitué aujourd'hui, avec les embarras de tout genre qui l'environnent, avec tout le bruit des soupçons et des accusations qui l'assiégent, qui fût destiné à résoudre cette grande crise, à susciter et à conduire tous les sentiments généreux de dévouement et de devoir, qui, aux jours difficiles, font seuls le salut du pays.

Certes, nous avons autour de nous de la puissance et de la popularité de ce Cabinet des signes incontestables: voyez dans cette grande capitale dont l'affection fait la sécurité du Gouvernement, qui la première a adopté notre nouvelle dynastie et l'a présentée à la consécration de la France, qui l'a plus tard et aux jours d'épreuve si loyalement et si énergiquement soutenue, voyez quelle est l'influence du Cabinet: sur quatorze colléges, onze lui sont opposés. Voyez encore ce qui vient de se passer dans le deuxième arrondissement. (*Au centre.* Oh! oh! — *A gauche.* Parlez! parlez!) Comment! vous ne trouvez pas bon que, dans un esprit de prudence et de prévision bien nécessaires, on examine pour les circonstances difficiles le degré de sécurité qu'il doit nous apporter! Mais c'est là la question la plus grave, la plus sérieuse, pour les conservateurs, j'imagine, autant que pour nous. Vous voyez par les faits quelle action, quelle influence aurait au moment du besoin le Ministère actuel sur la grande cité, et si, utilisant cette magnifique garde nationale si fidèle et si dévouée, il fallait un jour se mettre à sa tête, dites-moi quel élan, quel enthousiasme pourraient lui communiquer des Ministres qui, depuis sept ans qu'ils gouvernent, n'ont pas jugé opportun de paraître une seule fois devant elle.

Ces choses, Messieurs, valent la peine d'être pesées. A Dieu ne plaise que ces redoutables circonstances soient prochaines; mais le jour où elles viendront vous assaillir, est-ce que vous croyez que vous pourrez refaire en vingt-quatre heures un gouvernement de toutes pièces? est-ce que vous croyez que vous reconstituerez d'un seul mot l'autorité, l'entraînement, la popularité? Tout sera alors difficile, et peut-être périlleux.

Et voyez comme vous êtes inconséquents, permettez-moi de le dire.

Au sein du calme, de la tranquillité actuelle, beaucoup de vous reconnaissent l'utilité, l'opportunité de reconstituer un Ministère moins impuissant, moins empêché, moins accusé; mais, pour en constituer un nouveau, il faut se défaire de l'ancien, et alors voici la série des objections: « Sur une question de moralité nous ne pouvons le renverser, ce serait une injure; sur une question de politique étrangère nous le pouvons encore moins; toucher nos affaires internationales par un vote de la Chambre, c'est délicat et périlleux; sur une question de politique intérieure, ce n'est non plus guère praticable, cela amènerait peut-être la réforme, peut-être même la dissolution de la Chambre. » Au fond cela veut dire qu'on voudrait bien être délivré des Ministres actuels, mais qu'on ne s'en sent pas le courage.

Eh bien, soit, gardez les! (Rires à gauche), mais je vous pose cette dernière question : Si en temps calme vous ne trouvez pas une seule occasion où vous puissiez avec sécurité remanier le pouvoir que vous soutenez pour lui donner la force qui lui manque, quelle sera donc votre impuissance dans les temps agités? La faiblesse qui vous fait ajourner sans cesse ne disparaîtra pas en face du péril, elle l'accroîtra. Par ces temporisations de chaque jour, prenez bien garde qu'alors vous ne vous trouviez avoir, je ne dis pas attendu trop tard, à Dieu ne plaise! mais compliqué, énormément compliqué les difficultés.

Le pays qui vous voit avec ces 300 voix incapables de produire autre chose qu'un Ministère usé, paralysé, trébuchant à chaque pas, finira par croire à l'impuissance radicale d'un grand parti conservateur dont vous vous enorgueillissez; vous avez dit à certains de nous qu'ils étaient aveugles, prenez garde à votre propre aveuglement, il pourrait devenir bien funeste : la lumière semble cependant commencer à se faire; malgré les attaques dont ils sont l'objet, plusieurs de vous brisent cette chaîne que l'on voudrait resserrer autour d'une majorité inquiete; c'est par eux en ce moment, par eux seuls, que la crise peut être utilement, tranquillement résolue; qu'ils agissent, et surtout qu'ils s'arment de résolution. Quant à nous, notre devoir est bien simple; dans la minorité où nous sommes, nous ne pouvons que donner des avis, que signaler les dangers. Nous l'avons fait loyalement, consciencieusement; c'est à la majorité à faire le reste, nous n'en aurons pas la responsabilité. (Vive approbation à gauche.)

M. JANVIER répond quelques mots pour établir que les accusations portées contre le Ministère ne sont qu'une tactique, et non l'expression d'une pensée sérieuse. Il blâme la dégénérescence de la discussion en personnalites.

Seance du vendredi 28 janvier 1848. — Présidence de M. Sauzet.

M. FERDINAND DE LASTEYRIE soutient que l'Opposition est l'héritière des principes des libéraux sous la Restauration. Il se plaint que les questions diminuent de grandeur, et descendent des principes aux personnes.

Vous ne vous êtes plus, dit-il, contentés de nous demander, à nous, membres de l'Opposition : Êtes-vous constitutionnels, ne l'êtes-vous pas? Vous en êtes venus à nous dire : Êtes-vous dynastiques?

Messieurs, qu'entendez-vous par ce mot *dynastiques?*

Voulez-vous parler de l'ordre régulier de la succession au trône établi par la Charte?

Mais nous sommes tous d'accord à ce sujet, nous n'avons aucune intention d'attaquer ce principe, tant s'en faut.

Voulez-vous parler de l'attachement à une personne auguste? Une pareille question ne saurait être abordée par personne à cette tribune, et, pour ma part, c'est une inconvenance dont j'aurai soin de me préserver toujours.

Voulez-vous parler des respects auxquels ont droit les autres membres de la famille royale? Eh bien, est-il parmi nous une seule personne qui n'applaudisse aux genereux et nobles services des princes qui sont allés, à la tête de notre armée, combattre les ennemis de la France? S'est-il trouvé, et se trouvera-t-il jamais parmi nous une seule personne qui ne s'incline avec un respect profond devant les vertus placées à côté du trône, devant ce caractère si admirable dans sa simplicité, qui semble ignorer jusqu'au nom de l'ambition, pour ne connaître que les devoirs de mère? (Très-bien!)

N'avons-nous pas été unanimes sur une pareille question? Une seule voix, dans une solennelle discussion, a fait entendre un mot qui a soulevé des murmures, en parlant de cette personne auguste, une voix l'a nommée *une étrangère;* cette voix, elle n'est pas partie des bancs de l'Opposition; elle est partie des bancs ministériels, et c'est l'Opposition qui a demandé que le mot fût retiré à l'instant même. (Approbation à gauche.)

Je le sais; c'est surtout à propos de cette loi de régence que vous nous avez accusés de n'être pas dynastiques, et pourquoi? Parce que nous ne voulions pas une dynastie collatérale a côté de la dynastie envers laquelle nous sommes engagés par nos serments; parce que nous voyions là un danger pour elle : est-ce donc là un manque de fidélité à nos serments?

Vous-mêmes. qui nous avez vaincus au scrutin, vous ne l'avez jamais pensé. Mais vous voulez tout rattacher aux personnes; vous en êtes venus à ce point que, si quelque membre de l'Opposition trouve, par exemple, qu'il y a inconvénient, en principe, à confier tel commandement à tel membre de la famille royale, à l'instant vous voulez faire croire au pays que c'est à la personne de ce prince que nous nous attaquons. Si un autre membre de l'Opposition vient parler avec une juste vivacité de la manière, selon lui, très-irrégulière, dont sont exploitées les forêts du domaine, aussitôt vous voyez encore dans ces paroles une attaque contre la personne royale. Eh, mon Dieu! laissez-nous discuter les principes, et ne nous ramenez pas toujours aux personnes.

La fidélité, je l'honore; la fidélité dynastique a eu ses héros : ceux qui ont su jusqu'au bout s'associer à un grand malheur, ceux-là, l'histoire a marqué leur place; le nom du général Bertrand, le nom de M. de Las-Cases, à qui j'ai été si fier de succeder dans cette enceinte, ces noms appartiennent à l'histoire, qui s'inclinera avec respect devant une pareille fidélité. (Très-bien! tres-bien!) Mais il y a une autre fidélité qui ne mérite pas des hommages aussi grands : c'est cette fidélité instinctive, bien constante, il est vrai, qui s'attache non pas à l'honneur, mais au pouvoir. (Adhésion à gauche.)

Messieurs, il y a dans la nature une plante dont les instincts sont tels que sa fleur se tourne toujours vers le soleil. (On rit.) Dès que le soleil se lève, elle se penche vers lui; lorsqu'il est arrivé à son apogée, elle ouvre son calice pour recevoir ses rayons (Rires bruyants à gauche), et au déclin du jour, elle lui fait ses adieux pour recommencer le lendemain avec un nouveau soleil. C'est de la fidélité végetale. (Hilarité générale. — Vive adhésion à gauche.)

Ce n'est pas ce genre de fidelité que j'aime dans l'ordre politique; je n'admets et ne comprends que la fidélité aux principes, et c'est même la seule qu'il soit possible d'invoquer quand on a eu, comme quelques-uns de nos collègues, l'honneur de servir son pays sous plusieurs régimes. Si les fidelités étaient uniquement dynastiques, on aurait mauvaise grâce à être fidele à trois dynasties, car être fidèle à trois personnes, c'est beaucoup moins que l'être à une seule; mais quand cette fidélité s'attache aux principes, aux principes constitutionnels, par exemple, je comprends qu'on puisse dire : J'ai pris les principes constitutionnels là où je les ai trouvés, et j'ai adopté les hommes avec la constitution.

C'est ce qui fait que nous, nous sommes dynastiques, parce que nous sommes constitutionnels, et c'est pour cela que je blâme ceux qui sont d'abord dynastiques, et puis constitutionnels, si cela se peut.

L'orateur termine en invitant les Ministres à ne pas se laisser défendre par leurs amis, à répondre eux-mêmes aux attaques nombreuses et fondées dont ils sont l'objet.

M. Léon de Maleville répond à M. Devienne, qui s'est dit un conservateur endurci, et rappelle avec détail les faits de corruption, les avancements scandaleux, les maximes effrontées professées à ce sujet.

M. Hébert, *Garde des sceaux,* donne des explications sur plusieurs des faits, notamment sur l'affaire du cautionnement de la *Presse,* sur l'affaire Bénier, sur la vente d'une place; et il reproche à l'Opposition ce que ses attaques ont de violent, de personnel et de passionné, en même temps qu'il signale l'indigence et l'inanité des faits sur lesquels elles reposent.

MM. Émile le Girardin et le Garde des sceaux discutent le fait relatif aux poursuites dirigées contre la *Presse,* faute de dépôt d'un double cautionnement pour son supplément judiciaire; sur un privilége de théâtre et la transmission d'une charge de notaire se rattachant à cette affaire. — M. Beudin prononce quelques mots d'éclaircissement.

M. Dufaure pose la question.

L'amendement sur lequel nous allons voter, dit-il, est l'expression d'une idée que je rappelle en deux mots, et la Chambre, puisque je parle de ma place, est avertie que je ne solliciterai pas longtemps son attention.

L'Opposition croit, à tort ou à raison, que le Gouvernement, depuis sept ans, n'a pas suffisamment pris pour règle de sa conduite les principes et les intérêts généraux du pays; l'Opposition croit qu'en beaucoup de circonstances le pouvoir a gouverné par des expédients et en vue des intérêts personnels.

C'est là l'idée fondamentale de l'amendement qui vous est proposé par mon honorable ami M. Billault.

La conséquence de cette règle de gouvernement, trop pratiquée, trop fidèlement suivie, à notre avis, depuis sept ans, la conséquence a été de caresser beaucoup trop souvent les intérêts personnels, de se livrer trop souvent à des expédients d'un jour, d'oublier trop constamment les intérêts généraux et les principes, de se laisser entraîner à des actes qui non-seulement comprometaient l'honneur du pouvoir, mais qui encore troublaient, altéraient la moralité du pays.

Voilà, Messieurs, le fond de l'amendement. Vous le voyez, il est tout politique, et les reproches que l'on adresse au Gouvernement pour avoir suivi cette fausse voie, qui, avant les Ministres actuels, en a égaré bien d'autres, ces reproches peuvent se concilier avec le respect et l'estime pour des adversaires. (Mouvements et bruits divers.)

Après quelques développements, l'orateur ajoute :

On a dit qu'à toutes les époques il y avait eu des misères semblables. Je défierais l'orateur qui prononçait ces paroles de trouver dans l'histoire de notre Gouvernement constitutionnel une période pendant laquelle on ait vu éclater autant de scandales.

Eh bien, lorsque nous arrivons après cet intervalle, il serait impossible que l'Opposition fût aveuglée au point de dire qu'elle n'a rien vu. Prenez garde, nous dit-on, si vous entamez une guerre pareille contre le pouvoir actuel, l'Opposition peut un jour prendre sa place, et les implacables radicaux, disait M. Janvier, dirigeront contre elle les armes qu'elle forge aujourd'hui contre nous.

Je crains qu'au fond de ces menaces, qui ont été répétées tout à l'heure par M. le Garde des sceaux, il ne se cache une mauvaise doctrine : ce serait que les faits reprochés au Cabinet actuel sont des faits nécessaires, comme le disent quelques personnes, dans notre Gouvernement représentatif; qu'ils se reproduiront à toutes les époques, sous tous les ministères, de quelque parti qu'ils viennent. C'est cette doctrine contre laquelle je suis bien aise de m'élever; loin de tenir ces tristes moyens de gouvernement pour nécessaires, je les tiens au contraire pour très-préjudiciables ; je crois que le pouvoir s'ennoblirait, grandirait, s'il les mettait tous de côté, et se faisait une loi sévère de ne les pratiquer jamais; et s'il pouvait arriver jamais qu'un Ministère, sorti des bancs de l'Opposition, voulût tenter de les mettre en usage, je bénirais la Chambre qui, par un vote anticipé, aurait fourni des armes contre cette fatale velléité, permettrait de la rendre stérile, et aurait ainsi, en même temps, blâmé le présent et garanti l'avenir. (Très-bien ! très-bien !)

M. DUCHATEL, *Ministre de l'intérieur.* Messieurs, je n'abuserai pas longtemps de l'attention de la Chambre. Je me proposais de dire quelques mots de ma place ; je monte à la tribune uniquement pour être mieux entendu.

J'accepte parfaitement la position de la question telle que vient de la présenter l'honorable M. Dufaure.

Je reconnais comme lui qu'on peut lutter les uns contre les autres, Majorité et Opposition, sans pour cela perdre le respect et l'estime de ses adversaires. Je ne cherche point à abriter le Cabinet derrière ce rempart que la crainte d'adresser des injures aux personnes pourrait élever autour de nous. Non : nous acceptons le combat sur le terrain, moins favorable pour nous, que vient de choisir M. Dufaure; nous acceptons la question comme elle vient d'être posée ; nous admettons que la question ne soit pas personnelle, qu'elle ne soit qu'une question politique.

La conduite du Gouvernement, depuis sept ans, a-t-elle mérité les reproches que l'honorable M. Dufaure vient de lui adresser, et qu'il a voulu dégager de tout caractère d'attaques personnelles ? Telle est la question.

Nous pensons le contraire, c'est fort simple, de ce que pense l'honorable M. Dufaure; nous ne croyons pas avoir mérité ce reproche; nous ne croyons pas qu'il soit dans la justice et dans l'intérêt de la Chambre d'infliger un tel blâme au Cabinet.

Maintenant, je ne dis plus qu'un mot de réponse à la dernière observation de l'honorable M. Dufaure, observation qui porte et sur le discours de mon honorable ami M. Janvier et sur les paroles de mon honorable ami M. le Garde des sceaux.

M. Dufaure semblait croire que ces deux honorables membres avaient prédit pour l'Opposition la nécessité des abus. Non : les deux honorables membres n'ont pas prédit la nécessité des abus, mais seulement la chance certaine des attaques.

Quant à nous, sans prétendre en aucune manière défendre les abus, que nous tenons à réprimer autant que personne, nous repoussons les attaques, et nous demandons à la Chambre de rejeter l'amendement. (Très-bien ! très-bien !)

Texte de l'amendement de M Billault. — § 4 Nous nous associons au vœu de Votre Majesté « en demandant, avant tout, a votre Gouvernement, de travailler sans relâche à developper la moralite des populations, et de ne plus s'exposer à l'affaiblir par de funestes exemples. »

(L'amendement, mis aux voix, n'est pas adopté.)

(Le paragraphe 4, mis aux voix, est adopté.)

Séance du samedi 29 janvier 1848. — Présidence de M. Sauzet.

§ 5. Rapports avec les puissances étrangères. — Italie.

M. DE LAMARTINE. (Mouvement général d'attention) Messieurs, j'abuserai le moins possible de la tribune, que, du reste, je n'ai pas abordée depuis plus de dix-huit mois, par respect pour le temps de la Chambre, et peut-être aussi par dégoût pour les affligeants débats auxquels nous avons été douloureusement condamnés. (Plus haut ! on n'entend pas!)

Cependant, Messieurs, au bruit de tout ce qui s'agite, de tout ce qui s'écroule, et de tout ce qui promet de surgir dans la Péninsule ; au contre-coup de ces événements sur l'esprit public en France, je pense que la Chambre voudra bien, sinon autoriser une contestation des termes dans lesquels est conçu le paragraphe que vous venez d'entendre, du moins permettre quelques observations sérieuses sur cet important sujet.

Jamais, peut-être, discussion d'affaires étrangères ne s'ouvrit ici sous des auspices, je ne dirai pas plus inquiétants, je ne veux rien exagérer, mais sous des auspices plus imminents et plus actuels. Pendant que nous ouvrons cette délibération, une monarchie de famille s'ébranle à l'extrémité de la Peninsule italique : une frégate anglaise porte peut-être à la Sicile, détachée de la puissance continentale de Naples, la constitution de 1812. L'Angleterre s'empare peut-être insensiblement, en notre absence, du patronage naturel qui nous appartenait sur cette monarchie. Et, d'un autre côté, Messieurs, une note que nous avons lue, il y a deux jours, note que je ne veux pas qualifier aujourd'hui, et que nous aurons occasion de qualifier demain ou après-demain, porte à la Suisse, sinon l'humiliation de l'injonction des puissances continentales, auxquelles le nom de la France s'est adjoint, du moins une humiliation et peut-être un impérieux défi.

Messieurs, dans une pareille situation, s'il ne s'agissait aujourd'hui que de débattre ici en quels termes le cabinet français a semé tour à tour, dans ses notes et dans ses dépêches, ses hésitations, ses incertitudes, aujourd'hui ces encouragements apparents aux nationalités, demain ces inquiétudes et ces découragements, je m'abstiendrais de monter à cette tribune, et si le Cabinet français devait être seulement condamné ou absous sur ce texte, je déclare que peu m'importerait qu'il fût en effet condamné ou absous.

Mais si la Chambre, comme je le pense, si la France qui nous écoute veut entrer sérieusement dans la grande et actuelle question de savoir quelle est l'attitude que le Cabinet français a fait prendre à la nation française dans cette grande crise de la Péninsule italique, si souvent renouvelée depuis trente ans, mais jamais avec l'intensité et avec les espérances qui la signalent aujourd'hui : si c'est là la question que la Chambre veut examiner, j'y entre, Messieurs, j'y entre pleinement, et, permettez-moi de le dire, sans vanité, mais pour autoriser jusqu'à un certain point mon opinion : j'y entre avec une connaissance approfondie, j'y entre avec une longue expérience de l'Italie dans ses cours, dans ses nationalités, et même dans ses révolutions de 1820 et de 1821. Je ne remonterai pas plus haut, Messieurs, que 1820 et 1821, pour faire à la Chambre un tableau rapide de la situation italienne, et pour demander compte au Cabinet du rôle qu'il a pris dans cette situation nouvelle.

Messieurs, vous le savez, depuis 1820 et 1821, époque tout à fait analogue à celle dans laquelle nous parlons aujourd'hui, époque où le centre de l'Italie s'ebranlait à Rome, et ou les deux extrémités, à Naples et a Turin, achevaient une révolution modeste comme les aime M. le Président du conseil, une révolution représentative et constitutionnelle ; depuis cette époque, Messieurs, l'Italie, occupée à son extrémité méridionale par une invasion prolongée de l'Autriche ; refrénée en Piémont par ce même prince qui avait laissé la contagion de la liberté entraîner sa jeunesse, qui avait ensuite proscrit trop complaisamment peut-être les complices de son sentiment libéral de 1820, et qui aujourd'hui parait, heureusement pour l'Italie, revenir, avec l'expérience d'un long règne, aux idées de liberté, de représentation et de constitution qui avaient fanatisé ses premiers regards ; l'Italie , refrénée alors de ces deux côtés, paraissait dans un calme complet ; la surface du moins était calme, rien n'indiquait les symptômes d'une révolution. Mais sous ce calme apparent, ne l'oubliez pas, il y avait un abîme, et dans cet abîme couvait la plus incompressible de toutes les forces morales et matérielles de l'esprit humain : la nationalité morcelée, la nationalité comprimée de 26 millions d'hommes. (Sensation.)

Voila, Messieurs, quel était l'état des choses, il y a peu de temps.

Tel était l'état des esprits des populations, des gouvernements, à la surface de l'Italie, lorsque le pape Pie IX , cet homme , je ne dirai pas d'espérance, mais cet homme véritablement inespéré (Assentiment a gauche), lorsque le pape Pie IX , sorti du conclave comme chef de la catholicité, comme directeur de la pensée religieuse de plus de 100 millions d'hommes , entra au Vatican comme chef d'un gouvernement indépendant , au cœur de l'Italie.

. Messieurs, j'ai dit d'ailleurs, j'ai dit, dès le premier jour, mon sentiment sur ce grand et saint homme dont je comprends la situation et les embarras, et que je respecte même dans les difficultés qu'il a à subir ; j'ai dit que je n'avais pas alors, tout en l'appelant la bonne fortune, la grande fortune de l'Italie actuelle ; que je n'avais pas partagé toutes les illusions qui couraient les esprits en Europe, et qui peut-être existent encore dans certains esprits ici sur la puissance de la transformation italienne qu'on lui attribue à lui seul.

Messieurs, bien qu'en ne partageant pas ces espérances, je les ai néanmoins parfaitement omprises ; et si j'avais connu de moins près , si je n'avais pas eté éclairé par un séjour de longues années, peut-être m'en serais-je laissé fasciner moi-même ; si en effet un homme , plus qu'un homme, un demi-dieu, était sorti du conclave le drapeau de l'unité fédérale de l Italie dans une main, l'étendard des institutions libérales modérées dans l'autre main ; si, appuyé d'un côté sur son titre de chef du catholicisme, appuyé de l'autre côté sur son titre de souverain indépendant au cœur de l'Italie , il avait hardiment, héroïquement employé ces deux rôles pour rallier autour de lui toutes les forces de nationalité et d'indépendance existant parmi ces 26 millions d'hommes, pour appeler l'Italie à l'indépendance, pour appeler le monde à la faveur d'opinions qui se rattachent à une si belle et si sainte entreprise ; s'il avait posé d'un côte la limite constitutionnelle des reformes, comme il a posé avec fermeté à Ferrare la limite des indépendances nationales, il n'y a, selon moi, aucun doute qu'un pareil homme ou qu'un pareil phénomène dans l'histoire aurait produit des résultats devant lesquels reculent les imaginations les plus pleines d'espérance et d'illusions sur le sort de la liberté dans le monde. (Mouvement.)

Messieurs, il ne l'a pas voulu ; et peut-être en disant ce mot triste aujourd'hui à cette tribune, peut-être y a-t-il ici devant moi des hommes qui pourraient dire pourquoi le pape n'a pas voulu de ce double, grand et saint rôle.

Le pape a voulu seulement deux choses. Il a voulu être un pape guelfe , jaloux préservateur du territoire national, ne cedant pas un pavé de la ville de Ferrare à l'usurpation ni à l'occupation autrichienne ; il a voulu, d'un autre côte, être un reformateur administratif des principaux abus qui, jusqu'a présent, avaient signalé le regne des principaux pontificats auxquels il succedait.

Messieurs, bien que ce rôle fût loin de satisfaire toutes les espérances, et je dirai, au premier moment, tous les fanatismes que ses premiers pas, que ses premiers gestes, que ses premières paroles avaient excités en Italie ; cependant le seul aspect de ce double rôle de pape guelfe, conservateur jaloux de sa nationalité, et de pape réformateur et administratif des abus que déploraient tous les sujets, particulièrement ceux de la Romagne, dans les États pontificaux ; le seul aspect de ce double rôle, dis je, suffit pour donner une immense commotion à l'Italie. Rome, pendant six mois, et cela s'est prolongé encore, ne fut qu'une espèce d'acclamation unanime en faveur de son souverain pontife ; il fut intronisé, non pas sur les bras des cardinaux, mais sur les bras de tout un peuple enthousiaste et fanatise d'espérance. Et à ce mouvement de Rome correspondit a l'instant le mouvement du reste de l'Italie, partout où il ne fut pas réprimé par la violence des princes eux-mêmes, ou par les intimidations extérieures dont nous aurons tout à l'heure à nous occuper.

Le tressaillement de l'Italie fit tressaillir d'abord l'âme véritablement libérale du descendant de Léopold, de ce grand-duc de Toscane, dont l'administration n'avait presque plus de réformes à subir, et qui n'avait plus qu'à consacrer ses réformes en leur donnant un caractère de perpetuité et les garanties de la durée après lui.

Turin s'agitant de son côté, vous vîtes ce prince dont je parlais tout à l'heure hésiter d'abord, puis, emporté par le mouvement de son peuple, se poser imitateur des actes de Pie IX, et comme souverain plus jaloux et plus armé que lui, protecteur naturel de l'indépendance italienne. Venise elle-même s'agita, et enfin vous avez vu ces jours-ci la Sicile se détacher violemment du royaume de Naples, la Sicile, à qui les traités et les droits antérieurs donnaient une situation tout autre que celle des États italiens, car la Sicile ne fut jamais légitimement adhérente à la monarchie napolitaine. Elle était un pays constitutionnel quand elle accueillit le malheureux prince Ferdinand, qui, pour prix de l'hospitalité reçue, lui ravit sa liberté. Parme, Plaisance, Modene s'émurent de même, et vous fûtes obligés de laisser passer les bataillons autrichiens pour apaiser les premiers troubles qui s'y manifestaient.

Mais, depuis cette époque, les circonstances sont devenues beaucoup plus graves, et un traité qui n'est pas encore authentique, qui n'est pas encore publie dans vos protocoles, dans vos journaux, mais qui circule déjà dans l'opinion alarmée sous formes de confidence diplomatique, que l'avenir ne démentira pas vraisemblablement, un traité entre l'Autriche et les duchés de Parme et de Modène stipule ces deux choses : que l'Autriche pourra, lorsqu'elle le jugera nécessaire à la sécurité des puissances amies de l'Autriche, et à la sienne en Italie, envahir les duchés, s'y établir aussi longtemps et en aussi grande force que cela lui conviendra, pourvu qu'elle paye elle-même les frais de l'occupation.

Et, d'un autre côté, ce même traité autorise les duchés à invoquer l'assistance de l'Autriche, a appeler son intervention au cœur de l'Italie, à la charge pour eux seulement de payer la solde de cette intervention.

Ainsi, vous le voyez, de tous les côtés, aux deux extrémités de l'Italie, et pendant que vous contemplez d'un œil impassible ces orages qui se forment au midi et au nord de la Péninsule, l'Autriche, soit par des entreprises audacieuses, contestables, mais non réprimées, soit par des traites devant lesquels se déchirera bientôt le droit public de l'Italie centrale, rétablit la force de son occupation, pendant qu'elle fait descendre du Tyrol plus de quatre-vingts bataillons pour se tenir prête aux éventualités italiennes. Voilà la situation de l'Italie. (Mouvement.)

Maintenant je me demande, à l'origine de cette situation, avant que rien fût aussi gravement compromis, quand le pape venait seulement de donner ce signal salutaire de la renaissance de la Péninsule, et quand il avait caractérisé sa politique nouvelle par ces deux caractères de prince jaloux de son territoire et dé souverain réformateur des mauvaises lois et des mauvaises pratiques de son gouvernement, quelle situation devait prendre le Gouvernement français ?

Je vais l'examiner avec une complète impartialité. Vous allez en juger vous-mêmes. Je n'examinerai pas, dans cette affaire, la conduite du Cabinet français de mon point de vue à moi, ami trop passionné peut-être de l'indépendance et de la nationalité italienne; je ne l'examinerai pas du point de vue de mes amis de ce côté (la gauche) dans cette Chambre. Je l'examinerai du point de vue où vous siégez vous-mêmes ; je l'examinerai au point de vue du parti conservateur, mais du parti conservateur, entendons-nous, libéral, du parti conservateur national , jaloux au moins autant qu'aucun autre de la dignité et de l'indépendance, et des influences naturelles et séculaires de son pays en Italie.

Voila, Messieurs, le seul point de vue sous lequel j'examinerai la question, et j'espère que, à ce point de vue, je vous démontrerai que la conduite du Cabinet français a été hésitante, pour ne pas me servir d'une expression plus caractérisée ; que si le Cabinet de la France a contemplé au lieu d'agir, que s'il a concilié au lieu d'appuyer, et que si quelquefois ses conseils ont été contradictoires, conseillant aujourd'hui une certaine audace et demain intimidant cette audace dans ses droits les plus sacrés, vous aurez à blâmer, ou à corriger, ou à modifier quelque chose dans la politique du Cabinet.

Messieurs, selon moi, il y avait dans la question italienne trois systemes politiques à adopter pour notre pays, selon que le Cabinet, que le Gouvernement de la France serait inspiré par l'une de ces trois natures de gouvernement : le gouvernement radical , le gouvernement révolutionnaire , républicain, tranchons le mot, ou un gouvernement representatif , constitutionnel, modéré, sage , mais ferme dans le maniement de sa politique étrangère ; ou enfin par un gouvernement timide, un gouvernement retrograde, un gouvernement abandonnant ses amis naturels pour s'allier à ses éternels ennemis, un gouvernement traître à la liberté.

Voilà les trois points de vue sous lesquels un Cabinet français pouvait envisager la question italienne.

Au point de vue du gouvernement radical , révolutionnaire et républicain, qu'y avait-il a faire? Mon Dieu ! la chose est simple : allumer le feu; souffler sur ces charbons ardents dans la Péninsule ; incendier l'Italie ; rallier tous les mécontentements , de quelque nature qu'ils fussent ; former l'armée de la désaffection, de la haine contre l'Autriche ; se mettre à la tête de cette colonne incendiaire, qui aurait traverse la Péninsule ; vomir le cratere de cette nation en ébullition sur le Milanais ; enfin, se placer partout à la tête, non des gouvernements modérés, mais du mouvement fanatique, du mouvement accéléré; non-seulement de la nationalité de la fédération, mais de l'unité, de la nation républicanisée en Italie.

Voilà le premier point de vue. Mais quel est l'homme sage parmi nous qui voudrait l'adopter ? Ce parti, certainement, promettait au Cabinet qui l'aurait adopté de grands succès, si l'on peut appeler *succès* des ravages en Italie ; mais, d'un autre côté, il allumait la guerre européenne ; c'était l'incendie de tous les systèmes diplomatiques connus. Il n'y a pas un politique sage dans notre pays qui voulût prendre sur lui la responsabilité de tant de sang dont une propagande pareille aurait inondé la Péninsule , l'Autriche et peut-être l'Europe tout entière. (*Au centre*. Très-bien !)

Du point de vue contraire , d'un gouvernement modéré, constitutionnel, représentatif, tel que vous avez la glorieuse prétention de l'être aujourd'hui en France, qu'y aurait-il à faire? Il y avait à conserver une rigoureuse mais bienveillante neutralité; il y avait à regarder les événements ; il y avait à attendre les circonstances; il y avait à ne pas décourager l'esprit public en Italie ; il y avait à laisser espérer, sans les tromper, à ces princes et à ces peuples, que si leur nationalité revivait d'elle-même, que si une fédération des différentes puissances , telles qu'elles sont aujourd'hui définies en Italie, se formait pour s'appuyer les unes sur les autres, en un faisceau indissoluble, sans rompre leur territoire, la France, qui ne voulait pas être le genie des révolutions, mais qui etait et avait le droit d'être le soutien du principe de liberté et de l'indépendance en Europe ; la France, si ces souverains étaient attaqués dans leurs droits, si ces populations etaient opprimées sur leur sol, viendrait les protéger sur leur berceau ; car nous ne voulons pas la guerre, nous n'intenterons jamais la guerre ; la gloire de ce Gouvernement, selon moi, est de ne pas l'avoir voulue. Mais si nous n'en avons pas l'intention nous-mêmes, nous ne reculerons jamais devant la nécessité d'une guerre quand elle sera intentée pour la cause la plus sainte qu'il y ait sous le ciel, c'est-à-dire, pour la cause des droits des peuples et des princes reunis dans une seule volonté, sur un seul sol, et dans l'idée de leur indépendance fédérale, modérée, légitime.

Il y avait un troisième parti : c'est celui d'un gouvernement rétrograde, peureux devant ses propres principes, abandonnant partout ses alliés naturels, s'entendant avec ses ennemis eux-mêmes pour opprimer les alliés que le hasard ou la fortune des temps viendrait lui donner. Ce troisième parti, je vais essayer de prouver qu'il a été dans une certaine mesure, que je ne veux point exagérer, mais qu'il a été en apparence et qu'il a dû produire cet effet sur l'esprit public en Italie, ainsi que je vais vous le montrer tout à l'heure par d'irrécusables témoignages, que ce troisieme parti, dis-je, a été malheureusement celui du Cabinet des Tuileries dans les affaires d'Italie. Et si je vous le démontre par des pièces, par des faits et par des témoignages selon moi évidents, équivalents du moins à une évidence complete, conviendrez-vous avec nous que le Cabinet français a ete mal inspiré sur le maniement des affaires de la Peninsule, et qu'un ton plus énergique doit être donné à la politique française par la volonté de la France réunie ici en vous dans cette enceinte.

Pour cela, je n'ai pas besoin de rien conjecturer, je n'ai malheureusement qu'a jeter les yeux sur les faits eux-mêmes, je n'ai qu'à prendre les actes, les dates, les paroles, les événements, et enfin sur les commotions déplorables qui signalent aujourd'hui l'imprévoyance, sinon la connivence, de votre politique au delà des Alpes.

Permettez-moi, Messieurs, de citer en très peu de mots, parmi le peu de notes qui ont été publiées à cet égard, un certain nombre de traits qui caractérisent parfaitement, selon moi, cette alternative d'indécision, d'encouragement, d'inquiétude et de decouragement que le Cabinet français, depuis l'origine de cette question, n'a pas cessé de répandre parmi les différents États de l'Italie, et principalement dans cet Etat central de Rome, ou les principes de la liberté étaient nés dans la personne du chef du catholicisme.

Messieurs, voilà le petit nombre de notes que je me permettrai de lire à cet égard à la Chambre.

Dans une dépêche du 6 août, remarquez-le bien, au commencement même, au point de départ de cette discussion, comment le Cabinet français caractérise-t-il la politique que les princes et les peuples d'Italie doivent adopter ; dans quelle cause? Dans la cause de leur insurrection nationale et de leur indépendance. Vous allez l'entendre, Messieurs.

« Il faut que l'Italie adopte une politique conservatrice, » dit le Ministre.

Je demande à M. le Ministre des affaires étrangeres, qu'est-ce que c'est qu'une politique conservatrice dans un pays dont la loi commune est l'invasion permanente d'une puissance étrangere, dont la loi commune est l'oppression, l'oppression garantie par les baionnettes étrangères, de princes, de quelques-uns du moins, qui ne sont au centre de la Péninsule que les delégués mêmes de l'Autriche.

Voilà donc le sens clair et net de la politique du Gouvernement français conseillant en Italie la politique conservatrice, c'est-à-dire, conservatrice de l'oppression, de l'usurpation, des abus, du morcellement, de l'impuissance des Etats italiens. (*A gauche.* Tres-bien! très-bien!)

Le 28 juillet 1847, l'honorable M. Guizot rappelle à ses agents dans les différentes cours d'Italie, et sans doute aussi principalement à M. Rossi, son ambassadeur à Rome, rappelle

comme type des réformes que le Cabinet français voudrait bien consentir, adopter, patroner peut-être (et vous verrez tout à l'heure que c'est sans danger en Italie), il conseille
quoi? Le fameux mémorandum de 1831.

Or, je supplie les honorables membres de cette Chambre qui ne sont pas aussi familiers
que nous avec les matières diplomatiques, de se reporter à ce mémorandum, et d'examiner sa nature, son origine et ses conditions.

Qu'est ce que ce mémorandum? C'est un acte combiné entre les puissances du Nord, à
la tête duquel était le gouvernement de M. de Metternich et M. de Metternich lui-même,
et auquel le Gouvernement français a bien voulu accéder; memorandum stipulant, défi-
nissant quelle était la nature des réformes sans péril, sans danger, et, permettez-moi de
vous le dire aussi, sans aucune portée, sans aucune signification que l'oppression et l'intimidation, que l'Autriche permettait à l'Italie d'adopter sans en concevoir le moindre om-
brage. (Mouvement.)

Messieurs, voici les termes de la dépêche : « Le Gouvernement rappelle le mémorandum des grandes puissances, et se borne là dans toute la réforme des abus actuels. »
Enfin, le 25 août 1847 : « Le Gouvernement du Roi, dit M. le Ministre des affaires étrangères, concevrait de
sérieuses inquiétudes... »

Écoutez bien, Messieurs, et il ne s'agit pas ici d'une question de constitution, d'une question d'institutions, d'une question de liberté intérieure pouvant donner la moindre alarme
à l'ombrageuse Autriche ou à la France trop timide à côté d'elle; il s'agit de la conservation intégrale du territoire pontifical lui-même :

« Le Gouvernement du Roi concevrait de sérieuses inquietudes, dit M. le Ministre des affaires étrangères, le jour où il serait élevé des exigences inconciliables de la part du pape avec la situation générale en
Italie. »

Cette situation, vous la connaissez, Messieurs : la Toscane subit l'influence de l'Autriche
sous un neveu de l'empereur d'Autriche; à Naples, elle était sous le coup d'une intervention acceptée et passée en droit public. Venise possédée par l'Autriche, Parme, Modène et
le Milanais occupés, voilà la situation dans laquelle se trouvait l'Italie, voilà la situation
à laquelle un Cabinet français recommandait aux princes et aux peuples d'Italie de ne rien
modifier. (Mouvement.)

Je vous laisse à juger, Messieurs, par ce seul mot, des sens de la négociation.

Les dépêches continuent ainsi : « A l'égard de Ferrare, nous ne verrions pas sans quelque regret la cour de
Rome contracter l'habitude de porter de prime abord devant le public des questions de politique étrangère. »
(Rumeurs à gauche)
Enfin, Messieurs, une dernière dépêche à M. de la Rochefoucault s'exprime en ces termes : « Nous avons
plus d'une fois regretté que le Saint-Siège n'eût pas, dès l'origine, indiqué nettement la nature et la portée des
réformes : les esprits s'égarent ainsi par la dangereuse excitation des espérances et des craintes les plus illimitées. A Florence comme à Rome nous regardons comme essentiel que le Gouvernement ne se laisse pas entrat-
ner par de chimériques prétentions ! »

L'indépendance et le régime constitutionnel, Messieurs, demandés non pas seulement par
les peuples, mais par les princes de ces deux États, voila les chimères de M. Guizot.

A M. de Marescalchi, à Gênes, on écrivait : « Les réformes doivent se concilier en Italie avec la sécurité
des deux gouvernements établis d'un autre côté, avec les traités sur lesquels l'ordre européen repose; »

Les traités de 1815 violés deux fois de suite depuis par l'Autriche.

Enfin, un mot plus significatif encore à M. de Bourgoing, notre ambassadeur à Florence, le 18 décembre :

« Les populations italiennes, dit un Cabinet français, rêvent pour leur patrie des changements; plus d'une
fois l'Italie a compromis ainsi ses plus pressants intérêts. »

Voila comme toute aspiration de l'Italie, toute aspiration de 26 millions d'hommes en-
chaînés depuis tant de siècles, voilà comme le martyre de ces populations est caractérisé
par le Gouvernement même de la France, par le Gouvernement de l'indépendance nationale, le Gouvernement de la révolution chargée de fraterniser la liberté dans le monde;
voila qu'il la caractérise de honteuse, de dangereuse, de misérable... (Acclamations à gauche. — Très-bien !)

Mais, Messieurs, si les sentiments secrets, les intentions confidentielles du Cabinet français et du Gouvernement se manifestent d'une manière assez transparente, du moins dans les dépêches dont nous ne connaissons que le langage a haute voix, mais dont les paroles à voix basse dans les cabinets du Nord ne nous ont pas été confiées; si, dis-je, ces intentions sont pour nous assez transparentes dans les notes·et dans les dépêches, que ne sera-ce pas si nous interrogeons, comme je vais le faire en ce moment, la discussion de la question italienne qui a eu lieu le 12 janvier dans une autre enceinte? C'est là que, sous la pression de la discussion, sur ce trépied de la tribune qui arrache le secret à l'âme de l'orateur involontairement, c'est là que la vérité éclate dans un mot de l'honorable M. Guizot, dans la dépêche dont il donnait lecture à la Chambre pour justifier sa politique. Ce mot, Messieurs, vous le connaissez: « Il n'y a de bonnes réformes en Italie que celles auxquelles l'Autriche pourra concourir. » (Dénégations.)

(*M. le Président du conseil.* Je n'ai pas dit cela. — *M. Odilon Barrot.* C'est le langage de l'ambassadeur de France, M. de Sainte-Aulaire.

Je demande pardon à la Chambre d'avoir commis involontairement une erreur, et par conséquent une injustice envers M. le Ministre des affaires étrangères. Je croyais avoir cité ses paroles que j'ai la sous la main : j'avais confondu les siennes avec celles de notre habile et loyal ambassadeur M. de Sainte-Aulaire, sur lequel j'aurai à revenir tout à l'heure.

Le mot de M. Guizot n'était pas celui-là; le mot de M. Guizot était celui-ci, vous allez voir qu'il differera peu : « Le remaniement de l'Italie serait la guerre avec l'Autriche. » (Exclamations à gauche.)

(*M. Guizot, Président du conseil.* C'est vrai. (Approbation au centre.)

M. le Ministre des affaires étrangeres vient de me dire : C'est vrai. Le remaniement de l'Italie, dans une certaine proportion, dans une certaine limite d'indépendance et d'institutions, serait la guerre avec l'Autriche. Et nous avons eu raison d'éviter à tout prix, non pas seulement la guerre, mais le moindre conflit, le moindre froissement avec l'Autriche en Italie.

Eh bien, que l'honorable M. Guizot me permette un souvenir personnel que sa négation, ou plutôt que son consentement vient de susciter en moi, et qui me fait répondre par un fait.

J'ai eu l'honneur, dans des rangs bien modestes alors à cause de mon âge, de participer à des négociations de la France relativement aux révolutions d'Italie, en 1820 et 1821, principalement à la révolution de Naples. Il s'agissait, non pas dans une certaine mesure, de réformes administratives et intérieures, qui n'ont d'autre valeur que la volonté absolue qui les concède, et qui n'ont d'autre durée que la durée viagère du prince qui les a concédées.

Il s'agissait de liberté entière pour le Piémont et pour le peuple napolitain ; il s'agissait d'institutions constitutionnelles, libérales, acceptées par les princes, provoquées par la nation, consenties par la plus grande partie de l'Europe. Eh bien, quelle fut à cette époque l'attitude du Gouvernement auquel, certes, vous ne consentiriez pas à être comparés? quelle fut l'attitude de la Restauration dans sa faiblesse ? Pensa-t-elle, comme vous, que le moindre remaniement du territoire ou des institutions en Italie seraient inévitablement la guerre avec l'Autriche? le pensa-t-elle? L'histoire est la, et vos propres archives sont la pour donner un démenti à ces paroles; la Restauration, Messieurs, voici ce qu'elle fit :

Elle ne contesta pas aux populations italiennes le droit de se régénérer comme vous dans les limites que leur independance et leur libéralisme jugeraient convenables a leur situation, à leurs droits intérieurs, et à leur défense extérieure ; la Restauration jugea seulement, d'accord en cela avec une grande puissance du Nord, que la constitution de l'Espagne, constitution presque demagogique, improvisée par la contagion des idées dans un moment de surprise en Italie, n'était pas compatible, en effet, non pas avec les volontés de l'Autriche, mais avec la securité même de la liberté en Italie. Que fit-elle? Elle négocia, et j'ai été moi-même un des négociateurs subalternes des pensées de la Restauration à cet égard. Elle nous chargea de négocier avec les chefs du parlement napolitain, qui existent encore, et dont quelques-uns assistent peut-être aujourd'hui, dans cette enceinte, à nos délibérations sur les choses et sur l'avenir de leur pays; elle nous chargea de négocier, quoi? L'adoption de la constitution française, l'adoption de la charte française pour le royaume de Naples et pour le royaume de Sardaigne, à la place de la constitution espagnole, qui ne pouvait être conciliée, ni avec la sécurité et l'indépendance extérieure en Italie, ni avec le droit et la solidité d'une liberté représentative; et ce que la Restauration même, à cinq ans de son origine, remarquez-le bien, et vous savez quelle origine, à l'ombre des baïonnettes étrangères, la Restauration, qui ne pouvait vivre que de paix, que de complaisance, que de certaines concessions, du moins à l'exigence des souverains qui avaient rétabli le trône en France en sa faveur, la Restauration fit à l'Italie des conditions mille fois moins onéreuses que celles que vous lui faites patemment; elle promit d'aller la protéger contre l'Autriche elle-même; elle promit, de concert avec l'Angleterre, si la liberté italienne voulait se contenter de la liberté représentative modérée, c'est-à-dire, d'une charte calquée sur la charte française, et non une charte calquée sur l'anarchie de Madrid. Voilà ce qui répond à l'affirmation de M. le Ministre des affaires étrangères. (Mouvement.)

Mais je ne me bornerai pas à ce fait. Je sais que l'honorable M. Guizot a présenté à la Chambre des Pairs, il y a peu de jours, et peut-être s'honorera de nous présenter ici même, tout à l'heure, la même dépêche qui paraissait dans ses termes répondre aux plus vives susceptibilités de la France en faveur de l'Italie; je parle de la dépêche du 25 septembre 1847 à M. Rossi.

Eh bien, permettez moi d'en analyser le sens devant vous, bien que les paroles en aient passé dans l'adresse d'une autre Chambre, et que le sens en ait passé dans les paroles mêmes du paragraphe de l'Adresse que nous discutons à notre tour.

M. Guizot termine la dépêche a M. Rossi par ces mots, qui ont éclaté comme une parole de dignité pour la France, d'indépendance future et d'appui constitutionnel en Italie; il dit à M. Rossi : Vous direz au pape (ce ne sont pas les mots, c'en est le sens), vous déclarerez au pape que nous le soutiendrons à la fois contre le parti stationnaire et contre le parti revolutionnaire; que nous le soutiendrons, lui, son indépendance, sa liberté, sa dignité.

Messieurs, une unanime acclamation, bien naturelle dans une autre enceinte, accueillit ces paroles; et si ces paroles avaient, en effet, le sens qu'elles paraissent exprimer, je ne doute pas qu'une acclamation unanime dont je donnerais moi-même, tout ami, tout partisan que je suis de la complete independance de l'Italie, le signal; je ne doute pas que cette acclamation ne sortit de ma bouche et de nos cœurs. Mais permettez-moi, je le répete, d'analyser et de découvrir le sens vrai de cette fameuse dépêche produite par M. Guizot dans cette même discussion, dans ce même discours à la fin duquel M. Guizot lisait cette phrase à la Chambre des Pairs étonnée; vous allez trouver dans ce sens tout le secret des paroles sous lesquelles ne se manifestent pas l'appui, la sympathie, la liberté future de la Peninsule, mais qui caractérisent en termes evidents les mesures restreintes, et, qu'il me passe le mot, l'expression n'est pas dans son intention, elle est dans la nature du document lui-même, la nature fallacieuse, trompeuse, de la déclaration qu'il semblait faire à l'Europe dans sa depêche.

Messieurs, pour s'en convaincre, il n'y a qu'a lire deux discours, d'abord celui de M. de Sainte-Aulaire, notre honorable ambassadeur longtemps à Rome, à Vienne et à Londres, ambassadeur vieilli honorablement dans nos plus grandes affaires diplomatiques, à qui il n'a pu échapper aucune des volontés, des tendances, rien du sens véritable des différentes négociations qu'il a eues à suivre en 1831 et 1832, principalement dans les affaires de Rome, et qu'il a eues à combiner a Vienne près du prince de Metternich.

Que dit M. de Sainte-Aulaire dans tout son discours? Vous vous en souvenez, il nous a tous frappés :

« Le prince de Metternich, dit-il, est un homme supérieur, un homme qui ne repousse pas les réformes en Italie ; le prince de Metternich a concouru en 1831, d'une manière très-libérale, il a pris lui-même l'initiative de conseiller les réformes administratives à Grégoire XVI, et aux autres puissances de l'Italie. Le prince de Metternich n'est pas un de ces hommes timides qui tremblent devant les pas que les nations font dans un certain cercle, pourvu que le cercle ne dépasse en rien celui qui a été tracé par l'ambition et l'occupation séculaire de son pays. » A cet égard, je rends la même justice que M de Sainte-Aulaire au prince de Metternich. Je vois en lui un des premiers diplomates et des plus sages Nestors de la diplomatie allemande, et je suis convaincu, comme M. de Sainte-Aulaire, que le prince de Metternich n'est en rien contraire aux réformes que l'honorable M. Guizot voudrait bien patroner en Italie. (Adhésion a gauche.)

Je suis convaincu, dis-je, que le sens, que l'esprit que M. le prince de Metternich attachait alors, et attache encore aujourd'hui a des réformes parfaitement identiques, que ce sens est parfaitement conforme au sens que l'honorable M. Guizot y attache dans les dépêches que vous venez de lire. Ceci est bien simple. Quand on se reporte à la situation de l'Autriche en Italie, qu'y voit-on ? 26 millions dominés par quoi ? par une garnison, par une armée qui ne depasse pas 40,000 hommes, et qui même, dans ce moment d'émotion générale, ne s'élève pas encore à 120,000 hommes.

Dans cette situation, quel est l'intérêt de l'Autriche ? C'est d'assoupir par un bien-être matériel, par des réformes d'abus administratifs, par des réformes de douanes, par des ligues insignifiantes et inoffensives entre les petits Etats, d'assoupir, dis-je, l'esprit public et l'énergie du pays (Adhésion à gauche) ; mais c'est la l'A B C de la diplomatie, et l'on n'avait pas besoin de Machiavel pour l'inventer. Quand on veut qu'un peuple s'endorme, il faut lui faire un lit supportable. (Adhésion à gauche.) Voilà le sens des paroles de M. de Metternich, rappelées par M. de Sainte-Aulaire, le sens adopté quelques moments après par l'honorable M. Guizot lui-même. (Mouvement.)

Car, que dit l'honorable M. Guizot ? M. Guizot dit, je lui demande pardon si je ne rapporte pas littéralement les termes que je n'ai pas présents et qu'il faudrait feuilleter trop longtemps pour retrouver ; mais je m'en rapporte parfaitement à sa mémoire et à sa bonne foi, M. Guizot dit dans son discours : Nous nous sommes préalablement assurés que les réformes tentées ou projetées par le pape, ou par ces autres souverainetés de l'Italie, pourraient être acceptables et consenties par l'Autriche.

(*M. le Président du conseil*, Je n'ai pas dit cela ! — *M. de Lamartine*. Je vais alors vous citer les termes.

Voici les termes précis : « D'un côté, les réformes doivent s'y concilier avec les intérêts du Gouvernement établi, et, de l'autre, avec les traités sur lesquels repose l'ordre européen. — *A gauche*. C'est la même chose.)

Mais l'ambassadeur de l'honorable M. Guizot, si ce n'est lui-même, l'ambassadeur qui a vécu longtemps dans la confidence du prince de Metternich, venait de dire, peu d'instants avant lui, le secret du Cabinet de Vienne : « Les réformes ne nous épouvantent pas, nous les avons conseillées nous-mêmes ; et si vous en doutiez, Messieurs, je reporterais la Chambre à l'acte diplomatique le plus caractéristique, au mémorandum de 1831, dans lequel ces mêmes réformes sont conseillées, proposées, signées par le prince de Metternich lui-même. »

Cela étant, que signifie donc la depêche de M. Guizot à M. Rossi, disant au pape : Nous vous soutiendrons contre les tentatives stationnaires, comme nous vous soutiendrons contre les tentatives révolutionnaires ? Cela veut dire ceci : Nous nous sommes préalablement assurés, non pas par l'expérience d'un jour, mais par l'expérience de dix-sept ans et par les épreuves de deux révolutions successives en Italie, que des réformes purement administratives, purement douanières, purement matérielles, insignifiantes, ne pouvant amener le développement de l'indépendance des peuples, ni l'exercice de leur souveraineté dans une certaine proportion, ni les institutions constitutionnelles, ni le gouvernement représentatif, ni la fédération, nous nous sommes assurés que ces réformes ne trouveraient pas d'objection dans le Cabinet de Vienne, et que par conséquent il n'existe pas et n'existera pas une opposition véritablement stationnaire.

D'un autre côté, que faisons-nous ? Écoutez bien, nous donnons gratuitement, bénévolement, injurieusement, que l'honorable M. Guizot me permette de le dire, je le prouverai tout à l'heure par des citations; nous donnons gratuitement ce nom odieux de révolutionnaires, de perturbateurs, de radicaux, à tout ce qui, en Italie, demande autre chose que des réformes insignifiantes, administratives ou douanières. Cela étant bien entendu, d'un côte, qu'il n'y a pas d'opposition de la part de l'Autriche à des réformes administratives, d'un autre côté, déclarant que nous combattrons le mouvement révolutionnaire, la moindre tendance au développement libéral des institutions dans les principautés italiennes, nous disons : Nous ferons la guerre pour le pape à celui qui voudrait s'opposer à ces réformes, c'est-à-dire à personne. (*A gauche.* Très-bien !)

D'un autre côté, nous disons : Nous soutiendrons le pape contre les révolutionnaires. Et que M. Guizot me permette de le demander, qui sont donc les révolutionnaires, qui sont donc les radicaux qu'il stigmatise en Italie, et dans cette Chambre, et dans l'autre Chambre, et dans ses dépêches à ses agents dans les différentes cours? J'affirme ici, par la connaissance personnelle qu'une cohabitation de douze ans m'a donnée, par la connaissance que j'ai du caractère, du génie, du libéralisme italien, que le mot même de *radicalisme* n'a pas sa signification dans la langue, que c'est une injure qui n'est pas même comprise au dela des Alpes, que le mouvement libéral n'est nullement un mouvement perturbateur, agitateur, radical, révolutionnaire, comme vous le voulez faire croire à votre pays et au monde pour autoriser votre connivence ou votre inertie, mais que c'est un mouvement de l'esprit humain et de l'indépendance des peuples, mouvement qui couve dans tous les siècles au cœur de l'Italie, mouvement qui, depuis la révolution française, a été accéléré, a soulevé trois fois, mais toujours dans les limites de la fidélité aux princes, les pays dans lesquels éclatait la volonté des institutions libérales. Vous pouvez en juger par les noms des chefs du mouvement, tous les premiers du clergé ou de la haute aristocratie, tous chefs du mouvement intellectuel et moral de l'Italie, depuis les prédicateurs, comme le père Ventura, jusqu'aux grands noms qui ont occupé autrefois les premières places dans la démagogie mémorable de Gênes et des autres États de l'Italie, depuis les Caponi de Florence jusqu'aux Doria de Gênes, depuis les Monteleone de Sicile jusqu'aux Borromée de Milan, et, oserai je le dire, jusqu'aux Mastai !

Permettez-moi de vous citer à cet égard un livre qui a paru ce matin ; livre qui sans doute ne peut être cité comme une autorité a cette tribune, avant d'avoir subi un certain examen, mais qui renferme des confidences et des faits d'une vraisemblance telle, qu'il est presque impossible de lui refuser une certaine foi ; ce livre vous prouve, dans deux faits éclatants, que le premier prédicateur de l'Italie, le père Ventura, le chef de l'ordre des théatins, l'ami de Pie IX, a été toujours le propagateur modéré, mais ferme, courageux, du libéralisme en Italie, de l'indépendance des populations, non pas par des mouvements révolutionnaires qui dépassent les bornes de l'utile et même du possible, mais des institutions graves, sérieuses, que Pie IX lui-même adoptait au commencement, et devant l'exécution desquelles il lui a fallu, vous savez sans doute pourquoi, il lui a fallu reculer avec désespoir et avec douleur.

Une de ces anecdotes, Messieurs, je vous demande la permission de la lire ; elle a frappé il n'y a qu'un instant mes regards à moi-même, et si par hasard elle n'était pas vraie, vous avez plus de moyens que moi de la démentir.

Mais non, Messieurs, je n'abuserai pas des moments de la Chambre en la recherchant pour la lire textuellement. La voici en deux mots telle que je m'en souviens :

Le pape, découragé déjà par le ton de vos dépêches, par les conversations fréquentes qu'il a eues avec votre habile ambassadeur a Rome, le pape s'adressa, dans un de ses entretiens, à son ami et confident le père Ventura, qui paraît être lui-même l'inspirateur de la brochure ; le pape lui dit tristement : « Eh bien, vous le voyez, nos pensées avortent ! La France nous abandonne ; nous sommes obligés d'hésiter ou de reculer ! » Le père Ventura lui répondit : « Il est vrai ; mais consolez-vous, vous avez un meilleur et plus solide appui que le Cabinet français ; vous avez Dieu, le génie des peuples et de l'indépendance de votre patrie derrière vous ! » (Mouvement.)

Ce livre contient plusieurs récits de la même nature que celui-ci, et je ne doute pas que quand cet écrit aura reçu, dans peu de jours, la publicité qui lui est d'avance acquise par l'intérêt dont il est plein, ces confidences, si elles ne vous paraissent pas avoir le caractère officiel d'une note diplomatique, présentent du moins un caractère de vraisemblance capable d'émouvoir et de persuader. (Vive agitation.)

Messieurs, je n'ai plus que deux pièces très-courtes à lire à la Chambre, je la supplie de les entendre avec impartialité. (Interruption.)

Je la supplie de les écouter avec attention, et de les juger avec impartialité.

L'une est une lettre du chef de ces soi-disant radicaux de Florence, un des hommes qui rappellent les plus grands noms de gouvernement libéral et constitutionnel en France et en Italie, un des hommes dont le nom pourrait être de niveau avec le nom libéral de la Fayette.

Voici, Messieurs, en quels termes il m'adresse à moi-même son opinion sur la conduite de la diplomatie française au cœur de l Italie. Avec qui ? Avec les princes les plus favorablement disposés à accorder à ces peuples non-seulement de meilleurs régimes administratifs, mais encore toutes les garanties de perpétuité de ce régime dans des institutions qui s'affaisseront sur le sol même de la Toscane.

Voici quelques mots de cette lettre, qui honore à la fois le prince et le sujet fidèle dans l'homme véritablement libéral, mais qui ne sépare pas ce libéralisme de la pensée conservatrice qui est dans son âme : faire adopter les idées nouvelles par le pouvoir ancien, faire adopter les idées nouvelles, et les faire patroner par le pouvoir ancien. N'est-ce pas précisément ce que l'honorable M. Guizot avait cherché dans ses dépêches et dans ses actes ? N'est-ce pas là ce qu'il appelle la politique modérée, mais qu'il n'a jamais nommée encore la politique constitutionnelle ?

« Nous ne saurions assez, me dit-il, nous louer du grand-duc de Toscane. Jamais prince. . . »

Écoutez-bien ceci, c'est le chef soi-disant de la révolution libérale qui parle, c'est le chef de cette révolution et de ces radicaux qu'on veut signaler à vos animadversions.

(*Plusieurs voix au centre.* Nommez-le ! nommez-le !)

Je ne puis le nommer, je ne suis pas autorisé à le faire ; mais je suis autorisé à lire cette lettre : je pourrais cependant le nommer à M. Guizot lui-même, au pied de cette tribune. Voici le passage de la lettre :

« Nous ne saurions assez nous louer du grand-duc de Toscane ; jamais prince ne fut d'aussi bonne foi, dans l'esprit et dans l'intérêt de sa patrie. Ce n'est pas ici, comme on le croit, une révolution factice fomentée par une seule classe en Italie ; tout le pays, croyez-moi, sans exception, tout le peuple en est. Vous savez que j'ai toute ma vie prêché la modération ; mais cette fois, croyez-moi, mon cher monsieur de Lamartine, il faut que toute la France parle de ses sympathies pour nous, car le moment est décisif et ne se retrouverait pas. » (Sensation.)

Vous voyez, Messieurs, quelle est la langue de ces radicaux, de ces révolutionnaires dont on veut faire peur à l'Europe et à l'Italie elle-même : ce sont des hommes dévoués aux intérêts de leur pays, ce sont les premiers propriétaires de la nation.

Ce sont les hommes investis des dignités publiques dans la cour ou dans les conseils des princes qu'ils poussent à la tête du mouvement. (Approbation à gauche.)

Voici une autre correspondance, et c'est la dernière.

Un autre homme, également considérable, d'une autre partie de l'Italie, de Turin, un homme qui, par des circonstances fortuites, s'est trouvé présent à Milan aux actes inqualiflables qui ont fait saigner, il y a peu de jours, les cœurs sympathiques en Europe ; cet homme, voici ce qu'il écrit :

« L'archevêque Romilly, quoique dévoué au gouvernement, c'est l'archevêque de Milan, a terminé hier son sermon au peuple par ces mots : « Nous prions tous pour que Dieu daigne rendre ceux qui nous gouvernent plus justes et plus humains qu'ils ne l'ont eté. »

C'était la première fois qu'il montait en chaire après les massacres des rues de Milan.

Le vénérable Opizzoni, un des premiers membres d'une des premières maisons de Milan, vieillard de quatre-vingt-cinq ans, curé de la cathédrale, quoique aveugle, s'est fait conduire chez le vice-roi, et lui a dit :

« Altesse! à mon âge, j'ai vu plusieurs invasions, russe, française, autrichienne ; jamais je n'avais vu égorger des citoyens désarmés. Comme chrétien, comme frere et comme cure, je viens dénoncer ces assassinats à Votre Altesse! »

Voilà les hommes que l'on choisit pour les appeler des radicaux. Ce sont des hommes qui protestent contre le sang versé dans les rues de leur patrie. (Mouvement.)

Enfin, le comte Borromeo, après avoir réclamé contre ce qu'il appelle hautement cette *boucherie* des rues de Milan et de Pavie, le comte Borromeo, grand dignitaire du royaume lombardo-vénitien, quitte ses décorations, et répond au gouverneur qui lui demande pourquoi il se dépouille de ses insignes, écoutez le mot, Messieurs :

« Monsieur le gouverneur, ma toison d'or est trop souillée par le sang de mes compatriotes pour que je puisse encore la porter (Très-bien! tres-bien!)
« Si les choses vont de ce train, — continue le comte Borromeo , — je vous demande pour moi et pour ma famille tout entière notre émigration légale des Etats autrichiens. »

Le comte Borromeo est le dernier des neveux de saint Charles Borromée et possède 500,000 livres de rentes autour de Milan. Voilà quels sont les radicaux de M. le Ministre des affaires étrangères. Ce sont des hommes fidèles à leur patrie, ce sont les premiers dignitaires de leur pays, qui savent être aussi les défenseurs des intérêts de leurs princes et de leurs concitoyens. (Vive sensation.)

Messieurs, je termine là l'énumération des faits, et je passe à quelques considérations que j'abrégerai autant qu'il sera en moi. (Parlez! parlez!)

A l'aspect de cette politique, à la lecture de ces dépêches, en ouvrant ces confidences qui nous arrivent de toutes parts des hommes les plus respectables de l'Italie, et dont quelques-uns de nos collègues ont le témoignage ici, sur leurs bancs, je me demande d'où vient donc la conduite du Gouvernement du Roi en Italie? Est-ce inintelligence de la part de l'homme qui gouverne nos affaires étrangères? Je rougirais de discuter cette hypothèse, l'intelligence de cet homme d'État est à la hauteur de toutes les choses humaines de son temps et des autres temps ; j'irai plus loin. est-ce par antipathie contre les idées libérales ? est-ce antipathie illibérale aigrie, nourrissant dans son cœur un ressentiment invétéré contre les idées de liberté dans le monde? Non, encore! Je suis juste, et je dois l'être envers des adversaires éminents, et ce n'est pas en les dégradant que j'aimerais à les combattre. (Très-bien!) Non, ce n'est pas illibéralisme dans ces hommes d'Etat. Non! quels que soient les dissentiments qui existent entre nous et l'honorable président du Cabinet, sur des matières intérieures, sur le développement électoral de réforme, de liberté, sur les questions même de politique étrangère, je reconnais, j'ai toujours reconnu, et je crois que l'avenir reconnaîtra en lui un libéralisme théorique, grand, sincère, élevé. Il n'est pas un de ces hommes qui ont peur des idées ; et il a ses raisons de n'en pas avoir peur. Il n'est pas un de ces hommes qui en appellent de l'esprit a la force brutale des baïonnettes et de la soldatesque. Non !

Est-ce donc que le droit, par hasard, manquerait à la cause de la nationalité italienne ? est-ce que nous nous trompons tous ici? est-ce que l'Italie elle-même se trompe? est-ce que le droit, le droit sacré manquerait à sa cause? Mais vous le savez tous, vous le sentez tous, c'est mieux que de le savoir : le droit de la nationalité ne périt dans un peuple qu'avec le dernier cœur, que quand le dernier cœur où cette nationalité palpite a cessé de battre. Alors, oui, les nationalités sont finies, elles tombent en poussiere, et on en incorpore les fragments dans des nationalités nouvelles et plus vivaces. (Mouvement prolongé.)

Mais il y a des symptômes, permettez-moi de vous le dire, il y a des symptômes auxquels la conscience du genre humain reconnaît si une nationalité est morte en effet, si le pouls ne bat plus, si les membres sont froids, s'il n'y a plus ni palpitation, ni aspiration dans la poitrine d'un peuple, et si en ensevelissant ce peuple on ne risque pas d'ensevelir, avec lui, la vie et la nationalité d'une grande race ! (Très-bien ! très-bien !)

Ces symptômes, quels sont-ils ?

Le sol d'abord, le sol encore intégralement occupé par une race tout entière, et qui n'a prêté que des portions de son territoire au pied de ses oppresseurs ou de ses envahisseurs. Voilà le premier symptôme.

La race encore, la race qui n'a pas été altérée par le mélange avec les races usurpatrices de la conquête, mais qui s'est conservée dans sa force, dans sa vigueur et dans sa pureté.

La langue enfin, autre symptôme, la langue qui est une espèce de parenté continue entre les différents membres de la famille nationale disséminée sur le même sol. Lorsque tous ces symptômes existent, n'en croyez pas la diplomatie, les protocoles, la pensée des oppresseurs ou de ceux dont la connivence voudrait les encourager ; la nationalité d'un peuple n'est pas morte. (Vive adhésion.)

Il suffit d'avoir passé comme moi une douzaine d'années au milieu d'un peuple ; que dis-je ? il n'est pas besoin d'un aussi long séjour, il suffit de l'avoir traversé ; il suffit, pour chacun d'entre nous, dont l'œil est intelligent, dont le cœur est sympathique, d'avoir traversé cette magnifique Italie, pour sentir la vie sous la mort apparente, pour sentir cette éternelle protestation de la nationalité, qui est la dernière arme d'un peuple, et qui survit encore quand on l'a desarmé, comme l'arme de Dieu et de la nature, qu'il n'est donné à personne de briser dans ses mains.

Nulle part cette protestation n'est aussi évidente qu'en Italie ; nulle part elle n'a des droits plus sacrés à la sympathie des peuples. Je ne crains pas de le dire, je ne serai démenti par personne : il n'y a pas une race humaine qui ait donné au sol qu'elle habite une consécration plus grande que celle que la race italienne a donnée pendant tant de siècles de gloire, de liberté, de vertu, a ce point géographique de notre globe. (Très-bien ! très-bien !)

Enfin, Messieurs, j'arrive à la dernière considération, et je demande à M. Guizot : Est-ce une imprévoyance politique ? Vous qui avez depuis si longtemps manié entre vos mains les poids de l'équilibre du monde, vous qui avez dû réfléchir si profondément sur l'influence de ces vingt-six millions d'hommes établis à cette extrémité de l'Europe, à vos portes, sans aucune possibilité de conflit avec vous, avec toutes les possibilités, toutes les réalités de sympathie, d'affinité mutuelle, n'avez-vous jamais pensé au sort que vous faites à votre pays, à la puissance que vous lui refusez en refoulant dans l'oppression, dans le découragement et dans la mort, des races dont la sympathie valait pour la France des armées, des traités ; car les traités ne sont signés que par la main des hommes ; mais ces sympathies mutuelles entre les peuples faits pour s'aimer, pour se soutenir, aspirer ensemble à la civilisation et à la liberté, ce ne sont pas des traités d'un jour, ce ne sont pas des traités signés par des diplomates, ce sont des traités préparés par la volonté de la Providence, et signés et contre-signés par la main de la nature elle-même, non pas sur des parchemins comme ceux de 1815, qu'on nous a fait signer en tenant la main de la France captive sur un protocole.... (Vives acclamations à gauche) ; mais je le répète, de ces traités contre-signés par Dieu et par la nature, qui durent autant que les siècles, et qui, quand ces nationalités viennent a resurgir dans le monde, présentent à la France non pas ces misérables éventualités de troubles que vous paraissez envisager seulement, mais ces éventualités de force, de puissance, d'appui contre l'invasion du Nord qui nous menacera tôt ou tard.

Je ne crains pas de le dire : si vous êtes véritablement des hommes d'État et non des diplomates, avez-vous jamais regardé du côté du Nord, avez-vous jamais vu ces 65 millions d'hommes qui grandissent tous les jours en civilisation, en richesse, en discipline ; avez-vous jamais contemplé cette effrayante avalanche d'hommes qui peuvent descendre un jour sur les parties de l'Europe que vous habitez ? N'avez-vous jamais pensé à la situation que vous feraient contre elle les Alpes, servant de citadelle à l'Italie et a la France réunies, ayant la Suisse pour bastion, le Rhin et les deux mers pour frontières ? N'avez-vous jamais senti que dans ces quatre positions inexpugnables, avec ces 26 millions d'hommes régénérés en Italie pour alliés, avec ces 6 autres millions d'hommes en Suisse vos alliés naturels, malgré l'injure que vous leur faites, vous seriez inaccessibles à toutes les tempêtes et à tous les assauts du Nord, et vous prépareriez a notre pays une force, une puissance qui peuvent seules le rendre capable de résister aux éventualités de l'avenir ? (Très-bien ! très-bien !)

Messieurs, j'espère que la Chambre me rendra cette justice au moins dans ma faiblesse, que je n'apporte aucune considération de parti dans une question qui embrasse toutes les zones de cette assemblée, comme elle implique tous les intérêts de présent et d'avenir de notre pays.

Il faut cependant que je me fasse moi-même la réponse à l'interrogation que je me posais tout à l'heure.

Je me disais : Pourquoi donc cette politique, dont il est impossible de comprendre la signification véritable, pourquoi ce contre-sens de tous les intérêts de la France et de toutes les sympathies de la France en Italie, et de tous les actes de notre diplomatie depuis l'avénement de Pie IX ?

Je n'ai trouvé cette raison, ni dans la politique ni dans l'intelligence, ni dans les antipathies libérales des hommes. (Bruit.)

Je prie la Chambre de me prêter encore quelque temps de silence. (Parlez ! parlez !) Ma voix est altérée depuis hier par un refroidissement.

Je me demandais pourquoi cette déviation complète, non-seulement de toute la science actuelle de notre diplomatie, mais de toutes les traditions de notre politique dans le monde depuis Marignan jusqu'à Marengo, comment tous ces intérêts amis, toutes ces sympathies violées, rejetées derrière nous, pour ne pas les voir, ou déguisées sous ces noms de *radicalisme* et de *révolution*, afin d'avoir le droit de les détester. (Approbation à gauche.) Je cherchais en moi-même quels pouvaient être dans des hommes capables, intelligents et libéraux, les motifs d'une semblable politique qui n'a pas dit encore son dernier mot, soyez-en convaincus.

Messieurs, il y a plus d'un an que je me suis répondu à moi-même ; la France ne m'a pas cru alors, elle me croira aujourd'hui.

Pourquoi abandonnez-vous l'Italie ? Pourquoi êtes-vous rejetés forcément dans les alliances antipathiques à votre nature constitutionnelle et libérale dans le monde, comme à votre situation géographique à côté de la Suisse et de l'Italie ? pourquoi ? C'est que votre politique, permettez-moi de vous le dire, elle n'est plus à vous, c'est que votre politique est engagée à Madrid par les mariages espagnols. (Très-bien ! très-bien !) C'est que votre politique, vous avez été obligés de la brûler derrière vous avec toutes vos alliances naturelles et toutes les sympathies des peuples. (Adhésion a gauche.) Le jour où vous avez fait cette concession à un intérêt que M. Thiers appelait si justement un autre intérêt que l'intérêt national, à un intérêt que je ne veux pas caractériser. (Murmures au centre.)

Depuis ce jour toute votre politique a été une politique contre nature, toutes vos alliances ont été condamnées à être des contre-sens. Vous avez été obligés de porter partout la faiblesse à vos amis et à vos principes, secours et force à vos adversaires et à vos ennemis. (Mouvement.)

Voilà la vérité, et vous n'êtes pas le premier Gouvernement auquel cela est arrivé. Pensez-y bien.

Vous qui étudiez la sagesse des nations dans leurs annales, n'avez-vous jamais été frappés de ce phénomène bizarre et malheureusement trop fréquent d'un gouvernement qui, ayant achevé son cercle d'évolutions, ramène derrière lui son parti au point où la révolution elle-même avait eu son point de depart, que dis-je ? dépassé ce point de départ ? qui se porte plus loin, et qui, abandonnant tous ses principes, tous ses amis naturels, et reniant les sympathies de ses alliés naturels, va chercher secours, consonnance d'idées et de paroles dans un parti qui ne lui ouvre ses bras que pour mieux l'étouffer. (Sensation.)

Messieurs, une histoire bien récente que je lisais ce matin, me fournit un exemple frappant et utile... (Interruption.)

Je voyais ce matin que le phénomène d'un gouvernement désertant ses principes, abandonnant tous ses amis, et bientôt justement abandonné par eux à son tour, n'était pas nouveau dans notre histoire, et, aux derniers temps de nos annales, il m'a frappé avec une évidence que je ne cherchais pas.

Il y a eu, Messieurs, à la fin de notre République, au moment où le Gouvernement, où les conseils du Gouvernement, les Cinq-Cents et les Anciens, épuisés d'hommes, de force, d'énergie, de persévérance, pour conduire à bien la République qu'ils avaient reçue ensanglantée des mains de la Terreur, mais qu'ils avaient déja commencé à régulariser et à purifier pour la faire vivre entre leurs mains; il y a eu un moment, dis je, où ce phénomène s'est offert pour ce Gouvernement et pour ses conseils, ou ce Gouvernement et ses conseils ont eu recours à leurs adversaires naturels; où les royalistes du temps, ou les conservateurs du moment, les hommes qui voulaient rétrograder de sept ans, ont inondé le Gouvernement et les assemblées nationales. Qu'est-il arrivé, Messieurs? C'est que le pays, voyant son Gouvernement et ses conseils entre les mains d'hommes qui, évidemment, trahissaient tous ses intérêts, a abandonné le Gouvernement, et la République a péri quelques mois après entre leurs mains.

Des discours récents dans vos deux Chambres, applaudis au moins par votre acceptation et par votre silence, m'ont fait faire involontairement une allusion récente à cet événement! Le 18 fructidor en fut la fatale conséquence!

Voilà le miroir que l'histoire présente à ce Gouvernement, et dans lequel tout le monde vous reconnaîtra, excepté vous; voilà le résultat de la première déviation du principe, non exagéré, mais modéré, régulier, mais persistant, mais illibéral, d'un gouvernement; il tombe entre les mains de ses ennemis, il est obligé d'avoir recours a ses ennemis; il se fait exprimer, défendre par eux! C'est ce que nous avons vu à cette tribune avant-hier, et ce que nous avons vu dans une autre enceinte il y a peu de jours.

Je répète, et je finis par là: Le jour ou vous avez engagé votre politique en Espagne, tout a été à contre-sens dans vos actes, et tout ira à contre-sens tous les jours davantage. Oui, de ce jour, tout a été contre nature. De ce jour-là, il vous a fallu dire et penser que le Sonderbund était national en Suisse, que la diète était une faction. (Très-bien! très-bien!)

De ce jour-là il vous a fallu dire que le droit de l'occupation autrichienne permanente était le droit de l'indépendance italienne. (Très-bien!)

De ce jour-là, il a fallu que la France, à l'inverse de sa nature, à l'inverse des siecles et de sa tradition, devînt gibeline à Rome, sacerdotale à Berne, autrichienne en Piémont, russe à Cracovie, française nulle part, contre-révolutionnaire partout! (Acclamations à gauche.)

Il a fallu, je le répete, que la France, manquant à sa nature, à ses principes, à ses intérêts, à ses frontières, ne l'oubliez pas, découverte un jour par votre partialité inqualifiable pour son seul antique ennemi, la maison d'Autriche; il a fallu que la France, manquant à tous ses antécédents, se fît l'alliée de ses ennemis, contre-révolutionnaire partout, française nulle part, se fît, ainsi que je vous le disais, gibeline à Rome, russe à Cracovie, prussienne en Pologne... (Nouveaux bravos à gauche.) En un mot, il a fallu que, intervertissant pour un seul fait, pour un fait d'un jour, pour un fait que vous déplorez, duquel vous tremblez peut-être dans le secret de vos prévisions, il a fallu qu'elle abandonnât toutes les traditions de sa politique, toutes les sympathies les plus sacrées de son âme... (Allez! Allez!)

Je pourrais continuer encore, mais je ne veux pas abuser... (Allez! allez!

9

Non, je m'arrête, et je vous dis : Je ne demande pas de modification aux mots que l'honorable rapporteur de l'Adresse a insérés dans le paragraphe qui est en délibération, relativement à l'Italie ; mais je vous ai dévoilé le sens secret, le vrai sens, le sens diplomatique qui vous sera, de jour en jour, de discussion en discussion, révélé davantage ; je vous ai dit le desaveu caché sous ce paragraphe. Eh bien, je vote, non contre les mots, mais contre le sens que vous y attachez, et surtout si ce sens vient a être compris ainsi par la malheureuse Italie. Je vote non-seulement avec ma voix et avec ma main, mais j'en ai la certitude, car mon pays comprendra la vérite, je vote ici avec la voix et avec la main de mon pays tout entier. (Applaudissements aux extrémités.) Et non-seulement je vote avec la voix de mon pays tout entier, mais je vote avec le cœur et la voix de la Suisse trahie et de l'Italie menacee et troquée contre l'éventualité d'une couronne a Madrid ; je vote avec tous ceux qui, en Europe, ont dans le cœur et un soupir d'indépendance et de liberté, et un souffle de sympathie pour les opprimés. Je désire que les acclamations qui se sont élevées de ce côté de la Chambre (l'orateur designe le côté gauche) passent au-dessus des Alpes... (Sourires ironiques sur quelques bancs du centre.)

Ne riez pas, Messieurs ; ce n'est pas à mes paroles que ces acclamations s'adressent... (*A gauche.* Très-bien !) Mon orgueil ne s'y trompe pas. Non, Messieurs, ne riez pas... (Nouveau mouvement.)

Je n'ai pas cette ridicule prétention de croire que ce qui s'adresse à mon pays s'adresse à mes misérables paroles ; mais je l'attribue avec bonheur et vérité aux sympathies éternelles de la France... (Très-bien !), dont je ne suis que l'indigne expression en ce moment. Eh bien, je le redis, je désire que ces acclamations vraiment françaises, dont ma parole n'est pas la cause, dont elle est du moins l'occasion aujourd'hui, je desire qu'elles passent de l'autre côté des Alpes, et qu'elles disent à la nation italienne, à ces 26 millions d'hommes qui formeront, je l'espere, prochainement, un jour du moins, a la gloire et à la sûreté de notre patrie, la federation du Midi contre le despotisme du Nord ; je désire que ces applaudissements disent a la nation italienne que le sens que vous attachez a ces paroles du paragraphe n'est pas le sens que nous y attachons, et que sous le Gouvernement de la France il y a la France elle-même... (Nouvelles acclamations aux extrémités) ; il y a la France libre dans ses sympathies, perseverante dans ses amitiés et dans ses principes, et qui saluera toujours avec gloire et avec ivresse le jour de la resurrection de l'Italie.

(Applaudissements prolongés. — M. de Lamartine, à peine descendu de la tribune, est entouré par un grand nombre de députés qui viennent lui adresser leurs félicitations, les témoignages de de leur sympathie. — La séance est suspendue pendant vingt cinq minutes.)

M. Guizot, *Président du conseil.* Messieurs, plus j'ai écouté l'honorable préopinant, moins je me suis étonné que nous ne nous entendissions pas. Nous différons plus qu'il ne l'a dit, plus qu'il ne le pense probablement.

Voici la base de notre politique, de toute notre conduite : le droit permanent et positif ; les faits existants et reconnus. C'est la règle de tout gouvernement sensé et régulier.

Le droit permanent est ceci : point de révolution, point de guerre... (Rumeurs à gauche.)

Je sais, autant que qui que ce soit, qu'il y a des revolutions légitimes et nécessaires, des guerres légitimes et nécessaires. Mais ce sont des exceptions dans la destinée des peuples. Quand ces exceptions se presentent, il faut les accepter et les accomplir résolument, mais il ne faut les accepter qu'a la dernière extrémité et devant la nécessité absolue... (*Au centre :* Tres-bien ! très-bien ! — Rires à gauche), et il faut les limiter le plus possible et les terminer le plus tôt possible pour rentrer dans la paix et dans l'ordre.

C'est là la base de notre politique, et nous nous attachons d'autant plus fermement à cette base, que nous nous trouvons en présence et plus pres des chances de révolution et de guerre, soit au dedans, soit au dehors de notre pays.

Que font, au contraire, nos adversaires ? Qu'a fait, tout a l'heure, à cette tribune, l'honorable préopinant? Dès qu'une chance de révolution se montre quelque part, dès qu'une semblable perspective se laisse entrevoir, il l'agrandit, il l'aggrave; il veut lui faire produire des résultats tout autres que ceux qu'elle annonce; il veut que tout soit remis en question, que tout soit remanié, qu'un événement qui peut se résoudre pacifiquement par l'influence d'une politique tranquille et modérée, devienne le signal du remaniement général des populations, des territoires, des destinées et des institutions

Messieurs, on peut vouloir remettre l'ordre et la lumière dans le monde entier, mais il ne faut pas commencer par y mettre le chaos (Très-bien!); car personne ne sait quel jour ni comment l'ordre et la lumière y rentrent quand une fois le chaos y a été mis. Le résultat de la politique que nous a conseillée tout à l'heure l'honorable préopinant serait de commencer par créer le chaos européen. Je repousse absolument cette politique; je la repousse comme aussi illégitime en principe que mauvaise dans la pratique. Et si, par malheur, le Gouvernement la pratiquait, si la Chambre la lui conseillait, tenez pour certain que la cause de l'Italie serait bientôt compromise et peut-être perdue, et que la France ne serait pas innocente de cette perte. (Adhésion au centre.)

Voici maintenant, en y regardant de plus près, quelles sont les bases et les raisons de notre politique dans la question italienne.

La France a en Italie, comme l'indiquait tout à l'heure l'honorable préopinant, des intérêts d'équilibre européen, des intérêts de paix européenne, des intérêts de politique religieuse, et des intérêts de politique libérale et modérée.

Les intérêts d'équilibre européen, que nous prescrivent-ils quant à l'Italie? Qu'aucune puissance n'y soit dominante. Nous ne pouvons pas, nous ne devons pas l'être nous-mêmes; il faut qu'aucune autre ne le soit.

Quelle est pour nous la garantie qu'aucune puissance ne sera dominante en Italie? C'est l'indépendance des puissances italiennes. Que les gouvernements italiens, que les États italiens soient réellement indépendants chez eux, l'intérêt de la France, quant à l'équilibre européen en Italie, est pleinement satisfait.

Eh bien, que se passe-t-il en Italie en ce moment? La meilleure manière d'établir, d'affermir son indépendance, c'est de la prouver par des actes. Est-ce que les actes des gouvernements italiens, est-ce que les actes du saint-siege, du grand-duc de Toscane, du roi de Piémont, depuis un an, ne prouvent pas et n'affermissent pas leur indépendance? Est-ce que ces princes ne se sont pas montrés de véritables princes italiens? Est-ce qu'ils n'ont pas, plus peut-être qu'on ne l'attendait, fait cause commune avec leurs peuples? Est-ce qu'ils ne se sont pas montrés libres de toute influence étrangere, de toutes prétentions étrangères? Est-ce que vous ne voyez pas l'indépendance des États italiens grandir visiblement sous vos yeux? Est-ce que nous n'avons pas prêté à ce progrès de l'indépendance des États italiens tout notre appui, dans les limites et par les moyens qu'ils nous ont eux-mêmes indiqués? Nous avons veillé, il est vrai, à ce que notre appui ne les compromît pas au delà de leur propre volonté, de leur propre désir. Quand il s'est agi des incidents de Ferrare, des incidents de Fivizziano, nous avons fait par la voie des négociations ce qui pouvait seconder le travail des gouvernements d'Italie pour assurer et établir leur indépendance. Quand ils nous ont demandé des armes, comme garantie de leur indépendance, nous les leur avons données, aux conditions qu'ils avaient proposées. Est-ce que ce n'est pas les aider à l'indépendance des États italiens? Est-ce que ce n'est pas là seconder le mouvement qui les porte à l'affermir?

Et il faut bien que je le dise aussi, il faut bien que je rende justice à la modération de la politique qu'on a tout à l'heure si violemment attaquée à la tribune. L'Autriche elle-même, l'Autriche elle-même n'a point combattu ce progres (Rires à gauche); l'Autriche elle-même, et ce sont des paroles qu'il faut que je fasse entrer dans l'esprit de la Chambre et du pays, l'Autriche elle-même s'est conduite dans ces circonstances avec beaucoup de modération (Exclamation à gauche!); l'Autriche elle-même... (Nouvelle exclamation)

Messieurs, si, après ce qui vient d'être dit à cette tribune, il n'était pas permis de venir exposer comme je la vois la conduite d'un gouvernement avec lequel nous vivons dans de bons rapports, dans des rapports réguliers et pacifiques ; si, après qu'il vient d'être attaqué comme ennemi de toute indépendance, de tout progrès en Italie, il n'était pas permis de dire qu'il n'a point entravé les progrès de l'indépendance des Etats italiens, il n'y aurait plus à cette tribune ni impartialité, ni justice, ni liberté. (Très-bien !)

J'use donc de tout mon droit, et je répète que la conduite de l'Autriche, dans cette circonstance difficile et périlleuse pour elle, a été modérée. (Interruption à gauche.)

J'affirme ces trois faits que, dans la crise qui fermente en Italie, l'indépendance des États italiens a fait de considérables progrès ; que nous y avons concouru et aidé dans les limites de la convenance politique et du désir de ces États eux-mêmes ; que le Cabinet de Vienne s'est conduit avec modération et n'a point combattu un progrès qui s'accomplissait sous ses yeux, probablement contre son désir, mais que dans sa raison il n'a pas jugé devoir contrarier.

Les intérêts de la France en ce qui touche l'équilibre européen ont donc été bien gardés dans les affaires d'Italie.

Voyons pour la paix européenne.

Messieurs, je n'hésiterai pas plus à parler du respect des traités que je n'ai hésité à parler de la modération du Cabinet de Vienne.

En vérité, depuis dix-huit ans, nous parlons tous du respect des traités de 1815...

(*Un membre à gauche*. Et Cracovie ?)

Quand l'acte relatif à Cracovie est intervenu, j'ai fait deux choses : j'ai protesté formellement contre l'acte, comme une violation des traités de 1815 : la Chambre le sait. Et en même temps, j'ai dit à cette tribune, j'ai dit contre les honorables membres qui m'interrompent, que je ne regardais pas pour cela les traités de 1815 comme abolis, que nous prenions acte de l'infraction qu'ils venaient de subir, que nous en prenions acte pour tel ou tel jour dans l'avenir, et en tant que de raison ; mais que nous considérions les traités comme subsistants, et que nous continuerions de les respecter scrupuleusement.

Voilà le langage que j'ai tenu à cette époque et que je renouvelle aujourd'hui.

Qu'on ne me parle donc plus de Cracovie. J'ai rempli à cet égard le double devoir qui était imposé au Gouvernement du Roi.

Je reviens à la question.

Oui, nous considérons les traités de 1815 comme la base de l'ordre européen... (Rumeurs à gauche), et nous disons...

(*M. Mercier (de l'Orne)*. La révolution de Juillet n'en est-elle pas la violation ? — *Au centre*. N'interrompez pas ! (Bruit prolongé.)

... Et nous disons que cela est dans l'intérêt de tout le monde, de la France comme de l'Europe, de l'Europe comme de la France. Pour mon compte, que je regarde la France comme pleinement armée de toutes les forces qui peuvent assurer sa grandeur et ses destinées futures.

Si la France avait perdu dans les traités de 1815 les grandes conditions de l'existence et de la force des Etats, nous n'aurions jamais dû les accepter ; nous les avons acceptés.

(*M. Thiers*. Subis ! — *A gauche*. Oui ! oui ! subis ! (Bruit.)

Comment ! Messieurs, vous trouvez plus honorable et plus fier de dire que vous les avez subis !...

(*Voix nombreuses a gauche*. Oui ! oui ! par la force matérielle. (Agitation.) — *M. Chambolle*. Il y en a qui les ont mendiés ! — *M. le Président*. Messieurs, ce n'est pas avec de tels mouvements que peut se poursuivre une discussion régulière. J'espère que personne ne me donnera plus l'occasion de le rappeler. — *M. Guyet-Desfontaines*. Il faut éviter d'exciter certain sentiment dans la Chambre... (Approbation à gauche. — Murmures au centre.) L'Opposition est aussi modérée qu'elle peut ; mais quand on excite chez elle certain sentiment... — *M. le Président*. Il ne s'agit pour personne d'exprimer un sentiment; il s'agit de laisser à la tribune sa liberté; et après qu'elle aura eu son cours, vous pourrez faire parler vos sentiments à la tribune. (Tres-bien!) — *M. Guyet-Desfontaines.* Bien entendu! mais il y a des sentiments qui se font jour malgré soi! — *M. le Président.* Monsieur Guyet-Desfontaines, vous n'avez pas la parole, vous troublez l'ordre! — *M. Guyet-Desfontaines.* Oui, sans doute! mais il est impossible de ne pas protester. — *M. le Président du conseil.* J'entends continuellement exprimer par quelques-uns des honorables membres de ce côté (la gauche) des sentiments qui me blessent, qui me choquent profondément... (*A gauche.* C'est bien réciproque!) Il faut au moins, Messieurs, que la liberté soit réciproque. — *M. Glais-Bizoin.* Le sentiment national est blessé! — *M. le Président du conseil.* Je me fais un devoir de respecter la liberté de mes adversaires, même quand ils expriment des sentiments qui me choquent profondément. J'ai le même droit, et je le réclame. — *M. Taillandier.* Parlez en votre nom! — *M. le Président du conseil.* C'est en mon nom que je parle. Je ne parlerai jamais en votre nom, soyez-en sûr. — *M. Taillandier.* Je l'espère bien! — *M. Isambert.* Et la coalition? — *M. Guyet-Desfontaines.* Vous n'avez pas toujours été si fier; vous avez parlé avec nous et pour nous. — *M. le Président du conseil.* Je continue, Messieurs.

Je dis donc que l'intérêt général de l'Europe, et de la France comme de l'Europe, veut le respect des traités et le maintien de la paix qui repose sur les traités. Cela n'enchaîne en aucune façon la liberté de notre patrie dans l'avenir; cela n'enchaîne en aucune façon ses destinées; l'avenir amènera ce qu'il plaira à Dieu.

(*M. Émile de Girardin.* Cela ne veut rien dire.)

Eh bien, Messieurs, il n'y a aucun homme sensé qui ne sache qu'il n'y a aujourd'hui point de question de paix isolée en Europe, que tout se lie, que tout se tient; une question de paix italienne est inévitablement une question de paix européenne. (*Au centre.* C'est vrai!) Croyez-vous ou ne croyez-vous pas que la paix italienne soit compromise? Croyez-vous ou ne croyez-vous pas qu'il y ait en Italie un mouvement énergique, redoutable, qui travaille à susciter la guerre dans la Peninsule, a chasser par la guerre l'Autriche de l'Italie, a amener le remaniement territorial de l'Italie tout entière? L'honorable M. de Lamartine ne vous disait pas autre chose tout à l'heure à cette tribune; tous les faits qui sont sous vos yeux, tous les écrits qui vous arrivent, toutes les paroles que vous entendez, vous expriment ce dessein, cette intention, cette passion.

Ces jours derniers, un des chefs de la Jeune Italie, M. Mazzini, m'écrivait par la voie des journaux, par le *National*, pour me dire que c'était là ce qu'il voulait, ce qu'il faisait, ce à quoi il travaillait, ce qu'il espérait bien accomplir, et que lui et ses amis ne cesseraient pas de susciter toutes les populations, et d'entraîner tous les gouvernements en Italie, vers ce but.

Croyez-vous que l'Autriche se laissera faire, croyez-vous qu'elle ne se défendra pas? Et quand elle se défendra, croyez-vous qu'elle se défendra seule? Est-ce que vous ne savez pas que les autres Puissances du Nord sont irrévocablement liées avec elle sur cette question? (Mouvement.) Est-ce que vous ne savez pas que le Cabinet anglais ne se détacherait pas d'elle sur cette question? (Mouvement.) Est-ce que vous ne savez pas que le Cabinet de Londres a répondu formellement à la demande du Cabinet de Vienne, qu'il ne pouvait pas admettre un changement au *statu quo* territorial en Italie.

Je m'étonne que des faits si connus ne frappent pas votre attention ou que vous n'en teniez aucun compte, comme si vous ne les saviez pas! Dès que la fermentation de l'Italie a éclaté, le Cabinet de Vienne s'est adressé aux grands Cabinets européens pour leur dire qu'il n'entendait pas se mêler des affaires étrangères de chaque État italien, qu'il n'entendait apporter aucun obstacle aux réformes intérieures que les souverains, de concert avec leurs peuples, jugeraient à propos d'accomplir; mais qu'il ne pouvait admettre que ces réformes allassent jusqu'au remaniement territorial de l'Italie, et qu'il réclamait d'avance leur adhésion au maintien du *statu quo* territorial. Les Cabinets ont répondu en adhérant au *statu quo* territorial, en lui déclarant qu'il était pleinement en son droit de le maintenir, et...

(*M. Odilon Barrot.* Contre les puissances étrangères, et non contre l'Italie! (Rumeurs. — N'interrompez pas!)

... Si l'honorable M. Odilon Barrot, qui m'interrompt, connaissait les pièces dont il s'agit, il verrait que c'est précisément contre les mouvements italiens, qui voudraient chasser l'Autriche de l'Italie, qu'elle avait voulu se prémunir auprès des Cabinets, et que c'est précisément à propos de ces mouvements que les Cabinets lui ont répondu que le *statu quo* territorial italien, car dans le *statu quo* territorial européen est compris le *statu quo* de l'Italie, que ce *statu quo* est garanti par les traités. Et il faudrait une imprévoyance que je ne puis concevoir, même quand je l'ai sous les yeux, même quand je la vois, pour méconnaître que, si un pareil fait arrivait, et si la France se mettait du côté du mouvement italien, vous verriez, à l'instant même, la coalition des quatre Puissances se reformer contre nous. (Adhésion au centre.)

Oui, il faut un étrange degré d'ignorance et d'imprévoyance de la politique européenne pour avoir un instant de doute à cet égard. (Très-bien ! très-bien !)

(M. Thiers se lève et prononce, dans le bruit, quelques mots qu'il est impossible de saisir.)— *M. le Président du conseil.* Je prie l'honorable M. Thiers de ne pas m'interrompre. Il me répondra, s'il le juge à propos ; mais je tiens, et je tiens plus que jamais, plus que je n'y tenais en montant à cette tribune, précisément à cause de la susceptibilité et de l'irritation que j'entrevois dans une portion de la Chambre, je tiens à établir complètement, nettement, la politique du Cabinet, telle que j'ai l'honneur de la pratiquer. — *M. Odilon Barrot.* Envoyez votre contingent dans la Lombardie, plantez y votre drapeau tricolore ! (N'interrompez pas ! n'interrompez pas !) — *M. Chégaray.* M. le Président, maintenez la liberté de la tribune ! — *M. le Président.* Elle est, et elle sera maintenue. — *M. le Président du conseil.* Messieurs, en 1831, dans cette même enceinte, au moment de l'ébranlement subit de notre pays et de l'Europe, nous n'avons pas voulu jouer, contre les traités, la partie révolutionnaire du remaniement territorial de l'Europe. Nous avons bien fait.—*M. le général Subervie.* Vous aviez 500,000 hommes !—*M. le Président.* N'interrompez pas, monsieur Subervie. Je ne puis comprendre une telle manière de discuter.

M. le Président du conseil. Nous avons bien fait, dans l'intérêt de la moralité et de la dignité de notre pays, comme dans l'intérêt de son repos et de sa prospérité. Ce qu'on vous demande aujourd'hui, c'est de jouer cette partie pour le compte de l'Italie ; c'est de faire, pour enlever la Lombardie à l'Autriche, ce que vous n'avez pas voulu faire pour reprendre vous-mêmes la frontière du Rhin et la frontière des Alpes. (*Au centre.* Très-bien ! très-bien !)

Voilà ce que l'on vous demande. Cela ne vaudrait pas mieux moralement que ce qu'on vous demandait en 1831, et cela serait dix fois plus insensé. Je repousse absolument une telle idée, et jamais aucun des membres qui ont l'honneur de siéger sur ces bancs ne se prêterait à une politique aussi superficielle que téméraire. (Très-bien !)

Je tiens pour démontré que les intérêts de la paix européenne ont été bien soutenus, bien défendus par la politique que nous avons suivie dans la question italienne.

Voyons les intérêts de la politique religieuse.

C'est à dessein que je me sers de ce mot, et que je dis : *de la politique religieuse,* et non pas : *de la religion.*

L'État n'est pas chargé des intérêts de la religion. Je tiens plus que personne a maintenir ce principe salutaire qui est dans nos lois et dans nos mœurs : que la religion appartient à chaque homme, à chaque être individuel et réel, qui en rendra compte devant Dieu. L'État n'en est pas chargé. Mais cela ne veut pas dire que la politique de l'État ne doive pas être religieuse, cela ne veut pas dire que la religion ne doive pas tenir une grande place dans la conduite des affaires de l'État.

Eh bien, quel est aujourd'hui évidemment le fait qui résulte de vos sentiments, de vos conversations à tous ? Quel est l'intérêt dominant, supérieur de la politique religieuse pour la France ?

C'est la réconciliation, la réconciliation non pas apparente, superficielle, mais la réconciliation sincère, sérieuse, profonde de la religion, et en particulier de l'Église catholique avec la société moderne, avec les mœurs, les idees, les institutions modernes. (Vive approbation au centre.)

C'est là l'interêt capital, le besoin dominant, sous le point de vue religieux et moral, de notre temps et de notre pays. (C'est vrai ! c'est vrai !)

Messieurs, on a si bien le sentiment de la nécessité de cette réconciliation, de ce rétablissement de l'harmonie entre la société présente, mortelle, temporelle, et les croyances supérieures, eternelles, impérissables des hommes (Tres-bien !) ; le besoin de cette harmonie est si profondément senti, que des efforts ont été faits de bien des côtés sans y réussir.

Mais, permettez-moi de le dire, jusqu'à nos jours, jusqu'au pape Pie IX, ces efforts ont été le travail d'esprits un peu aveuglés, emportés ; c'étaient, que l'honorable M. de Lamartine me permette l'expression, je la dis sans injure, c'étaient des radicaux, des hommes imbus des idées radicales, qui essayaient d'accommoder le catholicisme à la société moderne. Jusqu'à ces derniers temps, c'etait la ce que nous avons vu, et il faut bien dire que ces efforts, quoique tentés sincèrement par un assez grand nombre d'hommes, étaient repoussés, désavoués par le corps de l'Église catholique, par la masse des croyants catholiques ; ils n'atteignaient point le but qu'ils poursuivaient. Il est arrivé, et tout à l'heure l'honorable M. de Lamartine appelait cela une immense bonne fortune de l'humanite, il est arrivé que le chef lui-même de l'Eglise a senti la nécessite de cette grande réconciliation dont nous parlons ; qu'il a compris la nécessité de faire une juste part aux interêts, aux idées, aux sentiments de la société moderne.

Les deux plus grands faits qui se soient accomplis de nos jours à cet égard, c'est le pape Pie VII venant sacrer l'empereur Napoléon a Paris, et le pape Pie IX consacrant par son attitude, par sa conduite, ce qu'il y a de vrai, de juste, de légitime, de moral, dans les croyances et les idees modernes. (Vive approbation au centre. — Bravo ! bravo !)

Voila les deux grands faits à la fois sociaux et religieux de notre temps.

Mais, permettez-moi de vous le dire, Messieurs, vous oubliez les conditions de ces faits-là, vous oubliez les conditions de leur succès. Savez-vous ce qu'il faut pour que le pape Pie IX reussisse dans la grande œuvre qu'il a entreprise ? Il faut qu'on ne lui demande pas ce qu'il ne peut pas et ne doit pas faire comme pape ; il faut qu'on n'entame pas sa souveraineté, sa souveraineté spirituelle et les conditions temporelles de sa souveraineté spirituelle ; il faut que la papauté reste entiere. Vous pouvez bien lui demander, et elle a grande raison de poursuivre, la réconciliation de la religion avec la societe moderne ; mais elle ne peut pas s'abdiquer elle-même, elle ne peut pas se détruire elle-même ; il faut qu'elle se maintienne dans toute sa splendeur et dans toute sa pureté. C'est l'honneur et la gloire et le besoin de l'Italie, aussi bien que de la ville de Rome et de la papauté elle-même.

Il faut donc qu'on ne demande au pape que ce qu'il peut faire, et en même temps il faut que le pape soit bien soutenu, fermement soutenu contre ceux qui voudraient lui faire faire plus ou autre chose.

Eh bien, vous ne pouvez vous dissimuler que le pape est aujourd'hui soumis à la pression de deux forces qui travaillent à s'emparer de lui et à faire de lui un instrument. On veut s'emparer du pape pour en faire un instrument de guerre contre l'Autriche. — (*Voix à gauche.* Quel malheur !)

On veut qu'il devienne l'instrument de ce fait-là, et en même temps on pèse sur lui pour qu'il devienne, dans l'organisation des sociétés italiennes, l'instrument d'idees, de théories que j'appellerai... que je n'appellerai pas si on ne veut pas, radicales ou révolutionnaires, mais qui ne conviennent pas a l'ordre, qui ne conviennent pas a l'organisation réguliere et pacifique des societes. On veut se servir du pape pour le remaniement de l'Italie, et pour une organisation politique bien près d'être républicaine.

M. Glais-Bizoin. Constitutionnelle! (*Cris au centre :* N'interrompez pas.) —*Plusieurs membres au centre a M. le Ministre.* Continuez! continuez! Ne répondez pas. — *M. le Président du conseil.* Messieurs, il y a un degré de confusion dans les idées et dans les termes où il est impossible de porter la lumière. (On rit.) Je ne sais comment m'y prendre pour réfuter certaines erreurs, certaines assertions qui éclatent autour de moi !

Il ne s'agit pas du tout de constitution à l'heure qu'il est ! De quoi il s'agira dans dix ans, dans vingt ans, je ne le sais pas ; je ne suis pas obligé de traiter aujourd'hui à cette tribune les questions que nos successeurs y traiteront. Je traite les questions actuelles. Or, quant à présent, il ne s'agit pas de constitution dans les États italiens... — *M. Glais-Bizoin.* Il ne s'agit que de cela. — *M. le Président.* Monsieur Glais-Bizoin, vous troublez l'ordre par vos interruptions.

M. le Président du conseil. Je reviens à mon idée, et je dis qu'il y a des influences, des forces qui pèsent sur le pape et qui lui demandent des choses qu'il ne peut pas et qu'il ne doit pas faire.

Le pape ne peut être qu'un instrument d'ordre et de paix. Et quand je dis un instrument, je lui en demande pardon à lui-même, ce n'est pas le mot dont je dois me servir ; le pape ne peut soutenir que la cause de l'ordre, de la paix, et de l'amelioration reguliere, pacifique des societes. Il n'est pas, depuis tant de siecles, le représentant le plus éminent des idées de conservation, de perpetuité, d'ordre, pour venir les abdiquer en ce moment et se faire un instrument de guerre, de désordre et d'anarchie ; il ne le fera pas. (Bravo ! bravo !)

Comptez sur la nature de l'institution autant que sur le caractère de l'homme ; le pape, le pontife, le prêtre, s'il le fallait, sauverait le souverain, qui, je l'espère, n'est pas compromis. (Nouvelle approbation au centre.)

Voila, Messieurs, ce que j'appelle la politique religieuse, et c'est celle que nous avons pratiquée et que nous soutenons en Italie : c'est celle que nous soutiendrions.

L'honorable M. de Lamartine a etudié, décomposé, torturé quelques expressions d'une depêche pour y trouver un sens qui ne se présente pas au premier aspect, un sens caché, une arriere-pensée. J'affirme qu'il n'y a pas d'arriere-pensée dans cette dépêche ; que ce qui y est est réellement notre politique et notre volonté. J'affirme qu'il n'y a point d'arriere-lettre, point de correspondance particuliere qui détruise ce langage. Oui, nous avons pensé tour a tour aux intérêts divers ; oui, tantôt nous avons appuye l'independance des Etats, tantôt nous avons recommandé la modération, nous avons recommandé de ne pas s'engager dans des voies excessives : cela est vrai. Quelle est donc cette politique-là ? Quand nous parlons de nous, de notre pays, nous appelons cela la politique du juste milieu, la politique libérale modérée. Eh bien, c'est cette même politique que nous avons portée au dehors, et qui a concouru, dans la mesure qui lui appartenait, a préparer la solution des questions italiennes, comme elle a résolu les grandes questions intérieures de la France.

Je dis qu'elle les a résolues, et la preuve en est évidente de nos jours. Vous le voyez tous, vous le dites tous, il y a depuis quelques mois une grande fermentation dans notre pays, une grande passion se manifeste dans nos debats. Je vous le demande à vous-mèmes : est-ce que l'ordre en est troublé ? est-ce que la liberté en est supprimée ? est-ce que la paix en est menacee ? Non ! non ! les alarmes qu'on a apportées a cette tribune sont des alarmes excessives ; des alarmes qui seront déjouées par nos institutions, par la politique du juste milieu, comme elles l'ont été deja bien des fois.

Oui, les banquets ont pu se réunir, il a pu en naître la fermentation que vous savez, nous pouvons debattre avec passion toutes les questions que nous debattons. Mais tenez pour certain que, tant que la politique qui a prévalu depuis 1830 prévaudra, tant qu'elle sera pratiquee par les hommes qui siégent sur ces bancs, ou par d'autres, tenez pour certain que ni la liberté, ni l'ordre, ni la paix, ne périront dans notre pays ; tenez pour certain que ces grands intérêts prévaudront toujours, et qu'ils prévaudront toujours au dehors comme au dedans.

En verité, je ne puis assez m'étonner quand j'entends parler de l'annulation de notre politique au dehors, de l'affaiblissement de nos influences et de nos alliances. Mais, Messieurs, qu'est-ce qui se passe en Italie ? Quelle est la politique qu'essayent de faire prévaloir les princes, les gouvernements, les hommes sages et bien intentionnés de l'Italie ? quelle est cette politique? C'est la politique libérale et modérée, la politique du juste milieu, celle que nous pratiquons ici, celle qui a réussi en France, celle qui réussira au dehors, si les hommes ont assez de prévoyance et de courage pour en comprendre la portée et les conséquences.

Je le dis aujourd'hui aux Italiens, comme je l'ai dit en 1831 à mon pays : s'ils savent se contenter des réformes paisiblement et régulièrement praticables aujourd'hui, s'ils savent s'arrêter sur la pente sur laquelle on veut les précipiter, s'ils continuent d'entourer leurs princes, de fortifier leurs gouvernements, s'ils continuent de ne rien faire, de ne rien demander que ce qui peut se faire de concert avec leurs gouvernements, sans troubler la paix de l'Europe ; s'ils savent faire cela, ils réussiront dans ce qu'ils ont entrepris aujourd'hui, et ce qu'ils auront fait aujourd'hui fera le reste, s'il plaît à Dieu, et le jour où il plaira à Dieu. (Très-bien !)

(M. le Président du conseil reçoit de nombreuses félicitations de toutes les parties de la Chambre. — La séance reste suspendue pendant quelques minutes.)

M. Mauguin dit qu'il ne s'agit pas dans la question actuelle et dans l'état de l'Europe, il ne s'agit pas de savoir si la France veut ou non revenir sur les traités de 1815. La France n'est pas engagée ; il s'agit de savoir si des événements sur lesquels nous n'avons pas d'influence, si des événements qui se passent en Sicile, qui se passent à Naples, qui se passent à Rome, dans le Piémont, en Suisse, si ces événements ne peuvent pas amener un changement dans la situation de l'Europe, et il s'agit de savoir, dans un changement de position, quel parti, quelle politique nous devions adopter.

Il développe cette pensée, que le Ministère suit la politique des cours du Nord, qui ne lui rendent pas les mêmes bonnes dispositions. Il termine ainsi :

Mais, M. le Président du conseil, de quel œil croit-il donc être vu par les cours du Nord?

Je lui demande pardon, je connais l'opinion de la diplomatie à l'égard de notre Gouvernement ; on le regarde, lui, comme un révolutionnaire ; mais notre Gouvernement, nos Chambres, les Ministres, la Couronne elle-même, est-ce que tout cela n'est pas révolutionnaire? Est-ce que vous n'avez pas ici jugé un roi? Est-ce que vous n'avez pas prononcé la déchéance de ce roi? Est-ce que vous trouvez quelque chose de plus révolutionnaire que de prononcer la déchéance d'un roi, de déclarer la vacance d'un trône, de décerner une couronne? Vous êtes un gouvernement révolutionnaire. Ce qu'on craint surtout en France, c'est sa presse, c'est sa tribune. C'est la presse de la France, c'est la tribune de la France qu'on avait voulu anéantir par les ordonnances de 1830 ; on avait voulu les anéantir à la demande de l'Autriche.

Eh bien ! l'Autriche, tant qu'elle sera puissante, demandera que tribune et presse de France soient anéanties. Si jamais elle peut arriver à dominer l'Italie, à éteindre le mouvement qui s'y manifeste, à dominer la Suisse, à s'approcher de nos frontières, soyez certains que Prusse, Autriche, Confédération germanique, puissances du Nord, vous regarderont et vous traiteront comme un gouvernement révolutionnaire ; et vous aurez beau invoquer les services que vous aurez rendus, on vous dira qu'on les a acceptés, mais qu'on ne les récompense pas ; qu'il y a un intérêt plus puissant, celui de la conservation comme les cours du Nord l'entendent.

Mais, Messieurs, comment peut-on s'aveugler à ce point? Est-ce que vous avez vu, par exemple, des alliances de famille se contracter entre les autres puissances et la France? Est-ce que vous ne vous rappelez pas ces circulaires, ces notes diplomatiques à l'occasion de Cracovie? Comment vous désignait-on, vous? Comment désignait-on la France sous le Cabinet de M. Guizot? On la désignait comme un foyer de révolutions qu'on ne peut pas atteindre, mais dont il faut, sur tous les points, étouffer les émanations ; on vous désignait comme le foyer central.

Eh bien ! vous serez toujours le foyer central des révolutions européennes. Quels que soient vos gouvernants, qu'ils se donnent ou non la peine de déclamer contre les révolutions, le Nord ne vous écoutera pas; vous êtes frappés du titre de révolutionnaires; et, du moment ou les cours du Nord seront en état, elles en finiront avec vous.

Maintenant on peut adresser cette question a M. le Président du conseil.

Avec sa politique, je lui demande qui il croit servir.

Est-la France? il la compromet. Est-ce la dynastie? je crois qu'il ne lui est pas plus utile.

Quant à sa conduite dans la question suisse, et la question suisse ne peut se séparer de la question italienne; quant a sa conduite dans la question suisse, on pourrait presque lui demander, je n'ose pas avancer le mot, cependant il m'échappe, on pourrait presque lui demander : Qui se trouvera trahi par la conduite de la France dans la question suisse?

M. ODILON BARROT, *de sa place*. Je demande à la Chambre la permission d'adresser une question à M. le Président du conseil. (Parlez! parlez!)

M. le President du conseil a cité, dans le cours de la discussion, un document que je n'ai pas trouvé parmi les pieces qui nous ont été communiquées, mais dont je demanderai l'indication plus précise. C'est celui par lequel l'Angleterre aurait garanti à l'Autriche la possession de la Lombardie, non pas seulement contre les puissances etrangères, mais même contre les éventualités des révolutions italiennes ou même lombardes. Ce n'est pas pour copier la politique anglaise, mais pour m'eclairer, que je demande ce document.

M. LE PRESIDENT DU CONSEIL, *de sa place*. J'ai deux réponses à faire à l'honorable préopinant. Il se sert de mots dont je ne me suis pas servi. Je n'ai pas dit que le Cabinet anglais eût garanti a l'Autriche la possession de la Lombardie contre les puissances étrangeres, ou même contre les éventualités des puissances italiennes; j'ai dit que, comme les autres Cabinets, le Cabinet anglais avait répondu que le *statu quo* territorial de l'Europe devait être maintenu. (Mouvement de M. Odilon Barrot.)

Permettez; laissez-moi achever.

De plus, la pièce dont l'honorable préopinant a parlé n'est pas entre mes mains. C'est une piece qui a été communiquee et dont il ne m'a pas été laissé copie. Je ne puis donc la donner.

M. ODILON BARROT. Je n'en demande pas davantage; l'explication me paraît parfaitement catégorique sur le point spécial sur lequel j'appelais l'éclaircissement.

Je demande donc que la Chambre veuille bien renvoyer la discussion à lundi.

Sont entendus dans la suite de la discussion sur les affaires d'Italie : MM. Carnot, d'Haussonville, dans des discours développés, et M. Desmousseaux de Givré dans quelques observations.

M. THIERS. Messieurs, je viens à mon tour vous entretenir des affaires d'Italie, et je ne puis me défendre d'une vive émotion en songeant aux souffrances de cette noble contrée, qui, en ce moment, se debat sous la main de maîtres impitoyables.

Je sais bien que nos discours doivent avoir au dela des Alpes un grand retentissement. Je sais que nous ne devons pas par nos paroles ajouter de nouveaux ferments à l'incendie qui menace d'embraser la Péninsule italienne. Mais il y a, Messieurs, quelque chose qui serait plus fâcheux, plus dangereux que les paroles les plus imprudentes, ce serait le silence qui, de notre part, accuserait une funeste indifférence.

L'Italie, malheureusement, l'Italie doute de nos sentiments pour elle : lorsqu'elle a besoin d'espérance, ce n'est plus vers nous qu'elle tourne ses regards. C'est un malheur pour elle; c'est un malheur pour nous. (Très-bien!)

Il importe qu'elle ne doute pas de nos sentiments; il importe qu'elle sache que ses souffrances, que ses espérances rencontrent ici d'ardentes sympathies. (Très-bien!)

Je voudrais que ma voix eût une force qu'elle n'a pas, pour dire aux Italiens : La France vous aime, elle vous aime comme une contrée longtemps associée à ses destinées. Non pas que dans cette affection il entre rien de l'ambition qui nous a dévorés il y a quarante annees; non, Messieurs; lorsqu'il y a cinquante ans nous avons voulu posséder l'Italie, c'était un tort, un tort, je me hâte de le dire, excusable, parce que la posséder alors, c'était l'affranchir, et l'immense empire qui s'étendait de Rome à Hambourg ne fut qu'une grande représaille de la célèbre convention de Pilnitz. Ces temps ne sont plus; il faut que l'Italie sache que la France lui souhaite d'être indépendante, libre et heureuse.

(*M. Odilon Barrot et autres voix de la gauche.* Très-bien!)

Heureuse! Messieurs, ce mot fait un bien triste contraste avec la situation présente. Permettez-moi, avant de vous parler politique, permettez-moi de vous parler humanité.

Vous savez ce qui se passe à Palerme : vous avez tous tressailli d'horreur en apprenant que pendant quarante-huit heures une grande ville a été bombardée; par qui? Etait-ce par un ennemi étranger exerçant les droits de la guerre? Non, Messieurs, par son propre gouvernement. Et pourquoi? Parce que cette ville infortunée demandait des droits; non pas des droits imaginés par des anarchistes pour troubler la société, mais des droits qui sont écrits dans le cœur de tous les hommes, le droit d'être jugés par des juges honnêtes et impartiaux; le droit d'être consulté, écouté, quand il s'agit de donner son argent et son sang. Cette ville réclamait des droits garantis par la constitution, quand elle a été rendue à la maison de Naples.

Eh bien! Messieurs, pour la demande de ces droits, il y a eu quarante-huit heures de bombardement!

Permettez-moi d'en appeler à l'opinion européenne. C'est un service à rendre à l'humanité que de venir, du haut de la plus grande tribune peut-être de l'Europe, faire retentir quelques paroles d'indignation contre de tels actes. (Très-bien! — Ecoutez! écoutez!)

Messieurs, lorsqu'il y a cinquante ans les Autrichiens, exerçant le droit de la guerre, pour s'épargner les longueurs d'un siége, voulurent bombarder Lille; lorsque plus tard les Anglais, qui exerçaient aussi le droit de la guerre, bombardèrent Copenhague, il y eut dans toute l'Europe un cri de réprobation; et tout récemment, quand le régent Espartero, qui avait rendu des services à son pays, pour réprimer une insurrection, a voulu bombarder Barcelonne, dans tous les partis, dans tous les pays, il y a eu un cri général d'indignation.

Messieurs, permettez-moi de vous rappeler aussi ce qui, quelques jours avant le bombardement dont je parle, se passait à Milan.

Je sais bien, et je suis prêt plus que personne à reconnaître que tout gouvernement établi a le droit de se maintenir. Je comprends, Messieurs, que, sur une foule armée qui tire sur vous, on réponde en tirant sur elle; c'est une dure nécessité, mais c'est une nécessité. Mais sur une foule inoffensive, qui ne vous assiége que de sa curiosité, que de son anxiété, qui peut-être pousse quelques cris, précipiter des soldats la baïonnette au bout du fusil, la poursuivre avec ces baïonnettes comme avec des poignards, tuer des vieillards de soixante-dix ans sur le pavé des rues, voilà qui est horrible! Est-ce qu'il y aurait deux humanités et deux justices? Si ce ne sont pas là des actes odieux, l'histoire n'en a aucun à flétrir? (Mouvement d'approbation à gauche.)

On me dira que le roi de Naples est chez lui à Palerme, que les Autrichiens sont chez eux à Milan : je le sais, Messieurs; je sais que les Autrichiens sont chez eux à Milan. Mais permettez-moi de vous adresser une question.

Les Suisses ne sont-ils pas chez eux aussi? Lorsqu'ils se renferment entre les Alpes et le Jura, ne sont-ils pas chez eux? N'y a-t-il donc que les gouvernements absolus qui soient chez eux, et les gouvernements libres n'y seraient-ils pas? (Nouvel assentiment à gauche.)

Il y a quelques jours, vous demandiez compte au gouvernement suisse d'excès que vous lui reprochiez. Si ces excès sont vrais, vous aviez raison : il n'y a pas de frontière pour l'humanité. (Très-bien! très-bien!) Les gouvernements, quels qu'ils soient, gouvernements absolus, gouvernements libres, qui violent les droits de l'humanité, ont des comptes à rendre devant l'Europe entière. (Très-bien! très-bien!) Mais, permettez-moi de vous le dire, si devant quelques excès, dont vous jugerez bientôt la fausseté, mais que je réprouve si légers qu'ils soient, si devant quelques excès, dans une autre enceinte, il y a eu des sympathies bruyantes, n'y en aura-t-il pas quelques-unes dans cette enceinte pour des peuples qui versent leur sang au nom de la liberté, de la liberté pour laquelle nous l'avons versé pendant cinquante années. (Très bien ! très-bien !)

Messieurs, imitons cette noble tribune d'Angleterre qui dit tout, qui juge tout, qui dit la vérité à son gouvernement comme aux gouvernements étrangers. Nous avons une tribune, servons-nous-en pour ceux qui n'en ont pas. (Très-bien ! très-bien !) Servons-nous-en, non pas pour faire tomber de cette tribune des paroles de désordre : loin de moi une pareille pensée; mais des paroles de justice, de clémence et d'humanité. Grâce à cette publicité qui sans doute cause beaucoup de douleurs, mais qui fait aussi beaucoup de bien aux hommes, grâce à cette publicité, il y a un tribunal de l'opinion devant lequel sont obligés de comparaître les plus grands potentats.

Vous vous souvenez tous qu'il y a deux ans, une femme, une religieuse polonaise a traversé l'Europe, est allée se jeter aux pieds du saint-père, lui a raconté ses douleurs, et, devant cette plainte d'un être faible, un grand souverain dont on calomnie le cœur, mais dont on ne saurait calomnier les agents, a cru de sa dignité de se justifier devant l'opinion de l'Europe par des publications connues de vous tous.

Aujourd'hui, grâce à ce tribunal de l'opinion, il n'y a pas un gouvernement qui ne soit tenu de s'expliquer quand il a violé les lois de l'humanité. Quand ce tribunal qui siége tour à tour à Londres, à Paris, à Berlin, partout où il y a des cœurs honnêtes et des esprits indépendants, quand ce tribunal siege à Paris dans la Chambre des Députes de France, que ce ne soit pas un préjugé défavorable que d'être des gouvernements libres, une raison de faveur que d'être des gouvernements absolus, et que les fautes légères des uns ne soient pas qualifiées de crimes, et les crimes des autres de modération. (Vive approbation à gauche.)

Maintenant, Messieurs, que j'ai payé à l'humanité cette dette que nous lui devons tous, permettez-moi de vous parler un moment politique.

Oh ! assurément il n'y a dans le monde aucune contrée qui ait plus de droit à notre intérêt que l'Italie. Sommes-nous chrétiens, chrétiens fervents, elle est la métropole de la foi. Sommes-nous des esprits éclairés aimant tout ce qu'il y a de beau, elle est la patrie des arts, des lettres ; elle est pour nous autres modernes ce que la Grèce antique était pour les Romains, ses oppresseurs et ses elèves. Sommes-nous Français, bons citoyens, elle est une sœur longtemps associee à nos destinées, une sœur pour laquelle nous avons combattu, qui a combattu pour nous dans la mesure de ses forces ; car lorsque nous sortions de Moscou, poursuivis par les frimas et par l'ennemi, lorsque nos alliés nous abandonnaient, dans l'immortelle journée de Malojaroslawez elle versait des torrents de sang généreux pour couvrir notre retraite. Nous avons donc toutes les raisons religieuses, morales, politiques, de nous intéresser à elle. (Très-bien ! très-bien !) Mais le sujet est trop vaste, je me renferme dans les considérations politiques.

Vous savez que toutes les fois que ces ennemis invétérés de notre pays, qu'autrefois l'histoire appelait les *Impériaux*, qu'on appelle aujourd'hui les *Autrichiens*; toutes les fois qu'ils s'avancent vers notre pays, ils ont deux routes : le Danube et le Pô. Aussi, dans tous les temps, tous les Cabinets ont porté un regard vigilant sur la Baviere, la Lombardie et le Piémont. Dans tous les temps une attaque de l'Autriche sur la Bavière, de l'Autriche sur la haute Italie, était un cas politique des plus graves, et souvent un cas de guerre. Ce n'est pas là de la politique imperiale, de la politique révolutionnaire ; c'est la politique que suivaient, sous l'ancien regime, le vieux Maurepas, l'entreprenant duc de Choiseul, comme le pacifique cardinal de Fleury ; c'était la politique du Cabinet de Versailles : acceptez donc ses traditions, car c'est la politique de tous les temps.

Mais heureusement, comme le disait M. le Président du conseil avant-hier, tout est changé ; heureusement les questions, si j'ose le dire, de matérielles sont devenues morales, par suite des grands intérêts qui s'agitent dans le monde. Indépendamment de cet équilibre tout matériel que je trouve écrit sur la carte de l'Europe, il y a un équilibre plus élevé, un équilibre tout moral, et c'est a celui-là que nous, Gouvernement de Juillet, nous avons plus particulièrement mission de veiller. Cet équilibre, quel est-il ?

Vous savez que l'Europe est partagée entre deux grandes parties. Une grande portion du continent vit sous des gouvernements absolus ; une autre portion vit sous des gouvernements libres, ou aspire à y vivre. C'est entre ces deux grandes parties du monde qu'il s'agit de maintenir l'équilibre.

Je n'ai pas de paroles de réprobation ni pour les gouvernements différents du nôtre, ni pour les peuples qui se soumettent à ces gouvernements. C'est un des grands bienfaits de la liberté comme nous l'entendons aujourd'hui, que tous les peuples, suivant l'état de leur civilisation, de leurs mœurs, de leurs goûts, suivant le degré de leur courage, vivent sous des gouvernements divers. Mais ce à quoi nous devons veiller, c'est à l'équilibre qui peut s'établir entre ces deux parties du monde, l'une soumise encore au pouvoir absolu, l'autre vivant sous des régimes de liberté ou aspirant à y vivre.

Quel rapport doit-il exister entre ces deux portions du monde ? Toutes les fois qu'un gouvernement absolu cesse en Europe, toutes les fois qu'il naît une liberté, la France est délivrée d'un ennemi, et elle gagne un ami. (Sensation. — Tres-bien ! tres-bien !)

Est-ce une raison pour que nous allions violemment, clandestinement, porter la liberté à des pays qui ne l'ont pas ? Non, Messieurs, porter la liberté où elle n'est pas, par nos baïonnettes, est un acte de violence ; la porter d'une autre manière, par ce qu'on appelle la propagande, est une perfidie. Ni violence, ni perfidie. (Très-bien ! tres-bien !)

Mais, Messieurs, nous avons été justes pour les autres, sachons à notre tour être justes pour nous-mêmes. Quand la liberté se sera développée quelque part, naturellement, légitimement, sans aucune intervention étrangère, sans autre complicité de notre part, que d'avoir produit autrefois Montesquieu, Voltaire, Pascal, Descartes, ces sublimes agitateurs de la pensée humaine (Sensation marquée. — Très bien ! très-bien !) ; sans autre complicité que d'avoir, au 14 juillet, pris la Bastille, que d'avoir, en 1830, renversé un gouvernement violateur des lois ! quand la liberté se développera quelque part, naturellement, légitimement, sans autre complicité que cette noble complicité, elle est sacrée, Messieurs ! (Très-bien ! très-bien !) Elle est sacrée comme l'enfant qui vient de naître ; y toucher, serait un attentat contre la nature et contre l'humanité.

Certainement nous ne devons porter la liberté violemment ni perfidement nulle part ; mais nous ne devons pas souffrir qu'on vienne l'étouffer avec des baïonnettes partout où elle sera développée, comme l'herbe pousse au printemps. (Mouvement.) Là, je le répète, elle est sacrée, et la France ne doit pas souffrir qu'on y touche. (Vive approbation à gauche.)

Maintenant, je m'adresse à vous tous. Vous connaissez les événements de l'Italie depuis deux ans, surtout depuis une année : je vous le demande, est-ce nous qui avons fait les événements de Rome ? est-ce nous qui avons inspiré à Léopold, grand-duc de Toscane, à Charles-Albert, roi du Piémont, les résolutions qu'ils ont prises ? Vous y pouvez voir, sans doute, le génie de la France, mais vous n'y verrez sa main nulle part. (Très-bien !)

On dit, à la vérité, que c'est nous qui remuons le monde depuis cinquante années. Que dis-je, depuis cinquante années ? depuis plus de trois cents. Oui, nous sommes ces grands criminels qui ont proclamé avec Descartes la liberté de penser, qui ont proclamé avec Bossuet l'indépendance de l'Eglise catholique sans se séparer d'elle ; qui, avec Montesquieu et Voltaire, ont, comme on l'a dit, restitué au genre humain ses droits. Nous sommes ces grands criminels, j'en conviens avec orgueil pour mon pays. (*A gauche.* Très-bien ! très-bien !) Mais, heureusement pour l'humanité, nous ne sommes par les seuls criminels de ce genre. Quand l'Allemagne produisait Leibnitz, quand l'Angleterre produisait Bacon, elles prenaient rang aussi parmi ces grands criminels. Nous sommes, il est vrai, les plus grands de tous ; soyons-en fiers pour notre patrie, et souhaitons à ceux qui nous le reprochent d'être à leur tour criminels de la sorte.

Quand nous n'avons d'autre tort que celui-là, d'autre tort que celui d'avoir allumé le flambeau de l'esprit humain, nous pouvons nous dire assez innocents de la liberté italienne pour qu'on la respecte.

Vous savez ce qui s'est passé a Rome. Tout le monde s'attendait a ce que le conclave fût bien long ; la diplomatie européenne préparait deja ses artifices. Eh bien, dans trois jours le pape a eté nommé. Assurement, je reconnais l'habileté de M. le comte Rossi, mais ce n'est pas lui dont l'habileté a fait nommer le pape Pie IX. (On rit.)

Comment a-t-il été nommé ? Vous le savez bien : par les plus vieux cardinaux, par tous les hommes qu'on peut, pour employer les expressions de M. le Ministre des affaires etrangères, appeler le parti stationnaire. Leur esprit, malheureusement, n'était pas très-ouvert à la lumiere ; leur cœur, heureusement, était accessible à la crainte ; ils ont voulu choisir un pontife réformateur, un pontife conciliateur qui pût écarter les grands dangers dont les États romains étaient menacés.

Nous ne sommes assurément pour rien dans cette œuvre.

A Florence, à Turin, vous savez comment se sont passées les choses ! Les souverains hésitaient, et ce peuple italien si intelligent, si plein de séduction, les a entourés d'acclamations, les a pressés de ses caresses. A toutes les considérations de bon sens, il a joint cet aiguillon de la popularité qui un moment nous avait ramené Charles X ; à force d'acclamations, il les a entraînés dans la voie des réformes. Nous ne sommes encore là pour rien ; ce n'est pas notre main qui a fait tout cela.

Un seul souverain, celui de Naples, à ce peuple qui se pressait vers lui, a montré la pointe de son épée, et ce peuple infortune s'est jeté dessus. (Sensation.)

Mais la j'espère encore que nous n'y sommes pour rien, et vous vous joindrez à moi pour le dire.

Nous sommes donc étrangers au mouvement de l'Italie ; ce n'est pas nous qui l'avons fait ; il est naturel, il est l'œuvre du temps, il doit être respecté. (Nouvelle approbation.)

Maintenant, Messieurs, cette politique, puisée dans la plus haute morale, peut-on la trouver dans les traités, dans ces traités de 1815 qu'on nous cite sans cesse ?

A ce sujet, permettez-moi une réflexion.

Ces traités de 1815, nous les connaissons : nous les rappeler une fois de moins, ce ne serait pas nous exposer a les ignorer ou à manquer à leur observation. Mais doit-on vous les rappeler, comme on le faisait l'autre jour, de ce sang-froid avec lequel on parlerait des traités d'Utrecht ou de Westphalie ? (Approbation à gauche.)

En parler de la sorte, c'est blesser vivement nos sympathies, et si l'autre jour j'ai interrompu M. le Président du conseil, c'est que je ne pouvais plus contenir les sentiments que j'éprouvais.

Eh bien, ces traités, il faut les observer. Mes amis me permettront de le leur dire, il faut les observer jusqu'au jour où l'on fait la guerre, car jusque-la il faut bien trouver quelque part la règle de ses relations avec les autres Etats. Il faut les observer et les detester. (Sensation profonde.) Il faut non-seulement les observer, mais les faire observer aux autres ; et je viens, ces traités à la main, vous prouver que vous n'avez pas fait pour l'Italie tout ce que vous deviez, tout ce que vous pouviez faire. (Ecoutez ! écoutez !)

Avec une adresse que j'admire, mais qui cependant s'est repétée bien souvent à cette tribune et devant la Chambre, vous nous avez dissimulé la vraie question, en plaçant sous nos yeux une question qui est fausse.

Vous nous avez dit qu'il s'agissait d'un bouleversement général en Italie, de changer les territoires, d'enlever à l'Autriche tout ce qu'elle possède ; vous nous avez dit que certains Italiens voulaient cela. Je ne contesterai pas, Messieurs, que des Italiens qu'on egorge dans les rues de Milan voulussent changer l'état des territoires. Mais est-ce la la question ? Non,

Messieurs, la question est tout entière dans ce que nous pouvons et devons faire pour l'Italie. Ce que nous pouvons et devons, c'est de réclamer pour elle l'application des traités.

Eh bien, ces traités, que disent-ils? Voici le texte de l'article 6 du traité du 14 mai 1814 : « L'Italie, hors des limites des pays qui reviendront à l'Autriche, sera composée d'États souverains. »

Cela veut dire que le Piémont, que Parme, Modène, Florence, Rome, Naples, sont indépendants, qu'ils peuvent se donner les constitutions qu'il leur plaît, quand il leur plaît, dans la mesure qu'il leur plaît de choisir, et que personne n'a le droit d'intervenir. (Interruption au centre.)

Je reconnais qu'il faut observer les traités, mais alors faites-les observer à votre tour. Et alors, je vous demanderai pourquoi les Autrichiens sont-ils à Modène? pourquoi sont-ils à Parme? pourquoi entrent-ils, pourquoi sortent-ils de ces États presque sans qu'on le sache, tant leurs habitudes d'aller et de venir sont prises, tant ils se regardent là comme chez eux? Pourquoi souffrez-vous que les Autrichiens soient à Modène au moment où je parle. Il ne s'agit pas de changer les limites des traités, il s'agit de faire respecter les traités de 1815.

Vous me direz : Ce n'est pas assez ; les Italiens ne s'en contenteront pas. Mais faisons d'abord cela. L'avez-vous fait espérer, l'avez-vous fait craindre? L'avez-vous fait espérer a ceux qui devaient l'espérer, craindre à ceux qui devaient le craindre? Je vous adresse ces questions; je vous les adresse a la face de l'Europe, qui sait bien la réalité. N'est-ce pas la, pour le moment, la vraie question en Italie? Sans doute ceux qui souffrent, et je compatis à leurs souffrances, vous demanderont davantage ; mais faisons d'abord le nécessaire, le possible; faisons-le, et voyez à quel point c'est là la véritable question d'Italie.

Aujourd'hui, à Turin, a Florence, à Rome, quand il s'agit d'accorder quelques concessions nouvelles à ces peuples qui, jusqu'ici heureusement, je leur dois de le dire, n'ont pas été trop exigeants ; quand il s'agit de leur faire quelques concessions nouvelles, savez-vous le mot qui retentit à l'oreille de tous les souverains et de tous les peuples : L'Autrichien le supportera-t-il? — Et surtout lorsqu'il ne s'agit plus de réformes administratives, mais de réformes politiques, on dit partout : Les Autrichiens vont entrer. — C'est la nouvelle de tous les matins, en Italie; c'est l'épée de Damoclès toujours suspendue sur la tête des malheureux Italiens.

Je pose la question là ; elle n'est pas ailleurs.

Je reconnais que l'Autriche sait, bien mieux que les impatients Italiens, que la liberté respectée a Turin, à Florence, a Rome, à Naples, à Palerme, c'est un grand danger pour elle; car je ne suis pas aussi ignorant que M. le Ministre des affaires étrangères nous reprochait de l'être avant-hier. Elle sait bien que c'est un grand danger pour elle ; mais quelle est la convention que nous avons faite les uns et les autres en 1830? C'est que, gouvernements absolus et gouvernements libres, nous saurions nous supporter les uns les autres. Vous supportez le voisinage du pouvoir absolu, il faut que les gouvernements absolus supportent le voisinage de la liberté.

Il est sans doute pénible aux Autrichiens d'avoir à côté d'eux des gouvernements libres ; il ne sera plus aussi facile d'égorger ou d'emprisonner les Milanais, quand il y aura une tribune à Turin ou à Florence ; mais il faut qu'ils obéissent aux traités dont ils veulent nous faire à nous une loi constante, éternelle.

Il faut qu'on souffre a Turin, a Florence, à Rome, ce que des États souverains ont le droit d'y faire.

Oh! je conviens que la chose eût été moins périlleuse, plus certaine, si vous n'aviez pas été seuls dans cette situation. Je ne veux pas revenir, en parlant des mariages espagnols, sur une question qui est, je ne dirai pas épuisée, mais éclaircie. Il y a un an, j'avais beaucoup de contradicteurs sur ce sujet; on me disait que je ne pourrais pas paraître à cette tribune sans rencontrer une réprobation universelle, en venant attaquer le plus bel acte du règne ; aujourd'hui, je n'ai que trop d'approbateurs, car les événements ne m'ont que trop donné raison. Mais, Messieurs, permettez-moi de déplorer que, quand nous avons pendant tant d'années cultivé l'alliance anglaise, quand nous y avons fait des sacrifices, à mon avis, au delà du nécessaire ; quand nous n'avons pas hésité à lui livrer, tantôt l'honneur de notre pavillon, tantôt l'Égypte, tantôt, dans la question du Texas, nos relations avec l'Amérique ; lorsqu'il a été question d'un intérêt d'un autre genre, nous n'ayons pas su, à tant de sacrifices, en ajouter un autre, et continuer cette alliance anglaise dans le moment où elle pouvait nous aider à résoudre les plus grandes questions. C'est le moment où elle devenait efficace et utile, c'est le moment ou elle pouvait maintenir la liberté de nos principes, c'est ce même moment ou nous l'avons abandonnée, délaissée. Si, du reste, on veut revenir sur ce sujet, je m'expliquerai ; mais laissez-moi payer un tribut de regret à cette alliance qui aurait résolu toutes ces questions du temps avec une puissance souveraine.

Et puisque j'y suis, permettez-moi de montrer combien il eût été facile, combien il serait facile, au moment ou je parle, de marcher à deux dans cette question d'Italie et de faire respecter les libertés sœurs de la vôtre.

M. le Ministre des affaires étrangères nous a cité avant-hier les dépêches de l'Angleterre ; il nous a dit que l'Angleterre avait *garanti* à l'Autriche le *statu quo* territorial.

(*M. Guizot, Président du conseil.* L'honorable M. Thiers me permet-il une simple observation ? Je ne me suis pas servi, et c'est bien à dessein, du mot *garanti.*—*M. Odilon Barrot.* Alors cela ne signifie rien, cela n'a pas de sens. — *Voix à gauche.* Qu'est-ce que c'est donc ? — *M. le Président.* N'interrompez pas ! — *M. le Président du conseil.* C'est à l'honorable M. Thiers, et non à M. Barrot que j'adresse mon observation.—*Voix a gauche.* C'est à la Chambre.— *M. Odilon Barrot.* Ce n'est ni à M. Thiers ni à M. Barrot, c'est à la Chambre et au pays.)

Vous verrez qu'avec ce mot de moins, l'inexactitude que je vous reproche peut-être à tort, reste aussi grande.

Vous nous avez fait entendre, et j'emploie une expression bien modérée en disant : Vous nous avez fait entendre… vous avez porté toute la Chambre à croire que l'Autriche trouverait dans la question territoriale l'Angleterre avec elle, que l'Angleterre était en quelque sorte venue au secours de l'Autriche ; toute la Chambre a pu croire que l'Angleterre s'était conduite là comme aurait pu le faire une des puissances du Nord.

Messieurs, ces dépêches dont vous parlez ont été heureusement connues de toute l'Europe ; elles ont causé, l'année dernière, un très-vif déplaisir aux Cabinets européens.

Ce vif déplaisir a eu un grand retentissement ; ces dépêches maintenant sont connues de tout le monde, et vous auriez raison de nous accuser d'ignorance, si nous les avions ignorées.

Mais ces dépêches, les voici. Vous allez voir si leur sens est conforme aux allégations de M. le Président du conseil.

M. le prince de Metternich, auquel je me hâte de rendre l'hommage qu'il mérite, M. le prince de Metternich est très-bon patriote autrichien.

A mon avis, il est malheureux d'avoir à défendre une patrie qui a à défendre elle-même des intérêts qui ne sont pas toujours conformes à ceux de l'humanité ; mais enfin, il est patriote autrichien, je n'ai rien à dire à cela.

Il a conçu un vif ressentiment contre tout ce qui se passe en Italie ; il a même montré, à ce qu'il paraît, dans le cours de l'été dernier, une très-vive animation ; il a laissé croire que, s'il le fallait, il emploierait la force.

A cette occasion, il a voulu connaître l'opinion des différents Cabinets, et en particulier celle de l'Angleterre ; et voici, d'après ce qui a été publié, voici la réponse. Si je me trompe, M. le Président pourra me rectifier. Le Cabinet anglais a répondu : « On parle d'un projet de bouleverser tous les territoires en Italie ; nous ne le connaissons pas, nous n'y croyons pas. En tout cas, on a raison, il faut respecter tous les territoires. »

Le Cabinet anglais a encore ajouté : « Il faut respecter les territoires, et ceci est une remarque que nous avons eu récemment occasion de faire au sujet de Cracovie, tous les territoires, les petits comme les grands. La frontière autrichienne doit être respectée; la frontière de tous les autres États doit l'être aussi. Ce ne sont pas seulement les territoires qu'il faut respecter, il faut respecter aussi l'indépendance des gouvernements. La première prérogative de l'indépendance des gouvernements, c'est de changer leurs institutions, de corriger les abus quand ces gouvernements le croient utile et nécessaire. Les gouvernements italiens feraient bien de réformer les abus, et nous croyons que là, là seulement, est le vrai moyen de calmer les troubles en Italie. Si on voulait faire intervenir la force, l'Angleterre ne pourrait pas le voir avec indifférence; et les conséquences en pourraient être graves. »

. Voilà, si je ne me trompe, si je ne suis pas mal informé, le sens vrai des réponses de l'Angleterre; et, je vous le demande, est-ce là le sens que M. le Président du conseil a donné avant-hier aux dépêches de l'Angleterre? (*A gauche.* C'était exactement le contraire!)

L'Angleterre a pris exactement la même position que je vous conseille de prendre; elle a dit : Il faut respecter tous les territoires en Italie, les petits comme les grands; il faut respecter l'indépendance des gouvernements, les engager même à réformer les abus : la est le vrai moyen de calmer l'Italie. Si la force était employée, on ne pourrait pas le voir avec indifférence,.... les conséquences en pourraient être graves.

Ainsi l'Angleterre, malheureusement séparée de nous aujourd'hui, a tenu ce langage; mais je vous demande, Messieurs, si la France et l'Angleterre réunies avaient tenu ce langage tout simple que je viens de rapporter, s'il y aurait eu aujourd'hui une difficulté et un danger en Italie. Vous vous plaignez de l'impatience des Italiens, mais ne voyez-vous pas que c'était la le moyen de calmer cette impatience; car si la France et l'Angleterre réunies avaient fait cesser le seul danger qui les menace aujourd'hui en arrêtant l'Autriche sur la frontière du Pô, la France et l'Angleterre auraient eu le droit, comme conseillers utiles et protecteurs, de leur dire : « Nous vous couvrons, mais nous vous couvrons à telles conditions; nous vous garantissons contre une invasion étrangère, mais soyez prudents; ne demandez pas trop, ne demandez pas trop vite; renfermez-vous dans une juste mesure, dans ce que la marche du temps conseille. » Vous auriez été écoutés, Messieurs. L'Angleterre a été écoutée en Suisse, et cependant elle parlait sans le concours des quatre Puissances. En Italie, l'Angleterre est populaire, pourquoi? uniquement parce qu'elle a tenu la conduite que nous vous indiquons ici; elle est populaire parce qu'on sait dans quel sens elle a parlé à Vienne, parce que ses actes le prouvent partout, parce qu'au lieu de déconseiller les réformes, elle a toujours dit qu'il en fallait faire, et que c'était le seul moyen de calmer l'Italie. Vous dites que les Italiens sont exigeants : ils ne le sont pas, vous le voyez, autant que vous le prétendez, puisque la conduite indiquée par les dépêches de l'Angleterre leur a suffi pour l'aimer, la respecter, la couvrir d'applaudissements.

Je résume en quelques mots la politique que nous proposons, et qui, selon nous, résoudrait, pour longtemps au moins, les principales difficultés en Italie. Qu'existe-t-il dans cette contrée? Des peuples très-vifs, indignement opprimés, qui supportent une législation dont vous auriez horreur, qui supportent une justice qu'on vend, qu'on achète, et qui quelquefois ont été jugés par des bourreaux; ils supportent tout cela, et ils sont naturellement impatients, ils demandent a sortir de ce régime : aucun peuple intelligent, et celui-là est le plus intelligent de la terre, ne le supporterait. Ils sont impatients, ils veulent aller plus vite que la prudence ne le conseillerait peut-être; c'est possible. Et devant ce peuple qu'y a-t-il? Il y a des gouvernements incertains, hésitants, à qui il en coûte d'accorder tout ce qu'on leur demande, car on éprouve une répugnance naturelle à se dessaisir de son pouvoir; et puis, pour ces gouvernements, il y a une autre cause d'hésitation : il y a la crainte de l'Autriche, car ils vivent tous sous la terreur de l'Autriche. Eh bien! dans une situation pareille, ou est le danger pour les hommes de sens, pour les hommes que les passions politiques ne préoccupent pas? Le danger, c'est que les princes, hésitant déjà parce qu'il leur en coûte de se désister de leur pouvoir, parce qu'ils sont effrayés par l'Autriche, refusent les concessions nécessaires ou les fassent trop attendre, et qu'alors les peuples ne se conduisent comme ils l'ont fait à Palerme. Si, en effet, les concessions sont ou tardives ou insuffisantes, les peuples feront peut-être à Rome, à Florence, ce qu'ils ont fait à Palerme, et alors l'Autriche ne manquera pas d'entrer à Rome, à Florence, comme elle l'a fait à Modène ; et la paix, par votre mauvaise conduite, se trouvera compromise, et avec elle les grands intérêts qu'elle sauvegarde.

Eh bien ! Messieurs, quelle est la vraie conduite, la conduite que devait suivre le Gouvernement ? La première chose, c'était de faire cesser les craintes qui pèsent sur les princes italiens ; au lieu de montrer aux princes leurs peuples comme demandant trop, comme des ennemis dont il faut se defier, il fallait les encourager, au contraire, à accorder toutes les concessions possibles, toutes les concessions compatibles avec le bon ordre, de manière à ce que princes et peuples marchassent ensemble le plus longtemps qu'ils le pourraient. Voila la question dégagée de tout esprit de parti. Cette conduite, l'avez-vous tenue ? Non ; car les Autrichiens sont à Modène. (Très bien ! très-bien!) Avez-vous donné aux princes les conseils qu'il fallait ? Je dis non ; et je prends pour preuve une parole de M. le Président du conseil, une parole applaudie par la majorité (je demande pardon à la majorité de prendre pour preuve d'une conduite que je blâme une parole applaudie par elle). M. le Président du conseil a dit l'autre jour que, chez le pape, le prêtre sauverait le souverain. La parole est profonde ; il faut la creuser pour y trouver la vérité. Quelle est la question à Rome ? Elle est ici : c'est qu'il faut séculariser un gouvernement ecclésiastique. Que veut le peuple romain ? Il veut être gouverné par des laïques ; il veut, dans une certaine mesure, déposséder le clergé. Et voila la grande difficulté ! Le clergé a deux motifs de se defendre : son intérêt d'abord, et puis quelque chose de plus grave encore et de plus respectable, ses scrupules religieux ; il croit qu'en touchant à l'administration on touche au dogme ; et ces craintes, ces scrupules, où sont-ils le plus établis ? Ils le sont surtout dans le cœur du vénérable pontife, qui est à la fois prêtre et souverain. Et la, je le répete, est la plus grande difficulté ! C'est de vaincre ces scrupules très respectables, de détruire ces craintes ; c'est la ce qui fait le danger de l'Italie, et c'est ce qui fait votre espérance ! Vous dites, vous, que c'est le prêtre qui sauvera le souverain ; je vous dis, moi, que c'est le prêtre qui perdra le souverain, si par malheur le souverain était perdu. (A gauche. Très-bien !)

Messieurs, la question est donc bien simple ; je ne nie pas l'avenir de l'Italie ; Dieu me préserve de lui refuser ou de diminuer cet avenir ; je pose la question pratique comme elle me paraît devoir être posée. Il ne s'agit pas du remaniement des territoires, il s'agit au contraire de faire respecter les territoires, mais tous, les petits comme les grands ; et je crois que vous n'avez pas dit ce qu'il fallait pour cela. Il s'agit d'encourager les souverains ; et je crois que vous les avez plutôt découragés qu'encouragés.

Maintenant, la politique que vous abandonnez, je voudrais que l'Opposition fût assez puissante pour la recueillir, non pas en se plaçant ou vous êtes, mais en lui donnant l'autorité morale nécessaire pour être écoutée des Italiens ; et si ma voix pouvait aller jusqu'a eux, je leur dirais : Italiens, soyez unis! peuples, princes, soyez unis! Piémontais, Toscans, Romains, Napolitains, soyez unis ! Aujourd'hui, en Italie, l'autel de la patrie, c'est l'autel de la concorde. Déposez sur cet autel, vous, princes, toutes les portions de votre pouvoir qui ne sont pas nécessaires pour maintenir l'ordre de la société ; vous, peuples, deposez sur le même autel toutes les exigences intempestives, prématurées, fussent-elles justes ; et quand vous vous serez entendus de peuples à princes, entendez-vous d'Etats à Etats. Que toutes les populations qui s'étendent de Turin à Florence, à Naples, a Palerme, forment un seul tout, et qu'elles se présentent à l'ennemi commun ayant à leur tête Pie IX avec les clefs de saint Pierre à la main, et Charles-Albert avec la vieille épée des ducs de Savoie : dans cette attitude vous serez respectés. Mais s'il pouvait en être autrement, si on voulait attenter a vos droits et à votre indépendance, croyez-le bien, le cœur de la France n'est point glacé! Oui, la France est vieille de gloire, mais elle est jeune de cœur ; et si elle reconnaissait clairement quelque part la liberté et l'indépendance de l'Europe menacées, vous ne la trouveriez pas dégénérée, car elle n'est dégénérée que dans l'opinion de ceux qui la croient faite à leur image. (Vif assentiment aux extrémités.) Et ce jour-là même, la France et l'Angleterre parleraient peut-être en commun ; la France et l'Angleterre, oubliant des dissentiments qui n'ont pas pour cause des intérêts nationaux, feraient entendre en commun non-seulement le langage des traités, mais le langage de l'humanité et de la liberté ; et ce jour-là vous seriez sauvés !

(Longue et vive approbation à gauche.— L'orateur est félicité par un grand nombre de ses amis de la gauche. La séance reste suspendue pendant un quart d'heure.)

M. Guizot, *Président du conseil.* Je ne sais si l'honorable M. Thiers m'accordera une permission que je lui demande : c'est de retrancher de son discours un mot, un seul mot auquel je ne peux vraiment pas répondre convenablement pour lui et pour moi. Aucun de nous, aucun des partis qui divisent cette Chambre, aucun des hommes qui ont tour à tour tenu le pouvoir, n'a la prétention de faire la France à son image, et aucun ne croit la déshonorer en la servant selon son jugement et sa conscience ! (Très-bien !)

Je ne me permettrai jamais, contre aucun de mes adversaires, une pareille expression. Je demande la permission de la repousser, pour mon compte, en n'y répondant pas. (Très-bien !)

Il y a dans le discours de l'honorable M. Thiers plusieurs points, et des plus essentiels, sur lesquels nous sommes complétement d'accord, et j'ai plaisir à le dire. Quand il a parlé, en débutant, de ses sympathies, de ses vives et tendres sympathies pour l'Italie, il a exprimé nos sentiments comme les siens. (C'est vrai ! — Très-bien !) Nous avons, nous aussi, la prétention de savoir tous les services que l'Italie a rendus à l'humanité, toute la reconnaissance que l'Europe civilisée lui doit, et nous nous tenons pour heureux et honorés de pouvoir payer notre part de cette dette générale. (Très-bien !) Mais nous sommes obligés, puisque nous avons l'honneur de siéger sur ces bancs, nous sommes obligés de porter dans nos sympathies plus de réserve, de nous rendre un compte plus sévère de nos sentiments, de leur application, de leurs conséquences, que ne l'a fait l'honorable M. Thiers dans la pleine liberté de son esprit et de sa situation. Je suis convaincu que, si l'honorable M. Thiers était à ma place et moi à la sienne, il serait aussi préoccupé que je le suis, précisément à cause de la sympathie qu'il porte à l'Italie ; il serait, dis-je, aussi préoccupé que je le suis du danger que la force matérielle, la force brutale, la guerre, puisqu'il faut l'appeler par son nom, n'intervienne dans la Péninsule, et ne dérange, ne trouble, ne compromette le travail de réforme et de perfectionnement qui s'y opère paisiblement sous nos yeux. C'est parce que mes sympathies pour l'Italie sont vives, c'est parce que je veux, autant que l'honorable M. Thiers, qu'elle se réforme, qu'elle se développe, qu'elle se relève ; c'est à cause de cela que je tiens, par-dessus tout, à ce que rien ne vienne interrompre la paix au sein de laquelle s'opère ce travail.

Je partage aussi les sentiments que l'honorable M. Thiers a éloquemment exprimés sur ces calamités, ces désastres qui pèsent sur des villes, sur des populations, au sein de la paix, sous des gouvernements réguliers. Je réprouve, comme lui, ces rigueurs que j'appellerai des excès, des excès probablement inutiles et inefficaces. Seulement que l'honorable M. Thiers me permette de ne pas prononcer ici, comme lui, les mots de maîtres impitoyables, de bourreaux, de tyrans ; je ne crois pas qu'un tel langage soit convenable ni utile quand il s'adresse à des gouvernements qu'on veut ramener à des sentiments plus justes de modération, de clémence et de générosité envers les peuples. (Très-bien ! très-bien !)

J'ai encore un point à éclaircir entre M. Thiers et moi avant d'aborder le fond de la question. Il a parlé d'un renseignement que j'ai eu l'honneur de donner à la Chambre, à l'occasion d'une démarche faite par l'Autriche auprès des Cabinets du continent et du Cabinet anglais. Ni l'honorable M. Thiers ni moi ne pouvons produire ici les dépêches. Je ne sais s'il les a, je ne les ai pas; j'en ai eu connaissance, mais elles ne sont pas en mon pouvoir; et quand elles seraient en mon pouvoir, elles ne m'appartiendraient pas, je n'aurais pas le droit de les produire. Ce que je puis affirmer à la Chambre et à l'honorable M. Thiers est ceci : l'Autriche préoccupée, et justement préoccupée, à mon avis, du danger que la question territoriale ne s'élève en Italie, c'est-à-dire du danger d'être attaquée dans ses possessions italiennes par les populations italiennes, l'Autriche s'est adressée aux Cabinets européens pour réclamer, pour attester son droit de maintenir ses possessions italiennes aux termes des traités, et redemander leur adhésion à ce droit. C'est cette adhésion qui a été formellement donnée par le Cabinet anglais comme par les autres. Le Cabinet anglais a formellement reconnu le droit de l'Autriche à se maintenir dans ses possessions territoriales en Italie contre toutes les attaques, quelles qu'elles fussent, et de quelque source qu'elles vinssent; et il a en même temps déclaré que ce droit devait être reconnu comme inviolable, et tenu pour tel par toutes les autres Puissances de l'Europe. J'affirme à la Chambre et à l'honorable M. Thiers que c'est là le sens précis, et, si je ne me trompe, les termes de la réponse qui a été adressée au Cabinet de Vienne. Il n'y a rien là qui ne soit exactement conforme à ce que j'ai eu l'honneur de dire avant-hier à la Chambre.

Les points de contact entre M. Thiers et moi, et les points de fait ainsi complétement vidés, j'arrive à la question.

L'honorable M. Thiers l'a réduite à ces deux points-ci. Aux termes mêmes des traités dont vous parlez, l'indépendance des États italiens doit être complétement maintenue, et vous devez leur prêter votre appui et votre concours pour la maintenir. Vous devez en même temps, non pas décourager, mais encourager au contraire les princes, les gouvernements italiens dans les réformes qu'appellent le besoin et le vœu du peuple.

Je suis, sur l'un et l'autre point, de l'avis de l'honorable M. Thiers; j'affirme seulement de plus que ce qu'il a dit nous l'avons fait.

(*Au centre.* Très-bien ! très-bien ! — *Voix a gauche.* C'est la question.)

J'affirme que l'indépendance des États italiens, de tous les États italiens, a trouve en nous, dans notre langage, dans notre conduite, le patronage le plus décidé. Je ne voudrais pas fatiguer la Chambre de la lecture de pièces qu'elle connaît, voici une seule phrase de la dépêche principale qui a été écrite pour caractériser notre politique, et qui a été adressée, le 17 septembre dernier, à toutes les Cours et à tous nos agents :

« L'indépendance des États et de leur gouvernement a pour nous la même importance et est l'objet du même respect que le maintien de la paix et des traités. C'est la base fondamentale du droit international, que chaque État règle par lui-même, et comme il l'entend, ses lois et ses affaires intérieures. Ce droit est la garantie de l'existence des États faibles, de l'équilibre et de la paix entre les grands États. En le respectant nous-mêmes, nous sommes fondés à demander qu'il soit respecté de tous.

Je ne crois pas qu'il soit possible de s'exprimer plus nettement.

Et j'ai l'honneur de dire à l'honorable M. Thiers que je n'entends nullement restreindre la portée de ces paroles; je ne les applique pas uniquement aux reformes administratives. Quand les États italiens, quand les gouvernements italiens, de concert avec leurs peuples, jugeront à propos d'opérer des réformes politiques aussi bien que des reformes administratives, nous affirmerons et nous soutiendrons leur indépendance aussi nettement que nous l'avons fait dans les paroles que je viens de lire à la Chambre. (Très-bien ! tres-bien !)

Mais je ne me crois point obligé d'indiquer moi-même et d'ici, à chaque gouvernement italien, quel est le degré et la nature des réformes qu'il lui convient d'opérer. J'ai pour leur indépendance ce respect, de les laisser, gouvernements et peuples, juges eux-mêmes de ce qu'ils ont à faire et du moment où il leur convient de le faire. Je crois, comme M. Thiers, que la France doit avoir constamment l'œil ouvert sur l'equilibre qui s'établit et qui se déplace de jour en jour en Europe entre les grands systèmes de gouvernements, entre les gouvernements absolus et les gouvernements constitutionnels. Je crois, comme lui, que l'établissement d'institutions libres tourne au profit de la France, de son influence, de sa grandeur, à une condition cependant, à la condition que ces tentatives-là réussissent, à la condition que ces gouvernements constitutionnels deviennent des gouvernements réguliers et durables. Savez-vous ce qu'il y a de plus dangereux, de plus fatal pour le régime constitutionnel, pour ce côté du grand équilibre européen? Ce sont les tentatives infructueuses ou malheureuses. (C'est vrai!) Savez-vous ce qui a le plus nui aux reformes en Italie, aux progrès de l'Italie? Ce sont les révolutions de 1820 et de 1821; ces révolutions mal conçues, venues mal à propos, s'établissant sur de mauvais principes, fondant des institutions impraticables. C'est là une des principales causes qui ont retardé pendant si longtemps le progrès des réformes et de la liberté en Italie. Je n'ai nulle envie de voir recommencer des tentatives pareilles; j'ai envie, dans l'intérêt du régime constitutionnel et de la liberté, qu'il ne se fasse rien en ce genre qui ne soit sensé et durable. (Assentiment au centre.)

Voilà la cause de ma réserve dans les conseils que je peux être appelé à donner aux États italiens. Quand ils se sentiront en mesure de fonder des constitutions chez eux, quand elles seront en effet praticables, leur indépendance sera, je le répète, affermie, maintenue par nous, aussi bien qu'elle l'est aujourd'hui pour les reformes purement administratives.

(*M. Garnier-Pagès.* Pourquoi les Autrichiens sont-ils à Parme?)

Je demande à la Chambre la permission de répondre à une interruption que je viens d'entendre. Elle me rappelle un point que j'ai oublié.

L'honorable M. Thiers a parlé de la présence des Autrichiens à Parme et à Modène.

Il est vrai; nous regardons cela comme un fait irrégulier... (Rires à gauche)..., comme un fait qui doit être et qui est un juste sujet de réclamations pour tous les amis de l'indépendance des États italiens. Je dois cependant faire observer que les faits de cette nature sont d'une gravité relative, qu'ils ne sont pas tous égaux entre eux, qu'ils n'imposent pas toujours au Gouvernement du Roi et aux pays voisins la même conduite, le même langage. Je ne dis pas du tout ceci dans une intention de malice, mais j'ai sous la main un écrit de l'honorable M. Thiers lui-même, qui disait en 1831); (il s'agissait également de l'Italie et de certaines occupations temporaires). (Écoutez! écoutez!):

« Engager l'Autriche à se retirer, lui interdire de séjourner dans ses provinces, engager Rome à adoucir, à ameliorer leur sort, c'était tout ce qu'on pouvait, sinon on entreprenait une croisade universelle. La France avait tout risqué pour la Belgique, elle aurait tout risqué pour le Piemont ; elle ne le pouvait pas, elle ne le devait pas pour Modène et pour Bologne. »

(*M. Thiers.* Nous avions alors toute l'Europe sur les bras! Vous n'avez donc fait aucun progrès depuis dix-sept ans? (Bruit et mouvements divers.)

J'en demande pardon à l'honorable M. Thiers : le progrès, quel qu'il soit, ne peut pas faire que Modène soit devenue l'égale de Rome et qu'une entrée des troupes autrichiennes a Modène ait pour nous la même importance et nous impose la même conduite qu'une entrée des troupes autrichiennes dans les États romains ou dans le Piémont. La question se réduit à cela.

(*M. Thiers.* La situation n'est pas la même!) (Bruit.)

J'arrive au second point sur lequel ont porté les reproches de l'honorable M. Thiers : ce sont les réformes. Il nous a dit: Conseillez, encouragez, soutenez les princes dans les réformes.

Je puis assurer à l'honorable M. Thiers que nous l'avons fait, non-seulement dans les pièces qu'il a eues sous les yeux et où il aurait pu en retrouver la trace, mais partout où se sont portées notre correspondance et notre action. Et il me permettra de lui en donner une preuve à laquelle je ne pensais pas quand il est monté à la tribune, mais que je suis bien aise d'avoir l'occasion de lui fournir.

Il m'a reproché un mot que j'ai prononcé avant-hier; ce mot : « Peut-être, à Rome, le prêtre, le pontife, sauvera le souverain. » Et il en a conclu que je m'étais montré opposé à la principale, à la plus importante des réformes à faire dans les États romains, c'est-à-dire à la sécularisation d'une grande partie du gouvernement romain lui-même.

L'honorable M. Thiers s'est trompé. C'est précisément sur cette réforme, que je crois, comme lui, la plus importante de toutes dans les États romains, c'est sur cette réforme qu'ont porté principalement nos conseils; et pour que M. Thiers, et personne dans cette Chambre, ne puisse m'accuser de dire aujourd'hui ce que je n'aurais réellement pas fait, je demande à la Chambre la permission de lui lire une lettre adressée à M. Rossi, précisément à ce sujet et sur cette question, lettre écrite au moment ou la *Consulta* romaine venait de se réunir, et où le pape venait de procéder à son installation. La Chambre se rappelle quel éclat eut cette cérémonie dans Rome, et quelles espérances y étaient attachées. L'honorable M. Thiers va voir quelle idée nous nous sommes formée, dès les premiers moments, des conséquences de ce grand acte.

Je demande pardon à la Chambre de la longueur de cette lettre, je n'avais pas le projet de la lire, mais je m'y suis décidé en entendant les observations de l'honorable M. Thiers. (Lisez! lisez!) J'écrivais à M. Rossi, le 1er décembre 1847, quelques jours apres l'ouverture de la *Consulta* romaine :

M. Guizot à M. Rossi. — « Paris, 1er décembre 1847.

« Si je comprends bien ce qui se passe à Rome, et ce que vous m'en dites dans votre dépêche et votre lettre particulière du 18 novembre, le pape touche, et nous touchons nous mêmes, dans nos relations avec le pape, à un moment critique et décisif, a l'un de ces moments ou il faut absolument voir clair et prendre son parti, sous peine de ne plus marcher qu'au hasard et de n'arriver a rien.

« Je me félicite avec vous de l'ordre qui a régné dans l'installation de la *Consulta*, et de l'attitude que le Gouvernement a prise pour assurer l'ordre.

« Je comprends qu'au milieu de ce qui se passe en Italie, il faille faire une large part a la vivacité des impressions populaires et au besoin que ressentent les populations de s'y livrer et de les faire éclater C'est pour elles le premier élan de vie publique, le premier acte de liberté. Les gouvernements doivent se montrer faciles et sympathiques pour ces jeunes sentiments nationaux,

« En prenant garde cependant à deux choses :

« L'une, qu'il ne s'établisse pas, dans ces manifestations populaires, des pratiques et des habitudes incompatibles avec l'ordre et l'état régulier du pays ;

« L'autre, que le Gouvernement lui-même ne disparaisse pas au milieu de ce mouvement public, et que ses droits, ses fonctions, son action ne soient pas supprimés ou usurpes par des pouvoirs irréguliers.

« L'un ou l'autre de ces faits serait un mal immense, et créerait des embarras qu'on aurait ensuite bien de la peine à surmonter.

« On a pu depuis quelque temps, sur divers points de l'Italie et même à Rome, craindre beaucoup ce mal-là.

« Le pape et le cardinal Ferretti ont fait à leur pays, et se sont fait à eux-mêmes un grand bien en sortant de cette voie, et en déployant, au moment de l'installation de la *Consulta*, la prévoyance et la fermeté que vous me signalez.

« Cette installation complète, à ce qu'il paraît, les principales réformes que le pape s'est proposé d'apporter dans les conditions et les formes générales de son Gouvernement. La garde civique, le municipe de Rome, la *Consulta* ; il y a certainement encore, dans les États romains, dans la législation, l'administration, l'ordre judiciaire, les finances, bien des réformes et des progrès a faire, et le pape y pourvoira sans doute ; mais il a créé les institutions a l'aide desquelles s'accompliront ces progrès. Il en a déterminé la nature et la limite. C'est là ce que donne à penser le spectacle des faits.

« C'est aussi ce qu'indique l'allocution du pape à la *Consulta* Il a vivement exprimé son intention d'améliorer de plus en plus le gouvernement de ses États et la condition de son peuple Mais il a en même temps fermement déclaré qu'il maintiendrait entière la souveraineté pontificale. Il a invité les membres de la *Consulta* a le seconder avec confiance dans son œuvre de réforme, mais il les a avertis de ne pas se laisser dominer par des perturbateurs qu'il entend réprimer, ni seduire par des utopies qu'il n'entend point suivre.

« On dit que cette allocution n'a pas produit une impression nette et satisfaisante ; on croit surtout y voir un dessein arrêté de ne point admettre les laïques dans le gouvernement romain, et d'en maintenir aux seuls ecclésiastiques la possession exclusive.

« Je ne saurais découvrir dans le langage du pape rien de semblable Il déclare qu'il ne partagera avec personne la souveraineté pontificale ; mais il ne dit point qu'il n'admettra pas dans le Gouvernement, soit dans ses conseils supérieurs, soit dans les diverses fonctions, à tous les degrés, les laïques aussi bien que les ecclésiastiques. Il fait plus que de ne pas le dire, il prouve qu'il n'entend point le faire Qu'est-ce que la *Consulta* elle-même, sinon une assemblée de laïques appelée a prendre part au Gouvernement ?

« Le pape leur annonce, il est vrai, qu'il ne partagera pas avec eux la souveraineté ; mais il n'entend pas davantage la partager avec les ecclésiastiques. Les cardinaux, le sacré collége ne sont aussi qu'un conseil de gouvernement, un conseil nécessaire dans certains cas, jamais un pouvoir collatéral et souverain pour sa part.

« Certainement, si le pape entendait conserver aux seuls ecclésiastiques l'exercice du gouvernement, s'il voulait ne placer dans son cabinet et dans les hautes fonctions que des ecclésiastiques, il ferait, a notre avis, une grande faute et encourrait un grand danger. Il se mettrait en lutte ouverte avec l'esprit du temps ; il se priverait lui-même de son plus nécessaire appui ; ce n'est pas trop du concours des laïques éclairés et intéressés a l'ordre, avec les ecclésiastiques, pour tenir tête aux théories et aux passions radicales Le pape a besoin que, sur tous les points, a tous les degrés du Gouvernement, a côté de lui comme dans les provinces, l'esprit révolutionnaire et anarchique rencontre tous les éléments sans abdiquer en faveur d'aucun, pas plus des laïques que des ecclésiastiques, sa souveraineté.

« S'il n'opérait pas ce ralliement, je crains bien qu'il ne se trouvât bientôt trop faible pour la lutte qu'il est appelé a soutenir, et dont son allocution prouve qu'il est déja très-préoccupe. »

L'honorable M. Thiers sait comme moi que le pape a déjà fait ce que nous désirions, qu'il a introduit dans son cabinet, au sommet de son gouvernement, un laïque considérable, et que tout annonce qu'il en introduira d'autres. Que l'honorable M. Thiers se rassure donc, nous ne conseillons pas plus au pape de maintenir absolument le privilège ecclésiastique dans le gouvernement romain que nous ne conseillons aux autres États italiens de s'abstenir absolument des réformes politiques. Tant qu'ils ne les croiront pas, de concert avec leurs peuples, praticables, utiles et durables, ils feront bien de s'en abstenir ; quand ils les croiront praticables, utiles et durables, ils feront bien de les accomplir. Et je répète ce que j'ai eu l'honneur de dire en commençant, dans l'un et l'autre cas, le Gouvernement du Roi affirmera et maintiendra leur indépendance. Nous respectons les traités, et nous entendons que les traités soient respectés par tout le monde. Nous ne nous croyons pas obligés, en déplorant ce que les traités ont eu de mauvais, de douloureux pour notre pays, nous ne nous croyons pas obligés de les detester. Nous croyons que c'est là une mauvaise manière d'en conseiller le respect et de les maintenir. A cela près, il n'y a, dans ce qu'a dit l'honorable M. Thiers à cet égard, rien que je ne pense pas comme lui.

Messieurs, je n'en dirai pas davantage. Je tenais seulement à bien établir devant la Chambre que les bons conseils que nous a donnés l'honorable M. Thiers, nous les avons suivis d'avance; que ce qu'il a dit, nous l'avons déjà fait. Je ne doute pas qu'il ne l'eût fait aussi ; il l'aurait peut-être mieux fait que nous; il serait peut-être plus populaire en Italie que je ne le suis. Ce serait heureux pour lui. Je le regrette pour moi. Mais, quant au fond des choses, quant à l'action du Gouvernement en Italie, elle a été parfaitement conforme et aux principes de la bonne politique française et aux intérêts de l'Italie elle-même. (Très-bien!)

(M. le Président du conseil, de retour à sa place, est entouré d'un grand nombre de Députés qui lui adressent des félicitations. — La séance est suspendue quelques moments.)

M. Odilon Barrot. Messieurs, à la suite du discours prononcé dans la séance de samedi, par M. le Ministre des affaires étrangères, j'avais demandé la parole sous des impressions très-vives. J'éprouvais le besoin de placer à côte de l'éloge de la modération autrichienne, et de la manière dont les traités de 1815 étaient appréciés par le représentant de la politique française, quelques énergiques protestations. Je suis heureux que le temps ait marché, et que, aujourd'hui, ces impressions aient été atténuées par les déclarations qui viennent d'être portées à cette tribune, déclarations dont j'ai besoin de prendre acte.

Quelles que soient les institutions que les Etats italiens se donneront dans leur indépendance et dans leur liberté, qu'elles plaisent ou déplaisent, qu'elles troublent ou ne troublent pas la possession d'un État voisin... (Réclamations au centre.)

Je suis bien heureux de ces murmures, car il importe, avant tout, de préciser les questions; quand on reste dans le vague et dans les généralités, on a bien l'air de parler la même langue, de pratiquer la même politique, lorsque dans le fond des choses reste une équivoque profonde et des dissentiments absolus. Éclaircissons donc la situation.

Croyez-vous que l'Autriche, par exemple, si elle intervenait ou en Toscane, ou à Rome, ou à Turin, n'agirait pas ainsi pour renverser une tribune politique qui se serait dressée à ses côtés, pour prévenir les contre-coups inévitables de cette liberté politique qui serait vivante et ardente à ses portes, qui ranimerait, réchaufferait le sentiment de la nationalité en même temps que la fierté et le courage d'hommes libres? Croyez-vous que ce serait pour son plaisir que l'Autriche ferait alors ce qu'elle a déjà fait? Croyez-vous que ce serait sans nécessité? Croyez-vous qu'elle n'invoquerait pas le contre-coup dangereux qu'elle ressentirait d'un tel voisinage pour ses possessions de la Lombardie ?

Nous plaçons-nous dans les abstractions ou dans les réalités? L'Autriche, dans ce cas, invoquerait l'intérêt de sa paisible possession, les droits de la défense et de la conservation?

C'est pour ce cas-là seulement qu'il est nécessaire de s'expliquer; car, pour les autres cas ou l'Autriche n'aurait aucun intérêt, toute garantie de la France est parfaitement inutile. Ah ! je vous le garantis bien, toutes les fois qu'on se bornera à nommer une municipalité ou à désigner une consulte dont on reçoit les simples avis, sans être obligé de les suivre, lorsqu'il ne s'agira que de régulariser ainsi le pouvoir absolu (*A gauche.* C'est cela!), d'établir quelque ordre dans une exploitation gouvernementale, l'Autriche se taira ; de telles améliorations sont introduites chez elle; elle les a signees dans le mémorandum de 1831, et elle n'en peut rien redouter; on sait qu'elles peuvent disparaître devant le moindre accident de l'administration intérieure d'un pays, comme cela est déjà arrivé tres-souvent.

Oh ! vous pouvez, sans vous compromettre le moins du monde, déclarer que, dans ce cercle, dans ce cadre des ameliorations administratives, vous maintiendrez l'indépendance des États; car, soyez en bien assurés, jamais, dans ce cadre, vous ne vous trouverez en face de la puissance autrichienne. (Adhésion à gauche.)

Mais il semble, en vérité, que nous parlions d'une société qui est au bout du monde, que nous ne touchons pas; il semble que l'Italie n'est pas en ce moment travaillee de ce besoin impérieux de garanties sans lesquelles toutes les améliorations ne sont que des accidents, je ne dis pas dans la vie des peuples, mais même dans la vie d'un homme.

Est-ce que vous croyez arrêter l'Italie sur la pente ou elle se trouve? Est-ce que vous croyez que ce besoin de participer à son gouvernement, d'exercer un contrôle sérieux sur les finances du pays, de régler les impôts, de les arrêter, de determiner les charges du pays dans leur emploi et leur destination, est-ce que vous croyez que ce besoin de gouvernement du pays par le pays n'existe pas en Italie, dans ce foyer de lumiere et de civilisation, dans ce berceau de la civilisation et de la liberté du monde? Il y a couvé, il y est profondément enraciné, et l'avénement du pape Pie IX n'a été que l'occasion de faire éclater ce sentiment national. (Approbation à gauche.) A côté de ce besoin, il y a celui-ci : de donner aux améliorations un caractère permanent, de les soustraire aux caprices des hommes et des événements, et de trouver des garanties dans une constitution, dans un contrat, dans le règlement politique des droits du souverain et du peuple.

C'est là, Messieurs, c'est dans cet avénement du gouvernement représentatif et constitutionnel, c'est dans l'érection d'une tribune politique au sein des États italiens, c'est dans cette liberté de discussion publique qui viendra remplacer la censure plus ou moins tolérante qui existe en ce moment, c'est la que commencera le danger sérieux pour la domination de l'Autriche en Italie; c'est là que les retentissements de Florence, de Rome, de Turin, de ces tribunes politiques, de ces discussions politiques, environneront l'Autriche, comme une ceinture de foyers ardents; c'est dans cette situation que l'Autriche, puisant ce qu'elle appelle son droit dans sa conservation, dans ce que vous appelez le maintien du *statu quo* italien, de l'arrangement territorial italien, fera ce qu'elle a déja fait; elle n'attendra pas que l'incendie la gagne, elle marchera sur le foyer, elle essayera de l'éteindre. Dans ce cas, pour ce cas seulement, la question diplomatique que nous posons a un caractère serieux et pratique. Eh bien, c'est pour ce cas, j'aime à croire que ses paroles ont un sens, que M. le Président du conseil a dit: « Nous ferons respecter l'indépendance des États. » Ce qui veut dire : Nous ne reconnaissons pas à un gouvernement, pour les dangers ou les inconvénients qui peuvent résulter pour lui du voisinage ou de la proximité d'un gouvernement libre, nous ne lui reconnaissons pas le droit d'intervenir et de détruire par la force les institutions de ce gouvernement. Il y aurait là un attentat à la liberté d'un État souverain, une pretention d'asservir à l'uniformité d'une seule domination tous les peuples de l'Italie; l'équilibre européen serait par là même rompu; car alors quel serait le gardien de ce despotisme uniforme, quel en serait le tuteur, quel en serait le protecteur? L'Autriche! Nous ne pouvons pas permettre que l'Autriche possède l'Italie, soit directement, soit par des gouvernements interposés qui vivraient sous sa protection et sous sa tutelle. (Très-bien !)

Voilà comme je comprends la déclaration de M. le President du conseil; et, je le déclare, si elle n'est pas cela, c'est le plus pompeux et le plus insignifiant des non-sens politiques, indigne d'un gouvernement qui se respecte et indigne de cette tribune. (Nouvelle approbation à gauche.)

Maintenant il y a une autre question ; elle a son importance, non pas seulement d'avenir, mais d'actualité. Apres le droit absolu pour tous les Etats italiens de choisir telle forme de gouvernement qui leur convient dans toute la plénitude de leur independance, et la déclaration formelle de la France qu'elle entend maintenir cette indépendance, il y a, dis je, une autre question. Ce serait bien méconnaître l'Italie que de ne pas être bien convaincu qu'à côté du sentiment de liberté, il y a dans ce noble pays un autre sentiment que, pour mon compte, j'honore, c'est le besoin de l'indépendance de l'Italie.

On ne fait pas, je le sens, de la politique avec des sentiments ou avec des désirs ; la politique, je le reconnais avec les hommes d'État qui se sont succédé à la tribune, n'est pas seulement une affaire de cœur et d'entrailles, mais une affaire de raison et de bon sens. Je ne voudrais cependant pas que le cœur et les entrailles fussent tout à fait exclus de la politique, et c'est parce que notre politique française est avant tout et surtout une politique humanitaire que cette politique est grande, et, quoi qu'on en dise, est forte dans le monde. (Tres-bien !)

C'est donc avec une profonde sympathie, je n'en m'en cache pas, que j'assiste à ce réveil des sentiments de la nationalité italienne et que je salue ces braves gardes civiques qui, sous le drapeau aux couleurs nationales, courent de toutes parts aux armes. Maintenant je m'explique comment, a ce réveil, les anxiétés du Gouvernement commencent. Il invoque, pour les éventualités que ce réveil fait prévoir, les traités de 1815 : il en fait la base des déterminations de la France ; cela ne lui suffit pas, il évoque le fantôme de la sainte-alliance, il fait appel à la peur. Il nous dit : Si vous touchez à cette question de la reconstitution de l'Italie, vous vous trouvez en face de ces traités : que dis-je, vous vous trouvez en face de la sainte-alliance, de l'Angleterre elle-même. J'en appelle à la loyauté des honorables membres de la majorité, me serais-je trompé sur le sens qu'on attribue à cette dépêche citée à l'appui de cette menace de l'intervention de l'Angleterre ? Ou la citation de cette dépêche était complétement insignifiante, ou elle semblait dire ceci : « Si vous touchez à la question de l'arrangement territorial italien, tel qu'il résulte des traites de 1815, vous aurez contre vous non pas seulement l'Autriche armee, qui certainement a bien le droit de se défendre, personne ne le lui conteste ; vous aurez la sainte-alliance, vous aurez l'Angleterre. »

Eh bien, Messieurs, je viens prendre acte de ce que M. le Président du conseil vient de dire à l'occasion de cette dépêche, et suis heureux au moins qu'en ce point la terreur qu'il avait prétendu nous inspirer sur l'intervention de l'Angleterre, dans ce cas, se soit complétement dissipée. Que reste-t-il ? L'Autriche inquiétée demande aux Puissances si elle a le droit de défendre ses possessions de la Lombardie, et les Puissances répondent, et l'Angleterre elle-même répond : Vous avez le droit de défendre vos possessions de la Lombardie.

Si je suis étonné d'une chose, c'est qu'un droit aussi incontestable ait été l'objet de communications diplomatiques. (Rires approbatifs à gauche.) Personne, assurément, n'a contesté à l'Autriche le droit de défendre, à ses risques et périls, ses possessions de la Lombardie. Mais de là à cette conséquence, que, dans la defense de ses possessions, elle sera appuyée par la puissance des traités, et en vertu des traités par toutes les parties signataires de ces traités et par l'Angleterre spécialement, il y a toute la distance entre une guerre locale et une guerre européenne. Ma pretention, a moi, c'est que, dans le cas du conflit italien entre l'Autriche et les differents Etats de l'Italie, le cas des traités, le *casus belli* ne se présente pas ; mais que, si les Puissances étrangères intervenaient dans ce debat, en quelque sorte domestique, entre l'Autriche et les autres Etats de l'Italie, la France, de son côté, aurait des devoirs à remplir.

Quoi ! en cas de conflit entre les États italiens et le gouvernement étranger qui retient sous sa domination la plus belle partie de l'Italie, vous croyez, de bonne foi, que vous trouveriez en Europe beaucoup de Puissances qui viendraient, se tournant contre le plus faible, contre les nationalités d'origine, mettre leur épée dans la balance? Vous croyez que la France le souffrirait paisiblement? Ah! si une pareille question était portée à une tribune voisine, s'il se trouvait un ministre qui demandât des subsides pour fournir un contingent à l'Autriche, et pour l'aider à défendre contre les Etats italiens ce lambeau de la patrie italienne, il n'y aurait point assez de rumeurs et de sifflets pour couvrir, dans le Parlement anglais, une pareille demande. (*A gauche.* Très-bien! très-bien!) Et c'est ce qui m'arrachait, avant-hier, cette interruption : si les traités nous obligent, ainsi que les autres Puissances, à secourir l'Autriche, dans ce conflit italien, pourquoi le drapeau tricolore ne serait-il pas un jour dans les États lombards à la suite et comme auxiliaire de l'aigle à deux têtes de l'Autriche?

Non, cette doctrine est fausse, de tout point fausse. L'Italie, dans ses aspirations vers la liberté, vers l'indépendance, rencontrera sans doute la résistance de l'Autriche, les forces de l'Autriche; mais elle n'y rencontrera ni les traités de 1815, ni la sainte-alliance, ni l'Angleterre, ni la France.

Et, Messieurs, permettez-moi un mot sur ces traités de 1815. (Ecoutez!) Je ne ferai à cet égard que rappeler les décisions de la Chambre elle-même, les paroles du Gouvernement. Car enfin il y a bien quelque intérêt au moment où des questions si brûlantes se soulèvent a nos portes, a nous bien rendre compte de la portée des engagements politiques qui sont invoqués, soit pour les respecter, même en les détestant, comme le disait l'honorable M. Thiers, soit pour les accepter en les bénissant, comme le disait M Guizot, à la grande indignation de ce côté de la Chambre, de ne nous avoir rien ôté de notre grandeur et de notre dignité.

Messieurs, nous sommes bien oublieux, et il paraît que les impressions dans notre pays sont bien malheureusement fugitives.

Je prie la Chambre de vouloir bien se reporter au moment où nous nous sommes assemblés dans la session dernière : c'était au lendemain de la confiscation, de la destruction brutale, par trois grandes Puissances, d'un petit Etat qui, en vérité, ne pouvait leur causer aucune alarme, et qui ne leur donnait pas même de prétexte sérieux à cette violation des traités. Toute l'Europe en fut indignée : il était impossible que notre Gouvernement ne suivît pas ce mouvement universel; il protesta, mais il protesta après la violence. Une conséquence fut tirée de cette violation flagrante et brutale des traités à l'égard des trois grandes Puissances qui avaient le plus d'intérêt à maintenir ces traités.

La commission, par l'organe de votre rapporteur, déclara que ces Puissances n'avaient pu s'affranchir de ces traités sans en affranchir les autres. Je m'emparai de cette déclaration de votre commission, et j'en tirai cette conséquence naturelle, nécessaire, à savoir, que désormais la France était rentrée dans la pleine liberté de son action.

La Chambre acceptait cette conséquence, par un mouvement presque unanime, lorsque l'honorable M. Dupin proposa de substituer, à ce passage de votre Adresse, un autre passage qui, tout en blâmant energiquement la violation des traités, ne tirait pas cette conséquence: qu'une seule Puissance, en les violant, en affranchissait les autres.

Je déclarai alors que je reprenais pour mon compte la rédaction de la commission de l'Adresse.

L'honorable M. Guizot montant à la tribune, et à plusieurs reprises, j'ai consulté ce matin encore le *Moniteur*, déclara qu'en protestant contre un acte violateur des traités, il n'avait pas entendu sans doute anéantir par le fait, *ipso facto*, immédiatement ces traités; mais que la France se réservait, selon ses intérêts légitimes, le droit de se prévaloir de ce fait violateur. Je crois qu'il a reproduit, à peu près dans les mêmes termes, la même déclaration à cette tribune.

Messieurs, je n'en demande pas davantage. (Mouvement au centre.)

Je demande que mon pays, a partir de la violation des traités par les trois grandes Puissances, et tant qu'une réparation ne sera pas faite, se considère comme affranchi de son côté de ces traités. Je demande que son action devienne libre, et qu'il se prevale, selon ses intérêts et selon l'occurrence, de cette violation. (Approbation à gauche.)

Nous sommes d'accord sur ce point. Maintenant que la grande question de la liberté italienne, de la reconstitution de la nationalité italienne se présente, je demande qu'au lieu de signifier a toute l'Italie un *veto* désespérant, la France dise au contraire a l'Italie : Pour cette éventualité, la France réserve son droit, sa liberté d'action.

Quant à moi, voilà la politique que je conseille à mon pays. Je ne veux pas pousser l'Italie aux témérités, je ne veux pas la provoquer a engager un conflit violent, prématuré. Je crains autant que M. le Président du conseil, pour la liberté et l'indépendance de l'Italie, les fausses tentatives et les avortements ; mais je ne veux pas que la France dise à l'Italie : Non jamais vous ne recouvrerez votre indépendance italienne ; la France ne peut s'associer dans aucun cas, dans aucune circonstance, à vos généreuses tentatives.

Messieurs, qui est-ce qui aurait ici le courage de dire à cette malheureuse Italie: Il faut renoncer même à l'espérance ; et dans quel moment, au moment où elle se lève tout entière de la tombe où elle était ensevelie depuis si longtemps, au moment où, d'accord, gouvernements et peuples rêvent, comme il est dit dans votre dépêche, rêvent la liberté, la reconstitution de leur belle patrie, vous les condamneriez à rougir éternellement de ce passé glorieux qui, par son contraste avec le présent, les écrase de honte et de douleur, à vivre sur les ruines, et des ruines de leur ancienne grandeur. Vous, au nom de la France, vous leur infligeriez ce désespoir !

Non ! je ne crains pas de le dire, si la France tout entière était assemblée, et que cette question lui fût posée : Êtes-vous pour ou contre la liberté et l'indépendance de l'Italie ? renoncez-vous à jamais à aider cette indépendance ? Je ne crains pas de le dire, il n'y aurait ici ni radicaux ni conservateurs, il y aurait une voix unanime qui dirait : Non, la France refuse de s'enchaîner sur la question de l'indépendance de l Italie ; la France veut réserver son droit.

En résumé, Messieurs, et puisque chaque opinion a sa responsabilité, et je ne récuse pas la mienne, je ne crains pas de prendre sous ma responsabilité entière les deux propositions suivantes :

Sur la question de la reconstitution de l'indépendance italienne, de la patrie italienne, liberté d'action pour mon pays, selon ses intérêts, selon ses sympathies.

Sur la question d'intervention armée de l'Autriche contre les institutions libres des autres États, nécessité, obligation, devoir d'honneur pour la France de s'y opposer, au besoin même par les armes.

Ce sont là deux propositions que je tiendrais à maintenir, prenant la responsabilité de ces deux propositions, et je ne crains pas que mon pays me désavoue. (Vive adhésion à gauche. — Aux voix ! aux voix !)

(La Chambre, consultée par assis et levé, adopte le cinquième paragraphe à une grande majorité)

Séances des mardi 1er et mercredi 2 février 1848. — Présidence de M. Sauzet.

§ 6. — Affaires de Suisse.

Sont entendus : MM. Casimir Périer, Malgaine, Mahul, dans des discours développés.

M. THIERS. Messieurs, j'aborde sans aucun préambule ce que l'on est convenu d'appeler, cette année, la question suisse.

La question est très-vaste, très-compliquée, très-grave ; je ne dois pas perdre mon temps ni le vôtre. Je ne me permettrai qu'un préambule: c'est de vous promettre les plus grands efforts de ma part pour me renfermer dans la plus extrême modération de langage, et, je dois le dire à la Chambre, j'y aurai quelque mérite si je réussis; car je dois lui faire un aveu : c'est que depuis longtemps aucun acte du Gouvernement ne m'a causé autant d'irritation que celui-ci. Je parle franchement, vous le voyez.

Je sais bien que nous sommes placés les uns et les autres sur cette question, et malheureusement sur beaucoup d'autres, à des points de vue si différents, qu'il devient très-difficile de nous entendre.

Mes honorables adversaires, dont je respecte la sincérité, ne voient dans l'affaire suisse que le triomphe du radicalisme, triomphe dangereux pour la France et pour l'Europe; ils n'y voient que quelques efforts du Gouvernement pour prevenir ce triomphe, efforts peut-être tardifs, malheureux, qui n'ont à leurs yeux d'autre tort que de n'avoir pas réussi.

Je crois que j'analyse leur vraie disposition. Eh bien, moi, j'ai tort de dire moi, mes amis, savez-vous ce que nous y voyons? Vous me permettrez toute franchise; on peut se la permettre quand on ne veut pas blesser ses adversaires.

· Voici ce que nous y voyons : la révolution et la contre-révolution en présence. (*A gauche.* C'est cela ! très-bien ! voila la question !)

Je me charge de justifier la rigoureuse justesse de ces expressions : la révolution et la contre-révolution en présence, le Gouvernement épousant la cause de la contre-révolution avec une hardiesse qui m'a confondu, et le droit des gens, l'intérêt le plus clair de la France, l'intérêt de nos principes complétement sacrifie. Nous y voyons tout cela; nous avons tort peut-être, mais cela vous explique quel est le sentiment que j'ai dû éprouver. Je le contiendrai de mon mieux. Je n'ai pas la pretention de vous convaincre, malheureusement je ne l'ai plus; mais j'en ai une autre, une seule : c'est que, si je ne vous amène pas à partager mon opinion, vous verrez au moins, vous verrez clairement les motifs sur lesquels elle est fondée.

Messieurs, dans cette question, il est impossible de s'entendre si l'on ne s'explique pas d'abord sur les faits; et, bien que je respecte votre temps, que je tienne compte de votre grande fatigue depuis dix jours de discussion, j'espere que vous me pardonnerez de vous faire connaitre les faits par le désir que je vous suppose de bien connaitre la question. Dans ma conviction profonde, on ne peut pas la bien connaître si on ne commence par bien établir les faits. Je commence donc par les faits; vous en verrez découler ensuite naturellement toutes les questions de droit et de politique.

La Suisse a eu à traverser, depuis cinquante ans, exactement les mêmes vicissitudes politiques que nous. Elle a eu une révolution, c'est-à-dire une longue lutte entre le parti de l'ancien regime et le parti du nouveau; après cette lutte, une dictature sous une main puissante, sous la main de l'homme qui, pour nous, s'est appelé empereur, et qui, pour elle, s'est appelé d'un nom plus doux, celui de médiateur; en 1815, deux invasions comme nous, une contre révolution comme nous; de 1815 à 1830 une oppression, je ne dirai pas cruelle, mais étouffante; en 1830, une véritable révolution de Juillet; et à partir de ce jour, un essai de gouvernement modéré qui, malheureusement, a fini par échouer entre la contre-révolution, qui a voulu reprendre ses avantages, et la révolution qui n'a voulu abandonner aucun des siens.

Toutes ces analogies, elles vous effrayent, je le sais; elles m'effrayent aussi, et savez-vous pourquoi? C'est parce que, ni les uns, ni les autres, nous n'en tirons la même leçon. Parce que la Suisse est une république, il ne faudrait pas croire, et je sais que vous n'y êtes pas portés, que la Suisse, quand nous y sommes entrés en 1798, fût le séjour du bonheur et de la liberté. Il s'en fallait. Dans ces petits cantons qu'on vous peint comme l'asile de la liberté patriarcale, savez-vous ce qu'il en était ? On y trouvait un peuple plus fanatique, incomparablement plus fanatique que celui qu'il y avait dans la Vendée et dans la Bretagne. Ce peuple était dominé par des prêtres et par des familles militaires qui levaient des régiments qu'elles louaient à tous les souverains de l'Europe, qui disposaient dans ces régiments des pensions et des grades, et qui avaient dans le pays une puissance absolue.

Dans les grandes villes, comme Zurich et Berne, il y avait des aristocraties fermées, exclusives, despotiques, peut-être encore plus que celle de Venise ; et, enfin, il y avait nonseulement la sujétion de classe a classe dans chaque canton, mais encore ce qu'on appelait les provinces sujettes.

(*M. Odilon Barrot.* Il y avait des vassaux.)

Ainsi, Vaud, Argovie, qui aujourd'hui sont devenus des cantons, étaient alors des provinces gouvernées par des baillis, avec une autorité des plus redoutables. Le bas Valais, par exemple, était gouverné par le haut Valais de la manière la plus odieuse ; le Tessin, qui aujourd'hui est un canton, était alors, sous le nom de bailliages italiens, sous l'oppression du canton d'Uri. Eh bien ! c'est tout cela que la révolution a fait disparaître.

De même que chez nous les idées, les intérêts de l'ancien régime se sont réfugiés dans les bruyères de la Vendée et de la Bretagne, de même en Suisse les idées et les intérêts de l'ancien régime se sont réfugiés dans les petits cantons montagneux. C'était là une retraite plus difficile à forcer. Et savez-vous quelle doctrine ils ont imaginée ? La doctrine cantonale. Ils se sont retirés dans les retraites inaccessibles des Alpes, et ils se sont couverts de la doctrine cantonale.

Voici ce qu'ils ont dit : Nous sommes une réunion d'États souverains chez eux, nous pouvons, chez nous, nous donner, nous conserver l'Etat social qu'il nous plaît.

Le parti de la révolution, qu'a-t-il opposé à cela ? Il a dit : Oui, vous êtes une réunion de petits États souverains qui sont libres de se donner chez eux l'état social qu'ils veulent ; mais il y a une Suisse, et, au nom de cette Suisse, nous voulons faire cesser des abus déshonorants pour l'humanité et pour notre pays.

Il est arrivé ce qui arrive toujours, c'est que, par l'effet d'une longue lutte, les deux partis ont exagéré leur doctrine : le parti de l'ancien régime a exagéré la doctrine cantonale, le parti révolutionnaire a exagéré la doctrine unitaire ; il a voulu une Suisse centralisée comme la France, avec des préfets, des sous-préfets, une armée permanente, un budget.

Il y a eu de longs et nombreux conflits.

Enfin le parti des petits cantons, conduit par les officiers et les soldats du 10 août, et aussi par beaucoup d'officiers autrichiens, a détruit le gouvernement libéral, l'a poussé à bout, et allait, suivant l'expression qui se trouve dans les écrits du temps, le jeter dans le lac de Genève.

C'est alors que le premier consul, qui ne voulait pas d'abord intervenir en Suisse, qui avait à cela la plus grande répugnance, le premier consul, quand il vit le parti des petits cantons ayant en tête les officiers et les soldats du 10 août, avec son instinct, cet instinct qui, en 1815, lui faisait dire : « Les bleus sont les bleus et les blancs sont les blancs ! » vit où étaient les amis et les ennemis de la France, et il dit : « J'entre ! » Il se montra donc, et il se fit le médiateur de la Suisse. A cette époque des sages et grandes pensées, à l'époque du Code civil et du Concordat, il fit un acte qu'aujourd'hui tout le monde en Suisse accepterait comme un bienfait, surtout les hommes des petits cantons.

M. Casimir Périer me faisait l'honneur, je l'en remercie, de me citer hier. Il ne montrait qu'un côté de la question. Le premier consul a certainement dit aux unitaires : Vous avez trop voulu ; mais il a dit aux petits cantons : Vous n'avez pas assez voulu. Il fit la part de chacun. Cet acte de médiation est un acte d'une admirable sagesse. Il laissa aux petits cantons d'Uri, de Schwytz, d'Unterwalden, leur ancien état ; on ne pouvait pas le changer. Mais dans les grandes villes comme Zurich, Berne, il fit cesser les aristocraties, il établit un gouvernement représentatif fondé sur la propriété ; et de l'ancien système unitaire soutenu par les révolutionnaires.... je les appelle par leur nom, sans attacher à ce nom le sens qu'on y attache aujourd'hui ; moi je le prends en bonne part, chacun son goût (On rit. — Assentiment a gauche)..., il ne laissa subsister de l'unité qu'avaient rêvée les révolutionnaires que ce qu'on a appelé le *pacte fédéral*.

Les unitaires avaient voulu que chaque canton ne comptât dans la fédération suisse que pour sa population; c'était trop exiger. Il etablit que chaque canton ayant au-dessus de 100,000 âmes aurait 2 voix, et comme il y en avait six dans ce cas, et que le nombre des cantons était alors de dix-neuf, cela faisait 25 voix pour la diete. Puis il etablit une sorte d'alternat entre les six cantons pour y fixer successivement le siége du gouvernement. Chacun des six cantons était, à son tour, canton directeur, à peu près comme cela existe aujourd'hui, avec cette difference qu'aujourd'hui il n'y en a que trois. A cette organisation tres-sage, il ajouta le choix d'hommes le mieux entendu; et, pendant dix ans, on peut dire que la Suisse a vécu dans un parfait repos. Les Puissances coalisées l'ont reconnu elles-mêmes en 1815.

Mais au jour de nos malheurs, après Leipsick, lorsque les armées etrangères étaient sur nos frontières, ce parti des petits cantons, que je demanderai la permission d'appeler le parti de la contre-révolution, vous verrez tout à l'heure combien ce titre est justifié, ce parti se réunit à Zurich, et fidèle à ses mœurs, à ses penchants, à ses goûts, il appela les armées étrangères. Il leur livra son sol et il leur livra le nôtre. Les armces ennemies entrèrent dans Paris.

Alors ils se réunirent tous pour se faire une constitution ; ils voulurent faire en Suisse ce qu'on essayait de faire a Paris : ils voulurent ramener l'ancien régime.... (Interruption). l'ancien regime tout pur. Cependant, de même qu'à Paris on n'a pas pu nous donner le gouvernement absolu en 1814, qu'on a eté obligé de nous donner une charte, on ne put faire en Suisse qu'une demi-contre-révolution; on fit le pacte actuel, celui qu'il s'agit de réformer.

Ce n'est pas dans le pacte lui-même qu'on se livra le plus à l'esprit contre-révolutionnaire; non : dans le pacte le seul changement qu'on fit fut celui-ci : au lieu d'établir que certains cantons, suivant leur population, auraient deux voix, tous les cantons, sans exception, ne durent en avoir qu'une ; c'est-a-dire que le petit canton d'Uri, qui n'a que 15,000 âmes, a une voix comme celui de Berne, qui en a près de 400,000.

Un autre changement qu'on admit, c'est, au lieu de six cantons directeurs, de n'en plus établir que trois. Ce n'est donc pas dans le pacte que se fit la contre-révolution. La contre-révolution se fit dans la constitution des petits cantons. Pour dédommager le parti qui représentait là ce que nous appelons en France les *émigrés*, on leur laissa faire, dans les petits cantons, la contre-révolution comme ils voulurent, et ils la firent presque completement.

Mais tandis qu'on etait a cette œuvre, bien qu'on eût beaucoup fait pour la contre-revolution, *messieurs* de Berne, comme on les appelait en Suisse, et j'emploie la langue du pays, messieurs de Berne n'étaient pas satisfaits ; messieurs des petits cantons d'Uri, de Schwytz ne l'etaient pas davantage.

Savez-vous ce qu'ils voulaient? Qu'on rétablît l'ancien ordre de choses, c'est-à-dire que Tessin, qui de simple bailliage était devenu canton; que Vaud et Argovie, qui de provinces dépendantes étaient devenus cantons, redevinssent provinces sujettes. C'était vouloir l'impossible, et la majorité même du parti contre-revolutionnaire, réunie a Zurich, ne voulut pas y consentir. Cependant on fut un moment prêt à en venir à la guerre civile. Les Puissances réunies à Vienne furent obligees de s'en mêler. Mais ici il faut bien saisir l'esprit dans lequel les Puissances réunies a Vienne se mêlèrent de l'affaire suisse; cela est indispensable pour bien comprendre les traités.

L'esprit qui animait les Puissances alors, c'était un esprit de réaction contre tout ce qu'avaient fait la révolution et l'empire. Ainsi a Paris, par exemple, a l'idée d'un empereur nommé par la nation on substitua l'idée d'un prince légitime venant régner en vertu de son droit. Faire le contraire du régime auquel on succédait, telle etait la disposition du moment.

En Suisse, comme on venait de vivre sous la dictature de Napoléon, sous l'acte de médiation qu'il avait imposé, l'idée dominante à Vienne fut celle-ci : plus de dictature en Suisse, pas de dictature étrangère, la neutralité et l'indépendance de toute influence extérieure. Voilà l'esprit du congrès de Vienne à l'egard de la Suisse. C'est là ce qui vous expliquera tous les traités, qu'a mon avis on a mal interprétés, parce qu'on n'a pas su comprendre l'esprit dans lequel les Puissances avaient agi.

En France, à un gouvernement élu par la nation, on substitua l'idée de la légitimité; en Suisse, à l'idée de la médiation imposée, on entendit substituer une Suisse indépendante et neutre, une Suisse se gouvernant par elle-même. Aussi se garda-t-on bien , je le prouverai par les textes, aussi se garda-t-on bien à Vienne de se mêler du pacte; on mit le plus grand soin à ne pas s'en mêler, à bien constater que le pacte se faisait en dehors des Puissances. Mais les Puissances avaient bien le droit de faire le territoire de la Suisse, puisqu'elles faisaient les territoires de la Russie, de l'Autriche, de la Prusse. On arrangea les questions territoriales de manière, entendez-moi bien, de manière à dédommager les récalcitrants, comme Berne et les petits cantons, de maniere à les dédommager, à les rattacher a la majorité du peuple suisse qui venait d'arrêter le pacte fédéral a Zurich. Et alors on traça, par la déclaration du 20 mars 1815, dont je vous citerai le texte plus tard, quand je traiterai la question de droit, on traça le territoire de la Suisse, on lui dit : Votre pacte vous regarde seule, nous ne nous en mêlons pas (je le justifierai par des pieces authentiques) ; seulement nous vous proposons telles et telles conditions territoriales. Berne, par exemple, était le canton le plus récalcitrant, on lui dit : A la place de Vaud et d'Argovie, que la majorite ne veut pas vous rendre, on vous donnera l'ancien évêché de Bâle, et vous ferez une pension à l'ancien evêque de Bâle. Des sommes considérables etaient déposées a Londres. On dit encore aux petits cantons : On fera une repartition pecuniaire telle, que vous serez dédommagés du territoire que vous avez perdu. Et ces conditions-là, remarquez-le bien, les Puissances ne voulurent pas les imposer, mais elles offrirent à la Suisse le contrat que voici : Nous vous donnons trois cantons détachés de la France , le Valais, Genève et Neufchâtel ; nous donnerons à Berne, pour le dédommager, l'évêché de Bâle ; le partage des fonds qui sont deposés en Angleterre sera fait de manière a favoriser les petits cantons. Voilà nos conditions; si vous les acceptez (le pacte laissé toujours en dehors), nous vous reconnaîtrons d'abord, et ensuite nous vous déclarerons neutres.

Voila le contrat de 1815 : « Si vous acceptez telles concessions territoriales, nous vous reconnaîtrons Puissance d'abord et ensuite Puissance neutre. C'est a vous à accepter ou à refuser. »

Cela fut accepté par la Suisse. Dans l'intervalle il y eut les Cent jours et une deuxième invasion. Le parti de l'ancien régime, reuni à Zurich, livra de nouveau son sol, et en le livrant livra le nôtre ; et ce ne fut qu'en 1815, dans le protocole du 20 novembre, que l'acceptation de la Suisse fut homologuée et qu'on rendit une decision que je citerai textuellement tout à l'heure. On valida l'acceptation de la Suisse et l'on dit : Puisque la Suisse a accepte les conditions territoriales que nous lui avons faites, elle est neutre, et nous la déclarons, dans l'intérêt de l'Europe, affranchie de toute influence étrangere.

De 1815 à 1830, la Suisse a vecu sous l'influence qui dominait alors presque toute l'Europe et surtout les pays féderatifs, comme l'Allemagne, l'Italie, et qui a dominé la Suisse comme les autres.

En 1830, lorsque nous avons de nouveau donné à l'Europe le signal de la liberté, la Suisse le suivit. La noble et independante Angleterre n'avait pas elle-même dédaigné de le suivre, puisque c'est à notre imitation qu'elle s'est donné la réforme parlementaire. La Suisse ne pouvait être ni plus fière ni plus rebelle à nos exemples, et elle fit dans les cantons une suite de petites révolutions de Juillet. Comme c'etait dans les constitutions cantonales que le parti contre-révolutionnaire s'était le plus donné carrière, c'était la qu'il y avait le plus à faire. On les changea presque toutes, même à Lucerne. A Lucerne la ville est libérale, tandis que la campagne est fanatique ; et cette fois la ville l'emporta sur la campagne.

Quant au pacte , cela était plus difficile, car il y avait à mettre d'accord les vingt-deux cantons. On l'a essayé, et on l'a essayé, il faut le dire, du gré de notre Gouvernement et sous son influence.

Dans ce moment, en effet, il n'est personne, en Suisse, qui ne reconnaisse que le pacte actuel est parfaitement insuffisant pour l'état des mœurs et des esprits : il n'est pas exact qu'il y ait en Suisse un parti unitaire qui veuille faire une Suisse centralisée comme la France. Tous ceux qui connaissent la Suisse déclareront que c'est là un mensonge.

Il y a une tendance, une seule : c'est de donner à la Suisse un peu plus d'autorité centrale, et personne ne peut nier que cela soit nécessaire. Ainsi, par exemple, quand il y a des troubles dans un canton, il faut tant de temps pour réunir la force fédérale, qu'un canton est révolutionné ou contre-révolutionné avant que la force commune ait pu agir. Ainsi encore, grâce à cet alternat qui fait que chacun des trois grands cantons est tour a tour directeur, il s'ensuit que, lorsque le canton directeur est Lucerne, c'est l'esprit contre-révolutionnaire qui dirige la Suisse, et que, lorsque le canton directeur est Berne, c'est ce qu'on appelle l'esprit radical ; de sorte que ce gouvernement, tous les deux ans, change de couleur et de direction.

Ce n'est pas tout. Vous avez vu, par la question des jésuites, qu'il peut se présenter des questions comme celle-ci : Tel sujet dépend-il de la souveraineté fédérale, ou de la souveraineté cantonale ? Eh bien, le pacte fédéral ne dit rien : on est alors réduit à la guerre civile.

Vous le voyez, le pacte fédéral est d'une insuffisance reconnue par tout le monde, et il serait urgent de le réformer dans une juste mesure. En 1830, tout le monde avait senti cela, le Gouvernement français comme tous les gouvernements de l'Europe, excepté toutefois l'Autriche, l'Autriche qui a intérêt à ce que le pacte fédéral ne soit pas reformé dans le sens de la révolution française. L'Autriche a toujours soutenu une opinion contraire à la réforme du pacte fédéral, parce que la réforme du pacte ne saurait se faire dans un sens qui puisse lui plaire. Mais la France a soutenu, à toute époque, qu'on pouvait réformer le pacte. Néanmoins on s'en est tenu à la reforme des constitutions cantonales ; la reforme du pacte fédéral est restée en suspens à cause de la difficulté.

Le pouvoir, à cette époque, s'est fixé dans les mains du parti moderé. Puisqu'on est convenu, bien à tort à mon avis, de transporter en Suisse et dans tous les pays étrangers les dénominations françaises, je suivrai cet exemple, bien qu'il soit mauvais, je le suivrai pour la commodité du discours, et je qualifierai les partis suisses avec les dénominations empruntées aux partis français. Il s'est donc formé en Suisse un parti juste milieu ou conservateur, comme on voudra l'appeler, un parti composé de la riche bourgeoisie et des hommes éclairés ; ce parti a gouverné jusqu'à ces derniers temps, et je le reconnais, avec de bonnes intentions.

Je voudrais qu'il gouvernât encore. Vous verrez que, s'il ne gouverne plus, c'est sa faute, et je vous prie de bien réflechir sur sa conduite. (On rit à gauche.) Pour moi, je voudrais qu'il gouvernât encore. Du reste, il a fait de son mieux, on ne peut pas demander davantage à un gouvernement. De 1830 à 1840, il ne nous a pas évité beaucoup de tourments, notamment pour les refugiés. J'ai même failli, à cette epoque, avoir une querelle avec la Suisse. Je voudrais qu'on la rappelât ici, car je ferais connaître les principes que j'ai soutenus alors, et vous verriez a quel point ils sont conformes à ceux que je soutiens aujourd'hui. Ce gouvernement des modérés était sous le joug des circonstances, et il n'a pu éviter beaucoup de soucis a ses voisins et a l'Europe, car c'est de son temps que le fameux Romarino est sorti du territoire helvétique à la tête de 1,200 ou 1,500 hommes, pour aller révolutionner le Piémont.

Quoi qu'il en soit, le parti des petits cantons, de la contre-révolution, de l'ancien régime, comme on voudra l'appeler, ne se tenait pas pour battu. Il voulut refaire sa situation, et il imagina un moyen qui vous prouvera que le parti radical, qu'on accusait hier de couvrir le despotisme du masque de la liberté, n'est pas le seul parti qui prenne des masques.

Savez-vous ce que le parti contre-révolutionnaire imagina pour refaire ses affaires? Il imagina la liberté religieuse : chacun, disait-il, a le droit de soutenir sa foi : nous allons soutenir la nôtre; et il se mit à l'œuvre. On avait d'excellents instruments de cette pretendue liberté religieuse en Suisse, c'étaient les jésuites. Ils étaient établis, non pas encore à Lucerne, mais à Fribourg et dans le Valais.

Les jésuites, dis-je, qui étaient établis à Fribourg et dans le Valais, pas encore à Lucerne, se mirent à l'œuvre. C'est à partir de 1839 et de 1840 que ces tentatives du parti de l'ancien régime commencèrent avec beaucoup de gravité. On fit ce que nous appelions, sous la Restauration, des *missions*; et si je pouvais vous apporter ici quelques-uns des discours prononcés dans ces missions, vous verriez ce qu'est ce parti du Sonderbund, qui vient de perir récemment.

Comme le parti contre-révolutionnaire en Suisse ne se composait pas uniquement de catholiques, mais aussi de protestants, les protestants, de leur côté, se mirent à l'œuvre, et les méthodistes firent des prédications.

Il y avait alors à Zurich un gouvernement réformé en 1830, lequel avait appelé comme professeur de théologie le docteur Strauss. Je ne me fais ni l'apologiste ni le juge des doctrines du docteur Strauss; je dirai seulement que c'est un esprit grave, sérieux, et que ses livres ne ressemblent en rien aux livres impies et profanateurs du dernier siècle. Enfin le gouvernement de Zurich l'avait nommé professeur. Savez-vous le moyen qu'employa ce parti si respectable et dont les infortunes intéressent si vivement certaines personnes? Il employa l'insurrection : un ecclésiastique protestant, à la tête d'hommes armés, entra dans Zurich. Un respectable magistrat, ayant voulu arrêter les contendants, fut tué, et ce fut à coups de fusil que ce pieux et excellent parti renversa le gouvernement de Zurich pour rétablir celui qui existait en 1830. Après ce premier succès on ne voulait pas s'arrêter. Trois des États réformés en 1830, Lucerne, Argovie et Soleure, avaient inséré dans leur constitution une condition : c'était qu'après dix années on reviserait la constitution. Il y avait un moyen tout simple d'opérer la contre-révolution à Lucerne, Argovie et Soleure : c'était de profiter de cette révision qui devait se faire par des assemblées populaires. Ce moyen, on ne manqua pas de le mettre en œuvre; c'était le cas d'y employer de nouveau les prédications; on le fit, et on obtint à Lucerne un succès complet. Toutefois il faut reconnaître que ce succès fut obtenu sans tirer un coup de fusil.

Ainsi, au moyen de la simple révision de la constitution, on parvint à rétablir à Lucerne le parti qui vient de succomber récemment, celui du Sonderbund. A Argovie et à Soleure le même moyen ne pouvait pas réussir. Les populations, là, sont très-éclairées, très-libérales, les prédications ne pouvaient pas réussir; la révision s'est faite dans le sens du parti de la révolution. Savez-vous ce qu'a fait alors le parti que j'appelle toujours le parti contre-révolutionnaire? N'ayant pas réussi à Argovie et à Soleure par les voies legales, il a eu recours à l'insurrection. Il y avait des couvents en Argovie, entre autres un très-célèbre, le couvent de Muri, fondé par la maison de Hapsbourg, et encastré dans le territoire lucernois. Les catholiques de Lucerne se sont joints à ceux d'Argovie, et ils ont fait, en se servant du couvent de Muri comme de quartier général, ils ont fait une insurrection, pour essayer de renverser le gouvernement d'Argovie. On n'y a pas réussi. Le gouvernement argovien alors a employé une mesure qui a été le sujet de trois ans de discussion en Suisse : il a supprimé les couvents.

On vous parlait hier des contradictions des partis : en voulez-vous voir un exemple? Ces messieurs, qui se plaignent de ce qu'on veut, par exemple, les empêcher d'avoir les jésuites, savez-vous ce qu'ils ont voulu? Ils ont voulu forcer le canton d'Argovie à garder des couvents chez lui.

(*M. de Montebello, Ministre de la marine.* Et le pacte!)

Tout à l'heure je citerai le pacte ; vous verrez !

Ces partisans de la liberté religieuse, qui prétendent que c'est opprimer la liberté religieuse que de vouloir empêcher certains cantons d'avoir des jésuites, ont voulu obliger les autres à avoir des couvents, et ils ont voulu que la diète y employât la force. Il est vrai que les partisans des couvents invoquaient le pacte.....

Je connais les affaires suisses, Monsieur le Ministre de la marine, croyez-le ; et si vous voulez que nous nous rappelions nos souvenirs, vous verrez que je les ai conservés bien fidèlement..... Il est vrai que les partisans des couvents invoquaient le pacte ; mais, quel que fût l'argument qu'on invoquât, le procédé était toujours le même au fond, car il consistait à vouloir imposer la conservation des couvents, et à violenter la volonté d'un canton au nom de la diète.

(*M. Odilon Barrot.* On s'est adressé à la diète pour cela.)

Je demande si M. de Metternich souffrirait à Milan un couvent dans lequel il y aurait des insurgés. Mais qu'importe l'argument ! Le procédé moral, je le répète, était le même. Ceux mêmes qui se plaignaient de ce que l'on voulait les empêcher de garder les jésuites, ceux-là mêmes voulaient obliger Argovie à garder les couvents. Argovie a été plus raisonnable, il a transigé : il a rétabli les couvents de femmes, mais il a maintenu les suppressions des couvents d'hommes.

Cette querelle a occupé la Suisse, de 1840 à 1844. Le parti qui essayait partout de rétablir la contre-révolution en Suisse ne s'est pas tenu pour content de ses succès à Zurich, à Lucerne, moins content de son échec dans Argovie, il a essayé une contre-révolution dans le Valais. Celle-ci, il faut que je vous la raconte, pour que vous puissiez apprécier mieux la moralité de chacun des partis qui viennent de combattre en Suisse.

En Valais, Messieurs, la situation était étrange, je puis le dire, et je ne serais peut-être pas exagéré si je disais barbare. Le Valais est divisé en haut et en bas Valais. Le haut Valais est allemand et dominé par des idées d'ancien régime, à tel point qu'assurément je crois pouvoir dire que nos paysans de la Bretagne et de la Vendée sont des philosophes à côté des hauts Valaisans. (Rire général.)

(*M. de la Rochejaquelein.* Nos paysans valent bien les vôtres. (Mouvement prolongé.) Pourquoi les attaquez-vous sans cesse ? — *M. Glais-Bizoin, au milieu du bruit.* Il ne faut pas tant médire des paysans. — *M. Thiers.* Que M. de la Rochejaquelein soit convaincu que j'ai pour les hommes de son pays l'estime qu'ils méritent, et que je sais bien qu'ils ont fait de grands progrès. J'en suis fier moi-même pour la France, et la comparaison que je fais n'est assurément pas à leur désavantage.—*M. de la Rochejaquelein.* Je trouve que vous n'en dites pas assez.) — (Nouveau mouvement.)

Quant au bas Valais, il est français et il est imbu de nos idées. Les deux partis, depuis bien des années, n'ont pas cessé la d'être aux prises. Les hauts Valaisans, Allemands fanatiques, se rappelaient leur ancienne domination ; ils la voulaient recouvrer. Les bas Valaisans, Français imbus de nos idées, ne voulaient pas se laisser dominer par les hauts Valaisans. Il y avait une société dans le haut Valais qui s'appelait la *Vieille Suisse*, il y en avait une autre dans le bas Valais qui s'appelait la *Jeune Suisse*. Chacune des deux avait son journal ; la société la *Vieille Suisse* avait la *Gazette du Simplon*, dont on dit que les frais étaient faits par les moines du mont Saint-Bernard ; la jeune Suisse avait l'*Echo des Alpes*.

Je ne me fais pas, Messieurs, solidaire de tout ce qu'ont dit, de tout ce qu'ont fait la Jeune Suisse et l'*Écho des Alpes*. Mais quand je vais vous faire connaître quelle était la question débattue entre les deux partis, vous verrez qu'en présence d'un tel état de choses, on peut être excusable de perdre son sang-froid.

Voici l'état social du Valais.

Le clergé y exerce une domination absolue ; il a de très-grands biens : par exemple, les moines du Saint-Bernard ont plusieurs millions ; le couvent de Saint-Maurice est extrêmement riche ; les jésuites de Sion ont aussi des propriétés. Eh bien, le clergé ne paye point d'impôts. Toutes les fois qu'on a voulu répartir l'impôt fédéral pour payer le contingent, le clergé n'a jamais entendu le payer ; ce n'est pas là un grand grief, car on dit vulgairement, pardonnez-moi la citation du proverbe, on dit : Plaie d'argent n'est pas mortelle. (On rit.)

Mais le clergé n'a jamais non plus voulu subir la justice ordinaire. Ainsi, par exemple, si dans ce pays il se commet un de ces crimes affreux comme celui qui a épouvanté Toulouse l'année dernière, les ecclésiastiques déclarent que le coupable ne relève que de l'évêque, du nonce et du pape.

Ce n'est rien à côté de ce qui suit. Les prêtres, dans le Valais, dominent le gouvernement ; ils écrivent, ils font des journaux, ils font des brochures, et quand ils encourent par leurs écrits, et cela est arrivé, quand ils encourent la peine que doivent subir les autres citoyens, l'évêque appelle la cause à lui, parce que le clergé se juge lui-même ; de sorte qu'un délit de presse commis par un ecclésiastique reste sans répression.

Dans le Valais, le clergé tient les registres de l'état civil, à l'exclusion des magistrats.

Eh bien, savez-vous ce qu'a fait l'évêque de Sion, et de quelle manière il s'est servi de cette prérogative ? Ce ne sont pas des choses que j'invente. L'affaire a été en Cour de Rome, elle y a été longuement discutée.

Un jour donc, l'évêque de Sion a déclaré que les membres de la Jeune Suisse étaient excommuniés et dès lors privés des sacrements ; il leur a refusé l'enregistrement des naissances et des morts, il leur a même refusé le mariage. (Mouvement.)

Cet acte a excité en Suisse un grand soulèvement ; et on l'a cité en Cour de Rome. On a effectivement refusé le mariage à plusieurs membres de la Jeune Suisse ; et comme il n'y avait pas d'officiers de l'état civil, on ne pouvait pas se marier.

Il y avait une loi qui a été, je crois, supprimée par le gouvernement actuel du Valais ; cette loi interdisait de mal parler des prêtres. Un jour, par exemple, des jeunes gens avaient voulu mettre une croix sur la tombe d'un protestant. On saisit les délinquants, et on les contraignit à venir, un cierge à la main, faire amende honorable dans l'église de Sion.

Trouvez-vous donc étonnant que, en présence d'un pareil état de choses, on perde son sang-froid ? (Mouvement.)

Il s'était formé dans le Valais un gouvernement semi-libéral, dont l'intention était, petit à petit, avec la lenteur du temps, sans beaucoup d'impatience, de supprimer ces abus. Il avait commencé par proposer une loi qui faisait supporter aux propriétés du clergé leur portion de l'impôt fédéral, comme aux autres propriétés ; et puis il avait annoncé l'intention, non pas encore réalisée, il avait annoncé l'intention de toucher à ce qu'on appelle les *immunités* du clergé, ces immunités que je viens de vous faire connaître tout à l'heure.

Oh ! à l'instant même, c'est-à-dire en 1844, on a insurgé les hauts Valaisans, on les a fait descendre sur Sion. Le bas Valais, en voyant qu'on descendait sur Sion, a pris les armes pour résister au haut Valais, qui venait consommer la contre-révolution. Par suite de sa faiblesse, le gouvernement, entraîné à une trahison, ouvrit la ville de Sion aux hauts Valaisans, déclara les bas Valaisans rebelles, et ordonna de marcher sur eux. Les hauts Valaisans marchèrent. Les malheureux bas Valaisans, voyant que le gouvernement n'était plus avec eux, ne songèrent plus qu'à se retirer il fallait les laisser faire. Savez-vous comment on les a arrêtés ! Ils ont fui jusqu'au bord d'un torrent qu'on appelle le Trient ; là ils trouvèrent les paysans d'Orsière et d'Entremont, qui avaient été excités à marcher par les moines du Saint-Bernard, et on les a fusillés à bout portant ; on a mutilé les cadavres, on a achevé les blessés. (Sensation prolongée.)

Ceci, Messieurs, est consigné dans des écrits émanés des hommes les plus considérables de la Suisse, et ils n'ont jamais été démentis. La Suisse entière en a été indignée.

Après de tels actes, vous voyez que, quand j'appelle ce parti *parti de la contre-révolution*, j'ai quelque fondement ; car vous voyez quel état social on voulait rétablir, et par quels moyens. Savez-vous ce qu'a fait le gouvernement victorieux ? D'abord, par une coutume suisse que je déplore, et qui tient à son état social, il a frappé sur les vaincus des amendes considérables. En Suisse on n'a pas une armée permanente, on n'a pas de budget. Quand un canton est livré à des troubles, et qu'il faut y aller faire la police, le canton chez lequel on va faire la police est obligé de payer les frais de la guerre. On les fait payer par des amendes. C'est une coutume déplorable, mais qui est générale en Suisse. Je ne reproche pas au parti du haut Valais de l'avoir employée, mais tant est qu'il a ruiné ses adversaires par des amendes de 80 à 100,000 francs. Ce n'est pas toutefois son plus grand crime. A peine victorieux, il a institué un tribunal extraordinaire, et on a jugé les vaincus ; on les a condamnés à des détentions de vingt ans ; on leur a pris leurs biens. On a rendu des arrêts comme celui-ci, en mai 1844 : « *L'Écho des Alpes* est supprimé. » C'était le journal du parti libéral. Puis une déclaration comme celle-ci : « La société de la *Jeune Suisse* est supprimée. »

Des commissions extraordinaires se rendaient dans les cantons, appelaient individuellement tous les hommes réputés appartenir à la société de la Jeune Suisse, et les sommaient d'abjurer dans leurs mains.

Voilà comment on a traité les vaincus. On leur a fait une situation tellement intolérable, que des centaines de personnes se sont exilées avec leurs familles et leurs biens.

Voilà le tableau exact de la contre-révolution du Valais.

Les assassinats commis au pont du Trient, les violences commises à l'égard des vaincus, ont indigné toute la Suisse, et produit, en 1844 et en 1845, un soulèvement d'esprit général dans tous les partis ; sur-le-champ on a cherché à qui s'en prendre. Comme c'était surtout la cause du clergé dont il s'agissait, on s'en est pris aux instruments les plus actifs du clergé, aux jésuites ; et la proposition de les exclure de la Suisse est née immédiatement.

Il y avait une raison qui rendait cette proposition fort naturelle : c'est que non-seulement il venait de se passer dans le Valais des événements atroces ; mais le canton de Lucerne, qui était un des trois cantons directeurs, et dans lequel ne se trouvaient pas encore les jésuites, le canton de Lucerne, disait-on, allait les introduire. Il était bien naturel que la proposition de les expulser arrivât sur-le-champ, non-seulement pour empêcher des événements tels que ceux du Valais, mais aussi pour empêcher le canton de Lucerne de les appeler.

C'est ici que le parti conservateur, le parti du juste milieu, a tenu une conduite peu habile, et, permettez-moi ce mot, peu sincère.

En présence de pareils faits, que devait faire le parti modéré, qui avait la majorité dans la diète ? En présence de pareils faits, il devait s'emparer de l'autorité courageusement ; il devait arrêter ces tentatives contre-révolutionnaires qui s'étaient signalées dans le Valais par des résultats effroyables.

Savez-vous ce qui s'est passé dans le parti conservateur, en Suisse ? Comme, depuis dix ans, il avait le pouvoir..... je ne veux pas ici donner des leçons, quoiqu'on ait voulu nous en donner à propos des radicaux ; permettez moi seulement de vous faire voir la vérité dans un miroir fidèle.

Depuis dix ans, le parti conservateur était attaqué violemment par le parti plus avancé de la révolution, et, fatigue de ces attaques, il s'était passé dans son cœur quelque chose que je déplore, mais que je comprends ; il s'était mis à haïr son propre parti, du moins la portion de son propre parti qui voulait aller plus loin que lui, à la haïr tellement, qu'il avait oublié de haïr le parti contraire, et qu'il était devenu tout à fait partial.

Au lieu de voter l'expulsion des jésuites, il a adressé au canton de Lucerne, qui voulait les introduire, de très-sages conseils, des exhortations pressantes pour ne pas introduire les jésuites. Admirez la modération de ce pieux et honnête parti. Qu'a fait le canton de Lucerne en recevant ces conseils ? Le canton de Lucerne, dans le moment même où, par suite des événements du Valais, on demandait l'expulsion des jésuites, et où le parti modéré disait :

Ne les introduisez pas ; vous vous ferez du mal ; vous nous en ferez à nous ; vous causerez de grands embarras ; ne les introduisez pas. Le canton de Lucerne les a introduits à l'instant même. « Ah ! les révolutionnaires ne veulent pas des jésuites ! (ce sont les expressions textuelles d'un représentant de Lucerne) eh bien, nous allons les introduire. » Et on a proposé une loi pour l'introduction des jésuites, qui ont été introduits.

Eh bien, alors il s'est passé un fait que je déplore, un fait très-condamnable. Tous les hommes vifs, ardents en Suisse, voyant que le gouvernement..... (Interruption.)

Je demande pardon d'être si long... (Non ! non ! — Parlez ! parlez !)

Lorsque le canton de Lucerne a eu commis ce que j'appellerai une folie, et une méchante folie, celle de répondre au parti modéré par une bravade ridicule, les hommes ardents en Suisse... Je déplore ce qu'ils ont fait, je les blâme ; je suis du parti de la legalité, je demande la légalité pour tout le monde et contre tout le monde... Les hommes violents en Suisse, sous le nom de *corps francs*, sont allés attaquer Lucerne ; ils ont voulu aller faire du gouvernement, parce que le gouvernement n'en faisait pas. Ils ont été battus ; ils l'avaient mérité.

Savez-vous comment on les a traités à Lucerne ? Comme on avait traité les bas Valaisans au pont du Trient. On en a pendu à des arbres ; ceux qui ont été faits prisonniers n'ont été relâchés qu'après avoir fourni une rançon ; il y en a eu qui ont payé jusqu'à 1,500 fr. ; et 1,500 fr., c'est beaucoup en Suisse. On a condamné à mort, sans jugement, le docteur Steiger, qui ne s'est sauvé que parce que deux gendarmes avaient facilité son évasion.

La question des jésuites est devenue alors une question politique dans toute la Suisse. Quand on dit que la question des jésuites était un prétexte et n'était pas une question sérieuse, je m'adresse à votre bonne foi. Eh bien, oui, si vous voulez dire par question sérieuse que cela ne signifiait pas les jésuites, mais toute la contre-révolution, je suis de votre avis, j'accepte l'interprétation ainsi faite.

Mais les jésuites étaient évidemment la représentation de l'ancien régime, revenant avec toutes ses absurdités, et revenant même quelquefois par l'assassinat. (*A gauche*. Très-bien !)

La question s'est alors transportée de la diete dans les cantons. Il s'est agi en effet de savoir si l'on donnerait aux députés à la diète, en 1846, la mission de voter pour la suppression des jésuites.

Eh bien, le parti modéré, pour s'être conduit dans les cantons comme il s'était conduit à la diete, pour avoir hésité, pour n'avoir pas porté au parti ennemi la haine qu'à mon avis il devait lui porter, il lui est arrivé qu'il s'est fait battre, qu'il a perdu la majorité. A Zurich, il a perdu la majorité par les moyens légaux. A Vaud, il y a eu une pétition signée de 32,000 individus. Or, la population étant de 180,000 âmes, vous voyez que c'était toute la portion virile de la population, toute la population en état de voter. Néanmoins le gouvernement de Vaud avait résisté ; il n'avait pas voulu donner à son député le mandat de voter pour la suppression des jésuites. Il y a eu alors, non pas une insurrection, mais un mouvement général de toute la population qui a marché sur Lausanne. Quand le gouvernement a vu ce mouvement, il s'est retiré, et Vaud a été acquis au parti qui voulait la suppression des jésuites.

A Genève, malheureusement les choses ne se sont point passées d'une manière aussi douce. Il y a eu des insurrections, des coups de fusil. Le parti de la contre-révolution a été vaincu, le parti de la révolution l'a emporté, et alors il y a eu dans la diete une majorité de treize voix.

Là dessus, j'ai entendu dire : C'était une majorité formée par une insurrection, c'était une majorité factieuse.

Permettez-moi de vous faire voir ou est la légalité sous ce rapport. Le fait est que, dans la majorité qui voulait la suppression des jésuites, il y avait une voix qui venait de l'insurrection. Mais la même chose se rencontrait dans la minorité. Elle avait une voix, celle du Valais, acquise par l'insurrection. Elle avait eu longtemps la voix de Zurich, acquise par le même moyen. Les deux partis étaient donc, sous ce rapport, dans la même position l'un relativement à l'autre.

Comment, d'ailleurs, les choses se passent-elles en Suisse?

Tous les gouvernements sont considérés comme des gouvernements de fait. Dès qu'un gouvernement se produit, il a le droit d'envoyer un député à la diète, qui l'accepte ou ne l'accepte pas. Il y a légalité complète dès que la diète a reçu le député. La diète avait donc un pouvoir légal quand elle a voulu supprimer les jésuites.

On a dit qu'elle avait porté atteinte à la liberté religieuse.

Il me semble qu'au point où en étaient venues les choses, on ne pouvait plus considérer les jésuites comme des religieux, comme des représentants de la religion : ils représentaient évidemment autre chose.

En tout cas, on s'y trompe étrangement, quand on veut placer en ce point la question légale par rapport à la conduite de la diète.

Savez-vous sur quoi la diète a posé la question? Ce n'est pas sur l'existence ou sur la non-existence des jésuites, c'est sur l'existence d'une ligue armée de sept cantons. Cette ligue avait appelé des officiers étrangers, elle avait introduit, malgré les ordres de la diète, des armes venues de l'étranger.

Or, Messieurs, le pacte, non-seulement celui qui a précédé, mais celui qui existe aujourd'hui, contient un art. 6 qui dit qu'il ne peut pas se former de ligue particulière entre les cantons, soit contre l'intérêt de la confédération, soit contre l'intérêt de tel ou tel canton; et la diète, dont la majorité était parfaitement légale, a posé la question sur la dissolution du Sonderbund au nom de l'art. 6; et en posant cette question, elle a agi avec une légalité rigoureuse, irréfragable.

Elle avait donc la légalité. Je dis qu'elle avait aussi la moralité pour elle; car après les événements du Valais, après les intentions affichées par le parti de la contre-révolution, elle avait le droit d'ordonner au Sonderbund de se dissoudre.

Avant d'employer les armes, on a proposé de transiger; on a dit aux gens du Sonderbund : « Renvoyons la question des jésuites au pape, et désarmez! » Le Sonderbund a répondu qu'il voulait bien renvoyer la question au pape, mais à condition que la diète *désarmerait la première.*

Cela n'était pas acceptable. On a levé 80,000 hommes dans les cantons, et on les a habilement et énergiquement employés. Je remarque deux choses dans les actes de la diète, et j'y applaudis hautement. La première, c'est le développement d'une grande force suisse. Pour moi, en effet, je ne suis pas de ceux qui regardent l'existence d'une grande force en Suisse comme un malheur pour la France. J'espère vous démontrer tout à l'heure, si vous m'accordez un peu d'attention, que la force la plus souhaitable pour nous, après celle de la France, est celle de la Suisse. (Adhésion à gauche.)

J'applaudis donc à ce phénomène, qui ne s'était pas encore produit, de 80,000 hommes levés en huit jours par la diète suisse; j'applaudis à la promptitude et à l'habileté de son action.

Aujourd'hui qu'on a compromis les malheureux qui ont défendu la cause du Sonderbund, on leur dit que leur résistance a été insuffisante; on leur parle de honte : cela n'est pas généreux. Quand on a compromis pour ses opinions des gens qui se sont fait battre, il faut les traiter avec plus de générosité. (*A gauche.* Très-bien!)

M. de Maillardoz, je lui rends cette justice, est un brave officier. S'il a été battu, ce n'est pas sa faute.

Messieurs, je viens, moi aussi, au secours des vaincus, et pourtant ce n'est pas moi ni mon parti qui les avons compromis.

M. de Maillardoz a parlé, parce qu'il n'a pas voulu accuser son parti, parce qu'il n'a voulu accuser personne; M. de Maillardoz a parlé de miracles qu'on leur avait promis.

Cela n'était pas sérieux. Le miracle qu'on lui avait promis, savez-vous ce que c'était? C'était l'intervention. (Rires approbatifs à gauche.)

On est entré en campagne aux premiers jours de novembre : le 14 Fribourg était pris ; Lucerne l'était le 24 ; il n'y avait plus de Sonderbund , quoiqu'on le cherchât avec beaucoup de soin, le 30 novembre. (On rit.)

Eh bien, moi, j'applaudis à la grande force déployée par la Suisse et à l'habileté qu'elle a montrée. Quant aux excès, je les déplore, non parce que j'y suis contraint par l'opinion générale, mais parce que c'est dans mon cœur, je les déplore ; mais il faut être juste envers les hommes qui portent, quoi qu'on en dise, en Europe, le drapeau de la révolution : jamais, à aucune époque (j'ai étudié l'histoire aussi), jamais, à aucune époque, une guerre civile ne s'est passée avec moins de dommages pour l'humanité. (C'est vrai! c'est vrai!) On a frappé des amendes, cela est vrai, c'est une coutume que je déplore ; elle est commune à tous les partis en Suisse, et j'en donne la raison : c'est que, comme il n'y a ni budget ni armée permanente, c'est avec des amendes qu'on y supplée. Je le déplore, mais cela est ainsi.

Il y a eu trois maisons ravagées à Fribourg, c'est vrai ; les chefs militaires sont intervenus, ont mis le plus grand zèle, le plus grand courage, la plus grande fermeté à faire respecter l'ordre, et l'ordre a été rétabli.

Je me suis informé des faits avec la plus grande précision ; car j'ai bien vu qu'on voulait tromper l'opinion publique en France avec des calomnies. Les faits que j'apporte ici ont été sévèrement, rigoureusement examinés. Au village de Malters, où on avait égorgé les fugitifs des corps francs , M. Ochsenbein, qui était descendu de son siége de premier magistrat pour servir sous l'habile général Dufour, s'est placé devant le village, et, pendant que ses troupes le traversaient, il les a adjurées , au nom de l'honneur de la Suisse , de respecter ce village , quoiqu'ils y eussent été maltraités, et il l'a sauvé.

Dans le Valais, où on avait égorgé, où on avait commis les actes odieux que je vous ai rapportés, et qui sont incontestables, il n'y a pas eu un seul excès contre les personnes. Un seul membre du Sonderbund a été retenu un instant pour une collision avec les autorités. Il a été relâché.

Quant au Saint-Bernard , qui est l'infortune dont on a voulu tirer un grand effet, voici la vérité ; je l'affirme, car j'ai des rapports officiels des commissaires fédéraux. (Exclamations au centre.)

Messieurs, soyons impartiaux ; si je prenais au pied de la lettre les rapports de la diète, je ne ferais que vous payer de la même monnaie, car vous prenez au pied de la lettre les rapports du Sonderbund.

Eh bien, non Messieurs, j'ai consulté les hommes les plus respectables du pays, en mon nom, comme membre de la Chambre des Députés de France, ayant intérêt à connaître la vérité et à la faire connaître; je me suis adressé aux hommes les plus respectables du Valais, et j'affirme les faits que voici. (Écoutez!)

Quoique les moines du Saint-Bernard fussent accusés d'avoir trempé dans les actes les plus condamnables, je dis *accusés* et pas davantage; quoiqu'ils fussent accusés d'avoir trempé dans les actes les plus condamnables de la contre-révolution du Valais, ils n'ont été l'objet d'aucune violence, d'aucune mesure spontanée de la part du gouvernement du Valais. On a appris que, craignant des représailles que peut-être au fond de leur cœur ils sentaient avoir méritées, ils avaient fui leur couvent... (Rumeurs au centre.—Approbation à gauche.)

Comme il vous plaira, Messieurs! Je soutiendrai la vérité. — *M. Luneau.* Continuez! continuez! C'est la cause de la révolution et de la contre-révolution! (Bruits divers.) — *M. Thiers.* S'il y a dans cette Assemblée quelqu'un qui se prétende mieux informé , je lui cède la parole, je lui répondrai après. (Mouvement. — Parlez! parlez!) — Permettez-moi une réflexion en passant.

Quoi! on montre tant de zèle à relever de fausses infortunes, et on ne montre ni chaleur ni colère quand il y a des malheureux dont le sang coule dans ce moment pour la cause de la liberté en Europe! (Approbation à gauche.) Prenez garde, Messieurs, prenez garde qu'on ne devine trop facilement le fond des cœurs! (Mouvement.— Nouvelle approbation à gauche.)

J'affirme que le gouvernement du Valais n'a pris l'initiative d'aucune mesure contre le couvent du Saint-Bernard. On a appris qu'une portion des moines s'etait retirée dans la vallée d'Aoste, qu'ils s'étaient fait aider par des paysans de cette vallée pour emporter tout le mobilier du couvent. On a alors envoyé des commissaires avec vingt-cinq hommes pour empêcher d'achever la spoliation du couvent; on leur avait donné l'ordre de faire l'inventaire; les portes leur ont été fermées, ils ont été obligés de se les faire ouvrir. Il n'y a eu aucun acte de violence; on a sommé les moines, par un arrêté du gouvernement, de rentrer dans le couvent : s'ils n'y sont pas rentrés, c'est leur faute; et l'on s'est adressé au gouvernement sarde pour lui demander d'ordonner la restitution de tous les effets du couvent enlevés et emportés en Piémont.

Voilà les faits, voilà les violences dont le couvent du Saint-Bernard a été l'objet.

Eh bien, Messieurs, moi je répète qu'à aucune époque, et je le dis hautement, certain non pas de n'être pas combattu, je m'attends à l'être, mais certain de n'être pas validement démenti dans mes assertions, je répète qu'a aucune époque une guerre civile ne s'est passée avec moins de dommage pour l'humanité, avec plus de respect des vaincus.

Messieurs, j'en ai fini de ce long exposé des faits; il me semble qu'il était indispensable pour juger la vraie question.

Le Gouvernement s'est trouvé placé en présence de trois partis. Celui que j'appelle de la contre-révolution par les raisons que voici : c'est qu'en 1798 et en 1815, il voulait les classes sujettes et les provinces sujettes; parce qu'en 1844 il a voulu le clergé disposant de l'état civil des citoyens, parce qu'il a poursuivi l'objet de ses vœux par l'insurrection et quelquefois par le massacre; parce qu'enfin il a deux fois appelé dans son pays l'invasion étrangère. Voila pourquoi je l'appelle le parti de la contre-révolution. (Très-bien!)

Le Gouvernement s'est trouvé placé en présence de ce parti, et, d'une autre part, en présence du parti modéré qui, par défaut de résolution, pour avoir laissé altérer dans son cœur les sentiments politiques qu'il aurait dû éprouver, a perdu le pouvoir; et puis, en présence du parti de la révolution, de la révolution ardente, j'en conviens, qui n'a voulu supporter aucune des tentatives de la contre-révolution, et qui a voulu la vaincre par la force.

Il était en présence de ces trois partis, il a choisi.

Eh bien, maintenant je vais discuter une à une les questions que ce sujet soulève.

Le Gouvernement a choisi! Je lui demanderai compte tout à l'heure de son choix; mais en attendant je lui dirai : Pourquoi vous en mêler? Pourquoi? Y avait-il des torrents de sang qui coulassent? Oh! alors au cri de l'humanité tout le monde doit accourir. Cependant le sang coule à Palerme, et je n'imagine pas que vous ayez déjà invoqué le concours de l'Europe pour en faire cesser l'effusion. (Assentiment à gauche.)

Vous vouliez vous en mêler! et pourquoi ne pas rester fidèle à cette ancienne prudence que vous avez tant de fois fait valoir contre nous? Pourquoi ne pas répéter cette maxime : « Chacun chez soi, chacun pour soi? » Pourquoi pas?

Vous me direz que c'est là de la politique terre à terre. Mon Dieu! je vous demande la politique que vous nous avez tant de fois opposée, quand nous vous demandions, au nom du traité de la quadruple alliance, de ne pas, en Espagne, laisser tomber la couronne de la reine Christine, de ne pas la laisser renverser par don Carlos. Alors vous nous disiez : Chacun chez soi, chacun pour soi. Nous ne pouvons pas aller courir les aventures et compromettre à votre gré le sort de la France.

Et quand on vous a parlé tout récemment, avant-hier, de l'utilité qu'il y aurait à pousser les gouvernements italiens à donner des réformes à leurs peuples, vous nous avez dit, avec votre scrupuleux respect de la liberté des gouvernements : « Nous les respectons trop pour les pousser dans une voie ou ils ne voudraient pas entrer. »

Comment! lorsque vous nous opposez toujours la prudence, le respect de l'indépendance des gouvernements, tout à coup cette prudence est mise de côté, cette indépendance des gouvernements n'est plus comptée pour rien, et vous voilà pleins de zèle, pleins d'entreprise, allant provoquer toutes les Puissances, par la note du 4 novembre, à se mêler avec vous des affaires suisses!

Et pourquoi tant de zèle? Croyez-vous que cela n'a pas lieu de nous étonner?

Je parlais tout à l'heure de l'irritation involontaire que j'avais éprouvée. Vous en étonnez-vous? Quoi la révolution espagnole est en péril, et vous êtes pleins de prudence et de froideur! L'humanité souffre dans tel ou tel Etat d'Italie, et vous opposez à nos plaintes le respect dû aux grandes Puissances! Et en Suisse, quand le parti de la contre-révolution et le parti de la révolution sont aux prises, quand la contre-révolution va être vaincue après l'avoir mérité, vous êtes plus rempli de zele que jamais!

Eh! Messieurs, ne vous étonnez pas des sentiments que nous éprouvons, et que moi, en particulier, qui suis très-conservateur au fond du cœur, j'éprouve devant un pareil contraste, en voyant tant de froideur dans un cas, tant de zèle dans l'autre. (*A gauche*. Très-bien!)

Cette première réflexion faite, je vous demanderai sur quoi vous vous fondez pour vous mêler des affaires d'un pays voisin? car, pour se mêler des affaires qui ne sont pas les vôtres, il faut un droit. Les Puissances, dites-vous, ont garanti le pacte fédéral. Je vous ferai remarquer que cette doctrine est autrichienne, et que la doctrine française a toujours été contraire. Mais laissons son origine, et occupons-nous de ce qu'elle vaut en elle-même. Le pacte n'a pas été nommé une seule fois dans les actes qui sont intervenus en 1815. Je vous ai dit que je citerais des pièces....

Je crains de fatiguer la Chambre. (Non! non! — Parlez! parlez!)

Le pacte a été, dites-vous, garanti! Eh bien, Messieurs, permettez-moi de vous faire une première remarque. Cette tutelle sur les institutions d'un pays voisin est quelque chose d'exorbitant. Or, ce qui est exorbitant ne se suppose pas, ne se sous-entend pas; et ce doit être clairement contenu dans les traités.

Croyez-vous que ce soit par des inductions qu'on puisse s'autoriser à dire qu'on a le droit de tutelle sur les institutions d'un pays voisin? Jamais! S'il y a doute seulement, dans quel sens doit-on résoudre le doute? Dans le sens de l'independance du pays dont on veut s'occuper. Eh bien, il y a au moins doute; ou plutôt vous verrez, quand je vous aurai cité les pièces, qu'il n'y a pas même doute.

Je vous ai dit que les Puissances voulaient se mêler de l'état territorial de la Suisse; c'était leur devoir, c'était leur droit. J'ai ajouté, et vous allez en voir la preuve écrite, qu'elles ne voulaient pas se mêler du pacte. A la vérité elles faisaient les conditions de manière à ramener au pacte les cantons récalcitrants; mais, je le répete, elles mettaient un grand soin à dire qu'elles ne se mêlaient pas du pacte. Voici comment cela a été constaté. Les cantons, qui avaient déjà formé une majorité à Zurich, voulaient faire prêter le plus tôt possible le serment au pacte pour terminer la querelle, et former une majorité compacte. Eh bien, les Puissances, à Vienne, penserent que peut-être il faudrait différer un peu le serment, pour donner aux récalcitrants le temps de se rendre. Mais les députés de la Suisse firent remarquer que cela pouvait avoir de grands inconvénients, et voici ce que contient à ce sujet le neuvième protocole du comité chargé, dans le congrès de Vienne, de se mêler de cette affaire, à la date du 19 décembre 1814:

« Les membres de la légation, tout en reconnaissant les vues bienveillantes du comité, croient de leur devoir d'observer que de graves inconvenients pourraient résulter de la mesure proposée, si on voulait remettre la prestation du serment a une époque indefinie, ou trop reculee, surtout si on donnait lieu de soupçonner qu'on visait a quelque nouvelle modification du pacte fédéral. Ils ont cité plusieurs circonstances a l'appui de leurs observations.

« Pour les tranquilliser entièrement sur ces deux points, le comité les a autorisés de proposer à la diète la mi-février comme l'époque la plus convenable pour la prestation du serment, *et d'y ajouter l'assurance que les Puissances n'avaient aucune intention de s'ingérer dans la constitution fédérale déja arrêtée par la grande majorité des cantons.* Il a été ensuite convenu que les représentants des Puissances a Zurich recevraient l'ordre de confirmer et d'appuyer la proposition à faire dans ce sens par le ministère de la légation suisse. »

N'est-il pas évident que, comme je vous l'ai dit en commençant, le soin constant des Puissances était d'assurer la constitution territoriale de la Suisse, et de ne pas se mêler de sa constitution politique?

Ensuite sont venues les déclarations par lesquelles la Suisse a été constituée, et voici le contrat qui est intervenu.

Les Puissances n'ont pas même voulu imposer les conditions territoriales; elles étaient toujours sous le joug de cette idée, qu'il ne fallait pas imiter la médiation de Napoléon et ne pas prendre avec la Suisse des façons de dictature; elles n'ont pas voulu imposer le pacte, et elles ont dit à la Suisse: Nous faisons un contrat. Si vous acceptez les conditions territoriales que nous vous avons faites, nous vous déclarerons indépendants et neutres. Si vous ne les acceptez pas, ce sera autre chose, et nous verrons ce qu'il faudra faire.

Et voici la déclaration dans laquelle cela est contenu :

> « Les Puissances appelées à intervenir dans l'arrangement des affaires de la Suisse pour l'exécution de l'article 6 du traité de Paris du 30 mai 1814, ayant reconnu que l'intérêt général réclame en faveur du corps helvétique l'avantage d'une neutralité perpétuelle, et voulant, par des restitutions territoriales et des concessions, lui fournir les moyens d'assurer son indépendance et maintenir sa neutralité; ....
> « Déclarent,
> « Que, dès que la diete helvétique aura donné son accession en bonne et due forme aux stipulations renfermées dans la présente transaction, il sera fait un acte portant la reconnaissance et la garantie, de la part de toutes les Puissances, de la neutralité perpétuelle de la Suisse dans ses nouvelles frontières .... »

Pas un mot du pacte, comme vous le voyez. Dans la première partie est contenu tout ce qui est contrat, et cela s'appelle *transaction*. Dans la seconde il y a quelques conseils, et on dit aux Suisses : Réunissez-vous le plus tôt que vous pourrez, et ne formez tous qu'un seul État fortement uni; donnez une amnistie. Et on ajoute ce qui suit ; vous allez voir si c'est le langage qu'on tient à l'égard d'un acte qu'on veut garantir :

> « Enfin les Puissances intervenantes aiment à se persuader que le patriotisme et le bon jugement des Suisses leur prescriront la convenance, ainsi que la nécessité, de se sacrifier mutuellement le souvenir des différends qui les ont divisés, et de consolider l'œuvre de leur réorganisation, en travaillant à la perfectionner dans un esprit conforme au bien de tous, sans aucun retour sur le passé. »

Je vous demande si un acte qu'on recommande comme une œuvre à perfectionner, est une œuvre qu'on a entendu garantir.

Les textes démentent donc cette supposition.

Mais on a porté ailleurs le point de la difficulté. On a dit..... les publicistes les plus versés dans la matière ont imaginé un argument très-subtil, très-spécieux, j'en conviens. Ils ont dit : Oui, les Puissances ne se sont pas mêlées du pacte; elles n'ont pas entendu le garantir; soit. Mais les Puissances connaissaient le pacte ; elles savaient bien que la Suisse était constituée en puissance fédérative, et non pas en puissance centralisée ; et la neutralité qu'elles ont accordée à une puissance fédérative, qui est meilleure pour résister que pour attaquer, elles ne l'auraient pas accordée à une puissance centralisée, qui aurait les talents et les moyens de l'agression. Voilà l'argument ; je n'en dissimule pas la force.

A ce sujet, on a cité l'Allemagne. On a dit que, de même que la France ne pourrait pas souffrir que les divers États de l'Allemagne fussent réunis en un seul, elle ne pouvait pas souffrir qu'on supprimât la souveraineté des petits cantons. En vérité, c'était abuser des comparaisons. Quoi ! parce que la diete s'attacherait les cantons de Zug et d'Uri... et je démens encore une fois l'assertion qu'on songe en Suisse à faire une Suisse unitaire : non ! on ne songe qu'à la réforme du pacte, dans le sens d'une autorité centrale un peu plus forte... Quoi ! parce que les cantons d'Uri et de Zug seraient rattachés à la diete par un lien plus étroit, cela serait comparable au phénomène qui se produirait dans l'équilibre européen, si la Prusse prenait la Saxe ou si l'Autriche prenait la Bavière? On viendrait nous dire que, si Zug et Uri étaient rattachés à la diète par un lien plus étroit, cela ressemblerait à la conquête du Würtemberg ou de la Saxe ou du Hanovre par une des Puissances allemandes ! C'est de la raillerie à notre égard, à l'égard de notre bon sens, que de soutenir une telle chose !

D'ailleurs, je mets les choses au pis ; je suppose, ce qui n'est pas vrai, que la Suisse soit devenue unitaire ; qu'est-ce qui en résulte? Est-ce que cela vous donne le droit d'intervenir? Pas le moins du monde. Voici le droit que cela vous donne : le contrat est rompu ; la Suisse n'est plus neutre.

On me dira : C'est un grand malheur.

Entendons-nous. Si elle perdait une véritable neutralité, une neutralité sérieuse, ce serait un grand malheur. Mais voici la neutralité qu'elle perd. Pendant la guerre, quand la Suisse n'est pas forte, comme vous voulez qu'elle soit, quand elle est faible, on passe sur son territoire, et, pendant la paix, on lui dit : Vous ne changerez pas votre constitution sans notre consentement.

Belle neutralité que celle-là ! (Rires approbatifs à gauche.) La Suisse perdrait sa neutralité et elle retrouverait son indépendance ! (Approbation.)

Vous avez donc violé le droit des gens, en soutenant que vous pouviez vous mêler des affaires de la Suisse.

En portant les choses au pis, supposez que la Suisse soit devenue unitaire, et elle ne veut pas le devenir, je répéterai éternellement cette assertion ; supposez que la Suisse soit devenue unitaire, eh bien, le contrat est rompu : elle est une Puissance indépendante, elle n'est plus neutre ; vous n'avez plus le droit d'entrer chez elle, et de lui dire : Faites ceci, faites cela. Et si vous le dites, vous violez manifestement le droit des gens à son égard. (*A gauche. Très-bien !*)

Le droit des gens est beaucoup, sans doute ; mais il y a quelque chose qui me touche davantage, c'est l'intérêt de la France. Comment ! c'est vous qui venez soutenir la doctrine autrichienne, qu'on peut se mêler des affaires suisses. Mais le premier soin d'un Gouvernement qui comprendrait nos intérêts et qui voudrait les défendre, ce serait d'éloigner de la Suisse, non pas seulement les armées de l'Europe, mais la diplomatie de l'Europe ; car, quand on permet à la pensée de se diriger sur un objet, la main suit bientôt la pensée. Le premier soin du Gouvernement devrait donc être d'écarter l'idée, chez toutes les Puissances, de se mêler des affaires suisses.

Voilà ce que je tiens pour un principe incontestable, et ce que, pour ma part, j'ai toujours voulu soutenir. Sans doute si la Suisse violait les rapports de bon voisinage, si elle se permettait l'agression comme à l'époque de l'entreprise de la Savoie, ce n'est plus en vertu d'un droit de garantie, mais d'un droit de défense légitime, que vous devriez lui enjoindre de respecter ses voisins. Mais aller vous-mêmes pousser les Puissances à se mêler des affaires de la Suisse, prendre l'initiative comme vous l'avez fait, c'est l'oubli de la politique la plus naturelle, la plus constante de la France.

Savez-vous bien toute l'importance de la frontière suisse? On l'a dit bien des fois, et je m'expose à rappeler des choses connues de tous Cependant si vous me permettez deux mots à ce sujet (Parlez! parlez!), vous verrez quel malheur énorme c'est pour la France que d'attirer les Puissances sur la Suisse. Savez-vous bien que quand nous avons la guerre avec le continent, notre frontière qui commence à Nice et à Antibes, qui passe par Grenoble, près de Genève, rejoint après Genève le Jura et en suit les crêtes jusqu'à Bâle, de Bâle suit le Rhin où elle s'étendait naguère jusqu'à Mayence et à Cologne; savez-vous bien que notre frontière a un développement de trois cents lieues? Quand nous sommes obligés de répartir nos forces sur cette ligne de trois cents lieues, nous sommes faibles partout. Si, au contraire, au milieu de cette ligne il y a une portion interceptée par une neutralité puissante, celle de la Suisse, oh! nous sommes forts. Si l'ennemi veut passer par le midi, nous en avons fait l'expérience quatre fois depuis trois siècles, deux fois sous Charles-Quint, une fois à l'époque de la succession d'Autriche, une fois sous la République française; si l'ennemi veut passer par le midi, c'est un coupe-gorge que la route de Provence pour lui. L'illustre maréchal Suchet l'a prouvé en 1800. Nous n'avons pas à nous en occuper ; la moindre partie de nos forces suffit pour garder notre frontiere du midi.

Si l'on nous attaque par le nord, libres de réunir toutes nos forces entre Bâle et Mayence, nous sommes invincibles, toute notre histoire le démontre.

Si pour une nation aussi puissante que la nôtre, il y a des questions de vie ou de mort, la question de la neutralité suisse peut être appelée une question de vie et de mort pour la France.

Notre intérêt est donc d'écarter de la Suisse, non-seulement les armes de l'Europe, mais sa diplomatie, sa pensée elle-même.

Notre intérêt est, de plus, qu'il y ait en Suisse un gouvernement très-fort. Vous avez peur de la force de la Suisse, et moi je l'invoque. Quand M. de Metternich la craint, il fait preuve d'un excellent esprit politique et d'un très-bon cœur autrichien. (Vif assentiment à gauche.) Mais vous, Français, vous craignez la force de la Suisse! (Mouvement.) Mais ouvrez donc l'histoire, vous la connaissez comme moi : quand la neutralité suisse a-t-elle été violée? Elle a été violée quand la Suisse était faible. Savez-vous pourquoi on redoute la neutralité de la Suisse forte? Supposez 100,000 hommes réunis en Suisse le jour ou l'on violerait son territoire, eh bien, ces 100,000 hommes seraient pour nous.

Vous avez donc intérêt à une Suisse forte.

Je ne voudrais pas pousser la Suisse clandestinement, par des moyens subreptices, à marcher vers la centralisation; non! non! mais si le phénomène s'opère naturellement, si la Suisse se fait un gouvernement vigoureux, et si, de plus, elle se fait une bonne armée, c'est à notre profit qu'elle le fera. Vous tournez le dos à la fortune quand vous soutenez la politique contraire. (Très-bien! — Agitation.)

Il faut donc souhaiter un gouvernement fort à la Suisse : mais dans les mains de qui faut-il le souhaiter? C'est ici que je vais vous demander compte de vos sympathies pour le Sonderbund.

Vous aviez trois partis : le parti contre-révolutionnaire, il faut lui laisser son nom, il l'a bien mérité (Adhésion à gauche); le parti du juste milieu et le parti radical, comme vous l'appelez ; j'emploierai les noms que vous voudrez, peu importe.

Si vous aviez été placés entre le parti modéré, celui du juste milieu, votre analogue, et le parti radical, et que vous eussiez préferé le parti modéré au parti radical, rien de plus simple; il n'y aurait rien à dire, bien qu'il ne faille pas, dans les pays étrangers, diriger sa politique d'après ses analogies personnelles : il faut la diriger d'après les interêts du pays bien plus que par ses propres analogies. (Très-bien!)

Mais enfin je comprends que si le parti modéré avait été encore au pouvoir, si vous aviez eu à choisir entre ce parti modéré, qui est le vôtre et qui est le mien, je comprends que vous l'eussiez préféré au parti radical; il avait d'ailleurs des avantages que je ne méconnais pas : il est moins entreprenant, et avec lui vous êtes moins exposes a avoir des affaires avec l'Europe. Je regrette assurément qu'il soit tombé; mais enfin il n'est plus au pouvoir, et vous vous trouviez placés entre le parti de la contre-révolution et le parti de la révolution...

... Il n'y a pas de quoi rire, Monsieur le Ministre : c'est là une chose sérieuse, très-sérieuse, plus sérieuse que vous ne croyez peut-être... (*A gauche.* Oui! oui! Très-bien!) — *M. le Président du conseil.* Je ne riais pas du tout.— *M. Thiers.* Je vous demande pardon.

Quoi! le parti modéré n'existe plus, vous êtes placés entre la contre-révolution d'un côté et la révolution de l'autre, la révolution confiée aux mains d'hommes ardents, j'en conviens;

et vous préférez hardiment, à la face de la France, vous préférez le parti de la contre-révolution ; c'est celui-là auquel vous donnez toute votre politique et tous vos efforts, et vous oubliez que c'est lui qui a livré deux fois le pont de Bâle aux Autrichiens... (*A gauche.* Qu'est-ce que cela leur fait?)

Messieurs, c'est là tout l'intérêt de cette question pour la France. (*A gauche.* Oui! oui!)

Comment! vous êtes entre ceux qui ont livré le pont de Bâle, et qui le livreraient encore (Adhésion à gauche); vous êtes entre ces hommes et les hommes de la révolution, et vous choisissez les premiers!

Je sais bien qu'on nous dit que les partis ont changé, qu'ils sont améliorés. Je veux le croire. Je sais qu'il y a dans le Sonderbund des officiers pleins d'honneur, qui, s'ils voyaient arriver en Suisse les armes étrangères, se rangeraient du côté de la diète; mais, s'il y a des officiers au cœur généreux, et j'en ai vu de ce genre, j'en ai entendu ici même réclamer contre l'introduction de l'étranger... s'il y a des hommes généreux qui se soulèveraient contre l'intervention étrangère, il y a le gros du parti qui ne peut triompher que par l'Autriche.

Si l'Autriche était aux portes de la Suisse, s'il fallait livrer une troisième fois le pont de Bâle, ce parti le livrerait encore. Et c'est pour ces hommes que vous compromettez la France dans une politique absurde ; excusez ce mot, il est échappé à la chaleur de l'improvisation ; c'est pour ces hommes que vous vous engagez imprudemment dans une affaire inextricable ! Mais on insiste en disant que les hommes qui viennent de triompher en Suisse sont radicaux, car on croit avoir tout dit en les accusant de radicalisme. Je ne suis pas radical, Messieurs; les radicaux le savent bien, et il suffit de lire leurs journaux pour s'en convaincre. (On rit.)

Mais entendez bien mon sentiment : je suis du parti de la révolution tant en France qu'en Europe; je souhaite que le gouvernement de la révolution reste dans les mains des hommes modérés. Je ferai tout ce que je pourrai pour qu'il continue à y être ; mais quand ce gouvernement passera dans les mains d'hommes qui seront moins modérés que moi et mes amis, dans les mains des hommes ardents, fussent les radicaux, je n'abandonnerai pas ma cause pour cela, je serai toujours du parti de la révolution. (Bravos à gauche. — Applaudissements prolongés.)

Ce parti radical, vous trouvez, pardonnez-moi l'expression familière, vous trouvez qu'il a mauvaise tête. C'est vrai. Eh bien ! comment parle-t-on aux mauvaises têtes? Est-ce une manière de les calmer, de les rendre raisonnables que d'aller leur dire : D'abord, quant au pacte, vous n'y ferez que ce que nous voudrons bien ; à l'égard des partis qui divisent la Suisse, vous vous conduirez de telle ou telle façon; et de leur dire cela avec une grande morgue, à la tête de toutes les Puissances? Est-ce une manière de les calmer? Si vous voulez mettre le désordre en Suisse, c'est le bon moyen.

Regardez l'Angleterre : elle a envoyé un homme habile et modéré auprès de M. Ochsenbein, et elle a obtenu ce que vous n'auriez jamais obtenu, une promesse d'amnistie, laquelle va probablement être proposée à la diète et adoptée.

Ah ! si Charles X était aux Tuileries, si M. Clausel de Coussergues, M. Cornet d'Hincourt, M. de Marcellus, hommes fort honorables, étaient sur ces bancs, je trouverais cela tout naturel, cela aurait une excellente tournure, je le trouverais bien !

(*A gauche.* Oui! oui! — C'est cela! — Très-bien!)

Mais le Roi Louis-Philippe est aux Tuileries, M. Guizot, M. de Salvandy, M. Duchâtel, hommes de 1830, sont sur ces bancs, et nous traitons, sous prétexte de radicalisme, le parti de la révolution suisse comme ennemi, et nous traitons avec toute sorte de soins, avec des démonstrations de sympathie que jamais les Palermitains et les Milanais n'obtiendront de nous, ces hommes du Sonderbund, qui ont commis toutes sortes d'excès... et vous prétendez que nous nous trompons ! Mais, en vérité, je suis très-modéré de ma nature (Rires à droite) ; eh bien ! je déclare que quand le Gouvernement tient une telle conduite, si j'en juge par ce que j'éprouve, il doit blesser profondément le cœur du pays, car il blesse profondément le mien. (*A gauche.* Très-bien !)

Maintenant, après ces hautes considérations, vous parlerai-je de prudence ? C'est bien vulgaire, après les hautes considérations dans lesquelles j'ai été obligé d'entrer. Mais, comment ! vous entrez en Suisse, vous entrez par la diplomatie (Rires à gauche), vous entrez en Suisse sans avoir mieux examiné la situation, la force des partis ? Et comment vous informe-t-on donc ? Quels sont donc les agents diplomatiques qui vous avaient dit qu'il y avait tant de chances pour le Sonderbund et si peu pour la diète ? Car j'imagine que, si vous aviez été mieux informés de la situation des choses, vous auriez agi autrement. Je ne vous ai pas vu, en effet, tant de zele pour les vaincus en général, pour croire que si vous aviez prévu la défaite du Sonderbund, vous eussiez été aussi pressés d'intervenir en sa faveur. (Rires approbatifs.) Comment vous informe-t-on de la sorte ? Il est vrai que tous les jours on est exposé à recevoir de mauvaises informations de ses ambassadeurs, surtout quand leur couleur, leur penchant, leur nature d'esprit ne sont pas exactement adaptés à la mission dont on les charge. (Nouveaux rires à gauche.) Mais le bon sens d'un Ministre des affaires étrangères doit être employé à rectifier ces faux renseignements. Comment ! vous avez pu croire que dans une question où les neuf dixièmes, entendez-vous, les neuf dixièmes de la Suisse étaient pour la diète, et où il y avait à peine un dixième pour le Sonderbund ; vous avez pu croire que la Suisse, représentée par la diète, ayant les pouvoirs fédéraux à la main, tous les généraux à son service, serait vaincue ?

J'avoue que je ne comprends pas un homme, avec une distinction d'esprit comme la vôtre, commettant une telle erreur.

Mais l'époque de cette intervention a été de plus singulièrement choisie. Est-ce que c'était par une raison d'humanité ? Mais c'était trop tôt, car en vérité il n'a point coulé de sang, ou du moins il en a heureusement coulé fort peu. Ce n'est donc pas au nom de l'humanité que vous pouviez entrer en Suisse. Mais direz-vous que c'etait pour empêcher même le commencement de la guerre civile ? Alors je vous dirai que c'était trop tard, car vous êtes intervenus quand elle était finie.

Il est vrai que vous avez dit, pour votre excuse, que dans les événements humains on est souvent trompé par les résultats imprévus, et on vous a répondu avec esprit que la prévoyance avait été donnée à l'homme pour s'en servir.

Mais il y a de plus graves reproches à vous adresser. Quand on entre dans une affaire, il faut savoir jusqu'ou on veut la pousser, et quels moyens on veut y employer. N'aviez-vous pas prévu, par exemple, que la diplomatie serait insuffisante ? Il était facile, en effet, de deviner que la diète, forte de sa victoire, ayant le sentiment de ses forces, composée d'hommes à têtes vives, méritant le titre de radicaux, vous dirait : Vous vous mêlez de nos affaires, cela ne vous regarde pas. — Aviez-vous prévu cela ? Si vous ne l'aviez pas prévu, je vous demande pardon du mot, vous êtes bien imprudents ; ou bien, si vous l'avez prévu, si vous avez songé à un autre moyen, c'est-à-dire à la force, alors je n'hésite pas à dire : Vous êtes bien coupables. Comment ! il serait entré dans votre pensée d'envoyer au besoin une armee française en Suisse ! Dites-le-moi, cette pensée est-elle entrée dans votre esprit ? Y est-elle entrée ? je vous le demande encore. Dans ce cas, je vous le répète, vous êtes bien coupables. Si je vous adresse cette question, ce n'est pas seulement pour vous embarrasser, c'est dans un grand intérêt national ; et, dans ce même intérêt, je vous fais à la face de la France et de l'Europe un defi solennel : c'est d'oser demander à cette Chambre un homme et un écu pour envoyer une armée en Suisse. (*A gauche.* Très-bien ! très-bien ! — Sensation prolongée.)

Vous vous êtes exposés en effet à donner un spectacle bien ridicule au monde. Vous avez exposé quatre grandes Puissances (il y en a trois à l'orgueil desquelles je m'intéresse fort

peu) à soutenir une lutte diplomatique avec la Suisse, lutte qui consiste à dire à la Suisse :
« Nous vous offrons notre médiation, » tandis que la Suisse répond : « Je n'en veux pas. »
Et si, pour échapper à ce ridicule, vous avez songé à d'autres moyens, alors, je vous le
déclare encore une fois, vous êtes bien coupables envers la révolution et la France (Nouvelle sensation.)

Maintenant je n'ajouterai plus qu'un mot.

Voyez l'état du monde partagé entre deux grandes portions dont j'ai essayé de vous faire
le tableau avant-hier, qui cherchent a se faire équilibre, qui se regardent, qui se menacent
presque..... J'espère que Dieu, qui a tant de fois preservé la France, écartera encore le
péril qui la menace. Mais enfin si nos prévisions etaient trompées, voyez quelle situation
vous auriez préparée ! Déjà vous avez fait naître avec l'Angleterre une querelle qui s'enve-
nime tous les jours; vous avez créé en Espagne une question de succession; bon gré, mal
gré, vous avez en Italie une collision prête à éclater entre les Etats italiens et l'Autriche ;
et vous allez spontanément vous susciter en Suisse des difficultés dont il ne vous sera pas
facile d'atteindre le terme. Je vous demande donc la permission de vous le dire : Vous êtes
coupables ou des plus mauvais sentiments, ou d'une imprévoyance sans égale. (Nouvel assentiment à gauche.)

M. Guizot, *Président du conseil,* demande le renvoi à demain pour répondre à ce discours,
parce qu'il est souffrant. La Chambre entend quelques observations de *M. Quatrebarbes,* qui
refute quelques-unes des assertions portées à la tribune par M. Thiers.

Séance du jeudi 3 fevrier 1848. — Presidence de M. Sauzet.

M. Guizot, *Président du conseil.* Messieurs, je fais un véritable effort, la Chambre le
verra bien, pour répondre aujourd'hui a l'honorable M. Thiers. Je n'en suis guère capable ;
mais je ne me pardonnerai pas de laisser longtemps sans contestation, sans protestation ,
tout ce que j'ai entendu hier.

L'honorable M. Thiers a parlé de l'irritation que lui causait la politique du Cabinet
dans l'affaire suisse, et de la peine qu'il avait à la contenir. Je pourrais lui parler,
à mon tour, de la souffrance morale que m'a imposée son discours; je pourrais lui
dire qu'à mesure qu'il parlait, le sentiment qui s'élevait en moi était celui-ci : Voilà
donc où peut en être encore un esprit si éminent ! voila quelles traditions, quelles passions
peuvent encore le dominer et l'aveugler si completement sur la vérité et la moralité des
choses. (Très-bien ! très-bien !)

Plus j'y ai réfléchi depuis hier , plus ce sentiment s'est confirmé en moi. Je voudrais le
faire partager à la Chambre; il n'en résulterait contre l'honorable M. Thiers aucune irritation , mais nous apprendrions à redoubler de vigilance contre sa détestable politique. (Approbation au centre.)

Je n'entrerai point avec l'honorable M. Thiers dans la discussion de l'ancienne histoire
de la Suisse; je crois le récit qu'il en a fait inexact et incomplet. Je crois que j'y pourrais
relever beaucoup d'exagérations et d'omissions, beaucoup d'erreurs. J'épargne à la Chambre cette discussion. J'aime mieux convenir tout de suite, avec M. Thiers, qu'il n'y a rien
de si facile, quand on retrace toute la carrière des partis, que de trouver contre tous des
récriminations légitimes, et de répondre aux plaintes des uns et des autres par leurs propres fautes. C'est précisément à cause de cela qu'il importe tant de fermer le plus tôt possible la carrière des récriminations légitimes, et d'imposer un terme à la lutte violente
des partis.

L'honorable M. Thiers voit encore aujourd'hui en Suisse, comme en France, cette lutte toujours flagrante, il y voit la victoire de l'un des partis sur l'autre. Moi je pense que le temps de la lutte a cessé, que le jour de la justice, de la liberté et de la paix, est venu pour tous les partis, et qu'il faut la leur imposer à tous, en Suisse comme en France. (Oui! oui!) Là est entre M. Thiers et moi la véritable question. (Adhésion au centre.)

Avant de l'aborder, j'ai besoin d'éclaircir un point de fait et de droit aussi, qui a une grande influence sur la question tout entière.

L'honorable M. Thiers disait hier que les Puissances de l'Europe avaient été complétement étrangères au pacte fédéral de la Suisse, que c'était seulement au congrès de Vienne qu'elles avaient commencé à s'occuper des affaires de la Suisse, et qu'elles s'y étaient uniquement occupées de ses affaires territoriales et pas du tout de son organisation fédérale.

Il y a ici une erreur.

Voici les faits précis et les documents authentiques sur lesquels ces faits reposent.

C'est le 6 avril 1814 que la diète des dix-neuf cantons se reconstitua à Zurich. Le 12 avril, la diete entra en relations avec les envoyés de Prusse, d'Autriche et de Russie, qui avaient été délégués auprès d'elle pour délibérer avec elle sur les affaires de la Suisse.

Voici les pouvoirs donnés dès les derniers jours de mars à ces envoyés :

Le comte de Lebzeltern était l'envoyé autrichien; ses pouvoirs portaient :

Plein pouvoir pour le chevalier Louis de Lebzeltern, en sa qualité d'envoyé extraordinaire et ministre plénipotentiaire près la diète des Etats de Suisse.

« Nous, François 1er, par la grâce de Dieu, empereur d'Autriche, roi de Hongrie, de Bohême, etc., etc.

« Des difficultés se sont opposées à la confection d'une œuvre aussi salutaire pour le bonheur même et la tranquillité de la Suisse. La diète cependant se rassemblera pour travailler à cette constitution, et nous sommes decides à nommer pour résider pres de cette diète des États de la Suisse, en qualité d'envoyé extraordinaire et ministre plénipotentiaire, notre conseiller aulique, le chevalier Louis de Lebzeltern, chevalier de l'ordre royal de Saint-Etienne de Hongrie, etc., l'autorisant et lui donnant plein pouvoir, comme par les présentes nous l'autorisons, de faire connaître de la maniere la plus solennelle l'interêt que nous prenons aux deliberations de la diète; quels sont les principes qui nous guident, et ceux d'après lesquels nous et nos augustes alliés LL. MM. l'empereur de toutes les Russies et le roi de Prusse, nous sommes disposes à garantir la constitution des États de la Suisse ainsi que son indépendance. »

Voila le premier acte. — Les pouvoirs des envoyés de Prusse et de Russie étaient conçus dans les mêmes termes. Quelques jours après, le 18 juin, on communiqua à la diète un article secret du traité de Paris, art. 2, ainsi conçu :

« Art 2. La France reconnaîtra et garantira, conjointement avec les Puissances alliées et comme elles, l'organisation politique que la Suisse se donne sous les auspices desdites Puissances alliées et d'après les bases arrêtées avec elles. »

(Communiqué a la diete par le comte Capo-d'Istria le 18 juin 1814.)

Ces envoyés européens travaillèrent en commun avec la diète à la rédaction du pacte; il a des mémoires remis par eux à la diete, à mesure qu'elle avançait dans ce travail, et dans lesquels ils discutaient les différents articles du pacte. Du 18 juin au 10 septembre, le projet du pacte fut rédigé et adopté par la grande majorité des cantons. Le congrès de Vienne se réunit; trois plénipotentiaires furent envoyés par la Suisse au congrès de Vienne, pour s'occuper des affaires de la Suisse; le congres nomma un comité chargé spécialement de ces affaires. M. le prince de Talleyrand, alors ambassadeur de France à Vienne, nomma le duc de Dalberg pour prendre part avec ce comité au règlement des affaires de la Suisse, dans ces termes :

Le prince de Talleyrand à M. Reinhard. — Vienne, 26 octobre 1814.

« D'après le traite du 30 mai 1814, les Puissances qui y ont concouru devant garantir l'organisation politique que la Suisse a dû se donner sous les auspices des Puissances alliées et d'apres les bases arrêtées avec elles anterieurement à la date dudit traité, S. M. le Roi de France a choisi M. le duc de Dalberg, pour conferer sur ce sujet avec MM. les commissaires de la Suisse qui se trouvent en ce moment à Vienne. Le prince de Talleyrand a l'honneur d'en prévenir M. de Reinhard, et de lui renouveler l'assurance, etc. »

Et le comité suisse répondit à cette lettre :

A. S. A. le prince de Bénévent, etc. — Vienne, 6 novembre 1814.

« La légation suisse a l'honneur d'accuser la réception de la note, datée du 26 octobre 1814 et reçue le 5 novembre, par laquelle S. A. le prince de Benevent lui communique la nomination de M. le duc de Dalberg pour conferer avec les commissaires de la Suisse sur les objets relatifs a elle et résultant de la paix de Paris

« La légation suisse aura l'honneur de se mettre en rapport avec M. le duc de Dalberg, et de conferer avec lui dès qu'il le désire, ne doutant pas que cette mesure marchera de concert avec les intentions des Puissances alliées, et qu'elle produira le plus heureux résultat pour la Suisse.

« Elle a l'honneur de renouveler a S. A , etc »

Ainsi c'est de concert avec les Puissances et les envoyés de la diete à Vienne que l'organisation de la Suisse a été réglée.

Voici les termes du rapport du comité qui statue en définitive sur les affaires de la Suisse :

Rapport du comité institué pour les affaires de la Suisse. — 16 janvier 1815.

« Les Puissances alliées se sont engagées à reconnaître et à faire reconnaître , à l'époque de la pacification générale, la *neutralité perpetuelle* du corps helvetique, de lui *restituer les pays* qui lui furent enlevés, de *renforcer* même, par des arrondissements territoriaux, la ligne de défense militaire de cet Etat ; mais de *ne considerer ces engagements comme obligatoires qu'autant que la Suisse,* en compensation des avantages qui lui étaient reserves, *offrirait* a l'Europe, tant par ses institutions cantonales que par la nature de son système fédératif, *une garantie suffisante* de l'aptitude de la nouvelle confédération à maintenu sa tranquillité intérieure, et par cela même a faire respecter la neutralité de son territoire. »

Je crois qu'il est difficile d'établir en termes plus positifs que les avantages concédés à la Suisse correspondaient aux bases de la confédération , telles qu'elles avaient été convenues entre la diete et les envoyés des Puissances.

Je n'en veux tirer aucune autre conclusion que celle-ci : La confédération suisse a été réorganisée avec le concours et la garantie des Puissances européennes. Les avantages accordés a la Suisse dépendent de l'observation des engagements qu'elle contracte elle-même et des bases de la confédération. Si ces bases venaient à manquer, les Puissances auraient le droit de considérer comme nuls et non avenus les avantages qu'elles ont accordés à la Suisse.

Voilà le droit dans la question. Non-seulement le droit est écrit ainsi dans les actes diplomatiques, mais il a été, depuis 1815 jusqu'en 1830, et depuis 1830 jusqu'à ce jour, constamment reconnu comme tel par toutes les Puissances de l'Europe. Je n'ai pas besoin de remettre sous les yeux de la Chambre les différentes pièces qui le prouvent, et spécialement la dépêche du Cabinet anglais de juin 1832, qui établit formellement une corrélation étroite, intime, entre les bases de la confédération helvétique et les avantages qui lui ont été accordés.

Ce droit une fois établi, on pouvait en user avec plus ou moins de libéralité, plus ou moins de facilité. Eh bien, la France en a usé, en toute occasion, de la façon la plus libérale et la plus amicale pour la Suisse. Ainsi, nous n'avons jamais prétendu que le pacte fédéral ne pût être changé ni revisé, dans aucune de ses parties, qu'avec le concours et le consentement des Puissances. Quand la Suisse a voulu reviser son pacte fédéral, non-seulement nous ne nous y sommes pas opposés, mais nous l'y avons aidée ; nous lui avons donné notre appui dans ce travail. Tout ce que nous avons prétendu, c'est que les bases essentielles de la confédération, les principes fondamentaux sur lesquels elle repose devaient, en tous cas, être maintenus.

Dans nos derniers rapports avec la Suisse, nous n'avons ni dit ni fait autre chose. Qu'avons-nous fait ? Nous avons exprimé franchement à la Suisse notre opinion sur ce qui se passait chez elle.

Je connais, passez-moi le mot, l'arrogance des partis qui sont au pouvoir ; je sais combien il leur déplait d'entendre exprimer une opinion qui contrarie leurs projets et leur politique. Il faut cependant que les États se résignent entre eux, comme les citoyens dans le sein de chaque Etat, à entendre exprimer les opinions qui leur déplaisent : il faut cependant que les États se résignent à supporter leur liberté de jugement et de langage les uns envers les autres. Nous nous sommes exprimés, envers la Suisse, dans les termes les plus modérés en même temps que les plus sincères. Lui avons-nous adressé quelque injonction, quelque sommation formelle ? Lui avons-nous même adressé quelque menace ? Jamais. Nous lui avons dit notre avis, et nous l'avons avertie des conséquences possibles de la conduite qu'elle tenait. C'était notre droit. Ce droit, nous le puisions dans les bases mêmes de la confédération, nous le puisions dans tous les précédents de la conduite des Puissances européennes envers la Suisse.

Nous avons usé du droit, et nous en avons usé modérément, libéralement.

J'ai été très-étonné hier d'entendre parler de l'âpreté avec laquelle nous avions voulu nous mêler des affaires de la Suisse, avec laquelle nous avons provoqué toutes les autres Puissances à s'en mêler. Mais l'honorable préopinant n'avait donc lu aucune des pièces qui sont sous les yeux de la Chambre? L'honorable préopinant ne se rappelle donc pas que c'est nous qui avons été continuellement provoqués sur les affaires de la Suisse; qu'on nous a demandé de faire bien autre chose que ce que nous avons fait ; de le faire bien plus vite, de le faire d'une manière bien plus menaçante? Nous nous y sommes constamment refusés ; nous n'avons voulu ni injonctions, ni menaces d'intervention. Et je dois aux Puissances qui nous pressaient d'entrer plus vite et d'aller plus avant dans la voie qu'elles nous indiquaient, je leur dois la justice de dire qu'elles se sont rendues à nos observations, qu'elles ont adopté notre procédé, notre langage, au lieu de nous imposer le leur, et lorsque, au moment où la guerre civile éclatait, nous avons pris l'initiative d'une démarche en Europe à l'égard de la Suisse, nous l'avons prise dans l'intérêt de cette politique modérée que nous avions, depuis deux ans, travaillé à faire prévaloir.

J'affirme donc ces deux points : notre droit, et la modération avec laquelle nous en avons usé.

Avons-nous eu raison d'en user ? En avons-nous bien usé ? Est-ce dans l'intérêt de la bonne cause en Suisse comme en France, des intérêts légitimes et bien entendus de la Suisse, que nous en avons usé ? Là est la question pratique.

Eh bien, Messieurs, j'affirme que nous avons soutenu en Suisse la cause du droit, et le nom qui s'est mêlé à cette discussion et qui y revient sans cesse, le nom des *jésuites* ne m'arrêtera pas.

Personne, jusqu'ici, n'avait nié que les questions d'instruction publique ne fussent une affaire d'administration intérieure en Suisse et dans chaque canton ; personne n'avait pensé, lorsque tel ou tel canton a réglé son instruction publique de telle ou telle manière et dans tel ou tel système, personne n'avait pensé à en faire une question fédérale. Les exemples abondent ; les lois sur l'instruction publique dans les divers cantons de la Suisse ont été fréquentes ; jamais on n'avait pensé à y voir autre chose qu'une question cantonale, qu'une question d'administration intérieure.

De plus, les jésuites étaient de droit commun en Suisse. Il n'en était pas des jésuites en Suisse comme en France : en France, le droit est contre eux ; en Suisse, le droit était pour eux. Ils y étaient, ils y étaient légalement dans plusieurs cantons. Le canton de Lucerne ne croyait pas faire et ne faisait pas réellement quelque chose d'inouï, quelque chose de contraire en droit, en leur confiant l'instruction théologique dans son sein.

Et remarquez l'état où se trouvaient les partis, sous le rapport de l'instruction publique en Suisse, a cette époque. D'abord... je cherche un mot qui ne blesse personne... d'abord le parti philosophique cherchant dans certains cantons à organiser l'instruction publique dans son sens, selon son esprit; appelant à Zurich le professeur Strauss, à Berne le professeur Zeller ; organisant un enseignement qui était très-choquant pour les croyants catholiques et pour les croyants protestants. A côté de ce parti philosophique, le parti protestant ardent, le parti qu'on a appelé celui des *méthodistes*, organisait aussi, à sa manière, avec ses procédés, un mode d'instruction publique, d'instruction théologique, qui lui convint. Comment les catholiques de Lucerne eussent-ils été seuls privés, se seraient-ils seuls crus privés du droit que les autres cantons, que les autres opinions, philosophiques ou religieuses, exerçaient autour d'eux ? Ils ne l'ont pas cru ; ils ont cru user de leur droit en appelant les jésuites à Lucerne, et en leur confiant l'instruction religieuse.

Mon opinion est que, politiquement, pratiquement, ils ont eu tort, et ce n'est pas ici que j'ai commencé à le dire ; je le leur ai dit à eux-mêmes avant de le dire ailleurs ; j'ai agi, autant qu'il était en mon pouvoir, et à Lucerne et à Rome, pour empêcher que le fait eût lieu. Mais une fois le fait accompli, une fois le canton de Lucerne persistant dans sa résolution, il m'a été impossible de ne pas reconnaître qu'il était dans son droit; il m'a été impossible de ne pas reconnaître qu'il ne faisait autre chose que ce qu'avaient fait d'autres cantons, pour la même cause et par les mêmes procédés.

D'ailleurs, Messieurs, derrière la question des jésuites, qui n'était pas un simple prétexte, comme on l'a dit souvent, mais une question d'intérêt religieux bien réel, dans l'opinion des catholiques des cantons de Lucerne, il y avait une autre question plus grave encore.

L'honorable M. Thiers a nié hier qu'on voulût établir une Suisse unitaire, qu'on voulût changer l'organisation fédérale de la Suisse et mettre l'unité à la place de la fédération.

Je suis, dans une certaine mesure, de son avis : je ne crois pas qu'il y ait en Suisse un projet de substituer une république centrale, une et indivisible, à l'organisation fédérale; mais il y a un autre but, un autre travail qui se poursuit très-activement, et que voici : c'est de faire en sorte que le même esprit, la même volonté, domine absolument dans tous les cantons, quelle que soit l'organisation fédérale; de faire en sorte que la domination de Berne, la domination radicale, s'exerce à Lucerne, à Zurich, à Soleure, comme à Berne même : la domination unique et exclusive de l'esprit radical, voilà le but qu'on poursuit, non pas absolument sous la forme unitaire, mais sous la forme fédérative. Détruire la liberté intérieure dans chaque canton, et quelle que soit la majorité ou la minorité, quelle que soit l'opinion de ces cantons, y faire prévaloir la volonté radicale, l'opinion radicale, c'est là le travail, c'est là l'arrière-pensée qui se trouve au fond de tout ce qui s'est passé en Suisse depuis quelques années.

Eh bien, les gens des petits cantons, les gens de Lucerne en avaient le sentiment; ils voyaient bien que ce n'était pas seulement aux jésuites, que c'était à leur indépendance réelle, générale, permanente, que l'on en voulait; ils défendaient non-seulement leur droit dans la question des jésuites, mais leur droit général, leur droit constant, le droit de leur indépendance cantonale; ils se sentaient menacés fort au delà de la question des jésuites.

Voilà pourquoi ils y ont mis cette passion, cette obstination que je déplore.

Ils ont soutenu leur droit avec cette âpreté, cet esprit exclusif qu'on apporte quand on se sent menacé dans le fond même de son existence.

Nous avons donc, Messieurs, soutenu, en Suisse, la cause du droit. Nous avons soutenu en même temps, et, grâce à Dieu, elles sont presque toujours liées l'une à l'autre, nous avons soutenu la cause de la liberté.

Je ne prends aucun plaisir à remettre sous les yeux de la Chambre le tableau de toutes les violations de liberté, de toutes les violences qui ont eu lieu en Suisse depuis trois mois. Cependant, puisqu'on s'acharne à les cacher, à les effacer, il faut bien que je montre quel est le régime qu'a fait à la Suisse le régime dont on parle.

Le Sonderbund n'avait qu'une position défensive; le Sonderbund ne demandait rien à personne; le Sonderbund ne voulait rien imposer à personne. Si le Sonderbund avait résisté efficacement, il n'aurait gagné que sa propre indépendance et sa propre liberté. La victoire qui a été remportée contre lui a supprimé sa liberté.

Je mettrai simplement par ordre de date, sous les yeux de la Chambre, les principaux faits qui se sont passés en Suisse depuis trois mois ; elle verra si nous avons défendu la cause de la liberté quand nous avons combattu ce régime-là.

Je ne veux mettre sous les yeux de la Chambre que les actes et le langage, soit du gouvernement suisse lui-même, soit de ses amis. En Suisse, les hommes principaux qui dirigent les affaires ont des journaux qui sont leur organe. Je ne citerai que trois ou quatre phrases de chacun ; vous verrez quelles étaient les dispositions avec lesquelles on gouvernait les affaires.

12.

Voici ce que je lis au moment où la guerre civile allait éclater ; voici dans quel esprit la guerre civile commençait.

Le journal dont je tire ces paroles est l'organe avoué de l'un des principaux hommes de la diète. Je n'ai pas besoin de le nommer. (Mouvement.) Le 2 novembre, ce journal, l'*Helvétie*, disait :

« Le Sonderbund , par sa conduite depuis deux à trois ans, a comblé la mesure du mal , et appelé sur lui toutes les vengeances qui atteignent les grands criminels... Son extinction est devenue nécessaire dans l'intérêt de la liberté, de l'indépendance et de la vertu. » (On rit au centre.)

On soupçonnait la bourgeoisie de Berne d'être elle-même favorable, dans une certaine mesure, à la cause du Sonderbund. Voici comment ce même journal la traitait :

« La bourgeoisie de Berne pourrait bien lasser à la fin la patience du peuple bernois, et se faire traiter comme le Sonderbund. » (Bruit à gauche.)

(*A gauche.* Quelle argumentation ! — *M. Odilon Barrot.* On trouve de ces articles-là partout. — *Au centre.* N'interrompez pas ! — Parlez !)

Je vois bien que les honorables membres de l'Opposition sont étonnés que je cite des articles de journaux. S'il s'agissait d'un grand pays comme la France et de partis organisés comme les partis le sont chez nous, je ne ferais rien de semblable ; mais il faut savoir qu'en Suisse, sur un petit théâtre, les journaux dont je parle et les hommes qui gouvernent sont dans une intimité telle, que le langage des uns est l'expression sincère des opinions et de la conduite des autres. Et cela se prouve par les faits ; les faits ont répondu et répondent au langage que je cite.

Le journal d'une assemblée populaire qui gouverne, à vrai dire, et qui domine les chefs du gouvernement suisse, le journal du *Club de l'Ours*, à Berne, tenait, le 3 novembre, le langage que voici :

Extrait de la Berner Zeitung. — « La dissolution du Sonderbund est bien l'objet immédiat, mais non le plus important ; il faut une occupation militaire des États du Sonderbund prolongée, pour avoir le temps d'y travailler et d'y changer l'esprit des populations Nous avons confiance que ce moyen curatif, aidé des amputations nécessaires, guérira les membres malades. » (Nouveaux rires au centre. — Rumeurs à gauche)

Au moment où les représentants fédéraux furent envoyés, à la suite des armées, dans les cantons qui devaient être occupés, le 10 novembre, voici comment ce même journal demandait que leurs instructions fussent réglées :

Extrait de la Berner Zeitung — « Les points suivants doivent être abandonnés aux commissaires fédéraux : prononcer la suppression des gouvernements existants dans les sept cantons, prendre provisoirement la conduite de la haute administration du pays, la remettre ensuite à des gouvernements provisoires ou définitifs institués par eux, accorder une protection spéciale aux patriotes, surtout dans leur travail pour ressaisir le pouvoir, ce qui entraîne la convocation et conduite des landsgemeinden et grands conseils.

« ..... Si la rigueur de la loi militaire contient suffisamment les chefs de l'armée, pour qu'on ait pu, dans leur choix, se contenter d'officiers habiles, quoique conservateurs, il en est tout autrement pour la nomination des commissaires : leur action dépend de leurs opinions. »

Vous voyez dans quel esprit les affaires étaient conduites. Voici maintenant les actes.

La Chambre ne me demandera pas de les lui redire tous, mais j'indiquerai les principaux :

16 novembre. Nomination du gouvernement provisoire de Fribourg par une assemblée de 5 ou 600 personnes dans un canton qui comptait 9 à 10,000 électeurs.

Le même jour, arrêté du gouvernement du canton de Vaud pour ordonner formellement au public de ne croire et de n'écouter que les nouvelles qui seraient données par les bulletins officiels, et interdiction d'en publier aucun autre.

19 novembre. Arrêté du gouvernement provisoire de Fribourg pour expulser toutes les corporations religieuses, y compris, comme vous le savez, les Sœurs de la charité et les Frères de la doctrine chrétienne, avec ordre d'évacuer le territoire du canton sous trois jours.

25 novembre. Décret du gouvernement provisoire de Lucerne contre les partisans du Sonderbund , voté par 2 ou 300 personnes sur 22,000 électeurs.

27 novembre. Loi électorale de Fribourg combinée de telle sorte que les élections soient complétement entre les mains des préfets.

3 décembre. Décret de la diète qui met les frais de la guerre à la charge du Sonderbund. (Rires à gauche.)

Je ne fais toutes ces citations, je ne rappelle tous ces faits, que pour bien montrer à la Chambre que c'est bien réellement la cause de la liberté que nous avons soutenue en Suisse. (On rit à gauche.)

Le 22 novembre, voici ce qu'écrivait l'aumônier d'un des régiments de la diète :

Extrait de la lettre de l'abbé Cuenal, aumônier du 14e bernois.

« ..... Les scènes de spoliations et de sacrileges profanations dont j'ai été témoin dans le canton de Fribourg ne permettent plus à ma conscience de faire partie de l'armée fédérale actuelle en qualité d'aumônier. »

C'est la première démission donnée à la diète; elle a devancé toutes celles que vous avez vues depuis, et qui ne seront probablement pas les dernières dont vous entendrez parler.

Le 4 décembre, un des professeurs les plus célèbres de l'Université de Berne, le professeur Stettler, annonçant la reprise de son cours, le faisait en ces termes : « Le professeur Stettler reprendra lundi matin ses leçons sur le droit fédéral public et sur le droit public bernois. Quant à ses leçons sur le droit fédéral suisse, le sujet est devenu pour le moment sans objet, ce droit venant d'être violemment déchiré. »

Le même jour, le professeur Stettler fut arrêté, emprisonné, traduit devant les tribunaux.

Il y a là un régime de liberté moins sûr que ce qui se passe chez nous, même pour M. le professeur Michelet. (*Au centre.* Très-bien. — Rires ironiques à gauche.)

Encore deux ou trois actes, Messieurs, et je finis sur ce point. Voici comment se sont faites les élections dans la plupart des cantons ainsi occupés :

Les elections de Wagis. — (Extrait de la *Gazette de Bâle* du 24 janvier 1848.)

« Une compagnie de troupes d'execution était stationnée à Wagis. Une seconde compagnie y arriva la veille des élections. Contrairement aux lois existantes du canton, la distribution des troupes dans les quartiers se fit par les officiers. Les radicaux restèrent entièrement exempts des logements militaires. Sur la plainte du conseil communal, l'ordre fut donné de procéder à la répartition régulière de cette compagnie. L'ouverture de l'assemblée electorale se fit dans la forme ordinaire, le dimanche. Avant le commencement des opérations, M le capitaine Labhart s'avança et lut une pièce non signée-, à ce que l'on dit, et portant que les *hommes bien pensants* devaient, après l'election, se presenter chez le commandant de la place, attendu qu'ils seraient liberés des logements militaires dont la charge retomberait uniquement sur les *malintentionnés.* » (Mouvement et rires au centre.)

Vous venez de voir passer sous vos yeux les libertés politiques et les libertés civiles telles qu'elles existent en Suisse depuis trois mois.

Deux mots, deux faits seulement sur les libertés religieuses :

Extrait. — « ..... Le gouvernement de Fribourg, qui n'est pas parvenu encore à se tirer de sa loi du payement des frais de guerre, vient de donner un singulier témoignage de sa deférence pour le canton de Vaud Votre Excellence connait les rigueurs qu'on exerce dans le canton de Vaud contre les methodistes; un de leurs ministres avait cru du moins pouvoir se réunir avec quelques personnes qui partagent ses idées à Romont, dans le canton de Fribourg, étranger à cette querelle Le gouvernement de Lausanne a réclame, et celui de Fribourg, consentant à appliquer chez lui une loi de persecution rendue dans un autre canton, vient d'adresser à ses préfets la circulaire suivante :
« Informés par le prefet vaudois de Payerne qu'une réunion de momiers avait eu lieu dimanche à Romont, et vu qu'un arrêté du conseil d'État de Vaud, en date du 24 novembre dernier, interdit toute réunion religieuse en dehors de l'Eglise nationale, voulant continuer à entretenir les bonnes relations avec un canton qui a si puissamment contribue à la régeneration de notre canton, nous vous invitons à dissoudre ces réunions dangereuses et compromettantes pour le canton »

Ainsi c'est une loi étrangère appliquée par un canton chez lequel elle n'existe pas.

Voici le dernier fait. Il y a peu de jours, le 19 janvier, dans la réunion du grand conseil du canton de Vaud, un membre, dont je ne citerai pas le nom, a lu un discours écrit dans lequel on trouve ce qui suit :

Extrait du Courrier suisse, *du jeudi 27 janvier 1848 — Canton de Vaud. — Grand conseil. — Session ordinaire. — Fin de la séance du mercredi 19 janvier.* — Presidence de M. Pittet.

« La liberté religieuse réclamée n'est qu'un prétexte ; du reste, on ne l'interdit pas, on laisse subsister le culte de famille, la croyance et le for intérieur des individus ; mais la liberté ne peut grandir sous le regime des pleins pouvoirs, l'orateur votera le decret. Les pintes, cabarets, etc., sont dans les mœurs des Vaudois, et même l'immense majorité du peuple a voulu qu'on les augmentât. (On rit) Il n'en est pas ainsi des réunions religieuses : on ne peut donc pas etablir de comparaison entre la liberté de s'assembler pour boire et la liberté de s'assembler pour prier. C'est la classe à laquelle j'appartiens, ajoute l'orateur, qui *gouverne* maintenant :

j'ai pu voir, par mes rapports avec elle, qu'elle ne voulait pas de la liberté religieuse Dans mon cercle, un ministre démissionnaire troublait les familles ; les militaires, à leur retour, lui ont ordonné de partir, sous peine d'être *fusillé ;* et ils l'auraient fait, si le pasteur n'était pas parti. » (Mouvement prolongé.)

Vous le voyez, Messieurs, ce n'est pas la cause de la liberté qui a été mise en péril par la politique que nous avons suivie en Suisse, pas plus que celle du droit. Ce n'est pas non plus, croyez-moi, la cause de la moralité.

Les crises révolutionnaires altèrent toujours profondément la moralité des peuples ; elles y jettent le trouble. Mais du moins il y a des occasions où elles font des conquêtes en échange ; elles conquièrent des droits nouveaux, des institutions utiles ; c'est ce qui est arrivé dans beaucoup de pays, chez nous, par exemple. Mais, en Suisse aujourd'hui, quel droit nouveau à conquérir, quelles institutions nouvelles a fonder ? A-t-on étendu le droit du suffrage ? Il est vrai que, dans certains cantons, on l'a appliqué aux enfants de seize ans et aux repris de justice. Est-ce là une conquête, une conquête digne d'un pays de liberté ?

Il y a en Suisse aujourd'hui un travail profond, caché, contre la moralité publique ; je ne veux pas nommer les sectes, je ne veux pas parler spécialement du communisme ou de telle autre ; j'affirme qu'il y a en Suisse un travail profond contre la moralité populaire, contre les croyances religieuses, un appel continuel à l'avidité, à l'impiété. Les hommes honnêtes qui abondent en Suisse sont effrayés de ce travail de désorganisation, de démoralisation populaire qui se poursuit chez eux.

Je sais que les hommes qui sont à la tête de la diète, que le gouvernement qui préside en ce moment aux destinées de la Suisse, ne sont point complices de ce travail ; je sais qu'ils sont fort loin de s'y associer ; mais telle est leur situation, que ce travail s'accomplit sans eux, malgré eux, que les mœurs publiques s'altèrent profondément en Suisse ; la vieille Suisse périt de jour en jour, et je ne vois pas qu'on forme à sa place une Suisse nouvelle digne de la remplacer. (*Au centre.* Très-bien !)

Je suis si fatigué, que j'ai beaucoup de peine à continuer ; cependant je tenais à bien montrer que, quant à ce qui regarde la Suisse elle-même, la cause que nous avons appuyée par nos avis, par notre influence, et non par aucun moyen matériel, cette cause a été celle du droit, de la liberté et de la moralité.

Je dis maintenant qu'en France, dans ses rapports avec la Suisse, c'est également la cause des intérêts bien entendus, des intérêts légitimes de la France que nous avons soutenue.

L'honorable M. Thiers demandait hier si nous avions peur que la Suisse fût forte. Non, certainement, nous n'avons aucune crainte que la Suisse soit forte ; nous désirons seulement qu'elle le soit aux conditions et d'après les bases essentielles de son organisation. Si ces bases étaient changées profondément, essentiellement changées, je ne sais pas si la Suisse y gagnerait beaucoup comme force, mais je sais bien que nous y perdrions beaucoup comme sécurité. (Approbation au centre.)

Quelle est l'influence (appelons les choses par leurs noms) qui tend à prévaloir en Suisse ? C'est l'influence des radicaux, du parti radical.

L'honorable M. Thiers disait hier que c'était la lutte de la révolution et de la contre-révolution. Je proteste contre ce langage ; le fait est faux. (Approbation au centre.) Le fait est radicalement faux ; il n'y a point de lutte en Suisse aujourd'hui entre la contre-révolution et la révolution, encore bien moins que chez nous. Chez nous, Messieurs, je n'en conviendrai pas, il n'y a pas de lutte chez nous entre la contre-révolution et la révolution. (Nouvelle approbation au centre.) Il n'y a plus de lutte. (Oh ! oh !) Il y a chez nous des restes de partis ; des restes des anciens partis ; mais la lutte de la contre-révolution et de la révolution est depuis longtemps terminée en France, terminée irrévocablement ; elle l'est encore, si c'est possible, davantage en Suisse. Les anciens patriciens, en Suisse, l'ancien parti aristocratique a abandonné sa cause encore bien plus que le même parti ne l'a abandonnée chez nous. La lutte n'existe pas. Il n'y a aujourd'hui de lutte véritable en Suisse, comme en

France, que la lutte entre l'esprit de gouvernement modéré, libéral et intelligent contre l'esprit de bouleversement et de désordre. (Vive approbation au centre.) C'est là la seule lutte réelle, la seule lutte sérieuse ; et nous avons bien assez de celle-là sans qu'on aille évoquer les anciennes luttes et leur rendre dans les affaires publiques une place, une importance, qu'elles n'ont plus. (Adhésion au centre.)

Ce qui est redoutable aujourd'hui, ce qui tend à dominer en Suisse, c'est le parti radical.

Un des honorables membres de ce côté (le côté gauche), l'honorable M. Carnot, si je ne me trompe, parlait, il y a quelques jours à cette tribune, des radicaux, et protestait contre la qualification de révolutionnaires appliquée à tous les radicaux ; il avait raison ; je ne comprendrais pas une telle injustice. Il y a dans tous les pays des radicaux qui sont des hommes de théories politiques et ne sont pas des révolutionnaires ; il y en a en Angleterre, il y en a en France, il y en a ailleurs. Je ne regarde pas tous les radicaux comme des révolutionnaires. Mais les radicaux dominants en Suisse, l'esprit radical dominant en Suisse, c'est l'esprit révolutionnaire, c'est l'esprit démagogique dans ses derniers retranchements ; le suffrage universel même ne lui suffit pas, il cherche autre chose : il cherche je ne sais quelle manière d'étendre l'activité politique, les passions politiques fort au delà de ce que l'imagination des hommes avait rêvé. Je n'appelle pas cela du progrès, Messieurs, j'appelle cela un des plus grands maux qui puissent peser sur une société. (Très-bien ! très-bien !) Je dis que c'est là exciter l'orgueil, les mauvaises passions, les mauvaises cupidités, abaisser la société comme le pouvoir.

Voilà ce qui se passe en Suisse !

(*M. Garnier-Pagès.* C'est ce que ne veulent pas les radicaux ! (Rumeurs au centre.)

J'écarte donc complétement de cette discussion les mots de révolution et de contre-révolution ; ils n'y ont pas de place légitime.

Et voulez-vous savoir ce qu'en pensait, il y a quelques années, l'honorable M. Thiers lui-même, et comme il traitait les radicaux suisses ? Je tiens à mettre ces faits sous les yeux de la Chambre pour qu'elle juge.

Voici ce qu'écrivait, le 26 avril 1836, l'honorable M. Thiers à M. le duc de Montebello, alors ambassadeur en Suisse :

Extrait d'une dépêche adressée par M. Thiers à M. le duc de Montebello. — 26 avril 1836.

« Votre dépêche confirme tout ce que M. de Montigny m'avait mandé des projets et de l'audace croissante du parti radical qui, non content d'avoir obtenu la destitution de trois préfets et de huit maires dans le Jura, prétend exiger aujourd'hui la révocation en masse du conseil exécutif. Cette faction se montre même d'autant plus entreprenante, qu'elle s'imagine qu'en dépit de ces excès et des complications où sa conduite pourrait entraîner la Suisse, la France, qui voit dans ce pays un boulevard du côté de l'est, se trouverait engagée, par son propre intérêt, à le défendre contre toute action hostile ou répressive de l'étranger. C'est une illusion qu'il importe de détruire. (Exclamations.) Voici, Monsieur le duc, la vérité tout entière ; vous devez la proclamer hautement et en toute occasion.

« Le parti radical est insensé de croire qu'il y ait possibilité pour lui de s'établir en Suisse d'une manière solide et durable, lorsque, partout ailleurs, ses adhérents en sont réduits à n'oser lever la tête, en présence de la réprobation générale et du sentiment universel de répulsion dont ils sont devenus l'objet. (Nouvelle exclamation au centre.) Il est insensé de croire que de la Suisse il puisse étendre son action ou son influence sur les autres pays. Cette sorte de puissance ne saurait appartenir qu'à des États comme la France et l'Angleterre, et quand les factions anarchiques y sont terrassées, quand le pouvoir y est fermement dirigé dans le sens de l'ordre et de la modération, il est ridicule de penser qu'un petit pays comme la Suisse puisse, entre les mains d'une poignée d'agitateurs, remuer à son gré le reste de l'Europe... » (Sensation.)

M. Thiers. Il faut compléter la citation. — *M. le Président du conseil.* C'est ce que je me dispose à faire : je suis tout prêt à lire tout ce qui vous conviendra ; voici la suite :

« Les meneurs de Berne ne voient-ils donc pas que, même en Espagne, les hommes qui s'étaient mis, des premiers, à la tête du mouvement, sont unanimes à réclamer aujourd'hui des garanties d'ordre et de stabilité ? »

Est-ce là ce que M. Thiers demandait ? — *M. Thiers.* C'est sur la frontière et la défense de l'est. Voulez-vous me permettre une explication ? — *M. le Ministre.* Très-volontiers ! Mais permettez que j'achève la citation.

Extrait d'une dépêche de M. Thiers à M. le duc de Montebello en Suisse. — 7 mai 1836.

« Monsieur le duc, . . . La Suisse nous trouverait complétement indifférents à son sort, si les excès d'une faction enhardie par la faiblesse ou la connivence des gouvernements cantonaux venaient à ramener, au pré-

judice de la confédération, des complications comme celles que nos efforts ont contribué naguère à faire disparaître. Je l'ai déja dit, et je ne saurais trop le répéter, il y aurait folie à croire que la Suisse ait la possibilité
d'exercer une influence morale autour d'elle et de remuer les autres peuples par l'ascendant de ses doctrines.
Ce rôle ne lui appartient pas. Une existence paisible, prospère, et pour ainsi dire inaperçue à l'ombre des garanties qu'elle doit a l'Europe, tel est son partage, et c'est a en jouir qu'elle doit borner son ambition. » (Rires
au centre)

Voici la derniere citation :

Extrait d'une dépêche de M. Thiers au duc de Montebello. — 7 juin 1836.

« . . . . . Vous devez donc continuer ce que vous avez fait. Vous devez tenir constamment le vorort en garde
contre les conséquences inevitables auxquelles il exposerait la Suisse en tolerant sur le territoire helvetique,
au mépris des obligations contractees envers les autres États, des refugies tels que Mazini et consorts, ou en
souffrant, contrairement à tout principe de justice et de droit internationaux, que la Suisse devint un foyer
d'agitation revolutionnaire, un lieu de rassemblement pour les factieux de tous les pays, un asile ouvert aux
ennemis de la tranquillite des Etats limitrophes, quand partout la revolution, terrassee au profit de l'ordre, est
impuissante et réduite à n'oser relever la tête. (Exclamations et rires au centre.) Repétez-le bien aux Suisses,
Monsieur le duc, dites-le-leur tout haut et en toute occasion . autant nous serions disposés a les soutenir contre des exigences mal fondees et a les défendre contre d'injustes agressions, autant nous sommes decides à
leur refuser notre appui dans les querelles ou contre les mesures hostiles que les folies du parti radical ou la
coupable tolerance des gouvernements helvetiques pour ses ecarts attireraient a la confederation

« Déclarez-leur nettement qu'en pareil cas elle n'aurait plus à compter sur nous, et qu'après avoir tout fait
pour la premunir contre des perils trop réels, nous l'abandonnerions aux conséquences de son aveuglement.
On sait en Suisse que, sans attaquer son indépendance à force ouverte, les États voisins n'ont que trop de
moyens de lui faire éprouver les effets de leur ressentiment, par la rupture des rapports habituels, par des
mesures de blocus commercial, et en quelque sorte par tout ce qui peut faire peser sur un pays une partie des
malheurs de l'etat de guerre, sans que la guerre ait lieu Je le dis encore, si de pareilles éventualités venaient
à se realiser par sa faute, elle nous trouverait indifferents à son sort, et muets pour la defendre, et ce n'est
pas nous, cette fois, qui interviendrions pour la réconcilier avec ses voisins. »

Certainement, Messieurs, je n'ai jamais tenu aux radicaux suisses un langage plus sévère que
celui que leur adressait l'honorable M. Thiers. (Sensation.)

M. Thiers, *de sa place*, explique qu'à cette époque la Suisse avait toléré une expédition en
Savoie, organisée par des réfugiés. Elle comptait que la France ne souffrirait pas qu'on employât
des moyens d'une certaine nature contre la Suisse. Et la Suisse, profitant de cette conviction
qu'elle avait, que la France devait laisser faire tout, la Suisse ne voulait pas même accorder aux
Puissances voisines ce qu'elle leur devait : la sécurité. C'est alors qu'il écrivit :

A M. le duc de Montebello. — 28 avril 1836.

« Ce qui donne du feu à vos exaltés de la Suisse, c'est la confiance qu'une fois compromis, la France serait
forcee de les épauler Il faut, sur ce sujet, ne leur laisser aucune illusion ; la France ne ferait pas comme ces
chefs de parti qui se laissent mener par leur parti Je ne sais rien de plus deplorable que ce rôle-la. Je ne con-
sentirai jamais a en faire jouer un pareil au Cabinet français. (Mouvement en sens divers.)

« S'il plait a messieurs de Berne de faire des folies, la France ne les suivra pas, et les laissera tout seuls, les
abandonnera comme des enfants perdus. Je sais bien que ces messieurs ont une replique à cette argumentation : La Suisse est tellement importante a la France, que celle-ci ne pourrait pas s'empêcher de la couvrir.
C'est encore une erreur grave qu'il ne faut pas laisser dans vos dures têtes des Alpes. Sans doute, si les fautes
des gouvernements suisses pouvaient amener une armee autrichienne ou piemontaise, nous ne le souffririons
pas (Nouveau mouvement)

« Mais M. de Metternich, qui est un homme habile, le sait bien, et il n'emploierait pas de tels moyens. »

Quant à la conduite à tenir, on avait proposé une conduite concertée, commune avec l'Autriche. J'ai écrit alors à M. de Montebello : « Je ne veux pas faire en Suisse un fragment de sainte-
alliance, de moitié avec M. de Metternich ! » (Sensations diverses.)

Ce que l'orateur voulait obtenir en Suisse, c'était le respect des Puissances voisines. Voici ce
qu'il écrivait à l'ambassadeur, qui n'était pas dans la même disposition d'esprit.

Alibaud venait de commettre son crime, M. de Montebello avait montré par des faits qu'il y avait
d'étranges et déplorables relations entre quelques-uns des réfugiés qui étaient en Suisse et les
hommes qui machinaient le régicide de Paris ; nous étions fort émus de cette circonstance ; c'était
tout naturel. Voici ce que je lui écrivais cependant, le 27 juin 1836 :

« L'événement du 25 mars nous arme de nouvelles raisons pour exiger l'expulsion des réfugiés. Dites bien
que nous les regardons comme les ennemis du repos commun, et que nous tiendrons la main à leur expulsion. . La France, pas plus que l'Europe, ne peut consentir à ce que la Suisse devienne un repaire de propa-
gandistes, auxquels tout est bon, l'assassinat comme l'invasion a main armee. Mais le principe posé, il faut
pourtant une certaine mesure, dans laquelle je vous conjure de vous renfermer. Je ne voudrais pas que vous
lissiez des menaces de mesures coercitives au nom de la France, et par ses propres mains.

« Voici le langage que vous avez dû tenir, si vous vous êtes conforme à mes instructions ; vous avez dû
dire : La France demande a la Suisse de remplir ses devoirs de bon voisinage envers tous les Etats Si elle ne
les remplit pas, elle s'exposera à des mesures sévères, a une séquestration complète, par exemple ; et quand
la Suisse l'aura mérité, la France ne fera rien pour l'en garantir ; loin de la, elle y prendra peut-être part elle-
même Elle la laissera exposée à tout châtiment qui ne sera pas une invasion armée.

« Voila le langage vrai, utile ; il ne faudra pas le depasser. Avancer davantage, ce serait sortir de la limite.
Nous ne devons pas annoncer des mesures coercitives de notre part ; il ne pourrait y en avoir que deux : une

invasion ou la séquestration Une invasion par nous amènerait toute l'Europe en Suisse. La séquestration, invoquée par nous, nous placerait dans une situation intolerable...

« Il faut songer qu'en jouant le rôle des Puissances du Nord, elles en profiteraient, elles recueilleraient les profits en nous laissant les charges, et s'assureraient une sorte de popularité en Suisse à nos depens ..

« J'ai refusé toute demarche commune faite en nom collectif Si l'Autriche trouve notre conduite bonne et sensée, et veut l'imiter, soit ! mais il ne nous convient pas de faire avec elle un petit fragment de sainte-alliance. »

M. Guizot, *Président du conseil*, répond que la situation n'est pas moins grave qu'en 1836 ; au contraire. En Suisse, l'esprit d'anarchie, battu partout, l'esprit révolutionnaire s'est emparé , ou se croit au moment de s'emparer du pouvoir, pour agir ensuite sur la France et sur l'Europe. C'est là ce qu'il faut surveiller et réprimer. C'est ce qu'a fait le Gouvernement français par la seule force morale, et en obtenant le concours des autres Puissances dans le même but.

Je ne sais, dit-il, si nous l'atteindrons par ces seuls moyens ; je l'espère. Vous voyez déjà un commencement de réaction se manifester en Suisse ; vous voyez déjà le sentiment de l'ordre reprendre son empire. La Suisse est remplie d'honnêtes gens, de gens sensés, qui sont aussi jaloux de la liberté et de la justice que de l'indépendance de leur pays. Il faut qu'ils sachent bien que l'indépendance de leur pays ne peut être assurée qu'autant que l'ordre et la liberté seront assures en Suisse ; il faut qu'ils sachent bien que les bases essentielles de la confédération helvétique font partie de l'ordre européen ; que les avantages qui lui ont été garantis l'ont été à condition que ces bases seraient maintenues ; que, par conséquent, la liberté, le droit, la moralité de la Suisse, son avenir, comme son repos présent, sont liés au maintien de ces bases, et que nous leur avons rendu et que nous leur rendons service en les avertissant sincèrement et franchement des dangers qu'ils courent et dont nous voulons les sauver. (Longue et vive approbation au centre. — La séance reste suspendue pendant un quart d'heure.)

M. Odilon Barrot relève cette explication de M. Guizot, et constate que c'est l'arrivée du parti radical au pouvoir qui a déterminé la conduite du Gouvernement vis-à-vis de la Suisse. Il développe la même thèse que M. Thiers sur la nécessité pour la France d'appuyer le mouvement des peuples dans le sens de ses propres institutions, et il termine en reprochant au Ministere de suivre la voie contraire, qui le conduira à donner la main à l'Autriche contre les progrès populaires en Italie comme en Suisse.

M. LE Président. M. Malgaigne a présenté un amendement. Après les mots : « une médiation bienveillante, » il propose d'ajouter :

« Nous nous félicitons que la Suisse ait pu, seule et par ses propres efforts, sortir heureusement de cette crise menaçante ; nous desirons surtout qu'elle voie dans la mediation offerte un témoignage de la vieille amitié de la France, sans aucune intention d'intervenir dans ses affaires interieures. A chaque peuple le droit de régler et de réformer ses institutions ; seulement *la Suisse reconnaîtra, nous l'espérons*, etc. »

M. Odilon Barrot. Je rends pleine justice, quant à moi, aux bonnes intentions de cet amendement ; mais je crois qu'il ne constitue pas une protestation assez nette et assez catégorique contre l'intervention dont la Suisse est menacée. Je ne sais qu'une manière d'exprimer le sentiment de la France et son eloignement contre une pareille intervention, c'est de voter contre une pareille intervention, c'est de voter contre le paragraphe. (*Aux extrémités.* C'est cela ! —Agitation.)

— Le débat continue sur le sens du paragraphe de l'Adresse qui n'implique pas l'intervention. C'est là ce que soutient M le Ministre des affaires étrangeres. MM. de la Rochejaquelein, Thiers et Odilon Barrot voient cette tendance à l'intervention dans une note qui a été publiée depuis la rédaction du projet d'Adresse, et dont M. Barrot lit un passage ainsi conçu :

« Les engagements des Puissances envers la confédération, et ceux de la confédération envers les Puissances sont mutuels et fondés sur les mêmes traites : si les uns n'étaient pas fidèlement respectes et maintenus, les autres seraient inévitablement comprimés et suspendus. Les Puissances qui ont garanti a la Suisse les avantages dont elle jouit seraient evidemment en droit de ne plus consulter que leurs devoirs comme membres de la grande famille européenne, et les interêts de leur propre pays. » (Mouvement.)

Résultat du scrutin : Nombre des votants, 332 ; —Majorité absolue, 167 : — Boules dans l'urne blanche, 206 ; — Boules dans l'urne noire, 126. — La Chambre a adopté le sixième paragraphe du projet d'Adresse.

Séance du vendredi 4 fevrier 1848. — Présidence de M. Sauzel.

§ 7. Nationalité polonaise.

M. Larabit demande au Ministère ce qu'il compte faire vis-à-vis de l'Europe pour réaliser les vœux en faveur de la Pologne. M. Guizot déclare qu'il n'a pas de réponse a faire. — M. Vavin soulève un débat sur l'expulsion du réfugié russe Bakounine, à l'occasion d'un discours prononcé dans une réunion polonaise, et sur l'empêchement apporté à un banquet présidé par le prince Czartoriski. MM. Duchâtel, Ministre; Ferdinand de Lasteyrie, Lherbette, Guizot, Ministre; Thiers, Chambolle. — Le paragraphe est adopté.

§ 8. Affaires de la Plata. — Sont entendus : MM. Levavasseur, Drouyn de Lhuys. Observation de M. Lacrosse sur le refus d'explication du Ministère. M. Guizot proteste de son respect pour le droit de la Chambre. Explications de MM. Vitet, rapporteur, et d'Haubersaërt, membre de la Commission. On entend encore sur la question de la Plata MM. Blanqui, Levavasseur et Chambolle, qui proposait d'abord le retranchement de la phrase sur l'accord avec la Grande-Bretagne, puis la suppression du paragraphe entier. — Le paragraphe est adopté.

§ 9. Algérie.

M. Lherbette engage la discussion sur la nomination d'un prince de la famille royale aux fonctions de gouverneur général, qui peut amener des influences inconstitutionnelles, et sur la tendance qui se manifeste par le commandement de l'artillerie donné au duc de Montpensier; par la connétablie reconstituée sous le titre de *maréchal général* etc. — M. Guizot, Président du conseil, répond aux développements de M. Lherbette que l'intervention des princes n'est pas inconstitutionnelle, parce qu'ils sont dépendant du Ministre.

Seance du samedi 5 fevrier 1848. — Presidence de M. Sauzet.

Discours développé de M. le maréchal Bugeaud sur la situation de l'Algérie. — Explications de M. le général de Lamoricière sur la reddition d'Abd-el-Kader. — Sur la demande de M. de la Rochejaquelein, M. Guizot, Ministre, donne quelques explications sur les négociations relatives au séjour d'Abd-el-Kader et à sa retraite en Egypte.

M. Nicolas propose et développe un amendement qui consiste à remplacer la troisième phrase du neuvième paragraphe par celle-ci : « Cet événement prépare une ère nouvelle à nos établisse-« ments d'Afrique, et promet à la France l'allégement prochain de ses charges par la réduction de « notre armée d'occupation en Algérie, et de l'effectif de nos troupes à l'intérieur. » Après quelques observations de MM. Vitet, rapporteur; Larabit, Garnier-Pagès et le Ministre de la guerre, M. Nicolas retire son amendement et ajourne la discussion au budget.

Le paragraphe est adopté.

Débat ajourné sur les affaires de Portugal. M. Jules de Lasteyrie, discours développé. Courtes explications de M. Guizot, Ministre. Continuation du débat entre MM. Jules de Lasteyrie, Crémieux, Drouin de Lhuys, Guizot, Président du conseil. — Point de vote.

Séance du lundi 7 fevrier 1848. — Présidence de M. Sauzet.

§ 10. Texte du projet.

« Sire, en vous dévouant au service de notre patrie, avec ce courage que rien n'abat, pas même les coups qui vous atteignent dans vos affections les plus chères, en consacrant votre vie et celle de vos enfants au soin de nos intérêts, de notre dignité, vous affermissez chaque jour l'édifice que nous avons fondé avec vous; comptez sur notre appui pour vous aider à le defendre Les agitations que soulèvent des passions ennemies ou des entraînements aveugles tomberont devant la raison publique éclairée par nos libres discussions, par la manifestation de toutes les opinions légitimes. Dans une monarchie constitutionnelle, l'union de grands pouvoirs de l'État surmonte tous les obstacles et permet de satisfaire a tous les intérêts moraux et matériels du pays. Par cette union, Sire, nous maintiendrons l'ordre social et toutes ses conditions; nous garantirons les libertés publiques et tous leurs développements. Notre charte de 1830, par nous transmise aux générations qui nous suivent, comme un inviolable dépôt, leur assurera le plus précieux héritage qu'il soit donné aux nations de recueillir, l'alliance de l'ordre et de la liberté »

M. Duvergier de Hauranne. Messieurs, en prenant, le premier, la parole pour relever le défi qui nous est jeté, il me paraît nécessaire d'établir nettement sur quel terrain nous nous plaçons, et quelle portée nous donnons à ce débat. Il a plu au Ministère, au mépris de toutes les règles, de toutes les convenances constitutionnelles, d'introduire dans le discours de la Couronne une provocation, une accusation directe contre plus de cent Députés. Il plaît à la Commission, avec une complaisance à laquelle tout le monde s'attendait (On rit), de reproduire presque mot pour mot cette accusation. Mais la majorité doit nous permettre de lui dire que, dans l'espèce de jugement qu'on lui demande, nous ne reconnaissons pas sa compétence. (*A gauche.* Très-bien !)

Après les votes qui ont terminé la dernière session, l'Opposition eût été bien imprévoyante, bien aveugle, si elle s'était encore flattée de gagner ici sa cause. Heureusement, comme M. Guizot l'a dit si souvent, au delà, au-dessus de la Chambre, il y a le pays, près duquel la minorité est toujours en droit de se pourvoir. (*A gauche.* Très-bien !)

C'est ce que nous avons fait, et c'est ce que nous continuons à faire.

Que cela soit donc bien compris, bien entendu, nous ne venons pas ici plaider devant la majorité contre le Ministère, nous venons plaider devant le pays contre le Ministère et la majorité.

(*A gauche.* Très-bien ! très-bien ! — C'est cela !) (Mouvement prolongé.) — *Au centre.* La majorité vous répondra ! — *M. Duvergier de Hauranne.* C'est son droit. — *M. de Morny.* Alors il faut que vos journaux reproduisent les séances fidèlement.) (Mouvements divers.)

La majorité est donc maîtresse d'adopter ou de rejeter, d'aggraver ou d'atténuer le paragraphe qui lui est proposé; nous n'avons à cet égard ni représentation à faire, ni conseil à donner ; ce sera simplement une pièce de plus dans le grand procès qui se débat entre nous, et dont le juge est ailleurs. (*A gauche.* Très-bien !)

Maintenant, Messieurs, notre situation respective ainsi définie, j'entre en matière, et j'aborde sans hésitation, sans réticence, le sujet même du paragraphe.

Il est d'abord un point sur lequel il importe que nous nous expliquions. Quand nous nous sommes réunis dans les banquets, usions-nous d'un droit, profitions-nous d'une tolérance? En d'autres termes, les réunions politiques sont-elles légales par elles-mêmes, ou le deviennent-elles seulement par la générosité ministérielle?

Jusqu'à ces derniers jours je n'avais pas pensé qu'il pût y avoir sur ce point dissentiment entre nous. Je savais que les banquets plaisaient peu a M. le Ministre de l'intérieur, et qu'il avait usé, abusé même de son influence sur les maires, pour les rendre matériellement impossibles. Mais je savais aussi que le droit de réunion avait été expressément réservé en 1834, soit à la Chambre des Députés, soit à la Chambre des Pairs. Je savais qu'en 1840, lors d'un banquet nombreux qui eut lieu dans un local privé, le Gouvernement avait pensé que la loi sainement, honnêtement interprétée, ne permettait pas de l'interdire. Je savais qu'à propos de réunions d'une autre nature, il y avait plusieurs arrêts de la Cour de cassation dans ce sens. Il paraît pourtant que, depuis quelques jours, on croit avoir découvert dans l'arsenal de nos vieilles lois un moyen de détruire, d'annuler le droit de réunion politique, comme en matière de presse, à l'aide de l'action civile, on a annulé le droit de dénoncer au pays les actes coupables des fonctionnaires. (*A gauche.* Très-bien !)

Il paraît, grâce a cette merveilleuse découverte, qu'on se croit aujourd'hui maître absolu d'exercer sur les banquets une sorte de censure préalable, de permettre les uns, de défendre les autres et de soumettre ainsi à l'arbitraire de la police un droit jusqu'ici respecté.

Si cela était, les Ministres de 1834 auraient été bien insensés d'affronter ici une terrible lutte pour obtenir la loi des associations : la loi de 1790 à la main, ils n'avaient qu'un mot à dire pour que toutes les associations disparussent. (*A gauche.* C'est vrai !)

Mais, Messieurs, cela n'est pas vrai, et, dans cette exhumation singulière, il y a un subterfuge dont les tribunaux doivent faire justice. Si M. le Ministre de l'interieur répète ici les paroles qu'il a prononcées dans une autre enceinte, de plus savants, de plus habiles que moi se chargeront, je pense, de l'en faire repentir... (Murmures au centre), de lui démontrer qu'il se trompe si vous voulez.

En attendant, avec les orateurs du Gouvernement en 1834, je tiens, quant à moi, les réunions politiques pour légales, pour libres, et, je le déclare hautement, je suis tout prêt à m'associer à ceux qui, par un acte éclatant de résistance légale (Très-bien), voudront éprouver jusqu'a quel point, cinquante-huit ans après notre première révolution, les droits des citoyens peuvent être confisqués par un arrêté de police.

(Vive approbation à gauche.) — *Beaucoup de membres.* Nous aussi! tous! (Mouvement prolongé.)

Obéir à la loi, résister à l'arbitraire, voilà le double devoir des peuples libres. Nous prouverons, je l'espère, que nous les comprenons et que nous les pratiquons tous les deux. (Adhésion à gauche.)

Mais, je le reconnais volontiers, la question de légalité n'est pas tout, et il est possible que des réunions politiques soient à la fois légales et inopportunes; il est possible même que, légales et opportunes, elles deviennent irrégulières et désordonnées.

L'orateur, examinant l'opportunité, explique que le Ministère n'a pas plus le droit de contester l'opportunité des banquets de l'Opposition, que l'Opposition n'aurait eu le droit de contester celle du banquet de Lisieux. Quant aux irrégularités et aux désordres, on n'a pas pu en signaler, quoique dans les cinquante ou soixante banquets il ait été tenu des discours très-vifs.

Pour ce qui est du désordre moral qu'on signale comme conséquence de ces réunions politiques, l'orateur ne voit pas de désordre dans une alliance avec le parti radical pour le triomphe d'un grand principe, pas plus qu'il n'y en avait dans la coalition de 1839, où il avait pour complices (On rit) MM. Guizot, Duchâtel, Dumon, Hébert.

Il est possible que, par une tactique assez vulgaire, on essaye de confondre dans une solidarite menteuse toutes les réunions qui ont eu lieu depuis quelques mois, celles que l'Opposition constitutionnelle a organisées, et celles qui ont été organisées contre elle; celles qui se sont placées sous l'invocation des principes de 89 et de 1830 et celles qui semblent avoir pour but de glorifier les actes de 93. Il est possible qu'à ce propos M. le President du conseil répète ce qu'il disait, il y a deux ans, quand il lui plut de rattacher un indigne attentat à un discours prononcé à cette tribune par un de ses anciens collègues. « Quand on ouvre la source, elle coule. » (On rit.)

Il est possible que cet argument, aujourd'hui comme alors, paraisse, à une portion de la Chambre, décisif et triomphant.

Malheureusement, Messieurs, cet argument est bien vieux, et voilà trente ans que je l'ai entendu employer avec succès à cette tribune contre la liberté des journaux. Si vous pouviez, disaient alors les personnages politiques que M. Thiers citait l'autre jour; si vous pouviez garantir que les journaux se renfermeront tous dans la limite constitutionnelle, et qu'ils se borneront à une critique décente des actes du Gouvernement, passe encore; mais les journaux constitutionnels frayeront la voie aux journaux révolutionnaires : « Quand on ouvre la source, elle coule ! » Et on en concluait, à la grande joie de la majorité d'alors, que, pour l'empêcher de couler, il fallait la tarir. (Mouvement.)

Voilà, Messieurs, comment raisonnaient les hommes que 1815 avait ramenés et que 1830 a vaincus.

Mais dans le parti libéral, dans l'école doctrinaire surtout, ils trouvaient à qui parler. (On rit.) Il fallait voir de quel mépris, de quelle indignation, les chefs de cette école écrasaient, accablaient tous ces misérables sophismes; il fallait voir avec quelle puissance, avec quelle verve logique ils démontraient que, dans ce monde, tel que Dieu l'a fait, l'abus est toujours à côté de l'usage, le mal à côté du bien, et qu'il est absurde, qu'il est impie de s'en prendre à l'abus pour atteindre l'usage et de frapper à la fois le bien et le mal.

Et cependant, Messieurs, voici que, dans leur bouche, nous retrouvons aujourd'hui exactement les mêmes sophismes, exactement les mêmes blasphèmes. Il y a pourtant cette différence, que les ultra-royalistes de l'époque dont je parle étaient conséquents et convaincus; si ceux qui les remplacent prétendent au même mérite, il faut convenir qu'à une autre époque ils ont bien joué la comédie. (Rires approbatifs à gauche.)

On veut bien, à la vérité, reconnaître qu'entre la dynastie et le Ministère, entre les institutions et la politique actuelle, l'identité n'est pas complète, et qu'on peut travailler a la chute du Ministère et de la politique sans conspirer contre les institutions et contre la dynastie.

Mais si les cent Deputés qui ont assisté aux banquets ne sont pas ennemis, ils sont aveugles (On rit), et la preuve, c'est qu'ils n'ont pas exigé partout que le toast du Roi fût porté. C'est ici un sujet délicat que je n'aborde pas volontairement à cette tribune; mais après les déclamations, après les calomnies auxquelles un fait très-simple, selon moi, a donné lieu, non-seulement dans les journaux, mais même dans vos bureaux, il est impossible de passer ce fait sous silence, et je demande que la Chambre me permette d'en dire franchement ma pensée. Il faut s'entendre d'abord : si l'on se borne à dire que là où des doutes s'élèvent, là où des intentions hostiles se manifestent, là où la question se pose, il est désirable, il est convenable de marquer nettement, par une formule quelconque, le caractère légal, pacifique, constitutionnel, de la manifestation, je suis de cet avis, et, dans le banquet que j'ai eu l'honneur de présider, j'ai conformé ma conduite à mon opinion. Mais si l'on va plus loin, et si l'on prétend que toute réunion politique, quel que soit son caractère, quel que soit son but, doit nécessairement être placée sous l'invocation du nom royal, je m'étonne que cinquante-huit ans après notre première révolution, dix-sept ans après la seconde, une doctrine aussi surannée, aussi servile, ait le courage de se produire. (*A gauche.* Trèsbien!)

MM. les Ministres n'ignorent certainement pas qu'en Angleterre, au commencement de ce siècle; en France, pendant les premiers mois de 1830, des banquets politiques eurent lieu, sans que le toast du Roi fût porté. Sont-ils préparés à dire que les wighs en 1800, les 221 en 1830, fussent les ennemis du trône ou de la constitution; ou sont-ils disposés à prétendre que la révolution de Juillet ait eu ce singulier résultat, de nous ôter vis-à-vis de la Couronne la liberté dont usaient nos devanciers? (Très-bien!) S'il en est ainsi, qu'on fasse donc un pas de plus, et qu'on dise que le silence, un silence respectueux dans cette enceinte ou ailleurs, est un acte hostile ou inconstitutionnel; qu'on fasse un pas de plus, et que l'enthousiasme, comme dans certaines monarchies orientales, au seul nom, à la seule vue du prince, devienne une formalité obligatoire! (C'est cela!) C'est un peu trop oublier, en vérité, ce qui s'est passé ici il y a dix-sept ans, quand, par un contrat solennel entre le peuple et le prince, la couronne fut librement donnée et reçue. Pour moi, je m'en souviens, et je mets de côté toutes ces réminiscences d'une autre époque et d'une autre monarchie. Dès lors, que reste-t-il? Uniquement ce que j'ai dit : quand l'omission du toast dont il s'agit a pu, avec quelque apparence de raison, être considérée comme un acte d'hostilité, l'Opposition constitutionnelle a bien fait d'exiger qu'il fût porté.

Quand une interprétation semblable n'était pas possible, l'Opposition constitutionnelle a bien fait de ne pas s'en occuper. Mais, Messieurs, en supposant que, dans cette omission, on ait quelquefois pu voir, je ne dirai pas une leçon, le mot ne serait pas convenable, mais un avertissement, n'est-ce pas à la politique de MM. les Ministres qu'il faut s'en prendre? On n'a pas oublié le discours fameux par lequel, il y a deux ans, le Président du conseil déclarait ici que les bons Ministres sont ceux qui s'effacent pour laisser remonter jusqu'au trône l'honneur de leur politique. On n'a pas oublié la peine que se sont donnée tout récemment encore les feuilles et les revues ministérielles pour prouver contre nous, contre l'Opposition tout entière, que le Roi a le droit et le devoir d'être le chef de son parti. Faut-il maintenant s'étonner beaucoup qué de pareilles doctrines, que de pareilles paroles soient quelquefois prises au sérieux , et que certains esprits absolus voient quelque chose de dérisoire, de contradictoire, à placer une attaque contre la politique sous le patronage de son chef prétendu? (Mouvement.) Faut-il s'étonner qu'il leur paraisse plus conséquent, plus sincère, de mettre le pouvoir royal, comme les deux autres pouvoirs, en dehors des manifestations dirigées contre la politique dont les trois pouvoirs sont solidaires ?

C'est peut-être sacrifier outre mesure la politique à la logique, et, pour ma part, je ne partage pas ces scrupules ; mais sans les partager je les comprends, et je dis que, s'ils ont quelques inconvénients, .c'est au Ministère qu'en est la faute. J'ajoute que, par la phrase qu'ils ont si imprudemment placée dans la bouche du Roi, les Ministres ont fait tout ce qui était en eux pour donner gain de cause à l'omission dont il s'agit. Relisez avec soin cette phrase, et dites si les Ministres n'ont pas eu l'intention évidente de faire descendre la Couronne dans l'arène, et de la mêler à nos débats.

Je ne sache rien qui explique, qui justifie mieux le silence qu'on incrimine. (Mouvement.)

Il faut dire la vérité. Toutes ces objections, toutes ces critiques n'ont rien de sérieux ni de sincère, et la question entre nous n'est pas dans tel ou tel toast, dans tel ou tel incident. Elle est dans la pensée qui a produit l'agitation réformiste ; elle est dans le but auquel tend cette agitation. Cette pensée, ce but, quels sont-ils ? Un de nos honorables collègues nous disait dernièrement : Voyez comme vous êtes inconséquents ; l'an dernier vous demandiez la réforme parce que le pays était tranquille ; cette année, vous la demandez parce que le pays est agité. Est-ce que notre honorable collègue n'assistait pas à la séance où M. le Ministre de l'intérieur se fit contre la réforme une arme du silence et de l'indifférence du pays ? (*A gauche.* C'est cela!) Est-ce que notre honorable collègue n'assistait pas à la séance où cet admirable argument de M. le Ministre de l'intérieur produisit tant d'effet sur les bancs de la majorité?

Pour moi, je persiste à croire que les gouvernements sages n'attendent pas, pour accomplir les réformes, que l'opinion publique les leur impose. Mais vous êtes d'un autre avis, et il a bien fallu vous satisfaire. (On rit.) Ne croyez pas que nous nous en plaignions ; vous nous avez fait faire une campagne laborieuse, mais instructive, et nous savons, beaucoup mieux que nous ne le savions l'an dernier, quel cas le pays fait de votre politique. (Rires d'approbation à gauche.) Nous nous attendions d'ailleurs à vous voir retourner votre argument de 1847, et vous faire un prétexte de l'agitation comme vous vous en faisiez un de l'indifférence publique. Mais peu nous importe ; je vous l'ai dit en commençant, nous n'avons pas la prétention de vous convertir, et c'est ailleurs que nous plaçons nos espérances. (Mouvements divers.)

A-t-on, oui ou non, dans un pays libre, le droit de faire appel au pays contre les majorités parlementaires ? A-t-on, oui ou non, le droit de se réunir pour exprimer son opinion sur les affaires communes?

Voilà, Messieurs, le vrai point du débat, et sur ce point je crois en avoir assez dit.

Mais, Messieurs, je n'aurais rien fait si je m'arrêtais là, et si je ne maintenais pas fermement à cette tribune les jugements que nous avons portés, les paroles que nous avons prononcées dans les banquets. (Très-bien!)

C'est ici, je le sais, qu'on nous attend. Dans les banquets, la majorité n'etait pas présente, et nous avons pu parler d'elle librement et vivement sans que ses murmures vinssent nous atteindre. Maintenant que nous sommes en sa présence, on nous somme, on nous défie de répéter ce que nous avons dit ; et, quelque parti que nous prenions, on se prépare à le tourner contre nous.

Si nous nous taisons, on dira que nous reculons; si nous parlons, on nous interrompra. (Réclamations au centre.)

Et, dans tous les cas, M. le Président nous rappellerait, comme il le disait en prenant possession du fauteuil, que si la Chambre doit respect à la liberté de la tribune, la tribune doit respect à la dignité de la Chambre.

L'an dernier, Messieurs, un de nos honorables collègues, en lisant à cette tribune les pages les plus vives d'un écrit que je venais de publier, a bien voulu m'aider à sortir d'une situation semblable.

Il paraît que, cette année, l'honorable M. Lasnier n'est pas disposé à me rendre le même service. (On rit.)

Il faut donc bien que je m'aide moi-même et que je m'exécute; tout ce que je demande à la Chambre, c'est d'y mettre un peu de complaisance et de vouloir bien comprendre à demi-mot. (Mouvement d'attention.)

Messieurs, on a beaucoup disserté, dans ces derniers temps, sur le gouvernement représentatifs, et chacun en a donné sa définition. Mais il est une chose reconnue par tout le monde, c'est que le gouvernement représentatif est fait pour que la pensée, la vraie pensée du pays pénètre légalement, pacifiquement, au sein du Gouvernement, et y fasse prévaloir, contre toutes les résistances, la politique que le pays croit la meilleure.

Mais il peut arriver qu'à côté, en face de cette pensée, il y en ait une autre fort différente, et qui n'entende pas céder la place. Il peut arriver que, néanmoins, cette pensée ne soit pas assez forte pour l'emporter de haute lutte. Il peut arriver, en un mot, qu'au lieu de courir la chance toujours périlleuse d'une violation ouverte du pacte constitutionnel, il paraisse plus commode de fausser ce pacte, de l'annuler dans son esprit, et de gouverner par les élus du pays contre le vœu du pays. (Mouvement.) Alors, Messieurs, qu'y a-t-il à faire, si ce n'est de conquérir, de gagner un à un tous ceux que la loi ou le choix de leurs concitoyens investit d'une partie de la puissance publique ?

Qu'y a-t-il à faire, si ce n'est d'employer, de consacrer à cette œuvre toutes les forces, toutes les ressources dont le pouvoir a été doté dans un tout autre dessein ?

Qu'y a-t-il à faire, quand par le trop grand nombre ou la trop grande avidité des parties prenantes (On rit), ces forces, ces ressources sont épuisées, si ce n'est d'en créer, d'en inventer de nouvelles, aux dépens des finances, aux dépens de la bonne administration, aux dépens de la justice et de la moralité publique ? (*A gauche.* Très bien !)

Dans cette hypothèse, dans ce système, ce qu'on appelle corruption, abus des influences, influence persuasive de la Couronne, n'est plus un accident fortuit et passager; c'est une nécessité fondamentale et permanente, une nécessité dont on gemit quelquefois, mais qu'on subit toujours; une nécessité qui devient chaque jour plus impérieuse et plus oppressive. Ce n'est donc pas capricieusement, arbitrairement, pour le vain plaisir de faire une épigramme, qu'on confond quelquefois dans les mêmes attaques le Gouvernement personnel et la corruption ; c'est parce qu'entre les deux il existe un lien étroit, un rapport intime et nécessaire. (Très-bien !) A vrai dire, l'un est le principe, l'autre la conséquence; l'un est le but, l'autre le moyen. (Vive adhésion à gauche.)

Voilà la pensée qui a dominé, voilà le système qui a prévalu en Angleterre pendant une partie du dernier siecle.

L'orateur cite les attaques contre la corruption par Pulteney, Wyndham, Chesterfield, Carteret, en 1730; de Bolingbroke, de Burke, en 1770; de lord Chatam, de lord Shelburne, de William Pitt, de Fox.

Voilà pour l'Angleterre du dernier siècle. Mais ne peut-on pas, dans notre pays même, et à une époque bien plus récente, signaler la même tentative ?

De qui parlait M. Guizot, en 1820, quand il écrivait les lignes que voici :

« Il viendra des Ministres qui professeront des croyances dont ils se moqueront, qui étaleront des principes dont ils se joueront (On rit), qui n'auront en eux-mêmes rien de sérieux, rien de sincère ; qui suppleeront a la force par l'astuce ; qui, ne pouvant compter sur les suffrages, s'appliqueront à les corrompre (Mouvement); qui, ne possedant pas l'opinion publique, essayeront de l'asservir. »

Que voulait dire encore M. Guizot quand il écrivait, en 1821 :

« Le gouvernement représentatif est devenu le manteau sous lequel de misérables coteries et des prétentions personnelles ont fait leurs affaires en paraissant faire celles de la France. (Mouvement.)

A qui M. de Salvandy faisait-il allusion quand, en 1824, il reprochait au Gouvernement :

« d'imiter les juifs des temps barbares, qui, ne pouvant tarir et n'osant abattre les fontaines publiques, avaient pris le parti de les empoisonner ? » (On rit.)

A qui s'en prenait M. de Broglie quand, en 1828, il montrait les Ministres :

« faisant pleuvoir les grâces, les cordons, les emplois sur les membres de la majorité, et ceux-ci, par esprit de reconnaissance, conférant aux Ministres sur leurs suffrages tous les droits de propriétaire ? » (On rit.)

Quelle était enfin la pensée de M. Royer-Collard quand, dans l'admirable passage si souvent cité, il faisait voir le Ministère :

« votant par tous les emplois, par toutes les faveurs qu'il distribue, et l'élection passant légalement, en quelque sorte, de la nation au pouvoir ? »

Maintenant est-il vrai qu'aujourd'hui les choses se passent autrement et que les mêmes causes n'aient pas produit les mêmes effets ?

Est-il vrai qu'en comparaison de 1750 et de 1820, notre époque soit un modèle de pureté et de désintéressement ? (On rit.) Est-il vrai, quand ils font mine de consulter le pays, que MM. les Ministres ne songent jamais, comme le disait M. Guizot à une autre époque, à le faire mentir comme un faux témoin ? (Mouvement.) Si j'avais à cet égard quelques doutes, ils seraient bientôt levés par ce que j'entends dire tous les jours à mes oreilles. Ainsi il est un propos qui, je pense, ne sera pas nié tant il est devenu général dans les rangs de la majorité : c'est qu'à aucun prix il ne faut souffrir, il ne faut permettre que des élections aient lieu sous un ministère de gauche, de centre gauche ou même de tiers parti. Pourquoi cela? (Mouvement.) Si la politique actuelle est bien réellement celle que le pays préfère, il me semble que des élections faites sous un ministère d'opposition donneraient à cette politique une sanction décisive, éclatante, et qui ferait tomber sur-le-champ toute contradiction. (Assentiment à gauche.) Ce sont élections faites par les tories qui, en 1834, ramenèrent les whigs au pouvoir. Ce sont des élections faites par les whigs qui, en 1842, ont rendu le ministere à sir Robert Peel. Quand, à la seule pensée d'une telle épreuve, vous témoignez tant d'inquiétude, tant d'effroi, tant de découragement, savez-vous ce que vous faites? Vous donnez gain de cause à l'Opposition, et vous avouez implicitement, mais clairement, que le pays est avec elle. (Mouvement.) Vous avouez implicitement, mais clairement, que pour revenir à la Chambre vous comptez sur autre chose que sur la confiance spontanée, désintéressée de vos concitoyens. (Rires approbatifs à gauche.) Vous avouez implicitement, mais clairement, que la politique pratiquée par le Cabinet, soutenue par la majorité, n'est pas celle que le pays préfère, celle que le pays imposerait au Gouvernement, si rien ne venait contrarier, altérer la liberté, la pureté de ses votes. (*Aux extrémités.* Très-bien !)

Maintenir le gouvernement représentatif dans sa forme, tout en le détruisant dans son essence, voilà la tentative que, dans divers pays, à diverses époques, ont signalée, ont dénoncée Bolingbroke et M. Guizot, Burke et M. de Salvandy, les deux Pitt et M. de Broglie; voilà la tentative que nous dénonçons nous-mêmes aujourd'hui. (Très-bien !) Mais, Messieurs, si cette tentative est inconstitutionnelle, immorale, coupable, il ne faut pas croire qu'elle soit exempte de dangers. Je ne veux pas reproduire, je ne reproduirai pas le triste tableau des faits qui, depuis quelques mois, ont si fort agité le pays et la Chambre ; mais parce qu'il vous plaît de passer l'éponge sur ces faits, n'imaginez pas que la trace en soit effacée. La trace, sachez-le bien, est profonde et durable. (Adhésion à gauche.)

Pour moi, ce qui me confond, c'est qu'après de tels exemples, après de tels scandales, vous vous étonniez que chaque jour les classes qui gouvernent deviennent plus suspectes aux classes qui sont gouvernées (Très-bien !) ; ce qui me confond, c'est qu'il vous paraisse singulier qu'entre les unes et les autres un abîme se creuse, et que sous nos pieds mêmes des idées funestes, anarchiques, antisociales, fassent quelquefois explosion. (Nouvel assentiment à gauche.) Vous dites, je le sais, que ce sont nos discours, nos journaux, nos banquets, qui font cela.

(*Quelques voix au centre.* Oui ! oui !)

Je suis heureux de rencontrer votre pensée.

Eh bien ! nous disons, nous, que ce sont les doctrines que vous professez, la politique que vous pratiquez, les exemples que vous donnez. (*A gauche.* Très-bien ! très-bien !)

Nous disons que c'est l'indulgence, l'impunité dont vous couvrez les actes les plus déplorables, lorsque ces actes peuvent vous être utiles ; et quand, pour vous justifier, pour obtenir ici un succès facile, vous vous bornez à prétendre que vos prédécesseurs ont fait et que vos successeurs feront exactement ce que vous faites, savez-vous la conclusion qu'on en tire? On en tire cette conclusion, que le mal n'est ni dans quelques hommes, ni dans quelques lois politiques ou administratives, mais dans le principe même des institutions qui nous régissent, et dans l'égoïsme incurable des classes auxquelles le gouvernement est confié. (C'est cela ! —Très-bien !) On en tire cette conclusion, conclusion déplorable, que, pour faire rentrer la France dans les voies de nos deux révolutions, il ne suffit pas d'opérer quelques réformes ou de changer quelques hommes, mais qu'il faut changer radicalement les institutions elles-mêmes, et enlever le pouvoir aux classes qui gouvernent. (*A gauche.* Très-bien !)

Voilà comment, dans votre aveuglement, vous ôtez tout espoir à ceux qui aiment encore à croire que l'avenir ne ressemblera pas au passé ; voilà comment vous fournissez aux partis extrêmes, à ces partis dont vous parlez sans cesse, le plus redoutable des arguments.

« Je dois dire, écrivait M. Guizot en 1820, que je ne conteste pas le péril ; seulement, à mon avis, c'est le système des Ministres qui le rend immense. C'est par la contre-révolution que la révolution est empoisonnée.

« Qu'on ne parle pas, ajoutait-il, des jacobins, quand on fait soi-même toute leur puissance ; qu'on ne nous menace pas de leur apparition, quand on semble prendre à tâche de les ressusciter. » (Rires d'approbation à gauche.)

Ce que M. Guizot disait en 1820, non pas contre le ministère Villele, mais contre le ministère Richelieu, il doit m'être permis, je pense, de le dire aujourd'hui contre le ministère qu'il préside.

Voici, je le dis avec douleur, mais avec une profonde conviction, comment la situation m'apparaît.

Il y a dix-sept ans, la France a fait une révolution, non pas pour remplacer une dynastie par une autre dynastie, mais pour remplacer le gouvernement représentatif faux par le gouvernement représentatif vrai (Très-bien !); non pas pour distribuer entre un plus grand nombre de parties prenantes les profits du pouvoir, mais pour contraindre le pouvoir à devenir l'instrument nécessaire de la grandeur, de la liberté, de la prospérité nationale. Mais, au lieu de cela, il est arrivé qu'une fois les premières difficultés vaincues, une fois les premières luttes terminées, ceux à qui le pouvoir est dévolu à tous les degrés, à tous les étages, se sont habitués à le considérer comme une propriété personnelle, comme un héritage privé qu'ils peuvent exploiter comme on exploite son champ ou sa mine. (C'est cela !)

Il est arrivé, par un contre-coup inévitable, qu'en présence de cette exploitation et de tout ce qui s'ensuit, ceux qui ne participent pas au gouvernement se sont demandé si, pour réaliser les promesses de 1789 et de 1830, l'ordre politique, l'ordre social tout entier n'était pas à refaire.

De là, Messieurs, ce que nous voyons : d'un côté un égoïsme si naïf, des cupidités si contentes d'elles mêmes (On rit) ; de l'autre, tant de colère et tant de haine ; d'un côté la négation ou l'oubli de toutes les idées libérales, de tous les sentiments généreux qui, deux fois en cinquante ans, ont enlevé le pouvoir à des mains indignes de le posséder ; de l'autre, le retour, le progrès des idées funestes, des idées antisociales qui ont détourné notre première révolution de son but.

Voilà, Messieurs, le gouvernement tel qu'on l'a fondé ; voilà la société telle qu'on l'a faite. Voilà l'état de choses dont la grande politique, selon la disposition ou le besoin du jour, s'enorgueillit ou s'effraye.

Il est donc bon, il est utile que nous nous expliquions à fond, et que nous disions ici mutuellement tout ce que nous avons sur le cœur. (C'est cela ! — Très-bien !)

Vous nous accusez d'être mus par des passions ennemies ou aveugles ; nous vous accusons, nous, de fonder sur les passions basses et cupides tout l'espoir de votre domination. (*A gauche.* Très-bien.)

Vous nous accusez de troubler, d'agiter le pays dans un misérable intérêt d'ambition ou d'amour-propre ; nous vous accusons, comme vous en avez accusé d'autres, de corrompre le pays pour l'asservir et pour perpétuer entre vos mains la plus déplorable des exploitations. (*A gauche.* Très-bien ! très-bien ! — Réclamations au centre.)

Vous nous accusez de donner, par nos discours, force aux partis extrêmes qui veulent renverser l'ordre social et l'ordre politique ; nous vous accusons de fournir, par vos actes, aux partis extrêmes le point d'appui, le levier qui leur manque. (Nouvel assentiment a gauche.) De ces deux accusations laquelle est fondée ? Ce n'est ni votre majorité, ni notre minorité, qui peut le dire, c'est le pays. (Rumeurs au centre.)

Si vous voulez dissoudre la Chambre, demain il le dira. (Interruption et bruit.)

..... Le pays éclairé par vos actes et par nos discours, c'est le pays dégagé des liens honteux à l'aide desquels vous aviez espéré l'enchaîner pour toujours à votre fortune. (Nouvelle approbation à gauche.)

Ne croyez pas, d'ailleurs, que, sous ce grand appareil de colères et de menaces, nous n'apercevions pas clairement ce qu'il y a. Vous savez que certains trafics, pour réussir, ont besoin d'être pratiques dans l'ombre et dans le silence. (On rit.) Vous savez que les hommes, quand ils se rapprochent, quand ils se serrent les uns contre les autres, sont moins accessibles à certains arguments, à certaines séductions. Or, les banquets ont le double inconvénient de rapprocher les hommes et de jeter une vive lumiere sur tous les trafics politiques. (Adhésion à gauche. — Rires ironiques au centre.)

Vous avez donc, je ne dis pas le parti pris, ce mot ne s'applique guère aux allures ministérielles (On rit), mais le désir d'interdire les banquets, et vous voudriez bien que la Chambre vous y aidât ; mais croyez-moi, abordez nettement la question, et ne comptez pas trop sur la loi de 1790, ni sur les autres lois que vous faites étudier depuis quelques jours, pour y trouver de meilleurs arguments. (On rit.) Je l'ai dit déjà, et je le repète, nous serions indignes de la liberté, si, forts du droit que nous donnent la constitution, la loi, la jurisprudence, nous allions reculer lâchement devant un ukase ministériel. (Adhésion à gauche.)

Puisque vous voulez interdire les banquets, osez donc proposer une loi qui étende, qui complète la loi des associations. (Approbation bruyante à gauche.)

(*M. Liadieres.* Si cette loi était nécessaire, on ferait bien de la présenter.)

Osez faire en 1848 ce qu'on n'a pas fait en 1834, au milieu des émeutes et en présence d'une vaste conspiration ! Osez démentir ainsi toutes vos paroles, toutes vos promesses, et prouvez une fois de plus au pays que nous sommes, à l'intérieur comme à l'extérieur, en peine contre-révolution. (Vive approbation à gauche. — Murmures au centre.)

S'il n'y a pas dans une telle conduite beaucoup de prudence, il y aura au moins du courage, et nous verrons si votre majorité voudra bien vous suivre jusque-là.

En attendant, nous y sommes bien résolus, nous continuerons à opposer la pression de l'opinion publique à la pression des interêts privés ; le bruit des réunions politiques aux murmures des séductions individuelles ; l'agitation à la corruption. (Approbation à gauche.) Ce n'est pas seulement notre droit, c'est notre devoir, et ce devoir, nous n'y manquerons pas. (Assentiment à gauche.)

Il ne faut pas se le dissimuler, si les passions révolutionnaires ont fait explosion dans trois ou quatre banquets, il est d'autres lieux où les passions contre-révolutionnaires ont éclaté avec non moins d'audace, avec non moins de fracas. (Mouvement.)

Le moment vient donc où, entre les partis, entre les opinions extrêmes, le rôle de ceux qui veulent corriger sans détruire, réformer sans renverser, est plus que jamais difficile. Est-ce une raison pour qu'ils y renoncent, et pour que, sans résistance, sans lutte, ils se laissent entraîner par un des deux courants qui mènent la France aux abîmes ? Messieurs, permettez-moi de vous le dire, ce serait à la fois le comble de l'imprevoyance et le comble de la lâcheté. (Très-bien !)

Quand on voit tant d'aveuglement d'un côté, tant de violence de l'autre, il est sans doute permis de se demander si les efforts du parti libéral, du parti constitutionnel, ne seront pas vains, et s'il lui sera donné de vaincre la contre-révolution tout en contenant la révolution dans de sages limites. (Approbation à gauche. — Murmures au centre.)

Ce mot vous déplaît, mais c'est le seul qui explique bien ma pensée. Il est permis de se demander si nous ne nous sommes pas flattés en 1830, quand nous avons cru avoir résolu définitivement le grand problème qui, depuis cinquante ans, agite la France et le monde. Mais, plus la tâche est laborieuse, plus nous devons l'aborder avec résolution, avec persévérance. Il est en France beaucoup d'hommes modérés et sages qui pensent comme nous. (Rires. — Interruption.) Ils ne sont pas sages à la façon de ceux qui m'interrompent, je le reconnais ; il est beaucoup d'hommes sages et modérés qui pensent avec nous que, pour sauver l'ordre public, l'ordre social, le système doit être changé, mais qui, par indolence ou par peur, laissent rouler le char sans rien faire pour l'arrêter. Que ces hommes mettent leur conduite d'accord avec leur opinion, et qu'ils cessent de confondre la faiblesse et la modération, l'inaction et la sagesse.

M. le Président du conseil parle souvent en très-beaux termes d'une politique libérale et modérée. C'est, en effet, la bonne politique, mais il ne suffit pas d'en parler, il faut aussi la pratiquer. M. le Président du conseil la pratique-t-il quand il laisse à l'intérieur violer tous les droits, pervertir toutes les institutions ? (Interruption au centre. — Très bien ! à gauche.) Oui, pervertir toutes les institutions et anéantir toutes les libertés. La pratique-t-il, quand au dehors il concourt à refaire contre l'indépendance, contre l'affranchissement des peuples, une nouvelle sainte-alliance ? (Très bien !)

Voilà la politique, la détestable politique, pour me servir d'une expression qu'employait l'autre jour M. le Président du conseil, voilà la détestable politique contre laquelle nous avons voulu soulever l'indignation du pays ; la majorité, si c'est son goût, est maîtresse de l'approuver encore une fois. Bien que vaincus, nous aimons mieux notre part que la sienne. (Très-bien ! — Approbation prolongée.)

(L'orateur, en descendant de la tribune, reçoit les félicitations d'un grand nombre de ses collègues. — La séance est suspendue pendant quelques instants.)

M. Quénault répond avec développement, en montrant les dangers des réunions illimitées, sans police, sans contrôle, qui menacent l'ordre public, l'ordre politique, l'autorité des Chambres. Il termine ainsi :

On oppose, Messieurs, à mes paroles l'exemple de l'Angleterre. Je suis loin d'être aussi versé que l'honorable M. Duvergier de Hauranne dans la connaissance et dans l'étude des usages de l'Angleterre ; j'en ai appris assez cependant, par une courte lecture, pour pouvoir vous dire qu'il n'y a rien d'absolu en cette matière ; que le droit de se réunir en foule pour délibérer sur des matières politiques n'est pas tellement absolu, tellement universel, tellement sacré, qu'il n'ait été quelquefois défendu et interdit par les lois.

Permettez-moi de vous citer, à cet égard, un passage d'un discours de l'illustre M. Canning :

« Veut-on parler du droit de se réunir en assemblée ? les personnes qui ont appelé de semblables réunions à Manchester vous disent qu'elles ont le droit de consulter la multitude sur la question d'une réforme parlementaire, qu'elles peuvent le faire là où elles le veulent et quand elles le veulent, sans avoir à consulter les magistrats ni la convenance des localités ; mais, cependant, le paisible habitant de Manchester a le droit aussi d'être tranquille dans sa propre maison, de continuer les travaux de sa manufacture, d'où dépend son existence et celle de sa famille ; il a le droit d'être protégé dans l'exercice de son industrie contre le fer, le feu, contre la sédition de ses ouvriers, qui arrêtent leurs travaux et se trouvent ainsi sans pain, livrés à toutes les horreurs du besoin. Il a le droit de demander protection ; et, si on la lui refuse, de transporter son industrie dans un autre pays. Parmi tous ces droits opposés, lequel prévaudra ? L'homme d'un sens droit ne peut hésiter à décider cette question. Le paisible artisan doit être protégé, et le malveillant arrêté dans ses projets.

« Il est certain que de telles réunions sont contraires à la loi ; elle veut, cette loi, le caractère de corporation pour tolérer des réunions...

« Toute espèce de pouvoir est vicieux s'il n'est accompagné d'une responsabilité ; elle prévient les abus de ce pouvoir quand il est exercé par des hommes réunis en existence permanente et définie. Otez à ces réunions ces qualités, et vous les transformerez en multitude, et, alors, quelle garantie reste-t-il, quelle garantie peuvent donner ces réunions à Manchester, Birmingham et autres endroits ? »

Et M. Canning cite une loi qui a défendu ces réunions dans le cas dont il parle.

« Telles sont cependant les tromperies que la loi passée à la dernière session a déjouées, et qui devaient renverser la liberté de ce pays. »

13.

En Angleterre, certaines réunions, lorsqu'elles paraissent dangereuses pour l'ordre public, sont défendues par les lois. En France, les lois de l'Assemblée Constituante ont délégué ce pouvoir aux autorités locales. Ce système est le plus conforme à la nature des choses. Le législateur n'est pas toujours là : il n'entre pas d'ailleurs dans la mission du législateur de statuer sur les cas particuliers, sur des espèces, en vue des circonstances spéciales, propres à telles réunions et non à toutes. Ce pouvoir ne peut être exercé avec discernement que par les autorités locales, et c'est à elles que l'Assemblée Constituante a bien fait de déléguer ce pouvoir que nos codes leur ont maintenu, qu'ils ont maintenu lors de leur révision en 1832, et que la Cour de cassation n'a jamais hésité à sanctionner dans l'application.

Que les autorités investies de cette mission par la loi fassent leur devoir. Quant à vous, Messieurs, vous en avez un autre : il vous appartient au point de vue politique de frapper d'une réprobation morale, d'une réprobation salutaire, ces procédés inusités et dangereux qui, favorisant l'explosion des passions ennemies, porteront les plus graves atteintes à la liberté, à la dignité, à l'autorité des corps politiques.

C'est par là, Messieurs, que, rétablissant les conditions de l'ordre, vous rétablirez le calme et la sécurité dans le pays. Vous y parviendrez aussi, vous y parviendrez plus sûrement encore en conservant toujours dans le cours de vos délibérations cette fermeté, cet esprit d'union et d'ensemble qui font votre force.

Vous le voyez, Messieurs, l'appel que l'Opposition a adressé au pays n'a servi qu'à faire éclater d'une manière plus évidente la diversité des partis opposants, la divergence de leurs vues générales et l'opposition de leur but. Pour vous, au contraire, il n'y a qu'un seul but, qui est le même pour tous : c'est le maintien et l'affermissement de nos institutions. (*Au centre.* Très-bien !)

Ayons toujours ce but devant nos yeux, qu'il soit la règle de notre conduite, la règle du jugement que nous aurons à porter sur toutes les mesures qui nous seront proposées, et il n'y aura pas de dissidence parmi nous ; toutes les opinions viendront se fondre dans cette commune et patriotique pensée.

Je vote pour le paragraphe du projet d'Adresse. (Approbation au centre.)

M. MARIE. Messieurs, le parti radical s'est associé aux banquets réformistes, il s'est associé dans l'intérêt de la réforme et pour la réforme. Ces réunions étaient-elles légales ? A mon sens, Messieurs, cela ne fait aucun doute. (Rumeurs au centre.) Le Gouvernement pourra bien faire de cela une question de force, il n'en fera jamais une question de droit légale et franche. (Nouvelles rumeurs.) C'est donc, Messieurs, des banquets eux-mêmes que nous avons à nous occuper, des opinions qui y ont été exprimées, des doctrines que vous y avez recueillies ; c'est devant le pays que nous entendons les soutenir. Non pas, comme vous le disait M. Duvergier de Hauranne, que nous prétendions à votre approbation, non pas non plus que nous nous préoccupions beaucoup du réquisitoire que vous venez d'entendre tout à l'heure... (Exclamations au centre.) Nous voulons ici nous exprimer avec autant de franchise, avec autant de netteté que nous l'avons fait ailleurs... Le parti radical, et j'appartiens à ce parti... (Oh! oh!), le parti radical a été violemment attaqué, on l'a accusé sur les questions sociales, sur les questions politiques ; permettez-moi de vous dire que les calomnies qui se sont élevées à cet égard doivent être repoussées, et c'est là ce qui me préoccupe.

L'orateur qui m'a précédé nous disait tout à l'heure que, dans les banquets, des doctrines perverses s'étaient fait jour, qu'on avait attaqué la famille, qu'on avait attaqué la propriété...

(*Une voix au centre.* Et la royauté.)

... Qu'on s'était incliné devant la terreur dont on voulait en quelque sorte se faire un système politique. C'est, Messieurs, contre ces accusations qu'avant tout je veux protester, en mon nom personnel et au nom de mes amis qui siègent avec moi sur ces bancs. (*A gauche.* Très-bien !)

Personne plus que nous, entendez-le bien, personne plus que nous n'honore et ne respecte la famille ; personne plus que nous n'honore et ne respecte la propriété...

(*M. Chégaray.* Et la constitution.)

...Avec le communisme, il n'y a ni moralité ni liberté; sans la famille on peut bien encore tenir au pays par l'esprit, par la pensée, on n'y tient pas par le cœur; et c'est dans le cœur qu'est la source du vrai, du grand patriotisme! (Très-bien!)

Sur ce point, comme vous le voyez, nous pouvons marcher d'accord ; voici ou nous nous divisons. Vous dites, dans votre projet d'Adresse, qu'il faut améliorer le sort des travailleurs : c'est bien, c'est une excellente pensée. Vous dites qu'il faut les prémunir contre les doctrines perverses : c'est bien encore. Mais, Messieurs, pourquoi donc cependant parmi la population se rencontre-t-il des hommes, et en grand nombre, qui s'élèvent contre la famille, ou qui s'élèvent contre la propriété? Pourquoi? C'est parce qu'au lieu de maintenir l'alliance intime qui s'était formée, à la révolution de Juillet, entre le Gouvernement et le peuple, vous vous en êtes violemment séparés. (Dénégation au centre.)

Pourquoi encore? C'est qu'au lieu d'attirer à vous par la confiance, vous éloignez par le soupçon. Pourquoi enfin ? C'est parce que, au lieu de faire entrer dans cette grande famille française tous les citoyens, vous les en avez écartés systématiquement et implacablement. (Rires ironiques au centre.)

Vous parlez de la famille... C'est bien; j'applaudis avec vous. Mais il faut pourtant que le foyer de la famille ne soit pas un foyer de désespoir et de misere. Que faites-vous pour cela? Rien, absolument rien. Vous parlez de la propriété et de la faire respecter ; faites-la d'abord aimer; qu'en avez-vous fait ? Vous en avez fait une puissance absolue, jalouse et exclusive. (Nouvelles dénégations au centre.)

L'intelligence, la capacité, ne sont rien ; et, à moins que l'intelligence ne s'élève à la propriété, elle est denuée de tous droits.

Et vous voulez, quand vous avez créé cet antagonisme entre l'intelligence, la capacité industrielle et commerciale et la propriété, qu'on respecte la propriété? Nous le voulons aussi, mais c'est à la condition de l'égalite.

Voilà pour la question sociale.

Quant à la question politique, permettez-moi un mot.

On vous parle de la terreur et il semblerait, à entendre les orateurs qui accusent le parti radical, que le parti radical ne veut pas marcher dans les voies politiques sans avoir devant lui la terreur.

Nous aimons la révolution, nous applaudissons aux principes de la révolution, nous nous inclinons devant ses grandeurs ; mais, sachez-le bien, jamais nous ne nous sommes mis à genoux et jamais nous ne nous mettrons à genoux devant les instruments de guerre dont on s'est servi dans ces déplorables temps. (Très-bien!)

Nous n'avons pas l'effroi que vous avez, parce qu'en effet, si la terreur a laissé des souvenirs sanglants, selon nous elle ne crée et elle ne peut pas créer de traditions ; et si j'avais besoin d'en demander la preuve à quelques faits de notre époque, je la demanderais à la révolution de Juillet, si grande, si généreuse, si magnifique dans ses résultats; je la demanderais aussi à cette révolution de Suisse, qu'on peut bien calomnier, mais dont on ne peut pas non plus taire la génerosité et la grandeur. (Mouvements en sens divers.)

(*Une voix au centre.* Et les confiscations?)

Je vous ai dit, Messieurs, ce que ne veut pas le parti radical, je vais vous dire ce qu'il veut. (Ecoutez! écoutez!)

Il veut, dans toute son étendue, la vérité de la souveraineté nationale proclamée en 1830. Voila ce que vous ne voulez pas, voila ce que nous voulons. (Mouvement au centre.)

Maintenant, la voulez-vous? Est-il vrai que vous la voulez, non pas seulement dans les apparences, qui sont toujours faciles, mais dans des actes, dans des faits! La voulez-vous dans les faits, la voulez-vous dans les actes? Est-elle dans les faits, est-elle dans les actes?

Il me semble, Messieurs, que la conséquence première, la conséquence la plus importante, ce serait l'égalité des droits. Où est l'égalité parmi vous ?

En faisant allusion à un discours que j'ai prononcé dans un de ces banquets, on disait tout à l'heure que le parti radical avait attaqué la bourgeoisie. On sait bien qu'il n'en est rien, on sait bien que ce discours, qu'on n'a pas lu, ne renferme aucune de ces idées; on sait bien que, si j'ai attaqué les bourgeois, ce sont les bourgeois qui veulent se faire gentilshommes, et non pas les bourgeois qui veulent rester dans la classe à laquelle ils appartiennent. (*A gauche.* Très-bien !)

Voilà ce que nous avons attaqué ; voilà ce que nous continuerons à attaquer.

Est-il vrai que l'égalité existe parmi nous? Voilà la question. On nous dit dans les journaux, on nous dit à la tribune qu'il ne faut pas distinguer entre les citoyens, qu'il n'y a pas plusieurs classes, qu'il n'y a que des citoyens.

Qu'avez-vous fait? Vous avez divisé le pays en deux zones : le pays légal d'un côté, et le pays extralégal de l'autre. Dans le pays légal, 200,000 ou 230,000 citoyens ; dans le pays extralégal, des millions d'hommes qui n'ont aucun droit politique, qui n'assistent à aucune élection parlementaire... (Exclamation au centre), qui ne concourent à nommer ni les autorités municipales, ni les autorités départementales, qui n'ont absolument aucun droit. Voilà ce que vous appelez égalité.

Ainsi, dans ce pays de France, 200,000 citoyens d'un côté, et de l'autre des millions d'hommes ; y a-t-il égalité entre des hommes dont les uns absorbent tous les droits, et dont les autres sont deshérites de tous les droits?

C'est en cela que nous disons que, pour vous, la souveraineté nationale n'existe pas, et nous demandons que la souveraineté nationale existe, non-seulement en principe, non-seulement comme une théorie, mais qu'elle existe dans toutes ses conséquences.

Est-il vrai maintenant que vous combattez le progrès qui conduirait à l'application de toutes les conséquences de la souveraineté nationale? Oui.

Toutes les réformes, vous les repoussez, vous les repoussez systématiquement. Quand on vous demande des réformes radicales, vous les refusez ; quand on vous les demande progressives, vous les refusez ; les plus petites réformes, vous les refusez ; de telle sorte que vous arrivez toujours à dire que vous voulez vous maintenir dans la situation actuelle, c'est-à-dire avec un pays légal, qui n'est autre chose qu'une aristocratie. (Réclamation au centre.) Voilà ce que vous voulez!

On appelle cela de la contre-révolution, et vous vous effrayez de ce mot. Vous protestez contre l'idée de contre-révolution! Mais, en vérité, les faits parlent plus haut que les mots. Quand on examine vos actes, quand on voit que vos actes sont une contre-révolution flagrante, on a quelque raison de dire, à la vue de vos actes, qu'elle est dans votre pensée, dans votre volonté.

Plus vous y marchez, plus vous voulez y marcher. C'est là ce que nous avons signalé au pays, et les applaudissements du pays nous ont répondu. (Adhésion à gauche. — Réclamations au centre.)

Je n'avais pas, Messieurs, d'autre but en montant à cette tribune que de faire cette protestation, que de montrer ce que le parti radical veut, ce qu'il veut, dégagé désormais de toutes les calomnies qui l'ont assiégé, de toutes les fantasmagories à l'aide desquelles on a voulu effrayer les esprits faibles. Maintenant ce but est rempli ; je n'ai rien à dire sur le reste, dont je ne m'occupe pas. (Adhésion à l'extrême gauche.)

(*Au centre.* Vous oubliez la Charte !)

M. Rouland ne répond pas aux doctrines du parti politique que représente M. Marie ; mais il s'attache à démontrer que l'agitation entretenue par l'Opposition est inutile, injuste, violente et compromettante pour le progrès.

Mais, quoi qu'il en soit des fautes de l'Opposition et des embarras réels qui pèsent sur le pouvoir, à Dieu ne plaise que je nie le devoir du Gouvernement et du parti conservateur! Ils doivent, avant tout, repousser les agitations comme l'atteinte la plus profonde à la véritable liberté des esprits; mais ils doivent aussi songer au mouvement inévitable, progressiste, continu des choses et des idées; aux besoins nouveaux qui surgissent, aux améliorations de toute nature que le temps prépare. (Agitation.)

Qu'ils regardent donc le pays, et s'ils trouvent dans ce pays, débarrassé de provocations suspectes, le vœu sincère, général, légalement exprimé, de réformes utiles, qu'ils aient le courage de prendre eux-mêmes l'initiative de ces réformes, afin d'en diriger l'organisation et la mesure. (Mouvements divers. — Rires ironiques à gauche.)

Voilà ce que je crois vrai, utile, sensé, parce que je prends au sérieux la politique libérale et modérée, la politique d'ordre et de progrès. Nous avons résisté avec énergie; le moment est venu de marcher avec sagesse. Nos doctrines, nos croyances politiques ont suffi pour consolider la monarchie de Juillet : elles suffiront pour assurer le développement régulier de toutes ses institutions. (*Plusieurs voix.* Très-bien!)

Maintenant, je résume ma pensée en disant que ces banquets ont été, à mes yeux, une agression vive, violente, injuste, et une grande faute politique. Voilà pourquoi je vote le blâme que le paragraphe de l'Adresse leur inflige. (Approbation au centre.)

M. Crémieux explique que la bonne volonté que manifeste le précédent orateur pour le progrès ne pourrait pas être traduite en actes par la Chambre, parce que le Ministère s'y oppose d'une façon absolue. Il rappelle l'argument de M. Guizot contre sa proposition de réforme électorale, repoussée à la fin d'une législature, comme déshonorant la Chambre, et au commencement de l'autre, comme jetant le discrédit sur les électeurs. L'orateur continue :

Il n'y avait donc pas moyen, Messieurs, de parler de réforme électorale devant la majorité, encore moins de vous entretenir de réforme parlementaire. Notre place était donc ailleurs, dans le pays. Nous l'avons occupée.

On nous reproche beaucoup ce que nous avons dit dans les banquets. Messieurs, je vous le déclare, nous sommes soulevés toutes les fois que nous réfléchissons à cette conséquence nécessaire, logique, forcée, de la loi de 1831 : c'est que chaque année le nombre des fonctionnaires publics augmente dans cette Chambre, c'est que nous en sommes venus à ce point que la majorité des votants va être la majorité des fonctionnaires; qu'en conséquence, vous aurez beau parler d'indépendance... (Bruit au centre.) Nous respectons toujours les indépendances individuelles et les consciences individuelles; il ne s'agit pas de cela dans une Chambre des Députés, il s'agit de principes. Est-ce que par hasard vous vous croyez meilleurs que n'étaient en 1750 et en 1800 les membres de la Chambre des communes en Angleterre, en 1820 et en 1810 les membres des Chambres françaises qui vous ont précédés ici? Est-ce que par hasard vous vous imaginez que parce que depuis sept ans, huit ans tout à l'heure, le même Ministère nous opprime... (Vives réclamations au centre), est-ce que vous vous imaginez que depuis ces huit ans vous vous êtes élevés au-dessus de la hauteur même de tous les principes?

Eh bien, comme principe, nous vous le déclarons, il n'y a rien de fatal aux yeux du pays, rien de plus contraire à l'indépendance d'une nation, que ce nombre prodigieux de fonctionnaires qui touche à la majorité, et qui va venir à la majorité si la loi de 1831 n'est pas réformée! C'est un des griefs les plus solides que nous avons fait valoir devant le pays, et nous le reproduisons ici avec la même confiance (Bruit au centre), je ne dis pas avec le même succès, que dans nos banquets. (On rit.)

Je sais bien que vous ne nous écouterez pas; mais c'est justement pour cela que, ne pouvant être entendus de vous, nous avons été réclamer devant le pays, pour qu'il nous entendît. (Agitation en sens divers.) Et tenez, Messieurs, il ne faudrait que ce mouvement dans la Chambre pour me prouver que le pays nous a entendus. (Applaudissements à gauche.)

Comment! ces banquets dans lesquels le pays n'a rien dit, n'a rien écouté, ces banquets vous ont inspiré un sentiment... Messieurs, je ne sais quel est ce sentiment, mais voici ce qu'il a produit : dans le discours du Trône, cent Députés de l'Opposition sont attaqués; dans le projet d'Adresse, cent Députés de l'Opposition sont attaqués, et au moment où nous venons vous parler, l'agitation que nous avons voulu soulever dans le pays par nos paroles, nous la soulevons sur vos bancs. (Dénégations au centre.)

Agitation d'une autre espèce, mais qui a la même cause. Maintenant arrivons aux banquets en eux-mêmes, et voyons la conduite que nous avons tenue.

L'orateur présente quelques considérations sur le caractère légal et la composition des banquets. Il continue ainsi :

Vous savez, Messieurs, pourquoi nous nous sommes adressés au pays ; savez-vous pourquoi il nous a répondu avec tant de sympathie ? C'est que nous avons parlé dans toutes nos réunions des faiblesses (c'est le mot parlementaire) de notre politique extérieure, des actes désespérants de notre administration intérieure. (Murmures au centre.)

Nous ne vous demandons pas assurément de revenir contre les votes si consciencieux auxquels vous vous êtes laissé entraîner, dans ces derniers jours, par la parole éloquente de M. le Ministre des affaires étrangères ; mais enfin, avant ces dernières séances, avant que vous ne vous fussiez prononcés, nous ne pensions pas avoir tort quand nous disions à tous ces hommes réunis par un sentiment de patriotisme (Rires au centre) ; peu importent les rires... ; quand nous leur disions : Notre patrie, chaque jour, descend du rang que la révolution de Juillet lui avait donné (Réclamations) ; notre patrie, chaque jour, voit se dégrader cette belle et magnifique renommée qui brillait dans tous les pays, qui la proclamait la protectrice de tous les peuples libres. (Murmures au centre. — Applaudissements à gauche.)

Oui, nous avons fait au Ministère un reproche sanglant ; nous lui avons reproché et sa coupable soumission devant l'Angleterre pendant que dura l'alliance anglaise, et sa malheureuse rupture avec l'Angleterre dans les circonstances les plus déplorables.

Nous avons dit : Tant qu'il s'est agi de notre puissance elle-même, de notre honneur, de notre dignité, pendant l'alliance avec l'Angleterre, le Ministère a tout sacrifié à cette alliance ; mais, quand il s'est agi d'un simple intérêt plus spécial et de famille...

(*Au centre.* A l'ordre ! à l'ordre ! — *A gauche.* Parlez !)

Messieurs, le premier, à cette tribune, j'ai attaqué les mariages espagnols avec la modération convenable ; mais j'ai dit, et je le répète, dès le jour de ces mariages, vous avez délaissé l'alliance anglaise, ce qui, en soi, peut n'être pas un crime ; mais vous vous êtes immédiatement retournés vers les pouvoirs absolus ; vous avez donné la main de la France à la main de l'Autriche, au moment où la main que vous serriez dans la vôtre fumait encore du sang de la Pologne, du sang de la Gallicie. (*A gauche.* Très-bien ! très-bien !)

Voilà ce que nous avons dit, ce que nous avons eu raison de dire.

Quant à l'intérieur, le tableau que nous en avons fait a reçu des couleurs bien plus vives encore dans les dernières séances qui viennent de s'écouler. Était-ce donc à vous qu'il fallait parler de ces indignités, à vous qui, lorsque après les débats les plus solennels, vous aviez présenté le faisceau de deux cent vingt-cinq satisfaits ? Après cette discussion si vive, dans laquelle toutes nos plaies saignantes encore avaient été mises à nu, deux cent vingt-cinq voix s'étaient, je le répète, déclarées satisfaites ! Eh bien, la France ne l'était pas. (*A gauche.* Très-bien ! très-bien ! — *Au centre.* Non ! non !)

Non, la France n'était pas satisfaite ! Et pourtant nous ne savions pas tout encore dans nos derniers banquets ; c'est plus tard, c'est ici que, sous vos yeux, il y a quelques jours, se sont déroulés bien d'autres actes d'immoralité, de corruption ; ils ont amené une déclaration de confiance à joindre à la déclaration de satisfaction. (Mouvement.)

Eh bien, Messieurs, vous savez tout. Nous avons tout dit dans nos banquets, et voilà pourquoi nous avons été sympathiques, voilà pourquoi vous vous en êtes émus, voilà pourquoi vous nous avez fait accuser par la bouche royale, voilà pourquoi vous venez aujourd'hui, dans votre Adresse, nous accuser encore.

Nous accuser ! mais, permettez-moi de vous le dire, ce n'est pas même là un acte de majorité ; prenez-y garde, vous n'avez pas le droit de nous accuser ; non, vous n'en avez pas le droit.

Qu'entre nous, dans les débats des Chambres, à la tribune, dans ces interruptions que je comprends, chacun de nous dise aux autres, dans l'intérêt de l'opinion qu'il soutient et qu'il croit véritable : « Vous êtes aveugles ! » ou même, s'il veut aller jusque-là : « Vous êtes ennemis! » je l'admets. Mais dans une adresse, dans un discours au Roi, discours qui, étant l'expression de la majorité, doit être considéré comme l'expression de la Chambre tout entière, vous allez frapper cent de vos membres! vous allez nous déclarer, à cent, que nous sommes aveugles; à quelques-uns, que nous sommes ennemis !

(*M. Chambolle.* Charles X l'a dit.)

On vous l'a dit avec raison, Messieurs, cette injure de votre part ne peut nous toucher. Et la raison en est toute simple : c'est que, toutes les fois que vous dépassez votre compétence, votre droit, vous ne pouvez plus nous atteindre.

Comment! parce que nous avons compris autrement que vous cette détestable politique qui, depuis huit ans, fait notre honte au dehors et notre désespoir au dedans (Réclamation au centre. — Approbation à gauche), parce nous l'avons comprise autrement que vous, vous venez nous dire que nous sommes aveugles !

Eh! Messieurs, permettez-moi de vous le dire, vous voyez une paille dans notre œil. (Vive approbation et rires à gauche.)

Messieurs, voila quelques années qu'une expression désolante passa dans l'Adresse de la Chambre malgré tous les efforts de la minorité, malgré tous les efforts de l'Opposition. Nous vous déclarâmes à cette tribune que la majorité ne pouvait pas, qu'elle ne devait pas flétrir quelques-uns de ses membres. Vous voulûtes laisser la flétrissure, les colléges electoraux vous renvoyèrent ceux que vous aviez flétris. C'etait un mauvais acte de majorité. Oui, c'était un mauvais acte de la majorité passée que cette flétrissure publique imprimée a des collègues.

(*M. de la Rochejaquelein.* Elle a rebondi sur ses auteurs.)

Mais que serait donc l'acte que vous allez faire? La censure de cent de vos collegues! Vous êtes donc bien forts, bien habiles, bien sûrs de vous-mêmes que, dans la situation ou vous êtes, vous proclamiez vos collegues aveugles et vous seuls clairvoyants!

Permettez-moi un souvenir :

Le Ministère du 1er mars arrive au pouvoir; la question politique se pose sur les fonds secrets; le débat s'engage, il est grave, il est sérieux ; 182 voix de majorité couvrent la demande du ministère : c'etait une grande et belle majorité. Le Ministere du 29 octobre arrive, il pose la question du Cabinet sur l'Adresse; la discussion est large, vive, animée; 182 voix de majorité couvrent son Adresse. Voilà les majorités.

(Mouvement. — Interruption.) — *M. Muret de Bort.* Ce n'etaient pas les mêmes voix.)

C'était la même Chambre. Et voulez-vous me dire par quel miracle vous avez si bien retourné les votes que vous êtes arrivés a avoir 182 voix pour le 1er mars et 182 voix pour le 29 octobre?

Je vous dis ceci : Qu'un mouvement extérieur (puisque les mouvements interieurs ne sont rien pour vous), que le vent qui vient du côté de la Sicile ou de Naples se change en un événement plus grave encore; que cette Autriche, toujours menaçante, entraîne le roi de Naples, toujours prêt à se laisser entraîner, a une violation nouvelle du troisieme contrat qu'il jure à ses peuples; qu'un mouvement nouveau vienne à s'élever à Naples, et que l'Autriche intervienne, que feront vos Ministres? De deux choses l'une : ou ils oseront intervenir ouvertement avec l'Autriche, et dans ce cas, je vous le dis à vous-mêmes, vous vous indignerez contre eux ; ou bien, sans intervenir au grand jour, ils laisseront le gouvernement napolitain manquer a ses premiers devoirs, ils le soutiendront, en secret, et dans cette situation vous vous indignerez encore. (Non ! non !)

Si vous ne vous indignez pas, nous nous indignerons, nous; nous nous adresserons plus vivement encore au pays, et peut-être alors le pays, qui sait qu'il y a des limites à toutes les mauvaises politiques, le pays se levera, et, par ses réclamations pleines de patriotisme, précipitera enfin la chute de ce Ministère; avec ce Ministère son système s'évanouira. (Mouvement.)

Vous, Messieurs, vous vous éclairerez peut-être. (Rires à gauche.) Qui sait? Votre majorité viendra peut-être, c'est probable (On rit), en grande partie soutenir la minorité actuelle, qui alors appuiera le Ministère nouveau. Qui donc alors, de vous ou de nous, sera justement traité d'aveugles?

Messieurs, j'ai voulu faire entendre à la majorité le langage que la délicatesse de nos mœurs parlementaires commande, j'ai fait ce qui dépendait de moi pour que vous le comprissiez. Si vous avez un parti pris, si vous êtes décidés à frapper la minorité d'un coup de majorité, dont vous tenteriez de faire un acte de censure, nous vous le déclarons, Messieurs, nous ne vous reconnaissons pas pour juges, nous avons des juges hors d'ici, qui prononceront sur vous comme sur nous, et ce que vous mettez dans votre adresse ne nous touchera pas le moins du monde. Seulement, si vous nous disiez : Faites donc comme ceux que nous avons flétris, osez vous représenter devant les électeurs, et nous verrons s'ils vous éliront encore; voici ce que nous vous répondrions : Votre censure ne nous touche pas, mais votre avis est bon ; si vous voulez suivre le nôtre, donnez aussi votre démission; allons ensemble devant les électeurs, et le pays prononcera. (Rire général. — Vive approbation à gauche. — Longue interruption.)

M. D'HAUSSONVILLE dit que les orateurs de l'Opposition cherchent à atténuer les fautes politiques qu'ils ont commises. Il oppose, au discours prononcé tout à l'heure par M. Marie, les paroles du banquet d'Orléans, citées par le journal *le Loiret*.

« Il s'est fait entre le Ministère et les hommes du parti conservateur, je ne dirai pas un pacte, le mot est trop élevé (Rires d'approbation), un marché, dont les intérêts démocratiques doivent faire les frais A chacun sa part . celle du parti conservateur est large et belle : retenir pour lui seul les droits politiques. Ainsi, il espère constituer la bourgeoisie et lui donner les honneurs, les priviléges, la noblesse. »

(*Voix a gauche*. Mais c'est vrai, cela!)

« Insensés! Ils marchent vers un avenir impossible, et, pour l'atteindre, ils foulent aux pieds un passé glorieux. »

(*A gauche*. Mais c'est vrai! c'est très-bien!)

M. d'Haussonville. Ici nous sommes tous d'accord : M. Marie veut bien faire l'éloge du passé glorieux des classes moyennes, mais voyons le présent.

« Les pères sont morts, dit toujours M. Marie ; les fils se sont perdus dans leur orgueil. Infidèles gardiens des fruits de la conquête, ils veulent conserver pour eux seuls la richesse de tous... »

(*A gauche*. Eh bien! eh bien! n'est-ce pas vrai?)

« Ils ne savent pas qu'une vieille et honorable roture vaut mieux qu'une noblesse d'hier, usurpée et non conquise par la vertu. »

(*A gauche*. Très-bien! très-bien!)

M. d'Haussonville. Je demande ce que c'est qu'une noblesse usurpée par les classes moyennes, je cherche à le comprendre, et je serais enchanté qu'on me l'expliquât. Vous allez voir.

« Mais du moins, ces hommes nés du travail, enrichis par lui, grandis par lui, tendent ils la main aux travailleurs placés au-dessous d'eux ? Dans les jours de grandes misères on ouvre des loteries pour la classe pauvre; on danse pour elle, on étouffe sa faim pour alléger son désespoir. C'est bien, mais songe-t-on..., etc. »

(*A gauche*. Est-ce que c'est tout?) — (On rit.)

M. d'Haussonville. Je demande quel est l'effet que peut produire un semblable langage adressé aux classes ouvrières, travaillées comme elles le sont aujourd'hui par le communisme, dont M. Marie vient de faire une si sanglante satire a cette tribune, et dont j'aurais été bien aise de lui entendre dire quelque chose au banquet d'Orléans; je lui demande s'il est sorti de son parti une seule proposition, une seule ayant pour but d'améliorer soit le moral, soit le bien-être matériel des populations, et s'il a trouvé une opposition quelconque sur les bancs où nous siégeons? (Bruits divers.)

Quand on pourra prouver cela, il sera permis alors de parler des classes moyennes de la société dans les termes où l'a fait notre honorable collègue. Jusque-là, j'ai le droit de lui dire : En tenant un semblable langage, bien certainement contre ses intentions, il fait appel à des passions qui ne pourraient amener que le désordre et l'anarchie, et un état de choses mille fois pire... (Approbation au centre.—Rires et bruit à gauche.)

M. Berger. Rappelez-vous donc ce que vous avez dit des bourgeois de la Suisse.

Séance du mardi 8 février 1848. — Présidence de M. Sauzet

M. Léon de Maleville. Messieurs, serait-ce trop demander à nos adversaires, quand leurs sentiments sont unanimes, de vouloir bien mettre un peu leur langage d'accord?

Lorsque j'entendais hier les lamentations de notre honorable collègue, M. Quénault, sur l'état dans lequel les banquets avaient mis la société, bouleversée de fond en comble et jusque dans ses derniers fondements, j'avais peine à m'expliquer les paroles qu'avait prononcées, deux jours auparavant, M. le Ministre des affaires étrangères, et que je veux vous rappeler :

« Vous le voyez tous, vous le dites tous, il y a depuis quelques mois une grande fermentation dans notre pays ; une grande passion se manifeste dans nos débats. Je vous le demande à vous-mêmes : est-ce que l'ordre en est troublé? est-ce que la liberté en est supprimée? est-ce que la paix en est menacée? Non ! non! Les alarmes qu'on a apportées a cette tribune sont des alarmes excessives... Oui, les banquets ont pu se réunir, il a pu en naître la fermentation que vous savez, nous pouvons débattre avec passion toutes les questions que nous débattons. »

Eh bien, Messieurs, cette fois, c'est l'honorable M. Guizot qui a raison; son bon sens, après tout, ne peut pas se prêter toujours aux passions de son parti.

L'orateur insiste sur le calme désespérant des banquets, qu'on n'aurait pas été fâché de voir suivis de quelques troubles. Il rappelle le discours de M. Quénault en 1839 contre la coalition, à laquelle on reprochait de ne profiter qu'à la république ou à la contre-révolution. Ce qui n'a pas empêché M. Quénault d'occuper les fonctions de secrétaire général de MM. Duchâtel, Dufaure, etc., et de devenir depuis conseiller à la Cour de cassation. Il rappelle les paroles prononcées par M. Guizot à Lisieux, le 3 mars 1839 :

« On parle beaucoup de la coalition , » il s'adressait à ses électeurs qui venaient de le nommer après la coalition, « voyez ce qui se passe parmi vous dans ce collège · quelqu'un de vous a-t-il renié ses opinions, ses antécédents, ses amis? vous sentez-vous coupables (non pas de corruption cette fois), vous sentez-vous coupables de défection ou d'hypocrisie? Non certes, vous êtes conséquents avec vous-mêmes, fidèles à tout ce que vous avez pensé , fait , aimé , servi, et pourtant vous vous êtes rapprochés les uns des autres , vous pensez , vous votez ensemble sous l'empire d'une même idée, d'un même sentiment, l'attachement au gouvernement représentatif, a sa vigueur, au désir de le voir vrai et efficace. »

C'est sous l'empire du même sentiment que nous nous sommes réunis ; et l'exemple nous a été donné d'assez haut pour que nous ayons pu le suivre en toute sécurité.

Il y a quelque chose de plus piquant, Messieurs, dans cette publication que le hasard a fait tomber dans mes mains. (Rires.) Dans ce même discours, nous retrouvons une expression devenue célèbre ; mais vous allez voir à qui elle s'appliquait cette fois. Je prie mes collègues du centre de vouloir bien m'entendre avec attention. (Parlez! parlez!)

« Nous savons, disait l'honorable député de Lisieux, comment les gouvernements s'engagent dans une mauvaise voie, se compromettent de plus en plus et finissent par se perdre, toujours entourés d'amis, mais d'amis aveugles..... »

C'était vous, Messieurs, alors !,(Rire prolongé à gauche.)

« ..... D'amis aveugles et faibles qui ne savent ni les avertir, ni les retenir. »

L'orateur s'étonne qu'on ait osé soulever la question de légalité, qui a stupéfait les jurisconsultes de la Chambre des Pairs. Il rappelle les paroles de M. Guizot à une autre époque :

Je crois rêver quand j'entends invoquer les lois de 1790, les lois de l'Assemblée Constituante , comme restrictives du droit des citoyens. (Vive approbation à gauche.)

Il était donné au Ministère de 1848 de découvrir que cette législation était la plus draconienne que nous puissions avoir en matière de police.

Puisqu'on n'a pas voulu nous expliquer sur quoi s'appuie l'argument, je vais le chercher moi-même; et cependant il y a peut-être ici un piège, nous avons peut-être grand tort d'entrer dans la discussion de la légalité, quand l'évidence est si frappante; ce qu'on veut peut-être, c'est faire croire que, par cela seul que nous sommes obligés de répondre, il y a doute. On veut alarmer les citoyens sur la légalité de leur droit, on espère que dans le doute ils respecteront le caprice du pouvoir.

Eh bien, Messieurs, il faut même que ce subterfuge disparaisse; il faut que les citoyens sachent qu'ils ont le droit et le devoir de résister (Assentiment à gauche); car, si nul n'a le droit de s'insurger contre la loi, de s'élever contre le Gouvernement agissant dans la limite de son pouvoir, chacun a le droit et le devoir de lui résister, quand ses actes sont arbitraires. (Nouvel assentiment à gauche.)

Eh bien, la loi de 1790, la voici : Il s'agit dans l'espèce, pour parler le langage des jurisconsultes, il s'agit dans l'espèce de savoir si le Gouvernement a le droit de prévenir, d'empêcher une réunion accidentelle de citoyens ; cette loi porte :

« Les objets de police confiés à la vigilance de l'autorité et des corps municipaux sont :

« Le soin de réprimer (et non de prévenir, Messieurs) et de punir les délits contre la tranquillité publique, tels que les troubles et disputes dans les rues, le tumulte excité dans les lieux d'assemblées publiques.....

« 3° Maintien du bon ordre dans les lieux où il se fait de grands rassemblements d'hommes, tels que foires, marchés, réjouissances, cérémonies publiques, spectacles, jeux, cafés et autres lieux publics. »

Voilà le texte, Messieurs, et c'est de ce texte qu'il faut faire ressortir le droit d'empêcher les citoyens de se réunir. Loin de l'empêcher, ce texte le prévoit, car il donne à la police, ce que nul ne lui conteste, le droit de surveiller, le droit de veiller à la tranquillité publique dans les lieux de rassemblements.

Mais voici qui est beaucoup plus curieux. L'Assemblée Constituante, en faisant cette loi, l'accompagna d'une instruction pour les corps administratifs chargés de l'exécuter.

« Les directoires veilleront de même à ce que les citoyens ne soient pas troublés dans la faculté de se réunir paisiblement pour rédiger des adresses et des pétitions, lorsque ceux qui voudront s'assembler ainsi auront instruit les officiers municipaux du temps, du lieu et du sujet de ces assemblées, et à la charge de ne pouvoir député que dix citoyens pour présenter ces adresses et pétitions. »

C'est ce qu'on a toujours fait dans ce cas. Chaque banquet a été précédé d'un avertissement donné à l'autorité locale ; elle a su le jour, le lieu et l'heure où la réunion devait se faire.

Ainsi, vous le voyez, aux termes de ces instructions, loin d'avoir le droit de prévenir ces réunions, vous nous deviez aide et protection pour les tenir.

« Dans aucun cas, les adresses et pétitions faites au nom de plusieurs citoyens réunis ne seront reçues (Écoutez bien) si elles ne sont pas le résultat d'une assemblée de ces citoyens, qui aient délibéré ensemble de les présenter, et si elles ne sont souscrites que de signatures recueillies dans les domiciles, sans assemblées ou délibérations antérieures. »

J'ignore si la commission du Château-Rouge avait bien consulté les instructions de 1790, mais il faut reconnaître qu'elle les a merveilleusement suivies.

Eh bien, voilà pour la législation de 1790.

Mais le droit qu'ont les citoyens de se réunir librement, est-ce qu'il ne résulte pas des exceptions, même des exceptions légales qui ont été apportées à l'exercice de ce droit ?

Le droit de se réunir accidentellement ! il résulte de l'art. 291 du Code pénal, qui ne permet pas les réunions habituelles sans autorisation préalable du Gouvernement ; il résulte enfin de la loi exceptionnelle sur les associations de 1834.

Oh ! ici, Messieurs, des réserves ont été faites, et je n'aurai que l'embarras du choix. Je ne vous lirai pas tout ce que j'ai recueilli, ce serait bien long ; mais je puis dire qu'à chaque phase de la discussion, rapporteur, ministres, orateurs, tous s'empressèrent de faire la réserve la plus absolue quant au droit de réunion accidentelle.

M. Martin (du Nord), rapporteur, disait :

« J'ai souvent, dans le cours de cette longue discussion, entendu confondre dans la Chambre deux choses qui ne devraient point être confondues : les réunions et les associations. La réunion a pour cause des événements imprévus, instantanés, temporaires ; le motif venant à cesser, la réunion cesse avec lui. »

M. Hervé :

« Et qu'on ne vienne pas dire que c'est enchaîner la pensée et isoler les sympathies politiques, opprimer les minorités. Jamais on n'a confondu le droit de se réunir avec la faculté de s'associer. Se réunir, c'est vouloir s'éclairer et penser ensemble (ce qui n'empêche pas de dîner) (On rit) ; s'associer, c'est vouloir se concerter, se compter et agir. »

Messieurs, en vérité, quand nous lisons de pareils textes, quand nous rappelons de tels souvenirs, n'aurions nous pas le droit, sans courir le danger du rappel à l'ordre, toujours suspendu sur nous depuis quelques jours...(Réclamations au centre.—Rires à gauche), n'aurions-nous pas le droit de dire que la discussion sur ce point n'est pas de bonne foi ? Quand l'évidence est si grande, vouloir faire discuter la question, c'est ne vouloir autre chose que ce que j'indiquais tout à l'heure, faire élever le doute là où il ne peut exister, par cela seul qu'une contradiction quelconque aura lieu. de pouvoir dire enfin : La preuve que ce droit n'est pas si clair, c'est que nos adversaires eux-mêmes ont été obligés de le discuter.

Voilà tout ce qu'on veut.

Messieurs, c'est à présent à la conscience de chacun de juger.

Je l'avoue, pour mon compte, personne ne m'a fait l'honneur de me choisir pour avocat consultant; mais ceux qui me consulteront et qui me demanderont s'ils ont le droit de se réunir, je leur répondrai : Il y a un philosophe devant qui l'on niait le mouvement; il s'est mis à marcher, faites comme lui. (Approbation à gauche.)

Je veux terminer cette partie de la discussion par la citation d'un auteur inépuisable auquel nous faisons bien des emprunts, je l'avoue, et dont nous finirons par affaiblir l'autorité en le citant si souvent. (On rit.) Voici ce que disait l'honorable Ministre des affaires étrangères en 1830 :

« Les citoyens ont le droit de se réunir pour causer entre eux des affaires publiques, et il est bon qu'ils le fassent, et jamais je ne contesterai ce droit ; jamais je n'essayerai d'atténuer les sentiments généreux qui poussent les citoyens à se réunir, à se communiquer leurs sympathiques opinions » (Agitation)

Il est bien dangereux pour un Gouvernement, d'ailleurs armé d'une législation si puissante que la nôtre, d'ergoter sur les lois. Rappelez-vous ce qui est arrivé à la Restauration : elle a demandé pendant trois ans à l'art. 14 de la Charte de lui donner le droit de violer la constitution : elle a tant ergoté là-dessus, qu'elle a fini par croire à l'art. 14, et elle n'y a trouvé que le moyen de se faire renverser. (Mouvement prolongé.)

Il est excessivement dangereux d'opposer ainsi des arguties, permettez-moi le mot; nous verrons plus tard, lorsque vous nous aurez répondu, s'il est plus ou moins juste; il est excessivement dangereux et peu digne pour un Gouvernement, quand il s'agit de l'exercice du droit le plus sacré des citoyens, d'aller leur opposer je ne sais quelle misérable chicane qui tombe devant l'examen sérieux, je ne dis pas des jurisconsultes, mais d'un homme de bon sens. (Adhésion à gauche.)

Au surplus, je rends grâce aux citoyens qui vous ont donné le temps de réfléchir; ils ont été plus sages que vous; ils ne vous ont pas pris au mot, ils vous ont laissés réfléchir sur la portée de la défense dont vous les avez menacés. Ils ont compté sur votre sagesse; j'y compte aussi, moi, et je crois que la loi de 1790 peut bien être par vous invoquée, mais qu'on reculera devant l'application. (Mouvements divers)

L'orateur examine les reproches d'inconvenance adressés aux banquets. Il explique ce dont on a parlé dans les banquets, et avec grande raison, le voyage à Gand, les fonctionnaires publics, les marchés de places, la corruption. Les Deputes se sont dépouillés de leur immunité pour exposer leurs discours aux poursuites. Il dit que le parti adverse ferait mieux d'opposer banquets à banquets, que de faire supprimer par la police ceux qui lui déplaisent. Il cite l'usage de l'Angleterre, où les plus grands seigneurs descendent dans les meetings. Pourtant, dit-il, nous avons eu un contradicteur permanent: c'est un journal dont les injures nous touchent peu, parce que, d'une part, nous savons ce qu'elles valent, et que, de l'autre, vous savez ce qu'elles coûtent. (Hilarité prolongée.)

L'orateur reproche au Ministère d'avoir placé dans le discours de la Couronne des injures qu'on ne devrait pas dire dans un gouvernement constitutionnel.

L'orateur termine ainsi :

Ces injures, ce qu'elles ont de grave, c'est de mettre en doute des dévouements éprouvés.

En fait de dévouements, on n'en prodigue pas le témoignage à ceux qui le dédaignent. Mais on peut rappeler, sans manquer à aucun devoir, que ces dévouements n'ont pas toujours été si dédaigneusement méconnus. Quand on a demandé d'entourer le siége du royaume de fortifications fort contestées, et que repoussaient alors 74 voix de ce parti conservateur sur lequel on s'est toujours appuyé, on en appela à ces dévouements aujourd'hui suspects. On les a trouvés ces dévouements. (Interruption.)

On les caressait; ils avaient d'autant plus de prix qu'ils n'avaient pas la fadeur de l'habitude. Quand une loi très-essentielle a été demandée, une loi dynastique, je sais aussi quels appels ont été faits à ces dévouements. Quand il s'est agi de la loi de régence, on les cherchait avec empressement, et les caresses ne manquaient pas. Si le temps des dotations n'était pas passé sans retour, je crois que ces dévouements verraient encore faire plus d'un appel à leurs sympathies.

Eh bien, Messieurs, ces souvenirs, ces sentiments nous consolent et nous vengent complétement du dédain qu'on en fait aujourd'hui; et je suis bien certain d'une chose , c'est que, si jamais il prend peur à ce Gouvernement, je sais encore quels sont les dévouements auxquels il aura recours.

Voilà pourquoi il serait peut-être digne et prudent de ne pas les insulter le jour où l'on croit n'en avoir plus besoin.

(*Voix au centre.* Il n'y a pas d'insultes. — *M. Crémieux.* Supprimez donc les expressions du paragraphe.)

J'ai dit : Si jamais la peur prenait à ce Gouvernement; et, à ce sujet, je termine par une citation.

Nous avons voulu l'agitation politique ; nous avons dit : « Agiter vaut mieux que corrompre. »

Nous sommes sincèrement, sérieusement effrayés du développement de la corruption dans notre pays : je dis que vous en avez vous-même le sentiment. (Dénégation au centre.)

Permettez-moi de vous lire les paroles d'un conservateur très-célèbre qui écrivait en 1730, avant que la corruption du dernier siecle et la terrible expiation de la revolution française les eussent confirmées; Bolingbroke écrivait au docteur Swift, le 6 mai 1730 :

! « J'ai pensé quelquefois que si les prédicateurs, les bourreaux et les auteurs qui écrivent sur la morale, arrêtent ou même retardent un peu les progres du vice, ils font tout ce dont la nature humaine est capable. Une réformation réelle ne saurait être produite par des moyens ordinaires ; elle exige a la fois des châtiments et des leçons ; c'est par des calamités nationales qu'une corruption nationale doit se guérir. » (*A gauche.* C'est cela! très-bien !)

Messieurs, si vous voulez vous préserver du remède, préservez-vous du mal. (Vive approbation à gauche. — Agitation prolongée.)

M. Duchatel, *Ministre de l'intérieur,* soutient que l'interdiction des banquets est légale, et que cette doctrine a été appliquée par toutes les administrations precedentes, y compris celle à laquelle M. de Maleville a été attaché.

Il a été reconnu de tout temps que la loi de 1790, combinée avec la loi de 1791, qui donne le droit à l'autorité municipale de faire des règlements sur les objets compris dans le titre correspondant de la loi de 1790, implique pour l'autorité le droit de s'opposer aux réunions, quand ces réunions paraissent devoir être dangereuses pour l'ordre public ; et cela est tout simple : la loi ne peut admettre, sans contrôle, sans aucune espèce de précautions de la part de l'autorité, ce droit exorbitant d'établir partout des réunions politiques, d'ouvrir des clubs, de semer partout l'agitation. (Interruption bruyante et prolongée à gauche.)

Je sais très-bien l'objection qu'on pourra me faire : on dira que les clubs sont des associations permanentes. C'est vrai; mais vous avouerez que, sans association permanente, sans rien de régulier dans les reunions, sans rien qui pût leur donner le caractère d'une association, s'il était permis à tout le monde, partout, d'ouvrir des réunions, d'établir des tribunes où seraient discutées les questions politiques au milieu de l'agitation et du désordre, ces réunions seraient encore plus dangereuses que ne l'a été le système général des clubs, et, dans tous les cas, lorsque de telles réunions sont organisées d'une manière générale, elles ressemblent singulièrement à ce qu'on a appele des clubs. (Vif assentiment au centre. — Rumeurs à gauche.)

La loi des associations ne pouvait pas se rapporter à cette question, et par une raison fort simple.

L'art. 291 du Code pénal établissait que toute réunion de plus de vingt personnes à des jours réguliers était un délit qui devenait justiciable des tribunaux.

Que fit-on en 1833 pour éluder l'art. 291 du Code pénal? On établissait des réunions affiliées entre elles, mais dont chaque fragment était composé de moins de vingt personnes; et en même temps, au lieu de se réunir à des jours marqués, on se réunissait d'une manière irréguliere.

C'est ainsi que s'était constituée la *Société des droits de l'homme,* qui se proposait de livrer bataille au Gouvernement, et qui effectivement a livré cette bataille apiès la loi des associations, en avril 1834.

La loi des associations a donc eu deux caractères : 1° de prohiber toute association, même de moins de vingt personnes, quand l'association totale, dans ses divers fragments, formait une agrégation générale au-dessus de la limite posee par le Code pénal.

2° La loi de 1834 n'exigeait plus que la réunion fût périodique, et transportait aux tribunaux correctionnels la compétence qui était attribuée précédemment aux cours d'assises. Il est bien évident que si la loi de 1834 s'appliquait aux associations composées de moins de vingt personnes, car elle était faite précisément pour atteindre les sociétés qui, à raison de leur petit nombre, pretendaient échapper aux dispositions du Code pénal, elle ne s'occupait pas des réunions nombreuses. Quand donc on disait à ceux qui soutenaient la loi de 1834: Entendez-vous appliquer cette loi à toutes les réunions, même de bienfaisance ou de famille? on répondait, M. Martin (du Nord), alors rapporteur, répondait que ce n'était pas possible, que la loi ne s'appliquait en aucune manière aux réunions de famille; mais en même temps personne ne dit que les réunions jouissaient d'une liberté illimitée. En effet, il eût été étrange qu'on laissât une liberté illimitée pour les réunions politiques, quel que fût leur caractère et quels que fussent leurs résultats, quand on n'admettait pas même les associations de moins de vingt personnes. Cela eût eté contradictoire.

L'orateur cite des faits d'interdiction d'un bal qui avait un caractère politique, d'un banquet offert à Lyon à M. Garnier-Pagès, d'autres banquets dans l'Ain, l'Isère, le Bas-Rhin, en 1833; au Mans, en 1835.

M. le Ministre cite les instructions suivantes, données par le Ministère du 1ᵉʳ mars, auquel était attaché M. de Maleville :

« Paris, le 21 juillet 1840.

« Monsieur le Préfet, vous m'avez fait connaître, par votre dépêche du 15, que des banquets républicains ont eu lieu à Rouen, à l'occasion de l'anniversaire du 14 juillet, et que ces manifestations ont donné lieu à des toasts anarchiques. »

C'est à peu près ce que nous avons vu sur quelques points cette année. (Approbation au centre.)

« Je pense que l'autorité ne peut tolérer plus longtemps d'aussi graves scandales, et qu'il est de mon devoir de mettre un terme à des réunions dont le seul effet est de répandre des inquiétudes dans la population et de donner une énergie nouvelle aux passions démagogiques. (Bruyantes exclamations au centre.)

« Je vous prie donc de vouloir bien donner des ordres pour qu'à l'avenir les banquets de ce genre soient interdits lorsqu'ils paraîtront présenter un caractère dangereux. »

Au préfet de la Moselle :

« Monsieur le Préfet, vous m'avez demandé, par votre dépêche télégraphique du 22 de ce mois, s'il convenait d'autoriser ou d'interdire le banquet qui doit avoir lieu à Metz, à l'occasion des fêtes anniversaires de Juillet.

« Je vous engage à autoriser cette réunion, en vous assurant toutefois qu'on ne lui donnera aucun caractère menaçant pour l'ordre. C'est une règle à suivre dans tous les cas analogues. Les banquets peuvent être tolérés chaque fois qu'il n'en devra résulter aucun effet dangereux pour la tranquillité publique, ou qu'ils ne pourront pas être considérés comme une manœuvre préparée d'avance pour exalter les passions politiques (Exclamations et rires au centre) et répandre dans les masses des opinions subversives de l'ordre social. Les banquets réformistes avaient pris ce caractère à Paris, et l'autorité supérieure a dû les défendre; mais, en prenant cette détermination prudente, elle n'a point voulu frapper d'interdit toutes les réunions pacifiques auxquelles les citoyens voudraient prendre part. »

Enfin, ce qui prouve que le droit de refuser l'autorisation a toujours été pratiqué et maintenu par le Gouvernement, c'est une pétition presentée, le 8 août 1840, par des personnes qui appartenaient à des opinions radicales.

« Monsieur le Ministre, délégués par un très-grand nombre de nos camarades des 8ᵉ et 9ᵉ légions, nous avons eu l'honneur, il y a quelque temps, de venir réclamer auprès de vous contre un arrêté de M. le Préfet de police, qui nous empêchait de nous réunir légalement et pacifiquement dans un banquet réformiste, lorsque plusieurs autres avaient déjà été permis.

« Malgré nos justes réclamations, vous maintîntes l'interdiction portée par M. le Préfet, tout en nous déclarant néanmoins que vous n'entendiez pas prendre une mesure absolue, et que, dans quelques jours peut-être, vous pourriez nous accorder l'autorisation que vous etiez obligé de nous refuser actuellement. »

M. Léon de Maleville. Veuillez bien vous expliquer sur une distinction très-claire et très-nette, sur la différence qui résulte d'un lieu public et d'un lieu privé. (Adhésion à gauche. — Rumeurs au centre.)

Je dis qu'il ne peut y avoir de contestation pour personne sur le droit qu'a le Gouvernement d'empêcher les réunions, quelles qu'elles soient, dans des lieux publics. (Ah! ah!)

Je dis qu'en 1840, lorsque le banquet de Châtillon fut annoncé, nous n'avons pas permis qu'il eût lieu dans un lieu public; mais lorsqu'il dut se faire dans un lieu privé, on ne s'y est pas opposé; il a eu lieu : voilà le fait. (Agitation.)

M. le Ministre de l'intérieur. La discussion a déjà eté bonne à quelque chose. (On rit à gauche.)

M. Deslongrais. Pas pour vous, je pense.

M. Léon de Maleville. Je répète qu'on ne s'est pas opposé au banquet de Châtillon, parce qu'il avait lieu dans un lieu privé.

M. Crémieux. Personne n'a contesté cela. Vous avez tous les droits sur les lieux publics! (Mouvements divers.)

M. le Ministre de l'intérieur. Tout à l'heure la discussion de l'honorable M. de Maleville ne portait pas sur ce point-là; il n'établissait pas que nous avons le droit d'interdire les réunions dans les lieux publics. Mais, la concession faite, il sera facile de démontrer où ses conséquences conduisent. D'après l'honorable M. de Maleville, le droit de réunion était un droit absolu, jamais il n'avait été atteint, ni par la loi des associations, ni par aucune loi; et quand on avait vu le Gouvernement présenter son interprétation de la loi de 1790, on avait cru rêver, on avait été saisi d'un sentiment de stupéfaction. Eh bien, depuis un moment, la question est singulièrement réduite; le droit du Gouvernement est parfaitement reconnu quant aux lieux publics.

Voix à gauche. Pas du tout! — *Au centre.* Ah! ah!

M. le Ministre de l'intérieur. Si, pour ce côté de la question, tout le monde n'est pas unanime, au moins j'aurai pour moi, quant aux lieux publics, l'honorable M. de Maleville et ceux qui pensent comme lui.

Maintenant je dis, comme simple observation de fait, que, dans toutes les instructions que j'ai citées, aucune distinction n'est faite entre les lieux publics et les lieux privés. J'ajouterai de plus que, lorsqu'on accorde au Gouvernement le droit d'empêcher les réunions dans les lieux publics, on lui concède par cela même, sous sa responsabilité, le pouvoir de les interdire dans les lieux privés, du moment où ils deviennent publics (Réclamation à gauche); cela a été reconnu de tout temps.

M. Garnier-Pagès. On ne pourra plus donner un bal sans permission ministérielle.

A gauche. C'est cela! voilà comme vous y allez!

M. le Ministre de l'intérieur. L'honorable M. Garnier-Pagès a posé la question dans des termes que j'accepte parfaitement.

La question est ainsi posée : « On ne pourra donc pas, dit M. Garnier-Pagès, donner un bal chez un particulier sans une autorisation préalable de l'autorité? »

Sans doute, il est permis de donner un bal dans un lieu privé sans autorisation de l'autorité; mais si ce bal est donné par souscription, chez un particulier, de manière que le lieu devienne public, alors l'autorité intervient. (Réclamations à gauche.)

Le secret de la distinction est ici : que le lieu devient public du moment où le public y est admis; le lieu privé se trouve alors transformé en lieu public.

Pas le plus léger doute à cet égard; ce principe a été établi, en vertu des lois de 1790 et 1791, par une ordonnance du préfet de police, le comte Treilhard, à la date du 11 novembre 1830, et cette ordonnance a été maintenue par un arrêt de la Cour de cassation.

Ainsi, le lieu devient public quand ceux qui y sont admis le sont pour leur argent. (Mouvement.)

Quand donc vous avez concédé, je ne dis pas que ce soit l'avis de tout le monde, mais, quand vous avez concédé que les réunions peuvent être interdites dans les lieux publics, vous avez tout concédé, et je n'hésite pas à dire que nous ne demandons pas mieux que la question soit portée devant les tribunaux, et nous sommes certains qu'elle y sera résolue dans le sens des principes que nous soutenons à la tribune. Ce serait la véritable manière de la résoudre; et je crois que ceux qui, tout à l'heure, comme on l'a déjà fait hier, adressaient au Gouvernement un défi, défi auquel je ne répondrai pas par un défi pareil, car je ne veux pas envenimer la question; je crois que ceux qui ont adressé ce défi feraient beaucoup mieux de porter la question devant les tribunaux, que de s'exposer, contre leur gré, à provoquer un désordre que je n'hésite pas à dire certain, par une résistance matérielle aux prescriptions de l'autorité agissant en vertu de ses droits...

M. Lesseps. C'est de la provocation! (Réclamation au centre.)

M. le Ministre de l'intérieur. Le Gouvernement n'adresse de provocation à personne.

M. Lesseps. L'oppression et l'étouffement systématique de l'opinion publique.

M. le Ministre. Je l'ai dit tout à l'heure, je n'ai pas voulu, ce qui était dans mon droit, répondre, par un défi jeté à nos adversaires, au défi qu'ils nous ont lancé de la tribune; mais je n'hésite pas à dire que si l'on croit que le Gouvernement, accomplissant son devoir, cédera devant des manifestations quelles qu'elles soient, non, il ne cédera pas... (*Au centre.* Très-bien! —Violentes interruptions à gauche.)

M. Crémieux. Vous avez les expressions les plus malheureuses... Vous vous servez... (A l'ordre!) des propres expressions de Charles X. (*Au centre.* A l'ordre!)

M. de Beaumont (de la Somme). C'est ce que disait Ferdinand aux Siciliens. (*Au centre.* A l'ordre!)

M. le Président. Je répète que tous les interrupteurs se sont écartés de l'ordre; ils ont troublé une discussion sérieuse et grave, et si quelqu'un se le permet de nouveau, je le rappellerai à l'ordre, et j'userai de toutes les sévérités réglementaires. On doit discuter avec liberté et laisser discuter avec liberté. (Très-bien! très-bien!)

M. le Ministre. Je ne me suis pas servi d'expressions malheureuses, comme le disait de son banc l'honorable M. Crémieux.

M. Crémieux. Je ne vous l'ai pas dit dans une mauvaise intention.

M. le Ministre. Que nous a-t-on dit tout à l'heure? Que, du temps s'étant écoulé, on espérait, avec la confiance qu'on a ordinairement dans la fermeté et la résolution du Gouvernement, que le Gouvernement changerait d'avis et céderait devant des manifestations qui pourraient l'effrayer. Je me suis borné à dire que cette espérance serait trompée; que le Gouvernement, croyant agir dans son droit et remplir son devoir, ferait son devoir et maintiendrait son droit. Il n'y a rien là qui ressemble à Charles X, à la contre-révolution. (Approbation au centre. — Bruit à gauche.)

Quelques membres à gauche. Vous y êtes en plein.

M. Lesseps. J'ai dit tout uniment... (N'interrompez pas! n'interrompez pas!) l'oppression et l'étouffement systématique de l'opinion publique.

M. le Président. Monsieur Lesseps, vous troublez l'ordre; je vous rappelle à l'ordre. (Agitation.)

M. Lesseps demande la parole pour s'expliquer. Court débat entre M. Deslongrais et M. le Président sur l'application de l'art. 25 du règlement.

M. le Ministre reprend la discussion, et s'étonne qu'on trouve inconstitutionnel que l'expression de la politique du Cabinet soit placée dans le discours de la Couronne, œuvre du Ministère. Il défend ce discours de contenir aucune injure.

Il soutient qu'en présence de l'agitation des banquets on ne pouvait garder le silence.

N'a-t-on pas entendu, dans les banquets, soutenir des principes qui doivent avoir singulièrement alarmé tous ceux qui tiennent au maintien de l'ordre et de la tranquillité publique? Cette espèce de revue très-instructive de ce que peut être un mouvement révolutionnaire, ce progrès des opinions qui fait que chaque opinion en a toujours trouvé une qui la dépassait en vivacité; ce spectacle était à la fois instructif et inquiétant. Le public a donc été inquiété par les agitations survenues depuis la session dernière.

Maintenant, y a-t-il quelque chose d'étrange à dire que, dans cette agitation, il s'est manifesté des passions ennemies? Mais ces passions, on s'en fait honneur, ces passions ont nié la monarchie; ces passions ont revendiqué comme leur gloire le souvenir des plus mauvais jours de notre histoire. Si la Chambre y tenait, il me serait facile de lui en citer les preuves. (*Au centre.* C'est inutile.) Tout le monde les connaît.

Voici un petit livre qu'on appelle *les Banquets démocratiques*, et qui reproduit l'histoire des banquets de Lille, de Dijon et Châlons, et il y en avait d'autres qu'on aurait pu citer; on aurait pu citer celui du Mans, tenu le 10 août, en l'honneur des souvenirs du 10 août; et, remarquez-le bien, on a porté quelque part un toast, non pas seulement au 10 août 1792, mais au 10 août 1793, comme beaucoup plus avancé que son devancier (Rires au centre); mais enfin il y a des gens qui ont l'esprit assez timide pour ne pas trouver que ces souvenirs soient des causes de sécurité pour le pays, en même temps qu'une marque d'attachement pour l'ordre de choses établi en juillet 1830.

Eh bien, dans ce petit livre, on n'aurait besoin que d'ouvrir une page quelconque pour rencontrer des citations qui démontrent que les agitations des banquets ont mis en mouvement beaucoup de passions ennemies. Quand on a vu qu'à Lille on ne consentait pas même à un simple toast à la vérité et à la sincérité des institutions representatives fondées en 1830, quand on a vu que ce toast était exclu, et je ne sais pas s'il l'était à titre de servilité, comme le toast au Roi, par les motifs dont parlait l'honorable M. Duvergier de Hauranne, ou par d'autres motifs ; mais enfin , quand on a vu que ce toast à la vérité et à la sincérité des institutions représentatives de 1830 était exclu, ce toast qui maintenait, il est vrai, les institutions représentatives de 1830 , mais qui cependant blâmait les développements qu'elles ont reçus depuis, car la reconnaissance était accompagnée... je ne veux pas me servir d'un mot sévère, était accompagnée au moins d'un peu de blâme; quand on a vu que le blâme même n'a pu servir de passe-port a ce toast et qu'il était repoussé, je vous le demande, était-il surprenant qu'on vît là des passions peu favorables à l'ordre de choses actuel, et ne peut-on pas, sans injustice, les appeler des passions ennemies? Elles s'en font gloire ; leur donner le titre dont elles s'honorent elles-mêmes, en vérité, il me semble que ce n'est pas dépasser les limites de la justice, de l'équité ni de la convenance.

Nous avons entendu, dans tous les banquets qu'on a appelés démocratiques, soutenir les principes le plus inconciliables avec ce que nous regardons comme les bases mêmes de l'ordre, par exemple, le suffrage universel ; nous y avons entendu l'éloge de ce qu'il y a de plus mauvais dans la Convention, et l'éloge rédigé d'une nouvelle manière. La Convention ne suffisait pas. La Convention, c'était une assemblée de bourgeois qui n'avait pas été suffisamment bien élue ; on voulait bien y reconnaître quelques bons citoyens, ceux que l'on regardait comme des martyrs, parce qu'ils étaient en minorité ; mais, en même temps, c'était une assemblée tellement livrée à la cause de la bourgeoisie, qu'il n'avait fallu rien moins que la pression extérieure pour en obtenir quelque chose d'énergique et de national.

Quand on a entendu ce langage, qui alarmait tous les bons citoyens, est-ce que par hasard il serait interdit au Ministère qui siége sur ces bancs, et qui, dans le discours de la Couronne, est chargé d'apprécier tous les faits, tant intérieurs qu'extérieurs ; est-ce qu'il lui serait interdit de venir dire que, dans les banquets, il y a des passions ennemies? J'avoue que je suis étonné que ceux qui professent si haut l'hostilité puissent se trouver blessés de ce qu'on reconnaît l'hostilite à laquelle ils attachent leur honneur ?

Maintenant j'arrive à l'autre expression.

Je ne voudrais pas répéter ce qui a dejà été dit à cette tribune ; nous nous abonnerions parfaitement a ne subir jamais d'autre qualification que celle d'*aveugles*. (Assentiment au centre.)

C'est la qualification qu'on se donne réciproquement, quand on discute avec modération. Comme nous croyons à la loyauté des intentions les uns des autres , il est évident que nous devons croire à l'aveuglement les uns des autres, pour ne pas croire à la perversité des intentions.

Pour ma part, je crois à l'aveuglement ; je crois que, lorsqu'on a fait si bon marché de la monarchie, dans la plupart des banquets, on s'est rendu coupable d'aveuglement; je crois cela, et je suis convaincu que l'immense majorité du pays le croit comme moi. (Approbation au centre.)

Que l'honorable M. Duvergier de Hauranne me permette de le lui dire, j'ai trouvé dans ce qu'il a dit hier, au sujet du toast du Roi, une certaine subtilité qui s'accorde mal avec sa franchise habituelle.

Ce n'est pas comme une formule insignifiante, sans valeur, comme une espèce de signe d'adulation et de servilité, que le toast au Roi des Français, au Roi constitutionnel, a été exclu de la majorité des banquets. Non, ce n'est pas le vrai motif. Le vrai motif, tout le monde le sait. Pourquoi l'a-t-on exclu ? Parce que, pour le succès des banquets et de l'agitation qu'ils étaient destinés à produire, on désirait obtenir le concours du parti radical ; parce que, sans les radicaux, la cause aurait été trop faible : les radicaux sont les plus habiles en fait d'agitation! (Rires au centre.) Il fallait les avoir avec soi. On leur a fait, dans cet intérêt, le sacrifice du toast; on s'est dit : « Nous serons bien ensemble, nous dînerons ensemble , et nous laisserons la monarchie de côté....» (Hilarité.)

Et même à ce banquet de Lille où la scission s'est opérée, en laissant à ceux qui se sont retirés le petit nombre, et le grand nombre restant de l'autre côté, que demandait-on ? Ce n'était pas même un toast à la monarchie, c'était simplement cette formule vague de la sincérité et de la pureté des institutions fondées en 1830.

La monarchie est une institution trop fondamentale, elle importe trop au salut, à la grandeur et à la prospérité du pays, pour que j'admette qu'on puisse la passer ainsi sous silence, uniquement pour avoir quelques convives de plus à ses banquets. (Assentiment au centre.)

Quand on fait si bon marché de la monarchie, quand on fait cette concession beaucoup plus grave qu'on ne la représentait hier à cette tribune, à mon avis, on est coupable d'aveuglement. (Adhésion au centre.)

On ne sait pas où l'on va : c'est là ce qui constitue l'aveuglement; on entre dans une route où l'on serait bientôt atteint et dépassé; on fraye la voie à ceux qui attaquent leurs alliés, même avant la victoire; mais le jour où la victoire serait arrivée, quels défenseurs l'ordre social et la monarchie trouveraient-ils dans ces hommes qui, lorsque la monarchie est encore debout et dans toute sa force, n'osent pas en prononcer le nom? (*Au centre.* Très-bien !)

Je dis donc que nous avons eu raison d'insérer dans le discours de la Couronne les mots très-modérés et très-justes qu'il contient.... (Rumeurs à gauche. — Assentiment au centre.)

Maintenant, que cette qualification ne soit pas approuvée par ceux qui ont soutenu l'opinion contraire et qui ont tenu une conduite contraire, je le conçois : mais nous ne sommes pas plus sortis de la limite constitutionnelle que nous ne sommes sortis de la légalité en interdisant le banquet projeté dans le douzième arrondissement.

Je demande à la Chambre d'adopter le paragraphe présenté par la Commission. (Très-bien !)

(M. le Ministre reçoit, en descendant de la tribune, les félicitations d'un grand nombre de Députés.— La séance est suspendue pendant une demi-heure.)

M. ODILON BARROT. Messieurs, il y a quelque chose de pénible, je dirai même d'humiliant pour moi, d'être appelé à défendre aujourd'hui, en 1848, dix-sept ans après la révolution de Juillet, contre le gouvernement issu de cette révolution, le même droit que j'ai exercé sous la Restauration, à la veille de la révolution de Juillet, dans les circonstances politiques les plus graves; lorsque nous relevions le défi jeté par la Couronne, et que nous lui signifiions que la nation française ne se laisserait point arrêter par des coups d'État dans la carrière de liberté dans laquelle elle était entrée. (Très-bien!)

J'avais l'honneur de représenter dans cette réunion les sentiments, l'opinion de la population de Paris, d'en être l'organe vis-à-vis des membres de la Chambre des Députés qui avaient maintenu le droit parlementaire contre l'abus du droit de la Couronne. Le débat était bien vif, puisqu'à la suite de ces défis échangés, il y avait une révolution imminente.

Eh bien, la Restauration, avertie de cette manifestation qui était environnée d'un grand éclat, qui se passait dans un lieu public, les *Vendanges de Bourgogne*, au milieu des circonstances les plus difficiles, la Restauration a respecté le droit. (Réclamations au centre. — Approbation à gauche.)

Vous vous indignez, c'est cependant une vérité historique. C'est parce que j'ai été l'acteur principal et l'organe de cette manifestation que vous ne pouvez m'empêcher de rendre douloureusement ce témoignage à un Gouvernement qui cependant a été brisé pour atteintes portées à la liberté.

Comment! dix-sept ans après, ce Gouvernement, issu du mouvement même que nous avons alors imprimé à l'opinion, et qui lui doit sa naissance, son origine, se retourne contre la liberté dont il est né. (A gauche. C'est cela!)

Et puis, voilà que pour avoir voulu exercer ce droit, sur la provocation des ministres qui nous avaient jeté à la face l'indifférence du pays, qui nous avaient dit du haut de cette tribune où je parle : Vous nous demandez des réformes, où sont les pétitions, où est l'émotion publique? Et bien, lorsque, relevant ce défi, nous faisons appel à l'opinion publique, dans la forme la plus consacrée par l'usage, nous adressant à l'elément le plus conservateur de la societé... (Dénégations au centre.)

Oui, je l'atteste, et je suis bien aise de cette occasion de rendre un solennel témoignage a qui le mérite; oui, je l'atteste, et c'est une des joies qui peuvent me consoler dans ce moment: j'ai été étonné de rencontrer dans ces réunions si multipliées, si nombreuses, une si grande masse de citoyens éclairés et amis de l'ordre et de la liberté. (Adhésion à gauche.)

Oh! vous seriez bien malheureux si l'élément dans lequel ces réunions se sont formées était ce que vous dites, hostile à nos institutions, à la monarchie constitutionnelle. C'est que le mal serait bien plus profond que nous ne le pensons, c'est que vos fautes auraient déjà bien creusé l'abîme. (Vive approbation à gauche.)

Oui, ces réunions nombreuses, multipliées, dans lesquelles, je l'avoue, la passion de l'honnêteté et de l'honneur du pays s'est développée dans toute sa chaleur et toute sa puissance; vous vous étonnerez lorsque vous saurez que, dans ces réunions si nombreuses, il n'y a pas eu même une inconvenance. (Vives réclamations au centre.)

Eh bien, Messieurs, c'est pour cette manifestation, pour cet appel à la publicité, ce tribunal de public qui vous juge vous et nous (Adhésion à gauche); c'est pour l'exercice de ce droit, pour l'accomplissement de ce devoir, que, dix-sept ans après notre révolution de Juillet, je rencontre quoi? Pour l'avenir, une ordonnance de police qui m'interdit l'accomplissement de ce devoir; pour le passé, l'intervention d'une censure de la Couronne et du Parlement contre ceux qui l'ont loyalement accompli! (*A gauche.* Très-bien!)

C'est la situation dans laquelle je monte à cette tribune, et pour combattre votre ordonnance de police, qui confisque un droit essentiel à toutes nos libertés, et pour repousser comme incompétente et téméraire la censure que vous voulez faire prononcer. (Mouvements divers.)

Il y a donc, dans ce debat, une question de légalité, question haute qui implique un des droits les plus fondamentaux de la constitution, que je traiterai en premier lieu; il y a ensuite une question parlementaire de convenances constitutionnelles, que je traiterai plus tard.

Je prends la question de légalite:

M. le Ministre de l'intérieur disait: Ce n'est pas à cette tribune que la question de légalité doit se traiter; moi, Messieurs, je dis que c'est surtout à cette tribune. (*A gauche.* Très-bien! — C'est cela!) Tout ce qui intéresse les droits publics des citoyens, tout ce qui intéresse la constitution appartient essentiellement à votre examen et à votre appréciation. (Assentiment à gauche.)

Est ce que vous croyez que nous consentirons à discuter cette question, comme s'il s'agissait d'un bal public ou d'un mauvais lieu placé sous l'inspection de la police? Est-ce que vous croyez que nous consentirons à descendre dans ces bas côtés de la discussion cette immense question de droit de réunion des citoyens, quand ils ont à pétitionner ou à faire des adresses aux pouvoirs officiels du pays? (Très-bien!)

Il y a eu une confusion complete dans la discussion et dans les citations de M. le Ministre de l'intérieur: la loi du 24 août 1790, qu'il a citée dans son texte, n'autorise pas ce qu'il croit pouvoir être autorisé par la police; la loi de 1790 charge l'autorité municipale de maintenir l'ordre, d'empêcher le désordre dans les lieux ou se font de grands rassemblements d'hommes, tels qu'églises, foires, marchés et autres lieux publics.

Je le sais bien, la jurisprudence, de cette mission de reprimer le désordre ou de maintenir l'ordre, a tiré cette conséquence, que l'on avait le droit d'empêcher les reunions dans les lieux publics ou de les fermer.

Mon Dieu! je le sais, dans notre pays il y a une très-puissante tendance à faire tout dégénérer en questions de police, à etendre la main de la police sur tout. Oui, dans notre pays, on ne peut prier Dieu à sa manière et selon sa conscience que moyennant permission de police. Ainsi le veut la jurisprudence.

Cependant la jurisprudence est elle-même flottante, et présente des arrêts pour et contre.

Je crois même que, dans le dernier état de la jurisprudence, on est arrivé a cette opinion, qu'il serait bien exorbitant d'armer ces 35 ou 36,000 maires qui sont répandus dans le pays, de la faculté illimitée, arbitraire, d'autoriser ou de ne pas autoriser des réunions dans les lieux publics. Au point de vue de l'industrie, la Cour de cassation en a été effrayée. Elle s'est dit : Voilà une industrie qui dépend du maire. Un individu veut ouvrir un café, un maire pourra l'en empêcher au gré de ses caprices, peut-être de ses opinions. Je ne sais quelles sont les tendances de la jurisprudence, mais je crois qu'elle fera sagement de rentrer dans les dispositions textuelles de la loi de 1790, et de ne pas tirer, par une conséquence forcée, extralégale, du droit de maintenir l'ordre, le droit d'autoriser ou de ne pas autoriser l'ouverture de tels ou tels lieux publics. Mais là n'est pas la question; c'est volontairement qu'on s'est placé à côté de la question qui est purement politique et constitutionnelle, qu'on a fait abstraction du droit politique des citoyens de se réunir pour exercer un droit constitutionnel, pour délibérer en commun une pétition, par exemple....

(*M. Garnier-Pages.* C'est cela!)

... Pour arrêter une liste de candidats, examiner en commun leurs mérites respectifs, qu'il s'agisse de candidatures politiques ou municipales.

Je maintiens que, si vous subordonnez ce droit à la faculté arbitraire de police de permettre ou de ne pas permettre la réunion, vous faites dégénérer toute liberté politique dans ce pays en questions de police, vous mettez la police au-dessus de la Charte, vous soumettez à son sceau l'accomplissement, l'exercice de tous les droits politiques. (*Vive approbation aux extrémités.*)

Mon Dieu! on s'est donné encore une fois le plaisir des récriminations; j'ai déjà eu occasion de le dire, les récriminations ne signifient rien. Elles signifieraient tout au plus que l'abus n'est pas nouveau, que, sous ce régime d'une police toute-puissante, il y a dans notre pays une grande habitude d'arbitraire d'un côté, et une grande résignation à le subir d'un autre; ce que j'accorde pleinement; on n'a pas contesté le droit dans telle ou telle circonstance; mais il ne faudrait pas en tirer la conséquence que le droit n'existe pas.

J'ai consulté l'honorable M. de Rémusat, qui était Ministre de l'intérieur à l'époque à laquelle on a fait allusion. Il m'a assuré que, lorsque la question s'est présentée d'un banquet dans un lieu public, il s'est cru autorisé a l'empêcher et à l'interdire, attendu qu'il s'agissait d'un lieu public : c'était son opinion; mais que, quand il s'était agi au contraire d'un banquet organisé, même dans des circonstances assez formidables, car il s'agissait, je crois, d'un banquet de 3 ou 4,000 ouvriers, mais dans un lieu privé, et par cela seul que la réunion devait avoir lieu dans un lieu privé, il s'était cru sans pouvoir pour l'interdire. Le banquet a eu lieu en effet; il y a ici plus que des circulaires, plus que des instructions : il y a un fait. Je me rappelle tres-bien cette réunion de Châtillon, qui, par les circonstances dans lesquelles elle se présentait, pouvait inquiéter jusqu'à un certain degré la police... Si la police avait eu un droit, il y aurait eu pour elle peut-être un devoir de s'interposer.

Eh bien, de ce qu'elle ne s'est pas interposée, de ce qu'elle s'est contentée de prendre des mesures de précaution, de sûreté autour du lieu de ce banquet, elle a reconnu, par cela même, le droit des citoyens de se réunir. Je ne dis pas cela pour justifier cette administration, mais pour affaiblir l'autorité qu'on pourrait tirer de ce précédent; car ici, si je suis bien informé, c'est après une délibération formelle, en conseil, après avoir consulté les jurisconsultes, que ce Ministère (M. de Rémusat fait un signe affirmatif), et l'honorable M. de Rémusat veut bien l'affirmer, que ce Ministere a cru devoir permettre cette réunion.... (Interruption) ou plutôt ne s'est pas cru autorisé à l'empêcher.

Messieurs, est-ce qu'il n'y a pas quelque chose au-dessus de ces récriminations respectives, au-dessus de cette discussion qui prétend couvrir un acte par un autre acte sans examiner ou est le droit? Mais Messieurs, j'en appellerais au souvenir consciencieux de M. le Président du conseil. Mon Dieu ! il n'y a plus grand mérite, ni grande autorité même à invoquer une opinion de M. le Président du conseil, quand il était en dehors du pouvoir, pour la lui opposer lorsqu'il est au pouvoir : on pourrait dire que les situations différentes ont pu amener des appréciations différentes.

Mais quand l'honorable M. Guizot était au pouvoir, qu'il se trouvait en face des circonstances les plus difficiles, lorsque le pavé de Paris était brûlant, quand il était à peine rassis des commotions de notre revolution de Juillet, qu'est-ce qu'il disait, non pas comme simple particulier, mais comme Ministre, à cette tribune? Y a-t-il quelque équivoque?

« Sans doute les citoyens ont le droit (le droit, entendez-vous bien !) de se réunir pour causer entre eux des affaires publiques; il est bon qu'ils le fassent. Jamais je ne contesterai ce droit; jamais je n'essayerai d'atténuer les sentiments généreux qui poussent les citoyens à se réunir et à se communiquer leurs sympathiques opinions » (Rires et mouvement a gauche.)

(*M. Crémieux.* C'est bien, cela! ce sont de belles paroles!)

M. Odilon Barrot. Jamais je n'exprimerai aussi énergiquement une pareille opinion. Je demanderai seulement, puisqu'on trouve quelque chose de piquant à opposer l'honorable M. de Rémusat à l'honorable M. Duchâtel, je demanderai à l'honorable Ministre de l'intérieur de vouloir bien se concerter et s'entendre avec M. le Président du conseil. (Rires et approbation à gauche.)

Je sais que le mot *jamais* est très-imprudent en politique; M. le Président du conseil en fait l'épreuve; mais je prends dans son opinion l'hommage rendu au droit : je m'en empare. Nous avons appris en quelque sorte les principes de la politique à son école, à celle de Royer-Collard et de tous ces professeurs de liberté qui nous réunissaient autour d'eux, qui nous échauffaient et de leurs principes, et de leurs doctrines, et de leurs exemples; si on avait demandé alors à ces illustres apôtres de liberté s'il était possible de concevoir la vie politique isolée de ce droit des citoyens de se réunir, de deliberer en commun sur les droits politiques qu'ils vont exercer, quel énergique démenti ne serait-il pas sorti de leur bouche! Mais figurez-vous donc, se seraient-ils écriés, les citoyens parqués, isolés, ne pouvant pas se réunir pour deliberer sur une petition; ne pouvant pas même se réunir pour discuter les mérites d'un candidat; car il faut en arriver là; la loi n'a pas de dispositions privilégiees en faveur des réunions électorales : le droit de réunion naît du droit politique de l'election, dont il est le moyen inséparable; ce qui est également vrai pour tous les autres droits constitutionnels, et au premier rang de ces droits est celui de pétition. (*A gauche.* C'est cela! très-bien!)

Que dis-je? Je n'ai pas à raisonner par simple induction; dans cette législation même que vous nous opposez, on vous l'a déjà cité, mais on ne pourrait le citer trop souvent; dans cette législation que vous nous opposez, je trouve la reconnaissance formelle de ce droit politique. Il y est écrit tout au long :

« Les directoires . (mettez les préfets) veilleront de même à ce que les citoyens ne soient pas troublés dans la faculte de se reunir paisiblement et sans armes, en assemblée publique, pour rediger des adresses, des petitions, lorsque ceux qui voudront s'assembler auront instruit les officiers municipaux du temps, du lieu et du sujet de ces assemblees. »

Ainsi, Messieurs, l'Assemblée constituante, qui venait d'inaugurer la liberté politique dans ce pays, avait compris que la liberté sans les moyens, sans les instruments, sans le droit de se réunir, était un véritable non-sens, était une derision; aussi a-t-elle écrit, à côté même des attributions confiées à l'administration, cette mission speciale de protéger le droit politique des citoyens de se réunir en assemblees pour delibérer en commun les actes qu'ils doivent faire.

Messieurs, étrange manière d'interpréter la loi dans notre pays ! à la place de ces mots : « Les directoires veilleront à ce que les citoyens ne soient pas troubles, » mettez ceux-ci : « Les préfets veilleront a ce que les assemblées ne puissent avoir lieu que sous leur autorisation. » (Rires approbatifs à gauche.)

Voila a quoi vous faites descendre ce droit politique! voila jusqu'a quel point il dégénère et s'abaisse dans vos mains : le droit de se réunir n'est plus qu'une faculté de police; le droit de délibérer en commun, le droit de discuter en commun, droit nécessaire à la liberté, qui est de l'essence même de toute liberté, ce droit ne peut plus s'exercer que sous le bon plaisir de la police! Merveilleux pays que celui où nous vivons! après cinquante ans de luttes pour la liberté, les citoyens ne peuvent se réunir, pour se concerter sur l'accomplissement d'un devoir, que sous le bon plaisir de la police! (Vive adhésion à gauche.) J'avais donc raison de dire, en montant à la tribune, que je n'éprouvais pas seulement un sentiment pénible, mais un sentiment d'humiliation pour l'avortement de nos longues luttes et la triste inutilité de nos efforts en faveur de la liberté. (Nouvelle et plus vive adhésion.)

Je n'en dirai pas davantage sur la question de la légalité; j'ai la conviction profonde que le droit est pour nous; j'ai la conviction que dans ce droit est renfermée toute la liberté politique de mon pays. J'ai la conviction profonde que la liberté politique, sans les moyens pour les citoyens de se réunir, de discuter en commun, n'est qu'une dérision. J'ai cette conviction profonde. Je n'aime pas les défis; mais ici le défi n'est point dans notre volonté, il est dans le droit, dans le droit qui nous commande notre conduite. (A gauche. Très bien.) Dès le moment que des citoyens, armés des dispositions textuelles d'une loi émanée de cette assemblée d'où sont sorties toutes les libertés organiques de ce pays, se trouvent investis d'un droit qui vivifie tous les autres droits, ils ne pourraient pas, sans se manquer à eux-mêmes, sans manquer à leur pays, ne pas épuiser tous les moyens, toutes les voies pour faire triompher ce droit, avant de subir cette triste et ignoble nécessité de s'adresser à la police pour l'exercer. (Approbation à gauche.)

J'arrive à la question parlementaire.

Nous avons, Messieurs, en dehors de cette Chambre, nous avons commis le crime, relevant le défi qui nous avait été signifié par M. le Ministre de l'intérieur, de vouloir nous assurer si le pays était, en effet, indifférent à tout ce qui se passait; le seul moyen d'en faire l'expérience, c'était de réunir dans différentes parties de la France les citoyens, et de leur demander si, en effet, il y avait chez eux indifférence sur les grandes questions de réforme qui s'agitaient depuis si longtemps au sein du Parlement: tel est notre crime; et aujourd'hui, appelés à nous occuper des affaires du pays, à prononcer avec la majorité sur les griefs que nous pourrions élever contre le Ministère, sur les projets dont le Gouvernement peut nous saisir, on nous traduit devant la majorité en véritables accusés; nous rencontrons, pour un acte fait en dehors des Chambres, dont nous ne répondons que devant le pays, nous rencontrons une censure formulée dans le premier document émané du Parlement.

Messieurs, j'ai déjà eu occasion de m'expliquer sur de pareilles déviations de vos droits et de vos attributions à l'occasion d'une autre partie de cette Chambre; j'ai maintenu que la majorité n'avait pas le droit de se constituer juge de tel ou tel de ses membres, de les censurer, de les flétrir. J'ai maintenu que, même pour des actes qui ressortiraient plus directement de sa toute-puissance dans cette enceinte, notre loi éminemment sage, ne vous permet même pas de formuler une censure, je ne dis pas contre une partie de vos collègues, mais contre un seul membre de cette Chambre. Et pourquoi? C'est qu'une fois entrés dans cette voie, vous ne savez pas où vous pouvez vous arrêter; une fois que vous formulez, au nom de la majorité et avec la toute-puissance de la majorité, un blâme, une censure contre tel ou tel acte de vos collègues, il n'y a pas de raison pour que vous ne franchissiez toute limite.

Messieurs, vous êtes aujourd'hui libres dans vos actions, dans vos déterminations; aucune influence du dehors ne s'exerce sur vous; vous ne répondrez qu'à vous-mêmes de vos votes; le seul sentiment qui vous entraîne serait celui de vos propres injures à venger, le besoin d'une satisfaction à vous donner à vous-mêmes; triste et stérile satisfaction qui ne vaut certes pas les dangers qu'elle entraîne! Mais supposez que nous soyons dans d'autres circonstances politiques; supposez que les passions du dehors viennent échauffer les passions du dedans, et que vous soyez poussés à vous constituer juges de vos collègues, et à les frapper, non d'un blâme, mais d'un exil, d'un ostracisme, croyez-moi, il n'y a que le plus ou le moins; du moment où vous reconnaissez votre compétence, vous pouvez arriver jusqu'aux proscriptions parlementaires... (*Aux extrémités. Tres-bien! tres-bien!*) Vous entrez dans une voie funeste; c'est au commencement qu'il faut s'arrêter. Je l'ai déjà dit à l'égard de ce côté de la Chambre (le côté droit), je me suis opposé a la flétrissure; je vous trouve en récidive, je proteste de nouveau.

Et puis, est-ce qu'il n'y a pas une aggravation? Vous nous dites que le discours de la Couronne appartient au Ministère. Messieurs, quand on établit une fiction constitutionnelle, il faudrait s'arranger pour la rendre possible; il ne faudrait pas qu'elle froissât trop ouvertement, trop directement la réalité; il ne faudrait pas, quand vous avez des colères à exprimer contre une partie de cette Chambre, que vous missiez vos colères dans une bouche auguste. Quand vous avez un manifeste à nous signifier, un acte de censure, un blâme public et officiel, il ne faudrait pas le mettre à l'abri de la Couronne et de son inviolabilité; et, remarquez bien, vous ne nous permettez pas même l'illusion.

Quoi! c'est lorsque S. M. parle de ce qu'il y a de plus intimement rattaché à sa personne, de sa vieillesse et de ses douleurs, de ses services rendus au pays, qu'a l'instant même vous placez dans sa bouche le blâme, la censure prononcés contre nous! Messieurs, quand on veut que la fiction constitutionnelle soit respectée, et, pour mon compte, je veux qu'elle le soit, on ne fait pas ainsi parler la royauté, on n'emprunte pas surtout de si funestes exemples à la royauté déchue, qui parlait aussi, elle, de ses ennemis et des obstacles à surmonter; non, ce n'est pas même la politique, ce sont les coleres de la politique que vous abritez derrière la Couronne. (Approbation à gauche.)

Soit; mais quand vous avez fait descendre ainsi la Couronne dans un acte aussi solennel, que vous avez emprunté son organe pour exprimer vos propres ressentiments, vos propres passions, vous vous étonnez que nous, qui sommes les partisans profonds de cette fiction constitutionnelle, nous ayons éprouvé, au sein des populations même les plus dévouées à l'ordre, quelque difficulté a faire accepter cette fiction, à isoler complétement la Couronne de la politique que nous venions attaquer devant elles, que nous leur dénoncions; vous vous étonnez que l'éducation politique de notre pays ne soit point assez avancée pour rétablir cette fiction malgré vous, malgré vos torts. Ah! je voudrais bien qu'il se fût rencontré, depuis 1830, une longue succession de Ministres se respectant assez eux-mêmes, ayant assez le sentiment de leur dignité, ayant assez l'intelligence de nos institutions pour mettre la Couronne en dehors de nos conflits passionnés, pour ne pas la faire descendre à l'état de chef d'un parti. Je le voudrais bien, et alors, soyez-en bien convaincus, ce que vous nous reprochez, l'absence du toast royal, n'aurait pas eu lieu; les difficultés que nous avons rencontrées, nous ne les aurions pas rencontrées.

Il y a vraiment quelque chose de profondément injuste à nous rendre, nous, responsables des conséquences forcées, inevitables des fautes de votre politique. (*A gauche. Très-bien!*)

Je n'en dirai pas davantage. Après tout, et après avoir ainsi réservé les droits parlementaires, après avoir rappelé les véritables principes, nous n'avons pas à nous plaindre, Messieurs, que vous ayez élevé cette agitation que nous avons provoquée, a la hauteur de cette tribune; que vous ayez cru devoir poser en face de nos banquets, qui dans le principe excitaient vos sourires et vos sarcasmes, et la Couronne, et les Ministres, et le Parlement. Ai-je à me plaindre de ce que vous ayez grandi dans cette proportion nos manifestations? Je le sais, vous pouviez en avoir besoin dans votre situation ministérielle; ce pouvait être une bonne tactique politique dans ces debats ou vous aviez quelques defiles difficiles à traverser, de mettre les passions en presence, de faire diversion au jugement de vos actes; il pouvait vous être plus commode de vous effacer, et de dire à la majorité: La minorité vous a insultés, condamnez-la; donnez-vous cette douce et facile satisfaction; prenez votre revanche de ces maudits banquets, et, à l'aide de ce conflit, nous échapperons; cela pouvait être un bon calcul.

Dans tous les cas, Messieurs, que nous reprochez-vous? Vous nous reprochez d'avoir fait un appel à l'opinion publique.

Ici l'orateur entre dans le développement des causes qui ont déterminé sa participation aux banquets. Il examine la politique du Ministère, et établit cette proposition, qu'il fallait opposer les réunions politiques aux efforts du pouvoir pour corrompre les citoyens en les isolant.

Maintenant abuserai-je plus longtemps de l'attention de la Chambre, et notre justification n'est-elle pas dans ce cri de la conscience publique qui nous a répondu? (Parlez! parlez!)

J'ai expliqué à la Chambre, au point de vue de l'Opposition constitutionnelle, la nécessité où elle a été placée d'user du droit que la loi lui donnait, et par conséquent d'accomplir son devoir par l'appel qu'elle a fait au pays, à l'opinion publique.

Qu'à côté des manifestations que nous avons provoquées, il s'en soit produit d'autres dans lesquelles on est sorti des limites constitutionnelles, est-il juste, Messieurs, est-il légal de nous en rendre responsables?

L'honorable M. Rouland faisait remarquer que mon opinion, que ma personne même avaient été violemment attaquées dans ces manifestations. Est-ce que, par hasard, il me rendrait responsable de ces attaques? (Rires et bruit.) Que dirait-il donc si, à côte de l'eloge qu'il prétend avoir été fait des mauvais temps de la Revolution, il avait trouvé l'eloge de ma personne et de ma politique? Mais il me semble précisément que, parce qu'a côté des doctrines que je combats hautement, était une attaque dirigée contre moi, c'était une raison de ne pas étendre jusqu'a moi et jusqu'à mon opinion la responsabilité de ces doctrines. (A gauche. Très-bien!)

D'ailleurs, je n'en ai pas recherché l'occasion, mais je ne l'ai pas évitée; j'ai pensé que des manifestations qui se renfermaient sur le terrain constitutionnel, qui avaient pour but des pétitions sur la réforme électorale, adressées aux pouvoirs constitués de l'Etat; j'ai pensé que ces manifestations ne devaient pas sortir de ce caractere et de ces limites; et dès le moment où j'ai pu soupçonner par telle ou telle circonstance dont, après tout, j'étais le seul juge, que ces manifestations sortaient de ce caractère, je me suis abstenu, je me suis séparé, au risque même des attaques plus ou moins violentes qui pouvaient en résulter contre moi : j'ai séparé ma responsabilité. C'est que l'Opposition, je le reconnais, quoiqu'elle ne soit pas un pouvoir defini et officiel, l'Opposition a sa responsabilité; je ne la répudie pas. (A gauche. Très-bien!) Notre pouvoir, pour être un pouvoir moral qu'un orateur du centre, dans une autre séance, a peut-être trop grandi, n'en est pas moins reel, et tout pouvoir dans le monde emporte responsabilité. (Tres-bien! très-bien!)

· Des le moment ou ma présence dans une réunion pouvait couvrir une manifestation que je pouvais soupçonner se placer en dehors de la constitution à laquelle j'ai voué toute ma vie, je me suis abstenu, je me suis séparé. (Nouvel assentiment à gauche.) Maintenant vous nous reprochez ces manifestations faites contre nous. Ah! c'est être bien exigeants, c'est en vérité être bien sévères. (Rires à gauche.)

Mais permettez-moi d'aller plus loin. Je soupçonne que ces manifestations, que je ne qualifierai pas, ces manifestations du parti que j'appellerai ultra-radical, je soupçonne que ces manifestations, que vous nous reprochez aujourd'hui, ne vous ont pas fait tant de peine que vous paraissez le supposer. (On rit.) Si elles vous avaient fait tant de peine, si elles vous avaient paru si subversives, vous ne leur auriez pas prêté l'organe public du journal le plus considerable qui soutient vos opinions. Savez-vous par qui j'ai appris les injures qui m'étaient dites à Dijon ou a Châlons, je ne sais plus dans quelle ville? C'est par le *Journal des Debats*, qui avait pris soin de se faire le bulletin officiel de ces manifestations, et de ces seules manifestations, car il s'est bien gardé de nous faire le même honneur. (A gauche. C'est vrai!)

Messieurs, c'est qu'il vous rendait deux services signalés auxquels vous n'avez pas été insensibles, et qui ont mérité à ces manifestations l'honneur que nous n'avons pas eu, de trouver place dans les colonnes du journal le plus sérieux et le plus accrédité de votre politique.

Le premier service, c'est que dans ces manifestations on disait des injures à vos adversaires politiques; le second service, c'est à celui-là que vous avez été surtout sensibles, c'est que ces doctrines qui attaquaient plus ou moins les bases de la société, et que nous combattions énergiquement, car je vous défie de dire contre cette doctrine antisociale du communisme rien de plus énergique et de plus sévere que ce que j'ai dit dans mes discours, vous servaient à exciter le sentiment de la peur dont vous aviez besoin contre nous. (A gauche. Oui! oui! c'est cela!) Votre but était d'opposer a des manifestations constitutionnelles, régulières, légales, des doctrines de nature à faire naître un sentiment de peur et de terreur, et de dire : Par celles-là jugez des autres! Lorsque, sur soixante manifestations qui ont réuni quarante ou soixante mille citoyens pris dans les classes les plus laborieuses de la société, il y a eu deux ou trois manifestations de ce genre, vous vous en êtes emparés, vous en avez fait un sujet de terreur, vous l'avez exploité, vous avez évoqué les souvenirs sanglants de la Révolution, vous avez dit. Voilà où l'on vous conduit; on veut le partage des propriétés; c'est toujours ce même fantôme de la peur que vous avez elevé et créé pour les besoins de votre politique! (Approbation aux extrémités.)

Eh bien! voulez-vous que je vous fasse ma confession tout entière? (Parlez! parlez!) Si je puis déplorer, dans l'intérêt de mon opinion, qu'à côté des manifestations constitutionnelles que nous avons provoquées, se soient placées de telles manifestations qui vous ont servi a discréditer l'usage régulier de la liberté politique; si je puis le déplorer dans un intérêt de parti, je m'en félicite hautement dans l'intérêt de la vérité et de la société entiere. Je ne crains pas le débat public entre l'erreur et la vérité, et c'est là ma doctrine et ma religion politique, et c'est par là que je finirai. J'estime assez mon pays pour ne pas craindre même les plus mauvaises doctrines, toutes les fois qu'au lieu de fermenter obscurement au sein des masses ignorantes et peu éclairées de la société, elles se traduiront au grand jour de la publicité.

Non! je ne les crains pas; je ne crains pas que la doctrine du communisme soit dangereuse pour cette société, qu'elle puisse la troubler dans sa sécurité, dans son avenir, dans son développement légitime; je ne le crains pas, mais à une seule condition: c'est à la condition que ces doctrines seront jugées par la raison publique; c'est a la condition qu'au lieu de fermenter obscurément, et sans responsabilité, au sein des ateliers, au milieu des passions et des misères, elles se produisent au grand tribunal de l'opinion publique. (Tres-bien!)

Quoi! dans un pays où tous les intérêts vraiment conservateurs, ou tous les liens sociaux, la famille, la propriété, la liberté du travail sont si puissants et si énergiques, vous redouteriez autre chose que l'obscurité! vous redouteriez autre chose que les tentations de la misère qui se cache? Moi, Messieurs, j'estime plus mon pays; je dis que la publicité fera justice de tout ce qui sera contraire non-seulement au droit, à la liberté, mais à toutes les conditions de la sociabilité humaine; il suffira de dénoncer une doctrine dangereuse au tribunal de la raison publique pour la faire tomber à l'instant même : c'est ce qui est déjà arrivé pour le saint-simonisme; c'est ce qui arrivera toujours. (Tres-bien!)

Quant aux consequences de cet appel au pays, qui a motivé cette intervention de la Couronne et des Chambres, ces conséquences seront heureuses ou fatales, non pas selon nos déterminations, mais selon les vôtres. C'est vous qui serez responsables de ces conséquences. Quand un pays est éveillé sur tous ses intérêts, quand la sollicitude d'une situation politique compromise s'est emparée de lui, il n'y a que deux partis à prendre : ou bien donner satisfaction légitime à l'opinion publique, à ses légitimes préoccupations; ou bien résister, s'irriter et s'enfoncer de plus en plus dans la voie ou l'on s'est ainsi compromis. Je le dis avec douleur, c'est ce dernier parti que le Gouvernement paraît avoir pris. Il y avait dans nos lois, dans les manifestations dont vous nous aviez vous-mêmes donné l'exemple, un moyen de consulter l'opinion publique, de la faire réagir sur vous; elle vous était importune, vous lui fermez cette issue.

Eh bien, Messieurs, dans cette voie, on peut, on doit rencontrer des coups d'État et la violence. Nous n'en serons pas responsables. (*A gauche.* Très-bien! — Agitation.)

Séance du mercredi 9 février 1848. — Présidence de M. Sauzet.

M. Boissel. Je ne veux pas rentrer dans ce qu'on a appelé la *question de légalité des banquets*. Après les explications données hier par mes honorables collègues et amis politiques MM. de Maleville et Bariot, cette prétendue question n'est-elle pas résolue pour tous?

En demandant la parole, mon seul but est de repousser ce que le système du Ministère a d'injurieux pour la ville de Paris, et en particulier pour l'arrondissement que j'ai l'honneur de représenter. (Dénégation au centre. — *A gauche.* Oui! oui!)

Quel est, en effet, le système qui ressort des explications données par le Ministère? Il nous dit :

« J'ai toléré les banquets au *Château-Rouge*, à Lyon, à Amiens et dans soixante autres localités, parce que, dans ces localités, de pareilles réunions n'offraient aucun danger; mais je m'opposerai, par tous les moyens, au banquet du douzième arrondissement, parce qu'il offrirait de graves dangers pour l'ordre public. »

Telle est bien votre pensée, Messieurs les Ministres, vous ne pouvez le nier; car, si vous le niiez, il faudrait alors traduire vos paroles de cette autre manière :

« J'ai toléré les banquets dans soixante villes différentes; mais je les défends à Paris, *car tel est mon bon plaisir.* »

Et comme vous n'oseriez pas, sans doute, tenir ici un pareil langage, il faut bien, de toute nécessité, que vous affectiez de grandes appréhensions sur le danger que présenterait le banquet du douzième arrondissement.

Eh bien, je proteste énergiquement contre ces fausses terreurs à l'aide desquelles on veut mettre hors du droit commun cette génereuse et patriotique cité, gardienne dévouée de l'ordre et de la liberté. (*Au centre.* Allons donc! — *A gauche.* Très-bien!)

Je dis que vous calomniez Paris, que vous calomniez le douzième arrondissement en particulier, quand, pour colorer votre arbitraire, vous venez soutenir que des électeurs et des gardes nationaux parisiens ne pourraient se réunir à un banquet pacifique sans qu'il en résultât de graves dangers pour l'ordre public.

Depuis 1830, je n'ai cessé de remplir des fonctions municipales dans le douzième arrondissement, et j'en connais l'esprit aussi bien au moins que MM. les Ministres. Eh bien, j'affirme que rien ne fournissait seulement prétexte à l'injurieuse exception dont on a frappé cet arrondissement. J'affirme que nulle part, en France, on ne saurait trouver plus de patriotisme et plus de dévouement aux institutions constitutionnelles.

Le Ministère actuel n'y est pas en grande faveur, cela est vrai; mais est-on mauvais citoyen pour ne pas confondre les Ministres actuels avec les institutions fondées par notre glorieuse révolution?

Dira-t-on que si l'esprit de l'arrondissement est bon, celui de la réunion était dangereux?

Mais comment le Ministère a-t-il pu avoir pareille conviction?

Les toasts qui donnent la couleur aux réunions de cette nature n'étaient pas arrêtés, ils ne le sont même pas encore au moment où je parle.

Et croyez-vous, Messieurs, que j'aurais accepté la présidence de cette réunion, si je n'avais été bien convaincu que cette manifestation ne pouvait en rien troubler l'ordre public, et qu'elle ne sortirait pas du cercle de la constitution et de la légalité?

Rien ne saurait donc justifier la conduite du Ministère en cette occasion, rien ne saurait l'expliquer, sinon ce système fatal, hostile à toutes les réformes et à tout progrès (Adhésion à gauche); ce système qui, non content de refuser toute extension des libertés anciennes, voudrait encore nous ravir, par de misérables chicanes, la liberté de se réunir, liberté qui n'est pas refusée aux citoyens, même dans les États despotiques. (*A gauche.* Très-bien.)

M. Hébert, *Garde des sceaux*, recherche de quel côté se trouvent, dans ce débat, le droit, la loi, la raison, les intérêts du pays. Il examine d'abord le caractère des banquets, provoqués par des circulaires parties de Paris, et réunis avec éclat, et publicité des discours dans les journaux. Il cite des fragments de ces discours. A Montargis :

« Si le Gouvernement s'obstine à méconnaître cette tâche grande et glorieuse ; s'il croupit plus longtemps dans la fainéante quiétude d'un égoisme repu et satisfait. . . » (Mouvements divers.)

« . . . S'il s'obstine à refuser toutes les réformes, à se faire appeler le sauveur du pays, parce que, à force de bureaux de tabac et de lambeaux du budget (Bruit), il aura enregimenté une centaine de votes serviles et se sera composé une sorte de majorité mécanique. . . (Mouvement au centre. — Rires ironiques à gauche.)

« S'il essaye plus longtemps de noyer le sentiment public dans une mare d'indignité et de corruption, eh bien, qu'il le sache, il aura remis tout en question lui même, et préparé des malheurs ! . . . »

M. Drouyn de Lhuys. Eh bien ! (Agitation au centre.)

M. le Garde des sceaux. Je comprends que, quand on a lu tout ce qui a été dit dans les banquets, on a pu se faire une sorte d'habitude de ce style, et se blaser à ce point qu'un langage qui, dans tout autre temps, aurait révolté tout le monde, paraît à certaines personnes parfaitement excusable et naturel. (*Au centre.* Très-bien !)

A Amiens, voici ce qu'on a dit. Après avoir rappelé que le peuple est propriétaire et dispensateur de la souveraineté, qu'il peut changer son gouvernement, et, par conséquent, destituer dans une grande occasion ceux auxquels il l'avait confié, voici la paraphrase qu'on ajoute :

« Que la royauté de Juillet, se rappelant mieux son origine, fasse que cette occasion ne se présente pas. Mais quant à nous, en présence des hontes et des scandales qui affligent la patrie, n'imitons pas cet intendant de province dont parle Michelet dans son dernier volume de l'*Histoire de la révolution* Obligé de condamner a mort l'un des derniers martyrs protestants du Midi, Lenain de Tillemont lui disait : « Hélas ! monsieur, ce sont les ordres du Roi. » Il fondait en larmes. Le condamné le consola. Ah ! plutôt qu'un innocent périsse, brisons avant l'échafaud. »

Il me semble que l'allusion est assez claire.

Voix nombreuses à gauche. Nous ne comprenons pas !

M. le Garde des sceaux. Les personnes qui couvraient cette citation d'applaudissements dans le banquet d'Amiens comprenaient parfaitement.

Et je suis sûr qu'il ne vous faudra pas une réflexion prolongée pour comprendre à votre tour.

Dans le banquet de Bethune, voici ce que disait...

M. Odilon Barrot. Si vous vouliez lire, dans le banquet d'Amiens, la déclaration de principes qui a précédé le banquet, lue par le président lui-même, et le président, c'était moi. Il faut être juste, quand on instruit une cause.

M. Garnier-Pagès. En prenant des passages par-ci, par-là, on peut prouver tout ce qu'on veut.

M. le Garde des sceaux. L'honorable M. Barrot a commencé hier l'instruction de la cause, je la complète aujourd'hui.

M. Odilon Barrot. Quand je cite, je cite en entier.

M. le Garde des sceaux. J'ajouterai d'ailleurs, ce que l'expérience prouve trop, que, quand on fait un acte contraire aux principes, les déclarations de principes ne sont que de vaines paroles, et ne sont guère écoutées.

Voix à gauche. Nous le savons parfaitement bien.

Une autre voix. La réflexion n'est pas malheureuse.

M. Chambolle. Demandez à M. Guizot ce qu'il en pense.

M. le Garde des sceaux. Au banquet de Béthune, voici comment on s'exprimait :

« Croyez-vous que je vous dis de détruire votre drapeau, ou de le mettre dans votre poche ! Non, un homme libre ou qui veut l'être dit hautement a quel parti il appartient ; il place son drapeau en face de tous. Je vous prêche d'exemple, moi, je suis radical ; mais vous voulez tenter un dernier effort. Voici la conciliation qui s'opère entre les deux Oppositions. Soit, unissons-nous donc, vous qui croyez encore, nous qui cessons de croire. . . (*A gauche.* Eh bien ?)

« Car telle est la seule différence entre nous ; ne l'oublions pas, que personne ne l'oublie, le peuple n'a pas encore donné sa démission, il peut revenir sur la place publique.

« *Une voix.* Il y reviendra.

« *L'orateur.* Faisons en sorte qu'il n'y revienne pas ; mais il peut y revenir, défaire ce qu'il a fait ; il peut y revenir et dire : Vous voulez le gouvernement personnel ; moi, je veux le gouvernement du pays par le pays.

« Je puis toujours porter la main sur la couronne que je donne, la briser, en jeter encore les débris aux flots de Cherbourg (Bravo! bravo!) »

A gauche. Eh bien?

M. Drouyn de Lhuys. M. Duchâtel en a dit autant à cette tribune où vous êtes. Je vous citerai sa phrase. (Agitation.)

M. le Garde des sceaux. Si je pouvais douter que je suis dans la question, dans le vif de la question, que je la touche véritablement, les interruptions qui partent de certains côtés ne me le permettraient pas.

Voici un discours, entre plusieurs, prononcé au banquet de Dijon. (Écoutez! écoutez!)

« A vous aussi, nos amis de Paris, que nous avons le bonheur de posséder aujourd'hui à nos côtés, à vous hommes du progrès et de l'avenir, poetes, publicistes, artistes, philosophes ; a vous *les éclaireurs de la montagne* qui a enfanté deja deux immortelles révolutions et que le temps et les événements ont fécondés d'une nouvelle et double gestation, qualité nécessaire, révolution politique comme moyen, révolution sociale comme but ; à vous tous qui poursuivez ce but humanitaire, continuez votre œuvre, marchez démocratiquement, la plus belle nation du monde est derrière vous, elle vous suit, elle attend. » (Mouvement)

Tout ce que je voulais établir, c'est l'esprit général qui avait régné dans ces banquets, c'est ce qui s'est dit, c'est ce qui s'est fait dans ces reunions, sur lesquelles vous avez à vous prononcer aujourd'hui, et sur lesquelles si, ce qu'à Dieu ne plaise, dans l'avenir, certaines menées se réalisaient, la justice régulière du pays aurait à se prononcer à son tour.

J'avais donc raison de dire que ce n'est pas une thèse abstraite, une doctrine générale, indéterminée qui fait l'objet de la discussion. C'est spécialement la legalité des banquets, des assemblées politiques, des réunions publiques que vous connaissez et que je viens d'indiquer. Ce sont ces banquets que l'Opposition a appeles *agitation pacifique et légale.* Pacifique! je laisse à la Chambre et au pays à apprécier la justesse de cette qualification; légale, c'est ce que je vais examiner.

M. le Ministre expose d'abord qu'il se défie des prétendus droits primordiaux qui ne sont écrits, définis ni réglés dans aucune loi. Il ajoute que le droit de réunion n'est pas écrit dans la Charte, qui cependant énumère les droits qu'elle reconnaît aux citoyens : liberté individuelle, des cultes, de la presse, etc. Les autres lois relatives aux assemblées publiques leur interdisent toute delibération. La loi de 1790, citée par M. Barrot, pour les petitions collectives, n'existe plus. La Constitution de 1791, qui énumérait les mêmes droits que la Charte, y ajoutait celui de s'assembler paisiblement et sans armes. Cela conduisit aux premiers abus des sociétés populaires, qui n'eurent pas, il est vrai, dès l'abord la fatale influence des sociétés célèbres qui tinrent si longtemps la Convention elle-même sous l'empire de la terreur. Aussi l'Assemblée constituante chercha-t-elle à restreindre les inconvénients en defendant de publier les discours dans les journaux. Voici comment elle motivait sa décision :

Extrait d'un rapport sur les sociétés populaires fait au nom du comité de constitution.

« Quand une nation change la forme de son Gouvernement, chaque citoyen est magistrat, tous délibèrent et doivent délibérer sur la chose publique, et tout ce qui presse, tout ce qui assure, tout ce qui accélere une révolution doit être mis en usage C'est une fermentation momentanée qu'il faut soutenir et même accroitre pour que la revolution, ne laissant plus aucun doute a ceux qui s'y opposent, elle éprouve moins d'obstacles, et parvienne plus promptement a sa fin

« Mais, lorsque la revolution est terminée, lorsque la constitution de l'empire est fixée, lorsqu'elle a délégué tous les pouvoirs publics, appele toutes les autorités, alors, il faut, pour le salut de cette constitution, que tout rentre dans l'ordre le plus parfait, que rien n'entrave l'action des pouvoirs constitués, que la deliberation ou la puissance ne soient plus que là où la constitution les a placées, et que chacun respecte assez et ses droits de citoyen et les fonctions deleguees pour ne pas excéder les uns et n'attenter jamais aux autres.

« Trop de services ont ete rendus à la chose publique par les sociétés des amis de la constitution, trop de patriotisme les anime pour qu'il soit en géneral necessaire de faire autre chose envers elles que d'avertir les citoyens qui les composent des dangers qu'elles peuvent faire courir à la chose publique, et des contraventions auxquelles elles sont entrainees par des hommes qui ne les cultivent que pour les agiter, qui ne s'y font recevoir que pour acquérir une sorte d'existence, qui n'y parlent que pour preparer leurs intrigues et pour usurper une célébrité scandaleuse qui favorise leurs projets. »

Ainsi l'Assemblée qui, par une erreur généreuse, avait proclamé ce prétendu droit primordial, a reculé devant son œuvre. Aucune autre constitution n'a repris ce droit.

Si cependant il se forme des réunions publiques, la loi du 16-24 août 1790, sur la police, deviendra applicable; car ces sortes de réunions sont certainement de nature à inquiéter la tranquillité publique. Ce pouvoir de police est d'ailleurs exercé par un pouvoir électif, l'autorité municipale. On devra également y appliquer une ordonnance de police rendue en 1830, par le comte Treilhard, préfet de police, collegue de M. Barrot, alors préfet de la Seine; une autre ordonnance de 1833, toutes deux rendues dans les limites des arrêtés de l'an VIII et de l'an IX, qui organisent à Paris cette partie du pouvoir municipal en ces termes :

« Le préfet de police est chargé, par l'arrêté des consuls, expressément, à Paris et dans la circonscription où s'exercent ses attributions, de *prévenir* ou de dissiper les rassemblemens *ou les réunions publiques* qui pourraient porter atteinte *à la tranquillité et à l'ordre public.* »

Quant aux distinctions qu'on a voulu faire entre les banquets tenus dans un lieu public ou dans un lieu privé, ce n'est pas le lieu, c'est le caractère de la réunion qui fait le caractère public. Il est difficile de persuader que des banquets politiques soient des réunions privées.

Il pense que, sur ces questions d'appréciation toute légale, les esprits reviendront quand l'ardeur du débat politique sera apaisée. Il développe cette pensée, et manifeste l'espérance que l'exécution de la loi ne trouvera pas de résistance, pas plus que la loi des associations, contre laquelle on s'élevait aussi dans la discussion.

Il explique ensuite la conduite du Gouvernement à l'égard des banquets. Il a dû tenir compte du mouvement de l'opinion publique. On n'a pas pu interdire les premiers banquets, auxquels des Députés annonçaient devoir assister. On eût trouvé que c'était abuser d'un pouvoir légal. Maintenant que l'opinion et le Gouvernement sont éclairés sur la tendance des banquets, le Gouvernement pourra se servir de la loi, comme il se sert des lois sur la presse et les associations, suivant les nécessités de la paix publique.

Tant qu'il n'y a pas un danger réel, la loi sommeille ; quand le danger apparaît, la loi se réveille, elle est dans les mains des magistrats, qui en font une juste et sévère application.

Voilà l'unique et véritable motif qui nous a déterminés à attendre, à observer, à nous convaincre, non pas de la légalité que nous n'avons jamais hésité à regarder comme certaine, mais de la nécessité d'appliquer la loi en laissant le pays s'en convaincre lui-même.

Maintenant, si nous devons l'invoquer un jour, il ne faut pas qu'elle soit affaiblie à l'avance ; il faut que la vérité des faits soit reconnue par les pouvoirs publics comme elle l'a été par l'opinion publique, et c'est par là que je termine.

Le Gouvernement demande que le fait qui s'est passé dans l'intervalle des sessions soit apprécié et qualifié comme il l'a apprécié et qualifié lui-même, comme la Chambre des Pairs, après le Gouvernement, l'a apprécié et qualifié.

Une Commission de l'adresse vous le propose aussi. Est-ce pour le vain et triste plaisir de frapper des adversaires politiques ? (*A gauche.* Oui ! oui !)

Est-ce pour user de récriminations et de représailles ? Non, non, Messieurs ! Sans doute, à ne voir que ce qui s'est passé, peut-être aurions-nous bien des raisons, je ne veux pas dire légitimes, mais puissantes, d'user de représailles et de récriminations. (*A gauche.* Donnez-vous carrière !)

Quand une majorité a été attaquée, outragée avec tant de persistance, s'il arrivait qu'elle fût tentée d'user de quelques représailles et de récriminations, et que, pour toutes représailles et pour toutes récriminations, elle dît aux adversaires qui ont cherché autant qu'il était en eux à la déshonorer, à la perdre : « Vous êtes les uns nos ennemis, les autres des aveugles qui suivez nos ennemis, » la récrimination, les représailles ne seraient assurément ni bien dures ni bien surprenantes. Mais ce n'est pas de représailles et de récriminations qu'il s'agit en de pareils débats ; le Gouvernement n'en doit point, la majorité n'en veut point exercer. Ce que le Gouvernement et la majorité veulent, ce qu'ils doivent vouloir, c'est que ce qui est vérité soit reconnu pour tel, c'est que ce qui a frappé le pays, ce que pense le pays, passe dans vos délibérations, demeure comme résultat de vos délibérations.

Eh bien, pour résoudre cette question, il y a une triple alternative : passer les banquets sous silence, est-ce possible ? Dire que, dans ces banquets, l'on a été bienveillant pour le Gouvernement et pour la majorité, que l'on s'est montré ami de nos institutions, qu'on y a été judicieux, clairvoyant et impartial ; ou bien dire ce qui est la vérité, dire que l'on y a parlé contre vous, contre les institutions, contre la monarchie, le langage d'ennemis qui n'avaient pas leurs adversaires en face, qui semblaient profiter de leur absence pour les attaquer et les outrager ; que ceux-là même qui n'ont pas suivi cette conduite et tenu ce langage se sont laissé entraîner cependant par un déplorable aveuglement.

Voilà , Messieurs, ce que vous propose votre commission. Il ne s'agit pas d'une satisfaction vaine ; car si ces banquets sont parfaitement innocents, parfaitement excusables, s'ils sont un acte légitime de la vie politique, ils se reproduiront.

Rien ne saurait les empêcher de se reproduire. Dites donc votre pensée sur ces faits , dites-la sincèrement, telle qu'elle est dans vos esprits, telle qu'elle est dans l'esprit du pays ; vous aurez accompli le devoir imposé à de fidèles représentants, et alors ce ne sera plus une voix isolée , sans qualité et sans puissance comme celle qui.s'est elevée du sein des banquets , ce sera la véritable voix du pays (Approbation au centre); car on ne peut reconnaître de représentants véritables et légaux du pays que les trois grands pouvoirs institués par la constitution (Très-bien ! très-bien !), le Gouvernement du Roi, la Chambre des Pairs, la Chambre des Députés. Les deux premiers pouvoirs ont accompli leur devoir ; vous n'hésiterez pas à remplir le vôtre. (Approbation prolongée au centre.)

M. Odilon Barrot, *de sa place*. Puisque l'on a parlé d'instruction qui se faisait à la tribune, et pour que nous n'en ignorions pas, puisqu'on nous place dans une situation, que nous n'acceptons d'ailleurs pas, d'accusés au milieu de nos collegues,.... (Dénégations au centre et au banc des Ministres. — *A gauche*. Oui ! oui !)... je demande la permission de compléter la citation faite par M. le Garde des sceaux. Il a incriminé une manifestation à laquelle j'ai assisté , que j'ai présidée, et dont j'ai eu soin de préciser hautement le caractère.

Pour justifier la loyauté de la citation portée à la tribune, pour que l'édification de la Chambre soit complete , qu'il me soit permis de mettre sous ses yeux les paroles que j'ai prononcées comme président et avec l'assentiment unanime de l'assemblée ; elles sont courtes :

« C'est un acte loyal que nous faisons, un acte constitutionnel et légal ; il faut bien qu'amis et ennemis le sachent ; c'est dans le cercle de la constitution et de la legalité que nous nous renfermons strictement. Nous demandons la sincérité du Gouvernement ; ce n'est pas pour y manquer nous-mêmes, et à l'abri et sous les apparences d'une opposition sincere et constitutionnelle pour nous placer en dehors de la constitution et chercher à la renverser. Non ! nous voulons réformer pour ameliorer et conserver ; c'est sur ce terrain que toutes les opinions libres, honnêtes, consciencieuses, se sont donné rendez-vous, sans s'abdiquer, sans s'amoindrir, sans s'abaisser, parce que c'est le terrain de la liberté et des intérêts de notre pays. » (Approbation unanime. — Mouvements en sens divers)

M. Feuilhade-Chauvin s'attache à démontrer la légalité des banquets. Lors de la discussion de la loi de 1834 , certains Députés furent justement effrayés de la proposition du Gouvernement; ils craignaient qu'à l'aide des dispositions nouvelles on pût porter obstacle aux réunions particulières, à celles qui, même ayant un objet politique, ne rentraient pas dans l'association prohibée par la loi. Un amendement en conséquence avait été proposé par M. Couturier, Député à cette époque, pour prévenir l'interprétation de la loi de 1834 dans ce sens.

Cet amendement disait, en termes exprès, que les réunions accidentelles, qui n'ont pas le caractère d'association permanente, ne sont pas comprises dans les prohibitions de la loi sur les associations.

On répondit : Il ne s'agit pas d'une loi sur les réunions ; les réunions sont licites, nous ne prétendons pas les contester ; mais il s'agit d'une loi sur les associations , et lorsque la réunion ne sera pas la consequence d'une association, elle sera légitime et légale. Les termes de la loi sont clairs et précis , et il est inutile d'en faire l'objet d'une disposition expresse.

Cette opinion fut formellement adoptée par le rapporteur de la loi lui-même, par M. Martin (du Nord) !

« J'ai entendu souvent, disait M. le Rapporteur, dans le cours de cette discussion, confondre deux choses qui ne doivent pas être confondues : les reunions et les associations. Vous savez la difference qui existe entre l'association et une reunion Les réunions ont pour cause des événements imprévus, accidentels, temporaires ; le motif venant a cesser, la réunion cesse avec lui : les associations, au contraire, ont un but déterminé et permanent ; si cette distinction est indiquée par la raison , comment est-on venu dire qu'on voulait par une loi nouvelle frapper les reunions ? Jusqu'a present personne n'a pensé que ces réunions fussent atteintes par l'art. 291 Ne craignez pas qu'elles le soient davantage par la loi que nous discutons »

Après de pareilles paroles, pourrait-on se prévaloir de la loi de 1834 pour proclamer et pour établir l'illégalité des banquets donnés dans des locaux privés, dans des maisons particulières ?

Il n'existe pas un seul monument de jurisprudence qui ait décidé qu'une réunion dans un lieu particulier, quel que soit le nombre des individus qui y assistent, constitue une contravention à la loi de 1834. La Cour de cassation, en 1838 et en 1843, a formellement consacré le principe contraire.

Quant à la loi de 1790, invoquée spécialement par M. le Ministre de l'intérieur pour chercher à justifier ses prohibitions, elle a été aussi interprétée par la Cour suprême dans le sens de la liberté, par un arrêt du 16 août 1834 :

La Cour, vu l'arrêté du maire de la commune de Boulbou, en date du 26 juin 1833, portant :

« Art 1er. . . . . Art 2. La nécessité de se munir d'une autorisation préalable de l'autorité du lieu s'étend également aux bals et réunions particulières qui seraient formées dans l'enceinte des maisons, cours et jardins, si toutefois ces réunions s'élèvent au dessus de vingt personnes, non compris dans ce nombre celles domiciliées dans la maison où la réunion a eu lieu ; »

Attendu, en droit, que les arrêtes de police n'emportent la sanction pénale de la loi qu'autant qu'ils sont renfermés dans les limites du pouvoir attribué à l'autorité municipale en cette matière ;

Et attendu, en fait, qu'il est constant que le bal donné par Raousset de Boulbou était un bal particulier, et qu'il a eu lieu dans son domicile ;

Qu'en décidant, par suite, que l'art. 2 de l'arrêté précité n'était pas obligatoire dans l'espèce, et que ledit Raousset de Boulbou ne se trouvait passible d'aucune peine pour ne s'y être point conformé, le jugement dénoncé n'a fait qu'une saine interprétation de l'art. 6, n° 1er, tit. II, de la loi des 16-24 août 1790 ;

Rejette le pourvoi.

L'orateur invoque le texte même de la loi de 1790 pour prouver qu'elle ne s'applique pas aux réunions particulieres.

Ainsi, ni la loi de 1834, ni la loi de 1790, ni la jurisprudence de la cour régulatrice, n'autorisent la jurisprudence nouvelle et toute récente que voudraient introduire M. le Ministre de l'intérieur et M. le Garde des sceaux. Et, encore une fois, ils n'ont pas douté un seul instant que la loi et la jurisprudence ne fussent pas applicables ; car, enfin, si le Gouvernement eût pensé qu'elles l'etaient, et s'il est vrai qu'on y ait tenu des discours si coupables, le Gouvernement aurait gravement compromis sa responsabilité en tolérant les banquets, pouvant les empêcher.

L'orateur combat l'opinion que le lieu perd le caractère privé en recevant un banquet. Ce qui fait le caractere public, c'est l'admission de tout le monde indistinctement. Là où tout le monde n'est pas admis, où il n'y a qu'un choix de personnes, il n'y a pas une réunion publique.

L'orateur termine par quelques considerations politiques contre le paragraphe du projet d'Adresse.

M. Ledru-Rollin. Selon moi, l'honorable préopinant a trop restreint et fait languir la question de droit ; relevons-la, replaçons-la à sa véritable hauteur ; quelques objections de M. le Garde des sceaux n'ont même pas été effleurées et demeurent debout : reprenons-les rapidement, et montrons qu'il n'en doit rien rester.

Son argumentation, si je ne me trompe, a été celle-ci :

Vous ne trouvez nulle part un texte qui autorise les réunions publiques ; le droit n'existe donc pas : elles ne peuvent, en conséquence, exister qu'autant qu'elles sont autorisées par le Gouvernement.

J'arrête d'abord M. le Garde des sceaux dans la position même de la question, et je lui dis : La faculté de réunion étant de droit naturel, c'est à vous de me montrer un texte qui le prohibe, autrement il existe et vous le devez respecter. Je n'ai pas besoin de rappeler l'axiome vulgaire du droit, et je fais un appel à tous les jurisconsultes de l'assemblée. Tout homme de bon sens, en ne consultant même que sa raison, comprendra que l'exercice d'un droit imprescriptible ne peut être entravé que par une defense categorique et expresse.

Mais ce n'est point assez ; je vais prouver que non-seulement il n'y a pas de dispositions prohibitives contre les réunions publiques, mais qu'il y a un texte solennel, fondamental, qui en protége la liberté et en considere l'usage comme un devoir pour le citoyen.

Ouvrons en effet la constitution de 1791. Nous trouvons au frontispice une déclaration des droits dont voici les termes :

CONSTITUTION FRANÇAISE — *Déclaration des droits de l'homme et des citoyens.*

« Les représentants du peuple français constituant l'Assemblée nationale,

« Considérant que l'ignorance, l'oubli ou le mepris des droits de l'homme, sont les seules causes des malheurs publics et de la corruption du Gouvernement,

« Ont résolu d'exposer dans une declaration solennelle les droits naturels, inalienables et sacres de l'homme, afin que cette declaration, constamment presente à tous les membres du corps social, leur rappelle sans cesse leurs droits et leurs *devoirs.*

Titre Ier de la constitution.
Dispositions fondamentales garanties par la constitution.
« La constitution garantit comme droits naturels et civils la liberté a tout homme de parler, d'écrire, d'imprimer, de publier ses pensées ;
« Aux citoyens, de *s'assembler paisiblement* et sans armes. » (Mouvement.)

Ceci, Messieurs, n'est pas un de ces textes de loi qui tombent inaperçus dans l'oubli ; c'est quelque chose de sacramentel, de durable ; une des conquêtes écrites, après la victoire, sur les tables de l'histoire pour ne plus s'en effacer ; un de ces principes qui surnagent sur les flots des révolutions, et demeurent comme un jalon dans la grande marche de l'humanité. Ainsi furent les livres saints, les évangiles, puis les déclarations de droits, qui, après avoir émancipé la France, font successivement le tour du globe.

Le texte est donc pour nous au debut.

Examinons maintenant si ce texte si formel, si impératif, si ce *devoir*, car c'est ainsi que l'appelle la constitution, a été abrogé, dénié, détruit. Vous ne l'osez pas soutenir en termes clairs, vous essayez d'équivoquer : la Charte de 1830, dites-vous, a été silencieuse, et il n'y a pas de droit éternel, il n'y a de concédé que ce que la Charte elle-même concède, octroie ; en dehors de la Charte, pas de droits primordiaux.

Messieurs, c'est là une bien triste et bien pauvre doctrine, sans élévation, sans grandeur, mais sans vérité surtout, et contre laquelle protestent la dignité de l'homme et la conscience humaine.

Ainsi, ajoutez-vous, le droit de liberté de conscience, le droit de liberté de la presse, le droit de liberté individuelle, tous les droits enfin qui tiennent aux grands principes des nations s'y trouvent rappelés ; le droit de réunion publique n'y figure pas ; donc il a été exclu. Voilà votre argument, n'est-ce pas? (*De toutes parts.* C'est bien ça!)

Eh bien, voici ma réponse : Le droit de souveraineté de la nation ne figure pas dans la nomenclature, faut-il en conclure qu'il n'existe pas ? Répondez ! (Mouvement.)

M. Persil avait proposé de rappeler dans la Charte que la souveraineté appartient a la nation ; son amendement était la reproduction littérale d'une disposition de la constitution de 1791 sur le même sujet. Que répondit l'assemblée? Qu'il est des droits tellement imprescriptibles, tellement sacrés, qu'il était inutile et presque inconvenant de les viser dans la Charte.

Le droit de parler librement a cette tribune, ou je viens de monter, d'y parler dans toute l'indépendance de son âme, n'est point écrit dans la Charte ; il n'existe donc pas ? Répondez ! (*A gauche.* Très-bien ! très-bien!)

Il en est d'autres que vous ne pouvez pas plus nier que la lumière, s'ils ne sont pas déposés dans la Charte, ils n'en reposent pas moins dans la conscience universelle. (*A gauche.* Très-bien !)

Et vraiment, monsieur le Garde des sceaux, en me parlant des omissions, des lacunes de la Charte de 1830, vous me faites la partie trop belle, je vais parler avec mesure, car, pour entrer ici, j'ai prêté serment à cette Charte ; mais enfin nous savons tous comment elle a été faite. Est-ce là un de ces monuments complets qui ont été précédés par une longue et mûre discussion ! (Interruption au centre.)

Lors de la révision de la Charte, vous déclarez, au milieu du peuple en armes, que vous êtes tellement pressés que vous ne pouvez même pas prendre le temps de faire un préambule, une déclaration de droits : or, je vous ai démontré, il y a un instant, que la faculté de s'assembler publiquement était portée dans la déclaration des droits de la constitution de 1791 ; si votre Charte de 1830 ne contient pas de déclaration de droits, comment voulez-vous y trouver celui de se réunir publiquement? (*A gauche.* Très-bien!—Rumeurs au centre.)

Oui, il suffit de jeter les yeux sur le texte original, pour voir que la Charte de 1830 s'est faite par coupures, par lambeaux ; à chaque instant vous trouvez cette mention : article *supprimé, supprimé, supprimé.* Sauf toutes ces suppressions, et deux ou trois additions, la Charte de 1830 n'est que la Charte même de 1814; or, comme il est bien évident que la Charte de 1814 ne contenait point le droit de s'assembler, comment le trouveriez-vous écrit dans la Charte de 1830 ? Mais remarquez que vous ne répondez toujours pas au grand principe que je vous ai montré écrit dans la constitution de 1791 et qui plane sur tout ce débat. (Dénégations au centre et au banc des Ministres.)

Encore une fois, votre Charte de 1830 n'a été qu'une série de découpures faites dans celle de 1814. (Bruyantes exclamations.)

M. le Président. La Charte de 1830 est complète ; c'est à cette Charte telle qu'elle est que vous avez juré comme nous fidélité.

M. Ledru-Rollin. Je dis que la Charte de 1830 n'est que la reproduction de la Charte de 1814, sauf quelques suppressions et deux additions seulement ; tous les murmures du monde, toutes les réclamations de Président, ne peuvent pas faire que le texte ne soit pas le texte, et que l'histoire d'hier puisse être travestie. (Agitation prolongée.)

M. de la Rochejaquelein, au milieu du bruit. Lisez le préambule ; la Charte de 1830, c'est la Charte de 1814 qu'on a amendée le plus vite possible...

M. Ledru-Rollin. Je dis que...

M. de la Rochejaquelein, le texte à la main. Voulez-vous que j'en lise le texte à la Chambre ? (Non ! non !)

(M. de la Rochejaquelein quitte son banc et porte le texte à M. Ledru-Rollin. — Rire général.)

M. de la Rochejaquelein. Lisez ! c'est très-curieux.

M. Ledru-Rollin. C'est la Charte de 1814 comparée à celle de 1830 :

« Nous avons ordonné et ordonnons que la Charte constitutionnelle de 1814, telle qu'elle a été amendée par les deux Chambres le 7 août, et acceptée par nous le 9, sera de nouveau publiée dans les termes suivants »

Est-ce clair, Messieurs ? Réclamez donc maintenant contre ce préambule ; beaucoup d'entre vous y ont mis la main. (On rit)

J'avais donc raison de dire que la Charte de 1830 ne pouvait pas mentionner le droit d'assemblée publique, puisque la Charte de 1814, dont elle est à peu près la reproduction, ne le contenait pas ; et, on le comprend , la Charte de 1814 n'était qu'un octroi jaloux, parcimonieux, imposé à regret, de provenance étrangère, sans racines véritables dans les traditions du pays. Vous le savez parfaitement. (Hilarité générale et prolongée.)

M. de la Rochejaquelein. C'est la meilleure démonstration de ce que c'est que l'entente cordiale entre nous. Croyez-vous maintenant qu'elle existe ?

M. Ledru-Rollin. Ne m'opposez donc plus le silence de la Charte de 1830, qui n'est point un monument complet, équilibré, harmonieux, une table de tous les droits de la nation. (Réclamations.) Non, non ! quoi que vous disiez, elle ne sera toujours que le drapeau blanc troué, dépecé par les balles de Juillet. (Explosion de murmures au centre.)

Et qui donc peut être un meilleur interprète de ce qui existait dans la Charte, ou en dehors de la Charte, le lendemain de la révolution de Juillet, qu'un Ministre même du Gouvernement ? Or, n'est-ce point ici que revient dans toute sa force cette citation de M. Guizot, déclarant alors que non-seulement les réunions publiques étaient chose légale, mais chose désirable, pour que les citoyens s'éclairassent sur leurs droits en communiquant entre eux.

Reste donc toujours debout et sans avoir été entamée jusqu'ici, la déclaration des droits de 1791, qui consacre la liberté de s'assembler. Alors que fait M. le Ministre ? Il s'efforce de faire dévier la discussion et de lui donner un autre tour ; il raisonne par analogie, par induction, j'allais dire par tendance ; il voudrait assimiler le droit de réunion publique au droit d'association.

Messieurs, je vous signale le piége, et je n'y tomberai pas. Non, non, ces deux droits ne sont pas les mêmes, et vous eussiez montré complaisamment, dans un décret de 1790, que le droit d'association a été blâmé, restreint, peu m'importerait. Ce qu'il me faut, entendez-vous bien, c'est un texte contre le droit de réunion publique, comme je vous en ai trouvé un en faveur de ce droit. Le droit de se réunir, dites-vous, a engendré le droit d'association, qui est prohibé : je vous arrête au nom même de l'histoire.

Quoi! vous placez le droit de se réunir avant le droit de s'associer.

La loi qui permet aux citoyens de se réunir publiquement date de la constitution de 1791.

Et le droit de s'associer, du soir même de la prise de la Bastille, de cette immortelle journée du 14 juillet 1789.

Ce jour-là deux clubs se formèrent, dont l'un porte un nom fameux, qui ne sera jamais oublié.

Je veux parler du club des jacobins, connu d'abord sous le nom de *Société des amis de la Constitution.*

Que devient donc votre raisonnement qui consistait à dire : Les réunions publiques ont amené les associations, lesquelles associations ont été prohibées, donc également les réunions publiques ; quand, l'histoire à la main, je puis vous répondre : Les associations existaient au contraire avant qu'on eût légalisé le droit de s'assembler publiquement ; donc, si on a interdit nommément les associations, on n'a pas, par là même, defendu les réunions publiques, puisque les associations ne procédaient pas du droit de réunion publique, et étaient chose tout à fait différente.

Permettez encore : ce qui ne saurait vous faire désormais une arme de droit, ne peut non plus vous servir comme effet moral, comme moyen d'épouvantail à l'adresse des citoyens timides. Car, du même coup, je vous prouve que vous ne pouvez pas dire raisonnablement aux centres : Il faut interdire les réunions publiques, les banquets, parce qu'ils conduiraient à l'anarchie des clubs, puisque, encore un coup, les clubs ont précédé les réunions paisibles et sans armes autorisées par la constitution. (*A gauche.* Tres-bien !)

Je vais me résumer en quelques mots : mais, d'abord, qu'il me soit permis de faire appel à la loyauté de l'assemblée. La question est de pur droit ; ce n'est pas, pour le moment, une question politique. Il ne s'agit pas de se laisser entraîner par les passions. Messieurs de la majorité, un jour l'histoire vous jugera, vous comme nous. Si, par hasard, vous déclariez, en présence de textes formels, que les réunions publiques sont prohibées, et que les citoyens, ardemment convaincus du contraire, résistassent à la violence des armes, vous seriez jugés cruellement par cette histoire, qui dirait que vous avez sacrifié à vos passions la vie de vos concitoyens. (Vive adhésion a gauche.)

Laissons donc de côté pour un instant la question irritante, descendons au fond de nos consciences, pour y consulter le droit dans ce qu'il a de plus immuable, de plus indépendant, de plus sacré.

Votre point de départ, c'est le texte de la loi de 1790 sur la police municipale, qui, dites-vous, vous donne un droit arbitraire.

Oui, sauf en ce qui concerne toutefois les réunions publiques, puisque la circulaire qui accompagne cette loi déclare que les réunions publiques sont exceptées.

Mon point de départ, à moi, c'est le texte solennel, indestructible de la constitution de 1791, qui élève le droit de réunion publique a la hauteur d'un devoir.

Vous dites que les réunions ont amené les associations ; je vous réponds, par les dates, que les associations ont existé dès 1789. Vous dites qu'une loi de 1790 prohibe les associations ; je réponds que, par là même, les réunions publiques, qui sont décrétées en 1791, survivent aux associations.

Vous dites que la Charte de 1830 ne parle pas du droit de réunion ; je réponds que cette Charte n'a été qu'une très-légère modification de celle de 1814, et que, la première n'en parlant pas, la deuxième pourrait parfaitement ne pas en parler, sans qu'on pût induire contre le droit de réunion plus qu'on ne peut induire de son silence contre des droits non moins sacrés.

Vous dites qu'il n'y a de droits que ceux octroyés par la Charte.

Comment! est-ce que je ne puis faire un compte rendu à mes electeurs ? Cependant ce droit n'est consigné ni dans la Charte ni dans la loi. Est-ce qu'on ne peut pas provoquer une réunion préparatoire pour les élections ? et cependant encore la Charte et la loi se taisent sur ce point. (Mouvement.)

Voyez où vous marchez ! de sophismes en sophismes , vous arrivez à nier toute espèce de droits en dehors des droits écrits, c'est-à-dire que vous portez atteinte a ce qu'il y a de vivace dans la moralité humaine, à ce qui seul ne peut pas se prescrire, le droit ; vous ébranlez ce qui est le plus profondément enraciné dans le cœur de l'homme, car il n'y aurait pas eu de sociétés si les droits naturels n'avaient vécu d'eux-mêmes. Et c'est vous qui osez parler de principes antisociaux ! (Mouvement prolongé.)

Croyez-vous donc que, sans cette protestation incessante de la conscience humaine en faveur des droits naturels, d'autres gouvernements que vous, qui ont passé par les mêmes difficultés, ne les auraient pas brutalement foulés aux pieds ?

Est-ce que , sous la Restauration, si ombrageuse et si inquiète, il n'y a point eu de banquets ? Elle aurait bien voulu les empêcher ! elle ne s'en est pas senti la force.

Ne vous souvient-il plus de ces banquets donnés en 1829 au général Lafayette dans plusieurs départements ? A Grenoble, à Lyon, où le Gouvernement avait appelé une garnison tout entiere, il fallut respecter les banquets. Seulement les journaux ultra-royalistes disaient comme les vôtres : M. Lafayette est un bonnet rouge, un jacobin. C'étaient, à les en croire, des orgies révolutionnaires, des saturnales de sang. Oui; mais les banquets avaient lieu. A la même époque, il y en eut un autre, celui donné à Beaujon par le commerce, et qui comptait plusieurs centaines de citoyens. Il en est un enfin dont M. Guizot lui-même doit avoir gardé le souvenir, le banquet de la société *Aide-toi, le ciel t'aidera*, tenu aux *Vendanges de Bourgogne*. C'etait à la fin de mai 1830; on y but à la santé du Roi. Ce toast fut l'objet d'une grave contestation , car cette difficulté n'est pas nouvelle ; oui , on y but a la santé du Roi, et deux mois après il etait conduit à Cherbourg ! (Mouvement.)

Oserez-vous entreprendre ce qui a fait reculer la Restauration ?

Je le répète , j'ai écarté toute passion de parti , toute colère ; j'ai voulu vous montrer le droit si évident qu'il ne vous fût pas possible de déclarer qu'il n'existe pas. (Adhésion à gauche.)

Mon habitude n'est point de m'adresser à la majorité ; eh bien , je le fais aujourd'hui : il ne faut pas que les membres qui ne sont pas exercés à l'étude des arguties scolastiques soient trompes ; qu'ils sachent donc bien que le droit est mille fois évident, mille fois incontestable , et que , s'il arrivait que l'opiniâtreté du Gouvernement amenât à cette occasion l'effusion du sang, la responsabilité serait telle, qu'on doit bien y regarder avant de lui prêter concours. (Tres-bien !)

A chacun donc le soin de méditer profondément. Pour moi, la question légale est finie. Si je n'obéissais maintenant qu'à un juste ressentiment, je m'expliquerais sur la question politique. J'ai été vivement attaqué par le Ministère et par l'Opposition. Ma conduite et celle des nombreux amis que j'ai trouvés dans les banquets a été odieusement travestie. Notre politique, loin d'être antisociale, tend à établir dans la société , par une juste satisfaction des droits et des intérêts de tous, une securité qui n'est aujourd'hui nulle part.

Certains aveux faits hier sur la régence et les fortifications par un membre du centre gauche, m'auraient aussi facilement donné gain de cause sur ma politique d'isolement ici ; mais le lieu et le terrain peuvent se retrouver. Moi, le plus jeune, je ne veux pas imiter l'exemple des récriminations faites hier contre moi par le chef de la gauche ; en présence de l'ennemi commun, qui est là frappant a la porte, n'ayons pour aujourd'hui qu'un cri de guerre : il s'attaque à la plus vitale , à la plus communicative de nos libertés, attachons-nous à elle. Par d'unanimes etreintes, environnons-la de nos bras; comme un dernier autel qu'il faut maintenir debout. (*A gauche*. Très-bien !)

Répétons donc tous au Ministere : Prenez-y garde ! Oui , le droit est pour nous, et vous ne pouvez le violer sans attirer sur votre tête la plus lourde des responsabilités. (Applaudissement sur quelques bancs.)

Tous nous irons jusqu'au bout, et si nous sommes brisés dans la lutte, aux mêmes moyens d'oppression il faut opposer les mêmes armes : que le pays, alors comme en 1829, forme une vaste association pour le refus de l'impôt. (*A gauche.* Très bien !)

M. HEBERT, *Garde des sceaux.* Il n'y a, grâce à Dieu, ni sang à répandre, ni bataillon à faire marcher, et c'est un courage facile que celui qu'on vient déployer à cette tribune contre des dangers imaginaires.

M. *Émile de Girardin.* Et si nous allons aux banquets ?

M. *le Garde des sceaux.* Il s'agit de la loi, de l'exécution de la loi, exécution calme, confiée à la vigilance, à la fermeté des magistrats de l'ordre civil et des magistrats de l'ordre judiciaire.

L'honorable orateur a prétendu qu'il venait combattre ici pour *la dernière des libertés* (Rire au centre), et que, si elle ne lui était pas accordée, la liberté n'existe plus en France ni pour lui, ni pour aucun citoyen.

Eh quoi ! c'est a cette tribune, c'est après dix-sept ans écoulés de la jouissance la plus complète, la plus incontestable, la plus absolue de toutes les libertés pratiquées dans toute leur sincérité, et, j'ose le dire, tolérées quelquefois jusque dans leurs abus ; c'est à cette tribune, qui proteste si haut contre un tel langage, qu'on vient qualifier de violation du droit, d'acte tyrannique, le refus fait par le Gouvernement de tolérer un abus, d'autoriser des faits qui dégénèrent en licence, des faits que ne permet plus, non-seulement la constitution sous l'empire de laquelle nous vivons, mais qui, depuis quarante ans, ont été interdits dans notre pays toutes les fois qu'ils ont pu compromettre la tranquillité. J'avais établi mon opinion par le raisonnement le plus simple, et je demande à l'honorable préopinant la permission de lui dire que c'est en ne suivant pas ma pensée, que c'est en s'écartant du texte très-explicite et très-significatif de la loi, qu'il est arrivé a une conclusion contraire à la mienne.

Qu'avais je dit ? Il n'y a, dans un Etat bien réglé, de droits politiques que ceux qui sont reconnus par la constitution existante... (Vives réclamations à gauche. — Interruption.)

Je sais bien que, si vous passez en revue toutes les constitutions qui ont successivement régi la France, vous trouverez dans quelques-unes d'entre elles des droits de toute nature, des droits subversifs de la liberté même au nom de laquelle on les proclamait. Est-ce une raison pour soutenir qu'ils existent encore ?

Vous invoquez la constitution de 91; vous voulez l'appliquer dans toutes ses parties; mais tout à l'heure une voix s'élevait de ces bancs (l'orateur désigne la droite), et s'écriait à bon droit : Pourquoi ne demandez-vous pas le même respect pour la constitution de 1793?

Qu'est-ce à dire ? Les constitutions périssent et sont remplacées par d'autres constitutions qui corrigent les premières dans ce qu'elles ont d'excessif et de dangereux.

M. *Taillandier.* L'inviolabilité de domicile n'est écrite que dans la Constitution de l'an VIII...

M. *Lherbette.* L'article 75 de la Constitution de l'an VIII existe.

M. *le Garde des sceaux.* Ne vous méprenez pas sur mes paroles : la constitution de 1791 a énuméré tous les droits dont elle reconnaissait et proclamait l'existence, elle les a énumérés sous le titre de Déclaration des droits ; ceux même qui vous paraissent si naturels qu'il est inutile de les mentionner : la liberté d'aller, de rester, de partir, sans pouvoir être arrêté ni détenu que selon les formes légales, la liberté individuelle, l'égalité devant la loi, la liberté de conscience, la liberté de la presse, tous les droits en un mot, elle les a signalés, mentionnés, garantis, dans sa scrupuleuse énumération.

Eh bien, ce que je veux faire observer maintenant, c'est que cette liberté qu'elle reconnaissait aux citoyens de se réunir a leur gré, de délibérer, sans aucune autorisation préalable, et sans aucune surveillance, sur les affaires publiques, cette liberté a disparu et a dû disparaître. Elle a disparu, et dans aucune des constitutions ultérieures, si vous en exceptez la constitution de 1793 qui franchissait toutes les limites et renversait toutes les barrières, dans aucune des constitutions ultérieures, quels qu'en soient la date et l'esprit, jamais elle n'a reparu ! Jamais les citoyens n'ont eu le droit legal de se réunir, de délibérer en commun sur les affaires publiques, en dehors de toute surveillance, en dehors des corps constitués, en opposition avec eux ; jamais dans un état de choses régulier, en présence et au mépris des pouvoirs publics, les simples citoyens n'ont été en possession d'un pareil droit. (Adhésion au centre.)

J'ai ajouté, et l'on ne saurait le méconnaître, que si, théoriquement, philosophiquement, le droit de réunion, tel qu'on le revendique aujourd'hui, et le droit d'association, sont distincts l'un de l'autre à certains égards, cependant le premier, avec l'étendue qu'on lui donne dans les discours et dans les actes, conduit au même résultat, entraîne les mêmes abus. (Interruption à gauche. — Parlez ! parlez !) J'en atteste l'exemple que j'ai cité, j'en atteste le fait de 1791.

Je sais bien que des sociétés populaires s'étaient établies dès 1789 ; mais je sais aussi qu'avant la constitution de 1791, des assemblées, des réunions publiques, avaient existé, et que cette simultanéité d'existence des assemblées, des simples réunions publiques et des sociétés populaires, qui toutes avaient conduit aux mêmes résultats, les avait fait confondre et les avait fait soumettre au même régime, aux mêmes dispositions.

Eh bien, je le demande maintenant à tout homme de bonne foi, lorsqu'en 1791, dans l'instruction sur les sociétés populaires, l'assemblée, par l'organe de son rapporteur, en interdisant la publication dans les journaux des comptes rendus de ces sociétés populaires, déclarait elle-même combien il était dangereux d'elever ainsi autel contre autel, tribune contre tribune, et de créer, en présence du pouvoir régulier, une puissance révolutionnaire ; je le demande, n'êtes-vous pas frappés de cet exemple, et trouvez-vous quelque différence entre la situation qui alors agitait et troublait le pays, et la situation que nous feraient ces réunions politiques, ces banquets, s'ils étaient indéfiniment tolérés, s'ils se perpétuaient comme ils se sont produits pendant six mois ?

A-t-on fait autre chose dans ces banquets que ce que l'on faisait dans les sociétés populaires ? Les listes dressées, les souscriptions recueillies, les unes à prix différents, les autres gratuites, les comités organisés, tous en rapport les uns avec les autres, ces réunions, qui auraient du moins la même raison d'être aujourd'hui tous ces éléments d'agitation et de trouble, different-ils beaucoup de ces sociétés populaires dont parlait l'Assemblée constituante ? Leur influence ne serait-elle pas la même sur le bon ordre et sur la liberté ? (Mouvement.)

Je me trompe, Messieurs, il y a une différence entre les deux situations, et cette différence, la voici. En 1791, rappelez vos souvenirs, on qualifiait durement, injustement peut-être, ceux qui fréquentaient ces réunions, qui s'en déclaraient les chefs ou les orateurs ; on les qualifiait d'ambitieux, d'intrigants, on les accusait de vouloir se faire un piédestal de la tribune qu'ils s'érigeaient au milieu des assemblées populaires. Et nous tous, attaqués, poursuivis, calomniés dans ces mêmes banquets, qui ont reproduit trop fidèlement les assemblées populaires, nous nous bornons à vous dire, au nom du Gouvernement, que des passions ennemies ou des entraînements aveugles ont amené les excès que nous devons déplorer et dont nous devons empêcher le retour. Voilà l'unique différence. (Assentiment au centre.)

Quant à l'identité des situations, elle est complète. Encore une fois, on ne peut soutenir qu'un droit aussi exorbitant, aussi dangereux dans ses conséquences possibles, aussi grave pour ceux qui l'exercent, pour ceux contre lesquels ils veulent l'exercer, on ne peut dire qu'un pareil droit puisse être sous-entendu dans la loi. (Bruit.) Non, ce droit absolu n'existe pas ; dans de telles réunions, il n'y a donc qu'un fait, le fait de tous les citoyens qui s'assemblent pour un but, dans un intérêt quelconque.

A cet égard, j'admets, je reconnais les réserves qui ont été faites, qui ont dû être faites lors de la discussion de la loi de 1834. Mais hors de la, je le demande, n'existe-t-il pas en France un pouvoir reconnu, établi, tutelaire et paternel à la fois, chargé de prévenir les desordres qui peuvent naître de toute espèce de réunions publiques en empêchant les réunions elles-mêmes, quand ce moyen est nécessaire pour maintenir le bon ordre. On a vainement discuté ce droit.

Mais, je le répète, il a été constamment, expressément reconnu par la jurisprudence.

On a cité une décision judiciaire, afin de prouver qu'un bal *particulier*, donné dans une maison *particulière*, n'est pas sujet à l'autorisation préalable, et que l'autorité municipale ne peut pas l'empêcher.

Sans doute, et nous sommes très-d'accord sur ce point; mais l'exemple cité est absolument étranger à la question. Nous parlons de réunions *publiques*, publiques par le mode d'admission, par leur objet, par leur but (Exclamations à gauche), et qui impriment aux lieux où elles se forment le caractère de publicité qui leur appartient. C'est à vous-mêmes que je le demande, pouvez-vous nier que les banquets n'aient été des réunions publiques? N'est-ce pas pour la publicité qu'ils ont été organisés, n'est-ce pas pour la publicité que les journaux en ont reproduit les séances, les incidents, les discours; ne sont-ce pas tous les éléments de la publicité qui ont été réunis autour d'eux?

L'autorité qui veille à la sécurité des citoyens, l'autorité qui exerce légalement (Interruption à gauche) le droit, sur qui pèse le devoir de prévoir, d'empêcher toutes les réunions publiques, quand elles peuvent avoir un but dangereux, quand elles peuvent menacer l'ordre; souvent, quand elles menacent la liberté... (Nouvelle interruption), qui en est inséparable, l'autorité serait impuissante! Non, Messieurs, à moins que vous ne me montriez une loi qui excepte de la règle générale précisément les réunions qui sont les plus dangereuses, et qui ont le plus besoin d'y être soumises, je persiste à soutenir que ce qui a été fait par ces banquets, par ces réunions, a été fait sans droit, contre le droit, et qu'on ne doit pas pouvoir le faire, sans reconnaître le droit et sans se soumettre à la loi. (Vive approbation au centre. — Agitation prolongée.)

M. le Président. La parole est à M. Paillet. — *M. Émile de Girardin.* Je demande à faire une simple observation.—*Voix nombreuses.* Laissez parler M. Paillet! (Agitation continue à gauche.) —(M. le Président réclame le silence. M. Paillet paraît à la tribune.)—*M. Odilon Barrot.* MM. Polignac et Peyronnet n'ont jamais parlé ainsi. (Violentes rumeurs au centre. — Cris : A l'ordre! à l'ordre!)—*M. Larabit.* C'est le commencement de la violence!—*Au centre.* A l'ordre! à l'ordre! — *M. le Garde des sceaux.* Je demande la parole. (Bruit et agitation aux extrémités.)—(Un grand nombre de Députés se lèvent et échangent des interpellations dans le bruit.)

M. le Garde des sceaux. Je ne laisserai, Messieurs, quelque violence qu'on déploie... (Vives interruptions à gauche. — *Au centre.* Laissez parler! laissez parler!)

Je ne laisserai, quelque violence qu'on déploie contre moi, à quelque excès que puisse se porter le langage de l'injustice et de la passion, je ne laisserai insulter ni ma personne ni l'autorité dont je suis dépositaire. (Acclamation au centre. — Très-bien! très-bien!)

Quoi! lorsqu'un Ministre du Roi, protégé tout au moins par cette liberté de la tribune qui appartient à tous, qui lui appartient à lui comme à vous-mêmes, lorsqu'il vient, dans la plénitude de son droit, dans l'accomplissement de son devoir, développer avec convenance, avec mesure, ses principes et ses convictions, il est accueilli, non pas à l'instant même, non pas dans la chaleur du débat, mais après qu'il est descendu de la tribune, par une injure réfléchie, par celle qu'on croit pouvoir lui porter la plus sensible atteinte! on lui jette des noms qui nous reportent à de funestes souvenirs...

M. de Rainneville. Pourquoi donc une injure? (Rires à gauche. — Mouvement général.)

M. le Garde des sceaux. Et vous, qui avez donné le signal de ces interruptions; vous qui, en raison de la position que vous occupez dans cette Chambre, à la tête d'un parti qui vous reconnaît pour son chef, deviez donner l'exemple de la réserve et de la mesure... (Marques profondes d'approbation au centre.— Réclamations à gauche.)

.... Vous, M. Barrot, que diriez-vous si, empruntant le vocabulaire dont vous vous servez sans raison contre moi, j'allais vous jeter à mon tour des noms qui pussent vous blesser, des accusations qui n'auraient pas plus de justice et de portée contre vous que les vôtres n'en sauraient avoir contre moi. (Rires à gauche.)

Je n'ai pas à m'etonner, au surplus, de cette violence; je proteste contre elle, mais je n'en suis point surpris, elle est toute naturelle; et si j'avais besoin d'une nouvelle preuve pour qua'ifier vos banquets, pour montrer ce qu'ils peuvent produire, pour faire sentir combien ils sont contraires à l'ordre, contraires à la liberté, cette preuve, je la trouverais dans ces tristes débats.

Je demande à tous ceux qui nous entendent, au public qui nous voit, étions-nous habitués à des discussions de cette nature? Jamais la violence avait-elle été poussée si loin? (Réclamations à gauche.) Jamais de pareilles accusations avaient-elles retenti dans cette enceinte?

Je m'en afflige, Messieurs, je proteste contre elles, mais je les comprends trop ; et loin qu'elles arrêtent mon courage, loin qu'elles me fassent reculer, elles me démontrent de plus en plus que j'ai eu raison, que j'ai montré la vérité, que j'ai touché la plaie. (Vives réclamations à gauche.)

Cette plaie, il n'y a que le maintien juste et persévérant des lois, malgré ceux qui veulent s'en écarter, qui pourra la guérir.

A gauche. Nous acceptons la menace. (Vive agitation.)

M. Odilon Barrot. Puisque c'est moi qui, par une exclamation, ai provoqué les paroles que vient de faire entendre M. le Garde des sceaux, qu'il me soit permis de lui répondre quelques mots.

J'ecarte d'abord la menace qu'il a lancée vers ce côté. (L'orateur désigne le côté gauche.)

Plusieurs voix a gauche. Nous n'en avons pas peur.

Une voix au centre. C'est contre les banquets.

M. Odilon Barrot. C'est encore un souvenir du passé ; il y a eu aussi des circonstances dans lesquelles de telles menaces furent adressées, d'autres dans lesquelles les menaces furent suivies d'effet.

Oui, quand on entre dans une voie telle que celle où vous poussez le Parlement...

M. Richond des Brus. C'est vous! c'est vous! (Agitation et bruit.)

M. Odilon Barrot. Quand, au lieu de discuter individuellement, d'engager sur votre politique, sur vos actes, cette discussion libre d'hommes à hommes, de Deputés à Deputes, et de combattre pour le triomphe de la justice et de la vérité, vous voulez associer à vos ressentiments la Couronne et la majorité... (Adhésion)

Au centre. Non! non! — *A gauche.* Oui! oui!

M. Odilon Barrot. Vous vous étonnez que nous en soyons profondément émus!

Au centre. Nous aussi!

M. Odilon Barrot. Ce n'est pas nous seuls qui devons l'être; au milieu de vous, à côté de vous, des hommes qui ont suivi votre politique partagent aussi cette émotion.

Je répète à mon banc ce que j'ai dit à la tribune, et je maintiens que c'est une tache pour une administration et un gouvernement. Vous attaquez et vous condamnez aujourd'hui, vous Ministres de la révolution populaire de Juillet, vous dont le pouvoir a été sanctionné par le sang des martyrs de la liberté... (Vive adhésion à gauche.)

Je désire que ces paroles soient consignées et qu'elles aient du retentissement, parce que c'est la vérité... (Nouvelle adhésion à gauche.) Oui, vous, Ministres de la révolution de Juillet, vous contestez un droit que les Ministres de la Restauration, au moment même où elle allait être brisée, ont reconnu, ont respecté. Voilà ce que je dis. Voilà ce qui est un fait, un fait indélébile : c'est que ce qui a été respecté par M. de Polignac est violé par vous. (*A gauche.* Oui! oui! —Vive agitation.)

M. Émile de Girardin, parlant contre la clôture, demande au Gouvernement de présenter un projet de loi qui mette fin à la controverse, comme il l'a fait pour la question de la vente des offices.

—La séance est levée au milieu d'une très vive agitation.

Seance du jeudi 10 fevrier 1848. — Presidence de M. Sauzet.

M. LE PRÉSIDENT. De nombreux amendements ont été présentés sur le dixième paragraphe.

Un de ces amendements émane de *M. Charles Lesseps,* et consiste à remplacer la première phrase de ce paragraphe.

Un autre émane de *M. de Genoude*, et consiste à remplacer la deuxième phrase.

Un troisieme émane de *M. Darblay*, et tend à modifier d'une manière moins générale une partie de la seconde phrase.

Le quatrième émane de *M. Sallandrouze*, et tend à modifier la portion suivante du projet.

Pour procéder avec ordre, par rapport à ces amendements, la Chambre délibérera d'abord sur l'amendement de M. Lesseps, qui affecte la première phrase du paragraphe. Si l'amendement n'est pas adopté, je mettrai aux voix la premiere phrase du paragraphe jusqu'à la partie affectee par l'amendement suivant.

Puis, sur la phrase suivante, M. de Genoude sera appelé à expliquer son amendement. Si cet amendement n'est pas adopté, nous en viendrons à l'aendement de M. Darblay, qui affecte la partie du paragraphe sur laquelle a porté la discussion générale; si l'amendement n'est pas adopté, la Chambre deliberera sur la phrase dont le retranchement a été demandé, à titre d'amendement; ce qui indique de la part du membre l'intention de la combattre.

Ce n'est qu'ensuite, et après le vote de cette phrase, que nous nous arrêterons à l'amendement proposé par M Sallandrouze sur la fin du paragraphe. Nous aurons, en dernier, à voter sur la fin de ce paragraphe et sur l'ensemble du projet d'Adresse.   .

M. Charles Lesseps propose de remplacer la première phrase par celle-ci :

« Sire, un dévouement absolu au seul service de la patrie et des intérêts generaux de la nation, supérieur à tout autre interêt, une fidelité constante au principe qui inspira et fit la revolution de Juillet, tels sont les moyens que nous recommandons a votre Gouvernement pour raffermir l'edifice que cette revolution a fondé. »

M. Lesseps développe son amendement, qui n'est pas appuyé.

— La première phrase du paragraphe 10 est mise aux voix et adoptée.

M. de Genoude propose de remplacer la deuxième phrase par la rédaction suivante :

« Les agitations seraient prévenues, si les grands pouvoirs de l'Etat, reconnaissant qu'il y a des droits antérieurs et superieurs aux gouvernements et aux assemblees, inscrivaient ces droits dans la Charte, et donnaient a la France cette representation fondee sur le concours universel des citoyens a la nomination des Deputes C'est ainsi seulement que l'union de ces pouvoirs maintiendrait la paix au dehors, l'ordre et toutes ses conditions au dedans, garantirait les libertés publiques et tous leurs developpements, et fonderait l'edifice a l'abri duquel les generations qui viendront apres nous seront heureuses et libres. »

M. de Genoude développe cet amendement, qui n'est pas appuyé.

M. Darblay propose de remplacer la deuxieme phrase par celle qui suit :

« Si les agitations qui ont eu lieu depuis la separation des Chambres ont produit, en quelques endroits, des manifestations hostiles à nos institutions et à nos lois sociales, elles ont aussi prouve que l'immense majorite du pays, même dans les opinions dissidentes, leur est inviolablement attachée. »

M. Darblay développe son amendement. Il examine la marche suivie par le Gouvernement depuis trois ans relativement aux reformes demandees, puis la question des banquets. Il rappelle que, dans les six ou sept premières annees qui ont suivi la revolution de 1830, ils ont ete très-nombreux.

La serie en fut interrompue jusqu'en 1846. Là, elle fut reprise par l honorable President actuel du conseil des Ministres. C'est lui qui, à l'instar d'un grand ministre de l'autre côté du detroit, renouvela les banquets en France. Personne, Messieurs, n'imaginera qu'un homme aussi éminent, dans une situation aussi élevée, ait accepté une reunion comme celle de Lisieux, dans la seule et unique vue d'un interêt électoral personnel : il n'en avait aucun besoin, nous le reconnaissons bien tous. C'est donc dans un interêt gouvernemental, le seul que pût avoir en vue l'homme éminent dont je m'occupe, que le banquet eut lieu. Nous étions, Messieurs, à la veille d'une élection générale; il s'agissait, pour le chef des lors du Ministère, de donner un programme aux elections. Ce programme fut celui du progrès. L'honorable M. Guizot sondait depuis long-temps l'opinion publique; il est accoutume à l'observer de près, il s'en est servi bien des fois, il a voulu s'en servir encore cette fois-la. Sachant parfaitement bien que l'opinion publique réclamait des progrès, réclamait des ameliorations, réclamait des reformes, l'homme éminent dont je parle (Rires) a réclamé des progrès; je vais lire, Messieurs, dans quels termes : cela mérite d'être lu.

Extrait du discours prononcé par M Guizot a Lisieux. (Je parle du premier discours, celui qui a précédé les elections il a été prononce le 26 juillet; les elections avaient lieu le 1er août :)

« S'agit-il des libertes générales, de celles qui sont pratiquées au centre de l'Etat? Vous lisez les debats des Chambres, vous recevez chaque matin les journaux qui vous arrivent de Paris. Est-ce que les libertes publiques ne sont pas la réelles, pratiquees avec vivacité par l'Opposition et respectées par le pouvoir ? »

Et plus loin :

« Nous sommes loin de nous en plaindre: nous n'avons garde de vouloir gêner l'Opposition : nous combattons ses idées, nous croyons que son triomphe comme gouvernement serait funeste a ces libertes mêmes dont elle se sert ; mais c'est son droit de s'en servir, et non-seulement c'est son droit, c'est aussi son utilité constitutionnelle : elle est indispensable pour avertir, pour contrôler, pour contenir le pouvoir et pour le remplacer, si, de l'aveu du pays, il venait à s'egarer. »

(*Au centre*. Eh bien ?)

Plus tard, Messieurs, à l'issue des élections, M. le Ministre des affaires étrangères prononçait cette phrase si connue, répétée depuis tant de fois :

« Toutes les politiques vous promettront le progres; la politique conservatrice seule vous le donnera, comme elle a pu seule réussir a vous donner l'ordre et la paix. »

Voilà certes de magnifiques paroles auxquelles nous adhérons complétement; aussi ont-elles rencontré une telle adhésion dans les colléges electoraux, que nous avons vu l'immense majorité qui en a été le produit.

Il faudrait pourtant mettre les paroles d'accord avec les actes. (Écoutez! écoutez!) Ces paroles, nous déclarons que nous les acceptons dans toute leur étendue; aussi n'avons-nous éprouvé aucune surprise de la grande majorité qu'elles ont produite. Mais les effets! Examinons la conduite tenue par les Ministres depuis que ces paroles ont été prononcées. Voyons l'usage que le Ministère a fait de cette immense majorité que ces paroles lui avaient procurées. (*Voir au centre.* C'est postérieur.)

L'orateur reproche au Ministère de n'avoir fait ni la réforme parlementaire, ni la réforme dans l'administration; en finances, le crédit est malade; la seule chose que le Ministère ait faite, ce sont les chemins de fer, qu'il a dissémines en dispersant, sans profit immédiat, les capitaux actifs de la France.

De là, un mécontentement général, qui a poussé l'Opposition à la très-mauvaise mesure des banquets pour forcer le Gouvernement à marcher.

L'orateur passe en revue les diverses catégories de banquets. Il blâme ceux où l'on a discuté sur la Convention, la Montagne. Il ne veut pas qu'on s'occupe de cette formidable époque, dont nous sommes trop rapprochés. Il lui suffit que, dans ces banquets, on soit sorti de la Charte constitutionnelle, de nos lois de la révolution de Juillet pour qu'il y donne sa réprobation tout entière. Ainsi, il y a des phrases comme celle ci, qui ne sont pas sujettes à discussion :

« Croyez-vous que la Charte soit susceptible de développements tels qu'ils puissent suffire à la démocratie? (Non ! non !) »

On veut donc autre chose? Moi, je ne veux rien de plus ; je veux l'amélioration de notre constitution dans son esprit, dans le cercle qu'elle a trace, et je ne veux pas en sortir. Dans un autre passage, on rappelle les paroles de Napoléon a Sainte-Hélène :

« L'Europe sera cosaque ou républicaine » Tout le monde connaît ce mot de Napoléon.
« Elle ne sera pas cosaque (Non ! non !) et j'ai le droit de le dire dans cette patriotique cité. (Bravo ! — Vivent les Lillois !)
« Si le doute pouvait être permis quelque part, ce ne serait certes pas au milieu de vous où l'amour de l'indépendance nationale et de la révolution a fait, en 1792, de chaque citoyen un héros »
On reprend : « Républicaine, peut-être ! (Signes approbatifs) républicaine. . . Je m'arrête, Messieurs, les lois de septembre sont la. »

Voilà, Messieurs, qui, pour moi, qualifie ces banquets. Je ne veux ni de la république, ni de rien... (Rires bruyants), ni de rien qui attaque notre Charte et nos institutions.

C'est une mauvaise manière, Messieurs, de discuter; vous n'empêcherez pas, avec vos rires, que les choses sérieuses ne soient sérieuses.

Je ne veux rien qui sorte du cercle de notre constitution; je réprouve donc ces banquets, où l'on est sorti du cercle constitutionnel.

L'orateur s'étonne que le Ministère s'appuie aujourd'hui sur le danger résultant des banquets, et qu'il les ait laissés parvenir au nombre de soixante.

Il reproche au Ministere de vouloir imprimer à tout sa propre immobilité. Il en résulte que le Ministère ne peut plus que résister ou céder, c'est à-dire qu'il ne peut plus faire l'œuvre de conciliation qui constitue le Gouvernement.

L'orateur recherche quels seraient les éléments de la majorité qui pourrait appuyer un nouveau Ministère. On les trouverait dans toutes les fractions moderées de la Chambre.

L'orateur a ainsi justifie son amendement. Il n'engage que lui-même, mais il croit exprimer la véritable opinion publique.

M. DUCHATEL, *Ministre de l'intérieur*, présente quelques observations en réponse à M. Darblay, et déclare que l'adoption de l'amendement serait comprise par le Cabinet comme un signal de retraite.

M. PAILLET votera pour les amendements qui pourront atténuer le mauvais effet du paragraphe.

Il rentre dans la question de légalité, qui ne lui semble pas épuisée. Il reproduit d'abord, contre l'opinion du Ministère, l'argument tiré de son silence et de son inaction en présence de soixante banquets, dont les discours les plus violents ont été tirés de l'oubli par l'organe le plus accrédité de l'opinion ministérielle.

Au surplus, est-il vrai que cette légalité qui s'est si tardivement manifestée soit aujourd'hui aussi contestable qu'on le prétendait aux séances précédentes; ou bien n'est-il pas vrai de dire que, dans l'état actuel de notre législation, loyalement envisagée, ces réunions sont parfaitement licites?

Messieurs, une singulière doctrine a été professée à cette tribune dans la séance d'hier. On vous a dit qu'aucune loi formelle n'accordait aux citoyens le droit de reunion, et que, par conséquent, ce droit n'existait pas.

J'en demande pardon à M. le Garde des sceaux, et je le supplie de ne pas considérer comme une intention épigrammatique qui ne serait digne ni de lui, ni de moi, ni du lieu, ni de la circonstance, les paroles que je vais dire. (Ecoutez!) Il me semblait qu'on nous avait à l'un et à l'autre enseigné précisément la doctrine contraire sur les bancs de l'école. (Très-bien!) J'en étais sorti, quant à moi, avec cette conviction faite sur la légalité, que tout ce qui n'est pas défendu par un texte formel de la loi est permis, je ne dis pas en morale, mais en légalité. (Vif assentiment à gauche.)

Et comment donc vient-on nous dire : « Où ce droit est-il écrit? Et, si vous ne montrez pas un texte formel, ce droit n'existe pas, c'est une usurpation? »

D'abord, si la question était là où on l'a posée, l'honorable M. Ledru-Rollin l'aurait décidee hier par la citation qu'il a faite d'un texte de loi bien formel et constitutionnel. Le droit de réunion est expressément écrit dans la constitution de 1791. (Interruption. — Parlez! parlez!)

Je sais qu'on a répondu à cet argument que la constitution de 1791 avait fait son temps; et son existence, hélas! n'a pas été longue, je le reconnais. Mais faut il en conclure que tous les principes qu'elle avait, je ne dis pas creés, mais proclamés, aient péri avec elle? Voilà ce que je ne saurais admettre, et ce que vous ne pouvez pas admettre vous-mêmes.

La Charte a-t-elle absorbé toutes les constitutions précédentes? Mais, si cela est, je vous demanderai dans quel article de la Charte..... (Nouvelle interruption); je vous demanderai dans quel article de la Charte qui nous régit aujourd'hui vous trouvez ce grand pouvoir qui ne permet pas de poursuivre les fonctionnaires publics sans l'agrément préalable du conseil d'Etat. Est-ce que par hasard c'est écrit dans la Charte de 1814 ou dans celle de 1830? En aucune façon; cela est ecrit dans une constitution, dans l'article 75 de la constitution de l'an VIII.

Voilà pour le pouvoir.

Voici maintenant pour les citoyens :

Ou est écrit, je le demande, dans la Charte de 1830, le droit d'inviolabilité du domicile du citoyen? Nulle part. Est-ce que par hasard ce droit est en question aujourd'hui? Non! Il est écrit quelque part, et c'est encore dans cette constitution qu'il est écrit, dans l'article contigu à celui que je citais, l'article 76 de la constitution de l'an VIII.

Voyez donc quelle était la fragilité de cet argument qui consistait à dire, s'agissant surtout d'un droit que je crois par sa nature éminemment constitutionnel, du droit de réunion qui peut donner lieu à des abus, nous le reconnaissons; vous voyez combien était fragile cet argument, qui consistait à dire : Si un texte de loi etait nécessaire, la constitution de 91 est impuissante; elle a été remplacée par la Charte de 1830.

Oui! pour l'organisation générale du pouvoir; oui! pour le système général du Gouvernement, mais pour les droits des citoyens, pour certains droits de l'autorité, non! elle a laissé les choses dans l'état où elle les a trouvées, elle les a consacrées, témoin les deux exemples que j'ai cités. (Approbation à gauche.)

Il est vrai qu'on ajoute : A supposer que le droit existe, ou par lui-même, ou par une disposition de loi quelconque, ce droit n'est pas absolu, ce droit est subordonné à l'appréciation de l'autorité administrative; et c'est alors, Messieurs, qu'on fait intervenir dans le debat cette loi de 1790 (du mois d'août) sur laquelle je ne m'arrêterai pas longtemps.

Et en effet, cette loi, comme toutes les autres, peut être examinée dans son texte et dans son esprit.

Quant à son texte, je ne veux pas le relire. Je supplie seulement ceux de mes honorables collègues qui pourraient être touchés de la loi de 1790 en ce qui concerne les dispositions qu'elle renferme, le texte de ses dispositions, je les supplie de la relire avec attention, mais sans préoccupation, avec l'impartialité d'un juge, et la question, au moins la question de texte, n'en sera plus une à leurs yeux.

Quant à l'esprit de la loi du mois d'août 1790, quoi! c'est a cette époque, à cette législation que l'on a demandé le droit pour l'autorité de défendre d'une manière absolue les réunions politiques; que l'on a demandé la défense contre les citoyens de s'assembler, a moins que l'autorité publique veuille bien y consentir.

Ah! Messieurs, j'ai promis de ne pas vous retenir plus longtemps sur cette question de légalité. (Parlez! parlez!) Aussi je concentrerai toute ma pensée dans un seul mot: c'est là un *blasphème* contre l'Assemblée constituante. (Adhésion prolongée à gauche.)

Oui, c'est un blasphème contre cette illustre assemblée, cette mère féconde de toutes nos libertés modernes. (Très-bien!)

L'Assemblée constituante! mais elle se réveillerait à vos paroles, et s'indignerait, toute poussiere qu'elle est, contre une telle interprétation des maximes politiques qu'elle nous a léguées! (Très-bien!)

Messieurs, des autorités vous ont été citées, permettez-moi une seule citation, une seule, parce qu'elle n'a pas encore été faite. (Parlez! parlez!) Et c'est à l'Assemblee constituante elle-même que je la demanderai.

En feuilletant les pages les plus voisines de celle où se trouve la loi du 24 août 1790, le hasard m'a fait tomber sur un décret bien remarquable par sa nature et par sa spécialité.

Une des municipalités du Midi, interprétant peut-être la loi, toute récente alors, du 24 août 1790, avait cru apparemment y trouver le droit, que si longtemps après on y cherche encore, d'intervenir dans ces sortes de réunions, d'y imposer son *veto*, et de s'emparer des archives qui pouvaient déja leur appartenir. La se trouvaient tout à la fois engagés et le droit de réunion et le droit bien autrement considérable d'association proprement dite. Ce fait est dénoncé a l'Assemblée constituante; elle le trouve assez grave, précisement parce qu'il impliquait l'une des libertés publiques nees à peine dans notre pays. Elle l'évoque, elle l'attire à elle; et savez-vous comment elle le juge et à quelle date, à une date bien voisine, je vous le répete, de la loi du 24 août 1790, a la date du 12 novembre 1790, et voici le texte de son décret (Écoutez! écoutez!):

« L'Assemblee nationale,
« Après avoir entendu son comité des rapports,
« Declare que les citoyens ont le droit de s'assembler paisiblement et de former entre eux des sociétés libres, à la charge d'observer les lois qui régissent tous les citoyens;
« Qu'en conséquence (voila le cas particulier, Messieurs), la municipalité de Dax n'a pu troubler la societe formee dans cette ville sous le nom de *Societe des amis de la constitution*, que ladite societé a le droit de continuer ses seances, et que ses papiers lui doivent être rendus » (Bruit et mouvements divers.)

Je crois donc que désormais, si l'autorité entend appuyer son droit de prohibition sur une loi quelconque, ce n'est pas à l'Assemblée constituante qu'elle devra la demander; et lorsque nous avons traversé les temps de l'Empire, lorsqu'on aurait pu puiser dans cet arsenal si riche de dispositions sévères, prohibitives, antilibérales, apparemment il a fallu que cet arsenal lui-même fût impuissant, puisqu'on a retrogradé jusqu'à l'Assemblée constituante et qu'on a faussé à ce point un de ses décrets en lui donnant un sens si diamétralement contraire à celui qu'elle lui a donné elle-même à une époque si voisine du jour où ce décret avait été promulgué. (Très-bien!)

On a parlé de la loi de 1834. Je ne veux pas m'y arrêter, je ne veux vous faire qu'une citation même pour compléter celles qui ont été faites; seulement, dans cette grave question, plus grave peut être que nous ne le croyons encore, il est d'un immense intérêt de lire les discussions qui ont précédé la loi de 1834, de voir avec quel soin on s'est attaché, dans les deux Chambres, dans toutes les parties des deux Chambres, à distinguer deux choses qui, effectivement, ne pouvaient pas être confondues : la réunion, l'association; et si la loi de 1834 a passé contre le principe des associations en les subordonnant au bon plaisir de l'administration, ce n'a été, j'en adjure tous les souvenirs, qu'à la condition que l'on reconnaîtrait solennellement que le droit d'association, régi par cette loi, laissait complétement en dehors de ses dispositions le droit de simple réunion. On ne discutait pas alors sur la question de savoir si le droit de reunion etait un droit existant nécessairement et par lui-même; tout le monde le reconnaissait. (C'est vrai! c'est vrai!) La loi de 1790, personne n'y songeait.

(*M. Odilon Barrot.* Pas un qui ose contester cela !)

Et c'était précisément sur la distinction fondamentale entre ces deux droits que les partisans de la loi nouvelle s'appuyaient pour dire : Le droit de réunion est respecté, il est entier, il est inviolable. Le droit d'association, c'est différent : il est trop grave, il est trop dangereux ; il offre dans son exercice trop de permanence et de continuite; il faut le régir , il faut le régler, et tous les orateurs de l'Opposition, du Ministère, les Ministres eux-mêmes, le rapporteur de la commission dans la Chambre des Députés, ont été d'accord sur cette distinction fondamentale. (Très-bien!)

A la Chambre des Pairs. qui, je crois, n'est pas suspecte de sacrifier légèrement les droits de l'autorité publique aux exigences populaires, à la Chambre des Pairs , les mêmes principes se sont reproduits; ils y ont été maintenus peut-être avec plus de rigueur encore, et c'est a l'aide de ce double passe-port que la loi de 1834 a pris place dans notre législation.

Je demande maintenant ce que devient cette distinction? Elle disparaît, elle s'efface complétement, et désormais tout ce qui concerne les associations s'applique de droit aux réunions, car les réunions n'étant possibles qu'à la condition de la tolérance et du bon vouloir de l'autorité, c'est absolument comme s'il s'agissait d'une association proprement dite; car les réunions ne sont pas défendues, et elles-mêmes elles sont possibles, elles sont licites, seulement avec la permission de l'autorité; et, à cet égard, vous aurez fait, en 1848, ce qu'on n'a pas fait en 1834. A cette époque de crise, de troubles publics, on s'est attaché à cette distinction qu'il s'agit de maintenir. (Très-bien!)

Me dira-t-on : Vous désarmez l'autorité! Je vous déclare que cette considération, si elle était vraie, me désarmerait moi-même. Je ne sache rien de pire qu'une autorité impuissante; et précisément parce que j'aime la liberté, je déteste la licence de toute la puissance de mon âme. L'autorité est-elle désarmée dans le système de la légalité des réunions indépendantes des associations proprement dites?

Non, vraiment. La loi existe; seulement il faut s'en servir dans ce pays de légalité, et de deux choses l'une : ou les réunions seront publiques, et la question de publicité appartient aux tribunaux , et alors l'autorité a le droit de s'y faire représenter; elle y est partie en quelque sorte de droit; elle peut les surveiller, y intervenir, et réprimer à l'instant même tous les désordres quelconques qui s'y manifesteraient. Voila son droit, quand la reunion est publique.

Maintenant, la réunion n'aura-t-elle pas ce caractère de publicité, voici ce qui arrivera.

Ici, c'est le droit commun qui parle. Si les discours coupables, à un titre ou à un autre, sont restés dans l'enceinte privée, ils ne sont pas justiciables des tribunaux.

. Mais du moment qu'ils sortent de cette enceinte, du moment où ils tombent dans le domaine public par la voie de la publicité, ils ont le droit d'éveiller toutes les susceptibilités de l'autorité publique. Non-seulement l'autorité publique a le droit de les examiner, mais encore c'est son devoir. Et, dans le cas particulier, je reviens à cette pensée, qui m'a frappé tout d'abord, et que j'ai déjà exprimée : Comment! pendant six mois, nous avons vu surgir de toutes parts des banquets, et aucune poursuite n'a eu lieu! Ce n'est pas une dénonciation que je viens faire à cette tribune, on ne se méprendra pas sur le sens de mes paroles; mais je me place au point de vue des doctrines qui ont été professées au nom du Gouvernement, je dis : De deux choses l'une: ou les discours qui sont devenus publics par les journaux étaient coupables, et alors de quel droit l'action publique dormait-elle dans vos mains? ou bien, au contraire, ces discours, dont quelques-uns pouvaient blesser vos sentiments, peut-être les miens, ces discours n'étaient pas légalement punissables, et alors pourquoi faire tant de bruit, pourquoi, après avoir souffert les soixante banquets, venir aujourd'hui nous crier en quelque sorte : La patrie est en-danger ! Vous ne sortirez pas de ce dilemme, vous n'échapperez point à cette alternative.

Messieurs, on a dit : La question est judiciaire; M. le Garde des sceaux l'a dit hier, M. le Ministre de l'intérieur l'avait dit avant-hier. Oui, c'est une question judiciaire. Je m'en félicite, car personne n'est mieux placé que moi, et depuis longtemps, pour juger de l'indépendance et de l'impartialité de nos tribunaux; et c'est un immense bonheur, dans un pays ou tant de choses s'affaiblissent, où le discrédit semble s'attacher a tant d'institutions importantes, c'est un immense bonheur que de croire au moins à la justice, et de voir que son autel n'a pas été profané.

Oui, la question est judiciaire; je vous dirai même que déjà la question, à l'occasion des banquets, qui nous occupe, a été touchée par la justice et par ses organes dans une circonstance grave et devant la plus haute juridiction du royaume. C'est une seconde citation, vous me le permettrez, elle n'est pas longue, elle est nouvelle, et je crois qu'elle est digne de votre attention.

Un juge suppléant de province avait été appelé à un banquet, et dans une lettre écrite à l'occasion de son refus, il s'était exprimé d'une manière qui avait paru offensante pour la majesté royale. Il a été cité disciplinairement devant la Cour de cassation qui a compétence, tout le monde le sait, dans ces matières, et l'organe du Ministere public, son organe le plus élevé, a porté la parole dans cette conjoncture grave et qui était bien digne de son intervention.

Voici, Messieurs, ce que, à l'endroit des banquets et de la question de légalité, disait hautement, au sein de la Cour suprême, M. le procureur général Dupin; c'est le *Moniteur* lui-même qui nous l'apprend ; c'était le résumé de son opinion plus longuement développée :

« Il est parfaitement permis de critiquer les lois, d'en signaler les vices, d'en demander l'amélioration; il est permis a chacun d'être et de se dire réformiste, de demander la réforme électorale et parlementaire; il est permis de se réunir, même dans des banquets fraternels... »

Vous entendez? (Agitation.)

Il est vrai qu'à cette époque la loi du 24 août 1790 n'était pas encore inventée. (On rit.)

« . . Aucune loi, ajoutait il, n'oblige à y porter la santé du Roi ; on peut s'en abstenir, surtout si l'on est républicain.

« Mais ce qui cesse d'être permis, c'est d'exprimer son refus en termes insultants pour le Roi!!... »

Il y eut une réplique de la part de M. le procureur général; il revint à la charge, et jamais la question de la légalité des banquets n'en fut une pour son esprit éclairé. (Mouvement prolongé.)

L'orateur termine son discours en examinant la question politique, qu'on a appelée la question de compétence et de haute convenance parlementaire, et en rappelant les partis constitutionnels au calme dans la discussion, l'irritation et les débats personnels ne profitant qu'aux ennemis de nos institutions.

M. ODILON BARROT. Je voudrais de tout mon cœur pouvoir m'associer à l'amendement de l'honorable M. Darblay; car, pour mon compte, je ne crains pas de le déclarer, malgré les avertissements et les conseils et les censures qu'il a même adressés à l'Opposition, j'honore hautement et ses intentions et son courage. (Interruption et rires au centre.)

Mais M. Darblay comprendra lui-même que le motif que nous avons de combattre le paragraphe proposé n'est pas pris dans la justice ou l'injustice du jugement que s'arroge la majorité à notre égard... (Vive réclamation au centre. — *A gauche.* Oui! oui!), mais dans le droit que la majorité s'attribue vis-à-vis de nous; c'est ce droit que nous lui contestons de toute la puissance de nos convictions, et cela pour la seconde fois dans cette enceinte. L'honorable M. Darblay comprendra désormais que, pour mettre quelque logique, quelque conséquence dans nos principes, nous devons repousser même un amendement qui, consacrant l'usage d'un tel droit, d'une telle usurpation, se borne à l'atténuer.

Quant à moi, je ne pourrais pas me joindre à cet amendement sans compromettre une des vérités les plus utiles, un des principes les plus salutaires que nous devons faire respecter dans cette enceinte. Non, la majorité n'a pas le droit de condamner même un des membres de cette Chambre. (Interruption.) Elle n'a pas le droit de lui infliger un blâme.

Dans notre droit de Député et dans les devoirs que nous devons accomplir ici, au nom de la loi, et comme représentant notre pays, nous sommes égaux. (Oui! oui!)

Nous devons respecter et subir souvent la loi de la majorité, pour les faits, pour les actes, pour les mesures qui rentrent dans les attributions directes, législatives; mais quand, sortant de ses attributions, quand, au lieu d'examiner un projet, de discuter avec nous sur des opinions divergentes et de faire prévaloir les vôtres, vous vous constituez juges pour des actes qui ne sont pas de votre compétence. (Mouvements divers.— Agitation.)

Vous voulez nous infliger un blâme au nom de la loi, un blâme pour lequel et contre lequel nous ne pouvons pas voter, un blâme qui, atteignant une grande partie de cette Chambre, la mettrait forcément en dehors du vote. (*A gauche.* Très-bien!)

Dans une telle situation, notre silence et notre abstention est une haute et solennelle protestation. (Vive adhésion a gauche.) Je le répète, j'en suis affligé, j'aurais voulu donner un témoignage de sympathie et d'estime aux paroles courageuses prononcées à cette tribune. Je ne le peux pas, mes principes s'y opposent. (Nouvelle approbation à gauche.)

M. DARBLAY. Je repousse le reproche fait à mon amendement par l'honorable M. Odilon Barrot. Mon amendement ne juge aucun des membres de cette Chambre.

M. BLANQUI développe la pensée que la majorité ne doit pas infliger un blâme à la minorité; cette tendance est celle qui a toujours occasionné des troubles quand elle a prévalu dans les assemblées délibérantes. Il vote en conséquence pour l'amendement.

M. DUMON, *Ministre des finances.* (Mouvement d'attention.) Je demande à la Chambre la permission de rétablir le véritable sens du paragraphe de l'Adresse, sur lequel elle va avoir à voter. (Parlez! parlez!)

Messieurs, je ne puis accepter l'interprétation que vient de lui donner l'honorable préopinant, et je repousse, par cela même, des reproches qui n'ont d'autre fondement que cette fausse interprétation. (Exclamations à gauche.)

On nous reproche, Messieurs, de gêner la liberté des opinions en provoquant des qualifications sévères, et, comme on l'a dit, de véritables condamnations contre d'honorables membres de cette Chambre.

Messieurs, il ne s'agit pas des personnes et de leurs droits, que nous ne voulons pas atteindre : il s'agit des actes (Exclamations prolongées à gauche), il s'agit d'actes qu'il nous appartient d'apprécier.

(*M. Marie.* Est-ce que les actes se font tout seuls?)

Nous devons des égards aux personnes, et nous les gardons; nous avons le droit de parler sur les actes, c'est le privilége de cette tribune..... (Interruption.)

Eh bien, nous avons cru que ce qui s'est passé depuis la dernière session avait une telle importance, qu'il était essentiel que la Chambre en connût et exprimât son opinion. Nous avons laissé une large carrière a la manifestation de vos opinions hors de cette enceinte. Nous ne venons pas dire que toute réunion est par elle-même une illégalité, que vous violez ces lois par cela seul que vous vous réunissez afin de manifester une opinion. (Bruyantes exclamations à gauche.)

(*M. Emile de Girardin.* Voilà trois jours qu'on ne dit que cela !)

Nous reconnaissons ce qui a été dit par un honorable préopinant, qu'il existe une différence incontestable entre l'association et la réunion, que l'association non autorisée est en soi une contravention ; que se réunir, quand elle n'est pas prohibée, n'est pas une contravention (Nouvelle exclamation.) ; que la réunion est une contravention quand elle a lieu contre les prohibitions de l'autorité publique.

Voilà, Messieurs, ce que, à cette heure avancée, et avec la fatigue de la Chambre, je ne me crois pas permis de développer.

Je laisse donc la question de droit, et j'arrive à la question politique ; c'est, à vrai dire, celle qui intéresse le plus la Chambre.

Eh bien, voici ce qui s'est passé depuis la dernière session.

D'honorables membres, l'honorable M. Odilon Barrot me permettra de le citer : il a revendiqué une grande part, peut-être la plus grande part, dans les manifestations ; d'honorables membres pensent que la politique du Gouvernement est mauvaise ; ils souhaitent un changement dans cette politique ; ils en ont le droit. Cette politique est appuyée par la majorité ; ils souhaitent un changement dans la majorité, ils en ont le droit encore. Ils pensent que ce changement dans la politique et dans la majorité n'interviendra pas avec la loi électorale actuelle ; ils demandent la reforme de la loi électorale. Je n'ai rien à dire, c'est parfaitement leur droit. Et si les banquets n'avaient eu d'autre objet que de revendiquer publiquement la réforme de la loi électorale, il est à présumer que, depuis trois séances, ils n'occuperaient pas l'attention de cette Chambre.

Il en a été autrement. A côté des réclamations constitutionnelles, modérées, telles, je le reconnaîtrai volontiers, que celle par laquelle l'honorable M. Odilon Barrot a ouvert le banquet qui s'est donné a Amiens ; à côté de ces réclamations constitutionnelles des reclamations extraconstitutionnelles, inconstitutionnelles, violentes, je pourrais presque dire factieuses, ont retenti dans toute la France.

(*Voix à gauche.* Il fallait les poursuivre ! — Mouvement.)

L'honorable M. Odilon Barrot demandait un changement dans le Cabinet, un changement dans la majorité, un changement dans la loi. A côté de lui, en avant de lui, malgré lui, on a demandé beaucoup plus, on a demandé une révolution politique ; ce n'était pas assez : on a demandé une révolution politique, comme étant l'instrument d'une revolution sociale.....

(*M. Odilon Barrot.* Devant moi ! — *Voix nombreuses à gauche.* Il fallait poursuivre !)

Je ne dis pas devant vous (Si ! si ! vous l'avez dit !) ; mais en avant de vous, des personnes plus avancées que vous..... (Interruption à gauche. — Écoutez !)

Je crois que je parle de l'honorable M. Barrot avec une convenance qui peut me faire espérer d'être écouté par ses honorables amis. (Parlez !)

Pour tout dire, en un mot, les banquets qui ont commencé sous l'invocation des principes de 89, se sont terminés sous l'invocation des principes de 93..... (Vives acclamations au centre. — Tres-bien ! très-bien ! — Violentes dénégations et interpellations diverses aux extrémités.)

Voilà, Messieurs, ce dont nous sommes vivement émus ; nous avons le droit..... (Bruit), et comme je ne veux pas entrer dans la question légale, je n'insisterai pas sur la preuve de droit ; nous avons le droit de prévenir les réunions tumultueuses, celles qui, suivant l'arrêté conservateur de l'an VIII, sont menaçantes pour la tranquillite publique.

Est-ce que nous pouvions, des le principe, dissoudre vos réunions ? est-ce que ces réunions, qui avaient lieu sous la présidence de membres importants de cette Chambre, dissoutes vivement, immédiatement, avant qu'elles se fussent expliquées, n'auraient pas été contre nous un sujet de violentes accusations? Est-ce que nous devions immédiatement, au premier aspect, au premier discours, déclarer que vos réunions étaient tumultueuses et menaçantes pour la tranquillité publique?

Il a fallu l'expérience, et l'expérience a parlé. Nous savions, nous présumions, du moins, que dans ces réunions agitées, où la contradiction n'existe pas, où on s'enivre réciproquement de ses opinions, où les applaudissements excitent ceux qui parlent, ou les discours excitent ceux qui applaudissent, nous présumions que dans ces réunions le calme et la modération étaient difficiles. L'expérience a prouvé que nous ne nous trompions pas. A chaque manifestation vive a succédé une manifestation violente; à des manifestations violentes ont succédé des manifestations que je ne veux pas qualifier. (Nouvelle interruption.)

(*Plusieurs membres à gauche*. Il fallait poursuivre! Vous n'avez pas fait votre devoir!)

L'honorable M. Barrot rappelait avant-hier une manifestation de ce genre à laquelle il a pris une grande part dans les derniers mois de la Restauration.

Messieurs, que lui disiez-vous alors? Les coups d'État étaient annoncés, pressentis, prochains, et vous disiez à la Restauration, que vous soupçonniez de préméditer des coups d'Etat; vous lui disiez : Restez dans la Charte, restez dans la loi, nous y resterons aussi, nous vous respecterons. Mais, quand vous mettrez une main violente sur la Charte et sur la loi....., nous résisterons. Eh bien, même avec les soupçons, même avec une telle prévoyance, vous le disiez vous-mêmes l'autre jour, vous lui rendiez hommage deux mois avant de la renverser.

Est-ce là le langage que vous avez tenu à la monarchie constitutionnelle? (Réclamations à gauche.) Mais j'en atteste les discours que lisait hier à cette tribune mon honorable ami le Garde des sceaux. On lui a parlé, je ne dis pas tous, je ne dis pas vous; on lui a parlé, je ne dis pas seulement le soupçon, mais la menace à la bouche, on lui a dit : « On vous a fait, on vous défera; on vous a nommé, on vous destituera; cette couronne qu'on a donnée, on la brisera et on en jettera les morceaux dans la mer de Cherbourg. »

M. Odilon Barrot. Je demande la parole.—*M. Boulay (de la Meurthe)*. Il fallait poursuivre. —*M. Drouyn de Lhuys*. Il fallait poursuivre quelques-uns, au lieu de calomnier tous.—*M. Garnier-Pagès*. On n'est responsable que de ses actes et de ses discours.

Et lui a-t-on tenu ce langage dans la supposition de violence, de coup d'État? Non. On sait bien que la royauté de 1830 ne franchira jamais les limites de la constitution. On a dit : Si vous refusez des réformes à l'aide de majorités corrompues, si vous persistez dans le Gouvernement personnel, c'est-à dire si, après tout, vous gouvernez conformément aux lois et avec l'appui des Chambres, régulièrement et constitutionnellement... Oui, Messieurs, c'est en dehors de toute inconstitutionnalité, de toute illégalité, que de pareilles menaces ont été adressées à la monarchie. (Approbation au centre.)

Eh bien, c'est ce que nous ne devons pas souffrir, c'est le retour de manifestations pareilles que nous voulons empêcher. Les manifestations, Messieurs, nous les avons tolérées tant qu'elles n'ont pas ouvertement dévié des règles constitutionnelles; mais, quand elles se sont transformées en agitation violente, quand elles ont suscité à leur suite les passions anarchiques qu'elles avaient eu l'aveuglement de ne pas prévoir, nous avons jugé qu'elles étaient dangereuses pour le pays, et nous avons eu recours aux lois pour en prévenir le retour.

L'honorable M. Paillet disait tout à l'heure que c'était, Dieu merci! une question judiciaire, et qu'il avait confiance dans les tribunaux. Eh bien, montrons-leur tous la même confiance; et puisque nous sommes divisés sur les droits de l'autorité publique, que les tribunaux prononcent entre nous.

C'est ce fait, ce fait le plus important de ceux qui se sont passés dans la politique intérieure depuis la dernière session, sur lequel nous avons provoqué la Chambre à s'expliquer.

Il ne s'agit pas ici des ressentiments de quelques Ministres : les Ministres se vengent et se défendent par la confiance du Roi et des Chambres ; il ne s'agit pas des ressentiments de la majorité : les majorités se vengent et se défendent par la confiance de leurs commettants. Il s'agit de la Charte, il s'agit de l'accord des grands pouvoirs publics, il s'agit de la royauté indissolublement unie aux deux Chambres et s'appuyant avec elles sur le maintien et sur l'exécution des lois.

Nous avons voulu que la monarchie constitutionnelle se revendiquât elle-même, qu'elle ne s'abandonnât pas en présence des attaques et des outrages dont elle a été l'objet (Approbation au centre), qu'elle demandât la plus grande, la plus haute réparation qu'elle pût recevoir à l'assentiment des pouvoirs auxquels elle s'adresse.

Voilà le devoir que nous avons voulu remplir, voilà le but que nous avons voulu atteindre ; il était nécessaire pour l'atteindre de s'expliquer sur des actes qui ont rempli l'intervalle des sessions ; nous l'avons fait, nous osons le dire, avec la plus grande réserve et la plus grande modération pour les personnes. (Réclamations à gauche.) Nous avons parlé d'aveuglement ; qui peut s'offenser, Messieurs, qu'on lui impute une erreur ? qui peut s'offenser qu'on conteste la prévoyance et les lumières même, quand on n'accuse ni les intentions, ni la bonne foi ? Voulez-vous juger de notre réserve, Messieurs ? Deux honorables orateurs, qui ont parlé contre le paragraphe de la commission, l'un et l'autre ont blâmé vos banquets, permettez-moi de vous le rappeler, en termes beaucoup plus sévères que nous. (Adhésion au centre.)

M. Odilon Barrot. Les paroles que vous venez d'entendre prouvent que plus la discussion se prolongera et plus ce résultat se produira : celui de grandir la question, celui de rendre de plus en plus évident le danger de vous faire devier de la sphère naturelle et légitime de vos pouvoirs.

Sous le prétexte que vous pouvez, que vous devez énoncer une opinion sur tous les actes qui se sont passés dans le pays et qui ont précédé votre session ; sous le prétexte qu'en attaquant ces actes vous n'attaquez pas les personnes, vous revendiquez le pouvoir le plus exorbitant et le plus dangereux.

Le vote vous est acquis, puisque je ne fais ici qu'une protestation, puisque nous ne combattons pas votre majorité, puisque nous devons nous abstenir dans le vote à raison de cette déviation que je vous signale. A raison même de cette déviation que je signale, de la situation anormale et exceptionnelle que vous nous faites, permettez-moi de vous soumettre quelques simples observations. Tout se réduit à ces termes : On nous a objecté, l'année dernière, comme une fin de non-recevoir absolue à nos projets de réformes, l'indifférence du pays. (A gauche. C'est cela ! c'est cela !)

Nous nous sommes adressés à nos concitoyens, nous leur avons demandé s'il était vrai qu'ils fussent indifférents sur les vices de la loi électorale, nous avons consulté l'opinion. Si vous voulez m'indiquer d'autres moyens que celui de réunir des citoyens plus ou moins nombreux et de traiter avec eux, de discuter avec eux des questions de législation, de gouvernement, sur lesquelles on appelle leur attention, indiquez-les-moi.

(Interruption au centre.)— M. Crémieux. Mettez-nous hors la loi !— M. Garnier-Pagès. Mettez-nous hors la loi en masse ; c'est honteux !)

En vérité, Messieurs, il semblerait que la vie politique et ses nécessités sont choses complétement nouvelles ; que c'est pour la première fois, dans ce monde, que se pratique la liberté politique dans ce pays. Dans un pays voisin, quand il s'agit de consulter l'opinion publique sur la question des céréales, en Irlande même, quand toutes les passions du pays sont soulevées, que l'on pose jusqu'à la question d'émancipation, on respecte le droit, parce qu'on respecte l'appel à l'opinion publique dans un pays libre. Vous avez provoqué cet appel. Est-ce un piége que vous nous tendiez ? (A gauche. C'est cela !) était-ce pour nous amener à la position où nous sommes ? Voulez-vous, prétendiez-vous nous renfermer dans cette

alternative, que, si nous continuions le combat à la tribune, en présence du pays silencieux,
non consulté directement dans des meetings, dans des assemblées, on nous jetât à la face
l'indifférence, le silence du pays; que, si nous le consultions, on nous traitât d'ennemis ou
d'aveugles? (Très-bien! très-bien!) Et puis vous prétendez que, dans telle ou telle de ces manifestations, les lois, la Charte, ont été attaquées, qu'un trouble grave a été apporté à l'ordre
public, à nos institutions; cela s'est prolongé pendant trois mois, cela s'est répété dans
plusieurs banquets, cela a reçu toute publicité dans vos propres journaux, une publicité
partiale, affectée, calculée. (*A gauche.* Très bien! très-bien!) Et vous venez vous en armer.
Votre ministère public a été silencieux, vos organes ont prêté leur publicité, et vous venez
vous faire une arme de tout cela. Pourquoi faire! Non pas pour apporter un debat de
tribune, non pas pour nous attaquer d'homme a homme et pour porter vos discussions de
tribune en présence de votre majorité, appuyées par ses applaudissements et son assentiment. C'était votre droit; mais ce n'est pas ce que vous faites.

Vous faites intervenir les grands pouvoirs de l'État; vous les faites intervenir, les grands
pouvoirs, pour faire ce que vous n'avez pas voulu faire dans la ligne régulière de vos attributions, de vos devoirs. Le ministère public n'a pas poursuivi, il a été silencieux, il a laissé
faire, et il faut aujourd'hui que la Chambre et la Couronne viennent, en quelque sorte,
remplir la lacune de vos propres pouvoirs. (Bravos et applaudissements prolongés à gauche.)

Ce sont là, si vous voulez, des expédients de gouvernement... (*Voix à gauche.* C'est cela.)
des moyens extrêmes d'une politique à outrance... (Nouveaux bravos. — *Voix à gauche.*
Et aux abois.)

Le propre d'une telle politique, c'est de tout compromettre; le propre d'une telle politique, c'est de tout affaiblir, de tout user; c'est aussi de dépenser pour de misérables situations
une force dont nous pourrions avoir besoin.

Allez! c'était un conseil bien sensé que celui que vous donnait un homme sorti de vos
rangs, qui y est encore, quand il vous disait : Il peut se présenter quelque grande circonstance où les grands intérêts du pays, son honneur, son salut peut-être, exigeront que nous
unissions tous nos efforts, tout ce que nous pourrons avoir d'énergie dans le cœur, de dévouement dans notre patriotisme. (*A gauche.* Très-bien! très-bien!)

Et c'est en présence de pareilles circonstances que, pour des ressentiments auxquels vous
pouviez répondre par des manifestations pareilles... (*Au centre.* Non! non! — Bruit.) Est-
ce que ce n'est pas la loi des partis et la condition de la vie politique d'être attaqués, de
s'attaquer mutuellement, de se défendre les uns les autres? Est-ce que vous n'êtes pas attaqués par la presse, comme vous l'avez été par les manifestations? Est-ce que vous ne répondez pas par la presse, comme vous pouvez répondre par d'autres manifestations? Est-ce que,
quand des partis s'attaquent ainsi dans les meetings, dans la presse, ou tout autre mode de
publicité, il faudra faire intervenir la Couronne, il faudra faire intervenir la Chambre, il
faudra formuler des blâmes par la majorité contre la minorité?

Vous allez, à 225 voix de majorité, déclarer que je suis aveugle (*Au centre.* Oui! oui!);
vous allez déclarer, de votre propre autorité, vous, mes adversaires politiques, vous donnant
une satisfaction personnelle, prenant votre revanche sur moi, vous allez, de votre autorité, déclarer que je suis aveugle! C'est bien digne! c'est bien noble! (Vive approbation à
gauche.)

Messieurs, cela n'est ni digne, ni vrai, ni prudent. Rentrez dans les voies constitutionnelles. Nous ne vous y forçons pas; car nous ne voterons pas. Que ce soit l'effet de votre majorité. Nous ne faisons pas une question ministérielle; nous aurons trop de raisons et d'occasions de nous retrouver dans l'examen et dans le jugement de la politique ministérielle. Et,
en vérité, je suis étonné que, quand on provoque ainsi la majorité à se donner satisfaction a
elle-même, ce soit un Ministre qui monte à cette tribune pour expliquer le sentiment, le jugement de la majorité. (Approbation à gauche.)

Cette circonstance seule me prouverait ce qu'il y a au fond de ce blâme qu'on vous proposc de nous infliger. Je le reconnais. La Commission a timidement essayé d'atténuer ce blâme. Mais le pouvait-elle? Par la voie inconstitutionnelle dans laquelle on etait entré, la majorité se trouvait en quelque sorte engagée. Pouvait-elle donner un démenti à la Couronne, quand la Couronne était intervenue et avait revendiqué comme une insulte personnelle des manifestations publiques? Vous voyez quelles sont les conséquences des déviations constitutionnelles; vous voyez combien il est dangereux de sortir des attributions ordinaires, obligées, légales, pour lesquelles nous sommes ici, pour lesquelles nous avons été envoyés ici.

Combattons-nous, minorité, majorité; discutons les lois, les projets de loi : nous subirons la majorité. Mais savez-vous à quelles conditions? C'est à condition d'abord qu'elle respecte la minorité, son indépendance, sa souveraineté (Assentiment à gauche. — Dénégations au centre); qu'elle nous respecte comme Chambre, entendez-vous? Je ne crains pas les accusations ou les attaques à la tribune; je ne crains pas vos manifestations. Faites des banquets, réunissez des meetings; dépensez tous vos fonds secrets à alimenter cette presse de police qui systématiquement nous attaque. (*A gauche.* Très-bien!) Quand vous avez deux cent mille fonctionnaires votants qui couvrent ce pays; quand vous avez vos administrateurs, comme le disait un des honorables membres, occupés de toute leur vie administrative, de toutes leurs facultes, de toutes leurs attributions à une seule œuvre...

(*Un membre au centre.* Il y en a assez de fonctionnaires dans votre famille! (Vives réclamations à gauche.) — *Cris nombreux.* A l'ordre! à l'ordre! (Agitation) — *M. le Président.* L'interrupteur s'écarte de l'ordre. Si je savois son nom, je l'y rappellerais.— *Plusieurs membres, au milieu du bruit.* C'est M. Dozon! — *M. Odilon Barrot.* Je prierai seulement l'interrupteur de vouloir bien en faire, dans l'avenir, l'objet d'une interruption particulière et personnelle, et j'y répondrai. (Très-bien ! très bien !) Quant à présent, je n'accepte pas la diversion. (Nouvelle approbation.)

Quoi! Messieurs, vous avez pour peser sur l'élection, pour me servir de l'expression de M. Royer-Collard, toutes les puissances du gouvernement le plus centralisé; vous pouvez vous adresser à tous les sentiments, à tous les intérêts; vous nous mesurez l'air que nous respirons, nous ne pouvons pas défricher un bois sans votre permission, nous ne pouvons elever une cheminée sans votre permission... (Bruit); toutes les facultés, toutes les richesses sont dans vos mains, et vous nous contestez le droit de réunir nos concitoyens, de leur signaler les vices, les abus, de vous dénoncer enfin vous-mêmes, car je finis par là! Nous acceptons dans toutes leurs conséquences nos institutions et la base fondamentale de nos institutions, et le respect des majorités, qui sont réputées par la fiction constitutionnelle la vérité même; mais c'est à une condition, et cette condition est corrélative : c'est à la condition que, tout en acceptant, en subissant la loi de la majorité dans cette enceinte, nous aurons le droit de nous adresser au pays, le droit d'en appeler de vous à lui, de vous traduire devant lui. (Adhésion vive et prolongée à gauche.)

Maintenant, si dans l'exercice de ce droit, je dis dans l'accomplissement de ce devoir, que vous-mêmes peut-être un jour vous aurez à exercer, quand les vicissitudes du pouvoir auront deplace le pouvoir et vous auront mis en face d'une majorité dont vous attaquerez les actes, s'il ne nous est pas permis d'en appeler au pays de la majorité et de ses actes, du concours qu'elle apporte à une politique dans laquelle nous voyons la honte, la faiblesse et le danger de l'avenir; si, dis-je, lorsque nous accomplirons ce devoir, nous trouvons entre le pays et nous, entre la publicité que nous avons le droit d'invoquer et nous, quoi? vos prefets, votre police, votre *veto*, je le dis profondément convaincu, et il est impossible que M. le Président du conseil me donne sur ce point un démenti, la vie publique n'existera plus dans ce pays. (Vive approbation à gauche.— Oui! oui! — Très-bien !)

Si l'on ne peut plus aborder ses concitoyens en masse, si l'on est condamné à ne les consulter que dans leur individualité, si l'on ne peut plus les grouper, discuter devant eux que sous le bon plaisir de la police, il y a une atteinte profonde au gouvernement représentatif, dont l'équilibre est rompu (Nouvel assentiment à gauche.)

Voilà ce que j'avais à vous dire.

Maintenant que la majorité prononce. Que, pour avoir répondu à un défi du Ministère pour avoir prolongé pendant six mois, lui présent, lui se taisant, une agitation légale et constitutionnelle, on vous provoque à lancer contre nous un blâme; que, du haut de votre majorité, vous ayez la prétention de nous appliquer le reproche d'aveuglement ou d'hostilité, je me bornerai à répondre que, puisque vous sortez de vos attributions, et que vous vous constituez nos juges, vous qui ne l'êtes pas, nous vous renvoyons votre reproche en vous disant que c'est vous qui êtes hostiles à nos institutions et aveugles sur les dangers de l'avenir. (Applaudissements prolongés a gauche.)

M. Guizot, *Président du conseil.* Messieurs, j'écarte de ce débat toute idée de ressentiment personnel, d'animosité personnelle, et je suis sûr que l'honorable préopinant lu-même, à qui je n'impute rien de semblable, me rendra cette justice qu'il ne m'impute non plus aucun sentiment de ce genre.

Je réduis la question à une question de droit et de devoir pour le Gouvernement comme pour l'Opposition. Et, en vérité, depuis le commencement de ce débat, il est le sujet de mon plus profond étonnement Que ferait l'honorable Opposition si elle avait la majorité dans cette enceinte, si elle avait une adresse à faire à la Couronne en ce moment, au milieu des circonstances ou nous nous trouvons? A coup sûr, elle accuserait le Gouvernement et la majorité qui l'aurait appuyé jusque-là... (*A gauche.* Non! non!) Vous ne savez pas ce que je veux dire... Elle l'accuserait, elle nous accuserait de servilité, de corruption, de trahison des intérêts du pays; elle exprimerait dans une adresse ce blâme, ce reproche, de la façon la plus énergique et la plus efficace qu'elle pourrait concevoir : elle serait dans son droit. (Dénégations nouvelles.)

Et je serais impardonnable, moi, de prétendre le lui interdire. J'ai, je l'avoue, une idée plus haute et plus énergique de la situation ou nous sommes ici les uns envers les autres, et de la conduite que nous avons a tenir. Que faisons-nous donc ici perpétuellement, sinon de nous blâmer réciproquement? (Vives exclamations à gauche)

M. Guizot. Qu'il me soit permis de mettre la Couronne hors de la question. (*A gauche.* Non! non! c'est impossible! — Interpellations diverses.)

En vérité, que deviendraient les privileges de cette Chambre, que deviendrait la liberté de nos débats, si les maximes que vous soutenez pouvaient jamais prévaloir? Comment, c'est nous qui venons dire que le discours de la Couronne est notre œuvre, c'est nous qui venons le livrer à vos débats, c'est nous qui venons invoquer votre liberté d'appréciation tout entière, votre censure la plus vive, votre blâme le plus énergique; et vous, vous nous dites : Non, nous ne voulons pas vous parler de cela, nous ne pouvons pas vous en parler; c'est la Couronne qui a parlé, ce n'est pas vous. Je ne puis admettre un pareil langage. Je ne puis laisser perdre ainsi les droits et la liberté de la Chambre. Si, en effet, la Couronne était engagée, si elle pouvait être engagée dans ce débat, comment nous y prendrions-nous pour faire parler la Couronne sur quelque question que ce fût? comment oserions-nous la livrer a vos debats? C'est parce qu'elle n'est pas compromise dans le débat, c'est parce que les paroles qui sont prononcées n'appartiennent qu'à nous, c'est à cause de cela que nous osons les prononcer dans cette enceinte et les livrer à vos plus libres discussions. Je le repète donc, j'écarte la Couronne, comme j'écarte tout ressentiment personnel; personne n'a le droit de faire intervenir la Couronne dans cette enceinte, pas plus que de nous accuser d'animosité et de mauvais sentiments. (Interruption.)

Je suis décidé à ne répondre à aucune interruption; je réduis la question à des termes très-exprès, à une question de droit et de devoir. Nous avons le droit, les diverses portions de cette Chambre ont le droit, dans les adresses, de se blâmer réciproquement. (Vives dénégations à gauche. — Interpellations diverses)

Au centre. Laissez parler! laissez parler!

Il y a quelques jours, on vous proposait, par un amendement à votre adresse, de déclarer que nous *avons, par de funestes exemples, altéré la moralité publique.* (Exclamations a gauche.)

(*Voix à gauche.* C'est le Ministère... Les Ministres sont responsables, sont justiciables des Chambres!)

Messieurs, on dit que nous sommes justiciables de la Chambre. Personne ne repousse moins que moi cette vérité; personne ne se livre plus complétement, sa conduite et sa personne, à toute la Chambre, et à ses adversaires en particulier. Mais, véritablement, est-ce que la Chambre n'a pas juridiction sur tout ce qui se passe dans le pays, juridiction pour en exprimer son opinion et son sentiment? Est-ce qu'il suffira qu'un membre de cette Chambre... (Vive approbation au centre.)

Est-ce que, lorsqu'il sera arrivé dans le pays quelque événement important, quelque circonstance grave, que la Chambre jugera de nature à exercer une influence considérable sur les destinées du pays, est-ce qu'il sera interdit à la Chambre d'y regarder, d'en exprimer son sentiment et son opinion, parce qu'un membre de cette Chambre se sera associé à ces actes, parce qu'il y aura pris part?.... (Réclamations à gauche. — Approbation au centre.)

Je ne connais rien de plus destructif des droits de cette Chambre, des libertés du pays et du Gouvernement représentatif tout entier.

M. Odilon Barrot. Il n'y a rien de plus dangereux et de plus téméraire. — *M. le Président du conseil.* J'entends l'honorable M. Barrot dire : Rien de plus dangereux. — *M. Odilon Barrot.* Oui! — *M. le Président du conseil.* Toutes les grandes armes sont dangereuses. — *Un membre à gauche.* Même celles de la Convention. — *M. le Président du conseil.* Tous les grands droits sont dangereux entre les mains des grands pouvoirs. Il est vrai, il y a ici une majorité qui pourrait, si elle voulait, étouffer les discussions. (Vives réclamations à gauche.) — *M. Havin.* M. le Président rappelle les principes. (Agitation.) — *M. le Président du conseil.* La Chambre peut être assurée que j'irai jusqu'au bout, que je dirai toute ma pensée, et qu'aucun effort et aucune interruption pour la dénaturer ne m'empêcheront pas de la rétablir telle qu'elle est.

Ce que je disais, c'est que tous les grands pouvoirs, tous les grands droits sont dangereux, car on peut en abuser, et j'en citais un parmi cent autres que j'aurais pu citer; on ne doit pas en abuser. (Nouvelle interruption.) On ne doit pas en abuser ; mais l'abus qu'on en pourrait faire n'est pas une raison pour que le droit et le devoir n'existent pas là où ils sont nécessaires dans l'intérêt du pays.

Je dis que cette Chambre a le droit, lorsqu'il s'est passé un événement considérable dans le pays, d'en prendre connaissance et d'en exprimer son sentiment et son opinion. Je dis qu'il ne suffit pas qu'un membre de cette Chambre se trouve engagé dans cet événement pour qu'il soit complétement fermé, pour que cette Chambre n'ose le regarder ni en parler. (Adhésion au centre.)

C'est là le droit; c'est de plus la pratique constante de tous les pays où le gouvernement constitutionnel existe.

Jetez les yeux sur ce qui se passe dans les débats du parlement britannique et du congrès américain. Vous y verrez sans cesse la Chambre des communes prendre connaissance de faits extérieurs.

Vous les verrez en faire non-seulement l'objet d'une opinion, mais souvent d'un vote formel, d'une adresse spéciale. Je pourrais vous citer tel incident, non pas de l'intérieur du parlement, mais tel incident survenu en Angleterre qui a motivé une adresse spéciale des Chambres, adresse dans laquelle les Chambres ont exprimé leur jugement sur ce qui se passait, et l'ont blâmé ou approuvé, selon leur politique.

C'est là le droit, c'est là le fait, c'est là la pratique constante et nécessaire du gouvernement représentatif; c'est son honneur, c'est sa dignité, c'est sa force, c'est son efficacité. (Approbation au centre.)

De même que c'était notre droit, c'était notre devoir. (Nouvelle approbation.)

Comment! dans ce fait qu'on a rappelé, il s'est produit des attaques formelles contre nos institutions.....

(*A gauche.* Il fallait poursuivre!) (Agitation.) — *M. le Président du conseil.* J'assure les honorables membres de l'Opposition que je n'ai pas plus l'intention d'eluder cette portion de la question que tant d'autres, et que j'en dirai mon avis aussi complétement que de ce qui a précédé.

Je dis qu'il s'est produit dans ces banquets des attaques contre notre Gouvernement, nos institutions, la monarchie, l'ordre social; je dis que les partis ennemis de notre établissement de Juillet et de notre ordre social ont saisi cette occasion de se manifester et de répandre leur contagion dans le pays. (Assentiment au centre.)

Cela est un fait que les défenseurs mêmes des banquets n'ont pas nié dans tout le cours de ce débat. Eh bien, qu'avions-nous à faire? Des poursuites judiciaires! Si nous avions pris cette voie, vous nous auriez à l'instant même accusés..... (Vives réclamations à gauche.)

Nous avions à choisir entre la voie que vous indiquiez tout à l'heure, et une autre voie plus haute, plus libérale. (Ah! ah!) Oui, plus libérale et en même temps plus efficace.

A gauche. Et la justice du pays! — *M. le Président du conseil.* J'ai eu l'honneur de dire à la Chambre que j'étais décidé à ne répondre a aucune interruption. — *Une voix.* A demain! Il est plus de sept heures!—*Voix nombreuses.* Laissez parler! —*M. le Président du conseil.* Nous avons pensé, et je suis convaincu que nous avons eu raison, et ce débat me prouve à chaque minute davantage (Assentiment au centre) que nous avons eu raison... — *M. Luneau.* C'est-à-dire que vous auriez eu tort devant la justice du pays! — *M. Marie.* Vous ne vous êtes pas appuyés sur la justice, mais sur la violence. — *Un autre membre à gauche.* La justice politique, ce n'est pas de la justice. — *M. le Président du conseil.* Encore une interruption à laquelle je ne répondrai pas. Je continue.

Nous avons pensé que ce qui était, de la part de l'Opposition, un acte politique, un grand acte politique, comme elle l'a dit elle-même tout à l'heure, ce qui avait amené, de la part des partis qui ne sont pas l'Opposition dynastique, des actes politiques aussi pour eux, des agressions politiques contre notre Gouvernement et notre société, nous avons pensé, dis-je, qu'à cela il devait être répondu par l'expression d'une opinion politique et du Gouvernement et de la majorité. (Très-bien!)

Il n'y a pas d'autre question que celle-là, et l'Adresse que vous discutez n'est pas autre chose que ce que je vous dis là. De même que l'Opposition a voulu faire dans les banquets une manifestation de l'opinion d'une portion du pays contre le Cabinet, contre la majorite, contre leur politique, de même le Cabinet a proposé à la majorité, a demandé à la majorité une manifestation politique. (Vives exclamations a gauche.)

Voilà le vrai de la situation, voilà le vrai de la question; et s'il vous arrivait, ce qui vous arrivera probablement quelque jour, s'il vous arrivait quelque jour d'être sur ces bancs où nous siégeons, et de vous trouver en face de circonstances semblables, vous vous défendriez contre les reproches que vous nous adressez aujourd'hui.

M Odilon Barrot. Je vous garantis le contraire; nous en prenons l'engagement solennel. (Mouvement en sens divers.)

M. le Président du conseil. Je n'accepte pas la garantie de la parole de l'honorable M. Odilon Barrot. Je ne suis pas obligé de régler ma prévoyance sur la sienne; la mienne diffère essentiellement de la sienne dans cette question; et j'ajoute que, s'il faisait ce que je fais aujourd'hui, il défendrait comme je les défends les droits de la Chambre, les libertés du pays, le grand rôle de la Chambre dans le Gouvernement et l'essence même du gouvernement représentatif que vous voulez énerver et affaiblir. (Vives réclamations à gauche.) — *Au centre.* Très-bien! très-bien! (Vives acclamations.)

M. THIERS, *de sa place.* (Profond silence.) Messieurs, je ne suis pas un de ceux auxquels s'adressent les expressions du discours de la Couronne et du projet d'Adresse. Je n'ai pas ma part de cette injustice. On me permettra donc de la combattre, par honneur et par devoir. (Très-bien!)

Avant d'aborder le point même du débat, puisque M. le Président du conseil a défendu, suivant lui, le droit de la majorité, qu'il me soit permis aussi de défendre le droit de la minorité.

Je réclame hautement, à la face du pays, contre une expression qui lui a sans doute échappé; il a dit que la majorite aurait, à la rigueur, non pas le droit, mais la force de nous enlever la parole.

M. le Président du conseil. Mais non, je n'ai pas dit cela.— *A gauche.* Si! si! oui, vous l'avez dit!—*Au centre.* Non! non!—*M. Thiers.* J'ai encore dans l'oreille les expressions de M. le Président du conseil... (Nouveau mouvement. — Oui! oui! — Non! non!) M. le Président du conseil a dit, et je l'interpelle ici si je suis inexact, que la majorité pourrait nous ôter la parole... (Nouvelle interruption.) — *M. le Président du conseil.* Si M. Thiers veut me permettre...— *M. Thiers.* Attendez que j'expose toute l'opinion que je vous reproche. Quand j'aurai exposé toute l'opinion que je reproche à M. le Président du conseil, il me répondra si je l'ai cité inexactement. Vous avez dit, non pas que la majorité le ferait, mais vous avez dit qu'elle pourrait, à la rigueur, nous interdire la parole...— (*A gauche.* Oui! oui!—*Au centre.* Non! non!)—*M. Crémieux.* M. le Président du conseil a dit qu'elle pourrait, si elle croyait le devoir.—*M. le Président.* N'interrompez pas! personne ne doit interrompre.

M. Thiers. Tous les pouvoirs peuvent abuser, oui, d'un droit qu'ils ont; ils peuvent abuser d'un droit. Vous n'avez le droit, dans aucun cas, d'interdire la parole à aucun de vos collègues. (Interruption au centre.)

M. le Président du conseil..... laissez moi achever; M. le Président du conseil a dit qu'on pouvait abuser de tous les grands pouvoirs, de toutes les grandes armes.

Je vous refuse ce pouvoir et ces armes, vous ne pouvez me faire taire; mon droit est écrit dans la Charte, il est aussi sacré que celui de la royauté.

(*A gauche.* Oui! oui! Très-bien!—Vives acclamations.) — *M. Thiers.* Je n'accepte pas comme un acte de votre sagesse, comme un acte de votre magnanimité... (Réclamations au centre. — Interruption.)— *M. de l'Espée.* Nous tenons à la liberté autant que vous! Il n'a été question de l'oppression de la minorité par la majorité que comme d'un exemple de la possibilité d'un odieux abus.— (*A gauche.* N'interrompez pas! n'interrompez pas!) — *M. le Président.* Je rappellerai nominativement à l'ordre le premier interrupteur. — *M. Thiers.* Je n'accepte pas la parole de M. le Président du conseil; il est jaloux des droits de la majorité, je suis jaloux des droits de la minorité; et à la manière dont on traite celle ci, vous devez excuser cette jalousie. (Approbation à gauche. — Murmures au centre.) — *M. de l'Espée.* C'est incroyable! — *M. Thiers.* Qu'est-ce qui est incroyable? — *M. de l'Espée, se levant.* Voulez-vous me permettre? — M. de l'Espée insiste au milieu d'un grand tumulte. M. le Président le rappelle deux fois à l'ordre.

M. Thiers. Je me refuse à céder la parole à M. de l'Espée, parce que je n'ai pas présenté à la Chambre la réclamation que je voulais lui présenter.

J'arrive au point du débat.

M. le Président du conseil a dit que nous avions le droit de nous juger les uns les autres.

Oui, dans certains cas; non, dans certains autres. (Réclamations au centre. — Adhésion à gauche.)

Oui, dans certains cas, vous avez le droit de dire que notre politique est anarchique, contraire à tous les intérêts du pays bien entendus; vous avez ce droit-là a la tribune toutes les fois que vous prenez la parole; nous, de notre côté, nous avons le droit de vous dire que votre politique est contre-révolutionnaire et antinationale; nous exagerons peut-être les uns et les autres, c'est possible, mais nous avons le droit de nous juger ainsi à la tribune comme individus. (Rumeurs au centre.)

Mais prenez garde, comme pouvoir public, qu'on me cite une loi ou les pouvoirs publics, se retournant contre eux-mêmes, osent juger telle ou telle partie d'une assemblée. (Rumeurs au centre.) Ce qui doit vous porter à vous défier de vous-mêmes, c'est que les injustices dont vous vous plaignez, vous vous les permettez envers la minorité. Comment, vous ne voulez pas me laisser achever une idée, même une phrase? Si mes raisonnements ne vous paraissent pas justes, vous pouvez les combattre; je remplis ici un devoir plus que je n'espère opérer une conviction chez vous. Je puis d'autant mieux exprimer mes sentiments, que je n'ai pas participé aux banquets ; mais respectez la défense de ce que je crois un droit.

Je dis que nous pouvons, à cette tribune, nous juger les uns les autres, que nous pouvons même être injustes les uns envers les autres, et il est naturel que nous le soyons. Quand on nous a donné la liberté, on nous a donné le pouvoir d'être injustes. Nous ne serions pas dignes de la liberté, si nous avions la puérilité de nous irriter de la liberté dont on use à notre égard. Dites que je suis un insensé, que je veux perdre mon pays, que je suis un homme faible qui me laisse entraîner par un parti. Je dirai, moi, que vous êtes les instruments d'un Gouvernement aveugle, qui conduit le pays à sa perte.

Mais comme pouvoir public, juger une partie de cette assemblée.... (Agitation.) Si vous voulez que le débat soit éternel, je vous dirai, comme M. le Président du conseil le dit sans cesse, vous n'abattrez pas mon courage ni ne lasserez ma persévérance à vous dire ce que je crois la vérité.

Je pose la la distinction : oui, nous avons le droit de nous juger les uns les autres, comme orateurs ; comme pouvoir, c'est autre chose. Je vais vous en donner une preuve ; si vous êtes de bonne foi, vous la trouverez bonne.

Depuis dix-sept ans, dans le discours de la Couronne, vous jugez de la politique de l'Opposition, vous approuvez celle du Gouvernement ; vous dites que la Couronne, d'accord avec les pouvoirs publics, a su persévérer dans la politique d'ordre, de paix, et qu'elle a fait ainsi la prospérité du pays. En faisant cela, vous jugez et votre politique et la nôtre ; nous ne nous en plaignons pas. Avez-vous jamais vu, quand vous vous borniez à ces généralités, ce tumulte qui alarme tous les citoyens depuis quatre jours. Il y a donc une différence : laquelle, si vous êtes de bonne foi ? (Interruption.)

Il y a une différence entre votre manière de parler de tous les ans et votre manière de parler de cette année ; il y en a une, car autrement ce tumulte qui vous inquiète plus que vous ne voulez en convenir, et j'honore votre bon sens en disant qu'il vous inquiète ; s'il n'y avait pas une différence, comment ce tumulte se serait-il produit ? Vous avez donc fait cette année quelque chose que vous ne faisiez pas les années précédentes. (Interruption.) Je ne puis pas répondre à tous ces interrupteurs.

Si mon raisonnement ne vous paraît pas juste, vous le combattrez, mais laissez-moi achever.

Je vous dis que, tous les ans, vous jugez la politique du Gouvernement comme celle de l'Opposition, que vous déclarez l'une bonne et l'autre mauvaise. Vous usez en cela de votre droit ; mais, comme j'ai déjà eu l'honneur de vous le dire, cela n'a pas soulevé un tumulte. Qu'est-ce qui a soulevé un tumulte ? C'est que, cette année, votre vote change cela en une personnalité pour cent de vos collègues, et cela est si vrai que tout à l'heure M. le Ministre des finances, qu'hier M. le Ministre de l'intérieur, disaient à cette tribune : De quoi vous plaignez-vous ? nous vous appelons, non pas des ennemis, car ce n'est pas la conjonction *et*, c'est la conjonction *ou*, nous vous appelons des aveugles, et vraiment des aveugles à côté de tout ce qu'on nous dit tous les jours, est-ce chose bien sévère ? Pouvez-vous vous plaindre de nos représailles ? Il est donc bien évident que ce n'est pas une politique que vous jugez d'une manière générale ; vous vous adressez à plusieurs de nos collègues, et, pour rendre cela plus doux, vous leur dites : Nous vous appelons des aveugles. Ici j'en appelle à la bonne foi et à la mémoire de toute la Chambre : Est-il vrai que M. le Ministre de l'intérieur hier soit convenu que le mot d'*aveugles* s'adressait à une partie de la Chambre.

Voilà ce qui est exorbitant. Comment ! du haut du trône vous faites tomber cette expression : Ennemis ou aveugles ! Du haut du trône, oui. Prenez garde : s'il est vrai que le discours du trône appartient aux Ministres, vous m'accorderez en toute sincérité, car apparemment, si nous voulons arriver à la vérité, il faut y mettre quelque sincérité de part et d'autre, vous m'accorderez que, quoique le discours de la Couronne soit attribué aux Ministres, il y a pourtant des convenances que personne ne méconnaît. Il y a une différence entre des paroles qui passent par la bouche du Président du conseil et celles qui passent par la bouche de l'autorité royale elle-même.

Eh bien, pourquoi ce discours est-il rédigé avec cette forme solennelle, avec cette forme générale qui ne touche les sujets que de très-haut? C'est parce qu'il passe par la bouche du Roi?

Pourquoi le Président des États-Unis fait-il, au contraire, un discours d'une grande étendue? C'est parce que ce n'est pas un personnage aussi élevé qu'un roi constitutionnel. Cette brieveté, à quoi tient-elle? A la majesté même de celui qui le prononce. On ménage les termes, on les résume; et vous allez, dans ce discours solennel dont la convenance rend, à un certain degré, responsable l'orateur auguste qui l'a prononcé (Vives réclamations au centre), et vous allez mettre ces mots : *ennemis ou aveugles;* c'est contre cela que nous réclamons.

Je sais que, grâce à l'indulgence bienveillante de M. le Ministre de l'intérieur, grâce à l'esprit pacifique de M. le Ministre des finances, on nous a autorisés à nous classer dans la plus large des catégories, dans celle des aveugles; car on dit : Celle des ennemis, l'habitera qui voudra. Cela est bien sérieux; n'y en eût-il qu'un seul dans la catégorie des ennemis, la Chambre pourrait-elle venir déclarer, après la Couronne, qu'ici, dans cette Chambre, il y a un ennemi?

(Bruit. — Non! non ! — *M. de Marmier.* C'est au moins une imprudence.)

C'est la plus haute des imprudences. Comment ! je demande s'il y a un seul exemple, aux époques des plus violentes passions, quand on était en état de monarchie, où on ait fait dire à la monarchie que, dans une assemblée, où l'on avait prêté serment, il pouvait y avoir des ennemis ! C'est non-seulement une injustice, une violation du droit, c'est une imprudence extravagante. (Exclamations au centre. — *A gauche.* Oui ! oui ! — Très-bien !)

J'ajouterai que vous, comme Chambre, répéter cela, c'est corroborer la faute, c'est y ajouter; vous en avez le sentiment comme moi; et en présence de ces circonstances que vous dites si graves et au dehors et au dedans, semer de telles haines contre vous, ce ne serait qu'une imprudence personnelle, mais contre un pouvoir que nous devons tous entourer de nos respects et de nos hommages.

(*Voix au centre.* Il est en dehors. — *A gauche.* Non! non!)

Je dis que ce peut être un moyen de vous serrer davantage à un pouvoir que vous voulez soutenir. Nous ne vous contestons pas cela. Certes nous n'aurions jamais voulu faire d'une question pareille une question de cabinet; et nous sommes étonnés qu'un des Ministres, quand il s'agissait d'un acte aussi offensant pour ses collègues, en soit venu, à cette tribune, faire une question de cabinet. (Vive adhésion à gauche.)

M. de la Rochejaquelein rappelle les regrets éprouvés par ceux qui ont pris part au vote d'il y a quatre ans, flétrissant leurs collègues.

Je le demande, au nom de l'honneur, vous n'avez pas le droit comme Chambre, comme majorité, de condamner cent de vos collègues à la honte de la flétrissure, car la flétrissure rebondit, je le répéterai toute ma vie.

(L'amendement de M. Darblay, mis aux voix, n'est pas adopté. Deux membres seulement se lèvent pour l'amendement.)

Séance du vendredi 11 février 1848. — Présidence de M. Sauzet.

M. de l'Espée et *M. le Président* expliquent le rappel à l'ordre prononcé hier au milieu de l'agitation.

M. DESMOUSSEAUX DE GIVRÉ propose un nouvel amendement, qui consiste à remplacer la troisième phrase par celle-ci :

« Comptez sur la raison publique, éclairée par nos libres discussions et par la manifestation de toutes les opinions légitimes. »

Il développe son amendement, en s'adressant à la majorité conservatrice de la Chambre à laquelle il a l'honneur de parler.

Il s'attache à démontrer que le vote qu'on lui demande lui serait funeste, et qu'il serait inutile au Ministère. Il rappelle le mot *coupables manœuvres* d'un discours de Charles X en 1830, mot qui a motivé littéralement les ordonnances de juillet. Il rappelle aussi le précédent de la flétrissure de 1844. Il blâme l'intervention de la personne royale produite par le Ministère dans les débats politiques.

Quand je vois le parti conservateur, auquel j'appartiens toujours, quoique je n'appartienne plus à la majorité ministérielle, convié à des mesures aussi violentes, je me rappelle ces journées sinistres de la Révolution si admirablement racontées par M. de Lamartine. Je me rappelle que, parce que Marat et Henriot n'avaient pas tué sur place les Girondins, qui montaient sur l'échafaud quelques mois plus tard, on a appelé le 31 mai une *insurrection morale*.

, Je me rappelle encore qu'au 18 fructidor, le Directoire, le Gouvernement a proscrit sans jugement un grand nombre de Députés.

Messieurs, vous savez quel a été le résultat du 18 fructidor? Il a amené d'autres journées, et enfin la journée du 18 brumaire. Mais savez vous ce que l'on vous demande aujourd'hui? C'est un 18 fructidor moral. (Rumeurs au centre.— Approbation à gauche.) C'est une journée révolutionnaire qu'on vous propose. (Nouvelle approbation à gauche.)

Comment peut-on donner un pareil conseil au parti conservateur, et quels sont les hommes qui lui donnent ce conseil-là? Je le demande surtout aux anciens Députés, est-ce que ce sont des conservateurs ?

Et non, Messieurs, ce sont des doctrinaires. (On rit.) Ce sont les chefs de cette secte politique qui porte écrit sur sa bannière :

> Abîmons tout plutôt, c'est l'esprit de l'Église.

Quand nous sommes Opposition, pas de gouvernement possible, et quand nous sommes Gouvernement, il ne doit pas y avoir d'Opposition.

A gauche. Très-bien! très-bien!

M. Desmousseaux de Givré. Vous dites : Très-bien! très-bien! Mais je vous préviens d'une chose, c'est qu'il y a des doctrinaires partout. (On rit.)

Sans vouloir appesantir la reflexion de la majorité conservatrice sur les conséquences du rôle que la violence doctrinaire veut lui imposer dans les graves circonstances qui intéressent et la situation de la France tout entière, et la situation de l'Europe telle qu'elle est, et telle que vous allez la voir se développer de jour en jour, j'en indiquerai le résultat le plus prochain. Nous allons voter l'Adresse. M. le Président va tirer au sort la grande députation chargée de déposer l'Adresse au pied du trône (Très-bien!); quelques-uns de ces ennemis, quelques-uns de ces aveugles, se trouveront sur la liste; je vous demande si ces hommes-là peuvent aller porter au Roi... (Très-bien! — Vous avez raison!)

Une voix à droite. Ils ne peuvent plus se présenter chez le Roi.

M. Desmousseaux de Givré. Qu'allez-vous faire? Vous allez fermer les portes du palais du Roi aux membres de l'Opposition constitutionnelle. (Sensation.)

Vous allez mettre un terme à ce spectacle monarchique, rassurant, consolant, du concours de toutes les opinions sincères et légitimes autour du chef de l'État. Pourquoi? Parce qu'il vous a plu, comme votre journal l'a imprimé, le journal qui vous obéit ou à qui vous obéissez, car je ne sais lequel des deux (Rires); il vous a plu de faire du Roi le chef d'un parti, du vôtre, au lieu de voir en lui le chef auguste de la nation tout entière, le modérateur suprême de tous les partis légitimes et constitutionnels. Il a plu aussi à M. le Président du conseil de dire : « Mais puisque je réponds des paroles du Roi, le Roi doit dire tout ce que je pense. » Cela n'est pas vrai.

De deux choses l'une : si le Roi est obligé de dire tout ce que vous pensez, il faut le faire asseoir à votre place sur ce banc (Réclamations au centre.— Approbation à gauche); ou bien vous devez le dispenser d'ouvrir en personne la session des Chambres, et parler vous-même du haut du trône.

Messieurs, je supplie la Chambre, je supplie l'honorable majorité à laquelle j'appartiens encore par tant de liens d'attachement, de sympathie et d'estime, de me pardonner de lui parler avec la chaleur que j'ai mise quelquefois à la défendre; mais c'est qu'en vérité je crois la défendre, je la défends encore.

Messieurs, rentrons dans le vrai, je dirai rentrons dans le froid de la question; le vote qu'on vous demande est mauvais; l'amendement que je vous propose n'a rien de fâcheux, n'a rien d'hostile au Ministère. Après que vous aurez voté l'Adresse tout entière, avec ces deux expressions de moins, le Ministère n'en demeurera pas moins investi de votre confiance, et pas un moyen de gouvernement ne lui manquera; c'est pour cela que je prie la Chambre de vouloir bien prendre en considération l'amendement que j'ai l'honneur de lui proposer. (Mouvements en sens divers.)

M. DE MORNY n'approuve pas ce mode de discussion des Adresses phrase par phrase. Néanmoins, quand un événement se passe dans le pays, la Chambre ne peut pas être réduite au silence parce que des Députés y ont pris part. En 1842, l'Adresse a parlé des factions à l'occasion des troubles du recensement, et cependant il y avait des Députés qui n'étaient pas étrangers à ces mouvements. On ne peut placer la majorité dans l'alternative de se taire ou d'insulter la minorité. Il ne faut donc pas donner aux mots l'interprétation outrageante qu'on leur donne.

M. DE LAMARTINE. Messieurs, un mot de l'honorable M. de Morny m'a appelé inopinément à cette tribune, que l'état de mes forces ne me permettra pas d'occuper longtemps.

Quelle que soit ma reconnaissance pour les intentions à la fois si pleines de justesse et si pleines de générosité de l'honorable auteur de l'amendement, M. Desmousseaux de Givré, je ne viens ni l'appuyer ni le combattre.

Je ne viens ni l'appuyer ni le combattre, et voici pourquoi : c'est que ni moi, et j'ai tort de parler en mon nom seul, ni vous, ni aucun des membres de l'Opposition siégeant dans cette Chambre, ne partageons, j'en suis certain, les mesquines susceptibilités dont l'honorable M. de Morny a parlé tout à l'heure ici.

Non, ce n'est pas pour nous que nous serions susceptibles dans une question pareille, c'est pour le droit le plus sacré du pays qui est en discussion depuis trois jours à cette tribune ; c'est pour le droit de réunion. (*A gauche.* Très-bien !)

L'honorable M. de la Rochejaquelein hier disait, avec un sentiment différent dont je comprends la source dans son cœur, qu'il gardait encore une certaine rancune, un certain souvenir amer d'une flétrissure infligée il y a quelques années à une partie de la Chambre à laquelle il appartenait.

Messieurs, je l'avoue, je n'ai pas compris cette parole de l'honorable M. de la Rochejaquelein ; il a oublié qu'à cette tribune, dans les luttes tout à fait impersonnelles, dans les luttes politiques, nationales, d'opinions, de convictions, que nous soutenons les uns contre les autres avec des chances et avec des succès divers, les coups de nos adversaires ne nous flétrissent pas ; les coups de nos adversaires, ils nous honorent au contraire ! (Très-bien !)

(*M. de la Rochejaquelein.* Je ne me suis pas cru flétri du tout ! (On rit.) Permettez. J'ai précisément dit le contraire ; j'ai dit que la flétrissure avait rebondi contre ses auteurs. (Mouvements divers.)

Ce n'est donc pas, Messieurs, pour repousser de moi ou de mes honorables collègues une des qualifications dont nous menace le projet d'Adresse, que je demande à parler un instant à cette tribune.

Non, c'est par un motif plus sérieux pour le fond même de cette discussion, c'est pour présenter à cette majorité elle-même, devant laquelle j'ai l'honneur de parler, et à laquelle, par beaucoup de mes sentiments, j'ai appartenu et j'appartiens encore par le sentiment constitutionnel ; c'est pour lui présenter, dis-je, une seule réflexion sur l'état grave, sur l'état de *crise* véritable que vous créez dans le pays en plaçant une portion considérable du pays dans cette redoutable alternative que signalait tout à l'heure l'honorable préopinant, ou de céder à l'arbitraire ministériel, ou d'abdiquer, d'abandonner le droit sacré de toute constitution libre, le droit de réunion pour le pays. (*A gauche.* Très-bien !)

Voila, Messieurs, ce qui m'amène a cette tribune.

Mon Dieu ! il est trop tard pour que j'entre dans des considérations profondes ou générales dans lesquelles tous nos esprits ont été absorbés depuis quelques jours, je ne ferai que les effleurer en peu de minutes. Mais qui de vous ne s'est pas demandé, dès l'origine de cette discussion, du moment ou le Gouvernement intervertissait la question des banquets, du moment qu'il l'a élargie pour proscrire un plus grand nombre de libertés publiques (C'est cela ! c'est cela !), qui de vous ne s'est pas demande si ce droit de réunion constitutionnelle et pacifique n'était pas la même base du gouvernement représentatif ? Est-il un seul de nous qui pense que le jeu du mécanisme constitutionnel soit concentré dans cette enceinte et dans une autre enceinte à l'extrémité de Paris ? Est-il un seul de nous qui pense que quand la royauté, la Chambre des Pairs et la Chambre des Députés ont dit leur mot sur les affaires du pays, le dernier mot soit dit, Messieurs ? Non ; en dehors et au-dessus de ces trois pouvoirs... (Vive approbation à gauche), il y a un quatrième pouvoir qui les englobe et les juge tous. (Bravos.)

Ne craignez pas, Messieurs, que je me laisse entraîner à des doctrines extraconstitutionnelles : c'est sur le sol même de la constitution que nous avons notre point d'appui le plus inébranlable, et je ne le quitterai point pour celui des théories. C'est sur votre propre sol que je combats contre les mauvaises inspirations qu'on veut vous faire partager.

Oui, je dis qu'en dehors de la royauté, de la Chambre des Pairs et de la Chambre des Députés, de tout ce mécanisme, de tout ce jeu du Gouvernement et des fictions constitutionnelles, il existe un suprême pouvoir, un juge, un arbitre qui décide en dernier ressort entre nous : c'est le pays ! c'est l'opinion ! (*A gauche.* Très-bien !)

Cette urne devant laquelle je parle, elle contient la loi sans doute, mais elle ne contient pas l'opinion. (Mouvement.) L'opinion, c'est l'air vital du gouvernement représentatif. En la repoussant, en lui interdisant son jeu dans les réunions pacifiques, vous asphyxieriez la constitution elle-même. (Nouveau mouvement.)

Tous les pays libres, Messieurs, depuis l'Amérique jusqu'à l'Angleterre, et jusqu'à Rome, ont eu, pour exprimer l'opinion, ces manifestations nationales, spontanées, extraordinaires, ce *summum jus* des nations, ces symptômes d'agitation par lesquels les citoyens alarmés, inquiets ou désaffectionnés, ont averti leurs pouvoirs publics et cherché à ramener des gouvernants qui s'égaraient. (Adhésion à gauche.)

Sans doute ils n'en usent pas tous les jours. Un pays ne passe pas son temps à écouter les orateurs de place publique ou à s'asseoir à des banquets patriotiques. Mais avez-vous oublié, vous qui blâmez aujourd'hui si sévèrement l'émotion du pays, à la fin de la session dernière ; avez-vous oublié de quelle année nous venions de sortir ? N'avez-vous jamais réfléchi à l'effet qu'avait dû produire sur l'esprit des départements, sur l'esprit du pays tout entier, cette année si féconde en scandales, que je craindrais d'attrister mes collègues si je les énumérais devant eux ? (Rumeurs au centre.) Avez-vous oublié qu'il devait y avoir une émotion non feinte, mais réelle, intime, profonde, dans la conscience et le sentiment du pays ? (Vive approbation à gauche.)

Et je dirai plus, Messieurs. Si le pays n'avait pas eu le droit de s'émouvoir, à la fin de la session derniere, dans la situation déplorable où les pouvoirs publics lui offraient son propre Gouvernement, je dis que le pays lui-même, s'il était resté impassible en face de pareils dangers, de pareilles dégradations, en présence de pareils scandales, je dis que le pays lui-même aurait manqué de cœur ; c'est alors que vous auriez à lui adresser le reproche d'accepter sa ruine ou le déshonneur de ses institutions. (*A gauche.* Très-bien !)

L'honorable M. de Morny disait tout à l'heure : « Convenez-vous qu'il y ait eu une agitation répandue dans le pays, accrue, augmentée, soufflée peut-être, et propagée par l'effet des banquets qui sont en discussion ? »

Non, certes, je ne le nie pas. Je n'ai pas, de ma personne, participé, par des circonstances étrangères à la politique, aux banquets réformistes qui ont été donnés dans mon département ou dans les départements voisins ; mais j'y ai participé de cœur, j'y ai participé d'esprit ; j'en ai accepté le principe, et j'en accepte d'avance fermement toutes les conséquences.

Oui ! il y a eu agitation, une agitation honnête, une agitation salutaire ! (Interruption au centre. — *A gauche.* Oui ! oui !)

..... Une agitation qui n'avait rien d'artificiel ; et si le Gouvernement persiste à penser qu'elle a été créée à mains d'hommes, qu'elle a été créée par la parole ou par les trames de quelques hommes ambitieux voulant récolter la popularité sur des tempêtes (Mouvement), le Gouvernement est dans son tort ; le Gouvernement prouve qu'il est mal informé par ses organes naturels, et que ce n'est pas la voix du pays, mais l'écho de ses propres pensées qu'on lui renvoie. Quant à moi, je le déclare en conscience, je n'ai fomenté aucun banquet réformiste ; j'en ai refusé plusieurs ; mais j'affirme que nous avons eu plus de peine à les modérer, à les contenir (Exclamation au centre), à en diminuer le nombre... (Interruption prolongée. — *Plusieurs membres à gauche.* Vous êtes dans le vrai.)

Messieurs, je ne repousse pas l'interruption. J'avais l'intention de dire seulement que nous avons eu plus de peine pour diminuer le nombre des banquets que pour l'accroître dans les départements. (Rumeurs au centre.)

J'ai ajouté que nous avions eu quelque peine et quelque mérite peut-être à en modérer les impressions et les accents (*A gauche.* Oui ! Oui !) ; et pour ma part, je m'en honore, je n'ai pas craint d'y compromettre ma popularité dans mon pays même. Je n'ai pas craint d'y désavouer ce qui me semblait excessif ou dangereux. Mes collegues de ce côté (la gauche) en ont fait autant et s'en vantent. Oui, nous avons voulu, et nous y avons réussi dans soixante banquets sur soixante et quelques, soutenir d'une main, tempérer de l'autre, le feu d'indignation honnête et de patriotisme régulier qui brûlait trop de lui-même dans l'âme de nos concitoyens. (Vive approbation.) Et vous dites que c'est une agitation artificielle. (*Une voix au centre.* Oui ! oui !)

Non, Messieurs, ce n'est pas une agitation artificielle, ce n'est pas un foyer soufflé avec un souffle d'homme ; il n'aurait pas eu cette universalité, il n'aurait pas eu ce caractère qui vous alarme aujourd'hui au delà même des limites.

Le pays a été patient pendant dix-sept ans. (Mouvement au centre.) Car vous devez vous faire à vous-mêmes cette interrogation consciencieuse ; comment ne vous demandez-vous pas ceci : Par quel hasard, par quelle circonstance bizarre ce phénomène d'un peuple qui a besoin de se sentir les coudes, de se réunir, de s'entretenir avec lui-même, d'écouter la voix de ses citoyens actifs sur les grands faits qui peuvent menacer la sécurité au dehors et sa liberté au dedans ; comment ce phénomène a-t-il attendu dix-sept ans pour se manifester avec cette universalité et avec cette intensité dans notre pays ?

Messieurs, c'est que le pays n'avait pas encore suffisamment réfléchi sur les dangers de votre politique, c'est que le pays ne s'était pas encore assez rendu compte de la persistance, de l'obstination du faux systeme dans lequel vous l'entraînez, en dehors de toutes ses lignes à l'intérieur, en dehors de toute sa politique, de sa dignité et de sa sécurité à l'extérieur. (Mouvement.) Mais le jour où, après avoir patiemment réfléchi, il s'en est rendu compte, quand il a vu ce système obstiné de restriction légale au dedans, d'oligarchie véritable cherchant à fonder, à la place de la grande démocratie qu'avait promise la Charte de 1830, quand il a vu que ce système changeait de mains sans changer d'action, et que nous revoyions toujours les mêmes choses sous d'autres hommes ; quand il a vu la corruption monter comme un flot impur jusque sous les pieds des pouvoirs publics ; quand il a vu ce que j'ai appelé ailleurs les *tragédies* de la corruption ; quand il a vu l'écume des vices les plus sordides monter à la surface de la société politique, au lieu de retomber comme elle le doit dans la lie des populations ; quand il a vu la politique des dix-sept ans à laquelle vous l'aviez laborieusement et glorieusement attaché enfin, la politique de la paix sapée tout à coup par vos propres mains, pour un intérêt de famille, pour un bénéfice tout dynastique en Espagne (Violentes rumeurs au centre. — Adhésion à gauche) ; quand il a vu sacrifier

ses alliances naturelles de liberté et de gouvernement constitutionnel à des alliances antipathiques avec les oppresseurs de l'Italie et de la Suisse (Bravos à gauche); quand il a vu la
Suisse rejetée à l'influence de nos adversaires éternels sur notre fontière de l'est; la Péninsule italique découragée, la France enfin enserrée comme systématiquement par votre politique etrangère dans une frontière de contre-révolution !... (Murmures et dénégations au
centre. — Oui ! oui ! Bravos aux extrémités.)

... Alors, oui, il s'est ému; et ici que l'honorable M. de Morny me permette de répondre
un mot à la dernière pensée de son discours; il s'est ému, et il a montré par là qu'il était un
sage et prudent pays.

Et qu'auriez-vous donc pensé, qu'auriez-vous donc dit, dirai-je à l'honorable M. de Morny
et à ses amis, si le pays, au lieu de manifester cette inquiétude, cette agitation, en plein
jour, avait attendu, dans un silence perfide, que les germes de désaffection que vous avez
semés depuis tant d'années..... (Vives rumeurs au centre. — *Aux extrémités.* Oui ! oui ! —
Très-bien !)

S'il avait attendu, dis-je, que ces germes de désaffection que vous avez semés et que vous
voulez cultiver aujourd'hui avec tant de soin entre le Gouvernement et le pays eussent couvé
dans le sol, que la distance entre la monarchie et la nation se fût encore élargie, et qu'à un
jour donné, au lieu de cette agitation constitutionnelle et pacifique, au lieu de cette opinion
qui gronde en plein soleil, vous eussiez eu des mines éclatant à tous les pas sous les pieds du
Gouvernement ? Oh ! alors, oui, M. de Morny aurait dû s'étonner; alors, oui, M. de
Morny aurait pu nous accuser; alors, oui, il aurait pu dire : Vous agissez comme des factieux, vous agissez comme des conspirateurs; vous trompez le Gouvernement en imposant
silence aux mécontentements.

Nous n'avons voulu agir, c'est moi-même qui l'ai dit dans un de ces banquets, ni en factieux
ni en conspirateurs; nous avons voulu agir, nous avons agi en citoyens sûrs de leur droit,
fermes dans leurs opinions, loyaux même dans leur résistance et avertissant le pouvoir de
la désaffection qui naissait sous ses pas, des dangers de la situation, de l'état d'irritation
des opinions inquietes, de l'abîme qui se creusait entre vous et nous.

Lequel est le parti des conspirateurs ? lequel est le parti des bons citoyens ? (*Aux extrémités.* Très-bien !)

Et voilà ce que vous accusez ! voilà contre quoi vous promettez, vous menacez, non pas
de vous servir des lois évidentes devant lesquelles tout bon citoyen baisse le front, mais
sans loi, avec des lois équivoques au moins; que dis-je ! contre toutes lois, vous menacez
la représentation elle-même de venir mettre la main de la police sur la bouche du pays !
(Sensation. — Vive approbation à gauche.) Voilà ce dont vous menacez une nation comme
la France !

Ah ! Messieurs, permettez-moi, sans aucun esprit d'irritation ni de parti, quoi que vous
en puissiez penser, permettez-moi de vous parler avec la conscience prévoyante d'un bon
citoyen qui, placé a un autre point de vue, doit voir d'un autre horizon aussi les dangers
qu'une pareille conduite et de pareilles menaces préparent à ce pays (Écoutez ! écoutez !)

M. le Président du conseil disait hier un grand et beau mot; il vous parlait du danger
des grandes armes, du danger que courent tour à tour les oppositions et les gouvernements
en se servant de ces grandes armes, de ces armes extrêmes à l'aide desquelles les uns veulent attaquer, les autres veulent défendre leur droit menacé.

Que M. Guizot me permette une réflexion, et je terminerai par là ce peu de paroles.
(Écoutez !)

Le Gouvernement, selon moi, dans la *crise,* j'insiste sur le mot, la *crise* grave qu'il a
créée et qu'il veut creer systématiquement aujourd'hui... (*A gauche.* Tres-bien ! Reclamations au centre.)

Le Gouvernement avait le choix des armes, Messieurs; il avait trois natures de conduite, il avait trois armes à son choix pour obvier au mal qui paraît le préoccuper si vivement et qui, je le reconnais, préoccupe légitimement une partie du pays lui-même.

Il avait contre les banquets, contre le droit exagéré, permanent, de réunion, il avait d'abord l'arme de la liberté, celle dont il a jugé à propos de se servir pendant six mois, tolérer les banquets, les laisser continuer s'ils doivent continuer, s'éteindre s'ils doivent s'éteindre, évaporer le feu de la colère, du ressentiment, de l'indignation, de l'émotion publique (si vous voulez, j'atténuerai tous les mots), et faire son profit des symptômes de l'opinion publique qui s'était manifestée légalement et constitutionnellement dans ces banquets ; en profiter pour changer de route, pour rectifier ses institutions rétrécies au dedans, pour rectifier au dehors le faux système d'alliances illibérales dans lesquelles nous nous sentons enlacer.

Il avait une autre arme: c'était une loi ; reconnaissant qu'il n'était pas armé, dans la législation actuelle, contre un fait nouveau qui se présentait avec cette universalité et cette intensité dans le pays, il pouvait présenter une loi libérale, une loi régulatrice, constatant le droit, ne le détruisant pas, loi que nous aurions discutée loyalement et devant laquelle. quand elle aura été portée, nous nous serions inclinés comme le doit tout bon citoyen. En France, je le reconnais, toute liberté doit avoir sa responsabilité ; la nation même est responsable.

Il avait une dernière arme : c'était l'arbitraire ; et c'est celle qu'il paraît vouloir choisir pour interdire au pays l'exercice de ce grand droit de réunion politique, du droit primordial à tous les autres, sans lequel, je ne crains pas de le dire, aucune constitution libre et représentative ne peut exister dans aucun pays. (Très-bien ! très-bien !) C'est l'arme que le Gouvernement a saisie : eh bien, qu'il me permette de le lui dire : c'est la plus petite de ces grandes armes, c'est aussi la plus dangereuse ; c'est celle, n'en doutez pas, qui se brisera dans ses mains, ou qui, si elle ne se brise pas aujourd'hui dans ses mains, tournera inévitablement contre ceux qui auront eu la faiblesse de la lui forger. (Vive approbation à gauche.)

Messieurs, avez-vous quelquefois réfléchi depuis ces trois séances orageuses qui passionnent non-seulement cette enceinte, mais qui agitent déjà l'air extérieur. (Mouvement.)

Avez-vous réfléchi aux conséquences de l'acte que vous proposez à votre majorité, à cette majorité sur laquelle vous semblez vouloir jeter le bandeau de votre aveuglement ! (Bravos à gauche.)

Avez-vous réfléchi aux conséquences de l'acte que vous proposez à votre majorité contre nous ? Je vous le dis bien, je vais en deux mots aider à vos réflexions. (Écoutez ! écoutez !)

Je suppose qu'à défaut de reconnaître la législation obscure, équivoque, évidemment inapplicable et inappliquée, que vous voulez opposer au droit de réunion pacifique, et pour moi, je vous déclare en conscience qu'après avoir entendu ce débat, cette législation prétendue de 1790 me paraît une dérision du nom de loi (Bravos aux extrémités) ; je suppose qu'une partie du parlement se refuse a céder à votre arbitraire interdiction, et à vous sacrifier sans résistance légale la plus fondamentale des libertés du pays ?

Ne seriez vous pas, par une pente naturelle et logique, amenés à porter, pour ce fait, une sentence d'indignité contre une partie de la representation. (Sensation. — Adhésion à gauche. — Oui ! oui ! — *Voix à l'extrémité*. Dites une *nécessité*.)

Et si, à la suite de cette sentence d'indignité prononcée par une partie de la Chambre contre l'autre, les Députés frappés par cette sentence ne reconnaissaient pas votre autorité, s'ils venaient siéger du droit de leurs mandataires, du droit de leur pays, inviolables sur ces bancs, alors savez-vous à quoi vous en seriez réduits ? Un seul nom me rappelle, Messieurs, le nom de Manuel. (Approbation à gauche. — Exclamations au centre.)

Oui, le nom de *Manuel*, proscrit de cette enceinte, s'élève comme un avertissement sinistre sur l'écueil où vous poussez ainsi votre majorité ! (Violentes interruptions au centre.)

Mais, Messieurs, vous rencontrerez ici autant de *Manuel* qu'il y a de Députés qui ont participé, de cœur ou de fait, a l'agitation légale de leurs départements, et qui sont décidés à ne pas sacrifier sans résistance légale la base même des institutions libérales, dans le droit inaliénable de réunion. (Mouvements divers.)

Quant aux personnalités contenues dans le discours de la Couronne, je termine par la lecture d'une note qu'un de mes honorables collègues vient d'extraire de l'histoire d'Angleterre, et qui semble avoir été écrite pour cette discussion même. Vous allez en juger. Elle vous peindra en peu de mots, en peu de faits, les conséquences logiques de l'espèce d'ostracisme constitutionnel que vous engagez votre majorité à prononcer. Elle vous prouvera, suivant l'expression de l'honorable M. de la Rochejaquelein hier, que l'ostracisme ne se borne pas à frapper moralement ceux sur lesquels vous le dirigez, qu'il rebondit sur ceux-là mêmes qui l'ont prononcé.

Voici, Messieurs, ce passage. Je vais le lire sans réflexion :

« Quand on voulut accuser (c'est un passage de l'histoire d'Angleterre), quand on voulut accuser le comte Damby, sous le regne d'Elisabeth, un membre se leva tout à coup dans la Chambre des lords, et parla ainsi dans une circonstance toute semblable à celle ou vous délibérez.

« En ce temps-là le comte d'Essex fut poursuivi par sir Walter Raleigh, et vous savez ce qui est arrivé à sir Walter Raleigh.

« Lord Bacon poursuivit sir Walter Raleigh, et vous savez ce qui est arrivé à lord Bacon.

« Lord Buckingham poursuivit a son tour lord Bacon, et vous savez ce qui est arrivé au duc de Buckingham.

« Le comte de Shafford poursuivit le duc de Buckingham, et vous savez ce qui est arrivé au comte de Shafford

« Sir Henri Weil poursuivit le comte de Shafford à son tour, et vous savez ce qui est arrivé à sir Henri Weil.

« Le chancelier High poursuivit sir Henri Weil, et vous savez ce qui est arrivé au chancelier High

« Qu'arrivera-t-il au comte de Damby ? C'est ce que je ne veux pas décider, c'est ce que vous allez décider.

« Celui qui va poursuivre le comte de Damby, il ne me sera pas difficile de lui predire ce qui lui arrivera à lui-même. » (Vive sensation.)

Je finis par cette citation qui vous prouve, par une génération indéfinie d'actions, de réactions, d'incriminations et de vengeances, les conséquences de la politique qu'on veut nous faire adopter, et je reviens en deux mots aux banquets ; je reviens à la pensée qui me préoccupe, à ce conflit déplorable que vous voulez établir entre le droit du pays et votre police ! Vainqueurs ou vaincus, vous seriez également à plaindre.

Écoutez un seul mot encore ; celui-là seul pour lequel je suis soudainement monté à la tribune. Ce mot, le voici : Souvenez-vous du Jeu de paume de 89, à Versailles ; souvenez-vous de ce Jeu de paume, d'où sortit pour la France la révolution, la liberté avec toutes ses conséquences funestes et ses conséquences glorieuses pendant les cinquante années qui viennent de s'écouler, et pour les générations qui viendront après nous.

Or, qu'est-ce que c'était que le Jeu de paume et ses suites, Messieurs ? (Mouvement en sens divers.) Le Jeu de paume et le serment qui en sortit n'étaient que le droit de réunion dispute au pays ! (Violente interruption.) Le Jeu de paume ne fut qu'un lieu de réunion fermé par des Ministres téméraires.

(*Aux extrémités.* Très-bien! très bien! — Murmures au centre.)

Les murmures ne m'empêcheront jamais d'accomplir mon devoir de Député, et d'avertir mon pays et le Gouvernement des conséquences fatales que j'entreverrai dans un acte de la majorité.

Oui, le Jeu de paume, je le répète et je l'achève, ne fut qu'un lieu de réunion politique fermé par des ministres imprudents, et rouvert par la main de la nation à la représentation outragée du pays. (Vive approbation aux extrémités.)

M. VITET, *rapporteur.* Messieurs, si la Commission de l'Adresse avait pu éprouver le moindre doute sur la nécessité de caractériser les agitations dont la France a été témoin depuis six mois, elle eût cessé d'éprouver ce doute en entendant un discours tel que celui que vient de prononcer l'honorable préopinant... (Explosion de murmures aux extrémités)

Lorsque ces agitations trouvent de telles apologies, il faut que le bon sens public proteste, il faut que les grands pouvoirs de l'Etat aident à cette protestation.

(Approbation au centre. — Vives réclamations à gauche. — *M. de Maleville.* Laissez parler le bon sens!)

Je demande la permission de revenir à ce que je crois la question, à ce qui était la question hier à l'issue de la séance.

Que nous disait-on? On nous disait que nous n'avions pas le droit de caractériser, dans une Adresse, des faits qui se sont passés en dehors de cette Chambre, attendu qu'à ces faits se sont associés des membres de cette assemblée. C'était là la question, et il importe à votre Commission de bien établir que non-seulement elle croit avoir accompli un devoir, mais que c'est en vertu d'un droit qu'elle l'a accompli.

Il est un point que je tiens d'abord à constater et qui ne sera, je crois, contesté par personne : c'est que vos Commissions d'Adresse sont chargées par vous, non-seulement de juger la politique générale du Cabinet, mais de caractériser, d'apprécier tous les faits qui ont pu exercer une influence quelconque sur l'état des esprits. Je me sers à dessein de ces expressions, parce qu'elles ont été déjà employées dans cette enceinte et consacrées en quelque sorte pour définir le pouvoir des Commissions d'Adresse.

Du moment que votre Commission était chargée de porter ses regards, non-seulement hors de France, mais à l'intérieur, d'examiner la situation du pays, pouvait-elle, je vous le demande, ne pas apercevoir un fait qui depuis six mois préoccupe tous les esprits? Du moment qu'elle apercevait ce fait, pouvait-elle, devait-elle ne pas l'apprécier, ne pas le caractériser?

Non, Messieurs, et si le discours de la Couronne n'avait pas parlé de ce fait, je maintiens qu'il eût été du devoir de la Commission d'en entretenir la Chambre. (*Au centre.* Très-bien!) Pourquoi? On vous l'a dit hier, parce que ce fait est éminemment politique, parce que c'est un de ces faits dont on ne prévient pas les conséquences, dont on n'empêche pas le retour par quelques amendes et par quelques mois de prison. (*Au centre.* C'est vrai!)

Devant de telles manifestations, qui peuvent égarer l'opinion publique, troubler tous les intérêts, si l'on veut répondre efficacement, il faut répondre par une manifestation solennelle et imposante. (Nouvel assentiment au centre.)

Ainsi, Messieurs, je le répète, lors même que le discours du Trône eût gardé le silence, votre Commission d'Adresse devait parler. Mettons donc de côté le discours du Trône; il est complétement en dehors de ce débat. Votre Commission assume toute la responsabilité de la phrase qui vous est présentée; c'était son devoir de vous la présenter. Était-ce son droit? c'est ce qui nous reste à savoir.

M. le Rapporteur établit ce droit par les précédents mêmes de la Chambre. Il cite, au milieu d'un grand nombre d'interruptions, la discussion du 28 janvier 1844, et les opinions de plusieurs membres de l'Opposition. Le débat portait sur l'usage fait par la Chambre de son droit, mais non sur le droit en lui-même.

MM. Odilon Barrot, Ferdinand de Lasteyrie et *de la Rochejaquelein* contestent l'interprétation donnée au débat de 1844 par M. le *Rapporteur*, qui persiste en rappelant que l'Opposition elle-même a proposé le mot de *réprouvés*, au lieu de *flétris.* — Oui, dit *M. Odilon Barrot*, mais après avoir combattu le droit en principe. —*M. Pérignon.* Nous nous réfugiions dans le mot *réprouver* pour repousser celui de *flétrir.*

M. DE RÉMUSAT. Au moment où l'on propose à la Chambre un vote peut être irréparable (Mouvement), je demande la permission de lui adresser un dernier conseil auquel je voudrais donner une autorité qui manque à ma personne. Mais cependant qu'elle me permette de lui rappeler que, personnellement désintéressé dans ce débat; que, spectateur silencieux de cette longue discussion, qui nous a tant excités, irrités peut-être, il m'a peut-être été possible de juger la question avec quelque impartialité, quelque sang froid, et c'est aux hommes qui veulent garder, autant que possible, au milieu de nos débats, leur impartialité, leur sang-froid, que je m'adresse. (Parlez! parlez!)

Messieurs, sans dire ce que nous osons faire, avouons ce que nous osons proposer; le paragraphe qu'on vous propose de voter contient une censure de la conduite d'une partie de cette Chambre par l'autre partie. (Réclamations au centre.)

Ces murmures sont une dénégation ; j'y réponds.

Quelle subtilité vous oppose-t-on? D'abord la distinction des actes et des personnes ; mais le paragraphe ne caractérise pas les actes, il attaque les personnes. (Mouvement.) Le paragraphe attaque ceux qui ont été les auteurs des agitations, il ne qualifie pas même les agitations, il qualifie ceux qui ont soulevé ces agitations ; ce ne sont pas des actes apparemment qui ont des passions ennemies ou aveugles, ce sont les personnes. (Sensation. — A gauche. Oui ! oui !— C'est vrai !)

Qui a soulevé l'agitation? c'est un fait notoire : ce sont les chefs de l'Opposition constitutionnelle et un grand nombre de leurs honorables amis ; c'est un fait notoire, ils l'avouent, ils s'en font gloire. (Vive adhésion à gauche.)

Ce sont donc les auteurs de ces agitations, ceux qui les ont soulevées, ceux qui les ont faites à la face du pays, qui le déclarent, que l'on accuse, à leur choix, ou de passions aveugles ou de passions ennemies ; je dis que c'est une censure d'une partie de cette Chambre par une autre partie. (A gauche. C'est évident !)

Eh bien, maintenant, je dis que ce qu'on vous propose est sans exemple dans les temps tranquilles et dans les pays libres. Je ne crois pas que l'on puisse citer un précédent respectable d'un pays libre où une pareille proposition ait été faite à une Chambre. On ne trouvera de précédents que dans les mauvais temps de nos assemblées révolutionnaires. (A gauche. C'est cela !)

C'est un principe, dans le parlement d'Angleterre, que la conduite de toutes les parties de la Chambre, en dehors de la Chambre, n'est justiciable que de la loi ; et que jamais, je dis, *jamais*, ni la minorité ne peut incriminer la majorité par un acte public proposé à la tribune, ni la majorité juger la conduite de la minorité par un acte également public.

C'est une confusion, une confusion sophistique que de donner au pouvoir délibératif de la Chambre la même latitude que la tribune.

La liberté de cette tribune est illimitée ; le droit pour la majorité de prononcer sur le reste de la Chambre est nul. La majorité n'a aucun pouvoir de censure sur la minorité ; la minorité n'a aucun pouvoir de censure sur la majorité ; on ne peut blâmer ceux qu'on ne peut accuser. Nous pouvons nous attaquer, nous nous attaquons par des discours, nous nous attaquons par la presse, nous nous attaquons par des réunions ; que ceux qui ont été attaqués se défendent par des discours, par la presse, par des réunions : voila les principes. (Assentiment à gauche.)

Mais demander une décision, un jugement moral d'une partie de la Chambre sur l'autre partie, c'est manquer à tous les principes, et cela est sans précédent dans les pays libres. C'est pourtant pour cet acte exorbitant que l'on est venu agiter, passionner la Chambre.

On a mis dans la bouche de la Couronne des paroles qui ont partout porté le trouble, qui ont été comme un défi jeté par la majorité à la minorité. On a mis ces paroles dans la bouche de la Couronne au moment même, entre les phrases mêmes où l'auguste dépositaire de la puissance royale vous parlait de son âge et de ses enfants.

Ces paroles une fois prononcées, le commentaire venant en aide au texte, un de MM. les Ministres est venu vous dire qu'il avait bien fallu que la monarchie vînt se revendiquer ellemême et demander réparation. (A gauche. C'est cela !— Très-bien !)

C'est donc là encore un acte exorbitant qu'il fallait réprouver à cette tribune ; c'est un détestable conseil qui a été donné a la Couronne, et la loyauté de MM. les Ministres envers la royauté aurait dû les engager à réfléchir avant de faire prononcer à la Couronne une parole aussi imprudente. (Très-bien !)

Maintenant, on demande à la Chambre de s'y associer ; c'est-a-dire qu'on veut parquer la Chambre en deux camps ennemis.

Je comprends cette tactique de la part du Cabinet. Sa politique est fondée sur l'impossibilité des transactions ; il a voué son existence à ce que j'oserai appeler la politique *irréconciliable*. (C'est cela !— Très-bien !)

C'est maintenant aux hommes sages, aux hommes modérés qui n'ont point asservi leur conduite politique, leur jugement ni leur vote aux calculs, aux petites rancunes, aux combinaisons d'existence et de durée du Cabinet actuel ; c'est à eux de voir s'ils veulent donner ce terrible gage à la politique irréconciliable ; s'ils croient utile, dans les circonstances où nous sommes, dans ces circonstances si graves qui nous préoccupent tous, à la veille d'événements qui peuvent demander à la Chambre de réunir toutes ses forces, aux hommes de tous les partis, de rallier tous leurs efforts, de combiner tous leurs dévouements, c'est à eux de voir s'ils croient prudent de créer entre nous une barrière peut-être infranchissable, de rendre tout rapprochement impossible, et s'ils regardent comme utile de faire, dans l'intérêt du Cabinet, ce qui serait profondément dommageable à la France et à la monarchie. (Vive approbation à gauche.)

Voilà, Messieurs, ce que je voulais dire. Convaincu que la voie dans laquelle on vous engage est une voie, je me sers du mot dans le mauvais sens, est une voie révolutionnaire, j'en ai été bien plus convaincu encore lorsque j'ai entendu avec une émotion profonde les paroles de M. Blanqui dans la dernière séance.

Il vous a parlé de ses souvenirs de famille. Je l'avoue, ces paroles répondaient à ma pensée. Depuis le commencement de cette discussion, j'ai devant les yeux tous les antécédents des assemblées qui nous ont précédés : ce sont pour lui des souvenirs de famille. Messieurs, les fautes et les malheurs des assemblées précédentes doivent être des souvenirs de famille pour la Chambre entière. Ils doivent nous prescrire sévèrement de ne jamais entrer dans la voie où l'on vous appelle.

C'est pour cela que je conjure la Chambre, au nom de notre avenir, au nom du salut public, j'ose le dire, de ne pas entrer dans cette voie, et de rejeter la proposition qui lui est faite. (Approbation vive et prolongée aux extrémités.)

M. Duchatel, *Ministre de l'intérieur.* Messieurs, je monte à la tribune pour rétablir la question, qui me paraît avoir été encore une fois déplacée, tout à l'heure, par l'honorable M. de Rémusat.

Il ne s'agit pas d'un arrêt porté par la majorité contre la minorité ; il ne s'agit pas d'une mesure qui puisse être qualifiée de révolutionnaire, comme on l'a fait tout à l'heure ; ce n'est pas nous qui voulons entrer dans des voies révolutionnaires. (Réclamations à gauche.)

La question, je suis obligé de le répéter, de redire ce qui a été dit déjà plusieurs fois avant moi, la question est celle-ci : Quand un fait considérable s'est produit dans le pays, fait qui a pu plaire à quelques personnes, mais qui en inquiete beaucoup d'autres, qui inquiete le plus grand nombre dans notre opinion, faudra-t-il, parce qu'à ce fait se sont trouvés mêlés, en dehors de cette enceinte, des membres de la Chambre, que la Chambre n'exprime aucune opinion, ne donne aucun secours aux institutions que nous croyons menacées, et qu'elle ne mette pas dans le plateau de la balance son autorité, la plus forte de toutes les autorités, et en même temps la garantie la plus simple, la plus efficace pour l'ordre et la monarchie constitutionnelle ? (Approbation au centre.)

Voila la vraie question.

On cherche à y mêler des questions de personnes ; mais il ne s'agit pas ici de questions de personnes. la question, la question véritable, est celle que je viens de poser tout à l'heure devant la Chambre.

L'orateur rappelle le précédent de 1842, déja cité par M. de Morny.

On nous accuse d'avoir une politique irréconciliable.

Messieurs, il me semble que si nous rencontrons de si vifs adversaires, ils sont aussi responsables que nous de cette persévérante hostilité. Est-ce notre faute si les barrières que l'ardeur des débats parlementaires a élevées entre les parties de cette Chambre subsistent et se maintiennent ? Avons-nous cherché à rencontrer dans ceux qui nous combattent des adversaires aussi vifs, aussi ardents, aussi persévérants ? En aucune façon. S'il avait dépendu de nous, nous aurions été très-heureux d'établir la conciliation dans cette Chambre et d'y rencontrer moins d'adversaires. (Exclamations à gauche.—Approbation au centre.)

L'hostilité n'est pas venue de nous.

Nous avons, il est vrai, le malheur de nous défendre quand on nous attaque, de nous défendre vivement lorsqu'on nous attaque vivement; mais l'hostilité qui a pu exister à l'égard du Cabinet, en rendre le Cabinet responsable, c'est dire que c'est, en quelque sorte, au tempérament, au caractère, à la nature de ses membres que cette hostilité doit être attribuée. En vérité, c'est abuser étrangement des souvenirs de la Chambre. Non, la lutte qui s'est prolongée, qui se prolonge dans cette Chambre depuis un certain nombre d'années, lutte que, pour ma part, je ne blâme pas, car elle est le jeu naturel et régulier des institutions, et je ne m'en plains pas; cette lutte-là, je le répète, ne peut pas être imputée comme un grief au Cabinet. Le Cabinet ne cherche pas à maintenir, à conserver dans le pays cette politique d'hostilité, cette politique contraire à la conciliation qu'on lui attribuait tout à l'heure.

Le Cabinet ne cherche pas non plus à sacrifier à sa cause les intérêts soit de la Couronne, soit de la Chambre.

Pour la Couronne, nous avons déjà suffisamment répondu : nous n'avons pas placé la Couronne dans la condition ou l'on nous accuse de la mettre. (Très-bien!)

Nous avons vu que nos institutions monarchiques constitutionnelles, que la monarchie constitutionnelle elle-même, avaient été l'objet, sinon de ces attaques formelles qui peuvent être traduites devant les tribunaux et condamnées par eux, au moins de ces attaques assez nettes, quoique indirectes, qui conduisent à la ruine des institutions quand elles ne sont pas suffisamment réprimées; nous avons vu cela, et j'avoue qu'il faudrait être aveugle pour ne pas l'avoir vu. Nous avons vu depuis six mois notre monarchie constitutionnelle attaquée dans les banquets qui ont eu lieu depuis la dernière session, et quand nous avons vu cela, avons-nous demandé des mesures de violence que vous auriez qualifiées de rigueurs, que vous auriez appelées une politique *impitoyable?* Non! nous vous avons simplement demandé le secours de votre opinion... (Interruption. — *Une voix à gauche.* Et de la police.)

Je répondrai plus tard à cette interruption... parce que le secours de votre opinion, la force que votre autorité donne, est un moyen très-pacifique et en même temps très-efficace, qui porte remède à tous les désordres et suffit pour rétablir dans les opinions de la société l'équilibre nécessaire. (Approbation au centre.) Voilà ce que nous vous avons demandé, et nous ne l'avons pas demandé dans un intérêt de Cabinet. Si nous avions cherché l'intérêt du Cabinet, nous n'aurions pas soulevé ce débat. La Chambre peut en être convaincue par la vivacité de ces debats. Un Cabinet qui cherche son intérêt elude les difficultés, il ne les subit pas. Nous avons subi les difficultés, parce que nous avions un devoir a remplir, nous avions les institutions à défendre, et que, quand nous avons à choisir entre nous-mêmes et l'intérêt des institutions, nous n'hésitons pas, nous préférons les difficultes et les périls pour nous, pourvu que nous assurions la stabilité de nos institutions. (*Au centre. Tres-bien!*)

Qu'on ne vienne donc pas nous dire ni que nous avons compromis la Couronne, ni que nous voulons compromettre la Chambre, que nous voulons l'engager dans une politique irréconciliable. Nous ne voulons pas l'engager dans une politique irréconciliable; nous voulons seulement que la politique conservatrice se maintienne, la politique conservatrice, qui n'est pas irréconciliable, comme on vous le dit. On vous dit que la politique conservatrice est irreconciliable; je sais bien pourquoi : parce qu'on désire que la politique change, et on impute à ses adversaires ce qu'on croit pouvoir être pour eux une cause de difficultés et de dangers. Voila pourquoi on dit que la politique est irreconciliable. La politique conservatrice se prête à toutes les conciliations (Interruption), elle se prête à toutes les conciliations mieux que la politique de l'Opposition, je n'hésite pas à le dire. (Très-bien!) La conciliation, comme on vous la propose, comme nous l'avons entendue définie dans ces debats, savez-vous quel est le premier gage, quelle est la premiere garantie qu'on lui donne? C'est de commencer par sacrifier en holocauste une partie considérable de la majorité de cette Chambre. Voilà ce qu'on appelle de la conciliation, voilà ce que les inventeurs de la conciliation ont proposé dans le cours de cette discussion. C'est ainsi qu'on entend pratiquer la conciliation. Quant à nous, voici quelle est la vraie conciliation. La vraie conciliation repose sur l'union d'une majorité composée de nuances diverses, mais dont les nuances diverses peuvent se faire, quand les circonstances et quand les intérêts du pays l'exigent, des concessions les unes aux autres.

Voilà la véritable conciliation. Ce n'est pas en expulsant de ses rangs une portion de ses amis et en les livrant aux vivacités, je ne veux pas me servir d'un mot plus sévère, aux vivacités de l'Opposition comme une sorte de victime expiatoire, ce n'est pas ainsi qu'on etablit une conciliation salutaire. La conciliation vraiment bonne et utile est celle qui s'opère entre les divers eléments d'une majorité considérable qui peut avoir sur certaines questions des opinions diverses, mais qui est toujours prête à transiger dans son propre sein et à se former une opinion commune dans l'intérêt du pays et de la politique qu'elle soutient. (Très-bien!)

On a dit tout à l'heure, et j'ai besoin de répondre à cette interruption avant de descendre de la tribune, on nous a dit : Vous en avez appelé en même temps à la police.

Messieurs, quand nous avons interdit le banquet du 12e arrondissement, nous avons usé d'un droit... (Dénégation), d'un droit qui n'est pas équivoque, qui a été reconnu et pratiqué de tout temps, j'en ai donné la preuve, qui a été admis par tout le monde; ce droit a eté souvent exercé, il n'a jamais rencontré de résistance.

Le doute n'est pas dans les tribunaux, dans la pratique, dans la jurisprudence; le doute est seulement dans l'esprit des membres de l'Opposition. Voila ou est le doute. Je suis convaincu non-seulement que les principes que je soutiens ont été pratiqués par tous ceux qui se sont succédé au pouvoir, mais qu'il n'y a personne qui ne les pratiquât dans l'avenir en arrivant au pouvoir.

(Interruption. — M. Thiers adresse à M. le Ministre une interpellation que le bruit nous empêche de saisir.)

Personne ne désertera ces droits qu'on appelle les droits de la police, mais qui sont les droits tutélaires de la société, sans lesquels l'ordre ne saurait être maintenu; et j'espère qu'on ne verra pas là le sentiment d'une politique irréconciliable. Je juge assez bien ceux qui pourraient être nos successeurs, pour espérer qu'ils sauraient remplir comme nous leur devoir envers l'ordre et les institutions du pays. (Très-bien!)

(M. de Girardin se dirige vers la tribune; mais il cède son tour de parole à M. Dufaure.)

M. DUFAURE. Nous discutons l'amendement de M. Desmousseaux de Givré. Son but est de faire disparaître du projet d'Adresse les deux expressions contre lesquelles l'Opposition s'est soulevée. J'adopte pleinement, entièrement, l'amendement de M. Desmousseaux de Givré.

A mon avis, M. le Ministre de l'interieur se trompe lorsqu'il croit que le Cabinet n'a pas été pour beaucoup dans la vivacité des debats qui sont engagés devant nous; à mon avis, la longueur de ces debats, la difficulté que nous éprouvons à en sortir, doivent être attribuées à la faute qui a été commise dans le discours de la Couronne.

Je m'empresse de le dire, personne, dans cette Chambre, plus que moi n'adopte la fiction constitutionnelle et salutaire qui attribue au Ministère le discours prononcé par la royauté, qui ne permet de l'imputer qu'au Ministère, qui le livre ainsi à toute la liberté de nos critiques. Mais que le Ministère aussi ne cherche pas, en le rédigeant, à faire disparaître cette fiction, à l'effacer, autant qu'il est en lui, pour donner à ses pensées l'appui de la royauté. Quand je lis ce discours, quand je vois le Roi nous avertissant des difficultés que son Gouvernement a éprouvées dans l'année qui vient de s'écouler, des projets de loi qu'il prépare, des relations qu'il a établies avec les Puissances étrangères, de la direction qu'il a imprimée aux affaires d'Afrique, tout est clair pour moi, le Gouvernement parle, c'est la conduite du Gouvernement que nous pouvons librement juger.

Mais lorsque tout à coup, changeant la forme de son langage, comme l'indiquait tout à l'heure M. de Rémusat, j'entends la personne auguste qui prononce le discours du Trône nous rappeler son âge avancé, les services qu'elle a rendus à son pays, le dévouement qu'elle est prête à lui consacrer encore, et, immédiatement après, nous exprimer les émotions pénibles que lui ont causées les agitations qui ont eu lieu dans l'intervalle de nos sessions, l'illusion devient plus difficile; je puis bien, moi, législateur, habitué à nos maximes parlementaires, admettre la fiction constitutionnelle. Mais ce que vous appelez agitations, combien de citoyens en France, en dehors du Parlement, y ont pris part? Comprendront-ils cette fiction? l'admettront-ils comme nous? Relisez le discours de la Couronne, vous y verrez la royauté face à face avec tous ceux à qui elle impute des passions ennemies ou aveugles. (Vive approbation à gauche.)

Voilà la faute primitive et fondamentale qui a été commise par le Cabinet lorsqu'il a présenté le discours du Trône. La faute est grave, elle est le renouvellement de fautes terribles dont tout le monde se rappelle les conséquences. Cette faute, à mon avis, était telle, que la seule réponse digne que la Chambre pût faire à ce passage du discours de la Couronne, c'était un absolu silence comme le propose M. Desmousseaux de Givré. Je ne connais aucune loi constitutionnelle, Messieurs, qui oblige la Chambre à reprendre successivement les mots et les phrases du discours du Trône; et lorsqu'il en est une qui a le caractère que je viens de signaler, que chacun de mes collègues en relisant le discours du Trône reconnaîtra, lorsqu'il en est une de cette nature, notre devoir peut ne pas aller jusqu'à critiquer, il est au moins de garder le silence. M. le Ministre de l'intérieur disait tout à l'heure : Mais quoi! nous ne pourrions pas parler de faits notables qui se sont passés dans l'intervalle des sessions, de faits importants qui ont agité les esprits? Notre Adresse devrait les passer sous silence parce que quelques Députés y ont pris part?

Si vous le voulez, parlez-en, je ne vous en dénie pas le droit; mais en quels termes le faites-vous? J'ai un mot à dire avant d'aborder la question de personnes. Il y a eu dans l'éloquent discours de M. de Lamartine une considération de la plus haute importance, et à laquelle personne n'a répondu.

Vous reconnaissez vous-mêmes que, parmi ces manifestations nombreuses qui ont eu lieu dans l'intervalle des deux sessions, il y en a eu un grand nombre qui ont été très-constitutionnelles, que, sur vingt discours prononcés, il y en a un peut-être dans lequel vous avez pu trouver des passages qui, en effet, sont blâmables à nos yeux constitutionnels; mais que faites-vous dans votre projet d'Adresse, comme dans le discours de la Couronne? Vous ne vous attachez pas à ce qui a été constitutionnellement blâmable, vous ne faites pas ce que vous pouviez faire, vous ne venez pas demander à la Chambre une protestation énergique contre les mauvaises doctrines qui ont été soutenues, proclamées dans quelques-uns de ces banquets; c'était le mal, c'était contre lui que la Chambre devait protester. Non! vous allez bien plus loin; c'est contre le mouvement tout entier que vous protestez; vous y voyez une agitation qui est, dites-vous, un obstacle à un gouvernement régulier.

Mais ces agitations, c'est, Messieurs, la chose la plus naturelle dans les gouvernements représentatifs; on peut avoir de très-solides raisons, dans un moment donné, de ne pas y prendre part; mais ce n'est pas une raison pour les condamner en masse. Dans l'intervalle des sessions, quoi de plus naturel que des communications entre les Députés et leurs commettants? Si, après la session, nous, Députés de l'Opposition, nous jugions à propos de réunir nos électeurs de cent cinquante colléges, pour leur rendre compte de notre conduite parlementaire, pour leur demander compte des impressions qu'ils ont gardées, vous y verriez, comme dans ce qui s'est passé, un de ces mouvements, une de ces agitations que vous voulez blâmer, et cependant quoi de plus naturel et de plus légitime! (Adhésion à gauche.)

Vous allez plus loin que vous ne vouliez aller. Vous n'avez pas recherché dans ce qui s'est passé ce qui était contraire à nos institutions, à nos plus grands intérêts politiques et sociaux; vous n'avez pas appelé le blâme sur quelques funestes doctrines; c'est contre le mouvement tout entier que vous demandez à la Chambre une protestation qui, en frappant le passé, enchaînerait l'avenir.

J'accepte pour mon compte cette opinion de l'honorable M. de Lamartine, que les agitations ne sont que des conditions de notre vie représentative, et il faut que la Chambre se garde d'y toucher.

Par cela seul que le paragraphe de l'Adresse ne distingue rien, qu'il confond tout dans un blâme commun, je ne comprendrais pas que la Chambre consentît à le voter.

Je parlerai ensuite en peu de mots de la question des personnes.

Messieurs, je le déclare en toute sincérité, je voudrais de tout mon cœur que quelques paroles plus conciliantes, qui depuis deux séances sont parties de cette tribune, pussent être acceptées par tout le monde dans cette Chambre et en dehors. Mais elles sont tardives. Lorsque le discours de la Couronne a été prononcé, vous avez dit dans vos commentaires quasi officiels, le lendemain même, vous avez dit en termes énergiques: Vous êtes cent Députés sur lesquels retombe le blâme prononcé dans le discours de la Couronne.

Qu'a-t-on dit ici? Qu'a dit à la tribune, au commencement de nos débats, un des orateurs les plus éloquents, les plus accrédités de la majorité? Parlant sur les interpellations de l'honorable M. Odilon Barrot, il a dit à l'Opposition : Ces interpellations sont une tactique; vous voulez ajourner le jour ou nous vous demanderons vos comptes, et où d'accusateurs, vous deviendrez accusés. (*A gauche.* C'est cela! c'est cela!)

Voila le malheur, Messieurs; vous avez commencé par des expressions trop violentes, vous voudriez reculer maintenant. (*Au centre.* Non! non!)

Le pli est pris, Messieurs, l'interprétation est faite, l'opinion publique ne change pas à votre gré; la transaction que vous proposez, que je désirais de toute mon âme, ne peut plus s'opérer du consentement de tout le monde; nous sommes tous dans une situation forcée ou vous nous avez placés vous-mêmes, et il nous est impossible, en lisant le projet même de la commission, de séparer les personnes des choses.

Vous dites bien : Nous parlons des passions, nous ne parlons pas des personnes passionnées. En vérité, je ne comprends pas la distinction; je suis, je l'avoue, à cet égard, dans la même impuissance que l'honorable M. de Rémusat. Mais d'ailleurs, Messieurs, cette distinction, vous la faites beaucoup trop tard; elle ne peut plus être acceptée.

Je ne parle pas du droit, je parle de la convenance d'une telle manifestation, et je supplie la majorité d'y bien songer.

Il s'agit de prononcer un vote qui, quoi que vous disiez, quelques paroles que vous prononciez maintenant, s'appliquera, avec le sens hostile que vous y avez attaché, à un certain nombre de nos collegues, vous ne pouvez plus l'eviter. Eh bien, Messieurs, dans cette situation, dans les circonstances politiques ou nous nous trouvons, est-il prudent que la majorité de la Chambre se prononce contre une centaine de collegues attachés comme elle, comme moi, aux institutions de notre pays, décidés comme nous à les defendre le jour où elles seraient menacées; contre une minorité qui, d'un jour a l'autre, peut, comme le disait hier M. le Président du conseil, devenir à son tour majorité et gouvernement, est-ce dans cette situation qu'on peut prononcer des paroles amères, irréconciliables? Non, Messieurs, ce serait un acte de la plus haute imprudence, vous vous engageriez dans une voie dont vous ne connaissez pas l'issue, et vous prépareriez des événements que vous ne pouvez pas prévoir.

Je me rappelle, Messieurs, un mot bien sage qui fut prononcé aux derniers jours de l'Assemblée constituante par l'illustre Duport; il disait, comme s'il eût prévu les effroyables malheurs qui menacèrent la France : « Législateurs, rendez l'homme respectable a l'homme! » Ce conseil fut oublié, et vous savez ce que cet oubli a coûté a la France de sang et de larmes.

Les circonstances ne sont pas aussi graves, je ne prévois pas de pareils dangers; mais je ne vous dis pas avec moins de conviction : « Législateurs, rendez le Député respectable au Député. » (*A gauche*. Très-bien! — Rumeurs au centre.)

Ceux qui murmurent contre le mot de respect n'en comprennent pas la haute et sainte portée. (Exclamations au centre. — *A gauche*. C'est vrai!)

Je vous le dis : toute mesure, tout vote, toute expression quelconque qui, dans les circonstances où nous nous trouvons, a pour but ou aurait pour effet d'affaiblir l'autorité morale d'une partie de la représentation nationale, est à mon avis une immense faute, et c'est la raison pour laquelle je voterai l'amendement de M. de Givré. (*A gauche*. Très-bien!)

M. LE PRÉSIDENT. Je mets aux voix l'amendement de M. Desmousseaux de Givré, dont voici les termes :

« Comptez sur la raison publique, éclairée par nos libres discussions et par la manifestation de toutes les opinions légitimes. »

Cette rédaction remplacerait la phrase suivante du projet d'Adresse :

« Les agitations que soulèvent des passions ennemies ou des entraînements aveugles, tomberont devant la raison publique, éclairée par nos libres discussions, par la manifestation de toutes les opinions légitimes. »

(L'agitation bruyante qui règne dans l'Assemblée couvre la voix du Président. — Un groupe nombreux de Députés se livre, à l'extrême gauche, à des discussions très-animées. — Le banc de MM. les Ministres est entouré par un grand nombre de Députés. — M. le Président essaye en vain, à plusieurs reprises, de se faire entendre. — L'état d'agitation de la Chambre se prolonge pendant près d'un quart d'heure. — Enfin, sur les invitations réitérées de M. le Président, le silence se rétablit.)

Il est procédé au scrutin de division. Nombre des votants, 413; — Majorité absolue, 207 : — Dans l'urne blanche, 185; — Dans l'urne noire, 228. -- (La Chambre n'a pas adopté l'amendement.)

La phrase du projet, jusqu'au mot *libres discussions*, est ensuite adoptée au scrutin par 223 voix contre 18. MM. les Députés de l'Opposition restent sur leurs bancs et s'abstiennent de prendre part au scrutin.

Séance du samedi 12 février 1848. — Présidence de M. Sauzet.

Débat sur un amendement de M. Sallandrouze, qui remplace les premiers mots restant à voter : « par la manifestation de toutes les opinions légitimes, » par ce qui suit :

« Au milieu des manifestations diverses, votre Gouvernement saura reconnaître les vœux réels et légitimes du pays. Il prendra, nous l'espérons, l'initiative des réformes sages et modérées que réclame l'opinion publique, et parmi lesquelles il faut placer, d'abord, la réforme parlementaire. Dans une monarchie constitutionnelle, l'union des grands pouvoirs de l'État permet de suivre sans danger une politique de progrès, et de satisfaire à tous les intérêts moraux et matériels du pays. »
« Par cette union... » Le reste comme à la fin du projet d'Adresse.

M. Sallandrouze développe son amendement, qui est soutenu par M. Clapier de Marseille, et combattu par MM. de Goulard et de Morny.

M. GUIZOT, *Président du conseil*. Je demande la parole. (Mouvement général. — Un profond silence s'établit.)

Messieurs, si je ne me trompe, ce qui importe et ce qui convient à tout le monde dans la Chambre, c'est qu'il n'y ait ni perte de temps, ni obscurité dans les situations et dans les paroles. (Très-bien! très-bien!)

Je viens donc, sans que ce débat se prolonge davantage, dire à la Chambre ce que le Ministère croit devoir et pouvoir dire et faire aujourd'hui dans la question dont il s'agit. (Écoutez! écoutez!)

Après ce qui s'est passé naguère dans le pays, en présence de ce qui se passe en Europe, toute innovation du genre de celle qu'on vous indique, et qui aboutirait nécessairement à la dissolution de la Chambre, serait, à notre avis, au dedans une faiblesse, au dehors une grande imprudence. (*Plusieurs voix au centre*. Vous avez raison.)

Et la politique conservatrice, nous en sommes convaincus, en serait, au dedans et au dehors, gravement compromise.

Aujourd'hui donc, pour des mesures de ce genre, le Ministère croirait manquer à tous ses devoirs en s'y prêtant.

Le Ministère croirait également manquer à ses devoirs s'il prenait aujourd'hui à cette tribune, pour l'avenir, un engagement. (Exclamation à gauche. — Écoutez! écoutez!)

J'ai eu l'honneur de dire à la Chambre que je prendrais soin qu'il n'y eût obscurité ni dans les situations ni dans les paroles. On ne doit pas s'en étonner ni m'en blâmer. (Parlez! parlez!)

Je dis donc que le Ministère croirait manquer à ses devoirs s'il prenait aujourd'hui, sur la question qui occupe la Chambre, un engagement. En pareille matière, Messieurs, promettre, c'est plus que faire. (*Voix au centre gauche.* Pas toujours!) (Bruit.)

Je dis que promettre, c'est plus que faire; car en promettant, on détruit ce qui est et on ne le remplace pas. (Très-bien! très-bien!)

Un gouvernement sensé peut et doit quelquefois faire des réformes; il ne les proclame pas d'avance. Quand il en croit le moment venu, il agit; jusque-là il se tait. Je pourrais dire plus; je pourrais dire, en m'autorisant des plus illustres exemples, que jusque-là il combat. Toutes les grandes réformes, presque toutes, qui ont été opérées en Angleterre, l'ont été par les hommes mêmes qui les avaient combattues jusqu'au moment où ils ont cru devoir les accomplir. (Mouvements divers.)

Je parle, comme le désirait l'honorable M. de Morny tout à l'heure, bien clairement.

En même temps que je dis cela (Ecoutez! écoutez!), le Ministère ne méconnaît point l'état des esprits, ni dans le pays, ni dans la Chambre; il ne le méconnaît pas, et il en tient compte. (Rires à gauche.)

Le Ministère reconnaît que ces questions doivent être examinées à fond et vidées dans le cours de cette législature. (Agitation prolongée. — Rires ironiques à gauche.)

Ce que vous me demandez en ce moment dans votre pensée, c'est ce que fera le Ministère le jour où viendra cet examen à fond et dans le cours de cette législature; vous me demandez quel part il prendra, quelle conduite il tiendra. Voilà votre question; voici ma réponse.

Le maintien de l'unité du parti conservateur, le maintien de la politique conservatrice et de sa force, voilà ce qui sera l'idée fixe et la règle de conduite du Cabinet. (Mouvement en sens divers.) Le Cabinet regarde l'unité, la force du parti conservateur comme la garantie de tout ce qui est cher et important au pays.

Eh bien, Messieurs, le Cabinet fera de sincères efforts pour maintenir, pour rétablir, si vous voulez, sur cette question l'unité du parti conservateur, pour que ce soit le parti conservateur lui-même et tout entier qui la resolve. (Approbation au centre.) Si une telle transaction dans le sein du parti conservateur est possible, si les efforts du Cabinet dans ce sens peuvent réussir, la transaction aura lieu. (Agitation prolongée.) Si cela n'est pas possible, si, sur ces questions, le parti conservateur ne peut parvenir à rester tout entier et a maintenir la force de la politique conservatrice tout entière, le Cabinet laissera à d'autres la triste tâche de présider à la désorganisation du parti conservateur et à la ruine de sa politique.

Voila quelle sera notre règle de conduite.

Je repousse l'amendement.

(Une vive agitation succède à ce discours. — M. Berryer monte à la tribune. L'agitation qui règne dans l'Assemblée l'empêche de prendre la parole. Un groupe nombreux se forme autour du banc des ministres. Plusieurs Députés viennent parler à M. Berryer, qui est toujours à la tribune. Le Président agite vainement sa sonnette pour obtenir du silence. M. Berryer quitte la tribune. Des conversations très-animees sont engagées sur tous les bancs. MM. Émile de Girardin et Blanqui paraissent successivement à la tribune et en descendent sans prendre la parole. Enfin, M. le Président parvient à se faire entendre.)

M. Sallandrouze. Après de longs débats, on nous promet, quoi! une discussion! Ceci n'est pas sérieux. (Exclamations diverses.) Qu'on nous dise franchement et nettement le parti qu'on veut prendre. Si le Ministère veut prendre l'engagement de présenter un projet de réforme parlementaire, je retire mon amendement; sinon, j'y persiste. (Aux voix! aux voix! — Agitation. — Plusieurs membres se lèvent pour parler, et cèdent la parole à M. Thiers.)

M. Thiers, *de sa place.* (Profond silence.) Je demande la permission à la Chambre tout entière, je dis tout entière, car j'ai besoin de la permission surtout de la majorité, je lui demande la permission de lui présenter quelques brèves réflexions sur l'étrange spectacle que donne en ce moment le Gouvernement... (Vif assentiment aux bancs de l'Opposition. — Rumeurs au centre.)

De quoi s'agit-il? Non pas des deux réformes qui depuis plusieurs années ont été soumises à la Chambre et au pays, mais de celle des deux que tout le monde a déclarée mûre, mûre parce que le mal n'est nié par personne, et que, quant aux moyens, on est tres-près d'être d'accord. Je dis que le mal n'est nié par personne, car tout le monde reconnaît que 200 fonctionnaires dans une Chambre de 450 Députés... (Nouvelles rumeurs aux centres), c'est une situation grave, qui, suivant M. le Ministre de l'intérieur, mérite une limite, et qui, suivant nous, mériterait qu'on en eût déjà placé une.

Quant aux moyens, depuis qu'on a reconnu et proclamé qu'il était impossible de limiter d'une manière générale le nombre des fonctionnaires dans la Chambre, il n'en reste plus qu'un seul, c'est de déclarer, comme déjà la loi electorale l'a fait, que telle catégorie de fonctions est incompatible avec la députation.

On peut varier sur les catégories à exclure; on peut les étendre plus ou moins; mais, je le répète, pour tous les esprits éclairés, pour tout le monde dans cette Chambre, car il y a dix ans qu'on discute, le mal n'est pas contesté et n'est pas contestable, et sur le remède on est très-près d'être d'accord...; et apparemment, Messieurs, vous croyez que cela est ainsi, puisque vous-mêmes, en un nombre plus ou moins grand, vous êtes travaillés de cette idée.

Le Ministère est sommé de s'expliquer; il parle de clarté...; je ne veux pas l'offenser; mais il nous a habitués souvent à annoncer la clarté sans la produire; cependant à l'assurance de M. le Président du conseil, à la gravité de son attitude, à ses paroles, j'ai cru que la clarté allait se faire, et, je l'avoue, d'après tout ce que ses amis disaient, j'ai cédé à un mouvement de satisfaction intérieure... (Exclamations au centre.) J'ai cru que l'un des grands principes au triomphe desquels nous sommes attachés depuis bien des années allait enfin être proclamé par le pouvoir lui-même, et vous devez comprendre qu'il y a là lieu à quelque orgueil et à une juste satisfaction intérieure.

Mais qu'avons-nous entendu : « La mesure ne se peut pas cette année, car elle entraînerait la dissolution. »

On pourrait discuter sur ce point, sur l'exactitude de cette assertion. Comment! vous croyez qu'une loi, même proposée cette année, serait loi dans les deux Chambres des cette année! Vous ne le croyez pas.

Vous dites que, dans cet état de perplexité, la situation de quelques Députés sera incertaine.

Je le demande à tous, s'il ne faudra pas, pour amener les deux Chambres à un vote commun, plus d'une année; si tous les fonctionnaires dans cette Chambre n'auront pas à traverser ainsi une ou deux années d'incertitude. Ainsi ce n'est pas là une objection; mais je l'accorde.

Nous avez-vous au moins annoncé un terme, un terme que nous puissions, nous, accepter avec quelque confiance, et que vous puissiez, vous, nous donner avec quelque dignité?

Qu'avez-vous dit? Vous nous avez dit: Il y aura une discussion dans le cours de la législature. Une discussion! Est-ce que nous avons besoin du Gouvernement pour qu'il y ait une discussion? Permettez-moi de vous le dire, sans offenser la majorité, nous n'avons pas même besoin d'elle. Il suffit de trois bureaux qui consentent à la lecture de la proposition, et, dans l'état de maturité de la question, je défie que, dans la Chambre, il n'y ait pas trois bureaux pour autoriser la lecture. Nous n'avons besoin ni du Ministère, ni même, j'en demande pardon à la majorité, nous n'avons pas besoin de la majorité pour discuter la question ; nous n'avons pas même besoin de la permission de trois bureaux ; nous n'avons besoin que d'un amendement aux fonds secrets ou au budget pour que la discussion vienne ici.

Nous n'avons donc besoin de personne ; nous n'avons besoin que de notre droit et de notre volonté pour faire arriver la discussion.

Ou etait le point de la question ? Il était ici : quel serait le rôle du Gouvernement ?

Quelle raison donne-t-il ? Je la signale à la Chambre et à la France : « Le parti au nom duquel nous prétendons gouverner... » Numériquement, vous avez le droit ; mais, moralement, voyons si vous l'avez. « Le parti au nom duquel nous prétendons gouverner n'est pas d'accord. » Sur la plus grande question du temps, il ne peut pas se mettre d'accord ! et avant que M. le Président du conseil nous fît ce triste aveu, nous pouvions, et tous les orateurs qui s'étaient fait entendre ici officiellement, juger que ce grand parti et le Gouvernement n'ont pas d'opinion arrêtée sur la plus grande question du moment. (Rumeurs diverses.)

Qu'avons-nous vu ? Trois nuances : M. Sallandrouze et ses amis, qui ont voulu, et je les en honore, que cette année il y eût une proposition ; l'honorable M. de Morny, qui la veut pour l'année prochaine ; l'honorable M. de Goulard, qui nous a dit qu'il la voudrait un jour ; il n'en donne pas la date ; M. le Ministre enfin nous donne celle-ci : Quand le parti conservateur sera d'accord. (On rit.)

Messieurs, quant à moi, quand le parti conservateur sera d'accord, je répète cette expression, car elle s'est trouvée dans la bouche de M. de Goulard comme dans celle de M. le Président du conseil, quand il sera d'accord.

Eh bien, je constate ce fait, c'est qu'aujourd'hui, sur cette grande question, vous êtes divisés. Qu'avez-vous dit ? Vous avez dit qu'il ne fallait pas promettre ce qu'on ne voulait pas faire. Je vous prends par vos propres paroles. Qu'avez-vous voulu faire ici ? Vous avez voulu donner une promesse qui ne vous engageât pas ; vous avez voulu qu'on espérât ; vous avez voulu que M. de Morny espérât. Je me fie à l'honorable M. de Morny, et je lui renvoie vos paroles ; il les appréciera. Je lui dirai seulement, à lui et a d'autres honorables préopinants, que cependant dans cette question.... (Interruption.) Je dirai que cette question, lorsqu'on veut se montrer impartial, indépendant à quelque degré, on la porte a la tribune, ou bien si la séparation du Ministere n'est pas encore operée, on va dans son Cabinet lui en faire confidence. Lorsqu'on veut être independant progressiste, il faudrait être un peu moins dédaigneux, un peu moins superbe envers l'Opposition qui soutient depuis plusieurs années le principe de la réforme. Je dis que lorsqu'on se sert de nos idees, et il y en a si peu qui s'en servent, nous nous en félicitons, nous remercions ceux qui s'en servent, et même le pouvoir s'il voulait s'en servir contre nous. On doit toujours être reconnaissant envers un parti qui accepte et prend nos idées, fût-ce même le pouvoir.

Qu'on nous permette de le dire avec orgueil, le succès de cette mesure est assuré ; nous n'en doutons plus. (Oui ! oui !) Il pourra bien y avoir une année de difference ; mais déjà nous voyons la vérité poindre ; elle vous divise, cette vérité que nous avons proclamée, elle a fait des progrès, elle vous divise. (*Une voix au centre.* Non !)

Non ! Qui dit : Non ? Mais celui qui dit : Non, pourrait résoudre la difficulté tout de suite en montant à la tribune et en annonçant l'accord du parti conservateur ; il épargnerait ainsi à M. le President du conseil de cruelles insomnies. (Sensation.)

Oui, Messieurs, la vérité a fait des progrès, elle vous divise, et je terminerai par une eule réflexion.

Lorsque je vois ici Députés, Ministres, obligés de venir rendre hommage à la vérité, on ne devrait pas traiter d'une manière aussi outrageante des Députés qui n'ont fait, après tout, que la proclamer dans le pays. (Vive sensation.)

M. Guizot, *Président du conseil*. Ma réponse à l'honorable M. Thiers sera fort courte. Je n'ai certes entendu outrager ni aucun membre de l'Opposition, ni l'Opposition tout entière; je ne leur ai rien demandé, je ne leur ai rien promis. J'ai fait l'action la plus simple et la plus parlementaire du monde ; j'ai déclaré que le pouvoir ne pouvait pas faire. Pour aujourd'hui, j'ai refusé formellement: j'ai refusé de prendre aucun engagement pour l'avenir. Je répète les paroles dont je me suis servi à la tribune. J'ai dit qu'il y avait peut-être une transaction possible qui ramenerait l'unité sur cette question dans le parti conservateur. Je n'ai pas pris la peine de parler de la diversité d'avis qui s'y montre ; l'honorable préopinant n'a pas besoin de grands efforts pour la faire ressortir, tout le monde la proclame. Mon devoir, dans l'intérêt du parti auquel j'ai l'honneur d'appartenir, est précisément, si cela est possible, de faire cesser cette dissidence, de rétablir l'unité dans le parti conservateur ; c'est mon devoir d'agir ainsi au nom et dans l'intérêt du parti auquel j'ai l'honneur d'appartenir... (Vives exclamations.)

(MM. Blanqui, Darblay et de Rémusat se lèvent et demandent la parole.)—*M. de Rainnerille.* Vous êtes un gouvernement et non un parti ! Vous êtes le Ministre de la Couronne, et non le chef d'un parti ! — *Voix a gauche.* C'est au nom du pays qu'on doit agir... C'est dans l'intérêt du pays. — *M. le Président du conseil.* Les honorables membres qui m'interrompent dénaturent étrangement et mes intentions et mes paroles. Nous agissons tous ici au nom du pays et dans l'intérêt du pays. (Nouvelle interruption a gauche.) Les partis politiques ne sont que les représentants de certaines idées, de certains intérêts généraux du pays; ils n'ont de valeur qu'a ce titre, et c'est à ce titre seul qu'on leur doit fidélité. Quand donc je parle de ma fidélité à mon parti politique, je parle de ma fidélité aux intérêts généraux, aux sentiments du pays que ce parti représente et dont il est l'organe. (Très-bien!) La réclamation qu'on élève ne mérite pas une réfutation d'une minute.

Je reviens à la question.

J'ai déclaré quelle serait aujourd'hui la conduite du Gouvernement. J'ai déclaré qu'il ne prenait aucun engagement pour l'avenir. J'ai déclaré que, s'il pouvait trouver une transaction qui rétablît l'unité dans la grande opinion conservatrice à ce sujet, il ferait des efforts et des sacrifices pour y arriver.

Ce sont là les termes mêmes dont je me suis servi. J'ai dit que, si le Cabinet ne trouvait pas cela possible, il laisserait a d'autres la triste tâche de présider à la désorganisation du parti conservateur et à la ruine de sa politique. Il est impossible de rien dire de plus net, de plus parlementaire et de plus correct. (Vive agitation.)

M. Blanqui, *à la tribune.* Il est important que, dans une circonstance... (Aux voix ! aux voix !) Il est important que, dans une circonstance aussi grave, chacun sache ce qu'il fait, pourquoi il vote, dans quel sens. L'amendement de mon honorable ami M. Sallandrouze a été proposé comme représentant l'idée exacte du système, du principe que nous voulons établir dans l'Adresse, le besoin de la réforme parlementaire; nous ne l'avons pas présenté comme un instrument hostile, comme un moyen d'opposition; nous avons pensé que le pays voulait la réforme dans ce sens. J'ai besoin de protester contre la distinction qui me semble avoir été déplorablement faite par M. le Président du conseil. M. le Président du conseil a établi ici un parti conservateur et un parti hostile. Messieurs, ce que nous voulons... (Interruptions diverses.) Nous croyons faire quelque chose de bon dans le parti conservateur, en disant que nous ne refusons pas telle mesure, parce qu'elle vient de nos adversaires. Et pourquoi, si vous trouvez une mesure bonne, la refuser parce qu'elle est présentée par nos adversaires? Et, mon Dieu! je serais charmé de leur donner cette satisfaction. Si la mesure est bonne, pourquoi la retarder?

J'ajouterai que si M. le Ministre des affaires étrangères, comme j'en suis parfaitement convaincu, veut faire la réforme parlementaire, je ne vois pas en vérité pourquoi il s'opposerait à l'adoption de l'amendement. (Rumeurs et interruption au centre.— *Voix nombreuses à gauche.* Aux voix!)

Aux voix! si vous voulez, Messieurs; ce sera un mot décisif. Ce qu'il nous importait de dire, c'est que la mesure que nous avons proposée est une mesure de conciliation... (Aux voix!—Bruit général.)

— Débat fort agité de quelques minutes, où prennent part MM. de Torcy, Darblay, de Girardin et de Rémusat, qui termine en disant:

Messieurs, la division sur une question actuelle, fondamentale, est un principe de désorganisation dans un parti... (Bruits divers.) Ainsi, tandis que nous apprenons que l'unité du parti conservateur n'existe plus, nous voyons le Gouvernement renoncer à son initiative (Aux voix! aux voix!); or, renoncer à son initiative en pareille matière, c'est, je ne crains pas de le dire, c'est l'abdication du Gouvernement lui-même.

Maintenant il ressort aussi de tout ce débat une véritable, une sérieuse espérance pour tous les amis de la réforme. Je suis convaincu que, de ce jour, le principe de la réforme a fait un grand pas. (Vif assentiment à gauche.) Je vois capituler ses plus grands ennemis; encore quelques jours, encore quelque temps, continuons nos efforts, et, je n'en doute pas, le principe de la réforme sera maître de la place. (Aux voix!)

— L'amendement est rejeté, au scrutin de division, par 222 voix contre 189. (Sensation prolongée.) — Le paragraphe 10 est ensuite adopté. — Scrutin sur l'ensemble de l'Adresse: pour, 241; contre, 3.

PRÉSENTATION AU ROI.

Le 14 février, à neuf heures du soir, la grande députation de la Chambre des Députés, chargée de présenter au Roi l'Adresse en réponse au discours du Trône, a été reçue par S. M. Un grand nombre de Députés s'étaient joints à cette députation, composée de MM. le vicomte de Villeneuve, Tribert, Chazot, Lachèze, le baron Lelorgne-d'Ideville, Darnaud, de Peyràmont, Esnault, le comte de Quatrebarbes, Abraham Dubois, le vicomte de Saint-Aignan, Jollivet, le duc de Reggio, de Maingoval, Lacoudrais, comte d'Hauterive, Talabot, le marquis de la Guiche, de l'Espée, le colonel Allard.

LL. AA. RR. Mgr. le duc de Nemours et Mgr. le duc de Montpensier se tenaient à droite et à gauche du trône.

M. Sauzet, président de la Chambre, a donné lecture de cette Adresse, conçue en ces termes. (Voir en tête du présent numéro.)

Le Roi a répondu:

« Messieurs les Députés,

« C'est toujours avec la même satisfaction que je reçois chaque année l'assurance de ce loyal concours et de cet appui que vous n'avez cessé de me prêter depuis que le vœu national m'a appelé au trône C'est par la confiance mutuelle et l'intime union de tous les pouvoirs de l'État que nous voyons se consolider de plus en plus le grand édifice de nos institutions constitutionnelles La France y trouve la garantie de son repos et de son avenir, et moi, le bonheur d'avoir pu concourir à réaliser le plus cher de mes vœux, celui de la voir jouir en paix des libertés qu'elle a si glorieusement conquises, et de tous les avantages que la Providence lui a départis

« J'ai été bien touché des témoignages de sympathie dont la Chambre des Députés m'a entouré, en apprenant le coup qui m'a frappé dans une de mes plus chères affections Je l'en remercie de tout mon cœur, ainsi que des sentiments qu'elle vient de m'exprimer dans l'Adresse que vous me présentez en son nom. »

Ces paroles sont suivies des cris prolongés de *Vive le Roi!*

Le Roi, descendu du trône, s'avance vers MM. les Députés, en disant:

« Je suis bien touché, Messieurs, de vous voir aussi nombreux autour de moi, et bien sensible à ces acclamations. »

Les cris de *Vive le Roi!* se renouvellent et sont répétés à plusieurs reprises.

(Moniteur. — Partie officielle.)

N° IV. — DEMANDE EN AUTORISATION DE POURSUITES

CONTRE M. DE LA ROCHEJAQUELEIN, DÉPUTÉ.

Cette autorisation a été provoquée par M de la Rochejaquelein lui-même, qui explique, dans sa lettre du 16 janvier, lue dans la séance du 17, la nécessité où il est de subir un procès pour s'être refusé à une lâcheté. — La demande en autorisation de la part des adversaires de M. de la Rochejaquelein n'a été formée que plus tard.— L'autorisation a eté accordée sans discussion, sur le rapport conforme de M. Vivien, déposé le 29 janvier. (Séance du 1ᵉ février.)

« La Chambre des Députés,
« Vu la demande formée par M. le marquis de la Rochejacquelein dans sa lettre du 16 janvier 1848 ; — Vu la demande formée par le sieur Lavelle dans sa lettre du 23 du même mois ; — Vu la demande sans date formee par le sieur Courtois ; — Vu l'art. 44 de la Charte constitutionnelle ; — Autorise les poursuites contre le marquis de la Rochejaquelein, Député : — 1° Sur la citation donnee le 13 decembre 1847 par le sieur Lavelle ; — 2° Sur la plainte deposée au parquet du tribunal de la Seine, le 28 décembre 1847, par le sieur Courtois ; — 3° Sur l'action en diffamation que le sieur Lavelle demande à intenter, en raison de la lettre insérée le 20 décembre 1847 dans le *Journal des Débats*. »

N° V. — RÈGLEMENT DÉFINITIF DU BUDGET 1845.

NOTE. — Présentation à la *Chambre des Deputés*, par M. Lacave-Laplagne, Ministre des finances, 12 mars 1847. Commission (voy. au tome IX, n° 69-4). Rapport par M. Alfred de Bussierre, 12 juin 1847. Écarté de l'ordre du jour, 7 juillet 1847. Non discuté dans cette session. Repris le 20 janvier 1848. Discussion, 14 à 18 février 1848. Adoption

Ce projet n'étant pas devenu loi, nous n'en donnons pas le texte. — La discussion à la Chambre des Députés a porté sur les points suivants :

14 février. — Considérations, par M. de Genoude, sur la situation générale des finances, qui conduit droit aux révolutions, aux abîmes.

Demande d'explications, par M. Isambert, sur la contestation pendante entre la caisse Lafarge et le Trésor. Refus par M. le Ministre, parce que la question est contentieuse.

Observation de M. Isambert sur la nécessité de fournir des pièces à l'appui des dépenses de matériel du Ministère des cultes.

Observations de M. Bureaux de Puzy sur le défaut d'insertion au budget du traitement du chef du cabinet des affaires étrangères. M. Lherbette : Il s'agit de celui qui vendait les places. M. Bureaux de Puzy : Oui.

Observations sur l'insuffisance des renseignements fournis par le rapport pour les dépenses de frais de courriers : MM. de Rainneville, Marquis, Guizot, le Rapporteur, Bureaux de Puzy, Oscar de Lafayette, Lacrosse.

Observations sur la disposition des tableaux de comptes soumis aux Chambres : MM. de Beaumont (de la Somme), Dumon, ministre, Deslongrais. le Rapporteur, Génin, de Rainneville.

Observations de M de Rainneville sur l'irrégularité du chapitre des avances pour frais de service (affaires étrangères) : MM. Guizot, ministre, Mauguin, Bureaux de Puzy, Lacrosse. Le droit de la Chambre est réservé.

Missions extraordinaires. Observations sur l'exagération du crédit complémentaire, et sur l'application de quelques fonds aux missions en Chine et à Java : MM. Quinette, de Rainneville, Isambert, Jules de Lasteyrie, Larabit, de Mornay, de Beaumont (de la Somme), Odilon Barrot, Lacrosse, Étienne, le Rapporteur, Guizot, ministre.

15 février. — Instruction publique. Observations sur l'emploi de trois gratifications, et sur des menues dépenses: MM. Donatien Marquis, de Salvandy, ministre, Duprat, Taillandier, de Beaumont(de la Somme), le Rapporteur.

Instruction primaire. Observations sur la réduction des traitements: MM. Hortensius Saint-Albin, Isambert, Marquis, de Beaumont, Deslongrais, le Ministre. Digression sur l'enseignement par les congrégations : MM. Isambert, de Salvandy, Hebert, ministres.

Encouragements et secours aux savants et aux hommes de lettres. Observations de M. Taillandier sur le retard de payement du dernier trimestre des pensions 1847. Courtes explications de M. de Salvandy.

Ministère de l'intérieur. Débat à l'occasion de l'application judiciaire de la loi des associations faites aux Baptistes du département de la Somme: MM. Lestiboudois, Hébert, ministre, Odilon Barrot, Chégaray, de Falloux, de Lesseps, Quinette, Isambert, Mahul, Crémieux. Point de vote. — Observations sur l'application d'une somme provenant de vacances d'emploi : MM. de Rainneville, Passy, sous-secrétaire d'État, Bureaux de Puzy; — sur la distribution tardive des recueils des votes des conseils généraux : M. Marquis;— sur les frais d'estafette : M. Demarçay ; — sur la fausse application d'une somme affectée aux archives: MM. Beaumont (de la Somme), Passy, Taillandier, Demarçay, Proa, le Rapporteur; — sur l'application à d'autres objets du fonds destiné à l'achat de marbres: MM. Marquis, Cavé, commissaire du Roi, Oscar de Lafayette, Passy, Proa, de Rainneville, Drouyn de Lhuys, Duprat, Génin, Larabit, Taillandier, Genty de Bussy; — sur une somme de 4,000 fr. pour surveillance des copies du portrait du Roi: MM. Lefort Gonssolin, Cavé, Ferdinand de Lasteyrie;— sur l'addition d'une somme de 1,000 fr. à la subvention de l'Opéra-Comique : MM. Marquis, Proa, Deslongrais, Cavé, Génin; — sur les honoraires de la construction du tombeau de l'Empereur, et sur l'emploi des marbres français: MM. de Beaumont, Cavé, Duprat, Oscar de Lafayette, Lacrosse, Ferdinand de Lasteyrie, Bureaux de Puzy.

16 février. — Ministère de l'agriculture et du commerce. Observations sur l'inégalité des produits des écoles d'arts et métiers : MM. Lefort Gonssolin, Lavolee, commissaire du Roi ; — sur l'application à des établissements particuliers des fonds d'encouragement aux artistes et industriels : MM. Marquis, Duprat, Lavolée; — sur l'exagération des dépenses d'encouragement aux pêches maritimes, en raison des produits obtenus, et sur l'exécution de l'ordonnance de 1843 : MM. de Beaumont (de la Somme), Lavolée, Chégaray, Duprat, Leseigneur, Levavasseur ; — sur la rente de 22,000 fr. de l'intendance sanitaire de Marseille : MM. Isambert, Lavolée, Achille Fould, Duprat, Dumon, ministre des finances.

Ministère des travaux publics. Observations sur la composition générale du budget des travaux publics : MM. de Rainneville, le Ministre des finances; — sur le concours à l'avancement par les ingénieurs des ponts et chaussées attachés à des entreprises particulières : MM. Marquis, de Beaumont, Duprat, Jayr, ministre des travaux publics; — sur la disposition des comptes relatifs aux chemins de fer, et sur la continuation aux préfets d'allocations extraordinaires pour frais relatifs à des travaux achevés: MM. Duprat, Bureaux de Puzy, le Ministre, Collignon.

Ministère de la guerre. Débat sur l'armement des fortifications de Paris: MM. de Lesseps, Trézel, ministre, Allard, Bureaux de Puzy, de Bussières, Duprat. — Débat sur le bornage de la zone des servitudes militaires autour des fortifications de Paris : MM. Garnon, le Ministre, Paixhans, Allard, Taillandier, de Chasseloup-Laubat, Janvier, Bureaux de Puzy, Chégaray, Lherbette, Quinette, de Rainneville, Genty de Bussy. — Débat sur l'affaire Bénier : MM. Taillandier, Luneau, le Ministre, Boissy-d'Anglas, Marquis, Étienne.

17 février. — Observations sur l'inexécution de l'ordonnance du 20 octobre 1844, pour l'achat des grains pour les troupes : MM. Demarçay, de Salles, Trézel, ministre, de Beaumont, Duprat; — sur la répartition des secours aux militaires: MM. Larabit, Duprat, le Ministre. — Reprise du débat sur l'armement de Paris : MM. de Mornay, de Saint-Albin, Larabit, le Ministre, Convers.

Ministère de la marine. Observations sur la différence des dépenses des navires dans leurs divers états, et sur la comptabilité de la marine: MM. Lefort Gonssolin, de Montebello, ministre, Béchameil, Levavasseur, Lacrosse, de Beaumont (de la Somme), Béhic: — sur les fournitures diverses, MM. Benoît Fould, Béhic, de Rainneville, Darblay, le Ministre.—Débat sur le développement des écritures et des formalités, et sur la comptabilité en matières : MM. Paixhans, Duprat, Béhic, Genty de Bussy, Jules de Lasteyrie, Schneider, Étienne, de Montebello, ministre.

18 février. — Explications au sujet de la discussion d'hier sur les documents relatifs à l'armement de Paris: MM. Allard, de Mornay, Lacrosse, Lesseps.

Ministère des finances. Observations sur l'élévation des frais de perception des contributions directes: MM. de Beaumont (de la Somme), le Ministre; —'sur un compte de 3 millions entre le Trésor et la liste civile: MM. de Rainneville, Dumon, ministre; — sur le payement des armes vendues au gouvernement irrégulier de la Suisse : MM. Lesseps, le Ministre; — sur l'observation des règles de comptabilité pour la spécialité des exercices: MM. de Rainneville, le Ministre.

Service colonial. Observations sur la situation des caisses de réserve, et le dépôt des comptes de la colonie du Sénégal: MM. Lacrosse, Duprat, Marquis, P. de Chasseloup-Laubat, de Montebello, ministre.—Considérations de M. Paixhans sur la nécessité pour la France de se créer des établissements dans les régions de l'Inde et de la Chine.

MM. de Rainneville et Deslongrais proposent et développent un amendement qui a pour objet d'exiger que la loi des comptes présente les allocations en regard des dépenses effectuées, article par article. Rejet après débat avec le Ministre des finances, qui explique que l'on fera ainsi, mais qu'il ne faut pas l'insérer dans la loi, pour ne pas entamer la spécialité par chapitres.

Adoption de l'ensemble de la loi par 230 voix contre 3.

N° VI. — TRAVAIL DES ENFANTS,

DES ADOLESCENTS, DES FILLES ET DES FEMMES, EMPLOYÉS DANS LES MANUFACTURES, LES FABRIQUES, LES USINES, LES CHANTIERS ET LES ATELIERS.

Note. — Présentation à la *Chambre des Pairs*, par M Cunin-Gridaine, Ministre de l'agriculture et du commerce, 15 février 1847. Commission (voy. au tom. IX, n° 78-6) Rapport par M. le baron Charles Dupin, 29 juin 1847. Non discuté dans cette session.
Reprise du projet, 21 janvier 1848. Rapport complémentaire de M. Dupin, 31 janvier 1848 (*Moniteur* du 4 février). Discussion, 14 a 21 février.

Au moment de l'ouverture de la discussion, le 14 février, M. le Ministre annonce qu'à raison des difficultés d'exécution de la loi de 1841, le Gouvernement proposera des modifications au projet primitif, et même aux amendements de la Commission, ce qui constitue trois projets de loi en présence, quoique le dernier ne soit présenté que sous forme d'amendement. Ont pris part à cette discussion:—Le 14 février, MM. Cunin-Gridaine, ministre, Paulze d'Ivoy;—Le 15 février, MM. le comte Beugnot, Renouard, Barbet, le baron Charles Dupin, rapporteur, qui résume la discussion générale, le Ministre, le marquis de Boissy;—Le 16 février, sur l'art. 1er, MM. le duc d'Harcourt, le baron Dupin, le comte d'Argout, Girard, le comte Pelet de la Lozère, Legentil, le comte de Castellane (Adoption de l'art. 1er, redaction du Gouvernement); sur un paragraphe additionnel de M. Renouard, MM. Barbet, le baron de Barante, le baron Feutrier, le président Laplagne-Barris, le baron Dupin, le comte Desroys, le duc de Broglie, Cunin-Gridaine, ministre, le marquis Turgot, le comte Philippe de Ségur, le comte Portalis, le comte Pelet de la Lozère, le marquis de Laplace, Renouard, Persil, Anisson Duperron, le comte d'Argout, le duc de Broglie, le vicomte Pernety (Renvoi à la Commission); — Le 17 février, adoption de l'amendement, modifié d'accord par la Commission. Art. 2, avec amendement de M. le comte d'Argout: MM. le baron de Barante, le comte d'Argout, le comte de Castellane, Legentil, Cunin-Gridaine, ministre, Hippolyte Passy, le Rapporteur, Barbet, le baron de Schauenburg, le comte d'Argout. Adoption de la première partie de l'art. 2, avec l'amendement de M. d'Argout. Adoption du paragraphe. — Paragraphe additionnel de M. Girard: MM. le comte de Gasparin, Barbet, Fulchiron.

18 février (suite) : MM. Fulchiron, le comte de Gasparin, le comte Pelet de la Lozère, le baron de Barante, Girard, le baron Dupin, rapporteur, Barbet, Cunin Gridaine, ministre. Rejet du paragraphe additionnel. — Adoption de l'ensemble de l'art. 2. — Art. 3, avec un amendement de M. d'Argout : MM. le marquis de Boissy, le baron Dupin, Cousin, le comte Pelet, le vicomte Paulze d'Ivoy, le marquis Turgot, le Ministre, le baron de Barante, Fulchiron, Renouard. Adoption du premier paragraphe, avec un amendement de M. le marquis de Boissy. — Deuxième paragraphe : MM. d'Argout, le vicomte Napoléon Duchâtel, le baron de Barante, Odier, le Rapporteur, le baron Feutrier, Renouard, le Ministre, le vicomte Lemercier, le président Boullet, Cousin. Renvoi à la Commission.

19 février. — Nouvelle rédaction proposée par la Commission : MM. le baron Dupin, Barbet, Cousin, Fulchiron, Cunin-Gridaine, ministre, le vicomte Duchâtel. Adoption. — Disposition additionnelle de M. Renouard : MM. le comte d'Argout, Legentil, Girard, le Rapporteur, Cousin, Paulze d'Ivoy, le Ministre. Rejet après deux épreuves, entre lesquelles s'élève un débat pour l'application du reglement. Adoption de l'art. 3. — Art. 4 : MM. le comte d'Argout, le Rapporteur, le général comte de Castellane, Cousin, le marquis de Boissy, le marquis de Laplace, le président Boullet, le Ministre. Renvoi à la Commission.

21 février. — Nouvelle rédaction de la Commission : MM. le baron Dupin, le comte Pelet de la Lozère, Cunin-Gridaine, ministre, le vicomte Duchâtel, le baron de Barante. Adoption de l'amendement de M. d'Argout, abandonné par lui et repris par M. Duchâtel. — Adoption du surplus de l'article, après un débat de rédaction entre MM. Cousin, Paulze d'Ivoy, le Rapporteur, le marquis de Boissy. — MM. le marquis de Barthélemy, le Ministre, Girard. Adoption de l'ensemble de l'article. — Art. 5, 6, 7. Adoptés sans débat. — Article additionnel de M. Paulze d'Ivoy : MM. Fulchiron, le Ministre, le marquis Turgot, le marquis de Boissy. Adoption. — Scrutin sur l'ensemble : pour, 117 ; contre, 19. Adoption.

Nᵒ VII. — CIRCONSCRIPTIONS ÉLECTORALES

POUR LE CONSEIL GÉNÉRAL DE SAÔNE-ET-LOIRE.

NOTE. — Présentation à la *Chambre des Deputes*, par M Duchâtel, Ministre de l'intérieur, le 7 mai 1847. Commission (voy. tom IX, nᵒ 79-3). Rapport par M. Lenoble, 20 mai 1847. Écarté de l'ordre du jour, 7 juillet 1847. Non discuté dans cette session.
Repris, 21 janvier 1848. Discuté et adopté, 19 février 1848.

La discussion de ce projet de loi, quoique traitant d'un intérêt local, a occupé toute la séance du 19 février. Il s'agissait du maintien du principe de l'unité cantonale pour les circonscriptions électorales, que le projet de loi modifiait par suite d'une rivalité entre les villes d'Autun et de Mâcon. Ont été entendus : MM. de Genoude, de Chapuys-Montlaville, Schneider, Mathieu (de Saône-et-Loire), de Lamartine, Duchâtel, ministre, Benoist, Lenoble, rapporteur. Adoption du projet par 191 voix contre 45.

N° VIII. — BANQUE DE BORDEAUX.

PROROGATION DE SON PRIVILÉGE.

NOTE. — Présentation à la *Chambre des Députés,* par M. Cunin-Gridaine, Ministre de l'agriculture et du commerce, 19 avril 1847. Commission (voy. tom. IX, n° 69-1). Rapport par M. Clapier (de Marseille), 26 juin 1847. Écarté de l'ordre du jour, 7 juillet 1847. Non discuté dans cette session.

Repris, 21 janvier 1848. Discussion, 21, 22 février 1848. Interrompue par la Révolution.

Lundi 21 février 1848. Au moment de commencer la discussion, M. Léon Faucher dit : Je ne sais, Messieurs, si l'état des esprits en ce moment permettra l'examen des graves questions que le projet soumis à vos délibérations soulève. — *M. Guizot, Président du conseil.* Oui ! oui ! parfaitement. Continuez ! continuez ! — *M. Léon Faucher.* Mais si la Chambre ne devait prêter à ce grave sujet qu'une attention distraite... — *Plusieurs voix au centre.* Pas le moins du monde ! — *M. Léon Faucher.* Si les intelligences élevées et les hommes d'expérience qu'elle renferme ne devaient pas prendre part à la discussion ; si nous n'avions pas le concours de toutes les forces et de toutes les lumières, je regarderais ce résultat négatif comme un malheur pour le pays. — *M. le Président.* La Chambre donne toujours son concours aux affaires du pays.

En conséquence, le débat commence. Sont entendus, dans des discours développés, MM. Léon Faucher, Lestiboudois, Deslongrais, Ducos, Benoist, et dans quelques observations, M. Blanqui. — Au moment où M. Léon Faucher commence sa réplique, une vive agitation se manifeste, et la discussion est interrompue. (Voyez au n° 9 ci-dessous.)

Mardi 22 février 1848. — Le débat continue. Sont entendus, dans des discours développés : MM. Léon Faucher, Clapier rapporteur, d'Eichtal, Galos, et dans de courtes observations, MM. Cunin-Gridaine ministre, Blanqui, Benoît Fould, Desprez, Achille Fould. La Chambre passe à la discussion des articles. — Art. 1, avec un amendement de M. Léon Faucher, qui est combattu par M. Ducos et repoussé par la Commission et le Gouvernement. Rejet de l'amendement. Sur l'article : MM. Darblay, Berryer, le Ministre des finances. Adopté.— Art. 2 : MM. le comte Prosper de Chasseloup-Laubat, le Rapporteur, Achille Fould, le Ministre des finances, de Rainneville, Berryer, Desprez, Dufaure. Renvoyé à la Commission. En conséquence, et après un court débat, auquel prennent part MM. le Président, Berryer, Léon Faucher, Deslongrais, la discussion est renvoyée au lendemain. (Voyez au n. XII, ci-dessous.)

N° IX. — INCIDENT SUR LE BANQUET PROJETÉ

DU XIIe ARRONDISSEMENT.

Le lundi 21 février 1848, à la Chambre des Députés, sous la présidence de M. Sauzet, au milieu de la discussion sur le privilége de la Banque de Bordeaux, une vive agitation se manifeste. Un grand nombre de Députés entrent en hâte dans la salle. L'orateur s'interrompt et demande le renvoi à demain. (*De toutes parts.* Oui ! oui !)

M. Odilon Barrot demande la parole, qui lui est accordée par M. le Président sur l'ordre du jour. (Mouvement d'attention.)

M. ODILON BARROT. (Profond silence.) La Chambre se souvient d'un débat incident qui s'est élevé, à l'occasion de la discussion de l'Adresse, sur le droit prétendu par nous, dénié par le Ministère, de se réunir, à la condition de prévenir préalablement l'autorité et d'assister à cette réunion sans tumulte et sans armes.

18.

Ce débat n'a pas été vidé. Mon opinion à moi est qu'il devait l'être au sein du Parlement, et que, lorsqu'une question constitutionnelle d'une si haute gravité est posée, c'est le droit et le devoir du Parlement de ne pas la laisser incertaine. C'est à lui qu'il appartient surtout de régler la portée et l'étendue des droits politiques du pays. Elle ne le fut pas. Cependant il y avait un devoir impérieux pour ceux qui, de tout temps, ont professé et pratiqué cette opinion, que toute liberté politique est impossible, si elle n'est pas accompagnée de la reconnaissance de la liberté du droit de réunion.

Leur devoir était, en face de la dénégation du Gouvernement, de placer une protestation, de pratiquer ce droit de manière à ce que, de leur part au moins, il n'y eût aucune concession qu'on pût leur imputer, de manière à ce qu'ils ne s'arrêtassent que devant une résistance qu'ils ne pouvaient pas surmonter.

Cela avait été à peu près accepté par le Gouvernement lui-même. Ne laissant pas vider la question dans le sein du Parlement, se croyant armé de lois suffisantes, il pouvait invoquer, il se proposait probablement d'invoquer ces lois, de traduire devant les tribunaux les personnes qui, malgré l'intervention de l'autorité, auraient passé outre, et de faire ainsi juger par les tribunaux la question de légalité.

Et, en effet, les choses se seraient passées ainsi.

La question avait vivement préoccupé le public ; le public ne pouvait point être indifférent à la discussion et à la solution de cette question ; car, après tout, il s'agissait de ses droits ; il s'agit d'un droit même qui est d'autant plus important, que l'on pourrait être privé des autres. Le droit de se réunir pour avertir le pouvoir, pour signer des pétitions, pour contrôler les pouvoirs officiels, est peut-être plus précieux pour ceux qui ne sont point investis de droits électoraux ou d'éligibilité, qu'il ne l'est même pour ceux qui ont le droit électoral en leur possession. Le public ne pouvait rester indifférent à de pareils débats.

Cependant, et malgré la juste et légitime émotion de l'opinion publique, grâce au progrès de nos mœurs politiques, je ne crains pas, sur l'honneur, d'affirmer devant mon pays que cette manifestation, que cette lutte légale de principes aurait eu lieu sans aucun désordre et sans aucun trouble. (Mouvements divers. — Écoutez ! écoutez !)

Je suis parfaitement assuré que, si la politique du Cabinet eût pu en recevoir quelque atteinte, l'ordre public était parfaitement sauf et intact. (Écoutez ! écoutez !)

Je suis, quant à moi, convaincu que la question eût été posée, que les tribunaux auraient prononcé, qu'ils auraient déterminé le sens des lois existantes, fait cesser un doute grave, et qu'en même temps les amis sérieux de la liberté dans ce pays auraient eu à constater un immense progrès dans nos mœurs politiques.

Il paraît, je n'ai pas vu les actes de l'autorité (Écoutez !), il paraît qu'à des conseils de sagesse et de prudence ont succédé d'autres inspirations, que des actes de l'autorité s'interposent, sous prétexte d'un trouble qu'ils veulent apaiser et qu'ils s'exposent à faire naître.... (Rumeurs au centre) ; que des actes de l'autorité s'interposent ; et je ne crains pas de dire qu'a la place de cette manifestation libre, ils tendent à établir des compressions d'autorité.

Il ne m'appartient pas, quant a moi, d'examiner la portée et l'opportunité de cette mesure ; je crains, je le répète, et je suis parfaitement sincère, je crains que ce que l'autorité fait en ce moment, dans un intérêt d'ordre, ne soit, au contraire, qu'une cause de trouble profond dans la société. Je crains que ce qui, au lendemain du jour de cette manifestation, eût, au contraire, rassuré les esprits par la constatation de la puissance de nos mœurs et de la solidité de l'ordre public dans notre société, laisse, au contraire, au fond de la société, un germe indéfini de desordre et de perturbation. C'est là une crainte, elle est sincère, elle est profonde ; et tout en l'exprimant, si ma parole pouvait avoir quelque autorité pour mon pays ; je dirais que, même dans la situation qu'on nous fait, le premier besoin, le premier devoir de tout homme, à quelque opinion qu'il appartienne, c'est d'employer tout ce qu'il peut avoir d'influence, d'autorité pour prévenir les malheurs que je prévois. (Très-bien ! tres-bien !)

Il n'y a pas de ministère, il n'y a pas de système administratif qui vaille une goutte de sang versé. (Nouvelle approbation.)

C'est cette pensée que j'avais besoin d'exprimer dans cette enceinte, en face de graves éventualités que je prévois.

Je déclare que, s'il peut dépendre de moi de les éloigner de mon pays, je déclare que, s'il peut dépendre de moi d'apaiser cette émotion que vos mesures inopportunes vont accroître, je le ferai de toute la puissance de mes convictions.

Messieurs, mes droits s'arrêtent là; je ne puis aller au delà. C'est le Gouvernement qui est chargé du maintien de l'ordre et de la tranquillité dans le pays; c'est à lui à peser la gravité des circonstances, et surtout c'est sur lui que porte la responsabilité. (Mouvement prolongé.)

M. DUCHATEL, *Ministre de l'intérieur.* La responsabilité ne pèse pas seulement sur le Gouvernement, elle pèse sur tout le monde. (Très-bien! très-bien!) Nous en avons eu la preuve dans le soin très-honorable qu'a pris l'honorable M. Odilon Barrot d'exprimer tout à l'heure ses sentiments devant la Chambre. Je dirai très-nettement, très-franchement à la Chambre quelle est l'attitude du Gouvernement, quel est le terrain sur lequel il se place.

L'honorable M. Odilon Barrot nous a dit que la question du droit illimité de réunion avait été traitée dans cette Chambre, mais qu'elle n'avait pas été résolue; qu'il avait désiré une solution, et que c'est pour obtenir cette solution que le projet d'un banquet a été annoncé et préparé. Il a ajouté que le Gouvernement lui-même avait paru disposé, autant qu'il dépendait de lui, dans la limite de son opinion, qui est contraire à celle de l'honorable M. Odilon Barrot, à amener la solution judiciaire qui pouvait terminer le débat.

Cela est vrai. Nous aurions pu, comptant sur le droit que nous regardons comme incontestable, sur la pratique qui n'a jamais été contestée; nous aurions pu nous opposer par l'emploi de la force au projet de banquet annoncé depuis plusieurs jours, et qui a préoccupé et inquiété la capitale.

Nous étions frappés, comme l'honorable membre, de l'avantage pour tout le monde d'obtenir une solution judiciaire, et, tout en maintenant les principes exprimés et professés à cette tribune par le Gouvernement, nous étions prêts et nous sommes prêts encore à laisser arriver les choses au point où, une contravention pouvant être constatée, un debat judiciaire puisse s'engager. (C'est cela! c'est cela!)

Mais, Messieurs, il est survenu autre chose : je crois qu'il n'y a personne dans cette Chambre qui n'ait lu, ce matin, un manifeste publié par un comité dont on ne désigne pas les membres, et inséré dans tous les journaux de l'Opposition. Que fait ce manifeste? Il ne se borne pas à provoquer un banquet, et à préparer la solution judiciaire de la question; non : il fait un appel à tous ceux qui partagent les principes de l'Opposition, il les invite à une manifestation qui, je n'hésite pas à le dire, compromettrait la tranquillité de la cité. Ce n'est pas tout : le manifeste provoque, au mépris de toutes les lois, au mépris de la loi de 1831, les gardes nationaux à se rassembler en état de gardes nationales, et non-seulement il provoque les gardes nationaux, mais il invite les jeunes gens des écoles, des mineurs, qui ont à s'occuper de leur instruction, à s'associer au cortége, qui sera entouré d'une haie de gardes nationaux de la douzième légion. Il annonce que les gardes nationales seront placées dans l'ordre de leurs légions et sous la conduite de leurs officiers supérieurs. Ce manifeste viole toutes les lois du pays sur lesquelles reposent la tranquillité et l'ordre public... (Très-bien! très-bien!)

La loi sur les attroupements est violée, la loi sur les gardes nationales est violée.

J'en appelle au sentiment impartial de la Chambre, qu'est-ce que c'est que ce manifeste, si ce n'est la proclamation d'un gouvernement voulant se placer à côté du Gouvernement régulier (Très-bien! très-bien!), un gouvernement né d'un comité que je ne connais pas, que je ne qualifie pas, prenant la place du Gouvernement constitutionnel, fondé sur la

Charte et appuyé sur la majorité des deux Chambres? Le gouvernement de ce comité parle aux citoyens, convoque en son propre nom les gardes nationaux, provoque des attroupements au mépris des lois. Cela ne pouvait pas être supporté, nous ne devions pas le supporter. Nous avons sous notre responsabilité le maintien de l'ordre public. J'espère, comme M. Odilon Barrot, qu'il ne sera pas troublé; je ne répondrais pas qu'il ne fût pas troublé, si le Gouvernement ne prenait pas toutes les mesures et toutes les précautions nécessaires. Je n'ai pas la même foi que l'honorable orateur dans tous ceux qui peuvent prendre part à ces manifestations.

Maintenant, en quoi les mesures du Gouvernement peuvent-elles empêcher la solution judiciaire dont parlait tout à l'heure l'honorable M. Odilon Barrot? Nous avons fait, dans cette circonstance, la juste part de toutes choses; nous avons maintenu, après le manifeste de ce matin, comme auparavant, la situation que le Gouvernement avait prise, et, en même temps, nous n'avons pas voulu qu'à l'occasion d'un banquet on tolérât dans la ville de Paris une manifestation contraire à toutes les lois, et la proclamation d'un gouvernement improvisé, à côté du Gouvernement légal et constitutionnel. (Très-bien! très-bien! — Vive approbation.)

M. Odilon Barrot. Je crains que M. le Ministre de l'intérieur ne grandisse à dessein... (Vives réclamations au centre.)

(M. Roger (du Nord) prononce quelques paroles au milieu du bruit.)

M. le Président. Point d'interpellations particulières. La parole est à M. Odilon Barrot.

M. Odilon Barrot. Si M. le Ministre de l'intérieur s'était borné à nous dire qu'une manifestation solennelle, à laquelle aurait pris part un grand concours de population; que cette manifestation pouvait inquiéter le Gouvernement, l'inquiéter d'autant plus, qu'elle serait plus régulière et plus pacifique... (Dénégations au centre. — Assentiment à gauche), je crois que nous aurions été, les uns et les autres, très-près de la vérité. Mais je demanderai, en laissant de côté quelques expressions plus ou moins convenables d'un acte que je n'avoue ni ne désavoue, quoiqu'il me soit étranger...

(Rumeurs prolongées. — *Au centre.* Il faut avouer ou désavouer. — *A gauche.* Laissez parler, vous répondrez.)

M. Odilon Barrot. Je mettrai tout le monde parfaitement à l'aise. J'avoue très-hautement l'intention de cet acte, j'en désavoue les expressions. (Très-bien!)

L'intention a été celle-ci : il certain que des hommes qui, par un acte qui leur est personnel, provoquent une grande émotion dans la société, le voulant ou ne le voulant pas, amènent sur la place publique un grand concours de peuple. Ces hommes manqueraient à tous leurs devoirs, ils engageraient gravement leur responsabilité, s'ils ne prenaient pas les moyens, officieux sans doute, puisqu'ils ne sont pas le pouvoir, d'établir quelque ordre au milieu d'un tel concours. (Interruption et murmures au centre.)

Si, dans notre pays, il ne peut y avoir de grandes réunions et de grandes manifestations que celles qui auront été préalablement réglées, organisées, réglementées par les autorités officielles, à la bonne heure; mais dans un pays libre, il faut bien s'accoutumer à ce que de pareilles manifestations se règlent elles-mêmes; que l'ordre s'y maintienne par les bonnes habitudes, par une sorte de discipline libre, officieuse, qui s'établit : ce sont là les mœurs de la liberté.

Eh bien! dans la pratique de ce devoir, les hommes qui avaient pris la responsabilité de cet acte qui causait dans la population une émotion, qui lui donnait le désir de s'associer même de loin, même indirectement à cette protestation en faveur du droit; que ces hommes aient désiré sans doute que le plus grand nombre de citoyens vêtus d'uniformes de la garde nationale, sans armes, fussent présents pour imposer à tous ceux qui pourraient avoir quelque pensée de trouble et de désordre..., ils ont obéi à une pensée d'ordre et de sécurité.... (Approbation à gauche. — Dénégation au centre.)

Vous nous parlez d'usurpation des droits de l'autorité; vous nous dites que la garde nationale a été convoquée, qu'elle se trouvera en armes...

(*Au centre.* Non, on n'a pas dit cela!)

... Qu'elle se trouvera en état de garde nationale; il n'en est rien. Vous avez poursuivi une chimère.... (Interruption et murmure au centre.) Vous avez poursuivi une chimère. Le fait est que, le débat une fois engagé, nous avons été soutenus par les sympathies toutes naturelles qui rattachent à nos débats une grande partie de la population de notre pays, le débat sur le droit de réunion, droit que vous avez professé et pratiqué vous-mêmes. Ce débat ne pouvait laisser indifférente cette partie de la population, la garde nationale elle-même à qui le dépôt de toutes nos libertés a été confié. Tout ce qu'on pouvait demander, c'est qu'il n'y eût rien d'officiel, c'est qu'elle se réunît officieusement, individuellement, sans armes, paisiblement, comme garantie de tranquillité, et non comme moyen de force publique. Voilà ce qui se passait, voilà ce qu'il y avait au fond de la situation.

Eh bien ! je vous le répète, grâce aux progrès de nos mœurs politiques, grâce à l'intelligence de notre pays, grâce à cet accord universel, grâce à cette conscience instinctive de ce peuple, le plus intelligent du monde, que ce serait même contrarier la lutte légale que nous soutenons, si on y mêlait le moindre désordre et le moindre trouble..., je vous aurais donné l'assurance et je vous aurais garanti sur l'honneur qu'il n'y aurait eu aucun trouble.....
(Réclamations au centre. — Approbation à gauche).... qu'il n'y aurait eu aucun trouble, aucune perturbation. Mais la compression que vous établissez, ne vous le dissimulez pas, et je le dis avec douleur, tend une position déja trop tendue, ajoute à des sentiments exaspérés un nouveau degré d'exaspération. Maintenant, Messieurs, c'est à vous, c'est à vous qu'est la responsabilité de cette situation... (Bruyante interruption au centre. — Allons donc!)

... Vous n'avez pas voulu de l'ordre avec et par la liberté; subissez donc les conséquences de la situation que vous avez faite. (Approbation à gauche. — Agitation.)

M. LE MINISTRE DE L'INTÉRIEUR. S'il me fallait des preuves pour justifier la détermination prise par le Gouvernement, je les trouverais dans les paroles mêmes de l'honorable M. Odilon Barrot.

Ce manifeste, qu'il nous accuse d'avoir grossi à plaisir, et qui a été ce matin imprimé, comme vous l'avez vu, avec les formes qui lui ont été données, le concert que tout le monde a remarqué, dans tous les journaux de l'Opposition; ce manifeste, l'honorable M. Odilon Barrot ne l'avoue ni ne le désavoue. (Mouvement.)

Le manifeste n'étant ni avoué ni désavoué, est-ce un sujet de sécurité pour nous, qui sommes chargés de maintenir l'ordre public? Est-ce un sujet de sécurité qu'on publie ouvertement un manifeste provoquant à la violation des lois, un manifeste dont l'honorable M. Barrot n'ose pas dire qu'il l'avoue? (Mouvement en sens divers. — Approbation.)

Quelle raison donne-t-on pour justifier, sinon les formes, qui cependant sont quelque chose en pareille matière, au moins le fond de ce qui a été fait? On nous dit d'abord que ce sont des mesures de simple police prises spontanément pour empêcher les troubles qui auraient pu survenir. Il y avait donc des éléments de troubles. (Dénégations à gauche.) Le désordre était donc plus prochain qu'on ne nous le disait tout à l'heure? (Très-bien !)

Je demande depuis quand l'on admet que des comités qui s'instituent eux-mêmes aient la mission de convoquer les gardes nationaux au mépris des lois, pour rétablir ou maintenir l'ordre. (Réclamations à gauche.)

M. de Courtais. Osez donc la convoquer, la garde nationale! (Murmures au centre.)

M. le Ministre. J'ai écouté l'honorable M. Barrot avec calme; je prends très au sérieux la responsabilité qui pèse sur nous. La Chambre me rendra cette justice, que je n'ai fait entendre dans ce débat aucune parole irritante.

J'aurais pu me croire autorisé à user de récriminations, car on a semblé indiquer que nous voulions cacher derrière une question d'ordre public une question d'existence ministérielle, et grossir un incident très-grave pour déplacer la question dans un misérable intérêt. Je n'ai pas voulu user de récriminations. Avant tout, gardien de l'ordre et des lois, je me borne à dire que nous ne pouvons pas admettre le système qui vient d'être soutenu à cette tribune. Nous ne pouvons pas admettre davantage qu'on puisse se plaindre de cette prétendue compression qui n'est destinée qu'à empêcher des actes évidemment contraires à la loi.

Je maintiens ce que j'ai dit tout à l'heure. Nous avons résolu de laisser les choses arriver au point où la question judiciaire peut s'engager. Cette situation, nous l'avons prise, nous la maintenons encore.

On appelle cela de la compression ; ce n'est pas de la compression, Messieurs, c'est la seule chose qui puisse être raisonnablement demandée par tout le monde. La compression dont on parle est tout simplement l'accomplissement des devoirs du Gouvernement, le maintien de l'ordre et le respect des lois sur lesquelles reposent la tranquillité du pays et le salut de nos institutions. (Bien ! très-bien ! — Vive approbation.)

M. LE PRÉSIDENT. Personne ne demandant plus la parole, l'incident est terminé. (Sensation.)

La Chambre croit-elle pouvoir continuer aujourd'hui la discussion sur la banque de Bordeaux, ou bien veut-elle la remettre à demain? — *De toutes parts.* A demain! à demain ! — *M. le Président.* La discussion est continuée à demain. La séance publique s'ouvrira à une heure précise. — *Plusieurs voix.* Non! non! A midi! à midi ! — *M. le Président.* J'ai proposé à la Chambre de se réunir à une heure précise; on a proposé midi. (Oui! oui! — Non! non!) Insiste-t-on? (Non! non ! — Oui! oui!) Il y a opposition, je mets aux voix. — *Voix diverses a gauche.* Ce n'est pas loyal! Vous savez bien que nous n'y serons pas! C'est ridicule! — *M. Berger.* A huit heures du matin, ce sera beaucoup mieux. En permanence! — *M. le Président* (après avoir consulté la Chambre). La séance aura lieu à une heure. — La séance est levée à cinq heures.

N° X. — INTERPELLATIONS A LA CHAMBRE DES PAIRS

PAR M. LE MARQUIS DE BOISSY ET M. LE COMTE D'ALTON-SHÉE.

Séance du mardi 22 février 1848 — Présidence de M. le duc Pasquier, chancelier.

(A l'ouverture de la séance.)

M. LE MARQUIS DE BOISSY. La Chambre me permettrait-elle d'adresser quelques interpellations, quelques simples questions à MM. les Ministres; interpellations que je devais adresser hier? (Murmures.) Permettez, je serai très-court. (Non! non !)

M. le Chancelier. Si vous voulez faire une proposition, il faut vous conformer au reglement.

M. le marquis de Boissy. Je connais parfaitement mon règlement, je l'ai étudié autant que qui que ce soit. Ainsi, je m'empresse de déposer à l'instant même ma proposition.

— M. le marquis de Boissy se dirige vers la tribune, et remet sa proposition à M. le Chancelier, qui charge M. le vicomte de Flavigny, l'un des secretaires de la Chambre, d'en donner lecture. Elle est ainsi conçue :

« Attendu que la Chambre des Pairs a été moins personnellement en jeu dans les événements qui ont préparé et amené la situation actuelle, qu'il est par conséquent d'autant plus convenable et peut-être plus utile qu'elle prenne dans cette circonstance une initiative pouvant amener une transaction, une conciliation, désirées par tous les amis sincères et éclairés du pays, j'ai l'honneur de demander a la Chambre la permission d'interpeller le Cabinet sur la situation présente de la capitale ;

« Et, attendu l'urgence, j'ai l'honneur de prevenir la Chambre qu'elle peut ordonner que les interpellations seront faites à l'instant même. Je suis à ses ordres.

« Paris, le 22 fevrier 1848.

« Le Marquis DE BOISSY, *Pair de France.* »

M. le Chancelier. La Chambre va être consultée pour savoir s'il y a lieu à vous entendre. Y a-t-il deux membres pour appuyer la proposition?

M. le marquis de Boissy. La Chambre voit qu'il ne s'agit que de quelques mots.

M. le Chancelier. Vous n'avez pas la parole. Y a t-il deux Pairs pour appuyer la proposition?

MM. d'Alton-Shée, Turgot et *Boissy-d'Anglas.* Oui! oui!

M. le Chancelier. Aux termes du règlement, la Chambre va délibérer sur la question de savoir s'il y a lieu à entendre M. le marquis de Boissy. Si la Chambre décide l'affirmative, elle votera ensuite sur le jour où elle devra l'entendre.

— La Chambre, consultée, décide qu'il n'y a pas lieu d'entendre M. le marquis de Boissy dans sa proposition.

— La Chambre entend ensuite quelques rapports sur des pétitions. Plusieurs fois, à l'occasion de ces débats, M. le marquis de Boissy s'efforce d'amener la discussion sur l'état de la capitale. M. le Président l'empêche chaque fois de traiter ce sujet. La séance est levée à trois heures.

Séance du mercredi 23 février 1848. — Présidence de M. le duc Pasquier, chancelier.

(A l'ouverture de la séance.)

M. LE COMTE D'ALTON SHÉE. Je prie la Chambre de vouloir bien autoriser la demande d'interpellations que je vais avoir l'honneur de déposer entre les mains de MM. les secrétaires, afin qu'il en soit donné lecture.

—M. le comte d'Alton-Shée fait remettre sa proposition à M. le Chancelier. M. le vicomte de Flavigny, l'un des secrétaires de la Chambre, en donne lecture en ces termes :

« Des événements graves se sont accomplis ; une émotion générale s'est emparée de la population ; hier et aujourd'hui, des collisions déplorables ont eu lieu entre la troupe et les citoyens.

« De ces événements, les uns font peser la responsabilité sur le Gouvernement, les autres sur l'Opposition. Je supplie la Chambre, dans l'intérêt de la justice et de la vérité, de m'autoriser, dès qu'elle jugera le moment opportun, à interpeller MM. les Ministres. Il importe d'établir, dans un débat public et contradictoire, devant la Chambre et devant le pays tout entier, la part de responsabilité qui doit revenir à chacun.

« Le 23 février 1848.

« Le comte D'ALTON-SHÉE, *Pair de France.* »

M. le Chancelier. Je vais consulter la Chambre pour savoir s'il y a lieu à vous entendre. Et, d'abord, y a-t-il deux membres qui appuient la proposition? (Oui! oui!) D'après le règlement, la Chambre va décider si elle croit qu'il y ait lieu d'entendre le développement de la proposition dont lecture vient d'être faite.

M. le marquis de Boissy. Peut-on appuyer auparavant?.. — *Voix nombreuses.* Non! non! — *M. Fulchiron.* Il n'y a rien à dire. — *M. le Chancelier.* Personne n'a le droit de prendre la parole.

(La Chambre, consultée, décide qu'il n'y a pas lieu d'entendre M. le comte d'Alton-Shée dans sa proposition.)

M. LE MARQUIS DE BOISSY. Alors, monsieur le Président...—*Voix nombreuses.* Non! non! — *M. le Chancelier.* Vous n'avez pas le droit de parler là-dessus. — *M. le marquis de Boissy.* Alors je vais déposer ma proposition. (Murmures.) Permettez, le règlement vous oblige aussi bien que moi, et d'après le règlement j'ai le droit de déposer ma proposition, et j'use de mon droit. — *M. le Président.* Eh bien, déposez-la. — *M. le marquis de Boissy, se dirigeant vers la tribune.* La voilà !

— M. le vicomte de Flavigny, sur l'invitation de M. le Chancelier, donne à la Chambre lecture de cette proposition ; elle est ainsi conçue :

« Attendu que hier le sang a coulé sur les divers points de la capitale ;

« Attendu qu'aujourd'hui encore la population parisienne est menacée de mort et d'incendie ; de mort par soixante bouches à feu approvisionnées moitié à coups à mitraille, moitié à coups à boulet (Murmures) ; qu'elle est menacée de dévastation et d'incendie par quarante pétards, le tout transporté d'urgence et en hâte de Vincennes à l'École militaire... » (Exclamations)

M. le comte de Tascher. Ce n'est pas là une demande en interpellation! — *Voix nombreuses.* C'est vrai! — *M. le Chancelier.* Cela n'a pas le caractère d'une demande en interpellation. (Marques très-vives d'assentiment.) — *M. le marquis de Boissy.* Je demande à mon tour la permission, sans discuter en quoi que ce soit... (Vives réclamations. — A l'ordre! à l'ordre!) — *M. le marquis de Boissy.* Hier... (De nouveaux cris à l'ordre! à l'ordre! se font entendre.) Je demande la permission... — *Voix nombreuses.* Non! non! — *M. le Chancelier.* Je vous rappelle à l'ordre, vous n'avez pas la parole.—*M. le marquis de Boissy.* Mais je la demande...—(Nouvelles et vives exclamations. Les cris de : *Vous n'avez pas la parole!* se font entendre avec une nouvelle force. Plusieurs membres adressent avec vivacité à l'orateur des paroles que le bruit nous empêche d'entendre.)

Si vous faites autant de bruit, force me sera de me taire; car je ne puis lutter seul contre tant de personnes qui crient toutes ensemble; je me tairai... — *M. Laplagne-Barris.* Eh bien, taisez-vous! — *M. le marquis de Boissy, se tournant vers M. Laplagne-Barris.* Que je me taise, Monsieur! Vous n'avez pas le droit, Monsieur, de m'interpeller ainsi. C'est de la dernière inconvenance... (Tumulte.) — *De toutes parts.* A l'ordre! à l'ordre! — *M. le marquis de Boissy, avec force.* Messieurs, je le dis à la Chambre, à la face de mon pays : je méprise les personnalités... — *M. le Chancelier.* C'est intolérable... — *M. le marquis de Boissy.* Et ceux qui se les permettent à mon égard... (Exclamations.—Les cris : *A l'ordre*! redoublent.)-- J'ajoute que j'assume toute la responsabilité de mes paroles; je ne les rétracterai ni ici ni ailleurs; je n'en désavouerai point la portée. — *M. le Chancelier.* On va lire les conclusions de la demande. — *M. le marquis de Boissy.* Je n'ai rien fait... — *De toutes parts.* A l'ordre! à l'ordre! Le rappel au règlement. — *M. l'amiral de Mackau, avec force.* Vous ne devez pas parler... — *M. le marquis de Boissy.* M. l'amiral Mackau ne préside pas... (Agitation croissante.) — *M. le Chancelier.* Vous ne pouvez pas tout seul résister aux volontés de la Chambre tout entière, lui faire violence; respectez la Chambre!—*Plusieurs Pairs.* Respect à vos collègues! — *M. Renouard.* Respect à vous-même! — *M. le marquis de Boissy.* Je respecte toute la Chambre, cela va sans dire; mais ce que j'ai dit et répété, c'est que je ne respecte pas ceux qui se permettent des personnalités à mon égard. (A l'ordre! à l'ordre! — Interruption prolongée.) — *M. le Chancelier.* On ne peut continuer la lecture de la proposition à cause des termes dans lesquels elle est énoncée; on va en lire les conclusions.

(M. le vicomte de Flavigny, l'un des secrétaires de la Chambre, donne lecture des conclusions de la demande de M. le marquis de Boissy. En voici les termes :)

« J'ai l'honneur de demander à la Chambre la permission d'adresser des interpellations au Cabinet sur la situation de la capitale, et notamment pourquoi il n'a point réuni plus tôt la garde nationale.
« Paris, le 23 février 1848.

« Marquis DE BOISSY, Pair de France. »

M. le Chancelier. Cette demande est-elle appuyée par deux Pairs ! (Non! non!)

M. le comte d'Alton-Shée. Je l'appuie.

M. le Chancelier. Cette demande n'étant pas appuyée par deux Pairs, la Chambre n'a pas à s'en occuper.

N° XI. — COLONIES FRANÇAISES.

RÉGIME HYPOTHÉCAIRE ET EXPROPRIATION FORCÉE.

Note. — Présentation à la *Chambre des Pairs*, par M. Guizot, ministre, chargé par intérim du portefeuille de la marine, 17 mai 1847. Commission (voy. au tom. IX, n° 78-4). Rapport par M. le baron de Daunant, 7 juin 1847. Non discuté dans cette session. Repris en janvier 1848. — Discussion commencée, 23 février 1848. Interrompue par la Révolution.

Mercredi 23 février 1818.—M. le comte Beugnot prononce un discours développé. M. Mérilhou renonce à la parole, son opinion ayant été exprimée par M. Beugnot. M. le duc de Montebello, Ministre de la marine, étant très-souffrant, exprime le désir que la discussion soit renvoyée à demain. M. le baron Charles Dupin répond à M. le comte Beugnot. Observations de MM. le baron de Mackau et Hippolyte Passy. La séance est levée à quatre heures moins un quart.

N° XII. — INTERPELLATIONS A LA CHAMBRE DES DÉPUTÉS

PAR M. VAVIN.

Séance du mercredi 23 février 1848. — Présidence de M. Sauzet.

La séance est ouverte à une heure et demie. Plusieurs membres déposent des pétitions diverses étrangères aux événements du jour.

(La séance reste suspendue jusqu'à deux heures et demie, au milieu d'une assez vive agitation.)

M. VAVIN. Monsieur le Président, je demande la parole. (Mouvement d'attention.)

Plusieurs membres. Attendez ! les Ministres ne sont pas présents !

M. le Président. Huissiers, prévenez dans la salle des Conférences.

(Un grand nombre de membres entrent dans la salle. MM. le Garde des sceaux, le Ministre des travaux publics et le Ministre de l'agriculture et du commerce prennent place à leur banc.)

M. le Président. La parole est à M. Vavin sur l'ordre du jour. (Écoutez ! écoutez !)

M. Vavin. Comme Député de la Seine, au nom de mes collègues, j'ai un devoir à remplir, celui d'adresser quelques interpellations au Cabinet, notamment à M. le Ministre de l'intérieur. (*De toutes parts.* Il n'est pas là !)

Son absence me force à ajourner de quelques minutes seulement, je l'espère, les interpellations que j'avais annoncé devoir faire. Si cependant la Chambre désire... (*Voix nombreuses.* Non ! non ! Attendons ! attendons !)

M. Hébert, Garde des sceaux. M. le Président du conseil et M. le Ministre de l'intérieur, appelés hors de cette enceinte par des soins que la situation explique et requiert, ont été prévenus à l'instant même de l'intention, que nous ne prévoyions pas, manifestée par l'honorable membre, d'adresser au Gouvernement des interpellations. Je pense que d'ici à peu de moments ils seront à leur banc, prêts à répondre aux interpellations.

(*De toutes parts.* Attendons ! attendons ! — MM. les Députés quittent leurs places et forment des groupes nombreux et animés dans la salle des séances et dans les salles voisines. — La séance est de nouveau suspendue jusqu'à trois heures un quart.)

M. VAVIN. Messieurs, je demande à la Chambre la permission d'adresser, au nom de la députation de la Seine notamment, quelques interpellations au Ministère.

Depuis plus de vingt-quatre heures, des troubles graves désolent la capitale. Hier, la population a remarqué avec un douloureux étonnement l'absence de la garde nationale ; cet étonnement était d'autant plus grand, d'autant plus pénible, qu'on savait que l'ordre de la convoquer avait été donné lundi dans la soirée.

Il serait donc vrai que, dans la nuit du lundi au mardi, cet ordre aurait été révoqué. Ce n'est qu'hier, à cinq heures, que le rappel a été battu dans quelques quartiers pour réunir quelques gardes nationaux ; dans la journée, la population de Paris a été livrée au péril qui l'entourait (Violents murmures au centre), sans la protection de sa garde civique. Des collisions funestes ont eu lieu ; nous n'aurions peut-être pas aujourd'hui à les déplorer, si, dès le commencement des troubles, on avait vu, dans nos rues, sur nos places, cette garde nationale, dont la devise est : *Ordre public et liberté.* Sur un fait aussi grave, aussi malheureux, je prie MM. les Ministres de nous donner quelques explications. (Très-bien !)

M. GUIZOT, *Président du conseil.* (Profond silence.) Messieurs, je crois qu'il ne serait ni conforme à l'intérêt public, ni à propos pour la Chambre d'entrer en ce moment dans aucun débat sur ces interpellations.

(Violents murmures. — *Voix nombreuses à gauche.* Écoutez ! écoutez !)

Je dis qu'il ne serait ni conforme à l'intérêt public, ni à propos pour la Chambre d'entrer en ce moment dans aucun débat sur les interpellations que vient de nous adresser l'honorable M. Vavin. Le Roi vient de faire appeler en ce moment M. le comte Molé pour le charger...

(Bravos prolongés à gauche. — *M. Odilon Barrot.* La Chambre doit garder sa dignité.)

L'interruption qui vient de s'élever ne me fera rien ajouter ni rien retrancher à mes paroles. (Marques générales d'approbation.) Le Roi vient d'appeler en ce moment M. le comte Molé pour le charger de former un nouveau Cabinet. Tant que le Cabinet actuel sera chargé des affaires, il maintiendra ou rétablira l'ordre et fera respecter les lois, selon sa conscience, comme il l'a fait jusqu'à présent. (Très-bien! très-bien!)

M. Odilon Barrot. Je demande la parole.

(Plusieurs Députés du centre s'approchent du banc des Ministres et serrent la main de M. Guizot. — D'autres membres du centre manifestent une vive irritation.)

Voix diverses. C'est une lâcheté!... C'est déshonorant!... Nous allons voir comment ils mèneront cela !

(Un grand tumulte règne dans la salle; des groupes fort animés se forment de toutes parts.)

M. le Président. Messieurs, je vous prie de garder vos places.

MM. Collignon et *de Peyramont.* Non! non !

Voix nombreuses au centre. Allons chez le Roi ! allons chez le Roi ! Levez la séance, monsieur le Président.

M. le Président. Sans doute; mais j'ai un mot à dire auparavant.

M. Crémieux. Non, nous ne levons pas la séance.

M. le Président. Avant de proposer à la Chambre de lever la séance, j'ai à lui parler de son ordre du jour. (Exclamations diverses.)

M. Plougoulm. Est-ce qu'il s'agit d'ordre du jour à présent! (Agitation.)

M. le Président. Les membres qui avaient déposé des propositions demandent que ces propositions ne soient pas envoyées aux bureaux demain.

Au centre. Pourquoi donc cela ! (Interruption prolongée.)

M. de Salvandy, Ministre de l'instruction publique. Je demande que la Chambre maintienne son ordre du jour. (Oui! oui ! — Très-bien !)

M. Crémieux. Je viens déposer sur le bureau de la Chambre des pétitions remises à M. Marie, Député de la Seine, à M. Beaumont (de la Somme) et à moi, par un grand nombre de citoyens de Paris. — (Vives exclamations au centre: Assez! assez !) — *Plusieurs voix.* C'est la garde nationale qui délibère ! — *M. Crémieux, au milieu du bruit.* Non ! non! — M. de Beaumont (de la Somme) prononce quelques paroles de sa place. — *M. Chégaray.* Je demande la parole. — *M. Crémieux.* Puisqu'on a demandé le maintien de l'ordre du jour, il faut bien que je déclare ce que je dépose. Eh bien! je déclare que je dépose sur le bureau des pétitions d'un grand nombre de citoyens du quatrième arrondissement de Paris... (Nouvelles exclamations); les unes protestent contre la conduite des Ministres, les autres demandent leur mise en accusation... (Ces dernières paroles de M. Crémieux sont étouffees par les cris : Assez! assez!) — *Voix nombreuses.* Déposez purement et simplement. — M. Crémieux dépose les pétitions sur le bureau de M. le Président.

M. le Président. Les pétitions seront renvoyées dans la forme ordinaire. Maintenant on a demandé de maintenir l'ordre du jour de demain. Je vais le dire... — *Au centre.* Oui! oui! — (Un grand nombre de membres se levent et se disposent à se retirer)— *M. le Président.* Veuillez vous asseoir; je consulte la Chambre. — *Une voix.* Sur quoi ? (Vive agitation.)

M. Odilon Barrot. Est-ce que l'objet de ce debat n'imposerait pas l'ajournement de l'ordre du jour indiqué? (Dénégation au centre.) Quant à moi, je suis complètement aux ordres de ces Messieurs. J'avais cru que la conséquence naturelle, inévitable même de la réserve que M. le Président du conseil montrait sur des interpellations qui lui étaient adressées à raison de la gravité des circonstances et de la situation spéciale du Cabinet; j'avais cru, dis-je, que la conséquence naturelle et inévitable était l'ajournement de l'ordre du jour indiqué...

(*Voix nombreuses au centre.* Non! non ! — *A gauche.* Oui! oui !)

...l'ajournement de la discussion sur la proposition que j'ai déposée hier sur le bureau (1). Et en en parlant à M. le Président, je lui avais déclaré que ce que je lui disais était parfaitement subordonné aux convenances de la Chambre et du Ministère lui-même.

Je n'ai donc rien à dire; je n'ai qu'à me soumettre à ce que la majorité croira devoir décider (Agitation en sens divers.)

M. Dupin. Je demande la parole. (Profond silence.)

Le premier besoin de la cité est le rétablissement de la paix publique, la cessation des troubles. L'anarchie est le pire des états, c'est la destruction de la société; elle menace l'ordre social tout entier.

La seule question vraiment à l'ordre du jour est donc le rétablissement de la paix publique pour assurer la libre et régulière action de tous les grands pouvoirs de l'Etat. (Interruption au centre.)

J'estime assez tous mes collègues et je me fie assez à leur patriotisme, quand il s'agit ici, non pas d'une dissidence d'opinion, mais d'un grand sentiment patriotique, d'un grand devoir social à remplir, pour croire que tout le monde s'emploiera à ce rétablissement de la paix publique, l'Opposition autant que la majorité.

(*De toutes parts.* Oui! oui! Tout le monde!)

Messieurs, je suis bien faible, je me suis tu longtemps; je parle en ce moment, malgré la maladie et l'épuisement de mes forces, pour faire entendre quelques mots, parce que ce sont ceux de la véritable conservation, de l'amour du bien public et du véritable esprit de Juillet, qui n'a pas cessé de m'animer. (*A gauche.* Très-bien!)

Nous avons trop oublié que la révolution de Juillet ne s'est faite que pour la conservation des lois, qu'elle s'est faite d'un côté pour la liberté et de l'autre pour l'ordre public. Eh bien, l'ordre public et la liberté ont été fondés et maintenus par l'accord de la Chambre des Députés avec le vœu national et avec le concours de la garde nationale. (Approbation à gauche. — C'est cela! Très-bien!)

La garde nationale a toujours compris sa mission; elle n'a pas plus manqué à ses devoirs que nous aux nôtres.

(*Un membre au centre.* Elle vient d'y manquer. — Dénégations à gauche.)

La Chambre des Députés, dans toutes les occasions aussi solennelles, s'est rappelée qu'elle était la représentation nationale.

Nous n'avons pas dédaigné, et nous avons toujours obtenu du pays le titre de représentants de la nation, dans toutes les occasions où nous avons eu à défendre ses intérêts.

Eh bien, Messieurs, l'action de la Chambre, d'accord avec le Pouvoir royal, d'accord avec le pouvoir central, est de travailler exclusivement au maintien de la paix publique, de se prononcer énergiquement dans ce sens : avant tout, le rétablissement de cette paix, la cessation des attroupements. Il faut que les masses comprennent qu'elles n'ont pas le

(1) L'orateur fait ici allusion a la fin de la seance du 22 fevrier, ainsi rapportée au *Moniteur :*

La seance est levee. — (M le Président quitte le fauteuil.) — M Odilon Barrot se leve pour parler. — *Plusieurs voix a gauche.* Le President! le President! — (M. le President monte au fauteuil.) — *M. Odilon Barrot.* Je prie M. le President de vouloir bien annoncer le depot que j'ai fait d'une proposition soutenue par un assez grand nombre de Deputes, et de vouloir bien indiquer quel jour elle sera discutee dans les bureaux.

M. le President. Si je n'ai pas fait cette annonce, c'est qu'ordinairement le President n'indique pas le dépôt des propositions. — *M Larabit.* Il fallait le faire! — *M. le President* Je ne devais pas le faire. Ce n'est, d'apres le règlement, que dans le cas ou trois bureaux en ont autorise la lecture, que le Président peut faire connaitre l'objet d'une proposition deposée. Mais je ne fais pas de difficulte de declarer que les propositions qui ont ete deposées dans le cours de cette seance seront soumises jeudi à l'examen des bureaux.

On savait que cette proposition avait pour objet la mise en accusation des Ministres. Les journaux la publiaient en ces termes :

« Nous proposons de mettre le ministere en accusation comme coupable : — 1° D'avoir trahi au dehors l'honneur et les interêts de la France; — 2° D'avoir au dedans fausse les principes de la constitution, viole les garanties de la liberte et attente aux droits des citoyens; — 3° D'avoir, par une corruption systematique, tenté de substituer a la libre expression de l'opinion publique les calculs de l'interet prive, et de pervertir ainsi le gouvernement representatif, — 4° D'avoir trafique, dans un interet ministeriel, des fonctions publiques ainsi que de tous les attributs et privileges du pouvoir; — 5° D'avoir, dans le meme interet, ruine les finances de l'État, et compromis ainsi les forces et la grandeur nationales; — 6° D'avoir violemment depouille les citoyens d'un droit inherent a toute constitution libre, et dont l'exercice leur avait ete garanti par la Charte, par les lois et par les precedents; — 7° D'avoir enfin, par une politique ouvertement contre-revolutionnaire, remis en question toutes les conquetes de nos deux revolutions, et jete dans le pays une perturbation profonde. »

droit de délibérer, de décider. (Exclamations au centre.) Je le répète, il faut que les gens qui ont eu recours aux armes comprennent qu'ils n'ont pas le droit de délibérer, qu'ils n'ont pas le droit de commander, qu'ils n'ont qu'à attendre l'exécution de la loi, écouter la voix des magistrats, attendre les délibérations des grands corps de l'État, et les mesures qui seront jugées nécessaires par la Couronne et par les Chambres. (Oui! oui!)

Dans cette situation, devons-nous introduire ici des délibérations irritantes, des délibérations d'accusation (Mouvements divers) qui, quelle que fût la solution, quel que soit le débat, iraient certainement contre le but que vous devez vous proposer, celui de l'apaisement des esprits et du rétablissement de l'ordre? J'espère que la journée ne se passera pas sans que nous obtenions ce résultat. Je crois qu'il faut adhérer à la demande d'ajournement, que j'appuie de toutes mes forces. (*Au centre.* Non! — *A gauche.* Si! Très-bien!)

M. GUIZOT, *Président du conseil.* Messieurs, je disais tout à l'heure que, tant que le Cabinet aurait l'honneur de rester chargé des affaires, il maintiendrait ou rétablirait l'ordre et ferait respecter les lois. — Le Cabinet ne voit, pour son compte, aucune raison à ce qu'aucun des travaux de la Chambre soit interrompu, à ce qu'aucune des questions qui avaient été élevées dans la Chambre ne reçoive sa solution.

La Couronne exerce sa prérogative : la prérogative de la Couronne doit être pleinement respectée; mais, tant que le Cabinet reste aux affaires, tant qu'il est assis sur ses bancs, rien ne peut être interrompu dans les travaux et dans les délibérations des grands pouvoirs publics. Le Cabinet est prêt à répondre à toutes les questions, à entrer dans tous les débats; c'est à la Chambre à décider ce qui lui convient.

M. DUPIN. Messieurs, je conçois le langage et l'attitude de M. le Président du conseil. C'est un langage digne, c'est un langage qui convient à la situation qu'on aurait voulu lui faire par l'accusation même. Mais, en même temps que le Ministère sans doute ne s'oppose pas à ce que la Chambre se saisisse de telle ou telle question, la Chambre a aussi, on le lui a assez dit, a aussi le droit de décider l'opportunité d'une question. Eh bien! dans la situation où le Ministère continue à être chargé provisoirement d'une difficile mission, à laquelle vous pourrez concourir, je l'espère, efficacement, celui de l'apaisement et de la conciliation des esprits; pendant ce temps, on va s'occuper de mettre les Ministres en accusation; on les obligerait à s'occuper de leur propre défense! cela est impossible. Malgré vous, Messieurs les Ministres, malgré la majorité, je demande l'ajournement. (Appuyé! appuyé!)

M. Guyet-Desfontaines. Je demande la clôture. (Oui! oui!) — *M. de Peyramont.* Je demande le maintien de l'ordre du jour, et je l'appuie par un seul mot. Je me borne à cette simple question : Pourquoi l'honorable M. Dupin n'a-t-il pas adressé hier à l'Opposition les observations qu'il adresse aujourd'hui à la majorité? — *Au centre.* Très-bien! très-bien! — *A gauche.* Il n'était pas hier à la séance! — *De toutes parts.* Aux voix! aux voix! La clôture!

M. le Président. Je consulte la Chambre. On a demandé d'ajourner la délibération des bureaux sur les deux propositions qui ont été déposées. Cet ajournement a été combattu; je vais le mettre aux voix.

(L'ajournement, mis aux voix, n'est pas adopté.)

En conséquence, les bureaux se réuniront demain à midi pour délibérer sur les deux propositions, et à deux heures en séance publique. Je ne propose pas à la Chambre de continuer son ordre du jour, parce que la Commission elle-même n'est pas prête. Ainsi, demain à midi. — *Plusieurs voix.* A une heure. — *M. le Président.* Soit; à une heure la réunion dans les bureaux : examen des deux propositions. A trois heures, séance publique : suite de la délibération sur le projet de loi relatif à la prorogation du privilége de la banque de Bordeaux.

— La séance est levée à quatre heures.

N° XIII. — 24 FÉVRIER 1848.

SÉANCE DE LA CHAMBRE DES PAIRS.

Séance du jeudi 24 fevrier 1848. — Présidence de M. le duc Pasquier, chancelier.

A l'occasion du procès-verbal, M. le marquis de Boissy proteste, au nom de la liberté de la tribune, contre la lecture incomplète qui a été faite hier de sa proposition. (Voir au n°. X ci-dessus.) Une discussion s'engage à ce sujet sur le mode d'application du règlement. Y prennent part : MM. de Boissy, comte de Tascher, Barthe, Renouard. Le procès-verbal est adopté.

M. LE CHANCELIER. Maintenant, Messieurs, je ne sais que par le *Moniteur* que le Ministère précédent n'existe plus, et qu'un autre Ministere se forme. Je n'ai reçu aucun avis officiel de quoi que ce soit; par conséquent, il n'y a rien dont je puisse entretenir la Chambre.

Hier, la Chambre a commencé la discussion d'un projet de loi qui intéresse les colonies, et qui avait été présenté par le dernier Ministère. M. le duc de Montebello, Ministre de la marine, avait annoncé qu'il serait aujourd'hui à la séance pour répondre aux opinions émises hier. Je n'ai donc rien à mettre en délibération; car nous ne pouvons pas délibérer sur ce projet présenté par un Ministre qui devait répondre et qui n'est pas présent.

M. Maurice Duval. Le Gouvernement sait que les Chambres sont assemblées; s'il a quelque communication à leur faire, il serait bon que notre séance ne fût pas levée. En effet, comment pourrait-on aller nous chercher sur tous les points de Paris, si une communication devait nous être faite?

Je demande, en conséquence, que la Chambre reste en séance dans une espèce de permanence. (Appuyé! appuyé!)

M. le baron Charles Dupin. On peut suspendre la séance et la reprendre ensuite.

— La séance reste suspendue.

M. le Chancelier. Messieurs les Pairs sont invités à reprendre leurs places.

Pendant que la séance était suspendue, on avait répandu le bruit que Madame la duchesse d'Orléans devait venir au Luxembourg avec le prince son fils. L'attente a été longue, mais ils n'ont pas paru.

Nous avions envoyé trois de nos collègues auprès de M. le Président de la Chambre des Députés pour l'informer que la Chambre des Pairs restait assemblée et attendait les communications qui pourraient lui être faites. Cette mission a été remplie, mais, d'après le compte détaillé qui nous a été rendu par nos collègues, il est évident que la Chambre des Députés n'était plus en séance quand ils y sont arrivés. Notre message n'ayant pu, par conséquent, avoir aucun résultat, j'ai l'honneur de proposer à la Chambre de lever la séance. Elle sera informée quand une nouvelle réunion pourra avoir lieu.

SÉANCE DE LA CHAMBRE DES DÉPUTÉS.

Séance du jeudi 24 fevrier 1848. — Presidence de M. Sauzet.

La Chambre était aujourd'hui convoquée pour une heure dans les bureaux; mais les Députés se pressent dans la salle des séances et font appeler M. le Président, qui, à midi et demi, vient prendre place au fauteuil.

M. de Bussières, un des secrétaires, donne lecture du procès-verbal, qui est adopté.

M. Laffitte. Je demande la parole.

M. le Président. Messieurs, attendu la gravité des circonstances qui pèsent sur le pays...

M. de Cambacérès. Monsieur le Président, il y a dans la salle des Conférences un grand nombre de Députés; dans une circonstance aussi grave, il faut les appeler. (Oui! oui!)

M. le Président. Huissiers, allez chercher MM. les Députés.

(MM. les Députés entrent dans la salle dans la plus vive animation.)

M. le Président. Attendu la gravité des circonstances qui pèsent sur la capitale du royaume, j'ai été invité de toutes parts à ouvrir la séance publique, et comme la Chambre se réunissait précisément pour se rendre dans ses bureaux, et comme d'ailleurs les précédents l'autorisent, j'ai fait une convocation publique immédiate. J'ai cru devoir substituer la séance publique à la réunion dans les bureaux. (Approbation unanime.)

M. Charles Laffitte. Messieurs, je n'occuperai pas longtemps la tribune.

Je m'adresse à tous, je les prie de faire taire toutes les passions en ce moment. Je m'adresse à la droite, au centre, à la gauche; c'est surtout des extrémités que j'espère recevoir quelque appui. (Mouvement.)

Je propose à la Chambre, vu les circonstances et sans entrer dans des explications inutiles, puisque vous le sentez tous, puisqu'elles sont présentes à tous les esprits, je propose à la Chambre de se déclarer en permanence. Je crois que je n'ai pas besoin de donner de développements.

(Non! non! Assez! assez! — *Voix nombreuses.* Oui! oui! en permanence.)

M. Dutier. Je demande que cette proposition soit ajournée, et que, pour l'instant, la Chambre déclare simplement qu'elle se maintient en séance, sauf à prendre plus tard telle détermination qu'exigeront les circonstances. (Oui! oui!)

M. de Cambacérès. Je demande que la Chambre reste en permanence jusqu'à la fin de la crise. (Oui! oui!)

M. le Président. Il ne peut pas être question de permanence autre que celle-ci : la Chambre a ouvert sa séance, et elle restera ouverte tant qu'il ne sera pas fait motion de la lever. La Chambre s'est réunie seulement en séance publique à l'heure où elle devait se réunir dans les bureaux. (Très-bien! très-bien!)

La séance demeure suspendue.

Une vive agitation règne dans l'assemblée, dont tous les membres paraissent gravement préoccupés. Le nom de M. Odilon Barrot, qui, dit-on, a été nommé Président du conseil, est prononcé par beaucoup de membres qui semblent étonnés de son absence. Le bruit se répand de l'abdication du Roi en faveur du comte de Paris, sous la régence de Madame la duchesse d'Orléans.

A une heure et demie, on annonce que Madame la duchesse d'Orléans et le comte de Paris vont se rendre à la séance.

Au même instant, en effet, Madame la duchesse d'Orléans entre tenant M. le comte de Paris d'une main et M. le duc de Chartres de l'autre. De vives acclamations l'accueillent. Un grand nombre de membres des diverses parties de la Chambre font entendre les cris de *Vive la duchesse d'Orléans! Vive le comte de Paris! Vive le Roi! Vive la Régente!*

Madame la duchesse d'Orléans et ses enfants prennent place sur des siéges que l'on a disposés à la hâte dans l'hémicycle, au pied de la tribune. M. le duc de Nemours accompagne Madame la duchesse d'Orléans. Plusieurs officiers et des gardes nationaux en uniforme lui servent d'escorte.

Un certain nombre de personnes étrangères à la Chambre entrent aussi dans la salle et se tiennent debout dans les deux couloirs.

Une grande anxiété se peint sur toutes les physionomies.

M. Lacrosse, au milieu du bruit. Je demande que la parole soit donnée à M. Dupin, qui vient d'amener M. le comte de Paris dans la Chambre. — *M. Dupin.* Je ne l'ai pas demandée! — *Voix nombreuses.* Parlez! parlez!

M. Dupin. (Écoutez! écoutez!) Messieurs, vous connaissez la situation de la capitale, les manifestations qui ont eu lieu. Elles ont eu pour résultat l'abdication de S. M. Louis-

Philippe, qui a déclaré en même temps qu'il déposait le pouvoir et qu'il le laissait à la libre transmission sur la tête du comte de Paris avec la régence de madame la duchesse d'Orléans. (Vives acclamations. — Cris nombreux : *Vive le Roi! vive le comte de Paris! vive la régente!*)

Messieurs, vos acclamations, si précieuses pour le nouveau Roi et pour madame la régente, ne sont pas les premières qui l'aient saluée; elle a traversé à pied les Tuileries et la place de la Concorde, escortée par le peuple, par la garde nationale (Bravo! bravo!), exprimant ce vœu comme il est au fond de son cœur, de n'administrer qu'avec le sentiment profond de l'intérêt public, du vœu national, de la gloire et de la prospérité de la France. (Nouveaux bravos.)

(M. Dupin descend de la tribune.)

Plusieurs membres. M. Barrot! M. Barrot à la tribune!

D'autres membres. Il est absent.

M. Dupin, de sa place. Il me semble que la Chambre, par ses acclamations unanimes, vient d'exprimer un sentiment non équivoque qui doit être constaté.

Voix nombreuses. Oui! oui!

Voix diverses a gauche et a l'extrême gauche. Non! non! Attendons M. Barrot. Un gouvernement provisoire!

M. DUPIN. Je demande, en attendant que l'acte d'abdication, qui nous sera remis probablement par M. Barrot, soit parvenu, que la Chambre fasse inscrire au procès-verbal les acclamations qui ont accompagné ici et salué dans cette enceinte le comte de Paris comme Roi de France et madame la duchesse d'Orléans comme régente, sous la garantie du vœu national. (Oui! oui! Bravo! — Non! — Vive et universelle agitation.)

M. le Président. Messieurs, il me semble que la Chambre par ses acclamations unanimes...

(Approbation au centre. — Réclamations à gauche et à droite, et de la part des spectateurs qui sont entrés dans les couloirs.)

M. Dupin. Je constate avant tout les acclamations du peuple et de la garde nationale...

(M. Marie demande la parole et monte à la tribune. — Le bruit et l'agitation l'empêchent de se faire entendre.)

M. de Lamartine, de sa place. Je demande à M. le Président de suspendre la séance par le double motif et du respect que nous inspirent, d'un côté, la représentation nationale, et de l'autre, la présence de l'auguste princesse qui est ici devant nous. (Non! non! — Oui!)

M. le Président. La Chambre va suspendre sa séance jusqu'à ce que madame la duchesse d'Orléans et le nouveau Roi se soient retirés. (Non! non!)

(M. le duc de Nemours et plusieurs Députés s'approchent de madame la duchesse d'Orléans, et paraissent l'engager à se retirer. La princesse semble s'y refuser et garde sa place.)

M. Lherbette, s'adressant a M. le Président. Madame la duchesse d'Orléans désire rester ici.

(Le bruit et l'agitation redoublent.)

M. le Président. Tout le monde, sans distinction d'opinion, doit comprendre qu'en présence d'une auguste princesse et de son fils le silence et le respect sont le devoir de tous.

(Bruits divers. — M. Marie occupe toujours la tribune. — Madame la duchesse d'Orléans et ses enfants restent debout dans l'hémicycle, entourés d'un grand nombre de Députés.)

M. OUDINOT. Je demande à la Chambre un instant d'attention. (Écoutez! écoutez!) On fait appel à tous les sentiments généreux.

La princesse, on vous l'a dit, a traversé les Tuileries et la place de la Concorde, seule, à pied, avec ses enfants, aux acclamations publiques. Si elle désire se retirer, que les issues lui soient ouvertes, que nos respects l'entourent comme elle était entourée tout à l'heure des respects de la ville de Paris. Accompagnons-la ou elle veut aller... (Interruptions.) Si elle demande à rester dans cette enceinte, qu'elle reste, et elle aura raison, car elle sera protégée par notre dévouement. (Très bien!)

M. le Président. La première mesure à prendre, c'est d'inviter toutes les personnes étrangères à la Chambre à sortir de l'enceinte. (Non ! non !)

La Chambre ne peut pas délibérer ; Messieurs, par respect pour la Chambre et pour la Constitution, veuillez vous retirer. (Non ! non !)

(En ce moment, madame la duchesse d'Orléans semble céder aux invitations qu'on lui adresse ; précédée du duc de Nemours et suivie de ses deux enfants, elle monte les degrés de la salle par le couloir du centre qui conduit à la porte placée au-dessous de l'horloge. Arrivée aux derniers bancs du centre gauche, elle y prend place, toujours entourée du même cortège, au milieu des acclamations de la Chambre presque entière. MM. les Députés de l'extrême gauche restent impassibles à leurs places. Le nombre des gardes nationaux et des personnes étrangères à la Chambre augmente à chaque instant dans les couloirs.)

M. le Président. J'invite de nouveau toutes les personnes étrangères à la Chambre à se retirer ; la Chambre va délibérer.

M. Marie, s'adressant aux gardes nationaux en armes. Messieurs, sortez pour que la Chambre puisse délibérer. (Non ! non !)

M. le Président. Souvenez-vous, Messieurs, que la représentation nationale est un dépôt sacré confié à la ville de Paris et à la garde nationale ; la Chambre ne peut pas délibérer en présence d'étrangers. (Non ! non !)

(En ce moment, M. Odilon Barrot entre dans la salle. Un grand nombre de Députés l'entourent.)

M. Dosmont. Il faut laisser parler M. Odilon Barrot.

(M. Marie, à la tribune, se dispose à prendre la parole.)

Plusieurs voix. M. Odilon Barrot ! M. Odilon Barrot !

M. Crémieux. Laissez parler M. Marie, M. Odilon Barrot viendra.

M. Marie. Messieurs, dans la situation où se trouve Paris, vous n'avez pas un moment à perdre pour prendre des mesures qui puissent avoir autorité sur la population. Depuis ce matin, le mal a fait d'immenses progrès, et, si vous tardez encore à prendre des mesures par des délibérations inutiles, vous ne savez pas jusqu'à quel point le désordre peut aller ; il est donc urgent de prendre un parti. Quel parti prendre ? On vient de proclamer la régence de madame la duchesse d'Orléans ; vous avez une loi qui a nommé le duc de Nemours régent ; vous ne pouvez pas aujourd'hui faire une régence ; c'est certain, il faut que vous obéissiez à la loi. Cependant il faut aviser ; il faut, à la tête de la capitale, comme à la tête de tout le royaume, d'abord un gouvernement imposant ; je demande qu'un gouvernement provisoire soit constitué. (Bravos ! bravos ! dans les tribunes.) Quand ce gouvernement aura été constitué, il avisera ; il pourra aviser, concurremment avec les Chambres, et il aura autorité dans ce pays : ce parti pris à l'instant même, le faire connaître dans Paris, c'est le seul moyen d'y rétablir la tranquillité : il ne faut pas, en pareil moment, perdre son temps en vains discours.

Voici, Messieurs, ma proposition : je demande que sur-le-champ un gouvernement provisoire soit organisé.

(M. de Genoude se dirige vers la tribune ; plusieurs membres l'engagent à ne pas prendre la parole. — *M. de Genoude.* Je n'ai pas d'autres intérêts que les intérêts du pays. — *Plusieurs membres.* Laissez vos intérêts de côté !)

M. Crémieux. Dans un pareil moment il est impossible que tout le monde soit d'accord pour proclamer madame la duchesse d'Orléans pour régente, et M. le comte de Paris pour Roi ; la population ne peut pas accepter immédiatement cette proclamation ; en 1830, nous nous sommes fort hâtés, et nous voici obligés, en 1848, de recommencer. (Bravo ! bravo !) Nous ne voulons pas, Messieurs, nous hâter en 1848 ; nous voulons procéder régulièrement, légalement, fortement.

Le gouvernement provisoire... (Bravo ! bravo !) que vous nommerez ne sera pas seulement chargé de maintenir l'ordre, mais de nous apporter ici des institutions qui protégent toutes les parties de la population, ce qui lui avait été promis et ce qu'il n'a pas pu trouver depuis 1830. (Bravo! bravo!)

Quant à moi, je vous le déclare, j'ai le plus profond respect pour madame la duchesse d'Orléans... (Bravo! bravo! — Ces bravos, qui partent des bancs du centre, sont étouffés par des cris et par le tumulte des tribunes)... et j'ai conduit tout à l'heure (j'ai eu ce triste honneur) la famille royale jusqu'aux voitures qui l'emportent dans son voyage; je n'ai pas manqué à ce devoir, et j'ajouterai que toutes les populations qui étaient répandues sur la route ont parfaitement accueilli le malheureux roi et sa malheureuse famille. (Rumeur tumultueuse.) Mais maintenant, Messieurs, la généralité de la population parisienne, la fidèle garde nationale, ont manifesté leur opinion légale; eh bien, la proclamation qui vous est proposée dans ce moment violerait la loi qui est déjà portée.

Nommons un gouvernement provisoire; qu'il soit juste, ferme, vigoureux, ami du pays, auquel il puisse parler, pour lui faire comprendre que, s'il a des droits que tous nous saurons lui donner, il a aussi des devoirs qu'il doit savoir remplir.

Croyez-nous un peu, nous vous en supplions; nous sommes arrivés aujourd'hui à ce que devait nous donner la Révolution de Juillet; nous n'avons pas voulu le changement de quelques hommes; sachons profiter des événements, et ne laissons pas à nos fils le soin de renouveler cette révolution.

Je demande l'institution d'un gouvernement provisoire composé de cinq membres. (Approbation à gauche dans les tribunes.)

M. DE GENOUDE. Je le demande a tout le monde... (Interruption.) Vous ne pouvez faire ni un gouvernement provisoire, ni une régence; il faut que la nation soit convoquée, si vous vous avez quelque chose a faire. (Interruption.) Je dis qu'il n'y a rien sans le consentement du peuple. C'est comme en 1830, vous ne l'avez pas appelé, voyez ce qui vous arrive; ce sera la même chose, et vous verrez les plus grands malheurs surgir de ce que vous ferez aujourd'hui. (Agitation.)

M. ODILON BARROT. (Ecoutez! écoutez!) Jamais nous n'avons eu plus besoin de sangfroid et de prudence! (C'est vrai!) Puissiez-vous être tous unis dans un même sentiment, celui de sauver le pays du plus detestable des fléaux, la guerre civile! (Très-bien! trèsbien!) Les nations ne meurent pas, mais elles peuvent s'affaiblir dans des dissensions intestines, et jamais la France n'a eu plus besoin de toute sa grandeur et de toute sa force.

Notre devoir est tout tracé. Il a heureusement cette simplicité qui saisit toute une nation; il s'adresse à ce qu'elle a de plus généreux et de plus intime, à son courage, à son honneur.

La couronne de Juillet repose sur la tête d'un enfant et d'une femme. (Vives acclamations au centre.)

(Madame la duchesse d'Orléans se lève et salue l'assemblée. Elle invite le comte de Paris à l'imiter, ce qu'il fait.)

M. Odilon Barrot. Je fais un appel solennel...

M. de la Rochejaquelein. Vous ne savez ce que vous faites.

(Madame la duchesse d'Orléans se lève comme pour parler.)

Plusieurs voix. Écoutez! écoutez! laissez parler madame la duchesse! — *D'autres membres.* Continuez, M. Barrot!

M. ODILON BARROT. C'est au nom de la liberté politique dans notre pays, c'est au nom des nécessités de l'ordre surtout, au nom de notre union et de notre accord dans des circonstances si difficiles, que je demande à tout mon pays de se rallier autour de ses représentants, de la Révolution de Juillet. Plus il y a de grandeur et de générosité à maintenir et à relever ainsi la pureté et l'innocence, et plus mon pays s'y dévouera avec courage. Quant à moi, je serai heureux de consacrer mon existence, tout ce que j'ai de facultés dans ce monde, à faire triompher cette cause qui est celle de la vraie liberté dans mon pays.

(Bravos au centre.—*M. de la Rochejaquelein.* Je demande la parole.)

Est-ce que par hasard on prétendrait remettre en question ce que nous avons décidé par la Révolution de Juillet ? (Très-bien ! très-bien !)

Messieurs, la circonstance est difficile, j'en conviens ; mais il y a dans ce pays de tels éléments de grandeur, de générosité et de bon sens, que je suis convaincu qu'il suffit de leur faire appel pour que la population de Paris se lève autour de cet étendard. (Oui ! oui !)

Il y a là tous les moyens d'assurer toute la liberté à laquelle ce pays a le droit de prétendre, de la concilier avec toutes les nécessités de l'ordre qui lui sont si nécessaires, de rallier toutes les forces vives de ce pays et de traverser les grandes épreuves qui lui sont peut-être réservées.

Ce devoir est simple, tracé par l'honneur, par les véritables intérêts du pays ; si nous ne savons pas le remplir avec fermeté, persévérance, courage, je ne sais quelles peuvent en être les conséquences ; mais soyez convaincus, comme je le disais en commençant, que celui qui a le courage de prendre la responsabilité d'une guerre civile au sein de notre noble France, celui-là est coupable au premier chef, celui-là est criminel envers son pays et envers la liberté de la France et du monde entier.

Quant à moi, Messieurs, je ne puis prendre cette responsabilité. La régence de la duchesse d'Orléans, un ministère pris dans les opinions les plus éprouvées, vont donner plus de gages à la liberté ; et puisse un appel au pays, à l'opinion publique, dans toute sa liberté, se prononcer alors, et se prononcer sans s'égarer jusqu'à des prétentions rivales de la guerre civile !

(*M. Ledru-Rollin.* Je demande la parole.)

Se prononcer au nom des intérêts du pays et de la vraie liberté, voilà, quant à moi, quel est mon avis, quelle est mon opinion ; je ne pourrais pas prendre la responsabilité d'une autre situation.

M. DE LA ROCHEJAQUELEIN. Nul plus que moi ne respecte et ne sent profondément ce qu'il y a de beau dans certaines situations. Je n'en suis pas à ma première épreuve.

Je répondrai a l'honorable M. Odilon Barrot que je n'ai pas la folle prétention de venir ici élever des prétentions contraires ; non ; mais je crois que M. Odilon Barrot n'a pas servi, comme il aurait voulu les servir, les intérêts pour lesquels il est monté à cette tribune, en s'avançant autant qu'il a fait. (Bruit.)

Messieurs, il appartient peut-être bien à ceux qui, dans le passé, ont toujours servi les rois, de parler maintenant du pays et de parler du peuple.

Quelques voix. Bien ! très-bien !

M. de la Rochejaquelein. Aujourd'hui, vous n'êtes rien ici ; vous n'êtes plus rien !...

Au centre. Comment donc ! comment donc !

M. de Mornay. Nous ne pouvons accepter cela.

M. le Président. Monsieur, vous vous écartez de l'ordre ; je vous rappelle à l'ordre.

M. de la Rochejaquelein. Permettez-moi de parler. Quand je dis que vous n'êtes rien, en vérité je ne croyais pas soulever des orages. Ce n'est pas moi, Député, qui vous dirai que la Chambre des Députés n'existe plus comme Chambre. Je dis qu'elle n'existe plus comme.... (Interruptions.) Je dis, Messieurs, qu'il faut convoquer la nation, et alors....

(En ce moment une foule d'hommes armés, gardes nationaux, étudiants, ouvriers, pénètre dans la salle des séances et arrive jusqu'a l'hémicycle. Plusieurs sont porteurs de drapeaux. Un tumulte général se produit dans l'Assemblée. La plupart des membres siégeant aux bancs des centres refluent vers les banquettes supérieures. Les cris : *Nous voulons la déchéance du Roi ! la déchéance ! la déchéance !* sont poussés par ceux qui paraissent marcher à la tête de la foule.)

M. de Mornay. Monsieur le Président, suspendez, mais ne levez pas la séance en ce moment.

M. le Président, se couvrant. Il n'y a point de séance en ce moment.

(Un orateur étranger à la Chambre, *M. Chevalier*, ancien rédacteur de la *Bibliothèque historique*, escalade la tribune. — Cris et confusion générale.)

Messieurs, dit cet orateur, croyez à la modération de mes paroles. (Bruit. — Vous n'avez pas le droit de parler !) Je viens vous proposer le seul expédient qui puisse vous tirer d'embarras Si vous voulez sauver la situation, vous n'avez qu'une chose à faire Écoutez-moi !... Gardez-vous de proclamer sans droit le comte de Paris, mais que la duchesse d'Orléans et le comte de Paris aient le courage de se rendre sur les boulevards, au milieu du peuple et de la garde nationale, je réponds de leur salut. Si le peuple ne consent pas à lui déférer le pouvoir....

Voix dans la foule. Vive la république ! (Assez ! assez !)

M. Chevalier. La seule chose que vous ayez à faire dans ce moment, c'est de nous donner un gouvernement, c'est de le faire à l'instant même ; vous ne pouvez pas laisser toute une population sans magistrats : c'est là le premier besoin que vous ayez à satisfaire.... (Le bruit couvre la voix de l'orateur.) Il faut que le comte de Paris soit porté sur le pavois aux Chambres.

Un membre de la Chambre. Il est venu ici tout à l'heure ! il est ici ! si vous hésitez....

(Les regards se portent vers le sommet de l'amphithéâtre où s'étaient assis la duchesse d'Orléans et ses enfants. Au moment de l'invasion de la salle par la multitude, la princesse, les princes et ceux qui les accompagnaient sortent par la porte qui fait face à la tribune.)

M. Chevalier. Vous êtes sûrs de voir proclamer la république...

(Le trouble et la confusion sont à leur comble.

Un citoyen, en costume d'officier, qu'on nous dit être M. Dumoulin, commandant de l'hôtel de ville en juillet 1830, monte à la tribune et pose sur le marbre la hampe d'un drapeau tricolore.)

« Messieurs, s'écrie M. Dumoulin, le peuple a reconquis son indépendance et sa liberté aujourd'hui comme en 1830 ; vous savez que le trône vient d'être brisé aux Tuileries et jeté par la fenêtre. »

(MM. Crémieux, Ledru-Rollin et de Lamartine paraissent en même temps à la tribune.)

Voix dans la foule. Plus de Bourbons ! — A bas les traîtres ! — Un gouvernement provisoire immédiatement !

(Clameurs confuses. — Beaucoup de Députés se retirent par la porte du fond.)

M. Ledru-Rollin, s'adressant aux hommes de la foule. Au nom du peuple que vous représentez, je vous demande le silence.

Voix du peuple. Au nom de M. Ledru-Rollin, silence !

M Ledru-Rollin. Messieurs, au nom du peuple, je vous demande un instant de silence !

Un homme du peuple. Un gouvernement provisoire !

M. Mauguin. Soyez tranquilles ! vous aurez un gouvernement provisoire !

M. Ledru-Rollin. Au nom du peuple partout en armes, maître de Paris quoi qu'on fasse (Oui ! oui !), je viens protester contre l'espèce de gouvernement qu'on est venu proposer à cette tribune. (Très-bien ! très-bien ! — Bravos dans la foule.) Je ne fais pas comme vous une chose nouvelle ; car, en 1842, lors de la discussion de la loi de régence, seul dans cette enceinte, j'ai déclaré qu'elle ne pouvait point être faite sans un appel au pays.

(C'est vrai ! — Très-bien ! — *M. de la Rochejaquelein.* Et moi donc ! — *Une voix.* Oui ! la Rochejaquelein aussi !)

On vient tout à l'heure de vous parler de la glorieuse révolution de 1789. Prenons bien garde que les hommes qui en parlent ainsi n'en connaissent pas le véritable esprit, et ne veuillent pas surtout en respecter la Constitution.

En 1791, dans le texte même de la Constitution, on a déclaré que l'Assemblée constituante, l'Assemblée constituante, comprenez-le bien, avec des pouvoirs spéciaux, n'avait pas le droit de faire une loi de régence, et qu'il fallait un appel au pays pour la faire.

(*Voix nombreuses*. Oui! oui! — C'est évident.)

C'est le texte même de la Constitution de 1791.

Or, Messieurs, depuis deux jours nous nous battons pour le droit. Eh bien! si vous résistez, si vous prétendez qu'un gouvernement par acclamation, un gouvernement éphémère qu'emporte la colère révolutionnaire, si vous prétendez que ce gouvernement existe, nous nous battrons encore au nom de la Constitution de 91 qui plane sur le pays, qui plane sur notre histoire, et qui veut qu'il y ait un appel fait à la nation pour qu'une régence soit possible.

(*Une voix*. Ce n'est pas possible autrement. — *M. Ledru-Rollin*. Ainsi pas de régence possible... — *Voix nombreuses*. Nous n'en voulons pas!)

M. Ledru-Rollin. Pas de régence possible, ainsi qu'on vient d'essayer de l'implanter d'une façon que je dirais véritablement singulière et usurpatrice.

Comment! tout à coup, sans nous laisser délibérer, vous-mêmes, majorité, venir briser la loi que vous avez faite contre nos efforts en 1842 ! Vous ne le voudriez pas. C'est un expédient qui n'a pas de racines dans le pays.

Au nom même du droit que dans les révolutions même il faut savoir respecter, car on n'est fort que par le droit, je proteste, au nom du peuple, contre votre nouvelle usurpation! (Bravo ! bravo ! — Vive Ledru-Rollin !)

Vous avez parlé d'ordre, d'effusion de sang. Ah ! l'effusion de sang nous touche, car nous l'avons vue d'aussi près que personne. Eh bien ! nous vous déclarons encore ceci : l'effusion de sang ne peut cesser que quand les principes et le droit seront satisfaits ; et ceux-là qui viennent de se battre, se battront ce soir si l'on méconnaissait leurs droits. (Oui ! oui !)

Au nom de ce peuple qui est tout, je vous demande quelle espèce de garanties votre gouvernement, qu'on intronisait, qu'on essayait d'introniser tout à l'heure, quelles garanties il nous donne?

(Bravos dans la foule.) — Une personne qui s'est assise sur les bancs du centre, en face de la tribune, se lève et s'écrie : « Je déclare que les paroles qui sont proférées ici... » (Interruption)

Les Députés qui se trouvent placés auprès de cette personne l'invitent à se taire. — Non! non! s'écrie-t-elle, je proteste... — (Bruit général. — L'interlocuteur est entraîné hors de la salle par les efforts mêmes des Députés.)

M. Berryer, s'adressant à M. Ledru-Rollin. Pressez la question! concluez! un gouvernement provisoire!

M. Ledru-Rollin. Messieurs, en parlant ainsi au nom du peuple, j'ai la prétention, je le répète, de rester dans le droit, et j'invoque deux souvenirs. (Concluez ! concluez !)

En 1815, Napoléon a voulu abdiquer en faveur du roi de Rome. Le pays était debout, le pays s'y est refusé.

En 1830, Charles X a voulu abdiquer pour son petit-fils; le pays était debout, le pays s'y est refusé.

M. Berryer. Concluez! nous connaissons l'histoire.

M. Ledru-Rollin. Aujourd'hui, le pays est debout, et vous ne pouvez rien faire sans le consulter.

Je demande donc, pour me résumer, un gouvernement provisoire (oui ! oui !), non pas nommé par la Chambre (non ! non !), mais par le peuple ; un gouvernement provisoire, et un appel immédiat à une Convention qui régularise les droits du peuple.

(Bravo! bravo !) — (M. de Lamartine, qui est resté à la tribune, s'avance pour prendre la parole.)

Plusieurs voix. Lamartine! Lamartine! (Les applaudissements éclatent. — Écoutez! écoutez !)

M. DE LAMARTINE. Messieurs, je partage aussi profondément que qui que ce soit parmi vous le double sentiment qui a agité tout à l'heure cette enceinte en voyant un des spectacles les plus touchants que puissent présenter les annales humaines, celui d'une princesse auguste se défendant avec son fils innocent, et venant se jeter du milieu d'un palais désert au milieu de la représentation du peuple. (Très-bien ! très-bien ! — Écoutez ! écoutez ! — On n'a pas entendu ! répétez !)

Je demande à répéter ma phrase, et je vous prie d'attendre celle qui va la suivre. Je disais, Messieurs, que j'avais partage aussi profondément que qui que ce soit dans cette enceinte le double sentiment qui l'avait agitée tout à l'heure. Et ici je ne fais aucune distinction, car le moment n'en veut pas, entre la représentation nationale et la représentation des citoyens de tout le peuple, et, de plus, c'est le moment de l'égalité, et cette égalité ne servira, j'en suis sûr, qu'a faire reconnaître la hiérarchie de la mission que des hommes spéciaux ont reçue de leur pays, pour donner non pas l'apaisement, mais le premier signal du rétablissement de la concorde et de la paix publique. (Bravos ! bravos !)

Mais, Messieurs, si je partage cette émotion, qu'inspire ce spectacle attendrissant des plus grandes catastrophes humaines, si je partage le respect qui vous anime tous à quelque opinion que vous apparteniez dans cette enceinte, je n'ai pas partagé moins vivement le respect pour ce peuple glorieux qui combat depuis trois jours pour redresser un gouvernement perfide, et pour rétablir sur une base désormais inébranlable l'empire de l'ordre et l'empire de la liberté. (Applaudissements.)

Mais, Messieurs, je ne me fais pas l'illusion qu'on se faisait tout a l'heure à cette tribune ; je ne me figure pas qu'une acclamation spontanée arrachée à une émotion et a un senti- ment publics puisse constituer un droit solide et inébranlable et un gouvernement de trente- cinq millions d'hommes.

Je sais que ce qu'une acclamation proclame, une autre acclamation peut l'emporter, et quel que soit le gouvernement qu'il plaise à la sagesse et aux intérêts de ce pays de se don- ner, dans la crise où nous sommes, il importe au peuple, à toutes les classes de la population, à ceux qui ont versé quelques gouttes de leur sang dans cette lutte, de cimenter un gouver- nement populaire, solide, inébranlable enfin. (Applaudissements.)

Eh bien ! Messieurs, comment le faire ? Comment le trouver parmi ces éléments flottants, dans cette tempête ou nous sommes tous emportés et où une vague vient surmonter a l'instant même la vague qui vous a emportés jusque dans cette enceinte? Comment trouver cette base inebranlable en descendant dans le fond même du pays, en allant extraire, pour ainsi dire, ce grand mystere du droit national, d'ou sort tout ordre, toute vérité, toute liberté? C'est pour cela que, loin d'avoir recours à ces subterfuges, à ces surprises, à ces émotions, dont un pays, vous le voyez, se repent tôt ou tard (Oui ! oui !), lorsque ces fictions viennent à s'évanouir, en ne laissant rien de solide, de permanent, de véritablement popu- laire et d'inebranlable sous les pas du pays ; c'est pour cela que je viens appuyer de toutes mes forces la double demande que j'aurais faite le premier à cette tribune, si on m'avait laissé monter au commencement de la séance: la demande, d'abord d'un gouvernement, je le reconnais, de nécessité, d'ordre public, de circonstance, d'un gouvernement qui étanche le sang qui coule, d'un gouvernement qui arrête la guerre civile entre les citoyens....

(Acclamations) — (L'un des hommes de la foule, qui est debout dans l'hémicycle, remet son sabre dans le fourreau, en disant : « Bravo! bravo! »)

... D'un gouvernement qui suspende ce malentendu terrible qui existe depuis quelques années entre les différentes classes de citoyens, et qui, en nous empêchant de nous recon- naître pour un seul peuple, nous empêche de nous aimer et de nous embrasser. (Très-bien ! très-bien !)

Je demande donc que l'on constitue à l'instant, du droit de la paix publique, du droit du sang qui coule, du droit du peuple qui peut être affamé du glorieux travail qu'il accomplit depuis trois jours, je demande que l'on constitue un gouvernement provisoire (Bravo! bravo!)... un gouvernement qui ne préjuge rien, ni de nos droits, ni de nos ressenti- ments, ni de nos sympathies, ni de nos colères, sur le gouvernement définitif qu'il plaira au pays de se donner quand il aura été consulté. (C'est cela! c'est cela!) Je demande donc un gouvernement provisoire. (Oui ! oui !)

(*De toutes parts.* Les noms des membres du gouvernement provisoire. — (Plusieurs personnes présentent une liste à M. de Lamartine.)

Attendez ! Ce gouvernement provisoire aura pour mission, selon moi, pour première et grande mission, d'établir la trêve indispensable et la paix publique entre les citoyens ; 2° de préparer à l'instant les mesures nécessaires pour convoquer le pays tout entier, et pour le consulter, pour consulter la garde nationale tout entière (oui ! oui !), le pays tout entier, tout ce qui porte dans son titre d'homme les droits du citoyen. (Applaudissements prolongés.)

Un dernier mot.

Les pouvoirs qui se sont succédé depuis cinquante ans...

(A ce moment on entend retentir du dehors des coups violents aux portes de l'une des tribunes publiques. Les portes cèdent bientôt sous des coups de crosses de fusils. Des hommes du peuple mêlés de gardes nationaux y pénètrent en criant : « A bas la Chambre ! pas de Députés ! » Un de ces hommes a poussé le canon de son fusil dans la direction du bureau. Les cris : « Ne tirez pas ! ne tirez pas ! c'est M. de Lamartine qui parle ! » retentissent avec force. Sur les instances de ses camarades, l'homme relève son fusil.)

M. le Président, qui est resté au fauteuil, réclame le silence en agitant violemment sa sonnette.

(Le bruit et le tumulte acquièrent la plus grande intensité.)

M. le Président. Puisque je ne puis obtenir le silence, je déclare la séance levée.

(M. Sauzet quitte le fauteuil après avoir prononcé ces paroles.)

Ici l'assemblée de la Chambre des Députés cesse ; mais le peuple armé de fusils, de sabres, mêlé aux gardes nationaux et un certain nombre de Députés de la gauche restent dans la salle.

Après quelques instants de tumulte, M. Dupont (de l'Eure) monte au fauteuil. Il est entouré d'un grand nombre de personnes étrangères à la Chambre.

M. de Lamartine est toujours à la tribune.

Voix nombreuses. Les noms ! les noms des membres du gouvernement provisoire !

M. de Lamartine s'efforce de dominer le bruit que ses exhortations ne parviennent pas à calmer.

Quelques voix. Dupont (de l'Eure) ! Dupont (de l'Eure) !

D'autres voix. Il est au fauteuil, silence ! écoutez-le ! (Oui ! oui !)

M. de Lamartine, au milieu du bruit. Je vais lire les noms...

Voix nombreuses. Silence ! silence !

M. de Lamartine. Messieurs, je vais lire les noms. (Le bruit continue.)

MM. Arago, Carnot... (Le tumulte va toujours en croissant.)

M. S... Messieurs, M. Dupont (de l'Eure) nous préside...

Voix nombreuses. Le gouvernement provisoire !

M. S... M. Dupont (de l'Eure) va nommer le gouvernement provisoire. (De longs bravos éclatent sur tous les bancs.)

M. Chevalier. Si vous voulez faire quelque chose, laissez donc parler !

M. Marion, Député, a M. de Lamartine. Ne quittez pas la tribune !

Une voix. Écoutez donc la proclamation des noms !

Un homme armé d'un fusil. Nous ne demandons qu'un moment de silence ; nous voulons seulement entendre les noms des personnes qui composeront le Gouvernement.

Une autre personne. Du silence dépend le salut de tous. Je le réclame pour qu'on puisse entendre M. Dupont (de l'Eure).

Une voix. M. Dupont (de l'Eure) avant tout !

Une autre voix. Vive la république !

(Beaucoup de personnes pressent et entourent M. de Lamartine et l'engagent à attendre le rétablissement du silence pour parler.)

Au nom du peuple, s'écrie l'une d'elles, du silence ! Laissons parler M. de Lamartine.

M. de Lamartine. Un moment de silence, Messieurs. (Le silence se rétablit un instant.)

Messieurs, la proposition qui a été faite, que je suis venu soutenir et que vous avez consacrée par vos acclamations à cette tribune, elle est accomplie. Un gouvernement provisoire va être proclamé nominativement. (Bravo! bravo! — Vive Lamartine!) Maintenant, Messieurs...

Voix nombreuses. Nommez-les! nommez-les!

M. de Lamartine. On va les nommer.

(M. de Lamartine, après avoir attendu quelques instants que le calme se rétablisse, se retire sur le derrière de la tribune.

M. Dumoulin monte à la tribune et cherche à se faire entendre, mais le bruit continuel empêche de saisir ses paroles.)

M. Dumoutier, debout sur le bureau des secrétaires de la Chambre. Messieurs, on vous demande un peu de silence pour proclamer les noms du Gouvernement provisoire; si vous ne faites silence, vous n'entendrez rien et nous n'aboutirons à rien. (Oui! silence!)

M. Dupont (de l'Eure). On vous propose de former le Gouvernement provisoire. (Oui! oui! — Silence!)

Les sténographes. Silence! On répétera les noms!

M. Dupont (de l'Eure). Voici les noms! (Silence!)

Voix nombreuses. Nommez! nommez!

M. Dupont (de l'Eure). Arago, Lamartine, Dupont (de l'Eure), Crémieux... (Bruit et agitation.)

M. de Lamartine. Silence, Messieurs! Si vous voulez que les membres du Gouvernement provisoire acceptent la mission que vous leur avez confiée, il faut au moins que la proclamation en soit faite. Notre honorable ami ne peut se faire entendre au milieu de ce bruit.

Une voix. Il faut qu'on sache que le peuple ne veut pas de royauté. La république.

Plusieurs voix. Délibérons immédiatement.

Une voix. Assis, assis, allons nous asseoir. Prenons la place des vendus.

Une autre voix. Plus de Bourbons, un gouvernement provisoire, et ensuite la république.

M. de la Rochejaquelein. Ils ne l'auront pas volé; c'est un prêté rendu.

Une voix. Un moment de silence, sinon nous n'aboutirons à rien.

Une autre voix. Nous demandons qu'on proclame la république.

M. Dupont (de l'Eure) lit successivement les noms suivants, qui sont répétés à haute voix par plusieurs sténographes :

M. de Lamartine. (Oui! oui!)—M. Ledru-Rollin. (Oui! oui!)—M. Arago. (Oui! oui!)—M. Dupont (de l'Eure). (Oui! oui!)

Une voix. M. Bureaux de Pusy.

M. Bureaux de Pusy fait un geste de refus.

M. Dupont (de l'Eure). M. Marie. (Oui! oui! — Non!)

Quelques voix. Georges Lafayette. (Oui! — Non! non!)

Voix nombreuses. La république! la république!

Une voix. Il faut que les membres du Gouvernement provisoire crient *Vive la république!* avant d'être nommés et acceptés.

Une autre voix. Je demande la destitution de tous les Députés absents.

Une voix dans le peuple. Il faut conduire le Gouvernement provisoire à l'Hôtel-de-Ville. Nous voulons un gouvernement sage, modéré, pas de sang; mais nous voulons la république!

M. Bocage. A l'Hôtel de-Ville, Lamartine en tête!

(M. de Lamartine sort de la Chambre accompagné d'un grand nombre de citoyens.

Après son départ, le tumulte continue dans la portion de la foule qui reste disséminée sur les bancs de la Chambre, dans l'hémicycle et dans les couloirs.)

M. Ledru-Rollin. Citoyens! vous comprenez que vous faites ici un acte grave en nommant un gouvernement provisoire.

Voix diverses. Nous n'en voulons pas! — Si! si! il en faut un.

M. Ledru-Rollin. Dans les circonstances comme celles où nous sommes, ce que tous les citoyens doivent faire, c'est d'accorder silence et de prêter attention aux hommes qui veulent se constituer ses représentants. En conséquence, écoutez-moi !

Nous allons faire quelque chose de grave. Il y a eu des réclamations tout à l'heure. Un gouvernement provisoire ne peut pas se nommer d'une façon légère. Voulez-vous me permettre de vous lire les noms qui semblent proclamés par la majorité. (Silence! — Écoutez! écoutez!)

A mesure que je lirai les noms, suivant qu'ils vous conviendront ou qu'ils ne vous conviendront pas, vous crierez *oui* ou *non* (Très-bien! — Écoutez!); et, pour faire quelque chose d'officiel, je prie MM. les sténographes du *Moniteur* de prendre note des noms à mesure que je les prononcerai, parce que nous ne pouvons pas présenter à la France des noms qui n'auraient pas été approuvés par vous. (Parlez! parlez!)

Je lis : — Dupont (de l'Eure). (Oui! oui!) — Arago. (Oui! oui!) — Lamartine. (Oui! oui!) — Ledru-Rollin. (Oui! oui!) — Garnier-Pagès. (Oui! oui! — Non!) — Marie. (Oui! oui! — Non!) — Crémieux. (Oui! oui!)

Une voix dans la foule. Crémieux! mais pas Garnier-Pagès. (Si! si! — Non!) Il est mort, le bon!

D'autres voix. Taisez-vous! — A l'ordre!,

M. Ledru-Rollin. Que ceux qui ne veulent pas lèvent la main. (Non! non! — Si! si!)

Je demande à ajouter un mot. Permettez, Messieurs.

Le Gouvernement provisoire, qui vient d'être nommé, a de grands, d'immenses devoirs à remplir. On va être obligé de lever la séance pour se rendre au sein du gouvernement et prendre toutes les mesures nécessaires pour que l'effusion du sang cesse, afin que les droits du peuple soient consacrés.

Cris nombreux. Oui! oui! à l'Hôtel-de-Ville!

Un élève de l'École polytechnique. Vous voyez qu'aucun des membres de votre Gouvernement provisoire ne veut la république! Nous serons trompés comme en 1830.

Plusieurs voix. Vive la république!

Autres voix. Vive la république et M. Ledru-Rollin! — A l'Hôtel-de-Ville! à l'Hôtel-de-Ville!

Un jeune homme. Ce n'est pas à l'Hôtel-de-Ville qu'est le centre du gouvernement, c'est ici! (M. Ledru-Rollin se retire, suivi de plusieurs citoyens.)

La foule qui avait envahi la salle commence à diminuer.

Un jeune homme, qui paraît être un étudiant, s'efforce, sans pouvoir y parvenir, de se faire entendre à la tribune.

Un citoyen monte sur le marbre de la tribune en brandissant une arme. (On crie *Vive la république! Partons pour l'Hôtel-de-Ville!*)

Un jeune homme, à la tribune. Plus de liste civile!

Un autre. Plus de royauté!

Quelqu'un appelle tout à coup l'attention sur le grand tableau placé au-dessus du bureau et derrière le fauteuil de la présidence, qui représente la prestation de serment de Louis-Philippe à la Charte, et les cris : *Il faut le déchirer! il faut le détruire!* se font immédiatement entendre.

Des hommes qui sont montés sur le bureau se disposent à donner des coups de sabre et d'épée dans le tableau.

Un ouvrier, armé d'un fusil double, qui se trouve dans l'hémicycle, s'écrie : *Attendez! je vais tirer sur Louis-Philippe!* Au même instant, deux coups de feu éclatent. (Cris divers.)

Un autre ouvrier s'élance immédiatement à la tribune, et prononce ces mots :

« Respect aux monuments! respect aux propriétés! Pourquoi détruire? pourquoi tirer des coups de fusil sur ces tableaux? Nous avons montré qu'il ne faut pas mal mener le peuple; montrons maintenant que le peuple sait respecter les monuments et honorer sa victoire! »

Ces paroles, prononcées avec énergie et une véritable éloquence, sont couvertes d'applaudissements.

On s'empresse autour du brave ouvrier, et on lui demande son nom. Il déclare se nommer Théodore Six, ouvrier tapissier.

Tout le monde se retire. La salle est bientôt complétement évacuée. Il est quatre heures passées.

EXTRAIT DU *MONITEUR*, PARTIE OFFICIELLE.

Paris, le 24 février. — AU NOM DU PEUPLE FRANÇAIS. — *Proclamation du Gouvernement provisoire au peuple français.*

Un gouvernement rétrograde et oligarchique vient d'être renversé par l'héroïsme du peuple de Paris. Ce gouvernement s'est enfui en laissant derrière lui une trace de sang qui lui defend de revenir jamais sur ses pas.

Le sang du peuple a coulé comme en juillet; mais cette fois ce généreux sang ne sera pas trompé. Il a conquis un gouvernement national et populaire en rapport avec les droits, les progrès et la volonté de ce grand et généreux peuple.

Un Gouvernement provisoire, sorti d'acclamation et d'urgence par la voix du peuple et des Députés des départements, dans la séance du 24 février, est investi momentanément du soin d'assurer et d'organiser la victoire nationale. Il est composé de :

MM. Dupont (de l'Eure), Lamartine, Crémieux, Arago (de l'Institut), Ledru-Rollin, Garnier-Pages, Marie.

Ce Gouvernement a pour secrétaires :

MM. Armand Marrast, Louis Blanc, Ferdinand Flocon et Albert.

Ces citoyens n'ont pas hésité un instant à accepter la mission patriotique qui leur était imposée par l'urgence. Quand la capitale de la France est en feu, le mandat du Gouvernement provisoire est dans le salut public. La France entière le comprendra et lui prêtera le concours de son patriotisme. Sous le gouvernement populaire que proclame le Gouvernement provisoire, tout citoyen est magistrat.

Français, donnez au monde l'exemple que Paris a donné à la France; préparez-vous par l'ordre et la confiance en vous-mêmes aux institutions fortes que vous allez être appelés à vous donner.

Le Gouvernement provisoire veut la *république,* sauf ratification par le peuple, qui sera immédiatement consulté.

L'unité de la nation formée désormais de toutes les classes de citoyens qui la composent, le Gouvernement de la nation par elle-même;

La liberté, l'égalité et la fraternité pour principes, le peuple pour devise et mot d'ordre, voilà le Gouvernement démocratique que la France se doit à elle-même et que nos efforts sauront lui assurer.

DUPONT (DE L'EURE), LAMARTINE, CREMIEUX, LEDRU-ROLLIN, GARNIER-PAGES, MARIE, ARAGO, *membres du Gouvernement provisoire.* — ARMAND MARRAST, LOUIS BLANC, *secrétaires.*

AU NOM DU PEUPLE FRANÇAIS.

Le Gouvernement provisoire arrête :

La Chambre des Deputés est dissoute.

Il est interdit à la Chambre des Pairs de se réunir.

Une Assemblée nationale sera convoquée aussitôt que le Gouvernement provisoire aura réglé les mesures d'ordre et de police nécessaires pour le vote de tous les citoyens.

Paris, le 24 février 1848.

LAMARTINE, LEDRU-ROLLIN. — LOUIS BLANC, *secrétaire.*

AU NOM DU PEUPLE FRANÇAIS.

Le Gouvernement provisoire arrête :

Il est interdit aux membres de l'ex-Chambre des Pairs de se réunir.

Paris, 24 février 1848.

DUPONT (DE L'EURE), LAMARTINE, LEDRU-ROLLIN, AD. CRÉMIEUX, MARIE, ARAGO.

Nᵒ XIV. — PROJETS NON DISCUTÉS.

CHAMBRE DES PAIRS.

PRISONS. — Projet de loi relatif au régime des prisons. Voyez tome 6 des Annales, session 1844, nᵒ 16 — Présenté de nouveau à la Chambre des Pairs, le 25 janvier 1847. Repris le 18 janvier 1848 sur la demande de M Berenger (de la Drôme) — Non discute.

UNIVERSITÉ. — Projet de loi relatif à l'organisation et aux attributions du conseil royal de l'Université. — Présenté le 25 janvier 1848, par M. le comte de Salvandy, Ministre de l'instruction publique. — Commission : MM Flourens, Persil, le président Boullet, Laplagne-Barris, le baron de Barante, Vincens Saint-Laurent, le duc de Broglie. — Point de rapport.

VAPEUR — Projet de loi relatif aux bateaux et aux appareils à vapeur. — Présenté le 14 février 1848, par M Jayr, Ministre des travaux publics. — Commission : MM. Paulze-d'Ivoy, Persil, marquis de Laplace, Berenger (de la Drôme), le baron de Vendeuvre, Vincens Saint-Laurent, le baron Dupin. — Point de rapport.

Nᵒ XV. — PROJETS NON DISCUTÉS.

CHAMBRE DES DÉPUTÉS.

RÉGIME des biens communaux — Présenté le 18 février 1848, par M Duchâtel, Ministre de l'intérieur

BUDGET général pour 1849 — Présenté, 3 janvier 1848, par M Dumon, Ministre des finances. — Commission, 24 janvier. — Commissaires du Roi, 10 février (Justice et cultes) : MM. Desclozeaux , de Cruzy, Moulin, Lebœuf. (Affaires étrangères) : Mignet, Bremer (Intérieur) : Passy, sous-secretaire d'État, Cavé, Foy. (Agriculture) : Senac, Langlois, Lavollee. (Travaux publics) : Vatout, Lemasson, Collignon, Teisserenc. (Guerre) · Magne, sous-secrétaire d État, baron de Gazan, de Tarlé, Maherault, Petitet. (Marine) : Jubelin, Fleuriau, Galos, Gerbidon, Behic, Zede. (Finances) : Boursy, Gréterin, comte Dejean, baron Rodier, de Colmont.

CHAPITRE royal de Saint-Denis. — Repris sur la demande de M. Moulin, 20 janvier 1848. — Incident sur le remplacement du rapporteur, M. Moulin, qui a été soumis à la réelection. Il ne sera remplacé qu'après la reprise qui seule fait revivre la Commission.

CHEMIN de fer de Versailles à Chartres. Concession à la compagnie de Versailles (rive droite). — Présenté par M. Jayr, 29 janvier 1848. — Commission : MM. Collignon, Blanqui, Hernoux, Lemasson, Boudet, de Boblaye, Delacour, Perier (Casimir), Poisat. — Point de rapport

CRÉDITS extraordinaires et supplémentaires, 1847 et 1848. — Présentation par M. Dumas, 3 janvier. — Projet additionnel pour frais de justice criminelle, par M Hebert, 17 février. — Commission, 11 janvier. — Point de rapport.

DÉMISSIONS d'emplois publics. Prohibition de toutes conventions y relatives. — Présentation par M. Hébert, 20 janvier. — Retrait par M. Dupin d'une proposition sur le même sujet. (Voyez le detail au nᵒ 2). — Commission : MM. Moreau (de la Meurthe), de Peyramont, Lapene, Delebecque, Rouland, Oger, de la Tournelle, Ressigeac, Mottet. — Point de rapport.

DOUANES. Modifications aux tarifs. — Repris sur la demande de M. Lanyer, 20 janvier. — M. Richond des Brus, reelu, est renommé à la Commission — Point de discussion.

DOUANES à l'île-Bourbon et aux Antilles. — Repris sur la demande de M. Ducos, 22 janvier. — Point de discussion.

DOUANES. Conversion en loi d'ordonnances rendues pour l'exécution du traité de navigation avec le royaume des Deux-Siciles — Présenté par M. Cunin Gridaine, 14 février. — Point de commission.

INSTRUCTION PRIMAIRE. — Repris sur la demande de M. Boulay (de la Meurthe), 20 janvier. — Deux vacances de la Commission sont remplies par la reélection de M Dejean et la nomination de M. Dutens en remplacement de M. Terme décéde. — Point de discussion.

INSTRUCTION SECONDAIRE. — Reprise sur la demande de M. Liadieres, 20 janvier. — Incident par M. Dufaure sur les difficultes de débat qui résultent de la présentation, à la Chambre des Pairs, d'un projet sur l'Université. — Point de discussion

MARQUES de fabrique et de commerce. — Repris sur la demande de M. Ferdinand de Lasteyrie, 20 janvier 1848. — Point de discussion.

MÉDECINE et pharmacie (Projet de loi sur l'enseignement et l'exercice de la) — Projet nouveau présenté par M. de Salvandy, Ministre de l'instruction publique, 3 janvier. — Commission : MM. Richond des Brus, Pouillet, Mottet, le vicomte de Falloux, de Peyramont, Champanhet, Lestiboudois, Malgaigne, Quénault. — Point de rapport.

RENTES de la caisse d'amortissement (Annulation de). — Présenté par M Dumon, Ministre des finances, 3 janvier. — Renvoyé sur la demande de M. Lepeletier d'Aunay à la Commission du budget, 14 février. — Point de rapport.

ROUTES et chemins dans la zone frontière. — Repris sur la demande de M. Bussière (de la Marne), 20 janvier. — Vacance dans la Commission, M. le colonel Jamin etant soumis à la réelection ; M. Puillon de Boblaye est nommé commissaire.

SEL, LETTRES, JOURNAUX. Monopole de la vente en gros du sel, réduction de la taxe des lettres et fixation du droit de port des journaux — Présenté par M. Dumon, Ministre des finances, 3 janvier — Debat sur le renvoi à la Commission du budget, ou la division du projet entre deux Commissions, ou la nomination en assemblee générale d'une Commission de 18 membres : MM Oscar Lafayette, Bignon, vice-president, Monier de la Sizeranne, Genty de Bussy. — Point de rapport ni de discussion.

VENTES aux encheres, de fruits et récoltes pendant par racines. — Présenté par M Hebert, 22 janvier. — Commission : MM. de Golbery, Didelot, Mazet, Quenson, Cousture, Quénault, Lenoble, Bergevin, Dessauret. — Point de rapport.

SOMMAIRES

DES

SÉANCES DE LA CHAMBRE DES PAIRS,

PAR ORDRE CHRONOLOGIQUE.

———◦———

Nota. Ces sommaires indiquent tous les travaux de la Chambre. — *Les numéros* renvoient au corps du volume.

1re *Séance.* — *Mardi, 28 décembre 1847.*

Séance royale. — Ouverture de la session. — Discours du Roi. — Il n'y a point de prestation de serment de Pairs de France.

2e *Séance.* — *Mercredi, 29 décembre.*

Installation du bureau provisoire, composé des quatre plus jeunes membres : MM. le comte Foy, le comte de Gouvion Saint-Cyr, le comte Gramont d'Aster, et le comte de Greffulhe.

Lettre de M. le général Jacqueminot, qui met à la disposition de la Chambre un détachement de la garde nationale, pour le service d'honneur.

Réception de M. Gravier, nommé par ordonnance du 4 juillet 1846, et précédemment admis.

Tirage au sort de la grande députation pour la réception du jour de l'an.

Scrutin pour la nomination des secrétaires.
Votants....................................... 116
Majorité...................................... 59
   Ont obtenu :
MM. Le vicomte de Flavigny.......... 87 voix
     Viennet....................... 82
     Le comte de Ham............. 57
     Le comte de Noé............. 48
     Le général Fabvier........... 30
     Le vicomte Lemercier 29
     Le comte de Latour-Maubourg... 15
     Le comte d'Audenarde......... 11
     Le comte Cholet.............. 10
     Le général Gourgaud.......... 9
     Le vicomte de Ségur-Lamoignon. 7

Second tour de scrutin.
Même nombre de votants.
MM. Le comte de Ham .... 82 voix
     Le comte de Noé............ 71
     Le général Fabvier 32
     Le vicomte Lemercier 20
     Le comte de Latour-Maubourg .. 11
     Le comte Cholet 4
     Le comte d'Audenarde 3
MM. de Flavigny, Viennet, de Ham et de Noé sont proclamés secrétaires, et installés pour composer le bureau définitif.

Organisation des bureaux :
1er Bureau. M. le baron Durrieu, *Président.*
   M le comte de Gasparin, *Vice-président.*
   M le marq. de Gouvion St-Cyr, *Secrét.*
   M. le comte Gramont d'Aster, *V.-secret.*
2e —— MM. le duc de Plaisance, Fulchiron , le vicomte d'Audigné, de Lagriori.
3e —— MM le comte Dutaillis, le comte Baudrand, le vicomte Duchâtel, le baron Darriule.
4e —— S. A. R. le prince de Joinville , MM. le comte de Pontécoulant, le vicomte Victor Hugo, le comte de Ségur.
5e —— MM. le comte Tilly, le comte Philippe de Ségur, le duc d'Albuféra, le comte de Beaumont.
6e —— S. A. R. le duc de Nemours, MM. le marquis de Pange, le comte de Greffulhe, le baron Gourgaud.
7e —— MM. le duc de la Force, le vicomte Jamin, le comte Foy, le comte d'Alton-Shée.

Comité *des pétitions.* MM. le baron Dupin , le marquis de Laplace, Jard Panvillier, le comte de Ségur, le comte Beugnot , le comte de Tascher, le baron de Schauenburg.

Commission *de l'Adresse.* MM. Renouard, de Barante, le duc de Broglie, Villemain, le comte Philippe de Ségur, Passy, Lebrun.

3e *Séance.* — *Lundi, 10 janvier 1848.*

Message de la Chambre des Députés.

Réception de M. le baron Deffaudis.

Lecture et discussion générale du projet d'Adresse en réponse au Discours de la couronne (N° 1). MM. le baron de Barante, rapporteur, le comte d'Alton-Shée, le vicomte Villiers du Terrage et Mesnard. — Paragraphe 1er (subsistances) : M. le comte Boissy d'Anglas.

Commission *de comptabilité.* MM. le comte de Gasparin, le marquis d'Audiffret, Jard Panvillier, Odier, le comte Daru, Passy, le président de Gasq.

4e *Séance.* — *Mardi, 11 janvier.*

Suite de la discussion du projet d'Adresse (N° 1). Adoption du paragraphe 1er. — Paragraphe additionnel de M. le comte Boissy d'Anglas : MM. le marquis de Boissy et le baron de Barante, rapporteur. Rejet.

Adoption des paragraphes 2, 3 et 4 (finances, impôt du sel, taxe des lettres). — Paragraphe 5 (lois diverses) : MM. le général Fabvier, le marquis de Boissy, le Président du conseil, Ministre des affaires étrangères, le comte Molé, le président Barthe, Hippolyte Passy, le comte d'Argout, le prince de la Moskowa, le baron Gourgaud, le Ministre de la guerre, le Garde des sceaux, le comte de Castellane et le général Jacqueminot. Adoption du paragraphe 5. — Paragraphe 6 (affaires étrangères) : M. le comte de Montalembert.

5e *Séance.* — *Mercredi*, 12 *janvier.*

Suite de la discussion des paragraphes de l'Adresse (N° 1). Paragraphe 6 (affaires étrangères) : MM. le comte de Sainte-Aulaire, le comte Pelet de la Lozere, le Président du conseil, Ministre des affaires etrangeres, et le comte d'Alton-Shée. — Amendement de M. le prince de la Moskowa, et article additionnel de MM. le baron Dupin et le comte de Tascher (Pologne): MM. le prince de la Moskowa, le baron Dupin, Cousin, le baron de Barante, rapporteur, et le vicomte Victor Hugo. — Renvoi des amendements à la Commission.

6e *Seance.* — *Jeudi*, 13 *janvier.*

Suite de la discussion sur les paragraphes de l'Adresse (N° 1). Paragraphe 6, nouvelle rédaction de la Commission : MM. le rapporteur, Cousin, marquis de Boissy et le vicomte Victor Hugo. Adoption. — Paragraphe 7 (affaires de Suisse) : MM. le comte Pelet de la Lozere et le duc de Broglie.

7e *Séance.* — *Vendredi*, 14 *janvier.*

Incident sur le procès-verbal : MM. le prince de la Moskowa et le comte de Sainte-Aulaire. Adoption.

Suite de la discussion du projet d'Adresse (N° 1). Paragraphe 7 (affaires de Suisse) : MM. le duc de Noailles, le comte de Montalembert. — Proposition de M. le comte de Saint-Priest, tendant à faire ordonner par la Chambre l'impression du discours de M. de Montalembert : M. Cousin. — Reprise de la discussion : MM. le comte d'Alton-Shée et le marquis de Gabriac.

8e *Séance.* — *Samedi*, 15 *janvier.*

Incident sur le procès-verbal : MM. le comte de Saint-Priest et Cousin.

Suite de la discussion du projet d'Adresse (N° 1). Paragraphe 7 (affaires de Suisse) : MM. le général Fabvier, Fulchiron, le comte de Pontois, le Ministre des affaires étrangères, le comte de la Redorte, le comte Portalis, le comte Pelet de la Lozere et le comte de Montalembert. Adoption. — Article additionnel de MM. le comte de Montalembert et le comte de Tascher (Pologne) : M. le comte de Tascher. Adoption.

9e *Séance.* — *Lundi*, 17 *janvier.*

Suite de la discussion sur le projet d'Adresse (N° 1). Paragraphe 8 (affaires de la Plata) : MM. le comte Pelet de la Lozère, le Ministre des affaires étrangères et le marquis de Boissy. Adoption. — Paragraphe 9 (Algérie) : MM. le marquis de Boissy, le Président du conseil, le comte de Sainte-Aulaire, Mérilhou, le général Fabvier. Adoption. — Paragraphe 10 (politique intérieure): MM. le comte d'Alton-Shée, le comte Beugnot, le Ministre de l'intérieur , Mesnard et le comte Pelet de la Lozere.

10e *Séance.* — *Mardi*, 18 *janvier.*

Suite de la discussion sur le projet d'Adresse (N° 1). Paragraphe 10 (politique intérieure) : MM. Cousin, le comte d'Alton-Shée, le Ministre de l'intérieur, le vicomte Villiers du Terrage, le marquis de Boissy (amendement) et le baron de Barante, rapporteur. Rejet de l'amendement. Adoption du paragraphe 9 et du paragraphe 10 et dernier. Scrutin. Adoption du projet d'Adresse. — Tirage de la grande députation.

11e *Séance.* — *Vendredi*, 21 *janvier.*

Reprise de trois projets de lois relatifs : le premier, aux travaux des enfants dans les manufactures (N° 6); le deuxième, au régime hypothécaire et à l'expropriation forcee dans les colonies (N° 11); et le troisième, au régime des prisons (N° 14).—Fixation de l'ordre du jour.

12e *Séance.* — *Mardi*, 25 *janvier.*

Présentation d'un projet de loi sur la constitution du conseil royal de l'Université (N° 14).

13e *Seance.* — *Lundi*, 31 *janvier.*

Renouvellement des bureaux.

Rapport complémentaire de M. le baron Dupin sur le projet de loi relatif au travail des enfants dans les manufactures (N° 6).

14e *Seance.* — *Lundi*, 14 *février.*

Organisation des bureaux.

Présentation, par M. le Ministre des travaux publics, d'un projet de loi pénale concernant les appareils et les bateaux à vapeur (N° 14).

Éloge funèbre de M. Camille Périer , par M. le comte Portalis.

Discussion générale du projet de loi relatif au travail des enfants dans les manufactures, usines, chantiers et ateliers (N° 6) : M. le Ministre de l'agriculture et du commerce.

15e *Seance.* — *Mardi*, 15 *février.*

Rapport des pétitions, par M. Jard Panvilliei.

Suite de la discussion generale du projet de loi relatif au travail des enfants dans les manufactures (N° 6): MM. le comte Beugnot, Renouard, Barbet, le baron Charles Dupin, rapporteur, le Ministre de l'agriculture et du commerce, et le marquis de Boissy.

16e *Séance.* — *Mercredi*, 16 *février.*

Délibération sur les articles du projet de loi relatif au travail des enfants dans les manufactures, usines, chantiers et ateliers (N° 6). Art. 1er : MM. le duc d'Harcourt, le baron Dupin , rapporteur, le comte d'Argout, Girard, le comte Pelet de la Lozere, Legentil et le comte de Castellane. Rejet de l'amendement de la Commission et adoption de l'article du Gouvernement. — Paragraphe additionnel de M. Renouard : MM. Renouard, Barbet, le baron de Barante, le baron Feutrier, Laplagne-Barris, le Rapporteur, le comte Desroys, le duc de Broglie , le Ministre de l'agriculture et du commerce, le vicomte Duchâtel, le marquis Turgot, le comte Philippe de Ségur, le comte Portalis, le marquis de Laplace, Renouard, Persil, Anisson-Duperron, le comte d'Argout, le vicomte Pernety.

Projet de résolution, par M. le comte de Castellane, dont le sujet n'est pas indiqué.

17e *Séance.* — *Jeudi*, 17 *février.*

Rapport des pétitions par M. le comte de Tascher. Demande d'indemnité pour cause de détention suivie d'acquittement : MM. le marquis de Boissy et le Rapporteur.

Suite de la délibération sur les articles du projet de loi relatif au travail des enfants dans les manufactures (N° 6). Explication de M. le Rapporteur sur l'article additionnel de M. Renouard, renvoyé à la Commission. — Art. 2. Amendement de M. le comte d'Argout : MM. le comte d'Argout, Legentil, le Ministre de l'agriculture et du commerce, Hippolyte Passy, Barbet. Adoption de l'amendement. — Deuxième partie de l'art. 2 de la commission : M. Girard. Adoption.— Paragraphe additionnel de M. Girard : MM. Fulchiron, le comte de Gasparin et Barbet.

18° Séance. — *Vendredi, 18 février.*

Rapport des pétitions par M. le marquis de Laplace.

Suite de la délibération de la Chambre sur le projet de loi relatif au travail des enfants dans les manufactures (N° 6). Art. 2. Paragraphe additionnel de M. Girard : MM. Fulchiron, le comte Gasparin, le comte Pelet de la Lozère, le baron de Barante, le comte d'Argout, Girard, le baron Dupin, rapporteur, Barbet et le Ministre de l'agriculture et du commerce. Rejet. Adoption de l'ensemble de l'article. — Art. 3. Amendement de M. le comte d'Argout. Amendement de M. Paulze d'Ivoy : MM. le marquis de Boissy, le comte d'Argout, le Rapporteur, Cousin, le comte Pelet de la Lozère, Paulze d'Ivoy, le marquis Turgot, le Ministre de l'agriculture et du commerce, le baron de Barante et Fulchiron. — Adoption. — Amendement de la Commission : MM. le comte d'Argout, le vicomte Duchâtel, le Rapporteur, le baron Feutrier, Renouard, le Ministre de l'agriculture et du commerce, le vicomte Lemercier, le président Boullet et Cousin. Renvoi à la Commission des troisième et quatrième paragraphes de l'amendement de M. le comte d'Argout.

19° Séance. — *Samedi, 19 février.*

Suite de la délibération sur le projet de loi relatif au travail des enfants dans les manufactures (N° 6). Art. 3. Paragraphe 3 (nouvelle rédaction de la Commission): MM. le baron Dupin, rapporteur, de Schauenburg, Barbet, Fulchiron, le Ministre de l'agriculture et du commerce, le vicomte Napoléon Duchâtel et Renouard Adoption — Paragraphe additionnel de M. Renouard : MM. Renouard, le comte d'Argout, Legentil, Paulze d'Ivoy, Cousin, Girard, le Rapporteur et le marquis de Boissy. Rejet de l'article additionnel. Adoption de l'ensemble de l'art. 3. — Art. 4. Amendement de M. le comte d'Argout : MM. le comte d'Argout, le Rapporteur, le comte de Castellane, le marquis de Laplace, le président Boullet, le Ministre de l'agriculture et du commerce, Cousin.

20° Séance. — *Lundi, 21 février.*

Suite de la délibération sur les articles du projet de loi relatif au travail des enfants dans les manufactures (N° 6). Art. 4 : MM. le Rapporteur, le comte Pelet, le Ministre de l'agriculture et du commerce, le vicomte Napoléon Duchâtel (amendement) et le marquis de Boissy. Adoption de l'amendement. — Second paragraphe de la rédaction de la Commission : MM. le Rapporteur, Cousin (amendement), le président Laplagne-Barris, Paulze d'Ivoy (amendement), Fulchiron et le marquis de Boissy. Adoption de l'amendement de M. Paulze d'Ivoy. — MM. le marquis de Barthélemy, le Ministre de l'agriculture et du commerce, et Girard. Adoption de l'ensemble de l'article. — Adoption des art. 5 et 6. — Art. 7. MM. le marquis de Boissy et Paulze d'Ivoy. Adoption. — Article additionnel de M. Paulze d'Ivoy : MM le Rapporteur, Paulze d'Ivoy, Fulchiron, le Ministre de l'agriculture et du commerce, le marquis Turgot, le marquis de Boissy. Adoption de l'amendement modifié. — Scrutin. Adoption.

Fixation de l'ordre du jour : MM. le duc de Montebello et le comte Beugnot.

Examen par les bureaux du projet de résolution de M. de Castellane, déposé le 16.

21° Séance. — *Mardi, 22 février.*

Demande en interpellations, par M. le marquis de Boissy (N° 10).

Rapport du comité des pétitions, par M. le baron de Schauenburg, le comte de Ségur, le marquis de Laplace et le comte de Tascher. — Pétition d'un ancien militaire blessé, à l'effet d'obtenir une pension : MM. le marquis de Boissy et le Rapporteur. — De deux habitants d'Alger, provoquant la réunion de l'Algérie à la France : MM. Mérilhou et le marquis de Boissy.

22° Séance. — *Mercredi, 23 février.*

Demande en interpellations par M. le comte d'Alton-Shée (N° 10). — Demande en interpellations par M. le marquis de Boissy (N° 10).

Discussion générale du projet de loi relatif à l'expropriation forcée aux colonies (N° 11). MM. le baron Beugnot, Mérilhou, le Ministre de la marine, le baron Charles Dupin et Hippolyte Passy.

23° Séance. — *Jeudi, 24 février.*

Révolution. M. le Président suspend la séance et annonce que MM. les Pairs seront avertis (N° 13).
Dissolution de la Chambre par le Gouvernement provisoire de la République.

SOMMAIRES

DES

SÉANCES DE LA CHAMBRE DES DÉPUTÉS,

PAR ORDRE CHRONOLOGIQUE.

Nota. Ces sommaires indiquent tous les travaux de la Chambre. — Les *numéros* renvoient au corps du volume.

INSTALLATION du bureau définitif.—Communication relative à la mort de S. A. R. Madame Adélaïde, sœur du Roi.

5e Séance. — Lundi, 3 janvier.

PRÉSENTATION, par M. le Ministre des finances, d'un projet de loi relatif aux crédits supplémentaires des exercices de 1847 et de 1848, du budget de 1849 (N° 15); d'un projet de loi concernant l'impôt du sel et la taxe des lettres et des journaux (N° 15); et d'un projet de loi portant annulation de 15 millions de rentes rachetées par la Caisse d'amortissement (N° 15)

PRÉSENTATION, par M. le Ministre de l'instruction publique, du projet de loi sur l'enseignement et l'exercice de la médecine et de la pharmacie, adopté par la Chambre des Pairs (N° 15).

11 *janvier.* — COMMISSION des crédits supplémentaires : MM. Tesnières, baron de Maingoval, comte de Segur, baron de Jouvenel, comte Beker, Barada, Armand (Aube), Reynaud, Delacour.

6e Séance. — Lundi, 17 janvier.

ADMISSION de M. Pagès (Haute-Garonne).

DEMANDES en reprises de projets de loi et de propositions qui ont été l'objet de rapports.

REMISE du rapport sur l'élection de M. Richond des Brus au Puy.

LECTURE du projet d'Adresse (N° 3).

DEMANDE d'interpellations de M. Odilon Barrot (N° 2).

COMMUNICATION d'une lettre de M. de la Rochejaquelein tendant à demander de la Chambre l'autorisation de se défendre contre une action intentée devant les tribunaux (N° 4).

7e Séance. — Jeudi, 20 janvier.

REPRISES de la proposition de M. Hallez-Claparède, sur les servitudes militaires, du projet de loi sur l'instruction primaire; du projet de loi portant règlement des comptes de l'exercice 1845; du projet de loi sur les douanes; du projet de loi relatif au chapitre royal de Saint-Denis; du projet de loi sur la banque de Bordeaux; du projet de loi sur l'instruction secondaire; du projet de loi sur les marques de fabrique (N°s 5, 8 et 15.)

PRÉSENTATION, par M. le Garde des sceaux, d'un projet de loi ayant pour objet de prohiber les conventions relatives aux démissions d'emplois publics.—Débat, incident : MM. Dupin, le Garde des sceaux et Chambolle (N° 2).

RAPPORT de M. Achille Fould, sur une vérification de pouvoirs (élection du Puy) : MM. Léon de Maleville, Bureaux de Pusy, le Ministre de l'intérieur, le Ministre du commerce, Richond des Brus, Odilon Barrot, Mauguin et Garnier-Pagès. — Proposition d'ajournement. Rejet. — Validation de l'élection.

8e Séance. — Vendredi, 21 janvier.

INCIDENT sur le procès-verbal : MM. Richond des Brus, Garnier-Pagès, le Président, Bethmont, Durand (de Romorantin), Chégaray, Odilon Barrot et la Rochejaquelein.

INTERPELLATION sur les ventes d'emplois publics (N° 2) : MM. Odilon Barrot, Guizot, Président du conseil, Dufaure, de Peyramont, le Garde des sceaux, Dupin, Lacave Laplagne, Therbette et Émile

de Girardin. — Ordre du jour motivé, préparé par M. Darblay. Scrutin de division. Rejet. — Ordre du jour motivé, préparé par M. de Peyramont. Adoption.

9e Séance. — Samedi, 22 janvier.

REPRISE du projet de loi sur le régime des douanes à l'île Bourbon et aux Antilles françaises (N° 15), et du projet de loi relatif à un changement dans la circonscription électorale du département de Saône-et-Loire (N° 7).

PRÉSENTATION, par M. le Garde des sceaux, d'un projet de loi concernant la vente aux enchères publiques des fruits et des récoltes pendantes par racines (N° 15).

DISCUSSION générale du projet d'Adresse (N° 3) : MM. Berville, Darblay, le Ministre de l'intérieur, Desmousseaux de Givré et Ducos.

10e Séance. — Lundi, 24 janvier.

DÉCÈS de M. Costé, député des Vosges.

DÉMISSION de M. Letourneur, député de la Mayenne.

RÈGLEMENT de l'ordre du jour.

DISCUSSION des paragraphes du projet d'Adresse. Paragraphe 1er : MM. Gaultier de Rumilly, Darblay, le Ministre de l'agriculture et du commerce, et Émile de Girardin. — Paragraphe 2 (travaux publics, finances): MM. Lefort-Goussolin, Léon Faucher. — Demande de documents relatifs aux négociations avec la Plata : MM. Berryer et le Ministre des affaires étrangères. — Reprise de la discussion du deuxième paragraphe : MM. Jules de Lasteyrie et le Ministre des finances.

COMMISSION. *Budget pour l'exercice* 1849 : MM. le baron de Bussières (Alfred), Rondeaux, Vuitry, Calmon fils, le colonel Cerfbeer, le colonel comte d'Oraison, Peyre, le baron Lepeletier d'Aunay, Achille Fould, Salveton, le baron de Bastard, Lenoble, Paulmier, Ternaux (Mortimer), de Lasteyrie (Jules), le colonel Allard, Bommart.

COMMISSION. *Demande d'autorisation de poursuites contre M. de la Rochejaquelein* : MM. Didelot, Oger, Croissant, le marquis de la Tourette, Vivien, Laveille, Lenoble, Ressigeac, le marquis de Berenger.

11e Séance. — Mardi, 25 janvier.

ADMISSION de M. Legrand (de . Manche).

DÉMISSION de M. Granier, député de l'Hérault.

DEMANDE en autorisation de poursuites : MM. de la Rochejaquelein, de Gasparin et le Président (N° 4).

SUITE de la discussion du projet d'Adresse (N° 3).— Paragraphe 2 (travaux publics, finances) : MM. Achille Fould, le Ministre des finances, Thiers, le Ministre de l'intérieur.

12e Séance. — Mercredi, 26 janvier.

SUITE de la discussion du projet d'Adresse (N° 3). — Parag. 2 (travaux publics, finances) : MM. Émile de Girardin, Muret de Bort, Garnier-Pagès, le Ministre des finances, Thiers, Jules de Lasteyrie, Deslongrais, Achille Fould. Adoption de la première partie du paragraphe. — Amendement de M. Crémieux sur la seconde partie: MM. Crémieux (retrait de l'amendement), Garnier-Pagès. Vote de la seconde partie du paragraphe. — Paragraphe 3 (sel, taxe des lettres) : MM. Demesmay, Vitet, rapporteur, Bethmont, le Ministre des finances et Luneau. Adoption du paragraphe.

13ᵉ *Séance.* — *Jeudi, 27 janvier.*

Suite de la discussion du projet d'Adresse (N° 3). Paragraphe 4 (lois diverses) : MM. de Lesseps, le Ministre de l'interieur, de la Rochejaquelein, de Tocqueville, Devienne, Darblay, Billault et Janvier.

14ᵉ *Séance.* — *Vendredi, 28 janvier.*

Suite de la discussion du projet d'Adresse (N° 3). Paragraphe 4 (lois diverses). Amendement de M. Billault : MM. Ferdinand de Lasteyrie, Léon de Maleville, le Garde des sceaux, Émile de Girardin, Beudin, Dufaure et le Ministre de l'interieur. Rejet de l'amendement. Adoption du paragraphe 4. — Paragraphe 5. Renvoi de la discussion à demain.

15ᵉ *Séance.* — *Samedi, 29 janvier.*

Renouvellement des bureaux.

Présentation, par M. le Ministre des travaux publics, d'un projet de loi relatif à l'exploitation du chemin de fer de Versailles à Chartres (N° 15).

Admission de M. de Mortemart, comme député du Rhône.

Depot, par M. Vivien, du rapport de la Commission chargée d'examiner la demande en autorisation de poursuites concernant M. de la Rochejaquelein (N° 4).

Suite de la discussion du projet d'Adresse (N° 3). — Paragraphe 5 (Affaires étrangeres) : MM. de Lamartine, Guizot, Président du conseil, Ministre des affaires étrangeres, et Mauguin.

16ᵉ *Séance.* — *Lundi, 31 janvier.*

Suite de la discussion du projet d'Adresse (N° 3). — Paragraphe 5 (Affaires étrangeres) : MM. Carnot, d'Haussonville, Desmousseaux de Givré, Thiers, le Président du conseil, Ministre des affaires étrangeres, Odilon Barrot. Adoption du paragraphe 5.

17ᵉ *Séance.* — *Mardi, 1ᵉʳ février.*

Adoption du projet de résolution qui autorise des poursuites contre M. de la Rochejaquelein, député (N° 4).

Suite de la discussion du projet d'Adresse (N° 3). — Paragraphe 6 (Affaires de la Suisse) : MM. Casimir Périer, Malgaigne, Mahul.

18ᵉ *Séance.* — *Mercredi, 2 février.*

Suite de la discussion du projet d'Adresse (N° 3). — Paragraphe 6 (Affaires de la Suisse) : MM. Thiers, de Quatrebarbes.

19ᵉ *Séance.* — *Jeudi, 3 février.*

Suite de la discussion du projet d'Adresse (N° 3). — Paragraphe 6 (Affaires de la Suisse) : MM. Guizot, Président du conseil, Ministre des affaires étrangères, et Odilon Barrot. — Amendement de M. Malgaigne : MM. Odilon Barrot ; de la Rochejaquelein, Thiers et le Président du conseil. Adoption du paragraphe.

20ᵉ *Séance.* — *Vendredi, 4 février.*

Suite de la discussion du projet d'Adresse (N° 3). — Paragraphe 7 (Nationalité polonaise) : MM. Larabit, Vavin, le Ministre de l'intérieur, Ferdinand de Lasteyrie, Lherbette, Thiers, le Président du conseil, Chambolle. Adoption. — Paragraphe 8 (Affaires de la Plata) : MM. le Président du conseil, Levavasseur, Drouyn de Lhuis, Lacrosse, Vitet, rapporteur, d'Hau-

bersait et Chambolle. Adoption. — Interpellations sur le Portugal : MM. Jules de Lasteyrie et le Président du conseil. — Paragraphe 9 (Algérie) : MM. Lherbette et le Président du conseil.

21ᵉ *Séance.* — *Samedi, 5 février.*

Suite de la discussion du projet d'Adresse (N° 3). — Paragraphe 9 (Algérie) : MM. le maréchal duc d'Isly, de Lamoricière, de la Rochejaquelein, Guizot, Président du conseil, Ministre des affaires étrangeres. Amendement de M. Nicolas : MM. Nicolas, Vitet, rapporteur, Larabit, Garnier-Pagès et le Ministre de la guerre. Retrait de l'amendement et adoption du paragraphe. — Interpellations sur les affaires de Portugal : MM. Jules de Lasteyrie, le Président du conseil, Ministre des affaires etrangeres, Cremieux, Drouyn de Lhuys.

22ᵉ *Séance.* — *Lundi, 7 février.*

Suite de la discussion du projet d'Adresse (N° 3). — Paragraphe 10 (Politique intérieure) : MM. Duvergier de Hauranne, Quénault, Marie, Cremieux et d'Haussonville.

23ᵉ *Séance.* — *Mardi, 8 février.*

Suite de la discussion du projet d'Adresse (N° 3). — Dernier paragraphe : MM. Leon de Maleville, le Ministre de l'interieur et Odilon Barrot.

24ᵉ *Séance.* — *Mercredi, 9 février.*

Suite de la discussion du projet d'Adresse (N° 3). — Dernier paragraphe : MM. Boissel, le Garde des sceaux, Odilon Barrot, Feuilhade-Chauvin, Ledru-Rollin, Émile de Girardin.

25ᵉ *Séance.* — *Jeudi, 10 février.*

Suite de la discussion du projet d'Adresse (N° 3). — Dernier paragraphe. Amendement de M. Lesseps : M. Lesseps. — Amendement de M. de Genoude : M. de Genoude. — Amendement de M. Darblay : MM. Darblay, le Ministre de l'intérieur, Paillet, Odilon Barrot, Blanqui, le Ministre des finances, le Président du conseil, Thiers, de la Rochejaquelein. — Rejet de l'amendement.

26ᵉ *Séance.* — *Vendredi, 11 février.*

Suite de la discussion du projet d'Adresse (N° 3) : M. de l'Espée. — Paragraphe dernier. Amendement de M. Desmousseaux de Givré : MM. Desmousseaux de Givré, de Morny, de Lamartine, Vitet, rapporteur, Odilon Barrot, Ferdinand de Lasteyrie, de la Rochejaquelein, de Rémusat, le Ministre de l'intérieur, Dufaure. — Scrutin de division. Rejet. — Partie du paragraphe de la Commission. — Scrutin de division. Adoption.

27ᵉ *Séance.* — *Samedi, 12 février.*

Suite de la discussion du projet d'Adresse (N° 3). — Paragraphe 10. Amendement de M. Sallandrouze : MM. Sallandrouze, de Goulard, Clapier (des Bouches-du Rhône), de Morny, le Président du conseil, Thiers, Blanqui, Darblay et de Rémusat. — Scrutin de division. Rejet de l'amendement. Vote de la dernière partie du paragraphe. — Adoption de l'Adresse.

28ᵉ *Séance.* — *Lundi, 14 février.*

Tirage au sort de la grande députation chargée de présenter au Roi l'Adresse de la Chambre (N° 3).

Présentation, par M. le Ministre de l'agriculture et du commerce, d'un projet de loi relatif à des modifications apportées au tarif des douanes dans l'intervalle des sessions (N° 15).

Discussion du projet de loi de règlement des comptes de 1845 (N° 5) : M. de Genoude. — Dette consolidée : MM. Isambert et le Ministre des finances. — Dépenses des cultes : M. Isambert. — Ministère des affaires étrangères : MM. Bureaux de Pusy, de Rainneville, Alfred de Bussierre, rapporteur, Marquis, Oscar de Lafayette et Lacrosse. — Observations de M. Beaumont (de la Somme) : MM. le Ministre des finances, Deslongrais, le Rapporteur et Gouin. — Chap. VIII (frais de service) : MM. de Rainneville, le Ministre des affaires étrangères, Bureaux de Pusy, Lacrosse. — Chap. XI (missions extraordinaires) : MM. Quinette, le Ministre des affaires étrangères, de Rainneville, Isambert, Jules de Lasteyrie, Larabit, de Mornay, de Beaumont (de la Somme), Lacrosse, Etienne, le Rapporteur et Marquis.

Règlement de l'ordre du jour : MM. Lepeletier d'Aunay, Léon Faucher, le Ministre des finances, Oscar de Lafayette, Chégaray, Quinette, Monier de la Sizeranne, Genty de Bussy, Lestiboudois, Vuitry, de Mornay, Vivien, Ardent, de Bussieres, Isambert, le Garde des sceaux, Dufaure, le Ministre de l'instruction publique, Liadières, Saint-Marc Girardin, Desmousseaux de Givré et d'Eichtal.

Annulation de l'élection de Morlaix.

29e Séance. — Mardi, 15 février.

Lecture de la réponse du Roi à l'Adresse de la Chambre (N° 3).

Suite de la discussion du projet de loi portant règlement définitif du budget de l'exercice 1845 (N° 5). Ministère de l'instruction publique. Chap. Ier. Administration centrale : MM. Marquis, le Ministre de l'instruction publique, Duprat, Taillandier, de Beaumont (de la Somme) et Alfred de Bussierre, rapporteur. — Chap. IX. Instruction primaire : MM. Hortensius de Saint-Albin, le Ministre de l'instruction publique, Isambert, Marquis, Benoist, de Beaumont (de la Somme) et Deslongrais. — Chap. XXI. Encouragements et secours aux savants et hommes de lettres : MM. Taillandier et le Ministre de l'instruction publique. — Observations de M. Lestiboudois, relativement aux réunions de la secte des baptistes : MM. Lestiboudois, le Garde des sceaux, Chégaray, Odilon Barrot, de Falloux, Charles Lesseps, Quinette, Isambert, Crémieux, Mahul. — Ministère de l'intérieur. Administration centrale : MM. de Rainneville, Passy, sous secrétaire d'État de l'intérieur, Bureaux de Pusy, Proa. — Chap. II. Administration centrale (matériel) : MM. Marquis, Demarçay, le Rapporteur, le Sous-secrétaire d'État. — Chap. III. Archives du royaume : MM. de Beaumont (de la Somme), le Sous-secrétaire d'État, Taillandier, le Rapporteur, Demarçay, Proa. — Chap. XII. Beaux-arts : MM. Marquis, Cave, commissaire du Roi, Oscar de Lafayette, le Sous-secrétaire d'État de l'intérieur, Proa, de Rainneville, Drouyn de Lhuys, Duprat, Génin, Taillandier, Larabit, Genty de Bussy, Lefort-Gonssolin, le Commissaire du Roi, Ferdinand de Lasteyrie. — Chap. XIV. Encouragements concernant les beaux-arts : MM. Lefort-Gonssolin, le Commissaire du Roi, Ferdinand de Lasteyrie. — Chap. XVI. Subventions aux théâtres royaux : MM. Marquis, Proa, Deslongrais, le Commissaire du Roi, Génin. — Chapitre XXXIX. Tombeau de l'empereur Napoléon : MM. de Beaumont (de la Somme), le Commissaire du Roi, Duprat, Lacrosse, Ferdinand de Lasteyrie et Bureaux de Pusy.

30e Séance. — Mercredi, 16 février.

Observations à l'occasion du procès-verbal : MM. le général Parxhans, Taillandier, Passy, sous-secrétaire d'État, Duprat.

Suite de la discussion du projet de loi portant règlement définitif du budget de 1845 (N° 5). Ministère de l'intérieur. Service départemental. Ministère de l'agriculture et du commerce. Chap. VII. Conservatoire et école des arts et métiers : MM. Lefort-Gonssolin et Lavollée, commissaire du Roi. — Chap. VIII. Encouragements aux manufactures et au commerce : MM. Marquis, le Commissaire du Roi et Duprat. — Chap. IX. Frais de surveillance des sociétés et agences tontinieres : M. Isambert. — Chap. X. Encouragements aux pêches maritimes : MM. de Beaumont (de la Somme), le Commissaire du Roi, Chégaray, Duprat, Leseigneur et Levavasseur. — Chap. XIII. Services sanitaires : MM. Isambert, le Commissaire du Roi, Duprat, Achille Fould et le Ministre des finances. — Ministère des travaux publics : MM. de Rainneville et le Ministre des finances. — Chap. III. Corps des ponts et chaussées : MM. Donatien-Marquis, le Ministre des travaux publics, de Beaumont (de la Somme), et Duprat. — Chap. XI. Routes royales et ponts : MM. Duprat et le Ministre des travaux publics. — Service extraordinaire : MM. Duprat, le Ministre des travaux publics, Bureaux de Pusy et Collignon. — Ministère de la guerre : MM. Lesseps, le Ministre de la guerre, Bureaux de Pusy, de Bussierre, de Beaumont (de la Somme), Garnon, Parxhans, Allard, Taillandier, de Chasseloup-Laubat, Janvier, Chégaray, Lherbette, le Ministre des finances, Quinette, de Rainneville et Genty de Bussy. — Chap. IX. Solde et entretien des troupes : MM. Luneau, le Ministre de la guerre, Taillandier, Boissy-d'Anglas.

31e Séance. — Jeudi, 17 février.

Suite de la discussion du projet de loi portant règlement définitif du budget de 1845 (N° 5). Ministère de la guerre. Chap. IX. Solde et entretien des troupes : MM. Demarçay, de Salles, de Beaumont (de la Somme), le Ministre de la guerre, Marquis. — Chapitre XVII. Secours : MM. Larabit, Duprat, Maherault et le Ministre de la guerre. — Chap. XXI. Matériel de l'artillerie : MM. de Mornay, Larabit, le Ministre de la guerre et Conveis. — Ministère de la marine. Chap. V. Solde et habillement des équipages : MM. Lefort-Gonssolin, de Montebello, Ministre de la marine et des colonies, Bechameil, Levavasseur, Lacrosse, Lecoudrais, de Beaumont (de la Somme) et Béhic. — Chap. VII. Vivres : MM. Benoit Fould, Béhic, de Rainneville, le Ministre de la marine et Darblay. — Chap. XVIII. Frais généraux d'impression : MM. le général Parxhans, Béhic, Genty de Bussy, Duprat, Levavasseur, Jules de Lasteyrie, Schneider, Étienne et le Ministre de la marine.

Présentation, par M. le Garde des sceaux, d'un projet de loi portant demande d'un crédit complémentaire pour frais de justice criminelle en 1847 (N° 15).

32e Séance. — Vendredi, 18 février.

Réclamation à l'occasion du procès-verbal : MM. Allard, Lacrosse et Lesseps.

Présentation, par M. le Ministre de l'intérieur, d'un projet de loi sur le régime des biens communaux (N° 15).

Suite de la discussion de la loi des comptes de 1845 (N° 5). Ministère des finances. Chap. XXXII. Frais de trésorerie : MM. de Beaumont (de la Somme) et le Ministre des finances. Adoption de l'art. 1ᵉʳ. — Art. 2. Crédits complémentaires des travaux publics : MM. de Rainneville et le Ministre des finances. Adoption des art. 2, 3 et 4. — Art. 5. Tableau C. Produits divers : MM. de Rainneville, le Ministre des finances.—Art. 7. Fixation du budget : MM. de Rainneville et le Ministre des finances. — Art. 8 a 10. Adoption. — Art. 11. Service colonial : MM. Lacrosse, Duprat, le Ministre de la marine et des colonies, Marquis et Prosper de Chasseloup Laubat. — Tableau I. Chap. XXIV. Matériel de la guerre aux colonies : M. Paixhans. Adoption de l'art. 11. — Art. 12 : MM. Duprat et le Ministre des finances —Article additionnel de MM. Deslongrais et de Rainneville : MM. Duprat, le Ministre des finances, Deslongrais. Rejet. — Scrutin sur l'ensemble de la loi. Adoption.

33ᵉ *Séance. — Samedi, 19 février.*

Discussion du projet de loi portant modification aux circonscriptions électorales, pour la nomination des membres du conseil général du département de Saône-et-Loire (N° 7) : MM. de Genoude et de Chapuys-Montlaville. — Discussion des articles. Art. 1ᵉʳ : MM. Mathieu (Saône-et-Loire), Schneider (d'Autun), de Lamartine, le Ministre de l'intérieur, Denis-Benoist et Lenoble, rapporteur. Adoption des art. 1, 2 et 3. — Scrutin sur l'ensemble du projet de loi. Adoption.

34ᵉ *Séance. — Lundi, 21 février.*

Discussion du projet de loi relatif à la prorogation du privilège de la Banque de Bordeaux (N° 8) : MM. Léon Faucher, Testiboudois, Deslongrais, Ducos, Benoist, Blanqui, Clapier (des Bouches-du Rhône). — Incident : MM. Odilon Barrot et le Ministre de l'intérieur.

35ᵉ *Séance. — Mardi, 22 février.*

Suite de la discussion du projet de loi relatif à la prorogation du privilège de la banque de Bordeaux (N° 8). M. Clapier (des Bouches-du Rhone), rapporteur : MM. Léon Faucher, le Rapporteur, d'Eichthal, Galos, le Ministre de l'agriculture et du commerce, Blanqui, Benoit Fould, Després, Achille Fould. — Article 1ᵉʳ. Amendement de M. Leon Faucher : M. Ducos. Rejet. — MM. Darblay et Berryer. Adoption de l'art. 1ᵉʳ. — Art. 2 : MM. de Chasseloup-Laubat, le Rapporteur, Achille Fould, le Ministre des finances, de Rainneville et Dufaure. Renvoi a la Commission. — Art. 3 : MM. de Rainneville, Berryer et le Rapporteur. L'article est renvoyé à la Commission.

36ᵉ *Séance. — Mercredi, 23 février.*

Interpellations (N° 12) : MM. Vavin, le Garde des sceaux. — Suspension de la séance. — Reprise de la séance : MM. Vavin et Guizot, Président du conseil. — Ordre du jour : MM. Odilon Barrot, Salvandy, Ministre de l'instruction publique, le Président du conseil, de Peyramont. Maintien de l'ordre du jour.

37ᵉ *Séance. — Jeudi, 24 février.*

Séance agitée par la révolution. — Introduction de Madame la duchesse d'Orléans et de M. le comte de Paris — Irruption de l'Assemblée par des hommes armés. Évacuation de la salle. (N. 13.)

Dissolution de la Chambre par le Gouvernement provisoire de la République. (N. 13.)

TABLE ALPHABÉTIQUE,

INDIQUANT, PAR LES *NOMS* ET LES *MATIÈRES*, LES TRAVAUX DE CHACUN DE MM. LES PAIRS ET LES DÉPUTÉS, ET CEUX DES DEUX CHAMBRES.

NOTE ESSENTIELLE. — Le chiffre précédé de la lettre **n** indique le *Numero d'ordre* sous lequel le débat est classé dans le corps du volume, et qui est rappelé au verso de chaque page dans tout le volume.

Les autres chiffres indiquent la date et renvoient ainsi, soit aux sommaires, soit à la séance développée dans tel n° d'ordre.

Quand après le *Nom* se trouve le *Sujet de discussion* sans autre indication, c'est que le Pair ou le Député *a pris part aux débats.*

La lettre R. indique les rapports; la lettre D. *Député; P. Pair.*

ACCUSATION (proposition de mise en) contre les Ministres, 22 février 1848, n. 12.

ADÉLAIDE D'ORLÉANS, sœur du Roi (madame) Communication de son décès aux deux Chambres, et réception par le Roi, 31 décembre.

ADRESSE de la Ch. des Pairs, en réponse au discours du Roi, n. 1. — De la Ch. des Députés, n. 3.

ALGÉRIE. Débats sur divers points. Adresse, § 9, n. 3.

ALLARD, D. Comptes 1845, n. 5, procès-verbal, 18 février.

ALTON-SHÉE (le C. d'), P. Adresse, n. 1, 10, 12, 14, 17, 18 janvier ; interpellations, n. 10.

ANISSON-DUPÉRON, P. Travail des enfants, n. 6.

ARAGO, D. Vingt-quatre février, n. 13.

ARGOUT (C. d'), P. Adresse, n. 1, 11 janvier; travail des enfants, n. 6.

AUMALE (duc d'), fils du Roi. Débats sur sa nomination comme gouverneur général de l'Algérie. Adresse, § 9, n. 3.

BANQUE DE BORDEAUX. Renouvellement de son privilége, n. 8.

BANQUE de France. Incidents. Adresse, § 2, n. 3; banque de Bordeaux, n. 8.

BANQUETS politiques Débats à ce sujet. Adresse, § 10, n. 1 et 3; interpellations, n. 9, 10 et 12.

BARANTE (le B. de), P. Adresse. R. n. 10, 1; 12, 13, 18 janvier; travail des enfants, n. 6.

BARBÉ, P. Travail des enfants, n 6.

BAROCHE, D. Admission, 29 décembre.

BARROT (Odilon), D. Interpellations sur la vente de fonctions publiques, n. 2 ; élection du Puy, 20 janvier; Adresse, n. 3, 31 janvier, 3, 8, 9, 10 et 11 février; comptes, n. 5; interpellations, n. 12 ; 24 février, n. 13.

BARTHE, P. Vice-président. Adresse, n. 1, 11 janvier.

BARTHÉLEMY (marquis de), P. Travail des enfants, n. 6.

BATEAUX à vapeur (Loi concernant les appareils des), n. 14.

BEAUMONT (de), de la Somme, D. — Comptes, n. 5.

BÉCHAMEIL, D. Comptes, n. 5.

BÉHIC (Armand), D. Commissaire du Roi. Comptes, n. 5.

BELLONNET (le général de), D.— Admission, 29 décembre.

BÉNIER (affaire). Incident. Comptes, n. 5.

BENOIST, D. Adresse, n. 3, 3 février; Comptes, n. 5.

BÉRENGER (de la Drôme), P. Demande la reprise du projet sur les prisons, n. 14.

BERRYER, D. Adresse, n. 3, 24 janvier. — Banque de Bordeaux, n. 8.

BERT, D. Admission, 29 décembre.

BERVILLE, D. Adresse, n. 3, 22 janvier.

BÉTHISY (marquis de), P. Adresse, n. 1, 11 janvier.

BÉTHMONT. D. Election du Puy, 21 janvier ; Adresse, n. 3, 26 janvier.

BEUDIN, D. Adresse, n. 3, 28 janvier.

BEUGNOT (comte), P. Adresse, n. 1, 17 janvier; travail des enfants, n. 6; ordre du jour, 21 février; colonies, n. 11.

BIENS communaux (Projet de loi sur le régime des), n. 15.

BIGNON, D. Vice-président, 30 décembre.

BILLAULT, D. Adresse, n. 3, 27, 28 janvier.

BLANQUI, D. Adresse, n. 3, 4, 21 février; banque de Bordeaux, n. 8.

BOISSEL, D. Adresse, n. 3, 21 février.

BOISSY (marquis de), P. Adresse, n. 1, 11, 13, 17 et 18 janvier; travail des enfants, n. 6; interpellations, n. 10; petitions, 17, 22 février.

ÉLOGE funèbre. Voy. Périer.

EMPRUNT de 250 millions. Adresse, n. 3, au § 2.

ENFANTS (Travail des) dans les manufactures, n. 6.

ESPÉE (de l'), D. Adresse, n. 3, 4 février.

ETIENNE, D. Comptes 1845, n. 5.

FABVIER (général), P. Adresse, n. 1, 11, 15, 17 janvier.

FALLOUX (vicomte de), D. Comptes 1845, n. 5.

FAUCHER (Léon), D. Adresse, n. 3, 24 janvier; rentes de l'amortissement, n. 15; banque de Bordeaux, n. 8.

FEUILHADE-CHAUVIN, D. Adresse, n. 3, 3 février.

FEUTRIER (baron), P. Travail des enfants, n. 6.

FLAVIGNY (vicomte de), P. Secrétaire, 29 décembre.

FORTIFICATIONS de Paris. Incident; comptes 1845, n. 5.

FOULD (Achille), D. R. Election du Puy, 18 janvier; Adresse, n. 3; comptes 1845, n. 5; banque de Bordeaux, n. 8.

FOULD (Benoit), D. Comptes 1845, n. 5.

FULCHIRON, P. Adresse, n. 1, 15 janvier; travail des enfants, n. 6.

GABRIAC (marquis de), P. Adresse, n. 1, 14 janvier.

GALOS, D. Banque de Bordeaux, n. 8.

GARDE nationale. Service d'honneur de la Ch. des Pairs, 29 décembre. — Id. de la Ch. des Députés, 29 décembre.

GARNIER-PAGÈS, D. Adresse, n. 3, 24, 25, 26 janvier.

GARNON, D. Comptes 1845, n. 5.

GASPARIN (comte de), P. Travail des enfants, n. 6.

GAULTIER DE RUMILLY, D. Adresse, n. 3, 24 janvier.

GÉNIN, D. Comptes 1845, n. 5.

GENOUDE (de), D. Adresse, n. 3, 10 février; comptes 1845, n. 5; circonscription electorale, n. 7.

GENTY DE BUSSY, D. Sel et lettres, n. 15; comptes 1845, n. 5.

GERMANES, D. Admission, 29 décembre.

GILLON, D. Interpellations, n. 2.

GIRARD, P. Travail des enfants, n. 6.

GIRARDIN (Emile de), D. Interpellations, n. 2; Adresse, n. 3, 24, 26, 28 janvier, 9 février et passim; sa démission, 14 février.

GOULARD (de), D. Adresse, n. 3, 12 février.

GOURGAUD (baron), P. Adresse, n. 1, 11 janvier.

GRANDIN (Victor), D. Chapitre de Saint-Denis, n. 15.

GRANIER, D. Démission, 25 janvier.

GRAVIER, P. Sa réception, 29 décembre.

GUDIN, D. Admis, 29 décembre.

GUIZOT, D. Président du conseil, Ministre des affaires étrangères. Adresse, n. 1, 11, 12, 15, 17 janvier; interpellations, n. 2; Adresse, n. 3, 24, 29, 31 janvier, 4, 5, 7, 12 février; comptes 1845, n. 5; interpellations, n. 12.

HAM (comte de), P. Secrétaire, 29 décembre.

HARCOURT (duc d'), P. Travail des enfants, n. 6.

HAUBERSART (vicomte d'), D. Adresse, n. 3, 4 février.

HAUSSONVILLE (comte d'), D. Adresse, n. 3, 31 janvier, 5 février.

HÉBERT, D. Garde des sceaux, Ministre de la justice et des cultes. Adresse, n. 1; interpellations, n. 2; Adresse, n. 3, 28 janvier, 12 février; comptes 1845, n. 5.

HUGO (vicomte Victor), P. Adresse, n. 1, 12, 13 janvier.

INSTRUCTION primaire. Incident, comptes 1845, n. 5 et 15.

INSTRUCTION secondaire, n. 15.

INTERPELLATIONS, n. 2, 10, 12.

ISAMBERT, D. Comptes 1845, n. 5.

ISLY (maréchal Bugeaud, duc d'), D. Vice-président, 30 décembre; Adresse, n. 3, 5 février.

JACQUEMINOT, P. Adresse, n. 1, 11 janvier.

JAMIN (lieutenant-colonel, baron), D. Réelection et admission, 7 février.

JANVIER, D. Adresse, n. 3, 27 janvier; comptes 1845, n. 5.

JAYR, P. Ministre des travaux publics. Comptes 1845, n. 5.

LACAVE-LAPLAGNE, D. Interpellations, n. 2.

LACOUDRAIS, D. Comptes 1845, n. 5.

LACROSSE, D. Secrétaire, 31 décembre; Adresse, n. 3, 4 février; comptes 1845, n. 5; incident au proces-verbal, 17 février.

LAFAYETTE (Oscar de), D. Rentes de l'amortissement, n. 15; comptes 1845, n. 5.

LAFFITTE (Charles), D. Vingt-quatre février, n. 13.

LAGUICHE (marquis de), D. Secrétaire provisoire, 29 décembre.

LAMARTINE (de), D. Adresse, n. 3, 29 janvier, 11 février; circonscriptions électorales, n. 7; Vingt-quatre février, n. 13.

LAMORICIÈRE (général de), D. Adresse, n. 3, 5 février.

LANYER, D. Douanes, n. 15.

LAPLACE (marquis de), P. Travail des enfants, n. 6.

LAPLAGNE-BARRIS, P. Travail des enfants, n. 6.

LARABIT, D. Adresse, n. 3, 4 et 5 février; comptes 1845, n. 5.

LASTEYRIE (Ferdinand de), D. Marques de fabrique, n. 15; Adresse, n. 3, 28 janvier, 11 février; comptes 1845, n. 5.

LASTEYRIE (Jules de), D. Demande de dépôt de pieces, 17 janvier; chapitre de Saint-Denis, n. 15; Adresse, n. 3, 26 janvier, 4 février; comptes 1845, n. 5.

LAVOLLÉE, Commissaire du Roi. Comptes 1845, n. 5.

LEBRUN, P. Adresse, n. 1, 12 janvier.

LEDRU-ROLLIN, D. Adresse, n. 3, 9 février; Vingt-quatre février, n. 13.

LEFONT-GONSSOLIN, D. Adresse, n. 3, 24 janvier; comptes 1845, n. 5.

LEGENTIL, P. Travail des enfants, n. 6.

LEGRAND, D. Réélu, admis, 25 janvier.

TABLE GÉNÉRALE

DES MATIÈRES CONTENUES DANS LE Xe VOLUME.

ANNALES DU PARLEMENT FRANÇAIS,

ou

COMPTE RENDU MÉTHODIQUE DES DÉBATS DES DEUX CHAMBRES,

PUBLIÉ SOUS LA DIRECTION DE M. T. FLEURY.

AVEC LA SOUSCRIPTION DU ROI ET LA SOUSCRIPTION DES DEUX CHAMBRES
POUR CHACUN DE LEURS MEMBRES.

Volume distribué

AUX 900 REPRÉSENTANTS DU PEUPLE,

PAR DÉCRET DE L'ASSEMBLÉE NATIONALE
du 24 octobre 1848.

AVIS DES ÉDITEURS.

La collection se compose de dix volumes, comprenant les dix dernières sessions de 1839 à 1848.
Chaque volume s'applique à une session, et contient :

1° Les débats des deux Chambres classés méthodiquement par sujet de discussion ;
sous chaque sujet de discussion sont réunis sans interruption :
Le texte du projet ou de la résolution, avec tous les amendements adoptés ou rejetés,
L'exposé des motifs et les rapports,
Les discours textuels ou analysés.

2° Les sommaires de toutes les séances par ordre chronologique.

3° La table alphabétique de tous les travaux des deux Chambres et des pairs et députés qui y
ont pris part.

4° Un préliminaire indiquant l'ouverture et la clôture des sessions, la composition des Chambres, et des ministères ; les discours du roi et des présidents à l'ouverture des Chambres et aux réceptions officielles, ainsi que les autres documents parlementaires.

L'utilité de cette collection, unique dans son genre, résulte surtout de la concentration et de la classification des débats et documents qu'on ne pourrait autrement retrouver que disséminés dans les journaux, le *Moniteur* et les procès-verbaux.

L'impartialité la plus absolue, garantie par le contrôle annuel des deux Chambres, a présidé à l'analyse des discussions, sans préférence quelconque pour une opinion d'ensemble ou de détail.

La règle suivie pour décider entre l'analyse et la reproduction textuelle a toujours été celle-ci : analyser ce qui est argumentation ; reproduire textuellement ce qui est développement oratoire ou manifestation d'une opinion politique.

				Paris.	Départements.
Vol.	I.	1839 (180 feuilles)		25 fr.	27 fr. 50 c.
Vol.	II.	1840 (175)	id.	25	27 50
Vol.	III.	1841 (200)	id.	30	32 50
Vol.	IV.	1842 (200)	id.	30	32 50
Vol.	V.	1843 (150)	id.	25	27 50
Vol.	VI.	1844 (150)	id.	25	27 50
Vol.	VII.	1845 (150)	id.	25	27 50
Vol.	VIII.	1846 (150)	id.	25	27 50
Vol.	IX.	1847 (150)	id.	25	27 50
Vol.	X.	1848 (2)	id.		27 50
La collection des dix volumes.				240	260

On accorde toutes facilités pour le payement.

PARIS. — TYPOGRAPHIE DE FIRMIN DIDOT FRÈRES, RUE JACOB, 56.